COLHENDO FLORES SOB INCÊNDIOS

COLHENDO FLORES SOB INCÊNDIOS

OS DIÁRIOS DE
ALICE WALKER
1965–2000

ORGANIZAÇÃO
VALERIE BOYD

Tradução
nina rizzi

1ª edição

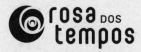

Rio de Janeiro, 2023

GATHERING BLOSSOMS UNDER FIRE: The Journals of Alice Walker 1965-2000. By Alice Walker. Edited by Valerie Boyd. Copyright © 2022 by Alice Walker.
Introduction copyright © 2022 by Valerie Boyd.
Mediante acordo com a autora. Todos os direitos reservados.

Projeto de diagramação e miolo: *Ligia Barreto | Ilustrarte Design*

Título original: *Gathering Blossoms Under Fire: The Journals of Alice Walker*

CIP-BRASIL. CATALOGAÇÃO NA PUBLICAÇÃO
SINDICATO NACIONAL DOS EDITORES DE LIVROS, RJ

W178c

Walker, Alice. 1944-
   Colhendo flores sob incêndios : os diários de Alice Walker 1965-2000 / organização Valerie Boyd ; tradução nina rizzi. – 1. ed. – Rio de Janeiro : Record, 2023.

   Tradução de: Gathering blossoms under fire: the journals of Alice Walker
   ISBN 978-65-89828-20-4

   1. Walker, Alice. 1944- – Diários. 2. Negras – Estados Unidos – Diários. 3. Reformadores sociais – Estados Unidos – Diários. I. Boyd, Valerie. II. rizzi, nina.

23-82777
CDD: 920.932242
CDU: 929:323.269.6-055.2(73)

Gabriela Faray Ferreira Lopes – Bibliotecária – CRB-7/6643

Todos os direitos reservados. É proibido reproduzir, armazenar ou transmitir partes deste livro, através de quaisquer meios, sem prévia autorização por escrito.

Este livro foi revisado segundo o Acordo Ortográfico da Língua Portuguesa de 1990. Preservado estilo da autora.

Direitos desta tradução adquiridos pela
EDITORA ROSA DOS TEMPOS
Um selo da
EDITORA RECORD LTDA.
Rua Argentina, 171 – Rio de Janeiro, RJ – 20921-380
Tel.: (21) 2585-2000.

Seja um leitor preferencial Record.
Cadastre-se no site www.record.com.br
e receba informações sobre
nossos lançamentos e nossas promoções.

Atendimento e venda direta ao leitor:
sac@record.com.br

Impresso no Brasil
2023

*Para Belvie, Joan e Sue,
meus anjos na Terra,
e para meu irmão Curtis,
que era uma criança.*

— ALICE WALKER

ENQUANTO O AMOR ESTIVER FORA DE MODA

*Enquanto o amor estiver fora de moda
vamos viver
fora de moda.
Ver o mundo
como uma bola complexa
em pequenas mãos;
amar nossa veste mais preta.
Sejamos pobres
em tudo, menos na verdade e na coragem
transmitidas
pelos velhos
espíritos.
Sejamos íntimos das
almas ancestrais
e da música
dos que não-morrem-nunca.*

*Enquanto o amor for perigoso
caminhemos de cabeça erguida
junto ao Grande Rio.
Vamos colhendo flores
sob incêndios.*

— ALICE WALKER

SUMÁRIO

Introdução por Valerie Boyd   11

PARTE UM
Casamento, Movimento e Mississippi / A década de 1960
19

PARTE DOIS
A natureza desta flor é desabrochar / A década de 1970
51

PARTE TRÊS
Não seja a queridinha de ninguém / A década de 1980
171

PARTE QUATRO
Ninguém derruba uma grande mulher / A década de 1990
291

Posfácio por Alice Walker   481
Agradecimentos   489
Créditos das fotografias   491
Índice remissivo   493

INTRODUÇÃO

POR VALERIE BOYD

"Estou maravilhada comigo mesma. Mais uma vez estou me aquecendo para escrever", registrou a mulher de 24 anos em seu diário. A data era 18 de julho de 1968; o lugar era Jackson, Mississippi. "Como é incrível, de certa forma, ter sede de caneta e papel", continuou ela, "precisar deles, como se fossem água..."

Essa jovem era Alice Walker. E através de seu talento prodigioso – como romancista, contista, poeta e ensaísta – ela se tornaria uma das autoras mais célebres da história moderna.

Em uma jornada épica, de um casebre de arrendamento rural no interior da Geórgia a ícone cultural, Walker tem sido uma diarista fiel, narrando sua vida extensa e complexa em mais de sessenta e cinco diários e cadernos que abrangem cerca de cinquenta anos. Em 2007, ela colocou esses diários – junto com centenas de outros documentos e itens de seu arquivo pessoal – na Biblioteca de Manuscritos, Arquivos e Livros Raros Stuart A. Rose da Universidade Emory, em Atlanta. Os diários, assim como certos arquivos empresariais e financeiros, estão sob embargo, fora do alcance dos olhos curiosos de acadêmicos, jornalistas e fãs até 2040.

Agora, no entanto, Walker decidiu publicar uma edição composta de entradas selecionadas de seus diários. Em *Colhendo flores sob incêndios*, ela oferece um registro apaixonado e íntimo de seu desenvolvimento como artista, ativista dos direitos humanos e intelectual. Ela também explora em detalhes – conforme os acontecimentos se dão – seus pensamentos e sentimentos como mulher, escritora, afro-americana, esposa, filha, mãe, amante, irmã, amiga, cidadã do mundo. As entradas do diário atravessam uma surpreendente variedade de eventos: marchar no Mississippi com outros ativistas do Movimento pelos Direitos Civis, liderados por Martin Luther King Jr., ou "o King", como ela o chamava; seu casamento com um advogado judeu, em parte para desafiar as leis que proibiam o casamento inter-racial no Sul dos Estados Unidos dos anos 1960; um aborto precoce; o nascimento de sua filha; escrever seu primeiro romance; as atribulações e os triunfos do movimento das mulheres; encontros eróticos e relacionamentos duradouros; as viagens ancestrais que a levaram a escrever *A cor púrpura*; ganhar o Prêmio Pulitzer; ser admirada e difamada, às vezes em igual medida, por seu trabalho e seu ativismo; enterrar sua mãe; e o afastamento de sua própria filha. O pessoal, o político e o espiritual estão em camadas e imbricados na narrativa reveladora que emerge dos diários de Walker.

Colhendo flores sob incêndios está organizado por década – de 1960 aos primeiros dias do século XXI. Dessa forma, o livro nos mostra uma mulher se tornando ela mesma. Muitas leitoras – e leitores de todos os gêneros – se encontrarão refletidas nestas páginas, enquanto Walker narra os maiores acontecimentos imagináveis na vida de uma pessoa: casamento e divórcio; tornar-se mãe; aprender sozinha a escrever um romance; percorrer o caminho para garantir a estabilidade financeira; amizades e amores conquistados e perdidos; e encontrar Deus – ou "Grande Espírito", como ela chama o divino – em si mesma e na natureza.

Como organizadora desta edição, mantive a grafia original, a pontuação e os estilos de datação de Alice Walker, mesmo quando inconsistentes, para permanecer fiel às entradas originais de seus diários. Também procurei, na medida do possível, ser discreta e tornar-me uma amiga invisível para você que lê, inclinando-me apenas ocasionalmente para sussurrar um fato importante, uma elucidação ou lembrança em seu ouvido: *Ei, você se lembra dessa pessoa, foi o namorado de Alice nos tempos da adolescência. Ah, sim, este filme saiu em 1976, com aclamação da crítica. Ah, você conhece Langston Hughes – o lendário poeta do movimento do Renascimento do Harlem. E, sim, essa pessoa pedindo um favor é a mesma cujo mau comportamento, cinquenta páginas atrás, você se lembra*. Essas notas de rodapé contextuais visam a servir à narrativa mais ampla, para informar-lhe silenciosamente, cara leitora, caro leitor, para que você possa situar-se na história.

Walker às vezes fazia registros diarísticos em mais de um caderno ao mesmo tempo, oferecendo versões paralelas dos eventos; uma, cheia de detalhes, e outra, com um resumo rápido. Ocasionalmente, ela retomou muitos anos depois um caderno inacabado de uma década anterior, puxando um fio de pensamento e seguindo em frente a partir dali. Para maior compreensão e facilidade de leitura, compilei as entradas dos diários cronologicamente, independentemente do caderno em que foram registradas.

Colhendo flores sob incêndios é um livro de trabalho para artistas, ativistas e intelectuais. É uma cartilha para pessoas de todas as idades que desejam viver uma vida livre. É tanto uma jornada profundamente pessoal quanto uma história íntima do nosso tempo. E para todos nós cujas vidas foram tocadas –

e muitas vezes modificadas – pelo trabalho de Alice Walker nas últimas cinco décadas, este livro é um presente.

Na verdade, todo o conjunto das abrangentes páginas que você está prestes a ler aqui começou com um presente. A capa do diário em couro sintético marrom era adornada com uma borda dourada, e a caligrafia caprichada em dourado proclamava seu propósito: MINHA VIAGEM, dizia.

Alice Walker ficou feliz ao ganhar o diário de viagem de sua amiga Cecile Ganpatsingh, uma colega de classe nascida na Guiana Inglesa. Alice tinha acabado de concluir seu primeiro ano como aluna da faculdade Spelman de Atlanta, onde chegara em 1961 após deixar sua pequena e segregada cidade natal, Eatonton, Geórgia. Ela trazia consigo "três presentes mágicos" de sua mãe: uma mala, uma máquina de costura e uma máquina de escrever. Em Spelman, Alice e Cecile tornaram-se ativistas aliadas, unindo-se a várias colegas de turma – junto com os professores de história Howard Zinn e Staughton Lynd – em vários protestos e passeatas pela paz e pelos direitos civis. Naquele momento, Alice estava a caminho do Festival da Paz Mundial da Juventude na Finlândia.

Aos dezoito anos, ela cruzara a fronteira da Geórgia apenas uma vez – para visitar uma tia e um tio no Natal, em Cleveland, Ohio. Naquela viagem, Alice embarcara em um ônibus da empresa Greyhound. Já este percurso – com paradas em Helsinque, Glasgow, Amsterdã e Hamburgo – marcaria sua primeira viagem de avião. Cecile queria presentear a amiga para marcar a ocasião. Na capa do diário, ela anotou a data – *julho de 1962* – e ofereceu estas palavras:

Para: Querida Alice

Desejo que sua viagem seja memorável.

Com carinho,
Cecile Ganpatsingh

Quando Alice Walker voltou de sua viagem, no final de agosto, o diário estava surrado pelo uso. Ela escrevia quase diariamente, comentando tudo o que encontrava – os garçons bonitos e charmosos; os olhares acolhedores e curiosos de estranhos; a própria ideia do comunismo – com entusiasmo e admiração. Em uma entrada, ela narrou como costumava passar seus dias na jornada que mudaria a sua vida:

UM DIA TÍPICO:
Acordo às 7:00 para um café da manhã continental
Pego o ônibus para a cidade às 7:30
Participo de colóquios e seminários pela manhã (principalmente sobre desarmamento, imperialismo dos Estados Unidos e comunismo russo)
Almoço com uma das 120 delegações
Geralmente como junto dos búlgaros, cubanos ou finlandeses
Depois do almoço assistimos a um jogo de esporte ao ar livre ou algum evento cultural (Por exemplo, vi o balé russo e a ópera de Pequim.)
Por volta das 15:00, vamos a encantadoras reuniões entre as delegações
Às 17:00 podemos jantar com outra delegação ou passear pela cidade e arredores. Aprendi a andar de motocicleta (uma jauwa) porque elas são muito populares na Finlândia
Às 18:00 pegamos um ônibus de volta para nossos alojamentos, onde trocamos de roupa para ir às festas entre as delegações ou na ilha. (A Finlândia é uma terra de ilhas e em cada pequena ilha há um parque com pista de dança ao ar livre – podemos assistir a shows pirotécnicos ou simplesmente relaxar e ouvir música finlandesa.)
Às 23:00 voltamos para nossos aposentos para passar a noite. AINDA ESTÁ MUITO CLARO DO LADO DE FORA, então é difícil dormir. Por isso, ficamos conversando por mais ou menos uma hora. (Algumas pessoas dos Estados Unidos eram muito de esquerda, outras nem tanto, e o resto... só curiosos.)
Para somar a essa programação maravilhosa, recebi buquês de flores praticamente o tempo todo. Isso aconteceu principalmente porque os finlandeses pensaram que eu era cubana ou então uma viajante da liberdade. (Eu tinha vergonha de não ter ido para a cadeia.)
VOCÊ DANÇA, VOCÊ CANTA? LEGAL, VOCÊ DEVE SER UMA VIAJANTE DA LIBERDADE?
VENCEREMOS. Parabenizem os revolucionários da liberdade do sul. (Ouvi isso cantado em muitas línguas.) Eles nos pediam.

Perto do fim de seu diário de viagem, em uma entrada no final de agosto de 1962, a jovem escritora e ativista escreveu: "Apesar de ter ficado na Europa apenas por cerca de um mês, sei que minha vida será diferente por causa disso."

Ela acrescentou: "Nunca mais uma pessoa russa ou uma cubana ou pessoas de qualquer outra nacionalidade serão minhas inimigas apenas por serem quem são. Curiosamente, durante a crise passada [a crise dos mísseis em Cuba, em outubro de 1962] estive mais preocupada com os cubanos e russos do que comigo mesma. Acima de tudo, aprendi que há tanta diferença entre o povo e seus governos que não se pode mais odiar indiscriminadamente."

Após a viagem de Walker à Europa, ela voltou para Spelman, mas rapidamente ficou frustrada com "cursos ruins, professores e colegas burgueses", como observou em uma entrada do diário. Ela logo se transferiu para a faculdade Sarah Lawrence em Bronxville, Nova York. Seus diários são retomados a sério durante o verão de 1965, quando ela visitou o Sul e o Quênia, antes de seu último semestre como aluna na Sarah Lawrence.

Walker retornou ao Sul em 1965 com alguma apreensão – mas com grande determinação de participar da luta pela liberdade negra. Depois de uma curta estadia, ela embarcou em vários meses de viagens agitadas na África, e voltou no outono para Sarah Lawrence. Lá, aos 21 anos, os desafios do mundo real a inquietavam. "Tem momentos em que me sinto velha demais para estar entre essas pessoas da Sarah Lawrence", ela confidenciou ao seu diário. "Não posso mais discutir sobre o Vietnã com garotas 'brilhantes' que querem conciliar seus sentimentos sobre a guerra com suas músicas de violino. As mortes de crianças vietnamitas pesam demais em mim para isso."

Em junho de 1966, ela estava pronta para se comprometer com o movimento, apesar do acelerado florescimento de seu próprio trabalho como escritora. "Ainda não fui para o Mississippi e sinto tanta ansiedade em deixar meu trabalho que me parece quase absurdo ir", lamentou em junho de 1966. "Mas algo me atrai até lá, mesmo que não tenha ilusões sobre quanto posso colaborar."

Em meio às passeatas e aos protestos no Sul, a jovem Alice encontrou algo que não estava procurando: amor. E o encontrou no mais improvável dos lugares – no Stevens Kitchen, um restaurante de comida sulista no bairro Farish Street em Jackson, Mississippi.

Ela havia acabado de chegar a Jackson, lembrou cinquenta anos depois, "após ter sido conduzida do aeroporto em um conversível azul" por Henry Aronson, um advogado do Fundo de Defesa Legal da NAACP [Associação Nacional para o Progresso de Pessoas de Cor], então dirigido por Marian Wright, a primeira advogada negra no estado. O restaurante ficava ao lado do escritório do Fundo de Defesa Legal, e muitos de seus funcionários – incluindo um jovem judeu, estudante de Direito, Melvyn Leventhal – tinham o costume de fazer suas refeições lá. "Olhei para o outro lado do restaurante, para as pessoas brancas comendo no 'nosso' restaurante", lembra Walker, "e cruzei os olhos com um cara muito bonito. Oy vey."[1]

Embora os diários sejam estranhamente silenciosos sobre os detalhes de seu namoro, Alice e Mel logo se tornaram inseparáveis. "Começamos a namorar depois de algumas viagens ao Delta, onde integrávamos[2] hotéis e restaurantes, o que muitas vezes significava ficar acordada a noite toda na perspectiva de sermos expulsos pela KKK", lembra Walker meio século depois. "Nós lemos a Bíblia e eu gostei dos Cânticos de Salomão."

O relacionamento foi além daquele verão quente do Mississippi. "Nós namoramos enquanto fazíamos nosso trabalho, mas 'namorar' não acontecia muito (perigoso demais) até que voltamos para Nova York e Mel concluiu seu último ano na NYU [Universidade de Nova York]. Eu tinha um espaço em St. Marks Place, mas ficava principalmente no dormitório dele, que organizamos com uma escrivaninha, logo de cara."

Alguns meses antes de se formar na faculdade de Direito da NYU, Mel disse a Alice que queria voltar ao Mississippi e ao trabalho de justiça social que a fez se apaixonar por ele quando se conheceram. "Eu amava Mel porque ele era apaixonado por justiça e era genuinamente apaixonado por mim", resume ela.

---

1 Expressão em iídiche usada tanto para desespero, exasperação, quanto para irritação. [N. da T.]
2 O conceito de *integração* entre negros e brancos, no contexto do Movimento pelos Direitos Civis nos Estados Unidos, se opõe à segregação racial legal que funcionou em alguns estados do país. A integração, por outro lado, se afirma como uma postura da sociedade civil e não uma política de Estado. [N. da E.]

"Se voltássemos para o Mississippi, iríamos como marido e mulher", decidiu Alice. "Havia uma longa tradição de homens brancos terem amantes negras no Sul. Esse não seria o meu caminho. Então pedi Mel em casamento, e ele aceitou com alegria. Além do nosso amor, era politicamente importante que fôssemos casados legalmente."

Em 17 de março de 1967, o casal contou com a participação de dois aliados como testemunhas – Carole Darden, a melhor amiga de Alice, da Sarah Lawrence, e Mike Rudell, o melhor amigo de Mel, da faculdade de Direito da NYU. Eles fizeram seus votos na câmara da juíza do Tribunal de Família de Nova York, Justine Wise Polier. "Ela casou muitas pessoas do Movimento", lembra Walker. "Nós a pagamos com um buquê de tulipas cor-de-rosa."

Nem todos apoiaram o casamento. Atormentada com a união de seu filho com uma *schvartze* (um insulto iídiche para uma pessoa negra), Miriam Leventhal ficou em Shivá, o luto judaico, lamentando a morte de Mel. Insubmisso, o casal deu outro passo ousado naquele verão. Lembra Alice: "Nos mudamos para o Mississippi, onde o casamento inter-racial era ilegal."

Nos diários da década de 1960 – em sua maioria cadernos em espiral e de cores primárias – Alice Walker confidenciou seus pensamentos e sentimentos sobre a década apaixonada e tumultuada. Nas entradas extraídas da Parte Um, "Casamento, Movimento e Mississippi", a jovem estudante, ativista e escritora percorreu uma grande extensão geográfica, mudando-se do campus da Sarah Lawrence em Nova York para Atlanta e outras partes de sua Geórgia natal, onde trabalhou com um coletivo estudantil da Southern Christian Leadership Conference – SCLC [Conferência da Liderança Cristã do Sul]; para o Quênia e Uganda, em um programa de estudos no exterior; depois para o Mississippi, onde mergulhou ainda mais no Movimento pelos Direitos Civis e onde conheceu Mel. Ao longo de suas viagens, a escritora floresceu na página, iniciando uma prática que manteria por toda a vida, de escrever os primeiros rascunhos de poemas, contos e, com o tempo, romances inteiros em seus diários. E é aqui que nossa história começa.

PARTE UM

CASAMENTO, MOVIMENTO E MISSISSIPPI

A DÉCADA DE 1960

1º de junho de 1965[1]

Hoje é aniversário de casamento dos meus pais. Eles estão casados há trinta e dois anos. Parece tanto tempo para viver com alguém e ainda gostar de estar junto às vezes...

...Charles[2] é sempre como um prisioneiro que sai do confinamento, espreitando aqui e ali, fugindo – às vezes penso em Charles. Eu o amo como teria amado meus irmãos se eles fossem mais afetuosos. Até mais, porque sempre amamos nossos amigos mais do que nossos parentes; amizade é uma questão de escolha, um compromisso de amar outra pessoa que é diferente de nós, que não tem qualquer relação conosco.

Uma carta de Marian Wright[3] concordando com Charles que seria bom que eu fosse ao Mississippi. Fico me perguntando se vou conseguir superar a náusea que o Sul me causa (os assassinatos, o medo), se terei alguém invencível como ela para admirar e seguir. As pessoas me chamam de corajosa com tanta frequência que quase acredito... se o medo é corajoso, eu sou corajosa.

Coloquei os mil dólares de Charles no banco junto com meus míseros trezentos. Estou curiosa para saber quanto tempo isso vai durar e neste momento tenho a impressão de que pode durar para sempre, porque não sinto necessidade de nada. Quero doar a maioria das minhas roupas. Parece ridículo guardar vestidos que nem se gosta.

Preciso parar de me enganar pensando que certas pessoas podem significar mais para mim do que realmente podem. Não é justo com elas ter que iludi--las, e a união de alguém consigo é muito preciosa para ser interrompida com

---

1 Em junho de 1965, quando esta entrada foi escrita, Alice Walker era uma aluna de 21 anos da Sarah Lawrence, uma prestigiosa faculdade de Artes Liberais em Bronxville, Nova York. A essa altura, a maior parte de seus escritos consistia em trabalhos universitários bem-sucedidos, poesia, contos e crônicas de seus diários. No entanto, ela estava começando a pensar em si mesma como escritora. Seu primeiro livro, uma coletânea de poesias chamada *Once*, não seria publicado até 1968.
2 Charles Merrill, filho de Charles E. Merrill, fundador da Merrill Lynch & Co., corretora de ações e banco de investimento. Merrill era um educador e filantropo que historicamente apoiou faculdades negras e fundou a Commonwealth School [escola particular de ensino médio], em Boston, no ano de 1958. Ele e Walker se tornaram amigos enquanto ela estudava na faculdade Spelman, depois de ter recusado uma bolsa de estudos da Merrill.
3 Marian Wright (mais tarde Edelman) foi advogada do Fundo de Defesa Legal e Educação da NAACP – Associação Nacional para o Progresso de Pessoas de Cor, no Mississippi e a primeira mulher negra admitida na Ordem dos Advogados do Mississippi. Em 1973, ela fundaria o Fundo de Defesa da Criança como uma voz para crianças vivendo na pobreza, minorias e deficientes.

estranhos que não trazem alimento espiritual. Por que desperdiçamos nossas vidas com colegas sem qualquer valor real, não faço ideia, a não ser que é um desperdício pelo qual muitos corações fracos são culpados.

Escrevi um pouco ontem e hoje e a sensação de poder criar algo com papel em branco e pensamentos vagos é boa. Agora quero atingir um nível de paciência e precisão que não alcancei em minhas outras histórias. Também preciso ler mais algumas autoras e autores e ver como manejam o diálogo, já que diálogos para mim são algo muito Tom Wolfe, em outras palavras, são artificiais.

13 de junho de 1965[1]

A orientação (SCOPE, coletivo de estudantes de verão da Southern Christian Leadership Conference – SCLC [Conferência da Liderança Cristã do Sul]) foi uma longa conversa. Às vezes com uma pessoa, muitas vezes com cinco, dez ou trezentas. Fui para Atlanta de avião (atrasada) tendo perdido tanto o ônibus quanto o trem e querendo tremendamente participar de todos os momentos das discussões que duraram uma semana. Pela primeira vez na minha vida, sotaques sulistas (das comissárias de bordo) não fizeram meu coração bater mais rápido por medo ou desgosto. As vozes lentas e anasaladas, acompanhadas de sorrisos bastante simpáticos, embora não muito espontâneos, vieram apenas como uma surpresa. Pude até entender o charme de que os nortistas costumam falar. Duas horas sobrevoando Newark e estou em Atlanta… "Onde o progresso sempre tem a preferência." Observando velhas palavras familiares, ouvindo-as rolar pela língua, pelo nariz e pelos lábios, percebendo mais uma vez o brilho peculiar e a penetração do calor – lutando contra a vontade, principalmente por causa do calor, de entrar em outro jato e voltar para Nova York onde o dia anterior tinha sido agradável, os sotaques geralmente nítidos e precisos – exceto aqueles do Bronx, do Brooklyn e do Queens.

A paisagem de Atlanta era como uma estranha vislumbrada de novo depois de vários dias. Observei os prédios mais novos com alguma curiosidade, mas sem sentimentos. A Atlanta que eu conhecia começava na Hunter Street – a parte sul da seção negra.

Do ônibus, pude ver a torre histórica da Morris Brown – a faculdade negra mais antiga de Atlanta – erguendo-se em uma colina visível de vários pontos

---

[1] Nesta entrada, AW, agora aluna na faculdade Sarah Lawrence, em Nova York, narra seu retorno ao Sul – e especificamente a Atlanta, onde estudou na faculdade Spelman antes de sua transferência para a Sarah Lawrence.

da cidade. Seu pináculo é evidente a todos, e o corpo fica escondido como a raiz de uma árvore, profundamente no solo da comunidade negra. Ao sair do ônibus me deparei com muitos braços e beijos de velhos amigos – todos se encontraram uma vez ou outra durante os últimos cinco anos – em caminhadas, marchas, protestos etc. Por todo o Norte e Sul. "Irmão!" e "Irmã!" seguidos por todos os tipos de acenos no ar – todos acompanhados por uma canção de liberdade ao fundo, "This Little Light of Mine", eu acho, me diziam que eu finalmente estava no "Movimento", e que aquilo que as pessoas daqui do Delta tinham, que os do Norte não tinham, era "soul"! Mesmo quando contida pelo costumeiro "argh" do momento da inscrição, me senti mais ou menos em casa e confortável com o tipo de militantes com os quais me ofereci para trabalhar. Esse foi o primeiro dia.

A manhã de segunda-feira começou firme e forte...

Noite de terça-feira, 29 de junho de 1965, condado de Liberty, Geórgia
Esta noite, duzentos membros da comunidade do condado de Liberty compareceram a uma reunião em massa na Cooperativa Dorchester em Mid-Way. Vieram para ouvir relatos sobre o programa Headstart, o recente aumento de conflitos raciais e manifestações após a prisão de um professor local sob uma acusação que os manifestantes consideram "forjada". Parte de uma longa cadeia de assédio às pessoas negras. A comunidade foi informada sobre o ferimento grave sofrido por um de seus jovens cidadãos, de 14 anos, por brancos de Gainesville. Johnny Lee Jones corre o risco de perder um olho, ou talvez os dois, depois de ter sido encurralado por um grupo de brancos num salão de bilhar onde seu pai trabalhava. As pessoas negras locais dizem que conhecem os brancos envolvidos e que não são "jovens de cerca de 14 anos" como afirmam os jornais e o xerife da região. Dizem que os dois principais agressores estão provavelmente na casa dos trinta. Nenhuma prisão foi feita.

O principal orador da reunião foi o reverendo B.J. Johnson de Atlanta, Geórgia, que disse aos moradores do condado que eles teriam usado vergonhosamente o poder de seu voto se um exemplo de violência racial como o que ocorreu após a manifestação pudesse acontecer. Ele exigiu que o povo leve em consideração a falta de proteção oferecida a eles e seus filhos pela polícia e pelas autoridades locais quando forem às urnas para votar na próxima eleição. O condado de Liberty é único, disse ele, porque tem mais pessoas negras nos livros (registradas) do que brancas, mas, ainda assim, os negros não têm um único representante no conselho de autoridades locais. O ânimo geral do público era confuso e indignado. Vários jovens expressaram preocupação e raiva em relação aos métodos corruptos usados pelas autoridades do condado com a comunidade negra para comprar votos na época das eleições.

Sem data[1]

As coisas oscilaram aqui entre o tédio extremo e a excitação intensa e muitas vezes perigosa. Consegui ter dois amigos na cadeia do condado de Chatham por uma noite, além de multas descomunais e ridículas por "violações de trânsito", e, portanto, considero que o tempo escorre pelas minhas mãos. Estamos fazendo manifestações noturnas – sentados ("dentro") na varanda da patrulha estadual da Geórgia. Atingidos levemente por uma garrafa e vários gritos rebeldes que terminam em "Nigger" – acompanhados pela multidão habitual de espectadores, incluindo muitos "orgulho do Sul" com seus palavrões e gestos obscenos. Por alguma razão, sempre fico levemente surpresa quando as mulheres continuam com isso.

Uma das pessoas mais gratificantes que conheci é um garoto que tem dezoito anos e a maior coragem ("coragem" é algo relativamente vago, mas ainda útil) que já vi em alguém, e ainda mais alguém que continua a viver por aqui. Recentemente, os brancos tentaram assustá-lo, encostaram ao lado de seu calhambeque e apontaram um 38 para ele. Ele os encarou. Também liderou todas as manifestações neste condado, e a coisa incrível é que ele é como ele é – disposto a discutir, marchar, revidar, naturalmente – sem nem sequer conhecer um palavrão de verdade! Dá para imaginar o quanto é difícil ser homem no Sul sendo negro – mas ele é, espero, uma indicação de que tudo isso vai mudar – e o Sul vai se erguer novamente – mas como uma nação de homens (como ele) e não um monte de confederados agitadorezinhos de sua bandeira que não sabe distinguir Sherman de Grant.

Outra experiência emocionante foi com minha colega de quarto, uma garota da Filadélfia, filha de uma anti-integracionista furiosa. Li uma de suas cartas para C. e a considero pateticamente louca; e muito, muito doentia e fora de sintonia com o mundo – e com sua própria filha. C. me contou, no entanto, que as crenças da mãe (que pessoas negras estão todas preocupadas com sexo, todas usam linguagem vulgar, todos os homens querem se casar com mulheres brancas, todos têm piolhos e coisas piores) é mais ou menos típica de um grande segmento da população (branca)...

---

[1] Esta entrada sem data é, na verdade, um rascunho de uma carta para um amigo, endereçada como "Querido Michael".

...Gostei do resto das pessoas daqui. Não é fácil ir embora (vou partir amanhã). São pessoas tão abertas, conscientes. Algumas são muito jovens e, no entanto, sabem coisas que homens velhos e pessoas mais cabeça-quente não perceberam.

Sem data[1]

> Haicai... Bonito
> E inesperado
> Como o amigo
> Que só vê
> Talvez uma vez
>
> Quem poderá dizer
> Eu sou
> Africana
> Americana
> Indígena
> Se no minuto seguinte
> poderá ser
> uma borboleta?

28 de julho, estação rodoviária de Nairóbi
"Cuidado com Batedores de Carteira" está escrito em letras maiúsculas numa placa preta na entrada dos fundos da rodoviária localizada onde eu suponho ser a região de favela de Nairóbi. A entrada principal dá para uma rua pobre em comparação com as outras de Nairóbi. Não tem flores na rua _____, apenas um ou dois arbustos ressecados, firmes em suas raízes, mas ralos, em terra vermelha e lavada. Ao contrário do aeroporto de Nairóbi, que é moderno, elegante e coloridamente chique, a rodoviária é decididamente decadente.

---

1 Ao longo dos anos, AW usou seus diários como um espaço para escrever os primeiros rascunhos de poemas, contos e trechos de romances, incluindo seu livro mais célebre, *A cor púrpura*. Algumas dessas entradas estão incluídas nesta edição (como aparecem cronologicamente nos diários) para refletir o inesperado prazer de tropeçar em tais trechos e para ilustrar como a vida de escritora e a vida pessoal de Walker estão sempre entrelaçadas.

O frio é uma grande surpresa – julho e agosto são os meses de inverno e imagino que esteja perto de dez graus fora do ônibus agora. O interessante, porém, é que o frio não resiste às flores desabrochando numa profusão alegre e extravagante.

Sem data[1]
Tenho lido Tolstói e me pergunto como alguém chega à verdadeira honestidade consigo mesmo e até que ponto a honestidade se torna exagero. Faz um mês ou mais que sei que eu poderia estar entre os 10% da população mundial de mulheres capazes de ser completamente sensuais. O que vai acontecer eu não posso imaginar, mas sinto bem pouco medo e muita curiosidade.

Me parece que o sexo se tornou um entrave e um tabu quando, na verdade, não consigo ver que o ato completo é pior em termos de valor moral do que um beijo com intenção. Em ambos os casos, segue-se na prática a proximidade que se sente em abstrato. Isso é uma ingenuidade – porque pode haver mais consequências sérias depois do sexo do que depois um beijo.[2]

Finalmente estabeleci uma certeza, e essa descoberta significou muito para mim. Eu não quero _____ como marido. Como parceiro sexual este ainda é o único homem que me satisfaz, mas dois minutos após o clímax fico irritada com coisas tão mesquinhas nele que sei que meu "amor" é uma completa farsa – devo dizer que irritamos um ao outro porque tenho uma espécie de satisfação louca em atormentá-lo.

Ele não pode mudar o que ele é (branco, estadunidense de classe média) assim como não posso mudar o que sou agora (negra, estadunidense de classe média). É interessante como sempre senti que o amava porque ele queria que eu o amasse e também porque ele era tão carinhoso e tranquilo comigo, apesar das minhas "ambições".

O que eu sou realmente? E o que eu quero fazer comigo? De alguma forma, sei que nunca me sentirei bem comigo mesma e com a vida até que tenha uma profissão que eu possa amar – ensinar Dickinson e Donne a fazer cortes de cabelo estilizados me agradaria um pouco. O casamento nem é uma possibilidade para mim no momento, embora existam três pretendentes, excluin-

---

1 AW escreveu esta entrada sem data durante uma visita à África, onde viajou de ônibus de Nairóbi, no Quênia, para Kampala, em Uganda, e passou um tempo significativo morando com uma família ugandense.

2 AW escreveu esta última frase mais tarde, em tinta vermelha, como uma espécie de comentário crítico ao parágrafo anterior.

do David, que pediram para se casar comigo. "Princeton" nunca serviria para ser marido. Ele viajou por todo o mundo, mas isso o deixou espalhado em vez de alargado. Um dia ele vai morar numa casa com tapetes japoneses, talvez tenha uma piscina e provavelmente em Atlanta. Não consigo conversar com ele por muito tempo – ele acha tudo que eu digo fascinante ao enésimo grau e eu acho a maioria das coisas que ele diz irrelevantes. Fui para cama uma vez com ele depois de beber demais para não ter que ouvir suas repetições, mas me arrependi tanto que fiquei muito enjoada. Existe (aprendi com essa experiência) um limite além do qual não se deve forçar o sexo para que seja bom o suficiente para valer a pena. Nunca devemos nos entregar por embriaguez, piedade, desprezo, apenas curiosidade ou apenas paixão. Deve existir em algum lugar na relação sexual um ponto de pureza, de alegria e exuberância. Não há nada mais saturado e imperdoável do que a entrega do corpo e o bloqueio, simultaneamente, da mente.

Há uma questão se estou ou não com *une enfant* – a possibilidade é grande, mas passo os dias pensando ou tentando pensar em outras coisas. Caso eu esteja, estabeleci um plano muito racional a ser executado quando estiver em Nova York. Tudo se resume a aborto ou adoção – nessa ordem.

Houve um tempo em que eu não teria considerado nenhuma dessas hipóteses. E fico me perguntando qual o preço que a civilização paga pela sofisticação. Nunca fui contra o aborto por motivos morais – não acredito em vida após a morte ou que aborto seja assassinato e acredito que uma pessoa tem o direito de decidir o que quer ou não quer ter dentro do próprio corpo[1] – mas sempre pareceu uma necessidade tão estúpida quando uma pessoa tem idade e "sofisticação" suficientes para saber o que está fazendo.

Um esboço da garota
Nela, sensualidade e curiosidade estavam equilibradas – ainda que precariamente. Era um acontecimento natural que ela fosse apresentada a um homem ou visse alguém que a agradasse e imediatamente planejasse um encontro em sua cabeça. Ela não tinha inibições religiosas quanto ao sexo em si e nenhum escrúpulo moral em fazer quando realmente sentia vontade. Consequente-

---

1 AW fez um aborto assim que voltou para Nova York; ela lembra que a equipe médica não ofereceu anestesia.

mente, experimentou o produto sexual nativo de vários países incluindo uns da África e a Rússia e recebera ofertas e convites tentadores de homens tão intensos quanto os jovens israelenses e tão persistentes quanto os árabes. Para ela, no entanto, o sexo não deveria ser subestimado. Ela investia muito de si. Isso quer dizer que apenas uma vez, quando bebeu demais, dormiu com alguém que não gostava de alguma outra forma mais refinada. Em geral, seus relacionamentos podiam ser resumidos a seu apego sexual, mas não só, a seu professor de arte, com cerca de cinquenta anos, de quem ela gostava intelectualmente e cujo fazer amor a interessava apenas no sentido de que era uma continuação da marca peculiar de estimulação dele. Tinha uma certa adequação lógica que ela achava confortável, estável e infinitamente reconfortante. Era com ele que ela tinha certeza de que a vida continuaria para sempre – e ao seu ritmo, tolerante e sem pressa.

Na maioria das vezes, sua escolha de parceiros sexuais era casual. Havia entre seus amantes um calouro de faculdade extremamente jovem cuja atração estava no fato de ser virgem e praticamente impotente. Ela gostava de dormir com ele porque, na melhor das hipóteses, ele fazia dela uma espécie de amante infantil e imediatamente adormecia, com a mão agarrada a um de seus seios – o cabelo cacheado caindo sobre os olhos. Infelizmente ele era judeu e tinha um gosto muito étnico por alho e cebola e ela teve que planejar suas visitas cuidadosamente para coincidir com o dia do peixe. À medida que sua afeição por ele crescia, mais ela começava a se preocupar em se tornar uma imagem de Mãe, com ele nunca querendo fazer amor com a luz acesa e tudo mais, então ela o largou depois de menos de um mês.

Me pergunto o que vai acontecer?
Por que me senti tão enjoada?
Quem entenderia?

Me pergunto se meu amigo em Boston me emprestaria $ 600 para uma "dívida" inesperada e inexplicável.

A gravidez na África parece obviamente uma maldição – todas as mulheres grávidas parecem tão miseráveis. Malditos sejam os missionários que ditam leis!

É um espanto constante para mim que, até onde eu saiba, eu não tenha uma moral convencional – mas tenho certeza de que amo verdadeiramente – aqueles que amo.

Recentemente estive brincando com a ideia de começar a formular minha própria Filosofia – não Filosofia do Absurdo etc., mas uma Filosofia baseada na Curiosidade – e ainda <u>tudo</u> o que tal Filosofia envolveria, exceto um grau de insensibilidade e audácia.

Sem data[1]
Por que sempre nos sentimos envergonhadas com o que escrevemos? É porque escrever é uma evidência tão tangível dos desvarios cometidos em nossas mentes? As palavras geralmente não deixam rastros; a maioria das pessoas não as ouve com seriedade suficiente.

As pessoas me dizem que amar desesperadamente, quer dizer, a alguém que, por lei, nunca pode te pertencer, é uma estupidez. Eu não acredito nisso. Ser capaz de amar me parece maravilhoso – além disso, não penso em propriedade quando penso em amor. Essa última frase é um pouco clichê?[2]

Tem momentos em que me sinto velha demais para estar entre essas pessoas da Sarah Lawrence. Não posso mais discutir sobre o Vietnã com garotas "brilhantes" que querem conciliar seus sentimentos sobre a guerra com suas músicas de violino. As mortes de crianças vietnamitas pesam demais em mim para isso.

———

Ter vinte e um anos é diferente de qualquer outra idade. É a idade do consentimento e da liberdade, sim – e com a sensação de ser gentilmente abandonada pela mãe.

Posso imaginar por que as pessoas conseguem fazer piadas sobre suicídio. É uma questão tão pessoal que quem não a entende como a vítima acha engraçada.

---

[1] Esta entrada foi escrita no outono de 1965, depois que AW retornou à faculdade Sarah Lawrence para continuar seus estudos após vários meses em viagens internacionais.
[2] AW escreveu esta frase mais tarde, com um marca-texto azul, como comentário crítico sobre a frase anterior.

Se eu morresse esta noite, muitas pessoas iriam querer uma resposta para a pergunta – por quê? Ninguém iria considerar que provavelmente eu quisesse. Esse é o problema das pessoas – elas não são estoicas o suficiente para ver a morte como uma possibilidade.

―

Me parece essencial que o artista _ame_ fazer amor. Eu não suportaria um artista meramente contemplativo, porque ele não saberia nada sobre a pele em que está, nem sobre a alma que o envolve. O amor tortura e nos faz gritar, mas no final ele busca sentir as dobras nebulosas em nossa alma e tateando encontra uma nova dimensão. Me parece que Morte em Veneza faz esta referência – ou tenta.

―

Tendo a concordar com quem disse que Sócrates era um bode velho e incômodo! As pessoas o amam ou o odeiam – & eu não o amo.

Nietzsche diz que os filósofos não devem se casar & geralmente não se casam.

Algumas pessoas não considerariam a Curiosidade uma base legítima para uma Filosofia da Ação – mas me pergunto se talvez não seja esse o fundamento de _qualquer_ Filosofia?

―

Quero escrever uma história sobre uma mulher burguesa negra que é a encarnação de todos os valores burgueses brancos tão imitados – e como ela está presa às sociabilidades rígidas e arcaicas que aprendeu a valorizar. Ela é solitária, mas ainda sustenta a moral e as maneiras de agir que o Ocidente abandonou anos atrás – exceto que ninguém a ensinou isso e ela não percebe. Para ela:

1. Sexo apenas no casamento – consequentemente, o sexo passa longe dela, mas o casamento também.
2. Na faculdade, ela achava que estudantes não tinham direitos, a não ser o direito de estudar – o pensamento ativo passou longe.
3. Ela foi ensinada a reverenciar seu país – a revolução a repeliu, então ela votou nas mesmas pessoas que a odiavam.
4. Ela acreditava no "bem" da realização material, cercava-se de coisas acumuladas que a tornavam "assentada", ou seja, imóvel.

Como transmitir simpatia por essa "criatura" & desprezo pelos valores que ela mantém...

Schopenhauer – "Música e lágrimas, mal consigo distingui-las."

10/11/65
Hoje terminei um conto do qual me orgulho. "The Suicide of an American Girl". Todas as pessoas que leram ficaram impressionadas com o suicídio de Ana. Nenhuma delas aparentemente esteve tão perto da morte a ponto de se conscientizar de sua proximidade com a vida.

 Tentei explicar meu conceito de suicídio na vida de uma pessoa – para mim é uma de suas <u>escolhas</u>.

 Se alguém deve ter liberdade para viver, deve ter a liberdade para morrer – tudo o que é preciso é uma superação da moral do cristianismo que torna as pessoas pertencentes de Deus e não de si mesmas. Para que haja livre-arbítrio em tudo é preciso aceitar o suicídio. Enquanto a humanidade tiver livre-arbítrio, o suicídio está dentro de seu leque de possibilidades.

Estive perto da morte algumas vezes e já tentei me lembrar de como agi sabendo que amanhã o sol brilhará sem mim – será que orei, pensei nas pessoas que amo, senti muito medo?

 Se minha mãe não estivesse viva, eu não teria medo da morte. Ou meu medo da morte seria moderado. Mas, do jeito que as coisas são, não posso suportar que ela me veja, sua filha, morta. Ela, sendo cristã, ficaria pensando no que fez de errado. Seus próprios "pecados" seriam ampliados diante dos seus olhos e ela entraria em desespero. E o tempo todo ela seria, obviamente, inocente. Não gosto de uma filosofia que torna todas as pessoas culpadas.

12 nov.
Tive um sonho muito estranho ontem à noite – era sobre direitos civis e estudantes & donas de casa de Westchester & eu ia filmar um duelo – indígenas atravessavam o rio acorrentados uns aos outros e pareciam exatamente iguais. Eu uivei como um cachorro quando os vi, ninguém mais prestou a mínima atenção neles. Acordei com o coração doendo e quase com lágrimas nos olhos.

Será que eu consigo escrever um conto que seja essencialmente uma história de amor com final feliz?

 Estou muito tentada a escrever um romance sobre um casal de jovens muito parecidos com David[1] e eu. Acho que o tema seria a incapacidade da

---

1 David era namorado de AW na época; ela tinha sentimentos conflituosos em relação a um futuro com ele por causa de diferentes pontos de vista sobre raça e classe.

garota (negra) de fazer qualquer coisa, mas constantemente tentar uma "superação" – estes objetivos dela, que ele (branco) considera burgueses, tendo os abandonado há muito tempo; ainda assim eles são importantes para ela, são aquilo para que todo o seu ser é destinado. O homem sente que a educação não é importante depois da faculdade (mas isso não seria porque ele não gosta de ir à faculdade & está tendo problemas para entrar nela?) Ela não tem problemas com seus estudos ou com a faculdade e por isso gosta muito de estudar – é difícil para ela considerar que seu aprendizado e o desejo de aprender mais são algo burguês. Eles se separam porque ela deseja o que chama de seu próprio trabalho (arte) além de ser esposa. Ele se sente ameaçado pelo talento dela etc., & sabe que não pode manter sua dignidade tendo uma esposa "inteligente".

Tenho pensado muitas vezes na história da minha mãe, em como ela se casou com papai – se seria material o suficiente para eu trabalhar. Essencialmente, é a "mesma velha história".

São apenas as coisas que faço para as quais não consigo encontrar explicação e não entendo por que gosto de escrever sobre elas.

É possível criar a partir da felicidade?

2 de junho de 1966
A autobiografia de Billy Holiday[1] me comoveu muito, talvez por sua imensa honestidade e por ser tão brincalhona. Não tenho certeza se gosto dela cantando tanto quanto gosto dela, mas ela é de uma qualidade tão distinta que não dá para imaginar uma pessoa parecida. Isso é ser genial?

3 de junho de 1966
Quem se importa em escrever histórias "que são uma porrada?" Eu não. Também me pergunto se poderia me tornar uma escritora existencialista – na verdade, não tenho certeza do que isso significa. Uma pessoa existencialista entende que o mundo talvez esteja acabando, e mal, e resolve viver uma vida digna mesmo assim.

Suponho que eu mesma seja uma existencialista, na medida do meu entendimento de sua definição. Todos aqueles meses na Sarah Lawrence estudando Camus e Sartre, e minha compreensão ainda é bastante vaga – parece

---

[1] Autobiografia lançada em 1956 da cantora Billie Holiday, *Lady Sings the Blues: a autobiografia dilacerada de uma lenda do jazz*, com coautoria de William Dufty.

que tudo o que escrevi provavelmente seria existencial, não seria? Mas não é. Eu provavelmente deveria me familiarizar melhor com o potencial do conto. Neste momento gostaria de fazer uma história no estilo de Ambrose Bierce. Ele é muito parecido com Poe para mim, talvez ainda mais aterrorizante. Certamente mais assustador do que Ray Bradbury, cujas histórias também devo reconsiderar.

8 de junho de 1966
Outra marcha, na tradição de Selma, para varrer o Mississippi[1] nesta semana e na próxima. O Dr. King, entrevistado por algum repórter da Filadélfia, parece extremamente cansado depois de ter andado quase vinte e cinco quilômetros ontem. Acho que eu deveria comprar alguns sapatos confortáveis...

10 de junho de 1966
Anna Karenina, página 154
"Eu acho que... se existem tantas cabeças quanto modos de pensar, então existem tantos tipos de amor quanto existem corações..."

11 de junho de 1966
Vou falar hoje (se não esquecer meu compromisso) com as pessoas da fact sobre minhas experiências na Spelman.[2] Recentemente comecei a me perguntar o que realmente sei... porque minhas críticas foram aplicadas sem amor – com raiva e algum desprezo. Cursos ruins, professores e colegas burgueses à parte, foi lá que conheci Howie, Staughton, Charles – e a adorável Connie.[3]

É mesmo verdade que devemos ter cuidado com o que desejamos – provavelmente vamos conseguir. Embora minha vida tenha avançado lenta e tortuosamente, ela segue por vontade própria (minha) na direção de meus desejos. De certa forma, isso é assustador... mas como nunca desejarei ser a esposa do presidente, não há tanto perigo.

---

[1] AW ainda estava em Nova York, tendo terminado seus estudos na faculdade Sarah Lawrence no inverno anterior. Aqui, ela estava antecipando um retorno ao Mississippi para se juntar ao Movimento pelos Direitos Civis.
[2] AW foi entrevistada pela revista *Fact*, uma revista trimestral estadunidense que teve circulação entre 1964 e 1967.
[3] Todas essas pessoas – incluindo Howie, também conhecido como Howard Zinn, então professor de história na Spelman – são amizades que AW fez durante sua experiência insatisfatória como aluna da Spelman, antes de se transferir para a Sarah Lawrence.

27 de junho de 1966, Nova York

Ainda não fui para o Mississippi e sinto tanta ansiedade em deixar meu trabalho que parece quase absurdo ir. Mas algo me atrai até lá, mesmo que não tenha ilusões sobre o quanto posso colaborar. Gostaria de ir com Marian e Henry,[1] atravessando bosques e planícies, seguindo tão suavemente para o horizonte.

O Upper East Side depois do Lower East Side: vidro demais, carros novos, garotas magrelas e dinheiro. É preciso, imagino, se acostumar tanto à limpeza quanto ao dinheiro e ao fato de que os dois provavelmente tornarão qualquer pessoa estéril e cheirosa, como uma barra de sabão.

3 de julho de 1966, a caminho de Jackson, Mississippi

Uma nuvem gorda, em forma de avião, tenta competir com nosso jato – uma rajada de vento, um pouco de sol – puf, a parte traseira desapareceu, as asas em fios efêmeros, caindo brancas, como braços. O Atlântico azul, se estendendo para o infinito, ilhado por barrancos e colinas e montanhas e planícies de nuvens – e talvez povoado por uma raça azul e branca que mergulha para dentro e para fora do mar e do céu, todos brilhando enquanto riem e pulam, como botões de joias.

Daqui posso ver o rei de uma ilha de nuvens, mais branco entre seus súditos e com orelhas de porco e um focinho. Sua barriga se espalha por todo o reino.

Um cordão de nuvens faz sombras estranhas nas montanhas, contas estendidas com o sol entre elas, como um colar.

Jackson, um exemplo de surpresa. Como tenho medo de dizer que gosto daqui. Tut, Doris, Laura, Marian – Melvyn.[2] Mas gosto porque as pessoas estão fazendo principalmente o que querem ou o que sentem que deve ser feito – para beneficiar as pessoas que se importam – e aquelas que não se importam.

---

1 Marian Wright e Henry Aronson eram advogados do Fundo de Defesa Legal da NAACP. "Eles representavam pessoas negras que desafiavam a segregação e a desumanização violentamente impostas às pessoas de cor no Mississippi", lembra Walker. "Marian era a única pessoa que eu 'conhecia' no estado, porque ela também estudou na faculdade Spelman. Nós nunca nos encontramos."
2 Todos eram colegas do Movimento pelos Direitos Civis no Mississippi. Melvyn Leventhal era um novo amigo, um estudante judeu de Direito que trabalhava com o Fundo de Defesa Legal da NAACP.

Agosto de 1966
Um sonho me aterrorizou esta tarde. Voltava (para a Geórgia) e contava à minha família sobre o Mississippi – a beleza da bravura negra do Mississippi – a beleza das pessoas expulsas de suas terras e a fundação das cooperativas onde aprendem a costurar e se tornam cidadãs úteis com outro negócio que não a agricultura (em arrendamentos rurais). Minha mãe estava quase às lágrimas. Chorei de me debulhar. Lembro do sentimento de querer que eles entendessem completamente o sofrimento e a privação de outras pessoas negras, enquanto estávamos sentados ao redor de uma mesa farta entre crianças de bochechas rosadas e adultos bem-alimentados. Meus irmãos pareciam duvidosos e conformados. Tudo o que eu disse parecia não ser confiável. Então chorei, minha mãe parecia desalentada. Minha família não disse nada, mesmo quando comentei (uma mentira) que havia comprado roupas para seus filhos na cooperativa.

Então pedi ao meu irmão que me levasse a um restaurante/taberna negra, porque queria, eu acho, conversar com amigos sobre a possibilidade de haver um Movimento em nossa cidade. Ele se recusou, dizendo que estava sem gasolina e, além disso, estava indo na direção oposta de onde eu queria ir. Eu disse está bem, que estava tudo bem, que tinha me acostumado a andar quando estive no Mississippi e que ele poderia me deixar no posto de gasolina, o que ele aceitou. No posto de gasolina havia um carro cheio de policiais e por alguma razão começou uma discussão que ficou muito acalorada quando os policiais perceberam quem eu era. Que eu estive no Mississippi e talvez pretendesse falar com as pessoas negras locais – como eles sabiam disso eu não tinha certeza. Minha família, com exceção de um irmão e minha mãe, me abandonou e a cena de que me lembro é da minha mãe e meu irmão em pé comigo dentro do círculo de policiais. No início da briga eles haviam esmagado meu tornozelo com algum tipo de porrete e me surpreendi por não sentir dor ou desmaiar durante todo o tempo em que fiquei de pé conversando com eles.

Eles levaram nós três na viatura, a maior parte de seus abusos dirigidos a mim. Paramos numa igreja onde o xerife sacou a arma e começou a empunhá-la dizendo que ia me matar. Depois de um paroxismo preliminar de terror em que lutei com ele para pegar a arma, falei que fosse em frente e me ajoelhei diante de minha mãe, que parecia uma figura abstrata rosada de tristeza, lágrimas e um retorcer de mãos. O xerife e eu contamos até três em uníssono, então pulamos no final da contagem. O homem que estava com ele riu e disse que nós dois estávamos com medo, então pegou a arma, e nesse momento tentei pegá-la novamente, e ele a torcia entre minhas pernas e tentava puxar o gatilho enquanto eu estava na direção da mira. Girando para fora do seu alcance o suficiente para pegar a arma, apontei para suas costas e puxei o gatilho só para me dar conta que não havia balas – ao descobrir isso ele riu, pegou a arma novamente e começou a colocar uma bala que parecia um cigarro meio fumado com cinzas queimadas na ponta.

Nesse ponto, minha mãe interveio, embora eu não me lembre como, e gritou para mim, corra! corra! – o que eu fiz, enquanto ela lutava com o homem que tinha a arma. Achando que eu estava escondida embaixo da igreja, eles a incendiaram, mas corri pelos campos até chegar na casa de uma velha negra de pele clara e cabelos brancos, e vestindo um vestido azul (alguém que eu tinha visto num banquete) que ficou comigo e cuidou de mim até que meu tornozelo machucado cicatrizou e então ela me mandou seguir a Estrela do Norte, escorregando de bolo de gelo em bolo de gelo até o outro lado do rio, um pequeno bebezinho de cabelos escuros em meus braços. Uma Eliza[1] moderna.

Agosto de 1966
Uma memória marcante: Hoje, caminhando com Eric,[2] vimos um canteiro cheio de flores de verão, todas desabrochando. Chamei de "um poço de flores" e uma memória, há muito enterrada, de onde tirei a expressão, ganhou vida. Quando eu era criança em casa – quando morávamos no campo – minha mãe guardava suas flores em um poço de flores durante o inverno. Este poço era como um porão ao ar livre, bastante raso – um a dois metros de profundidade, imagino, e construído perto de casa para uma maior proteção contra o vento. Às vezes, o poço ficava cheio d'água e, com medo de congelar ou apodrecer as raízes das flores, minha mãe abria as portas, ou tirava o zinco ou qualquer outra coisa e deixava o sol entrar.

A flor de que me lembro melhor é o gerânio. Mamãe tinha de muitas cores diferentes, mas muitas vermelhas e salmão. Lembro muito bem dela, debru-

---

[1] Uma heroína de *A cabana do pai Tomás*, de Harriet Beecher Stowe, Eliza escapa dos males da escravidão e de seu cruel senhor atravessando o rio Ohio no auge do inverno. Alice Walker lembra: "Tive muitos pesadelos e sonhos agitados enquanto morava no Mississippi, todos muito baseados na realidade. Linchamentos, 'desaparecimentos', estupros, corpos mutilados encontrados no rio, assassinatos faziam parte da vida neste estado mais pobre da União. Hoje eu entendo que o 'pequeno bebezinho de cabelos escuros em meus braços' era minha crença na 'liberdade' e em mim mesma, embarcando nessa jornada sozinha."
[2] Eric era um camarada branco no Mississippi que era do Norte e "que parecia sociável", lembra Walker. "E inocente. Um personagem do movimento, sem dúvida: curioso, espantado, descrente de que ainda estivesse na América."

çada sobre o poço nas frias manhãs de janeiro, depois de uma geada intensa. "Só quero ver como estão minhas flores", dizia ela, fazendo uma leve careta e descendo para o poço. É estranho como as memórias voltam. Agora me lembro vividamente como mamãe costumava lidar com frutas e legumes e como ela era melhor nisso do que qualquer outra pessoa na vizinhança. Durante a colheita, ela enlatava incontáveis potes de pêssegos, amoras, ervilhas, milho e feijão. Nossas paredes eram lindas com as cores radiantes de sua produção guardada em potes de vidro transparente. Joias comestíveis nos cercavam.

18 de maio de 1967[1]
Estou com medo, preocupada, distraída, e é um sentimento velho-novo e bastante inabalável, embora, pelo bem de Mel, deva ser superado. Houve um tempo em que os gritos de uma sogra, como num conto, me divertiam; agora não mais, obviamente. Eles me enchem de pavor, porque saber que esses gritos são imutáveis me impede de ser otimista sobre um relacionamento futuro melhor.

Acho que não sei tudo o que há para saber, mas sei que amo meu marido. Essa dor de toda vez que ele sente dor, até mesmo meu corpo adoecer porque ele sente também. Minha vida é dupla e nossas vidas, uma.

Nós dois estamos nervosos, tensos de tanto nos importarmos um com o outro.

Sem data

Querido Langston,[2]

Você foi embora há quase um mês, e ainda não me senti triste à moda antiga! Agora Mel e eu estamos lendo sua autobiografia e te conhecendo

---

1 AW era recém-casada quando escreveu esta entrada. Apenas dois meses antes, em 17 de março de 1967, ela se casara com Mel Leventhal, o jovem advogado do Fundo de Defesa Legal da NAACP que apareceu pela primeira vez em seus diários, em uma menção casual, em junho de 1966. Os diários são estranhamente silenciosos sobre esse namoro. Em retrospecto, AW acredita que não escreveu mais sobre isso em seus diários porque estava focada em escrever seu primeiro romance, *A terceira vida de Grande Copeland*.
2 Nesta entrada sem data, de algum dia de junho de 1967, AW está se dirigindo a Langston Hughes, o lendário poeta, romancista, dramaturgo, colunista e ativista social estadunidense, que morreu em 22 de maio de 1967. Ele se tornara amigo e mentor de Walker, e publicou um dos primeiros contos de AW, "To Hell With Dying", em sua antologia de 1967, *The Best Short Stories by Negro Writers*.

através dela. Como eu gostaria que pudéssemos ter ouvido todas as suas histórias maravilhosas de seus próprios lábios.

Engraçado, aprender sobre seu amor, Mary, num livro. Quase lamento que a tenha deixado fugir. Talvez vocês pudessem ter passado fome juntos, com alegria. Onde você acha que ela está agora? Casada com filhos adultos? Talvez morta também?

Eu te escrevi na noite em que você morreu. Que pensamento estranho, porque você não está mais morto do que eu. Você nunca recebeu a carta e sinto tanto por isso. Porque eu oferecia nossa ajuda e te contava em termos bem-humorados sobre minha situação com minha sogra. Ela simplesmente não gosta da gente, pessoas de cor![1]

Sendo bem sincera, eu também não gosto dela.

Você não tem ideia de quão mal eu estou. E me preocupo em ser um incômodo para Mel. Especialmente porque choro muito e por motivos tão variados. Imagino que sou "emotiva".

Queria tanto que você ainda estivesse na rua 127. Você foi um amigo tão digno. Queríamos tanto que você conhecesse nossos filhos e que eles te conhecessem. É difícil acreditar que você tinha sessenta e cinco anos; quase não tinha cabelos grisalhos e não parecia, em seu funeral (que Mel e eu amamos e aproveitamos muito), que estivesse sofrendo. Infelizmente, você não se parecia muito com você mesmo. Você se tornou muito mais sombrio desde sua juventude até o momento em que o vimos pela primeira vez naquela noite no Lincoln Center.

Nunca amei nenhum homem velho e fantástico como te amei, em tão pouco tempo; você ainda seria meu amigo...? Não seria muito, muito engraçado se houvesse um céu (ou inferno) e você estivesse lá brincando

---

[1] O termo *people of color* foi cunhado para se referir à constituição coletiva e racializada de suas identidades por uma geração em luta pelo direito à autodefinição e hoje é usado principalmente nos Estados Unidos para descrever qualquer pessoa que não seja considerada branca, enfatizando experiências comuns de racismo. Como é termo de uso mais específico no contexto estadunidense e, por isso, a dificuldade cultural, além da linguística, para traduzi-lo para o português brasileiro. Além de disso, o termo também é usado para a definição de outras categorias coletivas de pessoas, como "comunidades de cor", "homens de cor" e "mulheres de cor", e não se refere apenas a pessoas negras, mas também àquelas de ascendência africana, asiática, caribenha, latina e outras minorias étnico-raciais. Segundo a teórica feminista Ochy Curyel, foi a partir do conceito de "mulheres de cor" que nasceu o feminismo negro nos Estados Unidos no início dos anos 1970. Por estas razões, adotamos neste livro o termo "pessoas de cor". [N. da T.]

com aqueles seus velhos camaradas sortudos por terem chegado ali? Talvez a gente se encontre, mas caso não, você está aqui com cada um, em cada palavra que escreveu.

Com amor sempre e sempre,
Moi

___

Provérbios 10:15... A riqueza dos ricos é sua cidade fortificada; a ruína dos pobres está em sua pobreza.

Meu velho (Grange)[1] sente, quando testemunha o amor dos participantes do Movimento, que chegou o novo milênio que ele esperava (por Ruth) – mas um dia ele vai participar de uma manifestação e vê os jovens espancados pela polícia. A manifestação continua e é saudada por todos como um "sucesso", mas ele fica pensativo, desesperado com o futuro. Ele conhece muito bem a reciprocidade da violência. Ainda não vimos o fim dessa recusa em amar, diz ele a Ruth.

4 de dezembro de 1967
Muita coisa aconteceu desde minhas últimas entradas, simplesmente seis ou sete meses atrás. Minha vida está mais completa do que eu jamais pensei que poderia estar. E isso é por causa do meu amor, não tanto do meu trabalho. A arte sempre copiará a vida.

Meu marido chegou e me reivindicou para sempre. Ele é o Único; é como um conto de fadas em sua certeza – pode haver alguma dúvida de que, não importa o que aconteça, vamos viver felizes para sempre? Eu não acreditava que poderia me tornar Um com ninguém – mas agora sou Um. Com M.

Parece verdade que os sonhos podem se tornar realidade se esperarmos tempo suficiente e não deixarmos de ser como uma virgem esperançosa no coração.

O romance também está se tornando uma realidade, embora lenta. Talvez eu devesse ter ficado com o exemplo de Hemingway – contos até o romance ser inevitável. Não sei. Talvez eu apenas escreva estranho. De qualquer

___

1 Grange e sua neta Ruth são os personagens principais do romance que Walker começou a escrever em 1967. Acabaria sendo intitulado *A terceira vida de Grange Copeland*.

forma, acho que posso ver um aperfeiçoamento em muitos temas, histórias, "ideias".

Mel e eu somos independentes. Sem dívidas ainda. Gosto disso. Nos liberta de pessoas que só vêm para bisbilhotar. Às vezes me pergunto se somos mais ou menos complicados (nossas vidas) do que quando éramos solteiros. É um conforto tão estranho e às vezes assustador: ter alguém em quem se apoiar.

19 de dezembro
Na próxima semana, desta vez, rezo para estar em casa com meu querido marido e nosso Myshkin.[1]

A ficção não é como a poesia, que é original e real e nunca ficção.

CANE: por Jean Toomer, Boni & Liveright, 239pps.
Este trabalho é tão subestimado, tenho certeza. Preciso descobrir como foi recebido quando apareceu pela primeira vez. Quanta influência ele obviamente teve sobre R. Wright![2] Como é livre em sua demonstração da beleza sulista. Tem um frescor que infelizmente está faltando em grande parte da escrita negra hoje.

Frescor, brevidade, universalidade.

Para o que realmente me sinto pronta é para o meu livro de contos. O romance me confunde. Para ser honesta.

Na medida do possível (completo!) minhas personagens devem ser humanas em suas próprias naturezas. Além das pressões que o mundo branco exerce sobre elas. Pode haver uma multidão de diretores, reitores de faculdades e até professores, cujas crueldades e limitações de espírito as convencem pelo menos de que são livres. Livres o bastante para que se possa escrever sobre elas como entidades completas (assumindo, é lógico, o bem nelas também) em si, sem mostrá-las como consequências malignas do sistema do homem branco.

Tem que haver beleza também. Uma beleza plena e irrestrita de indivíduos vivendo suas vidas. Uma beleza raramente vislumbrada porque a opres-

---

[1] Myshkin era o cachorro do casal, carinhosamente batizado em homenagem ao príncipe Myshkin do romance *O idiota* de Dostoiévski. O autor uma vez descreveu o personagem como "totalmente otimista... com uma natureza absolutamente linda". Alguns o consideram um "idiota", mas ele possui uma inteligência emocional muito superior à de todos os outros personagens do romance de Dostoiévski.
[2] Richard Wright, aclamado autor de *Filho nativo* e *Black Boy*.

são, para a maioria de nós, a apaga. E, no entanto, esta é a nossa força. Essa beleza nos deu a coragem e o amor do bem que temos. Não era a feiura, que simplesmente aterrorizava.

O que tenho para dizer: que sempre machucamos uns aos outros, que os pais fazem isso mais do que os avós – porque estão tão envolvidos na criação de um novo ser que suporte os mesmos problemas. Que o velho deve liderar o jovem, não apenas no ensino da arte, às vezes violenta, da autoafirmação, mas também na entrega de um senso de cuidado, uma determinação a manter a união do clã. Devemos aceitar uma total responsabilidade uns pelos outros, como fizeram nossos melhores heróis e heroínas. Mesmo sob a mira de uma arma, devemos libertar uns aos outros, como fez Harriet Tubman, forçando suas temerosas cargas através dos pântanos.

8 de julho de 1968
Hoje recebi exemplares do meu livro de poemas [*Once*].[1] Algumas primeiras reações – não gosto da capa, muito parecida com uma caixa de Bórax. Não gostei da minha fotografia no verso. Pareço velha e cansada. Achei que parece um livro barato. Mais tarde, porém, me senti melhor. Mas os poemas foram escritos há muito tempo, e eu sou tão diferente agora. Na verdade, eu nem sou a mesma pessoa.

Distribuir exemplares do livro é prazeroso, porque presentear é uma das grandes alegrias que restam.

É bom ter Andrew.[2] Ele me impede de sofrer por Myshkin. Como os seres humanos podem roubar um cachorro de alguém? É quase como roubar uma criança. Mel também está mais feliz agora que tem outro cachorro em casa.

11 de julho de 1968
Depois de muitos meses me perguntando como eu, como mulher casada, poderia continuar um diário pessoal, encontrei a resposta (acho) por acaso ontem à noite. E aconteceu quando uma terceira pessoa, uma garota que amamos, feriu os sentimentos do meu marido. Então percebi, ao sentir a dor

---

1 Publicado em 1968, *Once*, o primeiro livro de Alice Walker, mostrou que uma jovem escritora com maturidade e poder incomuns. Todos os poemas dessa coleção foram escritos na África Oriental, quando ela esteve lá no verão de 1965, ou durante seu último ano na Sarah Lawrence.
2 O novo cachorrinho do casal.

que ele sentia, que ele é minha vida pessoal e que a verdadeira união aconteceu entre nós.

Ele ficou magoado porque Barbara,[1] nossa amiga mais próxima, ainda o considera branco em seu cerne. Acho que sou a única pessoa negra que não pensa assim. Na verdade, naufragamos na ilha americana, só nós dois contra os mundos negro e branco, mas como isso aguça nosso amor! Lembro do poema de Voznesensky sobre os amantes pressionados a serem como duas conchas que envolvem a dor que sentem, mas também a intensa alegria que carregam por terem a permissão dos deuses para experimentar tal emoção magnífica, quase heroica.

Como eu teria ficado entediada como esposa de um pastor!

Agora que descobri que minha voz é grandiosa o bastante, ocasionalmente, para dois, tenho muito a escrever sobre o que antes eu não conseguia. Existe a crescente animosidade que pessoas negras de Jackson têm contra as brancas – mas não contra os brancos cretinos do Mississippi que a merecem, e sim contra os brancos que trabalham em prol dos direitos civis e que, na minha opinião, não a merecem.

Estou pensando agora em como a cabeça de Ronnie foi aberta por um garoto em Bolívar. Ronnie![2] Que trabalhou duro a cada verão no Mississippi para levar pessoas negras às urnas – porque ele é branco e o garoto negro sabia que ele não iria revidar e não chamaria a polícia! É tão injusto. E então o pobre Ted Seaver, espancado porque era mais eficiente na organização do que seu "amigo" negro. E depois tem o cara negro de Boston que deixou a família para vir trabalhar no Mississippi (esposa, filhos; por que ele não "trabalhava" em Roxbury, por que precisava ser justamente em Mound Bayou?) e que ameaçou bater no meu marido? Se ele tentasse, eu iria querer matá-lo e não há dúvida de que eu gostaria que Mel prestasse queixa. Já chega! Para mim, enquanto Mel trabalhar para transformar este mundo em um lugar melhor, ele não é culpado de nada. E é óbvio que para mim não existem pessoas brancas, mas apenas mentes brancas. Malcolm aprendeu isso, suspeito que Baldwin sabia disso o tempo todo. Como meu marido pode ser branco quando estamos juntos tentando tornar o mundo melhor para nossos bebês negros, nossos amigos que são de cores diferentes por fora, mas pretos por escolha?

---

1 Barbara Greene trabalhou no escritório de Mel Leventhal e se tornou uma grande amiga do casal.
2 Um jovem judeu que viajou para o Sul para trabalhar no Movimento pelos Direitos Civis.

Barbara se opôs à convicção de Mel na capacidade deste país de reprimir qualquer revolta negra. Mas ela e eu falamos a mesma coisa, fizemos a mesma observação severa. Depois de todo esse tempo, ela se ressente de ouvi-lo dizer isso como um homem branco. E mesmo que seja fácil entender seu ressentimento, estamos muito magoados – foi porque pensamos que entre nosso pequeno círculo de amigos havíamos abolido o conceito de cor baseado apenas na cor da pele?

15 de julho
É muito mais difícil adestrar Andrew do que Myshkin. Andrew também é muito mais nervoso, temperamental. Ele morde muito mais e seus dentes com certeza são mais afiados. Mas ele está crescendo, tornando-se um menino grande e saudável e estamos satisfeitos por ter conseguido engordar um quilo em quatro dias. Hoje faz duas semanas que estamos com ele.

Como isso é estranho – estou com problemas para escrever com sinceridade ou bem. Será porque me atrevi a comentar com Mel que um dia poderia publicar este diário? Além disso as coisas que realmente me abalaram – a morte do Dr. King, a morte de Bobby Kennedy[1] – não consigo colocá-las em nenhuma forma literária. Não posso escrever um poema sobre King assim como não poderia dançar em seu túmulo. E isso, sem dúvida, diz algo sobre minha poesia. Acredito que seja irônica, em grande parte satírica, voltada para muitas coisas com que o Dr. King não se preocupava. Ele precisava da poesia de Tennyson, Matthew Arnold, profunda, lenta e alegórica – assim como Kennedy, estranhamente – e talvez, no outro extremo do espectro, de Robert Browning.

Me pergunto se caminhar aqueles últimos quilômetros com King realmente me fez perder nosso bebê – ou foi a homenagem que fiz ao homem que tornara minha vida suportável? Engraçado como eu não conseguia encarar a ideia de dar à luz uma criança num mundo onde o Dr. King não vivia mais. Quantas vezes eu disse a Mel "Vou ficar aqui – quer dizer, neste país – enquanto ele puder ficar." Depois disso, foda-se. E agora sinto mais do que nunca a futilidade de ficar aqui, mas para onde ir? Como é necessário que um de nossos "líderes" encontre uma resposta exatamente para essa pergunta. Integração levando à assimilação – todo mundo se tornando um pardo sem graça e adocicado – isso

---

[1] O líder dos direitos civis Martin Luther King Jr. foi assassinado no dia 4 de abril de 1968. O candidato à presidência dos Estados Unidos Robert F. Kennedy foi baleado no dia 5 de junho de 1968 e morreu no dia seguinte.

é repugnante! Mas o separatismo também não vai funcionar – e, além do mais, alguém está pronto para jogar a própria vida num possível beco sem saída? Inequivocamente não!...

...A adversidade muitas vezes nos leva a perceber no que acreditamos. Ou seja, no que nós dois acreditamos e <u>vamos nos manter fiéis</u>.

Estive pensando em James Baldwin e devo escrever uma carta para ele. A gente o ama, admira o único livro de Ellison[1] e, portanto, ele. Passar uma noite com Baldwin seria fascinante, talvez apenas observá-lo dormir, ou, antes de dormir, escovar os dentes, passar a mão naqueles olhos grandes. Uma noite com Ellison provavelmente seria como um dia com qualquer marido e mulher que da janela tivessem vista para o Hudson.

Acabei de encontrar uma palavra maravilhosa – adamantino. Significa duro, inquebravelmente duro, como um diamante.

Como a vida profissional e social é difícil para Mel! O nome de outra pessoa assinado em seu trabalho, um velho mesquinho deixando-o de fora de jogos de pôquer e festas de golfe! Desconfiam e não gostam dele por ser um homem branco, assim como Barbara, e eu realmente não os culpo. Como poderia culpá-los? Quando eu mesma tenho essa desconfiança sincera de todos os brancos, a não ser daqueles que escolhi entre os demais, e só depois de muito cumprimento de requisitos por parte deles.

A questão racial (pode-se chamar de "questão" a causa de tanta dor e sangue?); mas, seja como for, essa questão estragou todas as nossas almas aqui nos Estados Unidos. Não temos mais almas puras, se é que alguma vez as tivemos.

Existe uma raiva enorme em mim que se volta contra qualquer um que, mesmo que remotamente, prejudique meu marido. Que sentimento estranho e maravilhoso é esse de ser como uma mãe é para seu filho. Me parte o coração quando ele está magoado ou triste. É como ter um peso insuportável sobre mim, me pressionando até o momento em que o vejo sorrir e posso acreditar que ele está bem...

...E agora quase somos donos da nossa casa. Por um tempo muito breve, com certeza. E se o recrutamento militar chamar antes de eu estar compro-

---

[1] Esta é uma referência a *Homem invisível*, o único romance que Ralph Ellison publicou em vida.

vadamente grávida, o que faremos? Ir para o Canadá? Mel odeia fugir e é por isso que, eu acho, estamos aqui no Mississippi. Odeio este país, mas esse ódio é também por ser obrigada a deixá-lo. Senhor, sei de toda essa hipocrisia – sei que você agiu por minha mãe – nos mantenha juntos. Não me importa para onde vamos, desde que estejamos juntos.

Se estivéssemos fora do Sul – mesmo em Atlanta – eu estaria estudando. Uma pessoa preguiçosa deve ter vários diplomas para impressionar outras pessoas preguiçosas, mas eficientemente burocráticas. Até mesmo a universidade Jackson State, aquele lugar onde a presença de pessoas mais estudadas é rara, tem a coragem de exigir credenciais que pareçam boas em seu catálogo. E, no entanto, não posso culpá-los, estão tentando melhorar os cursos, a educação que oferecem, e ainda não sabem que teriam que começar, não na faculdade, mas naquele lugar crucial onde o esperma atinge o óvulo.

Não existe nada mais desesperador para mim do que pensar em um emprego. O que devo ser então, na vida funcional?

Estou obcecada com a ideia de escrever meu próximo romance sobre oito damas pós-Spelman (um título nada mau!) fazendo com que ele gire em torno de The Suicide of An American Girl. Oito mulheres, oito personagens muito diferentes, suas origens, amores etc. Reveladas a caminho do funeral de Anna.

Pode haver um estudo básico de tipos de mulheres negras.
1. A solteirona frustrada e frígida
2. A revolucionária inimiga de branco, amante de branco
3. A que voltou para a África – Anna
4. A rica bela/caseira
5. Aquela em intercâmbio na Finlândia
6. A burguesa do Sul
7. A hippie do Norte horrorizada com o analfabetismo das universitárias da Spelman
8. A atriz que opta por Paris

18 de julho
Estou maravilhada comigo mesma. Mais uma vez estou me aquecendo para escrever. Como é incrível, de certa forma, ter sede de caneta e papel, precisar deles, como se fossem água...

...Fazendo uma colcha à moda antiga, "remendando". Fico imaginando se mamãe ficaria surpresa. Nunca gostei muito do trabalho doméstico. Mas fazer uma colcha não é trabalho doméstico. É arte, criação, invenção. E ainda é uma forma de economizar dinheiro e deixar essas lojas de departamento tipo Sears, Roebuck longe da nossa cama.

A senhora da casa vizinha acha que sou inteligente. Eu! Consigo ver que ela inclina a cabeça tentando entender por que trato Andrew como se ele fosse uma criança. Eles acreditam, claramente, que se deve tratar um cachorro como um crioulo. Pobres de nós, é assim que perpetuamos a crueldade. Mas o trabalho de Andrew será me proteger, e no Mississippi só Andrew e meu querido marido vão fazer isso.

Uma carta especial carimbada pela Biblioteca do Congresso. Incrível. Querem saber isso e aquilo sobre ONCE para que possam fazer fichas de catalogação. Estarei na biblioteca! Que emocionante. Muito mais emocionante do que qualquer outra coisa que tenha acontecido com o livro.

Me sinto tão estranha, as pessoas realmente me incomodam. Quase todas as pessoas. Começo a entender por que Muriel (Rukeyser)[1] disse uma vez que odiava lecionar na Sarah Lawrence. Qualquer pessoa deve se sentir o mais livre possível de outras mentes, que ficam sondando, se enfiando dentro da sua cabeça. Minha necessidade de privacidade parece quase paranoica. Mas também gosto de pessoas, ocasionalmente...

...Gosto de amar imensamente as pessoas, como amo Baldwin. E Baldwin, que tenta apenas viver, poderia amá-lo num castelo, com um fosso e uma dúzia de lacaios. Eu ficaria em êxtase se isso o fizesse feliz. Porque ele se identifica com os pobres de espírito e isso se aplica a todas as pessoas envoltas na condição humana...

...Estou enfastiada, acho, de ver as palavras preto, branco, negro, de cor. E não é triste que meu olho consiga detectar "negro" numa página de jornal sem ser capaz de ver sequer outra única palavra?

2 de setembro de 1968

Os papéis se invertem nas relações homem-mulher. Primeiro, a mulher quer as simplicidades do lar e da família (ou não), enquanto o homem quer explorar o mundo com menos de $ 3,00 por dia. Depois a mulher quer uma

---

[1] Muriel Rukeyser foi uma poeta e ativista pela justiça social que lecionou na faculdade Sarah Lawrence durante o período em que AW estudou lá.

liberdade semelhante enquanto o homem quer segurança. Nos relacionamentos entre jovens, a sístole-diástole destrói o que resta de dependência e intimidade.

Uma história sobre o rompimento de um amor inter-racial entre jovens e como não se trata de uma luta entre pessoas negras e brancas, mas entre uma visão de vida burguesa e outra radical. Um lado teve, o outro lado não teve, e quer.

Jackson – Outubro, 68
Nas noites em que fico em casa sozinha esperando Mel, percebo que ele é a parte mais importante da minha vida. E não tenho medo dele como sempre tive dos HOMENS – o único medo que tenho é de machucá-lo. Ele é tão compreensivo. Ou, em qualquer caso, ele se esforça e é gentil, carinhoso. Às vezes me sinto uma megera.

O que sempre me surpreende é saber que não posso viver sem escrever. Isso com certeza é estranho. Como meus dedos querem uma caneta entre eles, minha mão gosta da sensação de tocar papel e cadernos. Às vezes acho que meu caderno fez com que Mel me levasse a sério. "Todo mundo 'escreve'", disse ele. O que ele não sabia até ver meu caderno, era que eu também era casada com a escrita.

———

Que estranho, depois de tantas viagens, pousar no Mississippi. Definitivamente não é o caminho que Wright e Baldwin seguiram. Mel gostaria de ficar aqui por muito tempo. Eu também se pudéssemos fugir duas ou três vezes por ano. Em breve vamos completar um ano & meio aqui. Começo a me sentir uma colonizadora.

Nossa casa é linda. É tudo como gostamos e como conseguimos fazer. Já sei que odiaremos deixá-la. A erva-doce americana do lado de fora da minha janela é tão linda no outono!

2 de dezembro de 1968
Estou muito interessada em mim. Isso é uma Verdade. Quais são as outras? Que eu vivo, que amo mais a vida do que a morte. Que amo a beleza, que meu marido é a joia da minha coroa. Que eu amo cabelo, muito. Que a bíblia não foi feita, em sua totalidade, para mim ou para as pessoas negras. Que sou vaidosa. Que dependo de espelhos. Que sou mais forte do que jamais demonstrei. Que preciso escrever. E esse desejo é tão distinto quanto qualquer uma das nossas urgências íntimas. Que eu tenho medo de muitas coisas.

Ideologias. Que demoro para amadurecer. Que hoje é aniversário da minha mãe e que não sei quantos anos ela tem.

2 de janeiro de 1969
O início de um ano novo. Nixon no poder. Os sulistas iniciando uma floração precoce. Como eles odeiam os Kennedy e o pobre velho Johnson que nunca conseguia olhar diretamente para a câmera. Quem quer que tenha visto seus olhos através dos óculos deve ter notado que pareciam bolas de gude cinza e cheias de aflição gelada. Me surpreendo por gostar de Johnson mesmo assim, o homem tem paixão. Johnson teve suas filhas fazendo a coisa de sempre – e se divertindo. Nixon teve as dele suando, provavelmente frio. Deus! Como podemos viver olhando para o rosto de Nixon. É como uma máscara Kabuki. Vê-lo sorrir é como assistir a uma mariposa se aproximando de uma chama. Espero que sejamos a chama. Ele acredita muito na inteligência. Mal sabe que os computadores podem e irão substituí-lo. O que precisamos é de um bom cara irracional. Não há substituto para o coração.

Faltam apenas dois meses e meio para Mel completar 26 anos. Se conseguirmos chegar até lá sem ter que "fugir" do país ficaremos agradecidos. Ainda acho que a comissão de alistamento tem a coragem de pedir que ele [seja convocado] ao Exército. Ele já está no exército...

...Nunca disse "não sei" com tanta frequência quanto digo agora. As coisas estão tão ruins, mesmo sem pensar em Nixon e sua família de playboyzinhos da Bonwit Teller. O Movimento que conhecíamos está morto. A revolução do amor foi traída. As pessoas agora pressionam umas às outras. Negros e judeus estão lutando entre si, enquanto os WASPs[1] controlam e manipulam. Mesmo esta visão está sujeita a distorções. A única coisa que sobrevive aos ataques de lama é a amizade.

As pessoas se perguntam, suponho, o que nos mantém aqui. Além das coisas óbvias: o trabalho de Mel,[2] o grande quintal que me permite escrever. O bairro tranquilo, as poucas pessoas prestativas e genuinamente simpáticas que conhecemos. São poucas, isso é verdade. Mas o "jeito sulista" entre as

---

1 Acrônimo de "White, Anglo-Saxon and Protestant", em português "branco, anglo-saxão e protestante". Indivíduos que historicamente detêm o poder econômico, político e social. [*N. da T.*]
2 Mel trabalhou como advogado pelos direitos civis para o Fundo de Defesa Legal da NAACP.

pessoas negras é ótimo porque bondade com as pessoas atingidas por desastres, ajuda, colaboração, frango frito, é um modo de vida. Se alguma coisa nos acontecesse, a preocupação seria natural, não forçada. Gosto disso.

Sem data, 1969
Devemos ir para onde quer que não sejamos destruídos à imagem daqueles que nos odeiam. Lar é onde podemos viver vidas humanas. Lembre-se, é possível que o solo onde nasceu envenene alguém.

———

O que é difícil de admitir é que, pela primeira vez em nosso casamento, sinto que Mel não é capaz de ter empatia com uma coisa. Ele consegue entender, mas está além dele sentir o que sinto quando passo por um dia tão humilhante como este. Vir para cá e nos estabelecer aqui foi um erro. Não há como evitar o fato de que longe do Sul, na Sarah Lawrence e em Nova York, eu era uma pessoa diferente. Mais ousada, mais livre, sem essa sensação de asfixia. Mel quer que eu seja algo que não está em mim. Sei que se não o tivesse conhecido, não estaria aqui agora. Me surpreendi hoje pensando, pela primeira vez, que se eu tivesse casado com um homem negro, teríamos sensatez suficiente para saber que não poderíamos morar no Mississippi. O que é difícil para outras pessoas entenderem é que analisar a situação não ajuda em nada. Para uma alma marcada não existe um cicatrizante, não existe cura. Não posso fingir que não tenho cicatrizes, que não sou amargurada. Olhei para a nuca daquele motorista de ônibus branquelo e odiei ele e todos aqueles que se parecem com ele. Não vou ficar aqui por muito mais tempo – e nem toda a conversa apaziguadora, explicativa e encorajadora do mundo vai me fazer ficar aqui e ser destruída. Não sou Joana d'Arc ou uma Anne Moody[1] e sinto que estou farta.

Qual será o impacto disso para nós? Pela primeira vez sinto que estou presa a uma rocha. Não que Mel seja uma rocha – tudo ao nosso redor é uma rocha. Até as persianas nas janelas! Mel quer ficar aqui até deixar sua marca – devo ficar aqui até o Mississippi deixar sua marca em <u>mim</u>? Tem momentos, me parece, em que se justifica um pouco de egoísmo. E admito um egoísmo furtivo e crescente. Eu quero sobreviver. Quero viver sem me asfixiar, sem pensar a cada minuto que alguém vai me machucar. Meus sentimentos são preciosos, pelo menos para

———

[1] A escritora Anne Moody escreveu sobre suas duras experiências como mulher pobre e negra crescendo na zona rural do Mississippi e seu envolvimento no Movimento pelos Direitos Civis na aclamada autobiografia de 1968, *Coming of Age in Mississippi*.

mim, e só porque outras pessoas têm uma vida vil e suportam estar assim, isso não significa que eu possa ou vá.

Que escolha existe? E o que eu quero?

Ele realmente não entende – mas mesmo que entendesse, não ajudaria. Estou sozinha.

22 de maio
Hiram[1] acabou de ligar para dizer que gostou muito do livro! Estou muito feliz. Ele me disse que vai mandar uma carta cheia de "pequenas implicâncias" mais tarde, mas adora o livro do jeito que está! Maravilhoso!

---

1 Hiram Haydn era o editor de Walker na Harcourt, Brace & World, e "o livro" era o romance em que AW estava trabalhando, *A terceira vida de Grange Copeland*.

PARTE DOIS

A NATUREZA DESTA FLOR É DESABROCHAR

A DÉCADA DE 1970

16 de janeiro de 1970

Amanhã minha filha vai fazer dois meses. Ela ainda não parece minha filha de verdade. Mas é um pacotinho compacto, quente e se contorcendo que adoro acordar do sono – segurando-a no calor do meu corpo para que o despertar seja agradável, não a abale. E seus olhos, quando está sorrindo, um pouco travessos. Como ela floresce e desabrocha dia a dia. Andrew se joga na frente da porta. Ele já sabe que deve, conforme papai lhe diz a cada vez que nos deixa, "cuidar de Rebecca, cuidar de mamãe". Portanto esta noite ele está deitado no corredor, a meio cômodo de cada uma de nós.

Ainda é estranho ter um bebê que é todo meu (e de Mel) e acho que o incrível de ter uma filha é que a amamos, independentemente do pai. Apesar de que, quando se ama o pai como eu amo, o amor é mais perfeito, um amor cobertor, inclusivo, caloroso.

Rebecca – escolha de Mel. "Vamos chamá-la de Rebecca, se ela for uma menina." Mas eu tinha certeza de que ela seria um menino, Adam. Agora eu sei que nenhum outro nome teria sido tão perfeito – ou assim eu sinto agora. Primeiro eu mesma era um bebê – & agora sei por que uma mãe é a única necessidade de uma criança. Depois eu era uma garotinha. Tive um longo período como jovem, depois como mulher. Vinte e cinco anos antes de ter minha Rebecca. Rebecca veio muito depois dos primeiros filhos de todas as minhas amigas. Mas ela deve entender que Mel & eu levamos muito tempo para nos decidir. Queríamos ter certeza.[1] Por outro lado, a própria Rebecca nos dá essa certeza & teria dado, eu espero, mesmo que tivesse nascido três anos atrás.

Já escrevi alguma coisa aqui sobre a gravidez? Prolongada, com fortes crises de náusea, vomitando. Incapaz certos dias de encarar minhas aulas de literatura negra. Depois, na metade, melhorando, então fui ao México e a um longo festival de compras. Tapetes (para mi nino!) – principalmente compras de Mel e o Tamayo[2] que eu tinha que ter. Percebi durante a gravidez o quanto amo Mel, como estava feliz por estar carregando seu filho. Mamãe diz que um homem como Mel, tão cheio de amor, deveria ter 50 filhos. Então, na verdade, se pararmos em

---

[1] Alice e Mel decidiram ter um filho em parte como um meio de Mel evitar o recrutamento e não ir para o Vietnã, lembra AW. Os dois queriam "manter nosso trabalho no Movimento pelos Direitos Civis também", diz ela, observando que as habilidades jurídicas de Mel foram cruciais para o avanço da comunidade negra.
[2] Rufino Tamayo foi um artista mexicano cujas pinturas coloridas retratam temas mexicanos contemporâneos.

um, será uma fraca retribuição. Os últimos 3 meses difíceis, pesados, solitários. As últimas semanas intermináveis... O trabalho de parto longo e árduo – 36 horas – começou um dia depois de Mel & eu termos plantado rosas. Mel no Texas a maior parte do primeiro dia, mas depois comigo o resto do tempo. Como ele sofreu, acho que nunca saberei, mas foi muito difícil para ele. E como ele ficou feliz quando acabou e como sorriu quando viu Rebecca pela primeira vez!

Eu pensei, quanta coisa passamos juntos e como me sentia forte & segura em relação a nós.

Pelo menos uma página pertence a mamãe, que veio e ficou 4 semanas. Ela fez tudo por mim, por nós. Como ela adorava ficar com Rebecca no colo, aninhada naqueles braços grandes e gordos. As vezes que ela a pegava & a embalava a noite toda, enquanto a bebê chorasse. Eu sabia o quanto minha mãe me amava por seu amor & paciência com minha filha. Minha mãe era imperturbável, mesmo sem saber que bebês recém-nascidos não transpiram!

A mãe de Mel, que estava aqui no dia de Ação de Graças, me deixou mais nervosa do que eu precisava naquele momento, mas ela teve boas intenções e sua ajuda com a máquina de lavar e secar foi mais atenciosa do que jamais sonhei. Rebecca usa fraldas, fraldas!

O primeiro mês foi tão difícil que senti que não teria conseguido passar sem mamãe – e pensar que quase não a convidei! Que boba eu.

E agora meu querido marido está em Greenville & minha querida filha está dormindo – a velha tropa-tropa. Mamãe a chamava de "pequena artista". A casa está quieta. Estou triste que em breve – daqui a um ano ou mais – vamos deixá-la. Fomos, graças a Deus, tão felizes aqui, e plantamos árvores e flores.

Esta noite eu tive um pesadelo & peguei a arma. Acho que estou com medo. A felicidade me assusta. Sou supersticiosa. Mel, Rebecca, Andrew, são tudo o que realmente importa para mim – & minha mãe. O salgueiro está desabrochando na minha mesa.

11 de abril de 1970
Jackson, Mississippi

Acho que realmente sou uma esquisitona. Quando escrevo poemas, o que fiz em ritmo acelerado nas últimas 4 horas, eles vêm até mim de compartimentos fechados à chave – do nada. É a coisa mais estranha! Me sinto quente, da mesma forma que imagino que um jogador de pôquer deve se sentir quente. Mas o que me incomoda são minhas constantes crises de depressão. Estou ficando louca? Qual é o problema? Sou simplesmente uma megera? Acho que vou fazer um esforço para escapar um pouco. Me sinto trancada dentro de mim. Me sinto confinada. Mas quando estive melhor? De alguma forma, esse é o problema. Sou insegura ou então uma feminista raivosa. Me ressinto de tantas coisas pequenas – e Deus sabe que não quero ser mesquinha.

Viva! O romance está pronto – as provas de teste de impressão prontas, a sobrecapa do livro já impressa (segundo Hiram).[1] Nem posso acreditar – quanto tempo se passou, quase três anos!

Agora tenho tantas perguntas orbitando minha cabeça. Para quem enviar que coisas. Isso não é uma virada?

Quem sou eu? Por que perdi meu anel de casamento? Por que fico passiva & sinto dores de cabeça com tanta frequência?

Sem data

"No âmago de minha
obra há um
sol
invencível."

– CAMUS

---

[1] AW havia terminado seu primeiro romance, *A terceira vida de Grange Copeland*, e Hiram Haydn era seu editor na Harcourt, Brace & World.

Dias tranquilos são estranhos, dias de culpa. Não sei por que tem que ser assim. Mas talvez seja a suspensão da situação mundial, quando tudo o que realmente se quer considerar é "o que devo cozinhar para o jantar".

Ler este diário é assustador. Como olhar para trás, para alguém que quase conhecemos. Mas há dias bons.

4 de julho de 1971

As coisas desmoronam muito antes de ouvirmos o estrondo. Nosso casamento começou a mudar drasticamente com o início da minha gravidez de Rebecca, ou talvez até antes. Me senti tão sozinha com tanta frequência, & estava. Mel nunca pareceu se dar conta de que eu o segui para um deserto com a garantia de que faríamos companhia um para o outro. Posso dizer sem exagero que os últimos dois anos foram basicamente miseráveis. Tudo o que eu temia que o casamento pudesse se tornar. Eu, que amo dançar, dancei uma única vez este ano. Eu, que amo viajar, me convenci a não fazer a viagem que precisava para a Califórnia.

Mas logo vou embora. Não estou triste nem arrependida. Se eu ficasse com Mel, me encontraria casada com um homem cuja única realidade para mim é o que as outras pessoas me dizem.

Não. Não é para mim. Devo me apaixonar de novo. Tentar novamente ganhar vida, viver e crescer e ser parte de alguém que é capaz de ver tanta coisa séria na vida como uma piada.

O aborto foi tão doloroso que pensei (e o médico também) que ia desmaiar. Eu podia sentir o sangue se esvaindo do meu rosto e do meu pobre corpo numa chama concentrada de dor. Talvez meu amor tenha morrido naquele fogo. Mel estava ocupado com suas causas e eu não me importo mais com o Mississippi, ou as pessoas que moram aqui.

E quanto a Rebecca? Pelo menos ela é a única filha que vou ter![1] Graças a Deus por isso. Vou tentar fazer o que for melhor para ela – o velho clichê. Nem Mel nem eu deveríamos ter tido uma filha. Estamos igualmente despreparados. Ah... Creche, depois jardim de infância, escola e enfim faculdade. Com acampamentos de verão no meio. Como sou sem coração, as pessoas vão dizer. Mas não me contento com crianças. Dois dias com Rebecca, amável como ela é, me deixam de cabelos brancos.

---

[1] AW optou por fazer uma cirurgia de laqueadura, o que impossibilitaria que engravidasse.

Não consigo deixar de pensar nesse poema que deveria conter o verso "o pai dele construiu uma casa para ele usando vigas de costelas humanas". Mas não consigo ir além das imagens desse verso.

Na verdade, apesar de todos os meus resmungos, amo Rebecca e sinto falta dela se não a vejo de manhã. Imagino que isso se evidencie na maneira como não consigo deixar mamãe ficar com ela por mais de uma semana (até agora) a cada dois anos!

Tenho que ter fé em mim mesma. E nunca ficar onde não quero ficar simplesmente porque tenho medo (e tenho) do novo, do diferente, do mundo que mudou tão repentinamente. Voltar a ser solteira. Como será isso? Tenho 27 anos. Não é ser velha demais. É ser mais jovem que Susan Sontag.[1]

Tenho que me preparar para ganhar a vida, e escrever também.

Mas é que nunca abri espaço em mim para a presença de uma criança. Como eu era obstinada & estudiosa, tão determinada a fazer sempre o que quero! Mas Rebecca, quando ela corre até mim e abraça minhas pernas, enterrando a cabecinha quente em mim, está em meu coração tão profundamente que é estranho! Especialmente quando, às vezes, acho quase inacreditável que eu realmente tenha uma filha!

2 de março de 1972 / Cambridge, Mass.[2]

Estou surpresa, não, chocada, que quase dois anos tenham se passado desde que escrevi algo de substancial neste livro.[3] Têm sido tempos, especialmente

---

[1] Susan Sontag foi uma escritora, mulher branca contemporânea de AW, que já era considerada uma influente crítica cultural, cineasta, filósofa, professora e ativista política.
[2] AW obteve uma bolsa de estudos em escrita de um ano no Radcliffe Institute em Harvard, Cambridge, Massachusetts.
[3] AW desenvolveu o hábito, ao longo de sua vida diarística, de largar um caderno no meio do caminho, começar outro, depois pegar o caderno velho e retomar seus pensamentos de onde parou. Para esta edição, no entanto, foi feito um esforço para organizar as entradas dos diários, de vários cadernos, em ordem cronológica para uma leitura mais acessível e coerente.

o primeiro ano, de ver Rebecca crescer. Isso ocupou minha atenção completamente por cinco ou seis meses. Ela era mais bonita do que vai acreditar quando mais tarde crescer e ler isso. Mas algo começou a me derrubar. A solidão do Mississippi, a esterilidade – cultural – de Jackson e Rebecca começaram a parecer um braço extra que eu não sabia como usar. Mel esteve ausente quase o tempo todo. Ele processou metade da gente branca do estado. E isso não o deixou com muito tempo para estar conosco. Eu capenguei entrando e saindo da depressão. Depressão violenta. Sempre sinto que vou me matar antes que esses períodos terminem. É muito assustador. Me pergunto se deveria tentar um horário com Robert Coles.[1] Acho que posso confiar nele. E ele me escreveu alguns bilhetes gentis.

As coisas melhoraram depois do primeiro aniversário de Rebecca, porque então ela passou a ficar na casa da Sra. Cornelius,[2] no fim da rua, meio período, todos os dias. Mas eu estava sozinha a ponto de gritar & pela primeira vez em muito tempo duvidei que Mel entendesse. Duvidei de seu amor.

Ensinar em Tougaloo[3] ajudou um pouco. Eu amo o espírito de T. Eu amo sua história de ativismo/como movimento, mas eles não conseguem me pagar muito ou manter meu contrato por muito tempo.

A decisão de me candidatar à bolsa do Radcliffe Institute[4] partiu de nós dois. Mel percebe, como eu, que tenho que me afastar do Mississippi.

UM LEMBRETE PARA VOCÊ MESMA:
Quando estiver de volta ao Mississippi, lembre-se que durante o mês de fevereiro (depois que você sarou da gripe que pegou enquanto dava 5 horas de aula na escola Germantown Friends na Filadélfia.) você estava muito, muito feliz. Sozinha na casa em Linnaean St. Nada a se preocupar, a não ser o curso de meio período na Wellesley, as aulas que assistiu como ouvinte em Harvard

---

1 Robert Coles, psiquiatra, escritor e professor de Harvard.
2 AW enviou a pequena Rebecca para uma creche na casa de sua vizinha, Barbara Cornelius, uma professora experiente e ativista pelos direitos civis, que ensinava as crianças a ler, bem como canções de liberdade.
3 Tougaloo é uma pequena faculdade de Artes Liberais historicamente negra perto de Jackson, Mississippi.
4 No início de setembro de 1971, AW obteve uma bolsa de escrita do Radcliffe Institute em Cambridge, prevista para o ano acadêmico. O instituto foi criado para ajudar mulheres com responsabilidades familiares a realizar projetos criativos ou acadêmicos. A bolsa de AW incluía uma remuneração de US$ 5.000, espaço de escritório, benefícios na biblioteca de Radcliffe e de Harvard e a oportunidade de assistir a aulas em qualquer curso.

e, o melhor de tudo, sua própria escrita! Não se esqueça que durante este período você escreveu três contos e começou seu segundo romance!

Você sentiu falta de Rebecca, mas apenas quando estava preocupada com ela. Você sentiu falta de Mel porque ele lhe dá confiança com seu amor. Sozinha, você tem muito pouca autoconfiança. Você não acredita que é bonita, se preocupa com pequenas imperfeições que os beijos dele adorariam para sempre.

Você está feliz que Mel está cuidando de Rebecca. Isso permite que você respire, seja livre de uma maneira que não foi por cinco anos.

Descobri muitas coisas importantes ao longo do ano: novos amigos e <u>Um teto todo seu</u> de Virginia Woolf, além de todas as incríveis escritoras negras cuja vida terminou na pobreza e na obscuridade. De todos elas amo Zora Hurston, a melhor. Ela tinha coragem & alma & levantava a voz!

4 de março

Hoje fui ao Nouveau Riche & comprei um casaco de tricô roxo e numa joalheria antiga um pássaro-trovão navajo com uma pedra turquesa. O pássaro é prateado. O símbolo do trovão navajo é muito rústico. Gostei imensamente; é assim que gosto das minhas joias, bem rústicas, de puros elementos terrosos e de preferência antigas e "primitivas". O outro pingente é uma ametista também muito bonita, dos anos 20 disse o joalheiro. No entanto, não é tão grande ou tão fina quanto o pássaro-trovão.

Essas pequenas lojas ao lado da praça são incríveis. Gosto dos tricôs e das joias e de como há tanta coisa para escolher.

Senti uma sensação de alívio no outro dia quando recebi a outra metade da minha bolsa (2500) e os 758,00 da Wellesley[1] para o mês. <u>Gosto</u> de saber que posso me sustentar. É um belo luxo poder comprar, por capricho, um pássaro-trovão navajo e um pingente de ametista.

Gostei de conversar com as garotas do Radcliffe. Elas são tão jovens, mas bem cultas para calouras. E não me fazem me sentir velha. Engraçado que a mulher que ensina Literatura Negra em Harvard tem um Cadillac branco

---

[1] No período de sua bolsa no Radcliffe em Cambridge, AW também ministrou um curso de literatura na faculdade Wellesley, uma faculdade particular feminina de Artes Liberais que ficava não muito longe, em Wellesley, Massachusetts.

e usa casaco de visom. Talvez seja isso que ensinar em Harvard significa para ela.

Uma boa notícia hoje à noite de Mel e Rebecca. Eles vão vir na próxima semana. Às vezes sinto que nunca os tive, mas outras vezes mal consigo conter o desejo de largar tudo & ir para casa.

Às vezes fico desanimada por haver coisas sobre as quais tenho medo de escrever neste diário, porque sei que podem ser mal compreendidas.

De volta a Jackson
Junho
Gostei de <u>fazer</u> o discurso de formatura na Sarah Lawrence[1] este ano, mas foi difícil encontrar tempo para escrevê-lo. Eu tinha todos aqueles trabalhos da Wellesley para corrigir. Em seguida, a arrumação e o fim de semana em Bar Harbor com Mel & Gail. O que gostei foi de ter um público cativo composto principalmente de mulheres – várias delas negras – a quem pude transmitir meu interesse por escritoras negras. Estou <u>determinada</u> que Zora Neale Hurston, <u>pelo menos</u>, nunca mais sairá de circulação!

O jovem David Nall, que recebeu o primeiro Prêmio Literário Alice Walker[2] em Tougaloo, foi o rapaz que me trouxe contos um dia depois de ter sido espancado por policiais brancos em Mendenhall. É por isso que eu gosto de Tougaloo. Lute por seus direitos durante o dia, estude e escreva contos à noite. Cinquenta dólares é um pequeno presente, mas alguém uma vez me deu cinquenta dólares e isso fez toda a diferença. Talvez eu possa dar cem no ano que vem.

A correspondência acabou de chegar (vou descrever nossa caixa de correio, nesta rua de classe média. É do tipo que os fazendeiros usam, em formato de um pão de forma inteiro, com uma bandeira que a gente levanta quando está enviando a correspondência, pintada apenas de preto, porque eu tinha uma lata de tinta spray preta) e recebi um honorário de $ 250 pelo discurso de for-

---

[1] AW fez o discurso de formatura em sua *alma mater*, a faculdade Sarah Lawrence em Bronxville, Nova York.
[2] Este foi um prêmio literário de US$ 50 que AW instituiu para encorajar jovens escritoras e escritores da faculdade Tougaloo, uma instituição historicamente negra em Tougaloo, Mississippi, ao norte de Jackson.

matura da Sarah Lawrence. Qualquer um gostaria de receber um cheque por compartilhar o que considera importante. No entanto, não quero ser paga para participar das reuniões do conselho.[1] Afinal, meu valor como membro pode ser nulo. Além disso, Sarah Lawrence me deu muito.

15 de junho de 72
Rebecca disse hoje "Eu sei cozinhar sopa, ovos e ja<u>n</u>elas!"

Ela também disse mais tarde, enquanto pintava na mesa da cozinha, "A, I e O". Então "Ah, ah, o 'O' está de cabeça para baixo!"

19 de junho–
Bem, Langston, hoje comecei de verdade a sua biografia.[2]

11 ago. de 1972
A pequena biografia de Langston Hughes está quase finalizada. Hoje fui até a biblioteca (setor Carver) para tentar descobrir quando ocorreu o terremoto no México que assustou a mãe de Langston. Dá para acreditar que não existe registro de nenhum terremoto na Cidade do México em 1907, ano em que imagino que Langston esteve lá? Ele tinha seis anos. Bem, talvez o ano fosse 1909 quando houve um terremoto em Guerrero.

Lendo o livro de Meltzer,[3] fico novamente impressionada com a nobreza de Langston. Deus, como nós o interpretamos mal!

―――

A bibliotecária insistiu em que eu assinasse o novo cartão da biblioteca "Sra. Mel Leventhal." Eu poderia tê-la matado. Por que é tão difícil para as pessoas entenderem que uma mulher precisa ter o próprio nome?

É por isso que não quero mais usar meu nome de casada. Em qualquer circunstância. Mel está magoado. Talvez ele pense no que as outras pessoas pensam. Mas lógico que eu o conheço bem, ele não é assim!

O período no hospital não foi desagradável. Acho que, com as várias pequenas preocupações incômodas que tenho, a operação me fará sentir mais livre. A maternidade, quando se quer realmente apenas escrever, é um far-

---

[1] AW havia sido convidada a integrar o Conselho Administrativo da faculdade Sarah Lawrence.
[2] AW estava começando a escrever uma biografia infantil do lendário poeta Langston Hughes, de quem se tornara amiga pouco antes dele morrer em 1967.
[3] Milton Meltzer, um amigo e colaborador de Hughes, publicou uma biografia do poeta em 1968 – para jovens leitores a partir de dez anos – chamada *Langston Hughes*.

do muito pesado. Li o relato de Margaret Walker sobre como ela escreveu Jubilee – ao longo de vinte ou trinta anos – e acho que ela poderia ter feito muito mais sem quatro filhos e a sua dedicação em ser uma boa mãe e ainda cozinhar.

Zora Neale Hurston nunca teve filhos. Nem Nella Larsen. Eu entendo o porquê. As mulheres nunca foram capazes de levar o trabalho a sério o bastante porque os filhos têm uma forma de se tornar o trabalho de alguém. Isso é horrível para mim. Sempre que falar com as jovens, continuarei a alertá-las sobre o casamento com filhos. O casamento sem filhos poderia ser quase livre de complicações. Sempre se pode sair de casa por algumas semanas, ou para sempre.

As provas de impressão de Revolutionary Petunias me parecem frias.[1] Os poemas não têm os vários fogos que senti. Sinto uma covardia se aproximando, uma incerteza. Por que isso? Talvez eu me sinta melhor quando vir o livro.

Por outro lado, a coletânea de contos In Love & Trouble me parece boa. Pelo menos a primeira seção e os contos mais recentes. Gosto especialmente de "Roselily" e "Crime".

Cambridge – 2º ano. 23 set. de 1972[2]
Lendo Gemini hoje, fiquei impressionada ao ver como Nikki é engraçada![3] E como o humor dela é diferente do que observo, digamos, em Langston. Ela não para por nada, o que é uma espécie de coragem. Gostei do livro – o que me surpreendeu. Mas ainda sinto que N. é mais inteligente do que sábia, uma mulher que, apesar de toda a sua retórica, provavelmente nunca vai entender que Ayn Rand será para sempre incompatível com as pessoas negras. Talvez isso seja errado, essa nova afeição que temos por pessoas fracas – desde os escravocratas de mente fraca até gente pior, ou melhor, dependendo do ponto de vista, mas é algo raro. E é indelevelmente nosso. Negro.

---

1 Em parte por causa do tempo que passou no Radcliffe Institute, AW conseguiu completar um segundo volume de poesia, *Revolutionary Petunias & Other Poems*, bem como sua coleção de contos, *In Love & Trouble*.
2 AW tinha escrito para a direção do Radcliffe no início de 1972 para solicitar uma extensão de um ano de sua residência. "Uma bolsa renovada", escreveu ela, "me daria uma sensação muito necessária de liberdade e possibilidade."
3 *Gemini: An Extended Autobiographic Statement on My First Twenty-Five Years of Being a Black Poet*, de Nikki Giovanni, foi publicado em 1971.

Out., 1972 – O que significa estar sozinha, sem um homem? Posso seguramente admitir que sou mais feliz (na maioria das vezes) quando estou sozinha? O casamento, nesta casa, me deprime. Mas acho que não me senti assim em Jackson no verão passado. Por que não consigo me lembrar da felicidade, só da tristeza? Por que meus sentimentos sobre continuar casada são tão ambivalentes? Eu amo Mel o bastante para ficar com ele ou não?

Cuba não me sai da cabeça.[1] Gostaria que Mel tivesse me dado um motivo melhor para eu não ir do que estar com ciúmes de Bob.[2] Esse é o menor dos motivos, mesmo que o "pior" tivesse acontecido. Algum dia deverei me sentir mais livre do que agora. Meu marido precisa entender. Como vou viver, escrever, se o ciúme me impede de ver o mundo?

Talvez o que eu esteja realmente escrevendo aqui seja que prevejo o nosso fim. Porque não quero nadinha daquela Redoma de Vidro de Sylvia Plath![3] Não nasci para viver com o equivalente a 500 libras por ano, atualizadas desde 1928!

2 nov. de 72 – Cambridge
Me incomoda que minha participação no conselho da S.L.[4] esteja na orelha do livro Revolutionary Petunias. Por que não posso me resignar à minha própria trivialidade, quer dizer, quem se importa? E daí se tais afiliações são bregas se usadas como adereços. Por que não reconhecer e acabar logo com isso. Estou tão desconfortável com o "sucesso". Tão desconfiada dessa "aprovação". Mas com certeza não preciso me desculpar por ser membro do Conselho. É uma boa experiência para se ter, como colher algodão.

A curiosidade sobre a experiência nunca me abandonou.

Um bom nome para um cantor de blues

"Blue Mullen"

---

1 AW havia perdido a oportunidade de viajar para Cuba porque Mel não queria que ela fosse.
2 Bob é Robert Allen, formado na faculdade Morehouse e amigo de Alice de seus dias na Spelman. Ele e Alice tiveram o que ela chamou de "um apego" no final dos anos 1960, antes de conhecer Mel. "Tínhamos sentimentos muito fortes um pelo outro", Allen se lembraria. "Mas eu já estava noivo de outra pessoa."
3 O livro de Sylvia Plath de 1963, A redoma de vidro, é um romance semiautobiográfico intensamente emocional sobre uma mulher caindo nas garras da insanidade.
4 Uma referência à sua participação no Conselho Administrativo da faculdade Sarah Lawrence, sua alma mater.

Sem data
Mel disse que minha carta para ele sobre Cuba era principalmente "eu" isso e "eu" aquilo. Acho que sou egoísta. Sei que sou. Não dou muito de mim a Mel. Não consigo me interessar muito pelo trabalho dele – não tenho mais ciúmes – mas desconfio da lei há tempos. Advogados. Eu gostaria de poder sentir mais. Me sentir mais positiva, mais amorosa. Um dia vão provar absolutamente que os corpos das mulheres são mais sensíveis que a mente – ou melhor, que o espírito está disposto, mas a carne evita o contato.

Radcliffe me aborrece com seus convites para fazer parte de suas atividades – chás, jantares, debates sobre as mulheres. Wellesley, pela primeira vez, hoje parecia uma terra submersa. Irreal.

Universidade de Massachusetts é insuportável porque apenas um aluno até agora escreve bem.

Se eu escrever os romances que tenho em mente, sob o título geral Women of Salt – quantos romances estou considerando? Três? Com A Terceira vida de Grange Copeland como a fundação. Porque é lógico que a trilogia teria que começar com Ruth Copeland.

Como eu gostaria de poder começar agora. Me livrar de dar aulas, palestras, responder cartas. E realmente deveria desistir do Conselho Administrativo. Embora depois da carta de Margaret Schifter – sobre uma ex-aluna mais velha ter dado $ 5.000 em ações por causa do meu artigo no jornal Sarah Lawrence Alumnae News – eu me sinta menos inútil. Ainda assim, é difícil acreditar que eu possa oferecer qualquer coisa nas reuniões de negócios. Os números me dão tanta dor de cabeça. E a compra & venda de ações, e o modo como a sala fica sem ar & séria como um cemitério.

11 nov. de 1972
Fui a uma loja próxima e comprei um cachimbo sensacional para fumar. Acho que se chama duque prateado. Tem uma boquilha longa ligeiramente curvada feita de prata batida (com círculos de prata em forma de cordão) e um fornilho que é de madeira ou barro, mas marrom-escuro, intrincadamente esculpido. É um cachimbo perfeito para mim. Elegante, esguio, prateado e de madeira (ou cerâmica). Tenho fumado todas as noites, deitada no sofá. Fiquei acordada na outra noite quase em choque porque a fumaça me fez perceber o quanto eu amava Bob profundamente.[1] Como eu tinha escondido

---

1 Ela está pensando em sua antiga paixão, Robert "Bob" Allen.

isso de mim mesma. Devo ter morrido um pouco quando nos separamos naquele verão (depois de nossa única noite juntos) e ele honrou seu "compromisso" com Pam.

Uma parte desse sentimento por ele me levou a me apaixonar por homens que de alguma forma se parecem com ele.

Como é estranho que todo esse sentimento tenha ficado enterrado em mim todos esses anos. A fumaça trouxe outros sentimentos. Sexuais e fortes e nem sempre heterossexuais. Fico imaginando se outras mulheres vivenciam essa difusão da sexualidade – em suas fantasias?

Paula, que me visitou esta tarde, pelo menos tem coragem de falar sobre estar apaixonada por uma garota da Wellesley. E querendo amá-la fisicamente. Mas a maioria das mulheres provavelmente nega todos esses desejos e os considera perversos. Suponho que eu não seja exceção – mas, em vez de considerá-los perversos, acho que tornar reais as fantasias e os desejos (ter de fato um relacionamento homossexual) é quase impossível se não formos levadas a isso pelo desejo. A curiosidade e as fantasias não dão a coragem necessária para abordar as Filhas de Bilitis.[1]

Tal como acontece com as mortes de pessoas grandiosas, acho que não posso escrever nada, praticamente, sobre a Guerra do Vietnã/dos Estados Unidos. – Por que eles não a chamam de Guerra dos Estados Unidos? Mais conversa-fiada, mentiras evasivas. Mas envio um pouco de dinheiro. Talvez o filho de uma mãe coma. Tudo o que posso dizer sobre a guerra é que as bombas vão cair sobre Washington & Nova York & Atlanta & Boston algum dia. Espero que então as pessoas que votaram em Nixon entendam a guerra. E se eu morrer com a primeira bomba, será ótimo, será justiça. Porque eu não assassinei ninguém para parar a guerra. Não prejudiquei ninguém, de forma alguma. Respirei & comi & fiz amor entre assassinos sem perturbá-los. Como poderei viver e não fazer nada? Nada de fato?

---

[1] Embora AW esteja usando o termo aqui humoristicamente para se referir a todas as lésbicas, as Filhas de Bilitis, também chamadas de DOB [Daughter of Bilities] ou Filhas, é considerada a primeira organização pelos direitos civis e políticos de lésbicas nos Estados Unidos. A organização foi formada em São Francisco em 1955 como uma alternativa social para bares lésbicos, onde as mulheres eram frequentemente assediadas pela polícia. A DOB procurou educar as mulheres sobre a história lésbica e oferecer apoio para aquelas que queriam se assumir.

12 de novembro de 1972

Fiquei impressionada com os romancistas africanos que li. Camara Laye[1] não é exceção. The Radiance of the King me parece bem-sucedido (embora eu ainda não o tenha terminado) de uma forma que a maioria dos romances não são, apenas contos. É uma parábola-fantástica, mas muito real & aplicável ao mundo.

Todo mundo ficou surpreso que Diana Ross esteja tão fantástica em "O ocaso de uma estrela". Bem, acho que estou um pouco surpresa. Mas meu elogio por seu bom trabalho é um abraço de sororidade que eu gostaria de poder dar a ela. As coisas horríveis que nossos "poetas" escreveram sobre ela não são desculpáveis. Nikki, Don[2] e outros tentaram crucificar uma mulher por causa de seu sucesso & os vestidos cafonas que usava para cantar, por sua voz e música "branca" & por suas perucas & por seu marido branco. Mas a atuação de Diana neste filme fala de seu amor por Billie Holiday. É um trabalho de amor e trabalhos desse tipo superam qualquer número de escolhas pessoais estranhas – certamente superam penteados e votos de casamento.

"O trabalho é o amor tornado visível."

28 de novembro

Eu me solidarizo (e mais) com as inúmeras mulheres que lutam sozinhas para criar seus filhos. As verdadeiras heroínas devem ser aquelas mulheres lendárias que criam seis, sete e oito filhos sozinhas. Rebecca é boazinha. Ela não exige muito. Apenas amor e algumas horas de atenção – o amor não é difícil de dar, mas a atenção é.

Tento, lealmente, defender a insistência de Mel em ficar em Jackson para trabalhar. Mas não acredito mais que seja justo – e percebi que me sinto assim há muito tempo. O Mississippi destrói os sentimentos bons que tenho por mim mesma. Minha consciência precisa fazer horas extras só para su-

---

1 Camara Laye, escritor nascido na Guiné, foi autor de O menino negro, romance vagamente baseado em sua própria infância, e The Radiance of the King, descrito pelo crítico Kwame Anthony Appiah como "um dos maiores romances africanos do período colonial".
2 Poetas negras e negros como Nikki Giovanni, Don L. Lee (mais tarde conhecido como Haki Madhubuti) e outros criticaram duramente Diana Ross por ser uma cantora eclética, mas ela encontrou alguma redenção em sua atuação como Billie Holiday no filme de 1972, O ocaso de uma estrela [Lady Sings the Blues, no original], que foi indicado a cinco categorias do Oscar, incluindo Melhor Atriz Principal para Diana Ross.

primir minhas reações instintivas às coisas. John & Leslie[1] ficaram surpresos que ir ao cinema em Jackson seja tamanha provação psíquica.

Para que vou voltar lá, então? Principalmente porque Rebecca & a docência e todas as coisas são demais para suportar sozinha? Isso e a solidão. O que significa que preciso de Mel para mim, eu acho. Mas talvez isso seja algo que eu não saiba, por enquanto.

Descansar, não me distrair, trabalhar. Isso é o que eu preciso. E preciso que minha família esteja segura, inteira.

Talvez "a preguiça deveria ser admitida de maneira inequívoca!"

Aniversário da minha mãe, ela faz sessenta anos. Não se arrepende de nenhuma parte de sua vida. Louvável. Mas será verdade?

23 dez.
De volta a Jackson. Ficar sozinha o dia todo com Rebecca me deixa louca. Eu invejo Joyce Carol Oates[2] principalmente por seus dias livres.

27 dez.
Assisti William Buckley[3] falando sobre "Escritores e Literatura Contemporânea do Sul" com Eudora Welty e Walker Percy. Jerry Ward[4] perguntou: "E quanto aos antigos & jovens escritores negros do Sul para quem o Sul não está morto nem homogeneizado?" Ele listou alguns: Margaret Walker Alexander, Ernest Gaines, Alice Walker. – Mas é claro que "Escritores do Sul" são brancos, por definição. Assim como são os escritores sul-africanos e alemães. E que tipo de escritora você era, Zora Neale? E você, Jean Toomer?

28 ou 29 de dezembro
Mel é o que eu invariavelmente considero "um verdadeiro judeu". O que quer dizer que, embora ele não se pareça nem remotamente com nenhum dos outros judeus do Brooklyn que conheci, ele se sentiria à vontade no Antigo

---

1 Amigos de AW em Cambridge.
2 A essa altura, a prolífica escritora Joyce Carol Oates – contemporânea de Walker – havia ganhado o National Book Award por seu romance de 1969, *Them*. Ela era casada, mas não tinha filhos.
3 William F. Buckley Jr., autor e comentarista conservador, fundou a revista *National Review* em 1955. Ele também apresentou um programa de televisão com foco em política e questões públicas chamado *Firing Line*.
4 Notável crítico literário, poeta e ensaísta negro, Jerry Ward começou a lecionar na faculdade Tougaloo do Mississippi em 1970.

Testamento. Ele ama a justiça, como se ama uma pessoa magnífica maltratada. Ele sabe o que significa misericórdia – e humildade. Caracteristicamente, também, ele é um sofredor. Não tenho certeza se compreendo ou consigo apreciar completamente essa qualidade, ainda.

29 dez.
Duas cópias de Revolutionary Petunias chegaram. Gosto de quase tudo, eu acho... mas é sempre fácil gostar da aparência de qualquer coisa que esteja completa. Mas "anão" deveria ser "gigante" e há pelo menos um outro lugar onde uma palavra que mudei nas provas não foi alterada. Por que isso? Preciso perguntar. Por que, me pergunto, sinto muito menos emoção quando vejo os livros de poemas?

30 de março de 1973
Só para registrar que ainda estou viva, no Mississippi. Hoje o dia foi cheio de trabalho – no romance, na resenha do livro de June sobre Fannie Lou Hamer,[1] no Mister Sweet's Blues, no meu ensaio sobre escritoras negras – que está indo muito devagar. Mas sempre que consigo trabalhar e começar o dia sem dor de cabeça, fico feliz – a resenha de Mary Helen Washington sobre R.P. também ajudou.[2]

Tenho de admitir, e logo, que essas palestras me esgotam. Estou num palco, diante de rostos que me olham, e fico sempre me perguntando "Por que estou aqui?" porque para mim, estar no palco como palestrante me transforma num juiz. E odeio julgar. Será que isso é absurdo? Mas essa aversão em parecer um juiz me faz, eu sinto, parecer insossa. Insegura. E, na verdade, sinto e acredito profundamente. É que falar sobre isso é doloroso.

Mas a palestra feminista em Brown ironicamente me colocou em contato com quatro homens negros que eu gosto, amo e respeito. Ferdinand Jones, que apareceu com sua esposa, tímida e tranquila, e Michael Harper, que fala & age como Langston, Barry Beckham, que é calmo, magro e com uma linda e amorosa esposa de pele preta (isso sempre me leva a alturas quase insanas de alegria. Por quê? Eu sou tão hipócrita!?) E depois, James Alan McPherson,

---

[1] A biografia infantil escrita por sua irmã escritora e amiga June Jordan, *Fannie Lou Hamer*, foi publicada em outubro de 1972.
[2] Em uma resenha na *Black World*, a crítica literária Mary Helen Washington disse que os leitores de *Revolutionary Petunias* terminariam de ler a obra de Walker "compreendendo não apenas a experiência negra sulista um pouco melhor, mas também entendendo melhor a natureza da experiência negra como um todo".

que não sabia o que fazer quando eu o abracei. Ele estendeu a mão – como se essa mulher negra do Sul pudesse suportar isso. Nunca ouvi falar dessa merda, para citar Bessie Smith. O conto dele que eu amo, ele achou que era "um conto ruim". Que engraçado. Nunca sabemos sobre nosso próprio trabalho, para onde vai. Eu o amo por causa desse conto.

16 de junho de 1973
Estou feliz por ter escrito Em Busca dos Jardins de Nossas Mães para ler no Simpósio Radcliffe sobre Mulheres Negras, mas por que eu tive que cair no choro depois, no fórum? A verdade é que, de certa forma, não me envergonho das lágrimas se elas falam de sentimentos na vida, ao contrário de abstrações – às quais os debatedores do fórum estavam se entregando. June[1] foi maravilhosa. Ela me abraçou e depois que Barbara Ann Teer[2] disse "Você está tentando carregar sua mãe e o fardo é muito pesado", June respondeu: "Mas por que você não deveria 'carregar sua mãe', ela te carregou, não foi?" Isso é a perfeição numa resposta curta.

Acontece que eu aprendo, enquanto escrevo sobre ela – todas as nossas mães – o quanto eram e são fantásticas. Às vezes eu quero escrever sobre quebrar uma cara branca, mas sempre chego a isso: prefiro escrever sobre nossas mães até o momento de quebrar, então eu simplesmente o faria, e depois, se vivesse para contar a história, provavelmente nem me daria ao trabalho de contá-la, eu voltaria a descrever o rosto de nossa mãe. Por isso o poema de June me comoveu tanto:

> "Mamãe me ajude a sobreviver
> E me ajude a tornar a cara
> da história
> para sua face."[3]

A outra coisa é: é bom ler sobre mulheres como minha mãe no Radcliffe. Isso força a realidade nas reentrâncias de todos aqueles que pensam que Radcliffe é o topo das coisas quando o verdadeiro topo está obviamente no

---

1 June Jordan, aclamada poeta, ensaísta, ativista caribenho-americana e amiga de longa data de AW.
2 Barbara Ann Teer, escritora e produtora afro-americana, fundou o National Black Theatre no Harlem em 1968.
3 Esta é uma paráfrase de um verso do poema de June Jordan, "Getting Down to Get Over".

fundo – ou estava. Não vai permanecer lá. Com meu último suspiro, resgatarei o degrau mais baixo.

Estou chateada – profundamente – com a condição subserviente das mulheres africanas. Gostaria de saber, como outras mulheres se sentem sobre isso? Isso certamente ajuda a me tornar ambivalente. É como quando uma pessoa está pronta para aceitar os muçulmanos, concorda em acreditar em sua mitologia e então percebe como eles tratam "suas" mulheres. Como escravas, crianças e terras não cultivadas abertas para a semeadura. Ou está procurando algo realmente revolucionário, vai conferir o grupo de Baraka e descobre que o "lugar" das mulheres está em alguma parte lá atrás & bem à esquerda do trono, ou então se volta para a RNA e eles veem as mulheres como algo que possuem.[1]

E gostaria de saber se outras mulheres ou homens pensam no que significa ser venerada, protegida, salva e, em outras palavras, transformada em Scarlett O'Hara.

Senhor, isso é uma grande merda que as mulheres negras têm de enfrentar.

Sem data
June achou minha resenha de seu livro pouco elogiosa. E tentei fazê-la entender isso: para mim, verdadeiramente, "trabalho é amor tornado visível". Amo meu trabalho e trabalho pelo que amo, mas palavras que simplesmente elogiam nunca me parecem amor. Parecem fáceis. Mas acho que vendem livros.

Tenho que tentar vender o livro dela no Mississippi. Isso mostrará meu verdadeiro amor pelo que ela me deu.

21 ago. de 1973
Agora eu sei – é possível se apaixonar (de novo, ou talvez pela primeira vez) pelo marido! Porque estou apaixonada por Mel. Me sinto sexualmente desperta de fato pela primeira vez. Gostando de sexo e tranquila em relação a isso. Provavelmente foi um trabalho árduo ao longo dos anos para Mel – ainda bem que era um trabalho que ele gostava de fazer.

---

[1] As referências são ao poeta negro radical Amiri Baraka, antes chamado LeRoi Jones, e à República da Nova África (RNA), uma organização radical separatista negra (fundada em Detroit em 1968) que buscava estabelecer uma nação independente dentro dos Estados Unidos, composta pelos cinco estados do Extremo Sul [Louisiana, Mississippi, Alabama, Geórgia e Carolina do Sul].

Ruth me contou que mamãe disse que "não acontecia nada" quando ela fazia amor com papai até o momento em que Curtis nasceu, quando ela estava na casa dos trinta. Talvez seja verdade que as mulheres se desenvolvam mais tarde do que parecem.

21 ago. de 1973
Não voltei a este caderno para escrever sobre o cruzeiro pelo Caribe em julho, mas para escrever minhas impressões sobre Eatonville & minha mágoa & horror pela negligência com a memória de Zora, como evidenciado por seu túmulo. – Ainda não consigo escrever sobre isso. Mas eu preciso.[1]

Sem data
Ver o túmulo de Zora tomado por um campo de ervas daninhas[2] me fez agradecer por amar Mel. Tudo o que ela tinha, no final, era seu cachorro Sport. E seus "amigos". Realmente só Sport.

Isto foi o que eu mandei gravar na pedra:

ZORA NEALE HURSTON
"UMA GÊNIA DO SUL"
NOVELISTA, FOLCLORISTA
ANTROPÓLOGA
1901 – 1960

Sem data
Durante minha infância (e na vez que conversei com meu namorado mais tarde na faculdade) sempre que ouvia as pessoas dizerem que tinham medo de ir para o Alabama e o Mississippi, eu ficava envergonhada por elas. Imagine

---

1 Algum tempo depois, AW escreveu o seguinte adendo a esta entrada: "(Conferir ensaio: 'Looking for Zora' 34 pps. Mas o problema deste artigo é que ele é discreto.)"
2 AW viajou para Eatonville e Fort Pierce, na Flórida, para procurar o túmulo de Zora Neale Hurston (1891–1960), uma escritora que admirava muito e que havia sido enterrada em uma cova anônima, apesar de sua carreira estelar como a mais prolífica escritora negra de sua geração. Fazendo-se passar por sobrinha de Hurston, AW encontrou o túmulo em um cemitério segregado, cheio de ervas daninhas e, com seu próprio dinheiro, comprou uma pequena lápide cinza para identificar o túmulo. Por causa da persistente mentira de Hurston sobre sua idade, AW colocou o ano de nascimento errado – 1901 em vez de 1891 – na lápide. Mais tarde estudiosos descobriram que Hurston havia diminuído dez anos de sua idade em um ato radical de reinvenção que lhe permitiu terminar o ensino médio após a década de "errância" que havia seguido a morte de sua mãe.

ter medo de estar em seu próprio país! Simplesmente viver em qualquer lugar com liberdade requer uma vontade de se tornar uma força imutável, mas não pela morte.

15 dez.

Já vendi:[1]

300 cópias para o Headstart
e cerca de 25 na The Artisan Shop
e 25 para doações de
Natal. Além disso, minha resenha
foi reimpressa em jornal local e
distribuída em 4 livrarias
e uma farmácia.

Gostei do seu livro, June. Eu gostei sim!

9 fev. de 1974 – Meu aniversário de 30 anos
Rockdale, 1443 – Jackson
Um dia radiante e ensolarado. Rebecca acordou cantando e zanzando pela casa. Mel está dormindo porque seu jogo de pôquer varou pela noite passada. Senti – durante toda a última semana – que o suicídio era apenas uma questão de encontrar uma lâmina afiada o bastante. Estou terrivelmente assombrada pela maneira que fiquei exposta nas entrevistas de O'Brien.[2] Parece que destruí alguma coisa em mim. Alguma coisa que só poderia existir em total privacidade. E mesmo assim me senti compelida a ser honesta sobre por que e como escrevi as coisas que escrevi. Acho que a vaidade também tem um papel nisso – porque agora me preocupo se as pessoas vão achar que sou feia, esquisita e fraca. Claro que sou fraca. Mas também não pretendo desistir, me entregar. Não gosto de ninguém pensando que pode ter pena de mim. Esse

---

1 Aqui, AW está se referindo ao livro *Fannie Lou Hamer*, uma biografia infantil da ativista pelos direitos civis do Mississippi, escrito por sua amiga June Jordan.
2 Esta é uma referência a uma entrevista para John O'Brien, publicada em seu livro de 1973, *Interviews with Black Writers*. Contando sobre o incidente de infância em que um de seus irmãos atirou em seu olho direito com uma arma de pressão, ela disse: "Durante muito tempo, achei que era muito feia e desfigurada. Isso me deixou arredia e tímida, e muitas vezes reagi a insultos e desfeitas que não foram intencionais."

pensamento me causa horror. Se pelo menos eu conseguisse esvaziar minha mente do arrependimento, da vergonha pela exposição. Se pelo menos eu pudesse acreditar que não sou perigosa para mim mesma.

Mas – ... voltando ao aniversário de 30 anos. Ruth enviou um cartão. Mamãe enviou um cheque de 30 dólares. É o tipo de presente que eu tinha esquecido que ela adora dar. O cheque tem uma foto dela e seus dois dentes de ouro brilham. Também descobri que ela soletra "Lou" "Lue".[1] Por que me esqueci disso?

Enfim, um ano podre. Não me lembro de um pior. Mel conseguiu transferir o trabalho para o escritório da Inc. Fund.[2] em Nova York. Pedi a Gloria Steinem[3] $ 15.000 por 2 dias e 1/2 de trabalho por semana e 3 meses de folga. A proposta provavelmente será recusada.

Fico imaginando se algum dia estarei entre amigos, vivendo uma vida que eu goste.

Você esqueceu sua felicidade em Cambridge?

É verdade. Tenho que me esforçar mais para lembrar como é me sentir bem.

9/4/74

Enquanto eu amar a vida
e enquanto a vida continuar
a me ferir com sua crueldade
sua indiferença e sua beleza
escreverei poemas.

Um dia pensei
que era feia
agora vejo a mim
uma mulher que se encaixa
em meus desejos
meus pés não são maiores
que meus sapatos.

---

1 O nome da mãe de AW era Minnie Tallulah Grant Walker; Tallulah era abreviado para "Lou" ou "Lue".
2 Fundo de Defesa Legal e Educação da NAACP, ou LDF.
3 Gloria Steinem, uma nova amiga, era cofundadora e, na época, editora da revista Ms., onde AW se tornou editora colaboradora, escrevendo vários artigos anualmente.

10/4/74

Escrevi essas duas "coisas" ontem, deitada na cama, olhando para o quintal verde-esmeralda cuja beleza não costumo dar muita atenção.

Aconteceu uma coisa interessante. Desde que escrevi sobre o acidente para um público leitor, agora sou capaz de discuti-lo quase normalmente com pessoas reais. Posso <u>admitir</u> para pessoas reais que o fato de meu olho direito desviar me incomoda. E estou mais determinada do que nunca a corrigi-lo! E então, fui para o hospital universitário na semana passada e tive dois músculos do meu olho reordenados, de modo que agora, em vez de virar um pouco (ou muito) para fora, meu olho direito até parece virar um pouco para dentro, mas está predominantemente reto, embora cruento como geleia de morango. Este procedimento simples deve fazer uma enorme diferença na maneira como me sinto em relação a mim mesma. Mas tem coisas ainda mais maravilhosas para relatar: minha depressão pré-menstrual está sendo auxiliada pelas pequenas pílulas do doutor Hickerson, também a insônia & tensão que sempre a acompanham. Mas o melhor é que fui ver mamãe há algumas semanas e contei a ela sobre o aborto que fiz na faculdade há quase dez anos. As mulheres que forem adultas daqui a cinco anos não vão entender que, amando minha mãe como amo, o fato de que aos olhos dela eu pequei me causou um tormento completo & absoluto durante a maior parte dos anos desde que isso aconteceu. E minhas duas irmãs me convenceram que minha mãe nunca me perdoaria: que ela pensaria em mim como uma assassina. Mas como eu desvalorizava o amor & a compreensão de minha mãe enquanto acreditava nelas. Porque ela não só foi rápida em me perdoar e falar de seu amor por mim, como também me explicou de seu próprio terror quando soube que estava grávida de meu irmão mais velho, & ainda não era casada. Ela se jogou de penhascos e contra as coisas, tentando tirar o feto do lugar. Mas é lógico, ela disse, essas coisas são difíceis. Eu chorei, contando para ela. Eu a amo tanto & senti que a qualquer momento (especialmente porque ela é tão reverentemente religiosa) ela se afastaria de mim. Mas ela <u>se aproximou</u> de mim e agora posso dormir em paz novamente. Minha mãe não está morta para mim – que foi o que senti no ano passado. E percebi que para mim o amor de minha mãe é mais importante do que o amor ou o perdão de Deus. Para mim, minha mãe <u>é</u> Deus.

10 de abril de 1974

Então, para resumir:

1. Estamos deixando Jackson[1]
2. Rebecca é saudável, inteligente, bonita e não é um problema maior para mim, escritora, do que a loucura de Virginia Woolf foi para ela, ou a preocupação de George Eliot de que estivesse vivendo solteira com um homem casado. Mel compartilha os cuidados com Rebecca de forma justa. Ele aprecia meu trabalho – minha única preocupação é que ele possa ser um viciado em pôquer. Nós nos amamos, depois de sete anos & um quase divórcio.
3. Minha mãe sabe "o pior" de mim e me perdoa, me entende & me ama.
4. Meu pai está morto. Não preciso fingir uma civilidade que não sinto.
5. Endireitei meu olho.
6. Meu romance está entre a 1ª e a 2ª versão.
7. Aceitei um emprego como editora da Ms. por $ 700,00 por mês, mais $ 750 por artigo. (Eles sugerem 4 por ano – acho que na verdade vai ser uns 2).
8. In Love & Trouble foi a escolha do editor do The New York Times na semana passada. E ganhou o Prêmio Rosenthal do Instituto Nacional de Artes e Letras.
9. Revolutionary Petunias foi indicado ao National Book Award.

Vai ser interessante ver se as minhas depressões continuam, depois de tudo isto.

Para uma placa pintada sobre minha mesa:

"Querida Alice,

Virginia Woolf sofreu de loucura
    George Eliot sofreu com ostracismo, com o marido de outra pessoa e não ousou usar seu próprio nome.
    Jane Austen não tinha privacidade nem vida amorosa
    As irmãs Brontë nunca foram a nenhum lugar e morreram jovens e dependentes do pai.

---

[1] A família estava se mudando para Nova York, onde Mel trabalharia no escritório do Fundo de Defesa Legal e Educação da NAACP.

Você tem Rebecca – que é muito mais encantadora e menos perturbadora do que qualquer uma das coisas acima."

1º de maio de 1974 – Ontem à noite Mel saiu depois das 00h para enviar "Looking for Zora" a tempo de Joanne da <u>Ms.</u> recebê-lo no dia 2 de maio. Isso depois que ele fez a Sra. Cox redigitar o artigo – sentado esperando em seu escritório por cinco horas e revisando cada página. Ele parecia cansado e sombrio quando entrou, mas estava disposto a sair para enviá-lo no correio no centro da cidade. Ele é uma boa pessoa e acredita no meu trabalho. Eu gostaria de poder estar tão entusiasmada com a profissão dele quanto ele está com a minha.

Há algumas personagens estranhas penduradas nos cantos da minha mente. Por exemplo: a mulher muito orgulhosa, muito severa & bonita & <u>limpa</u> que costumava mendigar nesta rua. Seu olhar dizia nitidamente: eu me recuso a trabalhar – a não ser ir de casa em casa – para viver. Será que ela trabalhou para alguém antes? Qual é sua história?

Na minha frente, em cima da mesa, tenho uma grande litografia de três fatias de melancia de Tamayo,[1] uma foto minha aos seis anos de idade (antes do acidente – uma garotinha bonita e de olhos brilhantes me olha; tem uma timidez & uma ternura naquele rostinho) e tenho uma fotografia de Mae Poole, minha tataravó, tirada quando ela tinha 90 anos. A melancia me ajuda. Porque significa que posso amar as coisas <u>em si mesmas</u>, em vez de ficar presa ao que as outras pessoas pensam sobre elas. Minha própria fotografia me lembra de minha vulnerabilidade juvenil e terna... e me faz refletir sobre como essa criança difere da mulher que me tornei. Sei que o acidente me mudou. Literalmente, me fez, de certa forma, fechar os olhos. Como eu não queria que as pessoas notassem a cicatriz cinza que cobria minha pupila, parei de olhar para elas. Acho difícil olhar diretamente para as pessoas – estranhos, especialmente – mesmo hoje. Mas agora que meu olho está endireitado, vou me treinar para olhar no olho. Privilégio que escritores, artistas, sempre tiveram. De acordo com Flannery O'Connor.

---

[1] Rufino Tamayo foi um artista mexicano do século XX que se concentrou em pinturas, gravuras e esculturas.

Também preciso registrar que houve momentos em que fiquei feliz por ter vivido o acidente. Porque me abriu a consciência para a dor de outras pessoas.

Sem data
Ensaios continuam pedindo para serem escritos, mas tenho de tentar evitá-los até terminar o romance:[1] De qualquer modo, para o ensaio em forma epistolar, devo relembrar as seguintes conversas:

> Eu: "Sem dúvida sabemos que Zora – e todas as mulheres, especialmente se fossem negras – tinha grandes problemas para ser escritora."
> 1. Houston Baker, crítico (negro) e professor titular de Literatura Inglesa da Universidade da Virgínia:
>   "O problema de Zora era que Langston Hughes não a amava." [na casa de Baker, Charlottesville, Virgínia, 13 de abril de 1974]
> 2. Conversa com Ernest Gaines:
>   Sobre minha menção a Zora:
>   Algo nesse sentido – "Você deve encontrar muitas pessoas que consideram seu trabalho uma continuação da tradição de Hurston."
>
>   Gaines, indiferente, "Sim. Toda vez que vou falar ou ler em algum lugar, os jovens aparecem perguntando sobre ela." Mais indiferença. "Eu nunca a li."

---

[1] A essa altura, AW estava trabalhando em outro romance, uma meditação sobre o Movimento pelos Direitos Civis.

(O mais profundo apreço de Gaines foi pelo trabalho de William Faulkner)
Ambas as conversas no Ernie & Linda's em São Francisco, 22 de abril de 1974

3. Em conversa com James McPherson[1] ele diz "Ellison foi o primeiro a nos levar [literatura negra] além do protesto e de questões puramente de raça."
"Mas espere," eu contesto, "o livro de Zora [*Seus olhos viam Deus*][2] saiu no mesmo ano que Filho nativo de [Richard] Wright & já estava além do protesto e 'de questões puramente de raça'."
J.M. responde: "Eu lembro de como você falou dela quando deu uma palestra na Brown. Mas eu não a li."

4. O comentário de Turner[3] em seu livro de "crítica", In a Minor Chord. "Ela [Zora] sempre foi uma menestrel errante. Foi excêntrico, mas talvez fosse apropriado que ela voltasse para a Flórida para trabalhar como cozinheira e empregada doméstica para uma família branca e morrer na pobreza."

5. O resultado de toda essa ignorância e ódio é mostrado nesta declaração tão frequentemente vista na escrita defensiva de pessoas negras – homens e mulheres:
..."a mulher não recebe uma descrição literária. Ela é apenas uma sombra na vida negra, uma substância sonhadora, de fato, romantizada por um éon de maricas."
– Hart LeRoi Bibbs[4]
"A Diet Book for Junkies"

---

1 James Alan McPherson foi um ensaísta e contista estadunidense. Ele foi o primeiro escritor negro a ganhar o Prêmio Pulitzer de Ficção, por sua coletânea de 1977 intitulada *Elbow Room*.
2 *Seus olhos viam Deus*, o romance mais conhecido de Zora Neale Hurston, foi lançado em 1937.
3 Darwin T. Turner, um crítico literário negro cuja crítica a Hurston foi particularmente dura e cheia de sexismo.
4 Hart Leroy Bibbs foi um poeta, fotógrafo, músico, ator e artista afro-americano.

Certamente devemos nos perguntar por que, quando a maioria das pessoas negras pensa em mulheres negras na literatura, elas não encontram nada, ou apenas, a "Mammy"[1] ou alguma prostituta que se aproveita da assistência social cujas únicas falas estão em xingamentos, ou formas negativas extremamente condenáveis, como a "Bessie" de Wright sendo espancada com tijoladas por Bigger até a morte.[2]

Não há nenhuma indicação de que a Helga Crane de Larsen[3] esteja relacionada às heroínas de Bessie Head em Maru ou A Question of Power. O trabalho de conexão simplesmente não foi feito.

Sem data
Não sou o tipo de pessoa do Movimento e me senti culpada por isso. É assim: uma metade de mim deseja estar nas barricadas, a outra quer apenas observar a luta. Então eu estou em algum lugar no meio. Um par de olhos. Só ocasionalmente um punho.

Sem data
Talvez se eu "nomear" o problema na Ms. eu possa lidar melhor com ele. Certamente não pode ser tão simples quanto a cor!? Mas é claro que cor não é algo simples. Só uma pessoa simplória pensaria assim. Porque cor é história e sociedade e casta e classe – mas principalmente memória. Não apenas a minha, mas a da minha mãe e a da minha avó e a do meu pai e assim por diante.

Basicamente, também, o que eu quero para o mundo não é o que elas – feministas brancas dos Estados Unidos – querem. Ou melhor, não é o que a maioria das editoras da Ms. quer. Desejo desesperadamente me livrar de um anseio pelo que é material além de comida adequada, alojamento, abrigo & roupas. Enfrentar essa minha covardia provavelmente exigirá toda a força que tenho.

Sem data
Hoje tudo o que pensei foi em como estou entediada neste casamento. Como me sinto constrangida, tentando descobrir uma maneira de viver minha pró-

---
1 O termo pode ser traduzido como "mãezinha", matriarca negra, porém com sentido ofensivo. A esse respeito a socióloga e feminista negra estadunidense Patricia Hill Collins explica que tais representações são imagens de controle utilizadas para controlar a mulheridade de mulheres negras. [N. da T.]
2 Uma referência ao enredo do romance *Filho nativo*, de Richard Wright.
3 Uma referência à protagonista do romance *Quicksand* de Nella Larsen.

pria vida com Mel e Rebecca exigindo que eu viva pelo menos uma parte da vida deles. Não consigo pensar em nada que fosse inesperado entre tudo o que Mel me disse no ano passado.

1976
3 jan., meia-noite
O ano novo chegou. A cabeça da minha filha está no meu ombro. Nós somos amigas. Conversamos sobre Langston Hughes, American Poet.[1] Eu a amo e me sinto bem.

Quando seu pai e eu não estamos juntos, me sinto mais próxima de Rebecca. É como se mostrar amor continuamente a duas pessoas produzisse uma tensão em mim. Quando meu afeto é canalizado numa só direção ele parece se multiplicar e fico mais tranquila.

5 jan. –
Esta manhã, Rebecca voltou para a escola depois de 2 semanas de recesso de Natal. Eu a acordei. Pressionei-a para se vestir. Ela é muito lenta pela manhã, mas também muito falante e animada. Não sei se está acostumada a dividir a cama comigo. Eu gosto de dormir com ela. Sinto uma grande ternura perto dela. Quando nos deitamos na cama para ler ou quando ela está dormindo e fico olhando seus cachos espalhados pelo travesseiro.

Ela é muito maternal. Me pergunta se eu gostaria de descansar a cabeça em seu ombro. Eu respondo que sim. Ela coloca o braço em volta de mim, a mão em concha debaixo do meu queixo, e é um descanso perfeito. Mudamos de lugar. Acho que quando ela crescer poderei contar com ela. Vou precisar de alguém em quem confiar. Ela parece muito mais forte do que eu aos seis anos.

Várias horas mais tarde, depois de escrever cartas & trabalhar nas provas de Meridian.[2] Rebecca deve chegar da escola a qualquer minuto. Estou ansiosa para vê-la, para acolhê-la. Quando a campainha tocar, vou correr para a porta, tirá-la do frio, dar-lhe um abraço, uma sopa, me colocar à sua disposição por

---

1 Livro infantil de AW sobre Hughes, publicado em 1974.
2 Publicado em maio de 1976, *Meridian* é frequentemente descrito como uma meditação de AW sobre o Movimento pelos Direitos Civis. O livro conta a história de Meridian Hill, uma jovem negra que no final dos anos 1960 está cursando a faculdade enquanto abraça o Movimento.

mais ou menos uma hora. É porque ela está ausente há seis horas que me sinto assim. As escolas são coisas úteis para escritores que têm filhos.

São 14h30. Às segundas e sextas-feiras a escola libera os alunos mais cedo. Aí está!

Sem data, 1976
Na casa do Brooklyn na rua 1[1]
O novo romance: Duas mulheres que passam vários dias juntas com o propósito específico de contar tudo uma à outra. Honestidade total nestas questões & níveis:

1. Como elas se sentem sobre homens e/ou mulheres como parceiras
2. Estados Unidos e o establishment político, a guerra
3. Revolução – por que elas são ou não são mais ativas (China, Cuba)
4. O Movimento Feminista
5. Filhos, maridos, estilos de vida
6. Filosofias, religião, rompimentos com o passado

Duas mulheres podem ser sinceras uma com a outra?

19 de abril de 1976
Tive um ou dois períodos de depressão nos últimos dois anos. Comparado com minhas frequentes crises em Jackson, isso não é nada. Só uma vez foi ruim o bastante para me assustar. Estou cheia de trabalho e novos amigos... e viagens.

Bob[2] e eu – depois de todos esses anos (ele conta treze) – finalmente conseguimos passar uma segunda noite nos braços um do outro. É bem verdade que sempre o amei – desde Spelman. Mesmo antes de ele saber de mim. Mesmo assim, ele diz que lutou contra o amor que tinha por mim por causa de seu casamento com Pam.[3] Agora ele diz: "Você acredita que eu te amo?" Eu respondo "Claro que sim." Porque, francamente, por que mais conseguimos nos manter em contato por todos esses anos?

---

1 AW, agora separada de Mel, está morando no Brooklyn, em Nova York.
2 Robert Allen, ativista e escritor, conheceu AW quando ele estudava na Morehouse e ela na Spelman. Nos diários, AW se refere a ele inicialmente como Bob, depois como Robert e ocasionalmente como Roberto.
3 Pamela Parker, uma ativista branca pelos direitos civis e das mulheres, casou-se com Robert Allen em 1965.

12 de junho de 1976
Toda esta primavera tem sido dedicada a estar abertamente apaixonada (e amada por) Bob. Nossos sentimentos são tão intensos que tenho certeza de que damos a impressão de estarmos loucos. Sinto essas combinações de ternura, tristeza, medo. Muito medo. E estou só um pouco confortada por saber que ele também está com medo. Sempre que fazemos amor eu choro, inundando a ele e tudo mais com minhas lágrimas. É como se eu tivesse tudo o que sempre quis em meus braços e ainda assim – ... o quê? Ainda não sei.

Com B. eu sempre tenho a sensação de que ele já fez isso (seja lá o que esteja fazendo) antes, que há algum tipo de plano que ele está seguindo. Talvez eu esteja simplesmente desconfiada porque P.[1] está tão envolvida em nosso trio quanto é possível. Então, o que quer que aconteça entre B. & eu, sinto que já é compartilhado com P., esteja ela presente ou não.

Acho desconcertante o interesse sexual de P., seu "amor de irmã" que sonha em "compartilhar orgasmos". E misteriosa a afirmação de B. de que ele não se incomodaria se P. & eu fizéssemos amor. Receio nem mesmo gostar dela, embora tenha tentado ao longo dos anos principalmente por causa dele.

E dele, eu gosto? É difícil desistir de alguém amado por quase metade da vida. E, no entanto, como Bob disse, talvez eu tenha me confundido a seu respeito. Pressupondo que ele era mais do que era. (Aparentemente isso é verdade, se na realidade ele é apenas "um crioulo comum".)

(Eu nunca penso em mim dessa maneira. Para mim, minha vida é sagrada. Meu espírito precioso & cheio de Deus, e meu rosto & meu corpo, lindos.)

As pessoas sempre me perdem ao me pressionar demais. B. me pressionou até onde estou disposta a ir. Não quero não amar B. E, no entanto, parece um caso perdido, a não ser como uma espécie de farsa bem-intencionada envolvendo nós três. Quanto ao seu amor por mim... muitas vezes é tão alheio ao que sou que não vejo razão para confiar em sua longevidade.

9 de julho de 1976
Um dia extremamente horrível. Talvez um dos mais horríveis da minha vida. Ontem à noite eu disse a Bob que não queria ver, conversar ou receber cartas dele novamente. Ele ficou sem palavras, surpreso e magoado. E bem, ele pode ficar. Eu o amo mais, eu acho, do que jamais amei alguém. Mas não há nenhum lugar para nosso amor, e me recuso a jogar fora um amor de pri-

---

[1] Pam, esposa de Bob.

meira num caso de quinta categoria. Ele tem estado ocupado fazendo planos para o nosso noivado – tão cômico! E, lógico, tudo o que isso significa, tudo o que sempre significou é que ele me queria para me somar a Pam. Embora eu precise de alguém como Mel,[1] só que menos tedioso, em quem me apoiar, a quem recorrer na tristeza e nos problemas e no medo, todas as emoções que sinto muito frequentemente com Bob.

Mas dói muito desistir dele para sempre. Ele tem sido, em certo sentido, minha última e única esperança. Lendo seus livros sua mente é tão admirável, e eu sei que ele é gentil. Mas o que está acontecendo (já aconteceu) com sua alma?

Sinto que está se perdendo, sendo corrompida, levada para as trevas. Não estou preparada para segui-la até lá. Por isso que hoje fiquei deitada chorando, orando para ser libertada de meus sentimentos por ele como oraria para ser libertada de uma doença.

O que eles (B&P) não veem é que estão usando pessoas ("consumindo mulheres") entre eles para animar seu casamento. Penso nas outras mulheres & amantes que eles compartilharam e as chamo, para mim mesma, de irmãs-vítimas. E me pergunto se alguma dessas outras "vítimas" se apaixonou por Bob como eu. Ele não amava nenhuma delas, diz ele. E, no entanto, toda essa experimentação com outras mulheres deveria ser por amor! Quanta hipocrisia! E cegueira e crueldade! Infelizmente, é irônico ler como o pequeno Bob se importa com a "monogamia" quando ele & Pam são provavelmente o casal mais monogâmico que já conheci. É verdade que eles fazem sexo fora do casamento, mas é sempre o casamento que perdura.

A verdade é que me oponho à minha posição nesse "triângulo" por motivos históricos e pessoais. Sempre tentei muito aceitar & me importar com as mulheres brancas com que meus amigos negros se casaram ou que amaram. Mas percebo que só posso aceitar se não estiver envolvida de uma maneira profundamente emocional. Eu também sinto que é uma rejeição – talvez não minha pessoalmente – mas das mulheres negras. Imagino que também sinto menos respeito pelo homem negro em tal ligação porque estou sempre me perguntando: é realmente amor ou ele era fraco demais para resistir à publicidade?

Com Mel eu não me preocupava com nada disso. Achava que o fato de ele ter me escolhido mostrava que ele tinha um excelente senso, pois, como

---

[1] AW e Mel Leventhal estão separados neste momento, mas ainda não se divorciaram.

mulher negra & como eu mesma, sei que sou o melhor que se pode oferecer. Eu até gostava de ver mulheres brancas tentando interessá-lo. Elas falharam.

Mas com Bob eu nunca saberia e, portanto, nunca ficaria em paz. E esse fato me envergonha por nós como povo, porque ele é o melhor que temos a oferecer – como um jovem negro brilhante, bonito e radical – e ainda assim... contradições. É isso que todos aqueles "loucos" dos anos 60 estavam tentando nos fazer ver? Não pude ouvir na época, porque estava tentando construir uma vida com Mel. Mas eles estavam certos em seus medos, se erravam nos tipos de pressão que exerceram sobre aqueles de nós pegos nas contradições desta sociedade racista, consumista, capitalista & acima de tudo manipuladora.

Espero poder rever esta entrada em algum momento no futuro, quando estiver recuperada e não sentir nada além de curiosidade por ter me importado tanto. Como desejo desesperadamente isso! No momento sinto que até o dia da minha morte vou amar Bob.

4 de novembro de 1976

Estou num avião para a Cidade do México; de lá vou para Cuba... Mas primeiro, uma atualização, já que a escrita de diários foi substituída no ano passado por cartas para Robert.

Talvez eu tivesse ficado mais tempo com Mel, no meu casamento, se tivéssemos seguido minha sugestão de dividir a casa – ou, certamente, de ter quartos separados. Passei a me ressentir cada vez mais com a intromissão dos hábitos incompatíveis de Mel nas minhas manhãs. Hábitos não piores do que os meus, e de fácil convivência, exceto com tanta proximidade. O principal: ele é "uma pessoa noturna", dormia até o meio-dia. Sinto dor de cabeça se ficar na cama depois das nove.

Então passei mais de um ano me mudando. E mudei para o escritório, depois para o quarto de Rebecca.[1]

Então, em janeiro, Robert apareceu. Mencionei o divórcio iminente,[2] e – como eu esperava – ele me perseguiu com palavras, assim como me perseguira com ações um pouco ambíguas ao longo dos anos.

A princípio parecia impossível. Eu tinha esquecido o que havia nele que nunca me deixou. Ele parecia de alguma forma degradado, debochado; havia

---

1 No final de 1976, AW mudou-se da casa que ela e Mel dividiam no Brooklyn para seu próprio apartamento nas proximidades. Tal como acontece com muitas famílias, Rebecca alternava entre a casa do pai e a da mãe.
2 Alice e Mel se separaram em 1976 e se divorciaram oficialmente em dezembro de 1977.

nele algo diminuído e obscuro. Mais tarde entendi que não era simplesmente minha imaginação. Sua vida teve outras ocupações...

De qualquer forma, em abril estávamos comprometidos em tentar um caso. Em abril, em Santa Cruz, sabíamos que estávamos apaixonados. Foram sete meses da emoção mais intensa – amor, paixão, luxúria, medo, alegria – que já conheci. Também desespero.

Mas Cuba. De certa forma, Cuba nos conecta. É uma experiência que sempre quis para mim, e é uma experiência que Robert sempre quis (& tentou me proporcionar) que eu tivesse.

Sem data
Huey e Gwen[1] –

Gwen: olhos grandes e escuros. Constituição pequena. Inteligente, afiada, não relaxa facilmente. Huey: Olhos brilhantes, como um gato, com uma forma oblíqua de gato. Grande. Um nariz pontudo. Um corpo ágil. Parece arrastar (ligeiramente) uma perna. Uma personalidade magnética. Uma mistura interessante de graciosidade e uma qualidade que se conhece como "reivindicar domínio". Ele e Gwen esperavam que eu atacasse – provavelmente por causa da história sobre ele ter assassinado uma mulher (se prostituindo para ganhar dinheiro) em Oakland.

Sem data
É o inverno urbano. Tempo muito ameno. De 21 a 26 graus todos os dias. Noites frescas. Uma brisa constantemente passando sobre a ilha.

Os cubanos variam em cores incríveis, sutis em seus diferentes matizes. Existem alguns louros. Depois, blancos de cabelos escuros. Depois os claros, depois os bronzeados, depois os negros, depois – com muitos, muitos outros tons adoráveis – aquele lindo e luminoso preto que "cobre os ossos de luz".

Todo mundo trabalha! No campo, a caminho da Escola Lênin, homens & mulheres de todas as idades fazendo todo tipo de trabalho: construindo, nivelando, podando, plantando – todas as crianças em idade escolar estão na escola. Algumas pequenas acompanham suas mães. Mas a sensação é de um povo inteiro em movimento, tornando segura a revolução.

---

[1] Huey P. Newton, ativista revolucionário e cofundador do Partido dos Panteras Negras, havia fugido para Havana em 1974, junto com sua parceira (posteriormente esposa) Gwen Fontaine, para evitar a acusação de assassinato de uma jovem em Oakland.

8 de julho de 1977
Continuo adiando o início da escrita neste diário porque as coisas que tenho que escrever, que tenho que admitir, escrevendo-as, são difíceis, até ameaçadoras para mim. Meu coração palpita terrivelmente, minha respiração está tensa...

Mas, para começar.

Minha lembrança mais antiga do meu pai é esta: devo ter entre 2 & 3 anos. Estou andando, mas não sei se consigo falar. Estou na varanda da casa onde nasci.

Não é verão, porque não tem flores desabrochando no quintal. Meu pai vem até a varanda. Ele está carregando uma lata de xarope de bordo (sua marmita). Ele é muito escuro e rechonchudo. Ele para antes de chegar aos degraus da varanda e sorri para mim. Devo sorrir de volta, porque ele realmente sorri e se diverte, e começa a dançar para mim. Ele está fazendo talvez a dança chamada The Black Bottom. Seus braços se levantam e suas pernas e pés se mexem muito rápido. Com seu rosto sorridente balançando, tudo é muito divertido. Eu rio e bato palmas de alegria.

Agora fica muito mais difícil.

Não me lembro de quando percebi que minha mãe era mais clara que meu pai. Meu pai era quase retinto, embora com um tom avermelhado na pele que (esse tom avermelhado) herdou de seu pai, um homem de pele marrom-avermelhada & feições comumente chamadas de "índio". O que me lembro é o valor que meu pai dava à "pele brilhante" de minha mãe. Ele achava bonito e dizia isso. Acredito que o ouvi dizer mais de uma vez que "não queria nenhuma mulher preta..." Sempre havia uma piada depreciativa no final dessa frase & sem dúvida reprimi isso.

Mas eu também amava a cor dela. Era parte do que compunha minha mãe. Ela tem a pele bem mais escura agora, escureceu com a idade, e hoje quando a vejo sempre fico um pouco surpresa, como se minha mãe, aquela que me lembro da infância, estivesse escondida em algum lugar dentro dessa mais escura.

Meu pai então se alegrava com a cor clara de minha mãe. Ela, por outro lado, costumava dizer que gostava de três coisas pretas: um sapato preto, um carro preto e um homem preto. Então eles combinavam, cada um com sua cor. Cada um tendo o que queria.

Talvez se eles não tivessem filhos, ou se eu fosse a única filha, eu não teria sido afetada pela preferência de cor do meu pai. Desde menina, a preferência de cor da minha mãe não se aplicava a mim.

Meu irmão mais velho, Fred, é retinto e era descrito como "bonito, mas preto". Não sei como isso o afetou. Se casou com uma mulher branca. Uma mulher de pele pálida, quase translúcida, enormes olhos verde-acinzentados e tosse tuberculosa.

Quando ela veio nos visitar, nos maravilhávamos com seus cabelos ruivos tão lisos, com a claridade de seus olhos e com sua pele, que parecia ainda mais pálida no verão da Geórgia, quando o resto de nós estava mais escuro do que nunca por causa do sol. Ela não tinha caráter, como sabíamos. Flertava com meus outros irmãos mais velhos, ficava feliz em permitir que minha irmã limpasse a sujeira dela, fumava o tempo todo & em cima de todo mundo, não disciplinava seu filho... mas ela foi perdoada por causa de sua aparência. Estávamos orgulhosos de ter essa mulher, essa palidez, entre nós. Nunca notamos que, em si mesma, ela não era nada excepcional.

Mas é a filha seguinte dos meus pais, Mamie, que é vilã e irmã-vítima desta peça, pois nasceu com a pele ainda mais clara que a da minha mãe.

Mamie era muito inteligente, intelectualmente, e isso fazia com que todos presumissem que essa esperteza vinha de sua cor. Ela era elogiada por saber muito e por não ser preta ao mesmo tempo. Talvez ela tenha começado a acreditar que as pessoas de pele clara são superiores – o que explicaria sua consequente rejeição a todos nós.

Meu pai adorava Mamie. Desde que M. saiu de casa quando eu era bebê, não me lembro de como ela e meu pai interagiram enquanto ela ainda era jovem. Pelos boatos posteriores – de mamãe, Ruth, meus irmãos –, fiquei sabendo que ela era considerada perfeita aos olhos dele, embora aparentemente já houvesse sinais de que ela o achava constrangedor. Em um primeiro momento não era tanto por ele ser negro – talvez nunca tenha sido por ele ser negro – mas porque ele era pobre e com pouca instrução.

Meu pai rejeitava minha irmã Ruth. Isso era brutalmente evidente. Não era por causa de sua cor (mais escura que Mamie, mais clara que Fred, canela), mas por causa de "suas maneiras" que lembravam a meu pai de sua mãe (baleada & morta pelo amante quando meu pai tinha onze anos: ela morreu em seus braços, num pasto, voltando da igreja)* e suas duas irmãs, Sally Mae & Daught. Ambas selvagens.

---

* Não. Na verdade, ela morreu alguns dias depois, em casa, na cama. [Nota de AW para si mesma.]

Então, duas irmãs. Uma amada por sua cor & seu intelecto, a outra rejeitada por seu "caráter". Coincidência que a de pele mais clara era a amada. Quando a mais escura era a rejeitada.

A meio caminho entre a luz da minha mãe e a escuridão do meu pai, eu emergi, intelectualmente brilhante, e uma criança bonita. Aos dois anos de idade, & ainda mais cedo, tenho certeza, eu era confiante quanto a meus atrativos. Todo mundo me dizia que eu era "fofa" e "uma gracinha" – minha mãe & minha irmã (Ruth) me vestiam lindamente & uma frase muito lembrada em nossa família é esta, dita para meu pai que estava tentando decidir quantos de nós ele conseguiria colocar no carro de Miss May (ele era o motorista dela) para levar ao circo: "Me leva, papai. Eu sou a mais bonita!", eu tinha 2 anos.

Quando vejo Rebecca se arrumando na frente de um espelho, ou sacudindo seus cachos, penso em mim na idade dela. Confiante, até mesmo vaidosa. "Me leva, papai. Eu sou a mais bonita!"

Mas essa confiança foi abalada quando eu tinha oito anos e vivi o "acidente" que me custou a visão de um olho, embora felizmente não o próprio olho. Por seis anos, o tecido cicatricial cinza cobriu a maior parte da pupila, arruinando – pensei – minha aparência. Foi durante esses seis anos que muitos novos sentimentos nasceram dentro de mim. Esses seis anos que me tornaram um ser humano. Esses seis anos – tão incrivelmente dolorosos – que me tornaram uma escritora.

Sabendo de tudo isso, me pergunto: Estaria disposta a passar por esses 6 anos novamente? E eu respondo: Não.

Meu medo da rejeição nasceu ali.

Duas coisas: quando o incidente aconteceu, eu menti para proteger meu irmão. Eu disse que tinha pisado num pedaço de arame que voou e me atingiu. Não contei aos meus pais que tinha levado um tiro.[1] Durante vários dias, delirei de febre. Minha mãe fazia comidas deliciosas que não me interessavam. Meu pai tentou baixar minha febre fazendo uma guirlanda de folhas frescas de lírio que ele segurou em volta da minha cabeça – Esta é a última lembrança que tenho de meu pai me tocando com amor. Só anos mais tarde eu soube de outro ato de amor: que ele tinha ficado na estrada fazendo sinais aos carros que passavam para me levar ao hospital – e porque ele era preto os carros não paravam. Consequentemente, uma semana se passou antes de eu ver um médico. A essa altura já era tarde demais.

---

[1] Ela foi baleada por uma arma de pressão enquanto seus irmãos brincavam.

Pela primeira vez, senti vergonha por minha aparência. Eu não era mais – aos meus próprios olhos – "a mais bonita".

Me pareceu que meu pai começou a se afastar. E eu senti que, embora eu fosse uma adorável negra, o que ninguém poderia contestar, e intelectualmente brilhante, eu ainda estava danificada e sujeita a ser rejeitada. Talvez tenha sido nessa época que teve início o meu próprio costume de me isolar, que culminou em meu relacionamento com meu pai em meus quatorze ou quinze anos, quando não falei com ele o ano inteiro.

Cada vez que penso nisso, fico me perguntando: é verdade mesmo? Você morava na mesma casa que seu pai, mas não falava com ele?

Parece impossível. Mas é assim que me lembro. Saí daquele ano tendo deixado de amá-lo. Odiando-o, na verdade, que era meu objetivo, suponho, o tempo todo. Se ao menos ele soubesse como chegar até mim. Se ao menos ele tivesse contido meu afastamento antes que fosse tarde demais. Se ao menos ele tivesse me recusado o direito de ficar em silêncio – me forçado a falar com ele. Mas ele não fez isso.

O que mais, além do meu acidente, desencadeou isso? Certamente o amadurecimento da consciência de que meu pai aceitava o comportamento condescendente de Mamie em relação a ele & ainda a amava porque tinha tanto orgulho de sua aparência. Isso o fez parecer um idiota aos meus olhos. Ao mesmo tempo, despertou os mais dolorosos sentimentos de ciúme e inveja. Duplamente dolorosos, porque eu não admirava o comportamento de minha irmã o tempo todo. Muitas vezes ela era maravilhosa, mas muitas vezes não era; ela fez minha mãe chorar e fez com que todos nos sentíssemos inferiores. Afinal, ela tinha visto o mundo & tinha até amigos brancos! Não sabíamos nada, ao que parecia, se vistos em comparação.

Como era difícil suportar isso: um amor por minha irmã (porque é lógico que eu a amava muito) e inveja, ciúme, misturados com censura. Para mim ela não era perfeita como meu pai parecia acreditar. Ele não conseguia vê-la como ela era, ao que parecia, o que me frustrou – particularmente durante aquele período (& deve ter havido um) quando eu me considerava uma rival pelo amor de meu pai.

Eu não podia enfrentar a rejeição de meu pai por mim, então fiz duas coisas. Logo comecei a rejeitá-lo – encontrando falhas em tudo que ele fazia (o que infelizmente era fácil, ele fazia tantas coisas reprováveis) e vendo sua rejeição a mim não como algo relativo a mim mesma, mas sim a Ruth. Em outras palavras, me convenci de que rejeitei meu pai não porque ele me rejeitou, mas porque ele a rejeitou. Isso salvou meu orgulho, meu senso de valor. Não foi, eu imagino, bom para Ruth.

O que eu internalizava de tudo isso, mas reprimia, era, entre outras peculiaridades, uma atração por casais claros/escuros (símbolos, suponho, agora, de meus pais) e uma tendência a me sentir rejeitada com muita facilidade por pessoas mais escuras.

Mas isso é mais tarde na história.

Ontem à noite me dei conta de como andei me arrastando com minha melancolia (que certamente deve ter algo a ver com a morte de Papa.[1] Talvez minha alma saiba que deveria estar na Geórgia me despedindo do meu único avô, o único elo com tantas coisas com as quais nunca mais poderei me conectar).

Estou sentindo saudade das histórias da vida de Papa que estão sendo recontadas na Geórgia agora, na semana de seu funeral. Também sinto saudade da congregação de seus descendentes, companheiros & irmãs portadores de seu sangue, suas feições. Sua personalidade & seu caráter.

Ele era um homem tão bonito! Sua pele, em seu castanho-avermelhado, tão rica e masculina. Sua presença tão ereta! Seus olhos tão sábios.

Eu gostava de tudo nele, menos da crueldade com sua esposa. Gostava especialmente do nome dele: Henry Clay Walker.

 1977 Nascido em 7 de julho de 1889
 <u> 88</u> Falecido em 1º de julho de 1977
 1889

   Oitenta e nove anos. Tanto tempo!
   A bênção... Ele morreu simplesmente, sem sofrimento.

A casa antiga
Condado de Putnam, Geórgia.
27 de julho de 1977
É uma manhã fresca e úmida depois de uma boa noite de sono. (Sou grata pelo sono! Até mesmo pela calma mais transitória!) (Sou religiosa. Se eu pudesse encontrar uma maneira de adorar regularmente a maravilha natural do mundo.)

R.[2] estava no aeroporto. Saber que eu o veria trouxe de volta a dor nas costas que tive, ligada a ele & ao meu dilema, nos últimos sete meses. Incrível,

---

1 O avô paterno de AW, Henry Clay Walker, morreu em 1º de julho de 1977.
2 Robert, alternativamente referido nos diários como Bob, e ocasionalmente como Roberto.

essa dor nas costas! Obviamente, meu corpo está me dizendo que o amor que compartilhamos é um fardo.

Eu queria vê-lo.

Eu temia vê-lo.

Olhei para ele criticamente. Não permiti que meu olhar o cobrisse de ouro. O que levanta a questão: eu o fabriquei como objeto do meu amor?

Tomamos uma bebida & conversamos superficialmente sobre... seus avanços no doutorado & o Projeto sobre Port Chicago.[1] Rebecca no acampamento. Minha ajuda para levantar a primeira parede da casa de Bertina & Stasia.[2]

(Ruth diz que a Srta. Shug deu suas "ceroulas" para Mama[3] – a esposa de Papa: senhorita. Shug, a amante & amada – que chamou por eles. Certamente isso mostra, por parte da Mama, uma crença na magia.)

27 de julho de 1977

Hoje fomos visitar a sepultura de Papa. Senti uma necessidade específica de me deitar em cima do túmulo de papai "para averiguar a vista" a partir daquela posição. Deitada ali, ouvindo as cigarras, os grilos & o vento, me senti perto dele. Eu queria contar para ele que estava com dor, eu mesma, e confusa, eu mesma, e impotente para fazer qualquer coisa além de suportar tanto a dor quanto a confusão – como ele havia feito. As lágrimas brotaram a partir das minhas costas e comecei a chorar. As primeiras lágrimas que derramei por papai, cinco anos após sua morte. Me senti melhor por tê-las derramado, fraca, abatida, cansada. Estou aprendendo mais do que imaginava sobre o sofrimento. O que significa doer e doer e ter que confiar no Tempo, e não na própria vontade, para aliviar o sofrimento que nunca está longe.

Depois fizemos a caminhada pela mata até a antiga casa de Papa. Uma peregrinação incrível com Ruth – que me abraçou no túmulo de papai num conforto fraternal.

* * *

---

1 Robert estava começando a trabalhar em um projeto sobre o maior motim em massa da história naval dos Estados Unidos. Em 26 de julho de 1944, em Port Chicago, Califórnia, uma explosão matou 320 homens, dos quais 202 eram negros. De acordo com relatos históricos, mais de 200 homens recusaram-se a descarregar mais munições, o que os levou à corte marcial.

2 Bertina e Stasia é um casal de mulheres lésbicas com quem AW fez amizade.

3 AW se refere a sua avó como Mama e a seu avô como Papa; note-se esta referência à "senhorita Shug", amante de seu avô.

Há momentos em que sinto inveja de Pam. Sinto ciúmes. Odeio ela. Outras vezes, quero pedir que me perdoe por tê-la magoado. Percebo que para mim ela nunca foi muito real. Sempre pareceu uma personagem periférica, pálida, pequena, maníaca & incompleta. Pouco mais que um obstáculo para o que eu queria. Mas sem dúvida ela _é_ real. Um ser humano completo e machucado. Até onde eu sei, a dor dela por tudo isso pode ser igual – ou até maior – que a minha. Pelo menos eu só dependia de Bob emocionalmente & sexualmente. Ela também é financeiramente dependente dele. Talvez esta última dependência os aproxime. Ele pode "proteger", ela pode "depender". Existe tanta ansiedade envolvida em ser independente. Assim como existe vergonha, eu acho, em ser dependente. "Vivemos com o que _eu_ ganho", Bob disse certa vez com algum orgulho. Estou muito acostumada com feministas que nunca falam assim, mesmo que sintam a necessidade de querer estar em tal relacionamento de vez em quando.

~Rachel & Henry~
Um Romance[1]

1. Imagine Henry se casando com uma mulher que sua família escolheu para ele. Kate. Ele não a ama. Ela começa a dar à luz a seus filhos.
2. Ele se apaixona por outra pessoa. Violentamente. Inevitavelmente. Srta. Shug. Ela começa a dar à luz a seus filhos.
3. A esposa, Kate, não amada, arranja um amante.
4. A amada, Srta. Shug, se casa. O marido a leva embora.
5. Henry bate em Kate. Kate não pode abandonar seus filhos. Seu amante a mata num pasto quando ela volta da igreja para casa.
6. Henry fica com quatro filhos pequenos. Amada Shug tem 2 filhos, dele, mas está casada & mora longe.
7. Henry fica sabendo de um homem com filhas disponíveis. Ele se propõe a contratar uma para cuidar de sua casa. O pai das garotas não quer saber disso por medo de que a filha seja seduzida.

---

[1] Este é um esboço inicial do romance, inspirado nas histórias da vida de seus avós, que se tornaria _A cor púrpura_.

8. Ele propõe que Henry se case com Rachel – que é caseira, uma boa trabalhadora, teve dois filhos que morreram. Seu único defeito: generosidade.
9. Henry se casa com Rachel sem amá-la. Ela é uma boa mãe para as crianças. Elas passam a adorá-la. Henry ainda anseia pela primeira Amada que volta de vez em quando – seu marido morre.

    Rachel trabalha muito duro. Nunca bonita, ela nem se compara à Amada. Henry a usa sexualmente. Bate nela porque agora ele está ligado a ela & não com a Amada.

    Ela aguenta. Ela sempre o amou. Continua leal & fiel.
10. Ele a toma como uma certeza. As crianças crescem.

    A relação muda, agora os filhos estão crescidos.

    Ele percebe que deseja a <u>ela</u>. E que uma vida com a Amada agora é impossível. Estão todos ficando velhos.

    Rachel, tendo se resignado a que ele não a amasse, encontra libertação na igreja. Ele vê a igreja como uma rival.

    Eles estão juntos há quarenta anos. Ele tem medo de perdê-la. Ela morre.

Plano: Comprar uma casa em Park Slope quando
   meu contrato acabar/em dezembro de 1978.
   Natal – Geórgia?
   Fevereiro – leste da África
   Maio – Inglaterra/Irlanda
   Julho/Agosto – MacDowell

Chegada – Abraços – Conversas – almoço – fogo na lareira – ouvir a chuva – fazer amor (um tanto rápido, mas profundo e satisfatório) – um orgasmo magnífico que me fez clamar a Deus, o que me divertiu mesmo quando ouvi as palavras saírem dos meus lábios "Quem eu?" eu pensei. Mas, como sempre, <u>bom</u> sexo. Embora eu tenha esquecido de ajudar B. com o dele. Mais tarde, o fato de eu ter esquecido como ajudá-lo também me fez rir.

Nos deitamos juntos brevemente – tomamos banho, fumamos (um erro) & ele foi para Atlanta e "jantar". Sexo apressado definitivamente é inferior.

* * *

O Zora Hurston Reader[1] precisa de algumas seções sobre a permanência de Zora entre os rootworkers.[2] Os artigos lidos -- enfadonhos. Eles não mostram – em sua maior parte – a atenção aos detalhes da ficção de Zora. Mas será um bom volume. Com a seção do Despertar de Janie de Seus olhos viam Deus, e os dois contos, as cenas de Tell My Horse etc.

Às vezes sinto que meus familiares e eu não poderíamos ser mais estranhos uns para os outros. E ao longo dos últimos anos, senti que isso é especialmente real para mamãe & eu. Não conheço essa nova Minnie Lue. Ela parece uma concha. É apenas a religião dela? Mas ela também foi completamente conquistada como ser humano negro – porque acredita, de fato, que os brancos são melhores. É doloroso ver isso na própria mãe. A idolatria pelos elogios dos brancos, mais ainda do que pelo seu próprio senso do que é bom, ruim ou bonito. A doença da inferioridade está em toda parte na família. O uso de "nigger" inabalável desde a última vez. Nenhuma preocupação de como as crianças vão passar a ver a si mesmas.

Sem data, agosto de 1977

Ms. $ 12.000 mais	=	após impostos 9.000
Yale $ 5.000	=	4.000
		$ 13.000
Palest. 6.000	=	4.000
		$ 17.000

Eu provavelmente ganho cerca de $ 20.000 por ano, e isso é muito.
Meu objetivo, até dez. 1978, é ter economizado $ 30.000 para quitar uma casa! Estou me aproximando da sensação de que isso é certo e algo que quero fazer.
Eu me sinto bem, crianças. Depois de muita luta acredito que estou vendo um lampejo de luz no fim do túnel!

---

1 AW estava compilando uma coleção de escritos de Zora Neale Hurston; seria publicada em 1979 pela Feminist Press na CUNY [Universidade da Cidade de Nova York] sob o título *I Love Myself When I Am Laughing and Then Again When I am Looking Mean and Impressive*. O título é uma citação de uma carta que Hurston escreveu para seu amigo Carl Van Vechten, em resposta a algumas fotos que ele havia tirado dela.
2 Prática semelhante ao vodu, o *rootwork* se encontra especialmente na medicina popular afro-americana no Sul dos Estados Unidos e no Caribe e usa raízes (*roots*) para lançar feitiços, o que é também chamado de conjurar. [N. da T.]

Sou grata a – todos, incluindo a Deus, a quem sempre agradeço em minha cabeça, o tempo todo. Agnóstica que finjo que sou!

23 ago. – 2 set.
10 dias com Robert – mais ou menos.

Vê-lo depois de um longo período separados é sempre surpreendente. Só de vez em quando ele é bonito para mim, e nessas ocasiões sua aparência é realçada por alguma atividade em que está envolvido: cuidando de uma criança, nadando, dançando.

Meu coração manteve a calma, a não ser pelos breves períodos de palpitação sempre que fumávamos um baseado. O que era bastante frequente.

Mas enfim, passei no teste. Não me permitir cair no velho padrão de adoração – desejo de posse – ou sonhar com um futuro para nós dois juntos. A obsessão acabou, eu rezo por isso.

Então o passeio pela Nova Inglaterra foi um grande sucesso. A região como sempre linda, especialmente Vermont e Nova York. Bob carinhoso e completo como amante. Interessado & valioso como amigo, bastante bom como pai substituto para Rebecca.

Uma semana quase feliz. Nadando, escalando e fazendo amor, fodendo, transando, trepando, dando uma, amando e ser amada. O toque de Bob é o mais suave que já senti, mas também o mais seguro & firme.

"Eu te amo."

Não me vem à cabeça ou ao coração dizer isso tanto ou com o mesmo fervor que senti um dia – e ainda assim, sinto amor por Bob. Talvez eu não esteja mais apaixonada. E isso é uma bênção.

Esperei ontem à noite depois que ele saiu por algum problema fisiológico. Tive uma ligeira tensão momentânea nos ombros, mas uma aspirina fez aliviar. Exceto por esse resfriado & minha menstruação, me sinto bem.

E me avalio assim:

Uma mulher no Auge da Vida – 33 anos

com 6 livros, todos publicados,

com saúde e uma filha crescendo saudável, inteligente & bonita,

$ 9.000 em economias e mais $ 11.000 por vir –

com dois excelentes "empregos" de meio período que pagam bem.[1]

Com tempo para escrever, viajar, pensar.

---

[1] Os trabalhos aos quais ela se refere aqui: professora de um curso em Yale e editora colaboradora da revista *Ms*.

Com amigos que amo & que me amam – Bob, Sheila, Mel, June, Judy, Gloria, Joanne, John & Susan, Vincent...

Meu próprio apartamento, onde posso fazer qualquer coisa.

É possível, eu sou um ser humano novamente!

Preciso inventar uma oração para o espírito benigno do universo.

Preciso agradecer, "falar com Deus" – estar em contato com a força que torna nossas vidas únicas através do sofrimento e da graça eventual.

5 de setembro de 1977

Há momentos em que me sinto assustadoramente sozinha. É nessas horas que entro em pânico. Tensão. Medo. E é também nesses momentos que me lembro de todas as coisas que posso ter feito que "não estão certas".

Muitas vezes me pergunto, por exemplo, se fui justa com Anaïs Nin no "obituário" que fiz dela.[1] Talvez eu estivesse errada sobre ela, em proveito próprio. Eu provavelmente não deveria ter publicado a carta que ela me escreveu. Depois, tem o medo de que Mel seja basicamente dúbio, não confiável. E que não sei mais como me dar bem com Rebecca. Depois, tem a vida na cidade (sem um jardim). Sem contato frequente com a terra, eu poderia muito bem estar flutuando. Também tem minha insatisfação com o trabalho e minha necessidade de formar algum tipo de visão geral objetiva do que quero realizar.

Devo tirar uma licença da Ms. ou não? Vou mesmo conseguir comprar uma casa?

Uma ideia que fazia muito sentido era publicar meus dois livros – simplesmente terminar o livro de poemas & entregá-lo a Wendy.[2] Em seguida, pegar nos ensaios.

Eu gostaria de me sentir mais perto de Wendy – confiar mais nela.

Será que é tudo uma questão de confiança ou falta de confiança?

Talvez seja em mim mesma que eu não confio. Talvez eu me encontre fazendo ou dizendo coisas que não aprovo.

Isso é perigoso porque tão corrosivo ao meu respeito por mim mesma. Hummm...

Bob? Mesmo enquanto eu o abraçava, me perguntava quem e o que eu abraçava. Embora menos nesta última visita do que nas outras. O que está

---

[1] O obituário, "Anaïs Nin: 1903 – 1977", foi publicado na edição de abril de 1977 da Ms., p. 46.
[2] Wendy Weil, agente literária de AW.

evidente é que meu trauma encontrou um catalisador em Bob, mas ele não era o trauma total – como eu pensava.

Uma recaída terrível – tão ruim quanto Jackson, embora não tenha durado tanto quanto minhas depressões costumavam durar.

Conversei com Gloria, com Mel, com Sheila. Sheila ajudou muito. Ela me fez refletir sobre o início da depressão...

Foi quando Rebecca me disse que tinham estraçalhado as roseiras da outra casa.[1] "Minhas" rosas. Rosas com mais de 50 anos. "Elas estavam doentes; não estavam florescendo", disse Mel. Eles estavam desenraizando a mim, eu senti. A casa em Midwood St. significava muito. O jardim talvez fosse a parte que mais significava. Ao arrancar as rosas, eles estavam destruindo meu jardim, a metáfora e fato de minha existência.

Além disso, Rebecca ficou com o pai e percebi que eu realmente precisava dela. O gatinho que ela me deu fugiu. No dia seguinte, Mel ajudou a resgatá--lo, chorando, do quintal.

Acho que o baseado não é bom para mim, faz com que minha depressão se aprofunde. Talvez esta seja uma das razões pelas quais as pessoas que meditam não fumam.

Sheila acha que eu deveria tentar ir para um lugar maior o mais rápido possível – ... Isso faz muito sentido para mim. O apartamento é charmoso, mas muito pequeno.

21 set. de 1977

Na verdade, estou em transição. Todos os movimentos devem, portanto, ser cautelosos. A "recaída" foi grave. Eu pensava na morte constantemente, como um alívio. Eu sei muito bem, no entanto, que a morte não é o que eu quero tão cedo na vida. Eu amo demais viver e sou muito capaz de encontrar e aproveitar a próxima ambição (aventura) ao virar a esquina. Se pelo menos eu conseguir aguentar.

Nos últimos dias, senti falta de B. Pensei com frequência em nossa viagem à Nova Inglaterra. Os bons momentos que passamos, o riso que é só nosso.

---

[1] A essa altura, Mel estava morando com sua nova parceira, Judy, na casa do Brooklyn que ele e Alice dividiram na rua Midwood. AW estava morando em um apartamento no Brooklyn, e eles compartilhavam a custódia de Rebecca, que tinha sete anos.

Nadar numa torrente embriagadora de sensações boas. Sexo criativo, bom. Eu queria muito ligar para ele. Escrever mais do que tenho escrito.

E, mesmo assim, meu novo eu – sem dor nas costas (graças a Deus!) – está me mantendo num caminho mais seguro. Dizendo assim: Não volte para a dependência emocional. Não aceite fardos que não pode suportar. Você sofreu o bastante por um bom tempo. E por isso não liguei – nunca gostei de ligar para a casa dele – e minhas cartas, embora amorosas (porque é lógico que, <u>sim</u>, ainda o amo), são mais alegres do que calorosas.

A verdade é que não consigo esquecê-lo. Mas tenho trabalhado sinceramente em não me envolver mais nesse relacionamento. Se quisermos ter uma amizade colorida e nos ver apenas ocasionalmente, preciso me ater a uma austeridade emocional que permita que esse arranjo seja benéfico em vez de doloroso. A saudade eu posso aguentar, a dor corrói meu sentimento de valor e minha autoestima.

Palestras marcadas para o restante de 77.

2.500	Sanford
750	Germantown
750	Williams
200	Folger
1.000	Mercer
$ 4.650	

Bucknell? Isso faria com que chegasse a $ 5.000,00. Tudo para economizar. Para a casa.

Daqui a pouco um ano terá passado. Meu ano de transição da dependência para a independência. De uma crença na autoridade dos outros para (assim espero) uma crença em minha própria autoridade. Se eu conseguir continuar a superar o pânico, serei, continuarei a ser, ao mesmo tempo grata e feliz.

Neste último bimestre (ago.-set.), Rebecca se tornou o centro da minha vida mais do que nunca. Percebo que respondo a ela como se ela fosse alguém cujos sentimentos eu respeito profundamente. Sou tão cuidadosa com ela quanto com uma amiga. Na verdade, eu a vejo como uma amiga. E isso aconteceu porque ela comentou que tem recebido bem pouca consideração. Ela defende seu direito de compartilhar o tempo sozinha comigo. Seu direito a uma parte da minha atenção quando estamos entretendo uma visita.

Ela faz exigências!

Até agora (depois de duas aulas) gosto de estar em Yale uma vez por semana. É como uma espécie de descanso. Exaustivo como o ensino real é. Acho divertido "compartilhar" um quarto com Imamu Baraka.[1] Ele vem às segundas-feiras, eu às sextas.

Minhas alunas e alunos me intimidam um pouco, são tão bem articulados. Mas eles não estão escrevendo sobre muita coisa. Suas experiências parecem ter sido tênues e enfadonhamente comuns. Minha mente vagueia quando leio seus trabalhos.

Deitada na minha cama maravilhosa olhando para Mel (que veio buscar Rebecca) percebi novamente sua inquietação, seu olhar evasivo. O que ele está escondendo de si mesmo? Houve momentos em que imaginei voltar para ele – mas sempre, felizmente, lembro que estou pensando num homem diferente, mais jovem & mais sensível do que este agora diante de mim.

Mel nunca permitiu se descontrolar, nem um pouco. Tanta coisa é temida, reprimida. Acontece que ele correu de uma cuidadora para outra. Acho que ele será muito mais interessante depois de se permitir uma crise.

Mas talvez isso não seja tudo altruísmo? Eu gostaria que fosse. Mas também fiquei com muita, muita raiva dele. Porque o nosso era casamento era bom e não precisava ter atrofiado.

* * *

---

[1] Amiri Baraka, anteriormente conhecido como LeRoi Jones e Imamu Amear Baraka, foi um aclamado e controverso escritor afro-americano de poesia, drama, ficção, ensaios e crítica musical.

Eu gosto mais da Ms. agora que comprometi um dia por semana. Um dia lá, outro em Yale, o resto do tempo para ler, estar com amigos, uma palestra ocasional que me permita uma viagem & me coloque entre montanhas, folhagens de outono etc.

3 de outubro de 1977
Mais uma boa aula em Yale. Uma decisão muito boa foi esta de ensinar. New Haven é calma, partes dela bastante bonitas. Tranquila.

No sábado, uma longa ligação de B. Ele acha que pode vir para o Leste[1] ainda mais cedo do que havia planejado anteriormente. Eu estou emocionada. Mas com calma. É sempre importante quando o vejo, mas agora sei que é possível viver sem ele – embora não escolha essa opção. Eu o amo, finalmente, de braços abertos.

Resolvi, aparentemente, combater minhas depressões e, uma semana antes da menstruação, tomei o cuidado de comer bem, descansar, fazer algumas atividades prazerosas – cinema, caminhadas, amigos – e tomar minhas vitaminas religiosamente, e também Pamprin – 2 comprimidos por dia durante sete dias. Resultado: sem (bate na madeira!) depressão até agora, & minha menstruação começou hoje! Eu me sinto feliz. Passei o dia todo contemplando as nuvens. Amando-as. Fazendo orações silenciosas ao Espírito do Universo e amando o Brooklyn. Posso ficar aqui para sempre. E hoje sinto que está tudo bem.

Estou ansiosa para comprar uma casa!

5/10/77
Enquanto estava em New Haven, pensei tanto em Pam que tive que escrever para ela. Simplesmente explicar que desejo o melhor para ela & dizer que sinto muito se a machuquei. Durante todo o tempo, o peso que ela tem sido para mim é de culpa, de que eu a rejeitei (oferta falsa de amor que ela fez ou não) e de confusão porque me senti atraída por ela. Gosto de sua agressividade, do jeito que usa roupas velhas.

Parece que me sinto melhor por ter escrito. Minha culpa/memória me fez olhar para cada mulher branca de cabelos castanhos & ver Pam.

* * *

---

[1] Robert/Bob vive na área da baía de São Francisco.

Parece que vou ganhar cerca de $ 6.000 em palestras entre 13 de outubro & 06 de dezembro. Isso é bom, porque posso guardar diretamente na poupança da casa. Meu objetivo é poder fazer um adiantamento de $ 40.000 – o que deve ser possível se eu puder ficar com $ 10.000 de G.; os $ 11.000 da Midwood, 55; $ 10.000 que economizei & $ 10.000 de palestras & direitos autorais.

Se funcionar, isso significa que em setembro de 78, eu posso negociar!

Olhando para trás neste diário, vejo que estou preocupada com dinheiro. Ultimamente me dei conta de que a insegurança é um dos maiores assassinos da arte. De alguma forma, o romance ou a próxima coleção de contos, só consigo os ver acontecendo quando estiver em minha própria casa e administrando bem as coisas.

Uma das razões pelas quais eu estava/estou com raiva de Mel é que ele não se esforçou o suficiente para me manter. Ele discorda, é claro, já que "para me manter" ele desistiu de advogar no Mississippi & se mudou para Nova York – que ele sempre odiou. Talvez seja por isso que ele está com raiva de mim! Mesmo que agora ele seja mais feliz aqui do que era em Jackson.

10 out, de 1977
Mel veio ontem para trazer o resto das minhas roupas da Midwood, 55, pegar os papéis do acordo de divórcio e se sentar (depois que eu ofereci) para tomar uma xícara de chá. Foi notavelmente agradável. Ele parecia melhor do que da última vez. Não tão pálido, envelhecido. Ele ainda está sofrendo a decepção por não terem lhe oferecido o cargo no Depto. de Justiça.

Chefe da Divisão de Direitos Civis. Ele está certo – deveria ter sido dele. Senti uma verdadeira empatia. Contei meus planos para a casa – ele teme que isso se torne uma responsabilidade muito grande. Espero que não.

Bebemos chá. Rimos. Sorrimos um para o outro. Falamos da nossa filha. Quando ele saiu, me deu um beijo na bochecha. Eu o beijei na bochecha. Nos despedimos com sentimentos calorosos – sugeri que ele e Judy fossem para Negril por uma semana.

Bob ligou. Feliz por ele estar vindo para o Leste no próximo fim de semana.[1] Disse: "Já tenho minha passagem na minha mãozinha gostosa!" O que

---

[1] Bob ainda vivia com sua esposa, Pam, na Califórnia.

é isso que temos? Um amor. Um relacionamento. O mais intenso de nossas vidas, eu acho.

Hoje me deparei com uma carta antiga de Pam. Ela está me contando o que gostou e o que não gostou em Meridian e comentando minha visita à família de Bob em Atlanta com ele. Dez meses atrás eu não conseguiria ler a carta. E ainda dói um pouco. Por quê? Porque Bob ainda é seu marido. Ele é meu apenas na medida em que me ama – e porque há tantas coisas admiráveis em Pam. Sua aparente falta de ciúmes, por exemplo. O tempo que ela levou para pensar sobre Meridian & me dar sua resposta.

Eu sei que Pam se sente rejeitada por mim. Como bissexual, como mulher/branca. Enquanto eu simplesmente quero Bob. Não o casal.

Parece que estou à deriva, no meu trabalho. É por causa do meu emprego na Ms. & Yale? É por causa das leituras? Por outro lado, tenho comprado e lido mais livros do que o habitual. E tem alguma coisa acontecendo na minha cabeça – um novo romance está tentando tomar forma. Se eu conseguir estar na MacDowell[1] em julho & agosto, talvez consiga colocar no papel um esboço sólido do que quero. Um romance moderno, sobre casamento.

Depois da Ação de Graças – 25 nov. de 1977

Uma ligação de Bob... reconfirmamos o que você, Diário, já sabe, ou seja, nos amamos. Por que é assim? Eu lavo minhas mãos. Falamos da visita da mãe dele comigo. Saímos para comer fora com Sheila (no Sheila's) & Frank, e depois jazz ao vivo... O marido de Zake, o saxofonista David Murray.[2]

No começo eu tive medo do fim de semana com a Sadie,[3] mas depois, como ela é tão brincalhona, eu gostei. Olhando para sua mãe eu o vi.

Sou verdadeiramente agradecida pela minha irmã Ruth, por Rebecca, tão paciente & amorosa em geral, por Bob, que me ajudou a crescer... Assim como por minha pressão arterial tão tão baixa, 90/62!

Grande Espírito do Universo eu te saúdo em paz depois das batalhas deste ano, o mais difícil da minha vida.

---

1 Um programa de residência artística em New Hampshire.
2 Zake é o apelido do dramaturgo e autor Ntozake Shange.
3 Mãe de Bob.

15 dez de 1977
Bob voltou com A História! Do Desastre de Port Chicago. Sua odisseia no Sul é um enorme sucesso. Ele está repleto de seu roteiro. Estou repleta de – da aparente tenacidade & do crescimento de nosso profundo cuidado um pelo outro. Como sempre, sexo/amor com ele incrível. Três horas de amor passam como minutos. Meus orgasmos profundos e intensamente compartilhados com este homem que diz: "Descobri que <u>não</u> estou vazio. Que estou repleto!" Tão bom testemunhar isso, fazer parte do crescimento dele. Seus olhos brilham. Brilham quando ele olha para mim. Estou sempre sorrindo quando ele está aqui.

16 dez. 1977

1. Wendy ligou para me dizer que Greil Marcus[1] está revisando a reimpressão de <u>Grange Copeland</u> para a <u>Rolling Stone</u>. Deve sair em 3 semanas. Além disso, mais ou menos por aí, no ano-novo, G.M. vem para a cidade e gostaria que nos encontrássemos. Eu digo sim. Sim. Lembrando que, na New Yorker do ano passado, ele fez minha resenha favorita (embora limitada, embora longa) de <u>Meridian</u>.
2. Ela também diz que os ensaios selecionados: <u>Em busca dos jardins de nossas mães</u> devem se sair bem.
3. Perguntei a ela sobre o roteiro de Bob para O Desastre de Port Chicago. Ela confirmou que sim, vai ler & se possível enviar ou recomendar às mulheres da Agência Ziegler na Costa Oeste.
4. Liguei para Bob & lhe contei isso. Ele está cansado, de volta para casa. Lavando roupas, lendo cartas. Cuidando de Casey.[2] E feliz em ouvir esta notícia.
   Sinto prazer por ele estar satisfeito.
5. Nós rimos outra vez quando ouvimos um dizer ao outro: eu te amo. Quem poderia imaginar isso? Mas acho – embora não tenha dito – que ele está se tornando o homem que sempre pensei que fosse. Mas vou ir com calma nisso – porque talvez ele não seja.
   <u>Enfim</u>

---

1 Um bem-conceituado escritor branco, jornalista de música e crítico cultural, há muito tempo associado à *Rolling Stone*.
2 O filho mais novo de Robert com sua esposa, Pam.

6. Finalmente encontrei a mulher, Martha Pitts, que pode me levar até Assata.¹ Ela diz, de modo vago, que talvez Assata possa <u>me</u> ligar na sexta-feira. Que vou precisar de credenciais de imprensa para entrar na prisão.

20 dez. 1977
De repente me ocorreu esta noite que eu deveria começar a fazer anotações para um novo romance, um em que eu possa trabalhar na MacDowell² neste verão. E então percebi que havia agido de acordo com um profundo impulso de limitar minha expressão externa para cortar compromissos excessivos com palestras. Cancelei os serviços para <u>Heresies</u>³ assim como o painel de discussão em Barnard. Foi bom dizer "Não". E planejar – Meu plano é uma leitura por mês. Nada durante o verão (além de escrever & caminhar & pensar) e isso deve ser bem possível com meu salário da <u>Ms.</u>, mais as leituras & algum direito autoral que recebo. O que faz a diferença é que agora economizei a entrada de uma casa e tenho o dinheiro da bolsa que se estende por dois anos! Com tamanha sorte eu deveria ter vergonha de não produzir pelo menos um verdadeiro confronto com minha própria mente.

E é por isso, obviamente, que estou tão tensa.

Esta noite, aninhada na cama com Rebecca. Eu lendo <u>Mulheres</u>.⁴ Perspicácia escrita como refúgio – muito bom! Talvez venda! E Rebecca também lendo um romance – sobre a observação de bruxas. Perto, caloroso, bom.

Ela não parece ter medo de Mel ir para Washington. Embora pareça ressentida com o fato de que ele talvez se case com ela. (Judi). (Não por Washington, D.C.)

---

1 Assata Shakur, ativista política e integrante do Partido dos Panteras Negras e do Exército de Libertação Negra, foi condenada em 1977 pela morte em 1973 de um policial estadual de Nova Jersey durante um tiroteio na estrada de Nova Jersey. Seus aliados argumentaram que o julgamento foi injusto, já que a lei de Nova Jersey não exigia que a promotoria provasse que Shakur disparou os tiros que mataram o policial. Neste momento, em 1977, ela estava cumprindo a sentença de prisão perpétua no Clinton Correctional Facility for Women em Nova Jersey.
2 A MacDowell Colony, em New Hampshire, a mais antiga colônia de artistas dos Estados Unidos, foi fundada em 1907 para oferecer a "indivíduos criativos do mais alto talento um ambiente inspirador no qual possam produzir obras duradouras da imaginação".
3 Fundada em 1977, a *Heresies* se autointitulava "Uma publicação feminista sobre arte e política". A revista continuaria a publicar até 1993.
4 Publicado em 1977, *Mulheres* é o romance de estreia de Marilyn French, autora feminista estadunidense.

Não sinto quase nada pelo fato de que ele talvez se case com ela. Como tudo isso é exagerado. Definitivamente.

21 dez. 1977

Descontados os impostos meu salário na Ms. é 8.400,00. Meu aluguel é
$$3.600,00$$
$ 4.800,00 é o que sobra para comida, roupas, Rebecca.

Se eu pudesse acrescentar mais $ 10.000 por ano de palestras & direitos autorais – estaríamos bem. Mais do que bem na verdade.

Agora vou me deitar na cama & ler A Fine Old Conflict, de Jessica Mitford. Tuscaloosa[1] está dormindo no sofá. O quintal está cheio de pássaros cantando, cantando. Um dia úmido e frio. Minha menstruação está de quatro ou cinco dias atrasada. Isso significa que devo iniciar medidas preventivas contra a depressão. (Já fiz isso.)

O risco faz minhas costas doerem. (A dor vai & volta há um ano.)

Mel veio ontem à noite para trazer as roupas de Rebecca. Ela estava usando a mesma roupa há três dias e fedia. Discutimos sobre o movimento de Washington.

Ele disse que, assim como eu pensava, nosso divórcio[2] deixou Judy mais ansiosa para se casar. Ele pediu minha opinião. Aconselhei a tirar um certo tempo – 3 a 6 meses – para refletir. Tempo sozinho. Ele concordou com a cabeça para isso, mas realmente já se decidiu. Ele disse que seu "equívoco" o faz se perguntar se um novo casamento é a coisa certa, agora.

Bem, para mim não é, eu facilito. Ele conta que disse a Judy para "deixá-lo se recuperar" do divórcio, primeiro.

Estou muito feliz que ele tenha parado de fumar. Ele também se preocupa em me contar que está lendo coisas que não são do Direito. Eu digo que bom para ele!

Rebecca é minha amiga! E isso vem se tornando mais forte o tempo todo. Esta manhã ela me pediu para acordá-la com mais suavidade – como se seu sono fosse mais leve do que o do pai, que uma vez dormiu no meio de um incêndio & com o barulho de quatro caminhões de bombeiros. Mas vou ten-

---

1 O gato da família.
2 O divórcio de Alice e Mel foi finalizado em dezembro de 1977.

tar. Na verdade, quando consigo despertar a mim mesma, gosto de beijá-la até que acorde.

23 dez. 1977

Dormi mal ontem à noite, mas fui para a cama com grandes planos para escrever uma resenha de Portraits of Chinese Women in Revolution de Smedley.

Eu gosto quando Smedley diz que não é daquelas que morrem por beleza. Sem dúvida sinto que poderia facilmente morrer por falta dela. A feiura, sem alívio, me mataria mais rápido do que a depressão, provavelmente.

Parte da minha insônia é o medo de como vou "passar" pelo dia 25. Aquele enorme "dia da família" em todo lugar. Rebecca estará com o pai – imagino que vou trabalhar na resenha de Smedley agora que Assata não poderá me ver até o ano novo.

O último Natal foi o nosso primeiro sozinhas. Mas será mesmo? Provavelmente não.

De qualquer forma, meditação, muito sono, boa alimentação estão em ordem – junto com vitaminas, trabalho e leitura.

24 dez. 1977

Véspera de Natal. Um dia brilhante e efervescente aqui no Brooklyn. Nenhum sinal de depressão ainda... Graças ao Grande Espírito. É óbvio! "O Grande Espírito!" Mais uma vez, os nativos americanos chegaram antes de mim.

Um bom momento ontem à noite, lendo Smedley até as quatro da manhã. Relendo seu esplêndido romance autobiográfico como preparação para fazer a resenha de Chinese Women. Tantos pensamentos agitados por sua prosa robusta.

Minha mente parece que estava esperando por esse ritmo lento que me dei. Parece dizer: "Olha, olha isso! Eu resolvi tudo & só estava me guardando para você!"

Tive alguns pensamentos maravilhosos sobre bissexualidade... O problema com o sexo é que as pessoas se acostumaram a pensar que temos que ser "ambivalentes" ou "comprometidos", "hétero" ou "gays-lésbicas". Uma-Coisa-ou-Outra. Mas a natureza é muito mais interessante do que isso.

26 dez.
June[1] me lembrou algumas das desgraças do Natal do ano passado que eu havia bloqueado: que foi o Natal em que ela estava com câncer. Foi o Natal que Rebecca & eu passamos sozinhas em nosso novo apartamento. Eu não estava em boas condições. Me lembro de que o tempo pesava bastante em minhas costas... Ela está tão certa – que época de Natal terrivelmente dolorosa foi aquela! E como esta é diferente, quando sinto uma confiança crescente substituindo o medo da solidão.

26 dez. 77, depois da meia-noite
Mel me contou que está escrevendo um diário! Alguém duvida que o divórcio foi excelente para ele?

1º jan. 1978, 12:30
Eu também estava sozinha na véspera de Ano-Novo no ano passado? Acho que estava. Mas deve ter sido bem diferente. Hoje à noite estou lendo A mãe de Gorki. Eu também assisti "A Cruz da Minha Vida" na TV. Alguns fogos de artifício brilharam no céu sinalizando o Ano-Novo & ainda tem barulho lá longe... Tuscaloosa & eu estamos aconchegados juntos, contentes.

Talvez seja essa a diferença. Bebo meu copo de vinho branco e considero (no meio dessa consideração, Bertina[2] me ligou para me desejar Feliz Ano-Novo!) que mais um ano, um ano tão, tão difícil, veio & se foi, e eu sobrevivi. (Bertina acabou de ligar de novo me convidando para ir até lá – & eu vou. Até mais tarde, diário.)

Um pouco de dança, sorvete (por quê, minha dieta!) Bertina roubando carícias – isso me parece tão infantil e falso. Esfria todo o ardor que eu poderia ter sentido. Mas foi uma distração agradável.

Eu me senti bastante indiferente, mesmo, ao lado dela. Isso me faz pensar – eu me importo com ela, mas de que maneira? Estou me forçando a mais uma experiência bissexual para provar que posso ser do jeito que acho que é "o jeito que as pessoas deveriam ser"? Dançando com Bertina pensei – Grande Espírito, me ajude – em Robert. E como dançar com ele me enche de tanta felicidade que sorrio como se minha boca estivesse perdida de mim.

---

1 A poeta June Jordan, uma amiga de longa data.
2 Uma amiga de AW que já expressou atração por ela, mas está em um relacionamento com outra mulher.

Mas principalmente pensei em mim mesma – na sorte de estar entre amigos que me querem bem.

Ora, ora, **1º de janeiro de 1978**! O tempo não voou exatamente, mas, seja como for, ainda estou aqui. Ainda estou aqui e continuei com meu trabalho. Desde aquele fatídico 17-18 de julho, publiquei ensaios, resenhas de livros, um prefácio para o livro de Hemenway sobre Zora,[1] obituário de Anaïs Nin, cartas para a editora, palestras. Viajei para o Chipre, a Grécia e a Jamaica e sofri & me debati comigo mesma e com a política desses países a cada passo do caminho. Completei mais um volume de poemas. Estou terminando uma coleção de ensaios meus. Compilei uma antologia de Zora Neale Hurston. Ensinei ficção avançada por um semestre em Yale. Continuei escrevendo tranquilamente na Ms. Por todos os Estados Unidos, recebi convites para ler e aceitei. Fiz leituras beneficentes. Deixei meu marido & me divorciei de forma mútua e amigável. Me mudei para o meu próprio apartamento, onde vivo há um ano e um mês. Melhorei meu problema auditivo com uma cirurgia. Troquei os dentes da frente. Fiz novas amizades & muitos novos tipos de amor. Cogitei seriamente o suicídio apenas duas vezes – ou talvez 3 vezes. Resolvi não ser suicida porque amo a vida que conheço, mais do que a morte que não conheço e que suspeito ser o cúmulo do tédio.

Neste período da minha vida descobri – uma grande descoberta – que o sexo é justamente aclamado como um dos grandes impulsos da humanidade. Que é realmente incrível & que tenho uma enorme capacidade para os prazeres sensuais. – Descobri também que estou sozinha no mundo, mas que essa é a verdadeira condição de todo mundo. Que ter pena de mim mesma por causa disso, ou ter muito medo disso, é desperdiçar energia & tempo.

Hoje estou deliberadamente encerrando este caderno, anotando brevemente o que anotei em outro lugar com mais detalhes – no caderno de couro marrom que ganhei de Bob e no azul estampado de Gloria.

Esta manhã fiquei deitada na cama com o Times. Acordei hoje de manhã, não com o pânico que me torturou tantas manhãs no ano passado, mas com uma calma razoável. Fiz uma boa xícara de chá. Me olhei no espelho. E eu vi isto: um rosto que ainda se parece com o rosto que eu tinha quando tinha seis anos. Uma pele castanho-avermelhada macia, olhos abertos, uma boca que conheceu beijos e que adora beijar. Resolvi fazer dieta seriamente. Eu peso,

---

[1] *Zora Neale Hurston: A Literary Biography*, de Robert E. Hemenway, foi publicado em 1977 com prefácio de AW.

esta manhã, 59,5 quilos. Vou tentar chegar a 55,5 até o final do mês. Não quero ser magra, mas voluptuosa apenas no busto & nos quadris. Tem uma barriga incipiente da qual devo me livrar. E, se vou usar jeans com mais frequência – o que eu gosto – devo manter a figura que quero neles.

No Times, li uma carta de Vincent ao editor na qual eu e Meridian somos mencionadas. Ele me chama de uma das "nossas melhores artistas mais jovens". A arte pode ou não ter algo a ver com a idade. O que me comove é o próprio Vincent,[1] meu amigo e muito mais desde 23 de julho de 1976.

Não há muito a dizer sobre Bob (agora Robert) que não tenha sido dito nos outros cadernos. Ele esteve à disposição quando fiz a vistoria neste apartamento depois de alugá-lo. Ele esteve à disposição para conferir um dos acordos da separação de Mel. Ele e eu continuamos. Persistimos mesmo, quase contra a nossa vontade. Embora June possa se recuperar de um desgosto amoroso em 3 semanas, descobri que meu coração está um pouco mais sintonizado com o ritmo lento com que enfrento tudo na vida. Eu amo um homem (Robert) com um amor que permanece em grande parte inexplicável para mim. Mas não sofro mais em grandes proporções. Agora sofro modestamente. Principalmente na solidão, uma saudade dele quando estamos separados. Mas essa diminuição do sofrimento aconteceu por meio de uma luta tão profunda que fui forçada a repensar minha vida a partir da vida de meus pais no período anterior à minha própria concepção biológica.

Nunca havia sentido a necessidade de questionar profundamente o amor de Robert por mim, apenas sua qualidade e sua sanidade.

Nossos momentos juntos foram invariavelmente profundos. Tudo o que qualquer pessoa poderia esperar de sexo, companheirismo, ansiedade e esperança.

Estou começando a amar outra mulher. Isso ainda é um enigma para mim, porque não sei o quanto é curiosidade & aventura da minha parte (a escritora como tola, perseguindo o desconhecido). Eu sou uma tola em alguns aspectos, mas isso não me deixa tão indignada quanto antes.

Tenho um gato que neste momento está sonhando debaixo do meu cotovelo enquanto escrevo. Ele me conforta. Talvez quando eu for velha serei alguém com um monte de gatos, vacas e outras criaturas. Flores também, sem dúvida.

As questões que me ocuparam nesse período são: posso sobreviver & ser razoavelmente feliz sozinha, sustentando a mim e a Rebecca? Posso viver

---

1 O historiador Vincent Harding.

fora do casamento que deu tanta estabilidade à minha vida durante a maior parte de sua existência? Posso escrever mesmo estando cheia de ansiedade, ciúme, medo de rejeição, solidão; em suma, posso assumir a responsabilidade por minha própria vida?

E amar.

4 jan. 1978

No momento em que, exausta de subir as escadas carregando as compras, vi o pacote dentro da porta, adivinhei o que poderia ser. Foi por causa do formato achatado? Seu peso e tamanho quando o segurei na minha mão? Tive a certeza do que poderia ser subindo as escadas, junto com minhas compras. Minha cabeça ficou nisso enquanto eu guardava os perecíveis na geladeira. Então me joguei sobre ele – pensando por um momento que talvez fosse outro dos presentes domésticos de Robert. Talvez outro prato quente. (Suporte para prato quente.) Mas é isto, este diário! Uma coisa linda que me comove porque percebo que Robert realmente me vê como alguém que escreve, que deseja estar comigo enquanto escrevo, e quer que tudo seja bonito. Leitor, eu o adoro.

Oro para que este diário seja preenchido com tanto crescimento e autodescoberta quanto o outro, mas com menos dor.

5 jan. 1978

Para este papel fino eu deveria ter uma caneta-tinteiro fina. Enfim, mas e daí. Eu consigo escrever. Eu consigo ver. Eu tenho dedos. Eu amo e sou amada. Rebecca, trabalhando ao meu lado na cama, é saudável, brilhante & adorável. Eu sou bem-formada. Alerta. Aprendendo a cozinhar bem.

Bem, é isso. Hoje cheia de trabalho, glorioso trabalho! Sobre o ensaio "Um filho só seu".[1] Gosto do que está acontecendo em minha escrita – parece que estou criando uma nova forma que vai para lá & para cá, mas comigo e a História firmes no centro.

Liguei para Robert para agradecê-lo pelo diário. Ele está encantado com o meu prazer, como sempre. Também é tudo tão sensual entre nós; um tele-

---

1 Este ensaio – sobre maternidade e trabalho, e o valor de ter um único filho – foi originalmente apresentado como uma palestra para um curso de 1979 na faculdade Sarah Lawrence em homenagem à poeta Muriel Rukeyser, que havia sido professora de AW lá. AW acabaria publicando o ensaio em sua coletânea de 1983, *Em busca dos jardins de nossas mães: prosa mulherista*.

fonema sobre o trabalho se torna erótico por causa de nossa resposta, não às palavras, mas ao timbre da voz um do outro.

6 jan.
Acabei de receber uma segunda ligação de Assata Shakur. Discutimos seu "Birth Journal".[1] Ela não está satisfeita, quer reescrevê-lo. Eu a encorajo a escrever como quiser, pois, só assim valerá a pena para ela e será valioso para outras mulheres. Eu disse a ela que gostaria de visitá-la na prisão, mas que não sei exatamente "por quê". Não tenho "plano". Ela disse que eu deveria ir, que gostaria de me ver.

14 jan.
Ontem soube que vou me tornar dona da minha casa própria! Aceitei a notícia com certa apreensão. Tudo o que li parece dizer que vou economizar muito em impostos.

A casa! 4 andares, dois quartos por andar. Alta & magra, como uma pessoa. Acho que devo colocar um terraço a tempo da primavera. E isso é tudo. Posso deixar a pintura para outra hora. Um terraço e um ar-condicionado no quarto.

Quando estou dentro de casa, rua 1, 423A, não sinto que seja pequena. Parece pequena só quando penso nisso. O banheiro é pequeno. Pode ser bom transformar um dos quartos num banheiro – com um bidê.

3 fev. 1978
Acabei de voltar de uma semana em São Francisco com Robert. Viagem extraordinária...

Duas visões interessantes ocorreram quando estávamos juntos: tive uma visão de nós matando dragões – costas com costas, espadas brilhando. Depois lá fomos nós deslizar por um rio numa canoa. Minha mão roçando na água.

Então, quando estava escutando Stevie Wonder com Robert & ouvindo a música "As" – "I'll be loving you always" eu vi, não Robert ou qualquer outra pessoa. Apenas eu mesma. Alice amando Alice. Beijando Alice. Abraçando Alice. Dançando pelo mundo inteiro com Alice. Esse amor-próprio & essa alegria autogerada continuaram em outras canções.

---

1 Um manuscrito inédito de poesia e prosa autobiográfica em que Assata Shakur estava trabalhando na prisão.

É verdade. Eu me amo. Eu me aceito. Eu me pego no colo. Sinto tanta ternura por mim mesma, muitas vezes tão perdida, confusa. Batalhando.

Quando Robert & eu dormimos juntos, dormimos profundamente. Eu não ouço nada. Não penso em nada. É delicioso.

16 fev. 1978

Um dia depois do aniversário de 46 anos de Mamie.[1] Ruth ligou ontem à noite para dizer que M. está em péssimo estado: sem dinheiro, sem comida, doente. De acordo com Ruth, ela teve um ataque (de frustração, humilhação) no escritório da assistência social (!) onde ela foi buscar um auxílio emergencial após a nevasca. O pessoal da assistência social, sem dúvida, a tratou como tratam todas as pessoas pobres – com condescendência & desprezo.

Ruth levou comida para ela, enfrentando a neve. Ela disse que M. alinhou tudo caprichosamente no chão e ficou brincando, se divertindo, como uma criança.

Estou chocada com esta notícia sobre sua condição. Acabei de mandar um cheque de aniversário e alguns selos de Harriet Tubman. Vou tentar enviar algo com frequência. Embora eu me sinta livre de sua dominação – não acho que ela poderia me fazer chorar tão facilmente agora como há quinze anos – ainda me sinto desconfortável, um pouco temerosa por ela. Quero que nos demos bem, mas não necessariamente que sejamos íntimas.

Robert chegou no sábado – alegre, radiante, engraçado. Nem sinal do estranho sombrio da semana passada. Nossos três dias juntos foram maravilhosos. Cada dia diferente, cada um à sua maneira, deliciosos.

Nós conversamos muito melhor agora. Eu sei que tem tudo a ver com sua separação experimental de Pam. Não sinto que ele vai voltar para ela quando me deixar. Ele me perguntou se eu achava que algum dia me casaria novamente. Respondi que achava que não. Que gostaria de viver com alguém, mas nunca mais como "esposa". Apontei como a sociedade insiste em que as mulheres casadas sejam esposas, mesmo quando o marido não é esposo.

Discutimos sobre dinheiro. Expliquei a ele como tinha me sentido mal – & sido encorajada por ele a me sentir mal – quando não ganhei menos do que ele. Falei para ele que havia tentado seriamente descobrir uma maneira de ganhar uma quantia não ameaçadora para que ele não ficasse chateado. Que eu considero isso uma tolice. Afinal, não posso prometer sempre ganhar menos dinheiro que ele ou que sempre vou ganhar mais. Não posso prometer

---

[1] Mamie e Ruth são as irmãs mais velhas de Alice.

que farei nada disso. E eu não deveria ter que me preocupar com seus sentimentos ou temer seus comentários maliciosos (ou de Pam) de que eu sou "burguesa". Onde é que eles estavam quando eu não tinha nenhum centavo, & minha família também não? Os dois tiveram o cuidado de pais com dinheiro & bons empregos.

Sem data
Deve ter havido um momento, em algum tempo, em que os homens negros entenderam as mulheres negras. No entanto, não é agora. Nem na história recente.

É esse momento mítico, no entanto, que devemos lembrar, devemos valorizar, se valorizamos nosso destino como povo, como valorizamos nossa história comum & nossos filhos comuns.

Sem data
O que me fez sentir melhor hoje? Fiquei em casa. Trabalhei. Meditei, brevemente. Dormi muito ontem à noite e esta manhã.

Parte da minha tristeza é porque não quero me separar de Rebecca no ano que vem.[1] Um ano letivo é muito tempo para ela ficar longe.

9 de março de 1978
Minha ansiedade deve ser por causa da mudança iminente. E o que eu posso fazer para diminuir?

Tenho medo da mudança, embora a deseje. Porque vai significar estranheza, um gasto mensal mais alto, $ 467,06. Também estou com medo porque vejo meu dinheiro diminuindo.

Não consigo entender por que tenho tanto medo de não conseguir quando, na verdade, meus negócios parecem bem. Sinto um certo terror por não continuar no meu emprego na Ms., mas tenho que me lembrar da minha ansiedade por estar lá também.

Se as coisas forem de mal a pior, os impostos podem esperar, ou posso até fazer um empréstimo.

---

[1] Rebecca, agora com oito anos de idade, está alternadamente com AW e Mel, já que ambos os pais moram no Brooklyn. No entanto, com a mudança iminente de Mel para Washington, D.C., a família tem feito planos para que Rebecca passe o ano letivo lá com o pai.

Estou precisando de amor. E amar. Com isso, todas essas outras coisas seriam apenas "outras coisas". Receio estar deixando de amar (amor já) Robert. No entanto, enfrentar isso é enfrentar um vazio. E isso me assusta. Porque, na verdade, tenho pensado consistentemente em Robert nos últimos 2 anos.

Ele preencheu horas, dias, meses da minha vida. Se ele não está mais lá, o que está?

Então o que temos:

1. Notícias sobre Mamie na assistência social & "louca", vindas de Ruth. O que me assustou porque ela é meu modelo mais próximo.
2. Tina, 32 anos, morta por pneumonia & seu marido, meu antigo colega de classe, Murl.
3. Devo 5 mil em impostos.
4. Estou tirando uma licença da Ms.
5. O dinheiro vai ficar apertado.
6. Tenho medo de dizer a Edgar[1] que estamos indo embora.
7. Má comunicação com Vincent.[2]
8. Problema de distância com Robert.

Minha nossa! Não é à toa que estou chateada!
Sim. E pode ser que Rebecca vá para a escola em Washington no ano que vem.

No lado bom, tenho:

1. Viagem para o deserto com Robert dentro de 3 semanas
    a. Para ver o sudoeste!
    b. O deserto como uma pintura
    c. O Grand Canyon!
    d. Cactos!

Nos leve para 5 de abril. Isso é algo longe o bastante para olhar. Obrigada, Grande Espírito. Me sinto melhor.

---

[1] O locador do imóvel.
[2] Ela magoou seu amigo Vincent ao criticar sua colônia, mas sentiu-se melhor depois de ligar para pedir desculpas.

Dia seguinte – 10 de março de 1978.
Continuo me sentindo melhor. Tive muito cuidado o dia todo para não quebrar o feitiço.

Contei para Edgar (por bilhete) que estamos nos mudando. Um momento de carinho entre nós na escada. Ele disse para esquecer o aluguel de abril – minha caução cobrirá, mesmo que meu contrato não tenha terminado. Eu agradeci a ele. Disse que gostamos de viver aqui. Então isso foi fácil. Os formulários do banco que eu precisava para conseguir uma hipoteca mais barata estão vindo de Bowery. Isso é bom.

Mel me falou que o dinheiro da casa não será tributado. Isso é bom.

Tenho mais $ na minha poupança do que pensava. Isso é bom.

Tenho mais um pagamento para receber da Ms.

A U. do México está fornecendo $ 1.200.

A U. da Calif. em San Diego deve oferecer até $ 1.500. O dinheiro das despesas deve cobrir a passagem de avião e o aluguel de carro.

Amherst me convidou para ser Artista Visitante no ano seguinte – 1979-80. Assim como Yale. Parece que eu realmente deveria aproveitar este próximo ano apenas para o meu próprio trabalho – certamente vai chegar o momento em que terei que trabalhar para os outros em vez de mim.

Uma oferta da Califórnia não seria ruim.

Domingo – 12 de março de 1978
Esta manhã uma dor de cabeça ameaçou aparecer. Mas levantei, tomei aspirina, lavei louça, varri a casa, lavei o cabelo. Comprei o Times. Mel veio & pegou Rebecca. Uma pequena sensação acolhedora. Mas uma vantagem. De alguma forma.

Principalmente porque eu queria registrar que continuo me sentindo melhor. Que a depressão durou cerca de quatro dias. Gatilho imediato, minha fatura de imposto. Mas antes disso, o negócio com Mamie. O "assassinato" do Tempo. O medo de ficar sozinha no ano que vem.

Estou sentindo alguma ansiedade. Mas esse poço profundo de desespero está mais raso esta noite.

Ontem à noite senti vontade de orar de joelhos. Enquanto estava lá, tive esta intuição/ajuda: Uma razão pela qual eu não devo me matar é porque eu aprecio a beleza & a maravilha do mundo/da vida muito mais do que eu poderia apreciar o nada da morte.

A morte é o tédio absoluto.

Sem grandes cânions. Sem desertos. Sem grandes céus & nuvens cumulus. Sem chegada da primavera.

4 dias em que me senti podre. Melhor, eu acho, do que em setembro passado, porque enfrentei as causas prováveis mais cedo & não atribuí a culpa ao meu relacionamento com Robert.

Ainda assim, preciso elaborar um plano para esses períodos.

17 de março de 1978

Meu décimo primeiro aniversário de casamento com Mel!

Não estamos mais juntos, mas foi um bom casamento. Conseguimos fazer as coisas que queríamos.

Algumas boas conversas & trocas de cartas com Robert. Ele disse que sente saudade de mim e quer que fiquemos juntos. Eu certamente preciso estar com ele. Eu sinto saudade do seu amor & de ser amada por ele.

Mas devo planejar com cuidado para não minar minha base independente.

6 de abril de 1978

Robert e eu decidimos morar juntos! (Durante um ano, em São Francisco, a partir de setembro.)

Nos encontramos em Albuquerque no dia 30, depois de minha palestra & da leitura na Universidade do Novo México. Aluguei um carro e comecei a viagem rumo a San Diego por Mesa Verde, no Colorado.

Robert não é mais extremamente bonito para mim. Parece que o amo em outro nível, um nível mais profundo. Quando estamos juntos, me sinto descansada, como se tivesse voltado para casa. Ele diz que comigo não se sente solitário.

Nossa primeira noite: um motel duplex com lareira na parte baixa das Montanhas Rochosas. Fiquei doente – pela exaustão da palestra/leitura (que correu bem, na verdade), pela emoção de ver Robert, o deserto, as montanhas etc.! Um jantar preparado com indiferença e duas e meia ~~garrafas~~ taças! de vinho. (Vomitei, tive diarreia, além de minha menstruação & cólicas). Argh.

Robert foi carinhoso, me ajudando amorosamente a lidar com a fraqueza nos joelhos, a cabeça girando. Vômito.

Depois peguei no sono – acordei no meio da noite tentando fazer amor com ele meio sem vontade – porque nós dois estávamos ansiosos para fazer amor – mas ele disse: precisamos dormir. E ele estava certo.

Chegamos a Mesa Verde no dia seguinte. Uma maravilha do bom senso e da engenhosidade humana. Um sentimento de carinho pelos Anasazi que construíram as habitações nos penhascos. Robert ao meu lado debaixo do sol. Felicidade perfeita.

Depois seguimos para o Arizona e o Grand Canyon. E o deserto.

A caminho do G.C. Vi (vimos) um pôr do sol sobre um cânion menor, uma das maravilhas da minha vida & minha paisagem favorita durante a viagem. Um céu dourado, rosa & verde, com grandes & pequenas nuvens azuis/cinzas & brancas enormes. Um sol dourado & pendurado no céu <u>imenso</u>. O cânion, verde até os bordos, e mais abaixo. <u>Deslumbrante</u>. Paramos, obviamente, para vê-lo. Amá-lo com os olhos.

O Grand Canyon, embora magnífico, não me comoveu tanto. Ficamos em uma pousada. Fizemos amor maravilhoso a maior parte da noite. Dormimos nos braços um do outro.

Quando durmo com Robert, durmo completamente.

No dia seguinte, acordamos com neve – demoramos um pouco esperando o sol e o vento removê-la. Então caminhamos – um <u>belo</u> passeio – pelas margens do cânion. Robert me fotografando em várias posições humorísticas. Nosso medo mútuo da imensa altura nos atingindo em cheio & tornando nossas mãos dadas algo extremamente significativo.

Depois seguimos rumo ao sol & o deserto. Quilômetros de flores do deserto, rochas – formações de grande beleza, capricho e nobreza. Robert ao meu lado no carro... Me senti em paz, sem querer mais nada.

E é lógico que conversamos sobre nosso futuro juntos.

Propus alugar minha casa por todo o próximo ano. Robert e eu encontraremos juntos um lugar em São Francisco. Vamos precisar de no mínimo cinco cômodos. Um quintal e uma lareira. Flores!

Sinto que poderia ficar com Robert, indefinidamente. Mas algo me diz: mantenha sua casa, seus móveis. Experimente a cidade (SF) & Robert por um ano. Observe como será trabalhar lá. Acho que vou amar São Francisco. Parece que sempre amei – desde antes mesmo de conhecê-la. Mas também tenho receio. Parece muito cedo para amar, não sei por quê. E, mesmo assim, eu já amei.

14 de abril – Dia anterior aos impostos.
Esta semana, que enfrentei com pavor, correu muito bem. Porque tomei uma atitude sensata e sem enrolação em relação ao <u>trabalho</u>. Na segunda-feira fui a Yale pegar cópias das fotografias de Zora para o <u>The Reader</u>.[1]

---

1 AW refere-se aqui ao seu trabalho em uma coletânea inovadora de escritos de Zora Neale Hurston, publicada em 1979 pela Feminist Press da CUNY sob o título *I Love Myself When I Am Laughing and Then Again When I Am Looking Mean and Impressive.*

Eu estava tremendo por dentro a maior parte do dia por causa do meu medo/ansiedade quanto a me mudar, a Rebecca, a sentir falta de Robert etc. Mas olhando para as fotos de Zora eu tive que rir. Ela está em cima das cadeiras de alguém fazendo uma dança de corvo! Elas serão perfeitas para a antologia. Eu a quero rindo na capa e séria na quarta capa.

Depois, na terça-feira, trabalhei no material do Reader.

Devo incluir "Six-Bits"[1] – esse é sexista. Muito. Talvez eu devesse deixá-lo de fora. Mas eu quero Z. totalmente representada.

Quarta-feira comecei a escrever minhas notas & redigir o prefácio. Quinta-feira lapidei. Hoje trabalhei em "Laurel"[2] – e a semana voou!

Rebecca & Brenda[3] foram passar o fim de semana fora. O apartamento está tranquilo. Eu li, assisti televisão. Meditei. Cochilei. Mais cedo, liguei para Robert para ter certeza de que ele estava bem. Ele foi castigado por impostos – assim como todos nós.

Trabalhando numa pesquisa para entregar em Los Angeles em maio – onde Vincent, ele me lembra – também vai falar.

Depois de todo esse tempo, falar com ele faz sentir meu coração como um órgão distinto. Incrível!

Também li o último rascunho do próximo livro de Michele Wallace, Black Macho and the Myth of the Superwoman. É um livro vital, mas Michele não o leva longe o bastante. Suas projeções & recomendações precisam ser expandidas.

---

1 O conto de Hurston de 1933, "The Gilded Six-Bits".
2 Conto autobiográfico de AW sobre uma jovem negra, Annie, que, enquanto trabalhava no Movimento pelos Direitos Civis no Sul, começa um caso apaixonado com seu oposto polar, Laurel, um jovem que ela descreve como uma "paródia do caipira".
3 Brenda, prima de AW que havia se mudado recentemente da Geórgia para o Brooklyn, e ajudava a cuidar de Rebecca, especialmente quando Alice viajava.

Rebecca me mostrou um livro de nomes em que "Alice" significa Verdade.

Sem data
Acabei de voltar de um lindo passeio no parque com Brenda, de quem gosto. Discutimos sobre nossos pais, o que costumamos fazer.

É primavera aqui! As árvores estão ficando verdes. Etc. Me sinto ansiosa para estar em minha própria casa. Para afofar a terra, preparar e plantar. Me sinto bem em ter uma casa novamente.

E não estou tão ansiosa quanto estava em relação ao dinheiro. Talvez eu esteja me acostumando a cuidar de mim mesma.

Os pensamentos em Robert são suaves. Sinto saudade e penso muito nele, mas também estou viva em outros momentos.

24 de abril de 1978
Uma carta de Robert na qual ele explica que parte de sua depressão de duas semanas atrás era ansiedade por ele não ter contado a Pam sobre nossos planos de morarmos juntos no próximo outono. Agora ele contou a ela, mas disse que ela reagiu surpreendentemente bem. Acho que nunca vou entendê-los. Eu me preocupo com a indecisão de Robert. Sua lenta aquisição de autoconhecimento. Mas, por outro lado, admiro a maneira como ele tentou tornar o rompimento o mais suave possível, seu amor por Casey.[1]

Um dia glorioso no Brooklyn. Sol, céu. O grande verde está chegando.

Hoje trabalhei no livro de Zora. Finalmente enfrentei minha antipatia por ela em diferentes períodos de sua carreira... Há uma teimosia em Zora que a impedia de viver certos tipos de experiência intelectual. Ela parou de crescer.

Ela caiu em modos anteriores de ser – que não eram "errados", apenas estranhos para a época diferente em que vivia.

Hoje estou me sentindo cansada, mas muito feliz. Gosto de ter minha mesa com vista para a rua. Posso ver o carteiro trazendo as correspondências. Hoje ele trouxe uma carta de Robert.

Gosto mesmo da casa. É totalmente encantadora! Meu quarto é escuro, fresco e silencioso.

12/5/78
Continuo gostando tanto da casa que nunca mais quero sair. Durante todo o dia me sinto em paz e abstraída pelo trabalho & por pensamentos relativos a isso.

---

1 Casey é o filho mais novo de Robert e Pam.

Fiz um trabalho muito bom no The Reader nos últimos dois dias. Amanhã eu termino. Falta apenas uma manhã de digitação no máximo. Estou começando a ficar feliz novamente por estar fazendo o Reader... e muito feliz pela forma como as coisas estão se saindo para Zora. Ela estava certa em pensar que a cidade de Nova York era ruim para o espírito criativo. É... mesmo na minha casinha sinto a energia discordante da cidade. Muita gente. Pouco espaço. E, no entanto – para viver em Nova York, o que tenho é o ideal. Bastante espaço pessoal, beleza em torno de mim, um jardim.

Robert ligou esta manhã. Ele vai dar uma olhada no apartamento sobre o qual Tillie[1] me ligou. $ 300, 2 banheiros, 3 quartos. Mobiliado.

Podemos pegá-lo, talvez, de julho a agosto & agosto a outubro. Robert sugeriu que eu fizesse o MacDowelling em S.F. Então pretendo me mudar para lá em agosto. Portanto, este lugar seria sublocado de agosto a agosto. Um ano.

Graças a Deus não sou apegada às minhas coisas ou seria difícil deixá-las. Vou apenas levar Mae Poole e algumas outras pessoas da família. Pequena Alice.[2]

Felizmente, não será difícil acompanhar meus registros de $, pois sei que só tenho a Guggenheim e mais 3 meses do $ da Ms.

Eu deveria planejar passar uma semana com Rebecca uma vez a cada dois meses.[3]

Na hora em que o livro de Zora estiver fora de minhas mãos, devo iniciar um arquivo sobre Rachel & Henry.[4]

Rachel & Henry
Uma
História de
Luta e Amor

Sem data, meados de maio de 1978
Uma leitura terça-feira à noite em Bedford Hills, uma prisão feminina. Totalmente deprimente. Mulheres passivas. Meu resfriado incômodo. Nível de

---

1 Tillie Olsen, escritora feminista, era uma amiga de AW que morava em São Francisco.
2 Aqui, AW refere-se a uma foto de sua tataravó, Mae Poole, e uma foto dela quando criança, com cerca de 6 anos.
3 O plano era que Rebecca morasse com o pai em Washington, D.C., durante o ano letivo.
4 Um título de trabalho inicial para o novo romance que AW estava contemplando, baseado no casamento de seus avós; por fim, ele se tornará *A cor púrpura*.

energia baixo. Um tempinho na prisão faz milagres. Eu costumava pensar que faria bom proveito de uma prisão – eu leria, escreveria & estudaria. Mas não sei... talvez o conhecimento de que estou enclausurada me deixasse louca.

Desde que Brenda está conosco, estou comendo muito melhor. Eu cozinho a maior parte das refeições, mas saber que ela gosta de comida saudável me ajuda a prepará-la dessa maneira & a preferir assim.

Não consumo açúcar há meses. E me sinto melhor. Nem tomo café. Estou comendo muitos vegetais, frutas, picles etc. Aveia, que é um ótimo café da manhã. Sustenta & é nutritiva. Além disso, é gostosa.

Rebecca está fazendo alguma coisa para ela comer. Depois ela e eu vamos nos deitar na minha cama e escrever histórias. Às vezes me sinto distante dela. Eu vejo um traço de Miriam[1] nela. Me entristece sempre que vejo. (Egocentrismo. Vaidade. E R. também se parece tanto com ela.) Ela está vindo agora – está comendo um sanduíche de manteiga de amendoim & geleia de uva. Eu digo a ela que deveria tomar leite para acompanhar, mas ela recusa.

Um fim de semana extremamente agradável. Bertina veio na sexta à noite para fumar & dar uns beijos. Depois, sábado à noite fomos dançar. Eu já me diverti tanto dançando? Já dancei melhor com alguém? Acho que não. (Exceto com Bob, óbvio – somos apenas dois bobos sozinhos numa turma.) Bertina está chateada porque pretendo morar com Robert no ano que vem. Descobri que não sabia o que dizer a ela. Eu não poderia dizer "Não, eu não irei com Robert." Eu quero ir com Robert.

Mas a dança foi uma coisa maravilhosa. Bertina dança como um anjo diabólico & ela é tão linda. Nunca vi ninguém mais bonita. O desenho dela sobre meu manto (não realmente ela, mas ela) não captura a qualidade líquida de seus suaves olhos negros.

Fomos ao La Femme, um bar & boate lésbico. Muitas mulheres se divertindo muito juntas. Conheci Olga & Nancy, amigas de Bertina. Nancy é porto-riquenha, Olga é chilena – gosto muito delas, principalmente de Olga...

...Bertina e eu nos tocamos muito: afagando, acariciando, beijando na bochecha e no pescoço, nas mãos, nos braços. E isso é muito legal. Temos atração uma pela outra, mas em algum momento – paramos. É como se não houvesse nenhum objetivo em nossa transa & pudéssemos parar em qualquer lugar. De modo que atingi o clímax apenas uma vez com ela – & acho

---

1 Mãe de Mel.

que ela nunca chegou lá. Acho que o sexo – o abandono do sexo – a assusta. Ela tem medo de se deixar ir, de "perder o controle".

Que é precisamente o que estou tentando aprender a fazer – perder o controle. Quanto mais eu perder, melhor.

Quando estou com ela, muitas vezes fantasio com Robert – principalmente, acho, porque foi ele quem me ensinou o que sei sobre fazer amor. As coisas que eu faço e que dão tanto prazer a B. são as coisas que Robert faz comigo.

Às vezes acho que parte do meu problema em fazer amor com B. é minha convicção de que fazer amor com Robert é o melhor – quero chegar ao ponto em que possa sentir que está tudo bem – e que tudo é – apenas diferente.

18/5/78

Acabei de vender "Goodnight, Willie Lee, I'Ill See You in the Morning"[1] para Dial por $ 2.500 adiantados – isso vai pagar pelo banheiro! Fantástico.

Joyce Johnson, minha nova editora (primeira mulher). Loira, cabelo curto, cabeça & rosto redondos, grandes olhos cinzas. Me lembra a menininha branca de quem minha mãe cuidava, Elizabeth Candler.

19/5/78

Finalmente, tem um sol leve e hesitante! Depois de duas semanas de chuva.

Mel ainda não me deu minha parte do dinheiro da casa – ele está esperando que seu advogado envie todos os registros para poder prestar contas de como o dinheiro é dividido. Eu calculo o seguinte: se a casa foi vendida por $ 66.000 & nós a compramos por 51.000, ficam $ 15.000 mais nosso pagamento inicial de 35.000 da hipoteca ou 15.000 + 16.000 = $ 31.000. 31.000 / 2 = 15.500, dos quais já peguei 5.500 = US $ 10.000 restantes, dos quais pagarei uma quantia indeterminada em comissões, honorários de corretor de imóveis e advogados – aproximadamente $ 2.000. O que deixa $ 8.000 mais $ 500 aproximadamente para o seguro odontológico. Cerca de US$ 8.500.

Meu objetivo é ter $ 10.000 na minha poupança, que tem apenas $ 3.743,35 agora.

---

[1] A terceira coletânea de poemas de AW, publicada em 1979. Escrever esses poemas de "colapso e desordem espiritual", diz Walker, "me levou a uma compreensão maior da psique e do mundo".

A viagem a Boston foi um esforço tremendo – o frio, minha relutância em ver Mamie. Mamie acabou por ser a coisa certa a fazer. Ela parecia a mesma. Aparentava estar alegre. Às vezes encenava um pouco de alegria. Mas sua saúde não pareceu ruim, embora ela tenha me levado a acreditar que sim.

Ela mora num lugar chamado Windsor Village em Waltham. Tem espaço suficiente, um quarto & escritório & banheiro no andar de cima, cozinha & uma grande sala no andar de baixo. Ela me deu uma caixa branca que fez quando eu estava saindo.

Entre suas curiosidades no andar de cima estava uma foto impressa (num bloco de madeira) de Zora! O mais incrível: ela não tinha ideia de quem era!

Me senti inteiramente calma, inteiramente amadurecida com ela, talvez pela primeira vez. Foi ótimo estar com ela. Eu gosto de seu humor, sua verdadeira excentricidade.

As leituras duplas foram um exagero. Mas foi um bom público feminista, eu me diverti.

Boston me fez perceber novamente como Nova York é imunda.

Daqui a uma semana – se o Deus quiser – Robert e eu estaremos juntos. Bem aqui, nesta cama.

De qualquer forma, tive uma conversa agradável com Mel. Ele realmente comeu & bebeu alguma coisa: suco de maçã & camarão & me provocou – agora que estamos divorciados, eu ganho muito dinheiro e floresço como uma ótima cozinheira. Como pode? Lembro a ele que ele só comia carne & batatas, o que não era um desafio. Juntos passamos uma hora com Rebecca, que está emocionada por ser a estrela de sua peça na escola, O Mágico de Oz. Ela é a Bruxa Malvada do Oeste com apenas uma fala, mas com essa fala ela aparentemente rouba a cena. Ela não quer que eu a veja – diz que isso a deixaria nervosa. Eu entendo, embora no começo tenha ficado magoada.

Depois, a casinha em silêncio para mim. Li mais do terceiro diário de Nin,[1] meu favorito até agora – ou talvez esteja apenas começando a entendê-la. Muitas intuições fabulosas sobre amizade, amor, a necessidade de reservar um espaço humano quando ao nosso redor há bestialidade, desumanidade, feiura e guerra. Eu a julguei mal, eu acho, & tenho certeza de que me arrependerei sempre.

* * *

---

[1] Anaïs Nin começou a manter um diário em 1914, aos onze anos. Em 1966, ela publicou o primeiro volume, cobrindo os anos de 1931-1934. Seguiram-se mais seis volumes. As publicações de seu diário tornaram-se populares entre as mulheres jovens, tornando Nin um ícone feminista.

Realmente em sintonia. Em sintonia. Com Anais neste terceiro diário. Acordei querendo ler. Leio cinco páginas com uma xícara de café. Certamente falhei em não lhe dar o devido valor. Fiz o que sempre fazem com as pessoas que persistem em evoluir. Tentei prendê-la em uma posição de atraso no desenvolvimento. Estúpida.

———

Estou no final deste diário – um bom lugar para registrar uma decisão auxiliada por Anais: devo me tornar mais completa, detalhada, em meus diários. Estou culpada pela fragmentação. Escrevi relatos abreviados de eventos para uso próprio. Mas os diários têm outra utilidade, percebo agora, ao ler Anais e ser ajudada por ela.

Ler Anais me deixa feliz por ser escritora. Feliz porque há uma parte de mim que requer apenas uma caneta & papel para existir. Feliz por ver a conexão entre escrita e psicanálise – que, como diz Anais, é o verdadeiro fio de Ariadne.[1]

Eu amo Langston, embora ele tenha me decepcionado algumas vezes. Eu amo Zora, embora ela tenha feito o mesmo. Adoro o trabalho do Toomer. Eu amo Anais. Tillie. (Embora Tillie seja irritantemente insensível pessoalmente.) Adoro o trabalho do Gaines. Adoro o trabalho do Márquez. Eu amo o sol. As árvores. O céu. Robert, Bertina & eu mesma. Rebecca & o deserto.

27/5/78

———

Completei o diário azul. Então, voltando a este.[2]

---

1 Uma referência à deusa grega Ariadne e à expressão "fio de Ariadne", termo que se refere à solução de um problema por meio de uma aplicação exaustiva da lógica a todas as rotas disponíveis. O elemento-chave para aplicar o fio de Ariadne à resolução de problemas é a criação de um registro – físico ou não – das opções disponíveis e esgotadas do problema. Esse registro é chamado de "fio", independentemente de sua mídia real. Assim, vemos neste trecho a evolução da visão de AW acerca de seus diários como uma manutenção de registros, como os diários de Anaïs Nin, para abordar questões ou problemas em sua vida.
2 AW muitas vezes anotava em mais de um caderno de cada vez, às vezes pegando um fio de pensamento em um caderno que ela não usava havia anos. Para melhor compreensão e facilidade de leitura, as entradas do diário foram compiladas cronologicamente neste volume, independentemente do caderno em que estavam inseridas.

30 de maio de 1978
9:10
À espera do Robert, seu avião deve ter chegado há uma hora. Ele pretende fazer o caminho até aqui de metrô e ônibus. Estou esperando mais calma do que o normal. Passei as duas últimas noites com Bertina. Tenho certeza de que tem algo a ver com isso.

Quando não a vejo, sinto saudade dela. Saudade de sua voz & seus olhos e toque suaves. Acordei, tomei banho, vesti shorts & camiseta, malva & azul-marinho – discretos – e penteei minhas madeixas cacheadas que estão parecendo esplêndidas, embora não tenha feito nada com meu cabelo nas últimas duas semanas. Não consigo suportar cabelos lisos, mas meus próprios fios crespos sem relaxamento me deixam louca de frustração. Já quebrei várias escovas & pentes. Gosto do meu cabelo do jeito que está agora. Sem relaxamento, mas secando com rolos. Isso me dá maleabilidade e textura natural – infelizmente, o mínimo de calor vai desfazê-lo.

2 de junho de 1978
Um lindo dia na minha casinha. Trabalhando no jardim, fazendo leituras avulsas, meditando. Robert foi para a cidade almoçar com Jennifer Lawson e trabalhar em pesquisas na biblioteca. Sinto uma espécie de desapego. Uma espécie de irrealidade. Senti isso desde que ele chegou. Tem momentos em que sinto que realmente estamos em sintonia, mas são momentos. Não sinto mais a intensidade que já senti e me pergunto se é apenas medo – provavelmente é. Tenho medo de deixar minha casinha branca, minhas amizades. Ao mesmo tempo, estou ansiosa para explorar a Califórnia. Talvez eu descubra que sou uma pessoa da Califórnia.

Sob outra perspectiva, talvez não.

O que <u>estou</u> sentindo?

Vim para Washington com Robert e Rebecca. Uma boa parte do caminho sonolenta por causa da erva... mas agradável e suave. Deixei Rebecca com Mel e Judy. Mel agora mora numa casa geminada marrom de dois andares numa rua larga com grandes ulmeiros. Perto da parte que tem a estátua de Mary McLeod Bethune. (Na estátua, notei que uma das letras do nome dela está faltando – isso é desmoralizante. Perguntei em voz alta para Robert se todas as nossas estátuas, bustos etc. têm algo (uma letra) faltando.)

Na casa, aborreci Mel porque vi uma colcha que alguém me deu na Carolina do Norte. Estava numa cama no escritório. Muito do que tem na casa deles são coisas que eu comprei. Mas e daí? Esse apego às "minhas coisas" é algo que eu não quero de jeito nenhum – e é uma das razões pelas quais eu deixei a "nossa casa". É tão estranho vê-lo com Judy, sentado, comendo, na "mesa deles". Mas absolutamente não tem nada de querer estar no lugar dela. Ele parecia pálido, como uma lesma, doente. Dá para ver a idade se aproximando como se aproxima de todo mundo – exceto: ia escrever que... Eu pretendo lutar contra isso. Mas não pretendo lutar contra isso exatamente. Só não desistir antes que seja necessário.

Uma noite interessante com Robert. Ele ficou desapontado ontem à noite porque eu "esfriei" entre as preliminares e a consumação – enquanto ele estava trocando o disco no som. Expliquei que a erva me dava sono. Mas terminamos fazendo amor de qualquer jeito. Eu gostei.

O que me incomodou foi que ele disse "Agora tenho que começar tudo de novo", como se me excitar sexualmente fosse um trabalho. Acho que sei o que ele quis dizer, que já estava tão excitado... mas ainda assim meus sentimentos estavam feridos e comecei a fazer amor com ele pela primeira vez com ressentimento em vez de felicidade delirante.

23 de junho de 1978

Ontem voltei para Spelman com Robert. Para buscar sua mãe,[1] mas também para ir ao Giles Hall, onde nos conhecemos na aula de literatura russa de Howard Zinn. Que grande aula foi aquela! Que grande professor que é o Howie! De todo modo, o campus mudou muito, embora o campus central seja o mesmo. Encantador. Gracioso. Maravilhosos edifícios de tijolos vermelhos, árvores antigas muito verdes & graciosas. Mas me senti muito distante, como se nunca tivesse vivido lá, apenas visitado. Achei que ver a Spelman de novo seria doloroso, mas... não foi.

Estando aqui com a mãe de Robert, entendo como ela o formou com sucesso. Ser pontual, organizado, cortês e correto. Mas o relacionamento deles parece bastante fácil agora.

Sadie é muito mais discreta e direta do que Miriam.[2] Me sinto mais à vontade com ela, mas vê-la em Spelman me trouxe um certo distanciamento... Anos atrás, eu estava correndo para a capela e ela estava de olho em quem estava ou não em seu assento.

Mas enfim tudo isso é "curado pelo tempo"!

---

1 A mãe de Robert, Sadie Allen, foi reitora por um longo tempo na faculdade Spelman de Atlanta, onde AW conheceu Robert, então aluno da faculdade Morehouse, em uma aula ministrada por Howard Zinn.
2 Miriam é mãe de Mel e foi sogra de AW.

30 de junho de 1978
A Geórgia no verão é, acima de tudo, quente. Por vários dias existimos numa onda de calor de temperaturas na máxima de 32 a 38 graus. Tempo horrível que causa irritabilidade, inquietação, inércia e estupor ao mesmo tempo. As pessoas que moram aqui se acostumam – algumas até dizem que gostam. Eu me sinto aprisionada. Como se o próprio calor me fechasse e me impedisse de me mover, como de fato faz.

Ainda sinto uma grande tensão que se instalou nas minhas costas/no meu pescoço. Não consigo determinar se esta é apenas a minha resposta habitual ao verdadeiro ambiente burguês ou se é algo mais profundo. Com frequência me sinto fora de sincronia com Robert – como se não o conhecesse ou não pudesse compreender o que ele é. Ontem à noite no restaurante chinês ele ficou bravo porque cada um queria pedir um prato separado e não um daqueles que servem uma família inteira e que ele achava mais interessantes e econômicos. Ele jogou o cardápio no chão & xingou & se atirou da mesa & correu para o banheiro. Parecia tão infantil que todos nós – sua mãe, irmã, sobrinha, minha Rebecca, até Casey – rimos. E, no entanto, me senti envergonhada por ele, porque a minha opinião é que não era nada importante o bastante para alguém se chatear. Me pareceu que R. estava no limite pela Conferência Negra em que está participando & na qual não acredita.

Ele se referiu várias vezes às pessoas negras como "crioulos" ao me dizer como elas desejavam "fazer algo AGORA!", mas quando chamadas a fazer qualquer coisa AGORA, ninguém apareceu.

Agradeço ao que quer que molde este universo, por manter meu grande respeito pelas pessoas negras, mesmo quando a intelligentsia é estúpida e irresponsável. E sei que ainda que possamos nos transformar, de fato, em "crioulos", esta não é nossa herança. Infelizmente, preciso concordar com Du Bois, um povo que ri de si mesmo & se ridiculariza nunca poderá ser grande. Talvez nossa grandeza esteja no passado.

Lamento por R., que ele não respeite as pessoas negras e, portanto, não possa respeitar seus próprios colegas e pares ou, obviamente, a si mesmo. Essa falta de autorrespeito sem dúvida é um mau presságio para nós como casal, pois não sei como honrar alguém que é tão carente de autorrespeito.

A casa da minha mãe desta vez estava organizada. Tinha um aspecto limpo e bem-cuidado. Ela tem um ar-condicionado que usa tão raramente que nem sabe como funciona. Eu disse: A senhora deve usá-lo. Ela respondeu: Mas eu fico resfriada! Sentada embaixo disso! Eu repliquei: Quando a senhora for para o quarto, pode deixá-lo ligado para resfriar a casa inteira. Ao que ela respondeu:

"Mas você sabe que essas coisas não viram para os cantos!"

"O quê?", perguntei.

"Um ventilador é que vira para os cantos, não um ar-condicionado", ela disse.

Achei muita graça, e isso me fez pensar novamente em seu jeito maravilhosamente criativo de falar. Adoro o jeito dela de expressar as coisas – não conheço mais ninguém cujo discurso seja tão animado e cheio de surpresas.

Eu me sinto sem-teto. Foi o sentimento que Robert expressou quando estava em minha casa. Não importa o quanto as outras pessoas sejam acolhedoras, há essa sensação de ser uma hóspede. Onde eu não sinto isso? Na casa de mamãe, de Ruth, de Sheila até certo ponto. Me senti muito como "a hóspede" na June.

O que é necessário é – um espaço separado e autossuficiente para todos! Isso resolve o problema, eu acho. Espaço em diferentes níveis ou em/sobre diferentes alas.

Dei a Ruth $ 500 como presente para o aquecimento (ou resfriamento) da casa. De certa forma, não posso pagar tanto & às vezes, desde que dei o dinheiro, fico ressentida com ela.

Me sinto culpada porque minha vida é mais fácil, "mais atraente" do que a dela.

Ela joga com a minha culpa sem esforço. Nunca pergunta se eu tenho problemas, já que os problemas dela são muito maiores do que os meus. Devo-lhe tudo o que ela precisa para "compensar" a diferença entre nós.

Na presença dela, certamente sinto uma desigualdade – mas não é porque sou "famosa" (como diz Robert) e ela não é. É uma desigualdade de espíritos. Uma série de más notícias sobre todo mundo que conhecemos me deprime... Me sinto culpada por isso, como se eu estivesse em falta. E não estou.

O que nos prende a nossos irmãos e irmãs é o bem que eles nos fizeram no passado, quando crianças. É quase impossível esquecer as gentilezas que nossos irmãos fizeram quando éramos crianças.

Mamie fez um passeio rápido por Eatonton, Macon & Atlanta. Foi legal com todo mundo, incluindo mamãe e Ruth. Isso é totalmente novo & ela está se preparando para morrer ou se mudar para a Geórgia.

Sinto que me desliguei quase totalmente da minha família. Às vezes conseguimos manter o contato, mas na maioria das vezes falhamos. Sempre tivemos aspirações diferentes, sentimos as coisas de maneira diferente. Me senti rejeitada quando já não era "a mais bonita". Senti essa rejeição especialmente do meu pai. Coitado do papai! Agora, quando vejo fotos dele, sinto uma onda de ternura, por seus olhos belos e expressivos.

―

Robert diz que Pam teme que eu seja prejudicial a Casey porque "a odeio e odeio pessoas brancas". Gente branca certamente se leva a sério, em qualquer situação em que consiga se colocar, a meu ver. Eu não acho que sou capaz de machucar Casey ou qualquer outra criança, exceto por acidente. Eu não consigo ser má nem com os pirralhos horríveis da minha rua no Brooklyn... Eles acabaram regando minhas flores para mim, assim como as crianças de Eatonton fazem para minha mãe.

É verdade que tem sido difícil para mim pensar em Casey como filho de Robert.[1] Mas agora vejo uma semelhança & <u>sinto</u> que Casey é filho de Robert. Mesmo que eu não gostasse de Casey (e eu gosto), eu amo muito seu pai para querer prejudicá-lo.

Talvez Pam me odeie & odeie pessoas negras – que é a grande tradição da Civilização Branca Ocidental. Não é minha tradição, como mulher negra, odiar crianças, negras, brancas, amarelas ou vermelhas. Graças a Deus.

Eu me ressentia de me sentir na defensiva – e especialmente não gostava de trazer meu trabalho para a discussão. Robert se perguntou com quem Pam andava falando, sobre mim, e se deu conta da probabilidade de que esse novo medo dela venha da leitura dela & de seus amigos sobre meu trabalho. Salientei que uma das minhas preocupações em ambos os meus romances era a criança negra "branca" & que, embora um pai abusivo mate um (seu próprio filho) & a sociedade mate outro (a criança abandonada de Truman), esse não é de fato <u>meu</u> comportamento com crianças negras/brancas <u>em minha vida</u>. Que eu estava comentando menos sobre mim, de longe, do que sobre a sociedade negra & principalmente sobre o comportamento observável de homens negros.

Imagino que seja a aquariana em mim que está magoada porque alguém, por qualquer motivo, pense que eu possa ser racista ou que possa prejudicar intencionalmente uma criança.

Lógico, gente branca transformaria quase qualquer pessoa em alguém racista.

Estou cada vez mais parecida com papai & tia Sally. Isso é especialmente verdade conforme me torno mais escura. Agora sou chocolate, como diz Robert, e muito atraente, eu acho. Grandes olhos escuros dos "Walker", uma

---

[1] Embora seja birracial, o pequeno Casey tinha olhos azuis e sua cor de pele era tão clara que ele poderia ser confundido com branco.

figura de seios fartos, belas pernas. Coxas fabulosas. É verdade que comi bolo demais desde que cheguei aqui, mas quando voltar ao Brooklyn estarei sem dinheiro para comer demais.

Robert voltou para Atlanta. Foi triste vê-lo partir. É fato que ele estava terrivelmente tenso em Atlanta & <u>me</u> deixou tensa, mas também é fato que <u>quaisquer</u> sentimentos que eu tenha são mais intensos com ele.

6 de julho de 1978

Acordei hoje de manhã depois de uma noite de luta livre com Rebecca, que chuta e continua dormindo. O colchão & os travesseiros que comprei para esta cama me salvaram de ficar totalmente desconfortável. Tem uma grande janela dupla ao lado da cama e na frente tem um ventilador. Minha mãe, usando um vestido rosa vívido, estava regando suas flores do lado de fora. Seu cabelo, seu lindo cabelo, que lavei & penteei ontem, é como uma flor de prata branca. Ela vai de planta em planta com firmeza, paciência, regando, regando. Às vezes ela se inclinava abaixo do nível da janela e eu não a via; então pensei – assim, um dia, ela não estará em lugar nenhum quando eu a procurar. Como será vazio & insensível seu espaço! Mal consigo imaginar o mundo sem mamãe. E, no entanto, é exatamente isso que estou tentando fazer: imaginar o mundo, minha vida, sem mamãe. Em seu jardim agora tem hortênsias e pervincas gigantes azuis e laranja (!) e petúnias, gerânios e sultanas.

10 de julho de 1978

Tenho me sentido muito tensa desde o retorno ao Brooklyn, que, por sua vez, lança em suas ruas um ar de vivacidade & luz. Mas, infelizmente, a própria Nova York, & não apenas seus motoristas de táxi, é o que me dá medo. Cada vez que volto à cidade, vejo sua desonestidade, seu abuso. E depois há o barulho, o congestionamento & a sujeira.

Em compensação, da minha janela tenho uma linda vista de jardins e uma pequena cachoeira/fonte e quando cheguei realmente esperando o pior, a casa estava intacta. O banheiro parece aceitável mesmo com vazamento no chuveiro.[1]

Eu definitivamente temia sair e ir a Stonybrook para ler – tanto que esperava haver algum acidente fatal a qualquer minuto.

Mas cheguei, depois de duas baldeações de trem, ainda nervosa, mas empenhada em pelo menos aparecer. Achei muito menos horrível do que o previsto, óbvio. Será que algum dia aprenderei, em meu corpo, que é a antecipação do horror que é terrível? De qualquer forma, li por cerca de 30 minutos, sentindo uma distância, como sempre, entre mim & o público majoritariamente branco. Do público branco me sinto distante, do público negro sinto uma crítica subjacente – mas não de todos, apenas de algumas pessoas na plateia, e eu entendo isso.

Bertina. Quando cheguei, encontrei uma carta de Stasia[2] que ficou aqui alguns dias e noites enquanto eu estava fora.

Às vezes me preocupo que minha amizade com Bertina acelerou o rompimento entre elas. Mas deve ser possível dizer que gostamos mais de uma pessoa de um casal do que de outra. Que desejamos ser amigas mais firmes de uma & não de outra.

Me senti culpada por minha incapacidade de trabalhar. Lendo o excelente Silences de Tillie,[3] fico imaginando que danos sofri nos últimos um ou dois anos, quando produzi um trabalho curto, talvez fragmentado ou distrativo. Pela primeira vez penso em condições de trabalho, ao dividir um lugar com Robert. Eu pensei tanto nas necessidades dele – e nas minhas?

Um teto todo meu. Uma mesa. Máquina de escrever.

* * *

---

1 AW tinha acabado de reformar o banheiro em sua casa no Brooklyn.
2 Stasia era sócia de Bertina.
3 Publicado pela primeira vez em 1978 pela escritora feminista branca Tillie Olsen, *Silences* desafiou o cânone literário existente e explorou as várias maneiras pelas quais o espírito criativo pode ser silenciado nos Estados Unidos por causa de raça, gênero e classe.

Bem. Mais duas semanas. E depois poderei dar início à contagem regressiva dos cinco dias que faltam para ir embora. Estou pronta. Tem tanto barulho em minha rua. Carros, crianças.

A casa é encantadora, mas – estou pronta para viver outra vida.

22 de julho de 1978

Em duas semanas vou para São Francisco. Daqui a uma semana, Mel vem buscar Rebecca.[1] Rebecca & eu tivemos momentos de amor & ternura incríveis – como se já estivéssemos sentindo falta uma da outra. Mas, tipicamente, também tivemos períodos de estranhamento – como quando ela ficava querendo que eu andasse de bicicleta num dia quente e abafado e eu tinha acabado de dizer que estava com calor, cansada e com cólicas. A coisa maravilhosa sobre o nosso tipo de amor é que se estende por todos os extremos e permanece. E cada vez mais fico agradecida & feliz & espantada por ela não estar mais brava (a longo prazo) comigo. Muitas vezes eu sou uma mãe distraída (com ideias fixas & uma incapacidade de fingir interesse onde não existe). E é óbvio que odeio mentir & não vou mentir para encobrir o que realmente sinto. Ela é uma verdadeira escorpiana. Autocentrada, possessiva... maravilhosamente generosa, amorosa, leal. Adoro seu senso de humor – se tudo mais dá errado, ela encontra uma razão para não perder a piada – & sua risada é alta & boba & faz as pessoas olharem (& rirem) exatamente como a minha!

Louisa & Bryant[2] gostaram da casa. Louisa diz que se eu puder deixá-los "abater" um pouco, não terão problemas para pagar o aluguel. Terei três pessoas[3] em casa (& o bebê, lógico) sem emprego. Tento pensar no que acontecerá se eles não conseguirem encontrar trabalho. Tudo o que consigo pensar é: terei que continuar a fazer os pagamentos da hipoteca da casa, além de pagar minha parte do aluguel com Robert em SF.

Até agora eu tenho $ 3.000 em leituras etc. para fazer no próximo ano. E algo mais, tenho certeza, virá. De minha parte, deve haver um compromisso com um lugar (para morar), bem como com minha escrita, como o único trabalho que faço. Até certo ponto, isso já é – & sempre foi – o caso. Mas vejo

---

[1] Rebecca vai morar com seu pai Mel em Washington, D.C., durante o ano letivo, enquanto AW passa o ano com Robert em São Francisco.
[2] Amigos para quem AW planejava alugar sua casa no Brooklyn durante o ano que passaria em São Francisco.
[3] A prima de AW, Brenda, dividiria a casa de AW no Brooklyn com Louisa e Bryant.

como a preocupação constante com dinheiro, ser independente, ser "responsável" se torna uma distração fundamental – e então, quando minha mente deveria estar apenas no romance a escrever, está em conjecturar se consigo fazer dez leituras (a 1.000 cada) num ano.

    A verdade é que eu provavelmente conseguiria somar cinco leituras por ano, mais direitos & reimpressões. Embora às vezes eu me castigue por essa preocupação com meus negócios, também fico feliz em começar a sentir que posso <u>administrar</u> meus próprios negócios. Talvez toda grande experiência de aprendizado seja acompanhada de pavor, assim como estar apaixonada. Mas talvez a próxima incursão no desconhecido não seja tão apavorante. Essa calma que se alcança, que alcancei em outros níveis, pode até ser alcançada quando se trata de estar no comando da minha vida material.

24 de julho de 1978

Hoje está muito mais frio do que ontem, quando chegou perto de 38°. Me sinto, correspondentemente, muito menos oprimida, muito menos achatada. Liguei para Bertina & Stasia & as convidei para jantar na quarta-feira à noite. Ainda há <u>alguma</u> tensão, mas também há minha convicção inteiramente inalterada de que ambas são pessoas extremamente <u>boas</u>. Como alguém disse nos anos sessenta sobre pessoas assim, "até seus erros estão corretos". Existe uma cortesia inata nas duas. Uma gentileza e franqueza que amo & admiro.

No meio de tudo isso estou, acredite ou não, trabalhando na minha escrita. Entendo que devo ter um lugar, um lugar estabelecido, para isso. A cidade de Nova York não é nada condizente com o que estou planejando – um longo romance e longos contos, para os quais preciso de caminhadas ainda mais longas, trilhas, estadias em acampamentos nas quais não poderei fazer nada além de observar nuvens & falcões & um ocasional lagarto.

    Vejo muito mais nitidamente o que estou fazendo <u>desta</u> vez para proteger & nutrir meu trabalho. Da última vez (Mel & Mississippi) fiz o que fiz instintivamente. Virei as costas para Nova York – suja & perturbadora, pesada para o sistema nervoso – e encontrei uns bons <u>três</u> anos escrevendo quase em paz, além de mais dois anos de vida material. Escolhi um homem para viver que suavizou os dias para mim. Às vezes me pergunto se alguém poderia apoiar meu trabalho tanto quanto Mel? Robert & eu conseguiríamos nos apoiar mutuamente? Já que ele precisa do mesmo tipo de suavidade do jeito que eu precisei, & preciso.

O novo livro de poemas GNWL é mais forte pelas sugestões e revisões de Joyce Johnson.[1] Gostei da confiança que ela tem em seus sentimentos, gostei de sua sensibilidade comigo. Resumindo, até agora estou gostando de trabalhar com ela. Ela é tão completamente diferente de Hiram & Tony. É como se estivéssemos trabalhando em conjunto em algo para torná-lo melhor, em vez de trabalhar em algo para fazê-lo vender.

25 de julho de 1978

Estou trabalhando na superfície. Pensando na superfície da minha mente. Isso fica óbvio depois de uma longa tarde na praia de Fire Island. As ondas, a areia, o sol, as brisas me limparam & desataram os nós nas minhas costas, de modo que, deitada aqui de manhã cedo, estou mais relaxada do que estive o tempo todo desde a Geórgia.

A cidade, a vida na cidade, só serve para isso: coisas superficiais. Pois o pensamento real está conectado de certa forma ao exercício real, e o exercício requer flexibilidade dos membros. Na cidade os membros se contraem. Os músculos das pessoas estão preocupados com o ataque. Acho que estou alcançando o que preciso alcançar para chegar a uma decisão sobre: São Francisco. Que eu quero me mudar para lá seja como for, que não vou me mudar para lá apenas por causa de Robert.

Hoje tem uma palestra/discussão sobre Meridian em Yale para a aula de Michael Cooke às 11:00. O resto da semana tem: Henri, Bertina & Stasia para o jantar quarta-feira. Conferência com Joyce Johnson & designer de capas de livros na Dial na quinta-feira de manhã, assinatura de contrato no escritório de Wendy & exibição de filmes (vídeo ERA) na Ms. à tarde. Sexta-feira, Nan & Quintanta. Pintura & limpeza & talvez algum tempo com Bertina no fim de semana.

30 de julho de 1978

Rebecca foi embora ontem com Mel. Ela parecia feliz por ir. Fiquei aliviada, mas também desolada, e hoje sinto a tensão que registra mais uma mudança de vida. Passei por tantas nos últimos dois anos. A separação, viagem a Cuba, procura por um apartamento, minhas lutas com o amor & Robert & Bertina... compra de casa, mudança. Agora minha filha foi embora por um ano. Depois de nove anos comigo.

---

1 Esta é uma referência ao terceiro livro de poesia de AW, *Good Night, Willie Lee, I'll See You in the Morning*, e sua nova editora, Joyce Johnson, da Dial Press.

Eu queria perguntar a Mel se ele tinha certeza de que Judy seria boa para/com Rebecca. Mas isso o teria irritado. É uma pergunta bastante normal, no entanto. Eu precisava ter certeza.

Sentimentos de tensão, aperto, uma espécie de hesitação em começar esta nova vida.

Sem data, por volta de 7 de agosto de 1978

Cheguei em S.F. no sábado sã e salva. Bob & Casey. Felicidade. Alegria. Que comecemos essa parte de nossas vidas juntos. Para compartilhar uma vida. Crianças. Aventura. Amor.

Da janela da sala tem uma vista maravilhosa das montanhas de San Bruno & casas em todas as colinas. É uma cidade linda e Robert tem me levado para conhecê-la. Fomos fazer piquenique & à praia. Agora podemos descansar em nossos silêncios juntos.

12 de agosto de 1978

Hoje, menos de uma semana após minha chegada, estamos de fato "descansando em nossos silêncios". E prefiro não descansar.

A semana foi principalmente de tensão, embora com algumas pausas de sol aqui & ali. Eu estava me sentindo bem – eu acho – até que Robert me disse que ele é inatamente crítico de "qualquer pessoa com quem ele more". Usei um pano de prato em vez de luvas térmicas para tirar um prato quente do forno – e isso o irritou. Ele falou muito sobre ver isso como loucura e disse que é "a mãe dentro nele". Eu disse que não tinha intenção de me submeter a críticas malucas de qualquer fonte.

Ainda assim, meus músculos começaram a contrair... Achei que durante todo o nosso relacionamento Robert me manteve desequilibrada. Assim que sinto o chão sob nossos pés, ele vem com um terremoto.

Ontem teve uma festa para Gloria. Ela é adorável. A comida da festa era salame & presunto principalmente, coisas que não como mais. Mais tarde eu disse "estou com fome".

Robert respondeu como se eu fosse uma criança que não entendia que tinha acabado de sair do jantar. "Você está com fome?!" "Você não jantou?" "Mas nós acabamos de comer... pelo menos eu comi." E assim por diante.

Mais tarde, fui assistir um filme maravilhoso: O céu pode esperar com Warren Beatty. De volta para casa, fumar, ouvir música, massagem nas costas, cama. Mas nada de amor. Eu me sinto distante.

Talvez eu devesse reformular meus sonhos. Acho que continuarei gostando de São Francisco, especialmente quando aprender a dirigir por aqui.

Posso usar esse ano para me acostumar com as coisas – fazer novos amigos... fazer do meu relacionamento com Robert uma amizade que conduza a isso, ao invés dessa "coisa" que temos que me amarra em nós.

Depois de três meses devemos viver em lugares separados. Já que eu quero viver com alguém, preciso começar a trabalhar nisso.

Estou muito feliz por ter trazido minha "família" comigo... A fotografia de Mae Poole. Eu mesma quando criança.

Sem data
Uma longa e maravilhosa carta de Jane Cooper & um convite para homenagear Muriel[1] dia 9 de dezembro. Eu vou adorar fazer isso porque Muriel significa muito para mim. O esforço será em dar a Muriel a honra que lhe é devida sem alimentar a vaidade de seu liberalismo & o liberalismo da maioria da "boa gente branca" que estará em Sarah Lawrence & que vê Muriel como um pretexto para ser também.

20 de agosto – Um dia lindo e radiante. O sol está quente, o céu azul e limpo, exceto pelos mantos de neblina nos ombros das colinas distantes.

Resolvi transcrever pelo menos dez páginas dos diários por dia. Comecei ontem. Minhas primeiras entradas são escritas brutas, empoladas, autoconscientes e pobres. Pensamento desleixado. O pior.

Mas de vez em quando há coisas incrivelmente úteis. Enfim, acho que melhorei como ser humano. Certamente me tornei alguém mais apegada à vida. Eu aprecio & amo a vida mais do que nunca. Chamo isso de melhoria porque aprender a aceitar um presente com graça é uma conquista.

Disse a Robert que ele é como Felix Unger[2] – exigente, mesquinho e prejudicial. Ele reclamou que eu "nunca coloco nada de volta na geladeira". Eu disse que deveríamos nos mudar para lugares separados no final de outubro – para garantir a sobrevivência de nossa amizade. Não consigo respeitar mesquinharia. É tão ridículo. Nem consigo pensar em trabalhar enquanto me preocupo constantemente com o anel ao redor da banheira. Etc.

---

1 A poeta Muriel Rukeyser foi uma das professoras de AW na Sarah Lawrence. Jane Cooper também foi poeta e professora.
2 Felix Unger é um dos dois personagens principais do filme (e popular programa de televisão dos anos 1970) *The odd couple*, de 1968, sobre colegas de quarto incompatíveis – um meticuloso e organizado, o outro, desorganizado e bagunceiro.

Tem outras coisas positivas em separar a organização da nossa vida.

Robert e eu poderemos nos ver várias vezes por semana e fazer nossas maravilhosas caminhadas juntos sem ficarmos presos na "síndrome do casamento".

Eu gosto de SF. Sinto que é o lugar mais compatível que já morei (2 semanas & visitas). Gosto do clima, das paisagens, da água, da variedade de pessoas, das moradias, estilos de vida, comidas.

Talvez eu tenha encontrado minha cidade.

Sem data

Um lindo final de semana. Ontem, St. Claire Bourne[1] veio tomar café da manhã para discutir o filme que ele quer fazer de Robert sobre o desastre de Port Chicago.[2] Gostei dele imediatamente. Um homem alto e bem escuro, com cabelos pretos macios caindo sobre o colarinho e belos olhos castanhos expressivos. Eu me senti muito atraída por ele. (Continua a me surpreender & encantar que exista tanta gente boa no mundo.) Ficamos juntos o dia inteiro. Tomamos drinques num bar, passeamos, assistimos um filme e jantamos. Robert diz que é o tipo de coisa que ele nunca faria sozinho. Trabalha compulsivamente. Mas esse é exatamente o tipo de dia que mais gosto e pelo qual posso ser mais seduzida do trabalho.

Hoje parece que não consigo trabalhar. É um dia fantástico. Brilhante, caloroso, fresco. Limpo. Gloria Steinem está ligando para falar sobre pornografia versus erotismo. Tive um branco quanto a tudo isso hoje.

Ligações de Nina e da advogada da Ms. Nancy Wexler sobre as "pessoas & problemas reais" em "Laurel" – é isso que está me incomodando, tornando a escrita desmotivante hoje. Ou talvez seja apenas porque meu diário de 1965-66 é tão juvenil. A escrita tão pobre. Tão pretensioso & trabalhoso.

———

Acabo de ter uma visão com um indígena:

———

1 Um respeitado cineasta independente negro.
2 Robert estava trabalhando em um livro de não ficção sobre a explosão de 1944 na base de munições da Marinha em Port Chicago, ao norte de São Francisco, que matou 320 homens, 202 dos quais eram carregadores de munição negros. Na sequência, os 258 sobreviventes se recusaram a continuar carregando munições, e 50 foram acusados de motim e levados à corte marcial. O livro de Robert acabaria sendo publicado, em 1989, como *The Port Chicago Mutiny: The Story of the Largest Mass Mutiny Trial in U.S. Naval History*.

Ele disse: Não tem problema em fumar erva para te ajudar a esquecer as coisas temporariamente ou aliviar seus problemas.

Mas é preciso passar por um momento em que nos envolvemos nos problemas sem o fumo. Caso contrário, eles não serão resolvidos, apenas sobrepostos camada sobre camada, como uma teia cruzada.

25 de agosto de 1978

Ontem à noite, Robert chegou em casa de bom humor (com Casey & costelinhas), porque parece que um dos apartamentos aqui poderá estar disponível em breve. Ele gostaria de ter um porque são perfeitos em todos os aspectos para crianças & adultos trabalhadores progressistas que desejam ter alguma voz sobre o lugar onde moram.

Embora eu queira isso para Robert, se é o que ele quer, me senti mal. Fico me perguntando: por quê?

É porque ele pediu um empréstimo de $ 8.000,00 para a entrada? É lógico que eu disse que "Não" sem pestanejar, como uma típica aquariana de grande coração.[1] Mas fiquei chateada por ele me perguntar isso – sem levar em conta que deixei uma casa que acabei de comprar para morar com ele. Que é impossível morar com ele. E agora vem me pedir para fornecer um lugar para ele viver, sendo que eu mesma não tenho um lugar para mim.

Ele é egoísta & indiferente & sua preocupação é com Pam & Casey, exclusivamente.

"Faça um acordo com Pam", eu disse, "para você poder tirar dinheiro da sua casa."

"É aí que está", ele concordou.

Sinto meu amor vazando de mim. Isso me deprime porque coloquei muita energia tentando construir algo. Mas Robert não está nem aí para mim. Seu amor é como comida chinesa. Fico com fome antes mesmo de terminar a refeição.

Tenho certeza de que o problema é que ele nunca aprendeu a amar. Talvez se ele pudesse amar alguém, seria a mim, ao lado, obviamente, dele mesmo – por quem ele está definitivamente apaixonado.

———

Arghh!!

---

[1] Signo solar de AW.

29 de agosto de 1978
Ah, <u>finalmente</u>! Bom.

Um final de semana incrível & delicioso. Acho que se eu expressar meus sentimentos assim que sei o que eles são ou podem ser & assim que <u>consigo</u> fazer isso, me sinto melhor <u>imediatamente</u>. É incrível – & tão simples. Uma boa alimentação e livre expressão o tempo todo, sem dúvida, teriam me salvado de muita depressão no passado...

Ontem à noite, fazendo amor com Robert fiquei maravilhada (tanta maravilha por aqui) por olhar para ele & saber que o amo. O vazamento parou. Mas por quê? Porque ele vê que tem problemas e está tentando resolvê-los? Porque decidimos não morar juntos & isso é um alívio para nós dois? Porque... No banho lavei seu rosto & corpo com a mesma ternura com que daria banho numa criança. Suas orelhas, barba, nariz & olhos.

Ele me leva para ver árvores gigantes, o oceano no meio da noite, para fazer um piquenique no esplendor do dia. Ele me apresenta o mundo. O mundo natural, que eu amo profundamente – & do qual ele faz parte.

Decidi comprar os apartamentos da St. Francis Square. Um apartamento de 3 quartos e 2 banheiros está disponível, mas o preço é $ 9.000, com uma "taxa efetiva" de $ 213,00 por mês. Tenho uma economia de $ 12.350,00. Do jeito que imagino, a primeira coisa a fazer é tentar colocar $ 2.000,00 na poupança – mais se possível – para fazer um saldo de $ 5.000,00. Eu me sentiria segura com esse valor? Provavelmente não.

Vamos ver. Tenho a receber:

```
  1.125,00  – Wendy/Dial
  1.100,00  – Dutch
  3.500,00  – Guggenheim
    500,00  – Stony Brook
  2.000,00  – Leituras
$ 8.225,00
```

Digamos $ 8.000 daqui até o final do ano. Desse valor, eu provavelmente poderia economizar $ 4.000, voltando minhas economias para $ 7.000 após os $ 9.000 da compra. Então eu poderia tentar chegar a $ 10.000 & descansar um pouco. Então: a casa no Brooklyn deve se pagar, $ 545 por mês mais 155 aplicados ao meu "aluguel" aqui de

213
-155
($ 58)

Eu pagaria por mês como <u>meu</u> $ por moradia, gás, eletricidade, tudo menos telefone.

Às vezes isso parece um castelo de cartas. Fico pensando: não pode ser tão simples assim. Talvez eu seja regiamente eletrocutada pelos impostos.

Fui no médico checar minha vista ontem – & comprar óculos de sol. Os óculos devem ajudar minhas dores de cabeça. E me sinto restaurada ao saber que meu olho esquerdo está saudável & se segurando. Também comprei um lindo e <u>exuberante</u> vestido vermelho – cetim pesado – & umas calcinhas lindas e mínimas para mim & Roberto. Peguei o bilhete para minha viagem a Seattle & Alasca.

Acho São Francisco gerenciável e brilhante & comparada a Nova York, bastante sem pressa, educada.

29/9/78

3 horas de visita de Tillie Olsen.[1] Ela sabe muito & tenta compartilhar tudo.

Antes disso, Robert & eu "compramos" o apartamento de número 6, Galilee Lane, 15!

3-10-78

Esta manhã comecei a me mudar para a Galilee Lane, 15. Escolhemos móveis de segunda mão do Exército de Salvação & da Bus Van, que me convenceu pela superioridade dos móveis antigos – quando também são elegantes, bem-feitos & baratos. Temos um sofá de crina de cavalo rosa e um conjunto de cadeiras ($ 245), uma cama queen size ($ 94), um colchão branco para Casey ($ 9,50) e uma bela mesa de madeira simples, mas fantasticamente <u>pesada</u>

---

[1] A ativista e autora Tillie Olsen é mais conhecida por sua premiada ficção *Tell Me a Riddle* e por *Yonnondio: From the Thirties*. Seu interesse por autoras negligenciadas inspirou o desenvolvimento de programas acadêmicos em estudos sobre mulheres. Sobre a influência de seu trabalho, AW disse: "Por mais que eu tenha aprendido com *Tell Me a Riddle*, aprendi ainda mais com o clássico e original ensaio de Tillie *Silences: When Writers Don't Write*, que li enquanto vivia em Cambridge no início dos anos 70, criando uma filha pequena sozinha e lutando para escrever."

($ 145). Esta tarde a agência do Exército de Salvação vai praticamente mobiliar o lugar.

Sem data
Casey & eu estamos nos dando melhor agora que ele percebe que eu conheço sua mãe.[1] Acho que ele – em sua lealdade a ela – achava que ele & eu não poderíamos ser amigos.

16 out. 78
Tenho trabalhado inconscientemente & conscientemente para me livrar do conceito, doutrinado pelos cristãos, de Deus como um patriarca específico de cabelos brancos e falante de inglês, interpretado por Charleston Heston. Estou começando a ter sucesso. Agora, quando rezo ao Grande Espírito, recebo vastas extensões de deserto, árvores, o céu infinito, pedaços de nuvens, flores, esquilos etc. etc. Isso me agrada tremendamente.

26 out. 1978
Uma noite interessante com NaNa,[2] durante a qual ela me despertou novamente o interesse pela meditação. Tenho sido negligente – porque estou feliz no amor (para variar – ou talvez não: provavelmente tive muita sorte no amor, considerando todas as pessoas boas que amei!) e tenho fumado muita ganja com Roberto, e ainda não estou pronta para parar.

Além disso, comentei com ela que amava Bertina (ela tinha acabado de dizer que seu relacionamento com June não deu certo porque elas não eram iguais) – e mais tarde tive essa intuição: talvez eu tenha escolhido amar Bertina porque ela não era parecida comigo & porque um relacionamento bem-sucedido seria, dadas as nossas diferenças, muito improvável.

Ela estava "segura".

7-11-78
Bem, esta noite estou sozinha no apartamento, depois de pedir a Robert para sair. É uma longa história, que acho que devo esperar para escrever amanhã. Esta noite estou très fatigué.

* * *

---

1 Nascido em 1975, Casey ainda era uma criança quando Robert e Pam se separaram.
2 Uma antiga amiga.

A longa história é: fomos ver o filme "Black Britannia" em Berkeley. O filme é importante, com certeza, sobre o racismo dos britânicos & a resistência negra (nas Índias Ocidentais). Mas é limitado por sua visão das pessoas negras como <u>homens</u> negros. Robert & eu tentamos discutir isso: ele não havia notado o sexismo particularmente. Chegamos em casa & eu tinha muitas correspondências (& cheques de aluguel, pelos quais esperava). Ele me observou abrindo minhas cartas. Eu estava tagarelando, feliz (porque Brenda escreveu contando que ela & Louisa conseguiram empregos!)

Então, depois de compartilhar meu alívio com isso, entrei no quarto. E aí Robert disse: "Eu aguentei o máximo que pude."

"O quê?", perguntei.

"O anel em volta do fundo do vaso sanitário."

"<u>Que</u> anel?"

"Aquele que está lá há um tempão."

"Sim, e o que é isso?"

"Alguma gosma."

"Puxa, eu nem tinha notado? E se parece com o quê? De que cor era?"

Eu fico de boca aberta. Todo o meu deleite se transforma num sentimento de incompletude, de inadequação. Mas algo surge em mim. A princípio é humor. Eu não consigo acreditar que alguém iria me criticar seriamente pela limpeza de meu próprio banheiro (quando eu estava tão feliz, especialmente). Eu tento ver uma piada em algum lugar nisso.

Ele disse "eu limpei" (enquanto eu estava lendo cartas sem pensar – pessoas me convidando para dar palestras, escrever artigos. Pessoas enviando cheques de aluguel). Eu respondi: "Bom para você!"

Ele retruca: "É verdade que você tem um nível mais alto de tolerância à bagunça do que eu."

(Ele disse isso sobre Pam, na verdade.) Mas eu não penso nisso então.

Quando eu o questiono sobre <u>por que</u> ele está criticando minha capacidade de limpar meu vaso sanitário, ele responde: "Não provoque, ela virá por conta própria."

"O quê?"

"Minha maldade."

Bem, na manhã seguinte ele diz que sente muito por ter me magoado. Passei a noite me sentindo, é óbvio, mal. De manhã, ele colocou os braços em volta de mim na cama, mas havia apenas a sensação de confinamento. Me levantei & fui para o meu escritório para trabalhar.

Eu chorei um pouco. Ele disse que se sentia horrível. Eu o abracei. Ele me abraçou.

À tarde, tive um almoço de cinco horas com Carole Ellis.[1] E discutimos "nossos homens". Um padrão – para o qual eu tinha me cegado – emergiu. De minhas constantes tentativas de agradar a Robert & suas constantes tentativas de me minimizar. Menosprezar. Ridicularizar. Minar. Me ocorre que em algum nível, não muito abaixo da superfície, ele me odeia. Está me usando. Está explorando nosso relacionamento – & tem muito poucos sentimentos positivos. Seu próprio senso de inadequação faz com que ele apenas finja prazer com o sucesso ou a felicidade de outras pessoas.

Ele está constantemente professando o que não sente. <u>É por isso</u> que quando ele diz "eu te amo" é como um adulto pateta diria a uma criança. Não é sincero. Transparente. Adulto. Responsável.

Enquanto estou preparando o jantar, digo a ele que o relacionamento acabou. Não sinto nada além de desprezo. Ele finge que nem entende o significado de sua "ofensa".

Lembro a ele que os Estados Unidos branco trabalharam por 400 anos para vincular as mulheres negras à limpeza de banheiros & não conseguiu. E ele, eu digo, também não vai ter sucesso.

Ele respondeu: "Eu não quero que as coisas sejam assim."

Não senti nada. Uma frieza, um vazio.

No dia seguinte, ele começou a retirar suas coisas. Também me perguntou se eu gostaria de dar uma volta. Fomos ao jardim japonês. Caminhar foi agradável. Caminhamos ao redor do lago. Ele pediu outra chance de ser meu amigo. Eu respondi que pensaria nisso enquanto estivesse em Washington–Carolina do Norte–Geórgia & Miami. Voltamos para o meu apartamento & jantamos. Ou melhor, comemos uns pedaços de frango frito frio do malfadado jantar anterior.

A distância continuou dentro de mim. Ele se ofereceu para me levar ao aeroporto. Eu disse tudo bem, mas que não era necessário & que eu não queria que nos tornássemos pessoas que trocavam serviços (a ideia dele de ser amigo é prestar serviços), sem cuidados essenciais. Amor.

14 nov.
Na casa da minha mãe na Geórgia. No meu quarto. A viagem para o leste, até agora, tem sido boa. A parte de Georgetown/Washington foi bem. Rebecca

---

1 Uma nova amiga.

& eu ficamos no apartamento de Henri[1] em Georgetown. Conheci Richard Sobel & Annie Sobel e seu ex-parceiro de advocacia pelos Direitos Civis. Uma tarde agradável. Então jantamos na noite seguinte com Henri, sua amiga Florence, Karen Wynn, Rebecca e Gloria Steinem.

Gloria como sempre calorosa, real, adorável. Ela fez massagens em minhas costas, nas de Rebecca & de Henri. Maravilhoso! Eu fiz uma massagem em seus pés e nos de Rebecca. Uma noite calorosa e amigável entre mulheres. Ótima comida (cheesecake!) ótima conversa e música.

Em seguida, levei Rebecca de volta para a casa de Mel. Gloria a casa de Stan.

Na manhã seguinte, folga para passar o dia com Vincent[2] na Carolina do Norte. Ótimo. Embora eu tenha cochilado o tempo todo que passamos na casa de Ella Baker[3] – onde ela está completando There Is a River. Queremos manter nossa amizade. Mas gostaria de incluir Rosemarie & Rachel & Jonathan. Conversamos sobre São Francisco & como aprendi a amar a cidade. Senti um interesse de Vincent por SF. Rachel iria adorar.

Depois para Atlanta & Ruth & Mama.

Senti que o amor romântico – do qual tenho sido uma vítima voluntária & muitas vezes delirantemente feliz nos últimos 2 ou 3 anos – nos distrai da apreciação direta da beleza do universo. A bondade da vida. A alegria de simplesmente ser.

Olhei para o sol. A lua. As árvores. Tudo. Com tanto amor.

18 nov
Ontem minha filha fez nove anos! Liguei para ela da casa de sua tia-avó Sallie em Opa-Locka, Flórida. Ela disse que recebeu um telegrama de Gloria S. e um telefonema de Curtis, da Grécia. E que estão preparando comemorações. Ela parecia feliz.

* * *

---

1 Henri Norris era uma amiga em Washington, D.C., advogada negra que Alice conheceu em Jackson, Mississippi.
2 Vincent Harding, respeitado historiador afro-americano. Rosemarie era a esposa de Vincent; Rachel e Jonathan, seus filhos.
3 Ella Baker foi uma ativista pelos direitos civis e direitos humanos e uma influente líder negra cuja carreira – principalmente como organizadora de bastidores – durou mais de cinco décadas. Nascida em 1903, cresceu na zona rural de Littleton, Carolina do Norte, e frequentou a Universidade Shaw em Raleigh. Décadas depois, ela retornou a Shaw para ajudar a fundar o Student Nonviolent Coordinating Committee – SNCC [Comitê de Coordenação Estudantil pela Não Violência].

Tia Sallie se parece muito com papai. Ela tem os olhos dele. Chorei a maior parte do primeiro dia porque ela disse – quando lhe perguntei como papai era quando menino: "Não me lembro. Você deveria ter perguntado a ele." E prosseguiu. "Cê num vai escrever um livro de mim. Entendeu?" Fiquei bem magoada. Tentei explicar a ela que, como escritora, é impossível fazer (manter) o tipo de promessa que ela exigiu. Que eu não escreveria sobre ela ou sobre o que ela me contava. Mas ela não entendeu. Mais tarde ela disse: "Num escreve nada sobre mim porque eu num quero ler." Resolvi não seguir o "romance" baseado na vida de meu avô – mas aqui estou eu no avião de volta a São Francisco escrevendo sobre tia Sallie. Não para traí-la, como ela temia, mas porque com ela tive uma experiência valiosa em minha vida.

Então: Ela tem 67 anos. Uma geminiana. Pele preta. Alta. Grandes olhos escuros. Muito atraente. Isso foi muito reconfortante para mim, já que me pareço com ela. Ela não está gorda. Isso também foi bom de ver. Ela cuida de oito filhos adotivos. Todos pretos, retintos. Todos sossegados, bem-educados, exceto meu favorito, o menino deficiente, Glen, que está frequentemente com raiva & revoltado com sua pequenez & impotência.

Tia Sallie mora numa casa plana típica da Flórida numa rua de classe média baixa. Seu quintal é cheio de flores & árvores. Ela tem dois cachorros. Também tem uma perua marrom. Na frente há uma plaqueta vermelha que diz "Cristo é a resposta". A única música em sua casa é gospel – e todas as crianças cantam canções gospels para se divertir. São reminiscências de nós, suponho, do início dos anos 1950.

Pessoas como minha tia & sua "filha" Maxine seriam revolucionárias ideais. Talvez todos os entusiastas religiosos sejam. (Elas são pentecostais.) Senti que minha tia – um tanto selvagem em sua juventude – precisava de algo para equilibrá-la. Para "salvá-la". Então ela se voltou para Deus, já que os humanos falharam tão tristemente.

Ruth e eu lutamos durante os momentos difíceis de nosso relacionamento, como temos feito há anos. Ela fez um esforço real para não falar tão constantemente sobre si mesma. Pretendo mandar fazer para mim uma pulseira com a palavra Silêncio. Porque eu acredito que existe um perigo real em falar demais. Acho que falar nos rouba a potência da mesma forma que o perfume é roubado da fragrância quando o frasco é deixado aberto. Sempre me sinto mal, quase nauseada, quando falo demais. Acho que é daí que vem a expressão "em boca fechada não entra mosca".

22/11/78
Não é este o dia em que Kennedy foi assassinado há quatorze anos? Como o tempo passou!...

...Este dia para mim – & ontem – me deu ansiedade. Estou à beira de um ataque de ansiedade. Preciso inventar alguma maneira de sobreviver a isso.

Primeiro de tudo: estou ansiosa porque as coisas que estou escrevendo são tão próximas da minha vida & da vida das pessoas que conheço que temo por nós. No poema "Stripping Bark From Myself" talvez eu esteja cometendo suicídio lentamente, exceto que não é um suicídio rápido como eu o imaginei, mas simplesmente um isolamento para dentro de mim & para fora do mundo.

Fiquei realmente machucada – como por uma pancada – pelo desejo de tia Sallie de que eu não escrevesse sobre ela. Talvez todo mundo sobre quem eu já escrevi teria dito a mesma coisa, se tivesse uma chance. Mas obviamente não tiveram chance.

Acho que deveria parar de escrever por um tempo. Só ler por alguns meses. Mas posso fazer isso?

Por mais que eu queira mostrar meu apreço por Muriel, me apavora estar na Sarah Lawrence & falar no "dia de Muriel Rukeyser". Não quero ver... todos os fantasmas generosos e liberais do passado. E não quero fazer o longo e estressante voo de volta ao Leste.

Um cheque de direitos autorais muito pequeno de Monica por Once e A terceira vida de Grange Copeland. Grange vendeu 845 cópias em papel comum. Isso me rendeu $ 42. Não consigo acreditar. Vendas de capa dura: 77. Me renderam $ 61,22. Definitivamente melhor ter vendas de capa dura.

Once em papel comum, vendeu 145 cópias – me rendeu $ 7,25.

23-11-78 *dia de Ação de Graças.*
Hoje, Robert, Casey & eu vamos a Petaluma visitar Carole Ellis, uma mulher que conheci no escritório do The Black Scholar[1] e com quem recentemente tive um almoço revigorante. Ela está fazendo peru & brócolis – Robert fez & está levando uma de suas tortas.

Passamos uma noite adorável juntos ontem na frente da TV e na cama. Nós até conversamos sobre meus sentimentos atuais sobre minha escrita de

---

1 Robert trabalhou como editor do *The Black Scholar*, um jornal de estudos e pesquisas negras com base na área da baía de São Francisco.

uma maneira que me aliviou. Eu realmente senti que ele estava ouvindo & não sendo competitivo nem crítico.

28-11-78
Hoje fui ao centro buscar as cópias que fiz da fotografia que tia Sallie me deu. Colei uma grande ampliação acima da minha mesa. Meus pais são tão lindos. Não consigo parar de pensar nisso. São tão cheios de substância. Eram tão pobres &, no entanto, apenas olhando para eles dá para ver a riqueza de seu ser, sua realização plena.

Eles são mais vívidos do que qualquer pessoa que eu já tenha visto.

28-12-78
Notícia incrível. Quando eu estava em Nova York[1] – chegar lá foi outro julgamento sem disfarce – escrevi 10 novos poemas! Dos bons! E foi assim que aconteceu: uma voz disse, antes de eu escrever cada poema – uma voz interior, mas distinta – "Escreva... isso & aquilo..." & esse seria o primeiro verso do poema.

Algumas vezes – em todas elas, na verdade – eu resisti. Eu não vou, eu disse. Foi implacável. "Escreva assim & assim." E quando escrevi, veio o resto do poema!

Isso não é estranho?

A vida me guiou em direção a superação, eu acho.

4 jan. 1979
Comecei este diário exatamente um ano atrás. Com a esperança de que contivesse menos dor, mais crescimento, um pouco de felicidade. Foi um bom ano para mim. Quando amei & fui amada e cresci, senti menos dor – e vi pela primeira vez O Deserto. Eu amo O Deserto.

Hoje à noite Roberto & Casey vieram para o jantar – depois TV & beijos & então eu os mandei para casa. Robert e eu vamos experimentar passar juntos as três noites por semana que tínhamos antes de Rebecca chegar para o Natal.

* * *

---

1 Ela estava lá para participar do evento na Sarah Lawrence, em Bronxville, Nova York.

Um novo ano. O que eu quero? Saúde. Bons trabalhos. Amor. A felicidade de Rebecca & a minha, & a de Robert. Mais uma visita ao Deserto.

Um grande tesouro de 78 foi a fotografia de 1933-34 de meus pais incrivelmente belos & comoventes. Outros tesouros: o amor de Robert. O amor de Rebecca. O retorno do meu trabalho. Os 10 poemas de 10 de dezembro!

Não tenho pensado tanto em $, agora que tenho este lugar. Embora o encargo das taxas efetivas tenha aumentado, ainda sinto que consegui uma pechincha.

Além disso, a Ms. quer comprar "pelo menos 4 poemas!", disse Joana. Assim, poderei pagar minha fatura do American Express & meu Mastercharge, e devo colocar pelo menos $ 2.000 na poupança. Fevereiro tem $ 1.250 da Biblioteca do Congresso – março, talvez uma leitura na Lewis & Clark. Abril tem Albany & Cazenovia & outra escola.

Devo fazer o seguro de invalidez da Monarch Life – $ 500 por mês quando/se eu não puder trabalhar. Isso poderia cobrir aluguel aqui, & comida. Então eu continuaria alugando a casa do Brooklyn para ter o suficiente para cobrir a hipoteca, seguro & reparos. E segurar as pontas. Ou aguentar firme.

A <u>Ms.</u> é boa pelo seguro médico.

O Lincoln Savings Bank tem uma apólice para cobrir minha morte.

Estou escrevendo meu testamento. Se os impostos não me esmagarem, estarei em ótima forma!

(Se, é lógico, eu continuar a ter trabalhos.)

Mel & Judy tiveram um menino, chamado Benjamin, dia 1º de janeiro. Rebecca & eu nos sentimos mal o dia todo – felizes por Mel & Judy, é claro, mas como se tivéssemos perdido alguma coisa. E perdemos. Tentei garantir a ela que seu pai sempre a amaria do mesmo jeito, mas realmente não sei disso. Mel tem muito amor, mas parece mais confortável mantê-lo em só um canal.

Ainda agradeço por não ter mais crianças. Estou perfeitamente satisfeita com a que tenho.

17-1-79

Robert me dá caminhadas, a lua, canetas que escrevem suavemente em cores bonitas... ele me dá café da manhã, passeios de carro, passeios para visitar o mar, bosques, o céu. Ele me dá um amor tão vulnerável quanto o meu. Esta manhã, fazendo amor, senti tanta paz. Eu amo o jeito que ele cheira. Seu corpo tem um cheiro doce, limpo e fresco.

Fui ao salão hoje & fiz algo chamado Jheri-curl. É como um relaxamento, só que o cabelo é enrolado em vez de alisado. Parece muito natural – na verdade, eu ficaria feliz com mais cachos.

Meu objetivo é ter muito cabelo cacheado de novo – & o primeiro passo é encontrar uma maneira de ajudá-lo a crescer.

Ultimamente tenho me preocupado que talvez escrever ensaios esteja colocando minha ficção em risco. Eu sinto isso especialmente sobre "Um filho só seu". Como se eu estivesse esgotando uma rica fonte de energia de ficção. Mas estou? Nada além deste ensaio parece vir da experiência Cambridge/Wellesley.

24 jan. 1979
O Jheri-curl foi um fracasso. Mas eu gosto da minha cabeleireira. Ela pensa sobre as coisas – & escreve.

Estou pronta para plantar rosas, prímulas, salsa, manjericão – Ah! A primavera está chegando, ou sinto falta da minha erva. E aqui, se a primavera começa em janeiro, que primavera longa deve ser!

Eu estou feliz.

4-2-79
A revista Ebony & o Washington Post querem que eu comente o livro de Michele Wallace.[1] Um livro interessante; não original, sinceramente. A maioria das coisas nele já foi dita antes, como Sheila destacou, & disse melhor.

Ela ter permitido Ishmael Reed[2] na capa junto de mulheres feministas foi extremamente oportunista & míope de sua parte – & infeliz. Como se pode confiar em alguém que quer a bênção de um homem que pensa que as mulheres negras são hienas escrotas?

---

1 Publicado em 1979, *Black Macho and the Myth of the Superwoman*, de Michele Wallace, criticou duramente a cultura patriarcal no Movimento pelos Direitos Civis e Black Power da década de 1960 e refletiu sobre o sexismo persistente na comunidade negra.
2 O romancista e poeta afro-americano Ishmael Reed, que escreveu uma sinopse para a capa do livro de Wallace, foi veemente em suas críticas às escritoras negras que abraçaram o feminismo ou denunciaram o sexismo entre os homens negros.

De qualquer forma, eu me recusei a comentar – e diria essas verdades se pudesse. Por que não escrevo isso lá? Porque Michele me perturba – tenho medo de Michele, cuja mãe[1] uma vez me aterrorizou em outra banca horrível.

O que tenho descoberto sobre mim é que as mulheres negras me aterrorizaram – toda a minha vida. Que minhas irmãs são capazes de me aterrorizar até hoje. Tentei agradá-las por causa disso. Elas, por sua vez, me rejeitaram justamente por essa "fraqueza". Interessante.

Eu queria nos manter juntas porque somos o centro da negritude – mas isso não impediu a maldade, a competitividade & a deformidade. De jeito nenhum. E é isso que ouço nas vozes das mulheres negras. Na voz de minhas amigas... Presunção & falta de história.

Citando a mim mesma: Quando uma liberal branca lhe diz (sem nunca ter ouvido o que você estava dizendo/escrevendo antes) que o que você está dizendo/escrevendo não foi "arriscado" antes, isso simplesmente significa que ela não conhece sua história. É tudo o que isso significa.

10-2-79

Festa de aniversário ontem à noite – eu, Rebecca, Henri, Florence, Bernice (Reagon)[2] e sua amiga Amy. Um pouco de nervosismo no começo, mas todos tentamos nos encaixar da melhor maneira até que o sentimento se ajeitasse. Bernice & eu tivemos oportunidade de conversar. Senti que podíamos conversar bastante. Eu tenho tanto respeito por ela. Por seu trabalho: sua integridade, orgulho. Ela diz: "Eu não sei o que é orgulho!"

Rebecca & eu tranquilas juntas – ela parece ter mudado para melhor com a experiência de ter um irmãozinho. O filho de Mel é fofo & gracioso e os mantém acordados todas as noites...

Mel e eu conversamos ao telefone para resolver as coisas sobre Rebecca.[3] Ele está descontente com seu trabalho em Washington e acha que uma mu-

---

1 A mãe da autora é a aclamada artista visual Faith Ringgold, mais conhecida por suas colchas narrativas.
2 Bernice Johnson Reagon, ativista social, cantora, compositora e acadêmica, foi integrante e uma das fundadoras do grupo musical Freedom Singers, intrinsecamente ligado ao Student Nonviolent Coordinating Committee – SNCC [Comitê de Coordenação Estudantil pela Não Violência]. Em 1973, fundou o aclamado conjunto de mulheres negras *a cappella* Sweet Honey in the Rock.
3 Rebecca, agora com nove anos, está morando com seu pai, Mel, e sua nova esposa, Judy, em Washington, D.C. Com o nascimento de um segundo filho, irmão caçula de Rebecca, Mel está reconsiderando sua mudança para Washington e discutindo com AW a possibilidade de Rebecca morar com ela em São Francisco quando o novo ano letivo começar.

dança pode acontecer a qualquer momento. Ele disse que "se mudou rápido demais" & que "não havia pensado direito". Por outro lado, ele continuou a falar, "parece que eu fiz um trabalho melhor de planejamento".

Comentei que sempre amei São Francisco. Mas não sei se é isso que ele quer dizer. É verdade que tentei passar um tempo sentindo o que quero & o que não quero. Para que eu pudesse reduzir as possibilidades de arrependimento. Mas se Robert estivesse tão disponível quanto Judy, & Washington fosse tão próxima & gloriosa quanto São Francisco, tenho certeza de que as coisas teriam sido muito diferentes.

23-2-79

Tenho me livrado da deprê com trabalho, exercício – e oração! Minha mãe me escreveu um bilhete no meu aniversário. Ela disse: "Não se esqueça de orar." Já faz muito tempo que orei & acho que estou orando a Deus em mim e ao Espírito do Universo. Mas orei duas vezes e me senti melhor imediatamente. Talvez haja algo nos humanos que precise de oração. Talvez seja bom para nós, assim como falar com nós mesmos. Ou conversar com outra pessoa.

Hoje trabalhamos em lugares separados. Depois nos encontramos para ver o pôr do sol na praia. Um pôr do sol magnífico. Realmente de tirar o fôlego & fazer lacrimejar – com a espuma das ondas criando uma tela, como Robert disse, através do sol. E pássaros voando – & nuvens roxas.

Um jovem na praia aplaudiu – & ele estava certo. O sol dá um espetáculo.

Mas, infelizmente, Robert & eu tivemos um bate-boca. Ele me repreendeu por não ter trazido dinheiro, então que teve que gastar todos os seus 9 dólares inteiros no jantar.

"Devo subir e pegar meu dinheiro?" (para pagar pelo atraso na entrega dos livros da biblioteca.)

"Acho que você vai ter que pagar; eu não tenho mais dinheiro."

Ora, paguei 5 dos 6 jantares na semana passada. Emprestei 500 para Robert & 2.000 para o The Scholar. Venho cobrindo as finanças neste relacionamento, com boa vontade – & ouvi-lo dizer: "Acho que você vai ter que pagar, eu não tenho mais dinheiro" me fez querer dar um gancho de esquerda nele.

O que significa isso? Esse tom de censura? É um tom de marido. Felizmente ele não é meu marido. Uma hora ou outra ele vai aprender isso.

Quando subimos, paguei exatamente o que lhe devia. Eu poderia ter pedido que ele também me pagasse exatamente o que me deve.

Mas sinto uma dor de cabeça chegando por causa disso. Robert me faz perceber que uma das alegrias de ser independente é não ter pessoas falando comigo como se eu fosse uma esposa burra ou uma criança idiota. Em momentos como este eu penso: se eu dependesse dele, ele acharia perfeitamente normal falar comigo em tom de reprovação – para me humilhar...

...Hoje, graças a Deus, foi um bom dia para mim. Na maior parte, meu coração permaneceu leve & limpo; isso é uma grande bênção. Pensei um pouco mais em comprar um carro – principalmente para dirigir até a praia. Eu _amo_ a praia. Mas provavelmente deveria esperar até depois de pagar os impostos do ano.

Robert ligou às 10 para se desculpar, mais uma vez, por seu tom de reprovação. Disse que ainda está chateado pela conversa com a mãe de Pam, que sente que ele machucou Pam "terrivelmente" ao deixá-la.

Estou ficando muito cansada de Pam, eu acho.

De qualquer forma, pedi a ele para não se culpar por isso. Que a vida é cheia de surpresas & dormi "abençoadamente" ontem à noite.

Pedi a ele que pensasse num possível ressentimento comigo porque no momento sou mais capaz financeiramente do que ele. Acho que há algo nos homens, uma programação, que os deixa ressentidos com as mulheres que podem cuidar de si mesmas & também dos homens, financeiramente. Mas eu não abriria mão da minha independência por nada. Uma vez dependente, podem falar com você como um cachorro – & não há para onde ir.

5/3/79

Uma longa conversa (2 horas) com Mel. Eu falei, ele falou. Ambos sobre coisas que achamos difícil discutir com outras pessoas... O apoio que ele dá para o meu trabalho é algo de que sinto _muita_ falta. Ele vê & compreende o valor disso. Ele me valoriza. Lembro de tantas coisas que fez por mim. O "momento de generosidade" de Langston foi indelével.

Infelizmente, o comentário de Langston de que "casei com meu subsídio" também é indelével.[1]

Mel sempre duvidou do meu amor, por causa daquele comentário.

---

[1] O lendário poeta Langston Hughes fez amizade com Alice e Mel no início de seu casamento, pouco antes de morrer em 1967. Ele se tornou seu mentor, seu "pai literário", como ela lembra, e seu primeiro editor, incluindo seu conto "To Hell With Dying", em _The Best Short Stories by Negro Writers_, de 1967, ao lado de autores ilustres como Gwendolyn Brooks e Jean Toomer.

12-3-79

Algo mudou profundamente entre nós quando entendi que Robert não defendeu minha resposta, no ensaio/fórum, ao ataque sexista de Robert Staples a Ntozake & Michele Wallace.[1]

Ele apenas ficou lá parado em silêncio, suspenso.

Eu lhe disse que sinto que ele não tem convicções – & realmente, a longo prazo é impossível responder profundamente a pessoas que não têm profundidade.

Ele tem muito medo de enfrentar a si mesmo.

Eu lhe disse que todos temos medo. Mas encarar a nós mesmos sem drogas é tentar encarar nossos eus autênticos, não fantasias. E de fato existir em nossas próprias vidas. Não sei exatamente por que isso está acontecendo agora, com ele.

Na verdade, me sinto muito distante & me pego pensando em outras possibilidades. Especialmente com mulheres – que, comparadas aos homens, têm um histórico fantástico.

Robert disse que pode conseguir um emprego como motorista de táxi ou numa fábrica. Ou com crianças. Ele se sente oprimido pelo papel intelectual que desempenha desde Morehouse.

26-3-79

Uma deliciosa conversa ontem à noite com June. Ela vai estar longe nos poucos dias que vou passar em Nova York. Senti toda a velha confiança e queria discutir "confiança" e "falhas das pessoas" com Robert. Mas Maya Angelou cancelou a palestra beneficente que daria para o The Scholar e Robert não pôde responder, apenas porque teve medo de onde a conversa chegaria. Ele tem muito medo de que uma conversa séria leve a críticas a ele. Mas eu realmente tinha em mente uma discussão bastante abstrata que, possivelmente, iluminaria essa oscilação da confiança para a desconfiança e traria de volta a confiança que sinto em meus relacionamentos íntimos.

---

1 O sociólogo e estudioso negro Robert Staples criticou duramente os autores Ntozake Shange e Michele Wallace em um artigo chamado "The Myth of Black Macho: A Response to Angry Black Feminists", publicado na edição de março/abril de 1979 do The Black Scholar. AW escreveu um memorando para o The Black Scholar em resposta. Como ela conta: "Os editores consideraram o memorando muito 'pessoal' e muito 'histérico' para ser publicado. Sugeriram uma mudança e eu não aceitei." Mais tarde, ela publicou a peça – na qual oferece sua própria crítica determinada e incisiva de Black Macho and the Myth of the Superwoman, de Michele Wallace, em seu livro Em busca dos jardins de nossas mães.

Eu disse a ele que seus defeitos o tornam mais real para mim – de uma forma que ninguém mais foi real. (Talvez isso signifique que outras pessoas tenham menos defeitos – mas acho que não. Acredito que isso significa simplesmente que ele é mais aberto – & que seus "defeitos" numa mulher não seriam defeitos. Mas para mim ainda seriam.)

De qualquer forma, senti a velha "distância" – mas não de uma forma triste. Embora eu tenha chorado, como não podia deixar de ser. Mas então eu <u>sempre</u> choro. Eu quero, acho, parar com isso & me pergunto se consigo. É possível parar de chorar mediante decreto?

Minhas lágrimas estão sempre muito perto da superfície. Qualquer emoção as faz brotar & transbordar. De dor, sim. Tristeza. Mas também de alegria, raiva, sentimento sexual profundo.

O sol está se movendo – ou a Terra está. Não consigo mais vê-lo se pondo da minha varanda. E agora percebo que o sol das 9:00 apenas passa pela minha mesa, enquanto antes a inundava.

Fomos à Polk Street ontem à noite para tomar sorvete. Uma noite escura e chuvosa – mas ainda assim tranquila & amigável e simples.

Fui ouvir Keith Jarrett na Opera House. Música maravilhosa. Ele tem a pele muito clara. Fiquei muito feliz em ver seu cabelo fosco e crespo. Eu poderia ter beijado aquela cabeça! O público era 95% branco & eu ficava pensando em como eles estão nos absorvendo – nossa criatividade & até mesmo nosso eu físico. Os filhos de Jarrett provavelmente são completamente brancos – como o filho de Robert é.

Senti um grande desejo de cortar as cabeças dos brancos na plateia.

Era uma boa plateia, atenta e composta de amantes de música que vivem em São Francisco. Mas, como de costume com os brancos, alheia ao verdadeiro custo de seu prazer.

Quando mencionei meus sentimentos a Roberto, ele ficou, acho, perturbado. Quando está perturbado, se torna clínico (está estudando sociologia médica): "O que te traz esses sentimentos de querer cortar as cabeças dos brancos?", ele pergunta. Eu respondo "Viver nos Estados Unidos". Mas ele finge que isso não é uma resposta.

Dia da Mentira, abril de 1979
Acho que sei o que é o amor. É uma conexão com outra pessoa que não pode ser rompida só porque você quer rompê-la. É uma conexão das fibras do coração.

* * *

Alice, pare de criticar Robert & pare de deixá-lo criticar a si mesmo tão impiedosamente.

Lembre-se das coisas boas e elas são muitas. Lembre-se, por exemplo, dos últimos dias: a longa caminhada & o pôr do sol – presentes de Robert, para você levar para o leste. Os jantares. Os banhos. Velas. Abraços. Saiba que você ama esse homem. Pare de tentar sair disso. Seja o que for, você o ama. Ponto.

Ah.

Eu quero amar e ser amada. E eu sou.

5-4-79

Tenho encontrado refúgio no meu trabalho. E é claro que quando não o encontro fico perdida. Será melhor também quando Rebecca estiver aqui. E vou continuar a fazer amigos, a me envolver com outras pessoas.

Vou confiar em minha conexão com Robert, mas também me protegerei dele. Apenas assim poderei continuar a viver & a amá-lo. Desejo fazer as duas coisas.

O romance que estou escrevendo não será adiado por muito mais tempo. E isso é tão bom.

Sinto que Robert, que se esforça tanto para ser responsável, luta contra os grilhões da responsabilidade tentando responsabilizar os outros por alguns de seus piores comportamentos.

Também acho que sou demais para ele – embora eu tenha desbotado consideravelmente meu brilho.

Incrível. Homens. Mesmo os mais "femininos" desejam ser dominantes. Têm o desejo de "colocar a mulher em seu lugar".

26-4-79

E assim – o fim deste diário.[1]

Estou escrevendo. Estou me estabelecendo aqui em São Francisco, que adoro. No meu condomínio, com suas petúnias vermelhas, roxas & brancas na varanda térrea. (& margaridas, calêndulas, marias-sem-vergonha – minhas flores essenciais.) Na próxima semana, talvez façamos nossa viagem para Yosemite. Talvez não. Agradeço ao universo por ter amigos & conhecidos que me apoiam. A casa no Brooklyn está em segurança. Passarei junho

---

[1] AW muitas vezes resumia sua situação atual quando chegava ao final de cada caderno ou diário individual. Este, um presente de Robert, era de couro marrom trabalhado e antigo.

lá, arrumando para novos inquilinos. Em julho ou agosto, Rebecca se juntará a mim aqui. (Investi $ 10.000 em certificados monetários para me ajudar a economizar e me proteger da inflação.) E continuarei a colocar dinheiro em minha conta-poupança. Especialmente porque não terei "emprego" no ano que vem. Nada estável, quer dizer, exceto a consultoria da Ms. Mas, se eu alugar a casa no Brooklyn, minhas despesas, sem contar alimentação, estarão pagas.

Tenho sentido uma dor no seio esquerdo por usar sutiãs sensuais. Fora isso – estou bem – & agradecida por isso.

Maio de 1979
Hoje Mary Helen me enviou um artigo do Times sobre Toni Morrison.[1] Está realmente muito bom. Dá uma noção do humor & da resiliência & do eu de Toni, que as entrevistas nem sempre transmitem. Ela vendeu os direitos do livro A canção de Solomon por mais de $ 300.000,00. Estive olhando para dentro de mim para entender como me sinto em relação a isso. Um pouquinho de ciúme? Um pouquinho de inveja? Provavelmente. Mas, por outro lado, ajuda que ela escreva tão bem – mesmo que eu sinta que suas personagens nunca vão a lugar algum. Elas são criadas, eu sinto, para que possam existir legitimamente. E isso é arte, com certeza, mas não inspiração, direção, luta.

Além disso, escolhi lutar por paz de espírito, o espírito interior & a vida interior. E por felicidade & paz. E comecei a seguir um caminho... para a vida que funciona para mim. Abençoada. Robert me ama & eu o amo & a Rebecca. E a vida é boa. Fico ressentida com os pequenos lampejos de mal-estar quando ouço as estridentes hosanas & as grandes cifras de $. Eu tenho tudo que preciso. Por que eu sinto – ao ouvir sobre as riquezas dos outros – que não é o bastante? É sem dúvida a programação. Sempre queira mais do que você tem. Mais de tudo. Mais comida. Mais roupas. Mais elogios. Mais dinheiro. E, no entanto, mais de tudo isso não me faria mais feliz. Porque eu já sou feliz.

St. Clair Bourne veio me visitar, e eu gosto dele. Mas não tanto quanto eu gostava um ano atrás, quando ele passou um dia comigo & Robert. De re-

---

[1] "The Song of Toni Morrison", de Colette Dowling, *New York Times Magazine*, 20 de maio de 1979. Amiga de longa data de AW, a estudiosa literária Mary Helen Washington enviou-lhe o artigo.

pente tem todos esses homens negros querendo me visitar, me levar para almoçar. Isso incomoda Roberto. Mas eu estou tranquila. Se Robert & eu não dermos certo – e, como ele diz, estamos dando muito certo – terei outros homens na minha vida. Mas eu trocaria todos eles por Robert & pela vida que estamos construindo juntos.

    Minha aula em Berkeley está indo bem. Temos laborado com várias narrativas de mulheres negras escravizadas. Tenho cerca de 30 alunas & ouvintes. Na maioria mulheres negras, o que me agrada, e as demais, mulheres brancas bastante afiadas e que parecem sérias. Muitas das mulheres – pelo menos duas – são negras, mas podem se passar por brancas. Elas fazem disso uma parte de sua abordagem junto à classe.

Gosto de ensinar em Berkeley. Gosto de estar no departamento de Estudos Afro-Americanos. Eu gosto... da simpatia de todo mundo. A sinceridade & a simplicidade. Não parece nada com Yale, onde todos os homens são manda-chuvas. E as mulheres parecem tão tensas. Gosto até de andar de ônibus – e desisti da ideia de ter um carro. Que alívio!

1º de junho de 1979
Cheguei 3 horas e 1/2 atrás na rua 1, 423A, Brooklyn. É incrível que eu já tenha morado aqui. É espantoso que eu tenha sonhado que poderia viver muito tempo no Brooklyn. A cidade de Manhattan é envolta em névoa – as ruas do Brooklyn cheias de lixo. Mas, por outro lado, ainda não fui à Sétima Avenida. Talvez eu devesse ir até a loja da esquina & ver como estão as coisas.

———

O mundo de amanhã foi, como sempre, melhor. Passei na cidade para visitar Sheila & JoJo & ver a feira de rua (festa do bairro). Depois para casa, tarde, onde aconteceu uma coisa extraordinária. Um dos meus novos vizinhos na rua 1, Tod Boresoff, estava varrendo a calçada em frente à sua casa... trocamos gentilezas. Mencionei que estava procurando novos inquilinos – ele me conseguiu três! E na manhã seguinte, quase antes de eu acordar, elas apareceram na minha porta. Anne, Margaret & Joan. Depois elas voltaram mais uma vez, para verificar o espaço com cuidado. Voltarão novamente domingo com uma 4ª mulher.

    Passei a terça-feira pintando a cozinha, o que surpreendeu a todos. "Você fez isso <u>sozinha</u>?!" Me sinto bem por ter feito isso. Me realizado numa nova habilidade. Agora preciso pintar meu quarto em São Francisco. Algo suntuoso. Laranja? Rosa alaranjado (suave, assim).

Louisa & Bryant deixaram a casa imunda, cheia de tralhas e infestada de baratas. Mas Louisa devolveu os $ 75 que ficaram da caução de reparos – pelo menos isso. Estou feliz que eles tenham ido embora. O andar de Brenda está impecável. Embora ela também compartilhasse a cozinha, que estava nojenta. Comida grudada nas cadeiras, nas paredes. Etc. Etc.

A segunda-feira passei na Ms. Interessante estar lá como convidada. Isso me cansou. Eu realmente tenho problemas para respirar em Nova York. Não é apenas minha imaginação.

A Sétima Avenida é ótima! Tenho me divertido desde o fim de semana, quando estava sendo tão crítica & ainda comparando o Brooklyn a São Francisco. São totalmente diferentes. Cada lugar com seu fascínio. Acho que vou oferecer um contrato de dois anos, porque, quem sabe, posso voltar a morar na minha casinha, afinal. E realmente, à sua maneira, & com sua localização, ela é excelente. Oito cômodos – solário – lareira – quarto para hóspedes. Rebecca. Eu. Um passeio. As proximidades da Sétima Avenida. A cidade perto o bastante.

Por que eu não posso pensar em morar em Nova York e São Francisco? Por que não?, sério.

Comecei a meditar sobre isso novamente. Gosto disso.

Hoje, dia 6, pensei nostalgicamente em Robert. Gostaria de saber o que ele está achando de Cuba.

Ontem à noite sonhei com nós 3: eu, Robert & Pam. Queria escrever uma carta a ela assegurando que Casey não tem sido afetado por sua amizade comigo apesar de toda a sua brancura.[1] E a suposição dela de que eu responderia a ele de maneira racista.

Casa alugada para: 4 jovens (minha idade 35) mulheres brancas alugaram a casa. Um aluguel de 2 anos, com um aumento de 7% no aluguel por ano.

17 de junho, Dia dos Pais
Deitada na cama da casa do Brooklyn. Depois do dia inteiro de ontem vendendo livros na rua 1, na festa do bairro/mercado das pulgas.

21 de junho de 1979
Encaixotei (com a ajuda de Rebecca) todas as coisas que vamos levar para São Francisco. Parece tanta coisa. O conjunto de mogno para o quarto (suíte?),

---

1 Casey, o filho mais novo de Robert e Pam, é birracial, mas "branco" na aparência.

o banco de pinho e a antiga prensa de livros americana, & roupas & livros & mais livros & discos...

Me sinto inquieta agora que os carregadores da mudança estão aqui – ainda _mais_ inquieta do que antes da chegada deles, naturalmente. Esta casinha! Agora entendi por que a comprei. Como um lugar para guardar meus papéis. E as coisas que espero um dia colocar numa casa de campo. Então – no porão, guardei pinturas, minha escrivaninha mexicana, cerca de mil livros. (Mil estão esperando perto da porta pelo Exército de Salvação.) Além de ser usada como local para meus papéis, comprei-a como investimento _e_, por último, como um lugar para morar, se eu quiser, em Nova York.

E Park Slope é realmente o melhor de Nova York para mim. Um bairro encantador, vital, mas sem um jeito apressado.

Olhando para o meu jardim – um lugar secreto debaixo da enorme nogueira preta – tento acalmar minha ansiedade com os carregadores da mudança. Posso ouvi-los lá em cima desmontando a cama & a cômoda, o armário da pia. E me sinto muito nervosa. O conjunto de quarto é tão antigo & tão pesado & tão imutável! Me encolho ao pensar que o conjunto pode se sentir afrontado por ser tão frequentemente desmontado & movido depois de ficar no mesmo lugar por 75 anos!

Uma longa carta & cartões de Roberto hoje. Bob. Finalmente, posso chamá-lo de "Bob" sem ouvir a voz de Pam dizendo o mesmo. Minha culpa em relação a ela está diminuindo. Às vezes me sinto perto dela em espírito. Mas eu amo Robert/Bob. Sinto que o que temos juntos é especial & embora eu tenha recuado um pouco – vendo que ele nem sempre está lá para me apoiar –, ainda sinto o maior prazer ao ler suas palavras de saudade e amor.

Ele escreveu sobre a Cidade do México, onde, aparentemente, passou vários dias. Depois, em Cuba. Ele gostaria que estivéssemos juntos visitando os dois lugares. Eu também! Posso nos imaginar por toda nossa vida "viajando" num belo e grande carro de turismo, dirigindo por oceanos, atravessando continentes – tendo momentos _maravilhosos_ juntos e compartilhando muitas noites de amor apaixonado & carinhoso.

Estamos compartilhando sobre pirâmides. Os olmecas (negros) no México. Os antigos egípcios (negros) no Egito & os nativos americanos em Macon, Geórgia.

Então – no meio desse pensamento subi para verificar os carregadores. _Eles quebraram minha cômoda antiga com espelho._ _Em pedacinhos._ As lindas colunas de mogno & o vidro. Não aguentei olhar. Era como ter medo de ver um corpo esmagado. Fiquei em choque. Mas um choque leve, para dizer a verdade absoluta. Fiquei feliz por não ser Rebecca. Feliz por não ser eu. Encantada por não ser o avião de Robert caindo – ou qualquer pessoa sendo esmagada. Mas ainda assim – tal beleza é difícil de suportar em ruínas. Isso aconteceu porque o jovem italiano do grupo – os outros são: porto-riquenho & negros – (o de P. R. é negro & adorável, gentil. E com senso de humor.) – estava tentando me mostrar como tirar as últimas ripas da armação da cama & fez isso de um jeito todo exibido e machão.

26 de junho
E agora de volta a São Francisco. Que alívio! Robert me encontrou no aeroporto, sem flores, mas com muitos sorrisos.

 Eu estava tão cansada que literalmente não conseguia enxergar direito. Chegamos em casa & nos jogamos na cama. De manhã fizemos amor – mas ainda me sinto alheia. É meia-noite & ainda estou totalmente desperta.

 O que me perturba: principalmente, talvez, deixar a casa do Brooklyn vazia, com a lembrança do roubo (invasão da casa – roubo da arma & da TV & da pulseira turquesa) no dia anterior à minha partida. A sobrecarga financeira que estou experimentando. Medo sobre $ no futuro. A chegada de Rebecca em breve. Meu trabalho. Robert & esse sentimento de distância amigável.

 Robert diz que não preciso pagar tudo de uma vez. Isso ajudaria. Também ligar amanhã para saber o custo da mudança, então estarei preparada para isso.

Meditação é o que eu preciso.

4 de julho de 1979
O melhor 4 de julho que já tive. Começou ontem à noite com a decisão de Robert de não ir a Atlanta para participar da reunião de sua família. Fiz um bom jantar & assistimos a dois filmes de Paul Robeson na televisão. Então esta manhã nos dedicamos a fazer amor. <u>Horas</u>. Tomar banho & comer & fazer carinhos e amar. Depois, uma longa soneca. Despertei por volta das duas & preparei um ótimo guisado de cordeiro. Em seguida, seguimos para East Bay Hills & fizemos uma caminhada espetacular – prados, planícies, lagos... árvores magníficas. Eu amo a Califórnia.

 Em seguida, jantamos num lugar com almofadas no chão em Berkeley – e uma adorável volta para casa.

Tudo sereno. Áureo. Caloroso.

Sensacional.

Não tenho vontade de trabalhar – & isso me assusta.
Escritora Prolífica Mordida pela Califórnia!
Vai Devagar!

12 de julho de 1979
Muitos sentimentos de vulnerabilidade sobre o ensaio na edição de agosto da Ms.[1] Eu pensei que estava pronta para vê-lo publicado – e basicamente estou. Mas a conversa com Tillie me aborreceu. Comecei mais uma vez a indagar se estou sendo justa com todas as pessoas no ensaio. Justa. Por que me preocupo tanto em ser justa? Porque eu sei o que é certo e o que é errado. E o justo é certo.

13 de julho de 79
A lição das noites sem dormir – das quais somo 2 e 1/2 – é que não devo ficar chateada na semana anterior à minha menstruação. A conversa com Carole Lawrence[2] me aborreceu – ela parecia tão competitiva & hipócrita. Eca. E eu, obviamente, cismei e cismei com isso por mais tempo do que deveria. Felizmente eu tinha finalizado o roteiro antes que nós conversássemos...

...Enfim. Vou escrever "Finding the Green Stone" à máquina hoje e enviar para Nguzo Saba Films! Minha curiosidade é profundamente despertada pela ideia de aprender algo novo – e com uma mulher negra! Isso é incrivelmente tentador, sempre. Quando não ameaçadas, elas são professoras maravilhosas – na minha experiência.

26 de julho de 1979
Muitos anos depois do ataque de Fidel & cia. ao quartel de Moncada.[3] Um bom e completo dia de adulto. Os carregadores chegaram com meus móveis às

---

1 "Um filho só seu", Ms., agosto de 1979. Reimpresso na coletânea de 1983 *Em busca dos jardins de nossas mães*, este ensaio discute a crença de AW de que mulheres artistas deveriam ter apenas um filho porque mais filhos prejudicariam sua independência e criatividade. Ela também discute a atitude de muitas mulheres negras em relação ao feminismo branco.
2 A produtora e roteirista Carol Munday Lawrence pediu a AW que escrevesse um roteiro para uma adaptação cinematográfica do conto infantil de AW intitulado "Finding the Green Stone". Sua produtora se chamava Nguzo Saba Films.
3 Em 26 de julho de 1953, Fidel Castro e cerca de 140 rebeldes atacaram o quartel federal de Moncada. O assalto a Moncada foi a primeira ação armada da revolução cubana, que triunfou em 1959.

7h30. Robert & eu estávamos dormindo quentinhos & aconchegados. Seus braços em volta de mim. Me levantei para fazer café para ele. (Eu amo fazer coisas para ele. Ontem à noite eu o coloquei para dormir – ele estava com dor de estômago. Beijei seus olhos, o mimei & o acariciei. Foi tão bom para mim quanto para ele. E ele gostou mesmo. Ele responde lindamente ao ser acarinhado.)

Bem, o pessoal da mudança queria um cheque administrativo no valor de $1.009,40. Então, fui ao banco. Em seguida, desembalar & ver que a cômoda & o espelho foram consertados. Mas a cama sofreu com a mudança. Faltam parafusos. Lascada, arranhões. Etc. Mas hoje à noite – depois de batizar a cama com uma "rapidinha" & ir a Oakland para ver atividades infantis em comemoração ao dia 26 de julho – estou descansando na minha cama grande mais uma vez.

O dia propiciou muitas coisas boas entre mim & Robert. Ele me ajudou muito. Apenas por estar comigo. Desembalando caixas. Instalando o aparelho de som. Me abraçando de vez em quando. E ele finalmente desistiu de ir ao escritório & ficou comigo até a hora de ir buscar Casey.

Estou tão feliz com ele. Sua gentileza & paternidade com Casey – algumas das quais se derramam para mim. Ainda estou com fome de paternidade! Eu ouço Robert explicar alguma pequena maravilha da natureza para Casey & fico encantada, e de alguma forma confortada. Digo a ele que é como ter um pai.

Como será quando Rebecca estiver aqui?

Seja como for – tive um ano que espero nunca esquecer.

1º de agosto de 1979

Acredito que mamãe vai sair do hospital hoje. Ela está lá há 2 semanas. Tenho medo de que ela morra – e é óbvio que ela morrerá, um dia. Em algum nível, como dizem, estou preparada. Embora não esteja em outro. Não quero que ela sinta dor, isso é o mais importante. Ela é boa demais para sofrer. Ruth está com ela & estou feliz por isso. Não há ninguém como Ruth quando se trata de doença. Ela deveria ter sido médica ou enfermeira. Então sua vida teria a dignidade que seu talento merece.

Quando só há dinheiro etc. o bastante para mandar uma única pessoa para a escola, todo mundo sofre.

Lembrete importante para quando estiver nervosa, agitada, assustada, mal-humorada, suicida (embora não tão literal & urgentemente como quando eu tinha 20 anos, graças a Deus!): Vários dias de grande aborrecimento começando com uma conversa muito ruim com Carol Lawrence, & durante minha menstruação, sempre um momento tenso (devo me lembrar da dolomita!) e a publicação do ensaio.

A questão é que estou melhor agora. Gostando de estar viva. Amando o sol, a lua, as flores, as estrelas, o toque de Robert mais do que nunca.

Estou aprendendo a confiar que tudo volta ao "normal". O sono é necessário. Comer bem. Dolomita em vez de Pamprin, eu acho. Eu também deveria dar uma olhada no potássio. Mas os maus momentos acontecem & devem ser superados. E aí se recupera o equilíbrio.

Preciso emoldurar a foto dos meus pais, & a minha, & colocá-las na fileira de rostos negros anônimos na parede.

2 de agosto de 1979
Uma noite de jantar adulto muito adorável com Barbara Christian,[1] Grace ___ & Najuma. Fiz camarão scampi & macarrão & salada. Suco de melancia. Mas deveria ter aquecido os pratos.

De qualquer forma, muita conversa boa & risadas. Elas ficaram das 19h às 22h35.

Concordamos que os escritores negros homens que conhecemos agem como crianças. E os críticos ainda piores. Como caubóis ou algo assim.

___
Vendi a cômoda de nogueira & a cama & o colchão de molas. $ 75. O quarto de Rebecca está todo pronto para ela![2]

Tenho um emprego de professora programado para o trimestre de inverno na Universidade da Califórnia em Berkeley. Palestras na Mills & em Stanford.

13 de agosto de 1979
Rebecca chegou em segurança – graças a todos os bons espíritos do universo, e até mesmo a todos os maus. Ela está aqui há uma semana & estamos nos instalando juntas. Ela é mais elétrica do que eu. Sua conversa me deixa exausta – mas ela se esforça muito para não ser demais para mim, & eu aprecio isso.

Ela & Casey estão se dando melhor desde que expliquei que as babás devem pelo menos estar cientes de suas cobranças.

___
1 Barbara Christian foi uma autora feminista, acadêmica e professora de Estudos Afro-Americanos na Universidade da Califórnia, Berkeley.
2 Depois de um ano morando com o pai em Washington, Rebecca, com nove anos, foi morar com a mãe em São Francisco.

Robert está ressentido com ela & ciumento – emoções que às vezes sinto por Casey. Mas no geral, estamos nos tornando algo como uma família.

Robert & eu nos encontramos há quase quatro anos. Vejamos – estou com ele aqui em SF há um ano. Antes disso, fomos juntos à reunião de família de 4 de julho de 1978. Ah!, não consigo lembrar! Só me lembro de amá-lo intensamente há muito tempo – & agora tenho uma resposta quando me pergunto: Por que eu o amo? Eu amo o cheiro dele. Amo sentir seu corpo. Sua pele. Seu peito. Amo como me toca. Amo sua vulnerabilidade nas discussões. Amo seus profundos sentimentos de tristeza. Amo seu amor pelo aberto. Amo o jeito idiota que ele me segura, como um animal me seguraria, amando, mas sem palavras. Amo sua capacidade de me confortar sem palavras. Amo o modo como cozinha, lava roupas, organiza – amo como exerce sua paternidade. Eu amo a timidez dele.

Na outra noite, a 3ª noite de Rebecca conosco, eu disse a Robert, que havia me perguntado o que havia de errado: "Eu gostaria que você conseguisse conversar." Ele ficou magoado. Respondeu que conseguia, que estava falando. Que eu me esqueci. Mas eu disse que não, que ele quase não falava nada & eu queria sempre mais.

Rebecca entrou & pensou que estávamos discutindo. Mas então nos viramos para ela e a trouxemos para nossa conversa.

Bob explicou que sempre esqueço as partes boas – que ele literalmente tinha entrado em casa falando sobre as correspondências do dia. (Ele tinha. Num monólogo apressado e bastante febril, tinha falado sobre sua correspondência.) Mas eu disse que isso não era conversa!

Rebecca, uma sábia iniciante, disse: Mas lembra de como você sempre diz que sou muito tagarela & insistente quando falo demais? Acho que se o Bob não tem vontade de falar & você o pressiona, isso é insistência!

Ela está certa. Acabou bem, nossa discussão, porque embora Robert estivesse magoado no início, ele percebeu que eu não queria machucá-lo, apenas expressar minha necessidade dele.

Ele vem tentando se expressar mais agora, verbalmente. Mas seu silêncio ainda é mais eloquente do que seu discurso – exceto quando ele está dizendo algo que realmente quer dizer – & que sente.

10 set.
Estou escrevendo um artigo sobre pornografia que está muito interessante – esta é a forma que pareço estar desenvolvendo: a narrativa-ensaio. Combina comigo nesta fase, de qualquer maneira.

Logo Rebecca estará na escola a maior parte do dia. Estou começando a curtir muito ela. Estamos nos tornando amigas, embora às vezes eu esteja terrivelmente distraída com a vida para além de nós. Meu ódio por tanta coisa me assusta porque há momentos em que simplesmente não consigo sentir <u>nada além</u> disso. Mas devo tentar, pelo meu próprio bem.

É isso, compañero, o jeito como as coisas estão desde 10 de setembro é o seguinte: o dia está lindo. Minha varanda está cheia de flores. Minha filha está saudável. Meu amante está bem & amando... Meus olhos estão bem aqui. Eu vejo! Um milagre em si. Depois de pagar pela calefação, devo um pouco, mas não muito, & principalmente no meu cartão de crédito – que pode ser pago sem pressa.

A comida se tornará nossa maior preocupação – como sempre foi da humanidade. Ao final de 2 anos, meus $ 2.500 valerão consideravelmente menos. Mas será pelo menos uma conta poupança. Vou manter os $ 10.000 "acumulando" para pegar os juros que puder. Vou manter a casa no Brooklyn. Vale pelo menos $ 100.000 no mercado imobiliário descontroladamente inflacionado de hoje. Vou mantê-la em bom estado de conservação.

A casa da Galilee 15 está indo muito bem.

Depois de pagar a calefação, reduzir a conta do cartão de crédito e permitir o pagamento do empréstimo: precisarei ganhar pelo menos $ 500 por mês.

18 set. 1979
Disse a Robert ontem à noite que seu casamento com Pam me machuca. Eu deveria ter dito: isso me envergonha. Realmente me sinto envergonhada com isso. "Como você pode me amar & estar casado com outra pessoa?" Eu perguntei. Fiquei espantada em como soei melodramática – mas ainda mais espantada porque eu <u>quis</u> fazer a pergunta.

Ele perguntou se eu estaria interessada em me casar. Eu respondi que não.

A verdade é que estou cansada de ter gente branca por perto quando estou na minha casa – não as quero mais intimamente comigo. Estou apenas esgotada delas. E Casey já é difícil o bastante para lidar sem ter que considerar sua mãe também.

Ah, mas é <u>tão</u> doloroso. Robert agarrado ao seu casamento como se fosse um cobertor, e eu me conhecendo bem o suficiente para saber – não posso amá-lo tanto quanto gostaria porque não consigo confiar nele.

Não completamente, como eu adoraria fazer.

Uma coisa é óbvia, como tem sido há algum tempo – isso é amor. Estremeço só de pensar em minimizá-lo, em não o deixar crescer.

7 nov. 1979

Estou chateada porque meu vizinho, um professor de inglês, não conhece meu trabalho – mas está lendo Toni Morrison, que ele compara a Steinbeck & Faulkner. Sula foi dado a ele por um amigo que ele disse que lhe pediu para ler e dar uma opinião. Eu disse que achava Sula lindamente escrito, mas inacabado. Subdesenvolvido, na verdade. Mas então eu parei – porque percebi que ler uma escritora negra era bem novo para ele –, mas também me senti esgotada com tudo isso. A necessidade incômoda de se sentir "bem-sucedida" – os altos & baixos, emocionalmente, de ser "alguém".

Ontem à noite, por exemplo, minha "fala" em Antioch. Rebecca sussurrou: "Quase não têm mulheres negras aqui." Correto. Duas em 20. E as mulheres brancas – tão desconectadas da vida real. Tive, pela primeira vez, a sensação de ser "entretenimento".

Uma mulher branca disse: "Quero trabalhar junto com mulheres negras, mas sou feminista separatista. O que eu faço?"

Eu disse que ela deveria fazer qualquer coisa – quanto a mim, não posso me dar ao luxo de ser separatista com homens.

Um grupo majoritariamente lésbico cujos olhos vitrificaram com a menção de homens.

Só começar a escrever o romance me salvará.

12 nov., dia dos Veteranos de Guerra –

No meio do que pode ou não ser o início de um romance, comecei a escrever essa história visivelmente lésbica. Esta tem sido a alegria e a surpresa dos últimos dias. Com o jeito que borbulhou. Então, na noite depois de ter escrito uma cena de duas mulheres fazendo amor, sonhei que fazia amor com um homem negro e um homem branco. Alguma vez sonhei que fazia amor com um homem branco antes? Eu acho que não. Mas isso completa o círculo, por assim dizer. A história lésbica parece ter libertado meu erotismo humano básico. Interessante.

Acabei de assistir a uma entrevista de Jane Fonda na TV na qual ela emergia como uma mulher completa – adulta, responsável etc. Depois vi uma segunda entrevista conduzida por seu pai – & ela se tornou uma garotinha novamente. Incrível.

"Até que o tecido conjuntivo seja rompido, continuarei a me engolir."
— MICHELLE CLIFF

Profundo.

6/12
Ontem à noite sonhei novamente com Ishmael Reed![1]

Ele estava na minha casa (algum lugar do país com cara de campo, com uma varanda e portas de tela). E tinha todos esses (4) filhos. Garotinhos.

Ele estava num cômodo e eu em outro. E eu estava numa sala conversando com outra pessoa, uma mulher. Então, seus filhos apareceram na varanda & o menino menor, Malcolm, disse algo como: "Como faço para passar por esta porta". E eu respondi, com uma voz malvada: "Bem, primeiro você abre." Sarcástica. Rabugenta. E seu rosto parecia magoado. Eu o tinha magoado. Ele entrou na sala & atravessou a varanda até onde seu pai estava.

Logo entrei naquela sala, onde Ishmael estava sentado numa cadeira de balanço. Eu disse "Onde está o Malcolm?" E lá estava ele, perto de seu pai. Me sentei no chão ao lado da cadeira e olhei para Malcolm. Eu disse "Eu fui malvada com você & sinto muito por isso. Por favor, me perdoe." E ele apenas me olhou por um segundo – ele era exatamente como Ishmael em miniatura; mesma cabeça & bochechas redondas, mesmo tipo forte de corpo robusto. Mas seus olhos eram os olhos suaves, confiantes, confusos e recém-magoados de uma criança.

Abri meus braços e ele deslizou no meu colo, colocando os dois braços gorduchos em volta do meu pescoço e se aninhando, se aconchegando – encontrando lugar abaixo do meu queixo e tudo. Foi <u>tão bom</u>! Foi a melhor parte do meu sono, a de maior relaxamento.

Acho que, de alguma forma, isso significa que machuquei a criancinha em Ishmael, e sinto muito. Vou tentar que ele saiba disso.

St. Claire Bourne veio à festa da Womanbooks para Zora![2] Foi maravilhoso vê-lo. Eu estava animada – mas por algum motivo não consigo me lembrar do seu rosto. Não distintamente. Ele diz que virá aqui em fevereiro.

---

1 Ishmael Reed é um romancista, ensaísta, poeta e crítico cultural estadunidense, talvez mais conhecido por suas obras satíricas que desafiam a cultura política dos Estados Unidos e por sua forte crítica, durante os anos 1970 e 1980, de escritoras feministas negras.
2 Uma festa de lançamento na livraria Womanbooks de Nova York para a coletânea de Zora Neale Hurston que AW editou, *I Love Myself When I Am Laughing*.

A festa foi gloriosa! Zora brilhou a noite inteira. Tanta gente boa veio: Ruby Dee, Laverne & seus dois filhos. [Poeta] Howard [Nemerov] & sua esposa. Suzanne e Joanne da Ms. Marie Brown. Pessoal da Imprensa Feminista. Gerald Gladney, Melvin Dixon, Michael McHenry – & por aí vai. Tudo esgotado. Incrível. Nunca me senti tão feliz.

Mary Helen[1] foi profunda e maravilhosa.

Bondade recompensa!

Estou tão feliz por estar em casa! Robert & Rebecca me encontraram no aeroporto – todos sorrisos & abraços e olhares adoráveis. Os dois são tão bonitos.

31-12-79

E assim, terminando os anos setenta... Robert e Mary Helen estão fazendo compras debaixo de chuva em Japantown. MH está aqui para o MLA[2] e estamos conversando sem parar, como de costume. R & I visitaram seu painel ontem, quando ela leu seu belo trabalho sobre Nella Larsen. Também recebemos resenhas de livros sobre "Zora" – a resenha do Times é excelente. A Voice não é tão boa, mas finalmente a crítica teve que admitir que o trabalho de Hurston, especialmente em "Eyes", é mágico. E magia significa trabalho minucioso + talento + coragem.

Minha vida aqui é tão completa & rica – e encontrei Deus! Deus é a voz interior que fala qual é o melhor/o correto caminho a seguir em qualquer situação. É a voz do universo, como deve ter sido quando tudo era perfeito. "Om", que é mais difícil de ouvir hoje por causa da vivência sobrecarregada & da poluição sonora & da vida apressada.

Estou com cãibras hoje – por fazer yoga incorretamente, acho, e está chovendo. Ainda assim, estou consciente da luz do sol em meu coração. Porque eu sei o que é o amor. E eu amo muito. Minha expressão mais recorrente é "Eu amo..." Árvores. Céu. Cores. Comida. Tudo o que está em harmonia com a alma do universo ("om"). Eu medito. Eu oro, em meditação. Eu falo comigo mesma & converso com minha voz interior. E eu entendo as coisas... o que Sojourner Truth quis dizer com "Deus". A voz interior.

---

1 Mary Helen Washington, uma respeitada crítica literária, professora e amiga, escreveu o prefácio do livro de Hurston.
2 Mary Helen Washington esteve em São Francisco para participar da conferência anual da Modern Language Association, uma organização acadêmica que busca fortalecer o estudo e o ensino de línguas e literaturas.

Robert e eu estamos muito felizes juntos. Estou maravilhada com ele. Ele parece estar florescendo e eu amo o jeito que ele me ama & o jeito como ele está em casa. Ele prepara o café da manhã, se ajeita. Faz mercado. Nós fazemos compras juntos às vezes & é <u>divertido</u>.

Agora nós três almoçamos juntos & falamos sobre Cuba. E arte, literatura & sexo – o dia todo. E me sinto calma & calorosa e fortemente amigável. Estou tão feliz com minha vida que gostaria que pudesse continuar assim para sempre. Com amor & amizades & trabalho & visitas/irmãs (& irmãos) e tempo para meditar & refletir.

Eu quero escrever um tipo diferente de livro. Eu vou?

Bem-vinda de volta, Zora. Boas-vindas a todas e todos os cidadãos de todas as nossas Eatonvilles. Vocês sobreviveram!

Este ano estou mais otimista do que nunca. Mesmo a ameaça de uma 3ª guerra mundial não mata o otimismo. Acho que há coisas incríveis no universo. Que talvez os seres humanos estejam trabalhando em direção a alguma perfeição inevitável. Quem sabe?

Enquanto isso...

Agradeço a minha vida.
Ao mundo
Ao amor
& amizades
& filha
& trabalho

Estou na metade da minha vida. Mas só se eu viver até os setenta.

PARTE TRÊS

NÃO SEJA A QUERIDINHA DE NINGUÉM

A DÉCADA DE 1980

14 jan. 1980
Mamãe está muito doente. E tenho sonhado com ela. Ontem à noite sonhei que eu estava numa casa enorme (a casa da vida) com muitos cômodos. Em cada cômodo acontecia algo interessante. Num, gente comendo & bebendo. Noutro, estudo & aprendizado & ensino. Passei por todos os cômodos flertando levemente com todos os homens de aparência sensível. Do lado de fora, acontecia um casamento & parei na varanda do segundo andar para assistir. Depois fui para uma sala que tinha uns bancos & me sentei ao lado de um homem (um pouco mais velho que os outros, mas sensível e com um rosto maravilhoso, gentil, forte) que quase imediatamente disse às pessoas ao seu redor: Está na hora de ajudar Polly a ir embora. E ele se levantou, passou por mim e caminhou até uma mulher de pele preta vestida em estilo africano (embora não com cores africanas) com um vestido escuro & turbante. Ela parecia grávida em vez de gorda. E ele a levantou de seu lugar & junto com vários outros a arrastou cuidadosamente para o centro de uma sala adjacente. Eu o segui, sem saber o que estava acontecendo. Então todos os filhos da mulher, como cachorrinhos, foram colocados em cima & ao redor dela, & eles começaram a acariciar seu corpo muito levemente e, enquanto acariciavam, diziam repetidamente: "Tchau mãe", "Tchau mãe", "Tchau mãe." E a mãe lutou sob suas mãos para deixar seu espírito livre. Eu podia ver o espírito dela lutando, como um bebê em gestação, tudo debaixo de sua pele, tentando sair de seu corpo.

Atrás das crianças havia fileiras de suas amigas e, a seus pés, seu marido. Todos falavam palavras suaves de encorajamento para ela. <u>Todos estavam sorrindo</u>. Até mesmo, de vez em quando, alguém dava uma risada delicada. Eu entendi que estavam tentando ajudar o espírito de "Polly" a se soltar & se erguer. E que eles entenderam que essa "libertação do espírito" era uma ocasião alegre.

Então, lá estava <u>eu</u> sentada, num canto, comovida às lágrimas por seu amor & sua compreensão & seu método de encontrar a morte, e ainda tentando sorrir para que eu não fosse o único coração pesado arrastando o espírito de Polly e mantendo-o na terra.

Contei a Rebecca sobre esse sonho & ela me contou o <u>dela</u> da noite passada: Curtis[1] (recentemente muito doente com diabetes) e mamãe (agora doente

---

[1] Um dos irmãos de AW.

com, achamos, pneumonia) morreram ao mesmo tempo, se encontraram no ar, deram as mãos, rindo, e subiram para o céu.

Se minha mãe de fato morrer, acredito que ela nos preparou, ou está tentando nos preparar, da maneira mais amorosa.

21 de janeiro de 1980
Ontem à noite, Robert e eu fomos passear. E vimos a lua se pôr! Eu nunca tinha visto isso, nem ele. A lua se põe, assim como o sol. E esta noite está mais alta no céu & crescendo. Fiquei tão emocionada ao vê-la se pondo. Contemplar juntos com admiração & alegria é um símbolo do nosso relacionamento. E tenho pensado no provérbio persa: "Não procure a lua no lago, procure a lua no céu." "Não procure Deus nas Escrituras, procure Deus na própria Vida." Em você.

Enfim. Estamos lutando com a monogamia – para mantê-la. Roberto quer. Eu não tenho certeza. Não há mais ninguém com quem eu gostaria de dormir – talvez Bertina, mas isso é improvável. Só não sei. Eu me sinto mais sensual quando estou livre.

Lavei uma imensa quantidade de roupa hoje & aceitei uma data para uma leitura em Stanford para o próximo mês. As finanças estão melhorando. E os novos contos vão para Wendy no fim de semana.

3 de fevereiro de 1980
Daqui a uma semana faço 36 anos. Acabei de voltar da Geórgia & de mamãe. Ela acabou de fazer uma operação para liberar uma artéria entupida. E está se recuperando bem, de acordo com Ruth. Eu me levantei às 9h; (Rebecca passou a noite na casa de Heidi) (Robert & Casey na casa deles) e escrevi duas cartas importantes. Uma para Kalamu ya Salaam[1] dizendo a ele que odeio entrevistas e não quero ser entrevistada sobre "como é ser uma mulher negra(!)" Preguiça... e que lhe enviarei um texto ou poema no curso normal de minha vida de escritora. A outra carta foi para Mickey Friedman – The Examiner, 28 de janeiro de 1980.[2] Eu disse a ela que para mim era impossível falar dos "povos ditos oprimidos" já que minha/nossa opressão é real, sem nada de "ditos" nisso. Um problema com as entrevistas é que eu não sou totalmente coerente – e sofro por isso porque estou ciente de

---

[1] O poeta Kalamu ya Salaam foi editor da revista *Black Collegian* de 1970 a 1983.
[2] A carta era uma resposta ao artigo de Mickey Friedman no *San Francisco Examiner*, "The Voices of Black Southern Women", de 28 de janeiro de 1980.

que minha mente é nebulosa –, mas também os entrevistadores colocam palavras na minha boca.

 Me arrependi de ter dito que Meridian é "sobre" homens negros & mulheres brancas. Que reducionismo! Mas ao lamentar essa afirmação, outra coisa ficou nítida: é – nesse nível – mais sobre homens negros & mulheres negras. Libertando uns aos outros. Uns deixando os outros irem, mesmo que estejamos indo para uma pessoa branca.

O ponto alto da minha visita a Eatonton foi dar um banho na mamãe. Eu estava com tanto medo de não saber o que fazer, como fazer etc. De ficar envergonhada. De que ela ficaria. Mas não estávamos, particularmente. Ela disse: Você lava embaixo o máximo possível. Depois você lava em cima o máximo possível. Depois você lava o possível.

Enquanto estive com mamãe, li para ela. As histórias de I Love Myself a fizeram rir. E "Em busca dos jardins de nossas mães" a fez sorrir. Um sorriso grande, largo e brilhante como dentes de ouro. Cheguei em casa resfriada, fadigada, menstruada & com sangramento nasal, mas valeu a pena. Estava com medo de vê-la porque estava tentando me preparar para sua morte – colocar distância entre nós. Mas ela é totalmente cativante – eu a amo tanto & com a mesma paixão de quando era criança. Tão estranho & maravilhoso. Ela tem quase setenta anos. Suas tranças estão grisalhas. Sua pele está enrugada & ela se move em seu andador como uma tartaruga – & ela é fofa... Ela é iluminada por esse espírito radiante interior.

 No entanto, ela é uma colorista[1] – e isso é lamentável. É inverno & estou mais pálida do que o normal. Ela disse: "Você fica melhor mais clara." Eu respondi: "Eu pareço mais saudável preta."

Um dia, enquanto meditava, senti que sabia que Deus existe. Que eu sabia o que Deus é. E que eu acredito em Deus! Isso foi surpreendente. Me fez rir & chorar. Foi como se uma piada muito engraçada tivesse sido feita e jogada em cima de mim. Meu Deus, crendo em Deus! Que pitoresco, antiquado e covarde! Mas Deus é o espírito do Bem no universo & o espírito do Bem em nós mesmos. Deus é a voz interior que está sempre certa. Deus é

---

[1] O colorismo é a prática de categorizar e hierarquizar pessoas negras de acordo com o seu fenótipo, portanto, é usualmente conceituado como um dos elementos da estrutura racista. [N. da E.]

o universo lutando para se aperfeiçoar. O diabo é o mal no mundo & está ganhando de nós.

Hoje vi uma placa que dizia: Não há futuro. Eu pensei, talvez não haja futuro para nós, mas algo sobreviverá ao holocausto, & a Terra resistirá os milhões de anos necessários para se tornar pura novamente. Isso me consola. Um pouco.

3-3-80
Muitos dias perfeitos com Robert. E realmente quero dizer "perfeito". Hoje, por exemplo, segunda-feira, passamos a maior parte do tempo juntos. Ele ficou aqui ontem à noite. Fizemos amor esta manhã depois de quase uma semana de abstinência. Ele me deixou cochilando.

———

Ele é um verdadeiro amigo para mim: amoroso, gentil, atencioso & generoso. Ele me deu um cristal de ametista. Para proteção. É a minha pedra de nascimento, uma pedra para os altamente evoluídos espiritualmente, ou, no meu caso, eminente & em evolução. Saímos para a praia para purificá-la & deixar que a lua a limpasse. Casey foi à nossa frente com a lanterna.

———

Nunca fui tão feliz morando em qualquer outro lugar! Ou estou sempre feliz onde moro? Eu amo o apartamento, minha cama grande, as cadeiras de balanço & as persianas. Gosto que ele é meu. Que ele é <u>nosso</u>; todas as pessoas na praça "possuem" ele comigo. Portanto, é "meu", mas também "não é meu". Como Deus. Em mim, mas também fora de mim.
    Robert fica mais bonito para mim também.
    Tenho de aprender a cozinhar com uma panela WOK!

18-3-80
Aniversário de Mel. Ele faz 37 anos. Mais novo que Robert, o que sempre me surpreende. Me lembro que naquela primeira visita em casa minha mãe viu nele "um cara velho". Ela pensou que ele tinha quarenta anos <u>naquela época</u>. Mas era cansaço. Ele era um <u>workaholic</u> mesmo naquela época – só que eu achava atraente. Eu não iria perder tempo com uma pessoa negra que passasse a manhã de segunda-feira na cama comigo & que a terça-feira fossem para massagear seu couro cabeludo! Como a gente muda. A vida não requer vício em trabalho. Trabalhar o tempo todo é perder a própria vida. Sentimos falta das mudanças de nuance do céu, das cores da grama, das

pequenas flores silvestres. Sentimos falta de um dia como ontem, quando R. & eu fizemos amor em pleno sol no meu escritório, ignorando seu resfriado.

———

Mas eu realmente abri este diário para registrar algo que Jesus disse nos evangelhos gnósticos há muito tempo & sobre o qual eu me questionava. Ele disse: Aprenda a sofrer e não sofrerá. E acho que entendi um pouco disso ontem à noite. Eu estava sofrendo com dor no coração & no braço esquerdo. O estresse nessa idade é incrível! E eu pareço chamar tudo. De qualquer forma, voltando do aeroporto, de repente pensei: Bem, se devo sofrer, devo & vou sofrer. Vou parar de lutar contra isso como algo assustador, terrível, estranho para mim. Aceitarei o sofrimento como condição da minha vida. Imediatamente meu corpo relaxou, e me senti muito melhor. Talvez essa melhora não seja duradoura. Mas estou satisfeita por ter experimentado isso & espero continuar assim.

Hoje está claro e frio. Consigo ver nitidamente as montanhas de St. Bruno. Mas a primavera também está por aqui. Meus narcisos floresceram. E um par de tulipas. Sinto meu novo romance vibrando dentro de mim. Hesitantemente. Quase sonolento. Ou estará com medo de que eu o largue novamente para dar aulas ou ir ler pelo país?

18/4/80
Voltei há quase uma semana da minha viagem de leituras de primavera no Leste. Também passei uma semana na casa da minha mãe na Geórgia. 3 semanas longe de casa ao todo. Muito tempo. No ambiente da minha mãe consigo aguentar cerca de 3 dias antes de começar a me sentir sufocada. Eatonton em si é feia & decadente, embora sua paisagem – especialmente a estrada para a Bell's Chapel – seja adorável.

A cidade me deu as boas-vindas com uma proclamação (minha própria semana!) e a chave da cidade. Colegas do ensino médio me deram flores (margaridas) & canetas & papéis. E a Srta. Reynolds me apresentou da perspectiva de alguém que me conhecia antes de eu nascer. Tinha uma salada de frango esquisita & canções maravilhosas cantadas para mim. Reminiscências. A Srta. Cook, minha professora de Educação Doméstica, lembrou que eu tinha feito um álbum de recordações extraordinário com sacos de papel. (Sem dinheiro para outros papéis.) Ruth veio – ninguém mais da minha outra família imediata. Algumas tias & tios & primos de Macon.

Sem data, 1980[1]

    Mamãe, por que você está tão triste?
    Porque não posso escrever o livro que preciso escrever.
    Por que você não pode escrever o livro que precisa escrever?
    Porque seria doloroso.
    Por quê?
    Por causa das coisas que teria que falar.
    Que coisas?
    Ah, sexo e raça e classe & como é difícil amar as pessoas & até mesmo saber o que você está fazendo. Se eu escrever, posso te machucar.
    Por quê?
    Porque você é minha filha & todo mundo teria pena de você por ter uma mãe que diz coisas malucas. Coisas malucas até sobre você.
    Como o quê?
    Deixa para lá.
    Como o quê?
    Como quando você me disse que se sente estranha perto das pessoas que são mais escuras do que eu. Entendo o que você quis dizer, mas me magoei. Você teria se sentido estranha perto de meu pai & meu avô & minhas avós, todos. Nos verões *eu* fico mais escura. Você se sente estranha perto de mim?
    Não. Eu acho que você parece bonita mais escura. Mais saudável. Bem, eu estou ficando mais escura também. Sei que você me quer mais escura. Que você gosta mais de mim assim.
    Às vezes me sinto mal com isso, mas não consigo evitar. Eu quero que você seja negra, comigo. Quando você está pálida, eu sinto que você está sendo roubada.
    Mas isso é loucura.
    Viu, eu te disse.

---

1 Esta entrada sem data começa na contracapa interna de um caderno azul-escuro com espiral e termina na contracapa externa. O caderno de setenta páginas, que traz uma etiqueta de preço declarando seu valor em 99 centavos, contém várias páginas de textos expositivos sobre "Shug Perry", escritos na terceira pessoa, em inglês padrão. A história de Celie também é capturada neste caderno de forma direta e expositiva. Então, pouco depois da metade do caderno, aparece a primeira página de *A cor púrpura*, como a conhecemos.

Sem data, 1980[1]

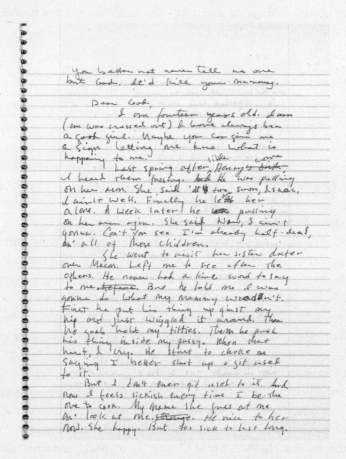

O que queremos? Meu Deus, o que as escritoras negras querem?

Queremos liberdade. Liberdade para sermos nós mesmas. Para escrever o que não pode ser escrito. Para dizer o indizível. Pensar o impensável. Atrever-nos a envolver o mundo numa conversa que não houve antes.

A escrita das mulheres vai ser como as mulheres. As mulheres são diferentes dos homens. As mulheres falam mais & mais facilmente, contam mais "segredos" – se revelam periodicamente para crescer, para escolher, para tomar

---

[1] Esta é uma parte da primeira página de *A cor púrpura*, escrita em tinta verde, e que aparece no meio do já mencionado caderno azul encadernado em espiral, por volta de 1980. O primeiro rascunho do restante do romance, escrito à mão em várias cores, preenche o restante deste diário e vários outros cadernos.

uma nova decisão. Nesse sentido, sua escrita é como que influenciada pelos ritmos do útero – & o que há de errado com isso? Assim é o oceano & o cultivo de milho.

Sem data

Prezada Diane K. Miller,

Estou no campo trabalhando em um romance. Isso explica por que meus comentários devem ser breves e por que não estão digitados. Minha máquina de escrever está na cidade. Já que você pede uma "crítica" em até uma semana – tem que ser assim.

Basicamente, estou muito inspirada por todos os detalhes dos vários períodos da vida de Hurston que Bambara conseguiu reconstruir; as primeiras seções, especialmente do roteiro, são ricamente visuais.[1] E é uma grande alegria ver o espírito de Hurston & o tempo brilharem ao longo do trabalho que B. fez sobre ela. No entanto, como a digitação é tão errática, às vezes achei difícil decifrar o sentido da frase. Para o próximo esboço, a Sra. Bambara deve contar com alguém para datilografar e, talvez, revisar. A linguagem popular é tão concisa que omitir um único "e" ou "mas" causa incompreensibilidade.

Minha principal preocupação é com o final. Para mim, é impossível acreditar que, depois de toda a sua luta para alcançar a sabedoria, Hurston viu sua busca como principalmente literária. Para uma pessoa com a sensibilidade de Hurston, a busca literária é realmente uma manifestação ou uma "máscara" do espiritual. Pessoalmente, acho que Hurston sabia que um dia seu talento literário seria bem-recebido e que ela seria lembrada junto com Hughes & Wright. Quando o seu presente para um povo é ele mesmo, eles são obrigados a aceitar mais cedo ou mais tarde.

A busca espiritual, a busca pela sabedoria ou mesmo pelo conhecimento, nunca termina – e quem pode dizer que esse entendimento em si não era o objetivo real de Zora, e que ela o alcançou? Certamente cada uma de suas lutas parecia destinada a contribuir para seu desenvolvimento espiritual e aprofundar seus poderes de descoberta pessoal. Vistos dessa perspectiva, seus críticos cumpriram uma função positiva, de início uma

---

[1] Esta carta é uma resposta a um roteiro elaborado por Toni Cade Bambara, aclamada romancista e contista negra, para um filme biográfico sobre Zora Neale Hurston.

função completamente desconhecida para ela, mas que, com o tempo, ela teria entendido.

Em outras palavras, ela estava coletando a si mesma (seu folclore) para seu próprio uso, primeiro. Porque o principal requisito da sabedoria é o autoconhecimento. Embora seja verdade que estamos tentando colocar Hurston (como parte de nós) em uma forma, ou tradição literária, que podemos usar para ajudar a nos tornarmos mais autoconscientes & com o tempo (oremos) mais sábios, isso não foi, na minha opinião, uma limitação que ela teria imposto a si mesma.

Em todas as suas buscas, Hurston tentava encontrar conexões mais fundamentais do que literárias, o que parece evidente em todo o restante do roteiro, com suas roupas escassas e seu osso de gato preto.[1] Sem mencionar sua atenção persistente a fontes não literárias de verdade e inspiração.

9 de julho de 1980
Meadowhouse, Boonville, Califórnia[2]

O conto "1955"[3] me agradou muito & me lembrou que a ficção, a boa ficção, traz consigo uma alegria para quem a escreve, uma espécie de felicidade gratuita. É tudo muito criativo. Tudo nela são vozes falando através da caneta. Li o conto em Santa Cruz na Universidade da Califórnia & o público adorou. Eu também. Sobretudo, eu amava o espírito de Gracie Mae. E fico pensando, de onde será que ela veio? Eu estava deitada na cama quase dormindo e ela começou a falar. Tão natural & intimamente como uma tia. E me dou conta que este é, para mim, o melhor tipo de escrita – a escrita que parece ser simplesmente a escrita de uma história que ouvimos.

---

1 Espécie de amuleto da sorte utilizado na cultura vodu. [N. da E.]
2 AW estava trabalhando em seu novo romance em uma casa de campo alugada em Boonville, Califórnia, no condado de Mendocino.
3 No conto de AW "Nineteen Fifty-five", Gracie Mae Still, a narradora em primeira pessoa, é uma cantora de blues que tem semelhanças com Big Mama Thornton, a primeira pessoa a gravar "Hound Dog" (a música que tornou Elvis Presley famoso). No conto, Traynor, um jovem branco, compra uma canção de Gracie Mae, a grava e se torna uma grande estrela – mas tem dificuldade em encontrar a felicidade. O conto foi publicado pela primeira vez na edição de março de 1981 da revista *Ms.* como "1955, or, You Can't Keep a Good Woman Down". Mais tarde, este seria o conto de abertura da coletânea de contos com o mesmo título, publicada em 1981.

Enfim. Graças em grande parte à persistência de Roberto, encontramos esta encantadora casa no campo, em Anderson Valley, a trinta e poucos quilômetros de Ukiah. Estradas sinuosas atravessam as montanhas espetaculares, mas depois o lindo vale do qual tenho uma longa visão panorâmica. A casa fica na beira do prado/vale, debaixo de uma colina alta, perto de um pomar de macieiras (este é o país do cultivo de maçã) & há um cavalo branco cortando a grama alta. Willis[1] adora aqui & já está comendo coisas que pega e que não são, aparentemente, muito boas para ela (seus movimentos intestinais estão quase bloqueados pela bola de cabelo e pelos! Eca!). Há uma macieira logo em frente da minha janela – 12 janelas na sala – e pássaros & <u>veados</u>. Começamos um jardim. Eu comprei repolho & couve-de-bruxelas & tomate etc. etc.

Rebecca está no acampamento agora, em Nova York – Timberlake – & sinto falta dela. Tenho passado todas as manhãs costurando cortinas. Estão desiguais, mas de alguma forma certas assim. Ontem à noite nós olhamos para o céu cheio de estrelas (tantas! Eu tinha esquecido quantas!) & Robert explicou sobre a Via Láctea & a existência de outras galáxias. Somos muito pequenos, pensei.

Hoje compreendi que devo começar o trabalho que vim fazer aqui. Que a ansiedade persistente que sinto é por medo de que, agora que tenho tudo o que quero – como disse a Robert – a vida acabou. Mas, disse ele, o trabalho está sempre diante de nós. E assim é. E esse é o medo.

5 de agosto, quase um mês desde que nos mudamos. E acabei de comer uma tigela de nabos do jardim. Me ocorreu que quando eu podar as plantas, os nabos aparados devem ser comidos, e não jogados fora. Eu tinha razão. São deliciosos! Fortes & saborosos, ao contrário dos nabos da cidade & estes têm apenas 8 centímetros!

Dormi mal ontem à noite. Senti falta de Robert que voltou para S.F. & para o trabalho. Mas também me senti vulnerável na casa por causa das portas frágeis. Mas não aconteceu nada. Willis me acordou e logo saiu. Fiquei à deriva. Não deveria ter assistido "Intimamente estranhos" – sobre agressão de esposas. É incrível para mim que as mulheres confiem nos homens. Este é certamente um dos melhores exemplos de autoengano, já que os homens são transparentemente não confiáveis, em geral.

---

1 Willis é a gata de Rebecca e Alice.

Em particular? Percebo que confio em Robert de maneiras que nunca confiei em ninguém. À medida que o conheço, realmente o conheço como distinto das minhas fantasias ou expectativas. Sua natureza é ética, embora até certo ponto degradada pela dor & por seus comprometimentos. É uma natureza notavelmente vulnerável também. Mas, ao mesmo tempo, alguém capaz de, e até mesmo ansioso por, correr certos tipos de riscos. Mas não, não é exatamente isso. Não "ansioso por", apenas ciente de que os riscos são inevitáveis.

Falei a ele que estou pronta para retomar meu relacionamento com Pam. Ele pareceu surpreso & depois satisfeito quando conversamos sobre como essa retomada poderia ajudar nosso relacionamento coletivo. Talvez me ajude com Casey.

De repente, percebo que os pássaros voltaram: durante a onda de calor, mantivemos as janelas cobertas. Temo que voltem a voar contra o vidro, se matando. Mas talvez eles fiquem no jardim, comendo meu repolho.

Desde que não perfurem meu único tomate maduro!

E então, o que fazer no próximo ano?

Acho que devo passar cada momento disponível lendo & escrevendo. O curso de inverno em Stanford? Precisamente o que ensinei em Berkeley, talvez, para não ter que pensar em estrutura. Mas isso provavelmente é impossível para mim. Duas vezes a mesma coisa seria chato para mim. E a Universidade Brandeis no outono de 81? Daqui a um ano? Cedo demais! Tudo me sussurra. Faça isso no outono de 83. Este é um bom conselho.

14 set. 1980
Rebecca voltou sã & salva e linda do acampamento.

Já estivemos no campo duas vezes desde que ela chegou & ela tem adorado. Eu certamente ainda adoro...

...Eu nunca ouvi minha mãe ralhar ou gritar sequer com uma das crianças brancas que ela cuidava. Ela nunca usou com elas seu tom de voz "real", nunca mostrou sua raiva real. Nunca falou com elas do jeito que falava comigo. Se tivesse ralhado & gritado com elas talvez eu pudesse aceitá-las como iguais a mim – como crianças, mas ela sempre foi tolerante, "magnânima" –, mas aí, minha mãe trabalhava para elas.

Quando você é uma empregada você interpreta um papel.

Mas quando era criança, eu confundia essa atuação com o comportamento genuíno da minha mãe. Eu achava que ela era mais amorosa & paciente em suas cobranças não porque aqueles pais pagavam $ 17 (!) por semana, mas porque as crianças eram brancas – e ela me disse que as considerava "naturalmente melhores & mais inteligentes", não disse?

Por que minha mãe disse isso para mim, quando meus professores frequentemente falavam para ela o quanto eu era boa e inteligente?

Por que nunca fui endossada por minha mãe?

Mas eu <u>fui</u> endossada. Raramente em palavras – eu precisava de palavras.

Ela me deu uma máquina de costura. Uma mala. Liberdade. Ela nunca, nunca, duvidou da minha palavra. Ela me deu liberdade para me deitar na cama & ler. Sentar na varanda & sonhar.

Quanto posso culpá-la por finalmente ceder & dizer sim, brancos, sua casa é maior, sua comida é melhor, seu carro é superior, seus filhos são melhores & mais inteligentes... Eles guerreiam contra nós em todas as frentes. Pobre mamãe. Talvez você tenha me dado tanta liberdade para que eu nunca tivesse que ser agredida do jeito que você foi.

13 out. 1980

A casa no Brooklyn é um investimento maravilhoso. E às vezes até penso em passar um ano lá. Por que não? Eu penso. É uma casinha charmosa e o jardim oferece algumas possibilidades. Sem a cama grande, o quarto dos fundos poderia ser realmente maravilhoso, com um fogo agradável e alegre na lareira.

Robert disse esta noite: O que mais é preciso? Que tenho uma casa em Nova York, um apartamento em São Francisco e uma casa de campo no condado de Mendocino. E um carro. E vivo do meu trabalho. E meu trabalho tem valor para mim e para os outros.

Eu sou sortuda & abençoada. E agradecida.

E devo continuar tentando desgarrar as raízes do meu racialismo. Acho, por exemplo, que o que me atrai e me repele em Robert é uma semelhança com as coisas que estão em mim que ou acho excitantes ou que desejo repudiar.

Tive a sensação de que dizer a ele que não o amo mais era necessário e que, de fato, não amo mais o Robert da ilusão, o Robert que me atraiu porque ele e sua família representavam uma espécie de prêmio, uma espécie de avanço (baseado na cor) ou de exceção.

Agora sei que odeio o oportunismo da casta parda, odeio suas tentativas de se passar por brancos. Odeio suas tendências assimilacionistas. Aliás, odeio todas essas coisas que encontro dentro de mim e nem sou parda. Mas Rebecca é! Isso a aproxima demais desse conforto.

Robert pagou os $ 250 que me devia com moedas de ouro de sua coleção.

Há um sentimento entre nós que é bastante extraordinário. É o sentimento de constante consciência e revelação. A sensação de aprendizado.

E assim, fico aqui deitada sozinha na minha cama grande, sabendo que algum tipo de relacionamento com Robert vai continuar. Não descarto o amor ou a confiança porque tudo é possível.

22 out. 1980
Trabalho, amo, materno, sonho.

2 dez. 1980
Aniversário de mamãe. Ela faz 68 anos. Nasceu em 1912. Liguei para ela e conversamos por alguns minutos. Ela recebeu muitos convidados para o dia de Ação de Graças. E Ruth e Linda no fim de semana. Sua voz soa livre. Sem preocupação. Sem ódio de ninguém nem de nada.

10 dez. 1980
Me preparando para fazer uma leitura na faculdade Claremont. Semana passada fiz uma na Universidade da Califórnia em Davis, 300–500 pessoas, casa lotada. Estranho. E aplausos de pé depois de "1955", que foi precedido pelo texto de sadomasoquismo. Estafada ainda da viagem à costa Leste. E quase completamente acabada pela morte de John Lennon.[1] Eu não tinha me dado conta de quanto o amava – amava os Beatles. O quanto a música "deles" (tão lindamente influenciada pela "nossa" música) fez parte da minha vida. Deus, como sou grata por ter vivido os anos sessenta – respeito tantos dos meus contemporâneos!

19 de março de 1981
Na cama com um resfriado e uma tosse seca e menstruada! Deus me ajude. Willis está dormindo aos meus pés, as cólicas começando. Rebecca na escola. Robert voando para Nova York por dez dias. Vou fazer uma apresentação beneficente para o desenvolvimento das mulheres amanhã à noite e não paro

---

1 Na segunda-feira, 8 de dezembro de 1980, John Lennon foi baleado por Mark David Chapman no arco do edifício Dakota, sua residência com vista para o Central Park em Nova York. Com quatro ferimentos de bala, ele foi declarado morto na chegada ao Hospital Roosevelt. O assassino permaneceu na cena do crime e começou a ler O *apanhador no campo de centeio*, de J.D. Salinger, até a polícia chegar e prendê-lo.

de pensar que vou ficar tossindo e espirrando enquanto leio as histórias que vou levar.

Estive lendo Katherine Mansfield[1] – contos – e não tenho dificuldade em entender por que Woolf a considerava sua única rival. Woolf compreendia que uma grande escritora branca é realmente ótima – embora seus contemporâneos homens se recusassem a acreditar nisso. E que, se uma grande escritora branca escrevia igualmente bem sobre a vida de ricos e pobres (e a própria Woolf só podia escrever – na ficção – sobre abastados), então ela estava fadada a fazer o melhor trabalho no mundo ocidental... já que não havia mulheres negras da classe trabalhadora escrevendo na época.

Isso não é arrogância. Apenas a crença de que romancistas que se apegam à cor e à classe – quando vivem numa sociedade multirracial e multiclassista – carecem de coragem e curiosidade suficientes para justificar um longo interesse.

Enfim. Estou tentando melhorar e vou continuar, ajudada, talvez, por comprimidos antigripais Contac, que devem me impedir de espirrar, pelo menos.

Último fim de semana no campo. Robert, pela primeira vez, extasiado com a beleza aqui. Ele está diferente toda essa semana após seu divórcio.

Ele estava com medo, eu acho, (e ele disse) de que Pam se recusasse a assinar no último minuto. Mas ela assinou. E ele parece estar florescendo, justamente nesta semana. Conversando. Sorrindo mais. E dizendo "isso é tão lindo!" sobre a paisagem de Boonville. E com a intenção de ajudar C.[2] a plantar pequenas violetas num canto do jardim.

Enquanto isso, tem pegadas de veados no jardim da colina e devemos considerar colocar uma cerca.

Boas notícias para relatar sobre: Casey. Estamos ficando amigos. Um dia ele me pediu para mostrar como "remendar". (Estou fazendo uma colcha.) E mostrei. E ele adora costurar. E nos sentamos e costuramos! Juntos! Estou tão feliz com isso. E nossa amizade deixa Robert muito feliz. Mas isso, embora bom, é secundário. Achei que estava poluindo minha alma sendo excludente. Casey e eu recolhemos esterco de cavalo e palha do pasto em frente à nossa casa. Então ele encontrou um saco de esterco de boi na grama. E dolomita. Alguns jardineiros antigos abandonaram. Fico me perguntando,

---

1 Katherine Mansfield foi uma escritora modernista da Nova Zelândia. Em 1911, sua primeira coletânea de contos publicada, *Numa pensão alemã*, foi muito bem recebida.
2 Casey, o filho mais novo de Robert com Pam – de quem Robert finalmente se divorciou oficialmente.

por quê? Colocamos tudo na pilha de compostagem. E finalmente consigo ver algum progresso lá. Recuperei um pouco do solo mais fundo e farei isso ainda mais detalhadamente no próximo fim de semana. Teremos folhas e palha, esterco de cavalo, dolomita e talvez alguma serragem de madeira bem apodrecida das antigas madeireiras do campo.

Gosto cada vez mais de Anderson Valley. E conheci pessoas de quem gosto. Jan Wax e Chris e Sue Sellars e Janet. Comprei uma linda cerâmica de Jan e Sue. E a casa de Boonville está começando a parecer toda feita à mão. Com batedores de tapete feitos de bambu e um olho de deus, e tapetes de lã e tecidos guatemaltecos.

Também não estou decepcionada com o romance.

Como se lembra, arranjei 3 meses, ininterruptos, para escrever... Ousei tentar trabalhar no romance? Já que a vida na cidade não é tão idílica e descomplicada como era quando escrevi no verão passado em Boonville? Já que tenho que compartilhar meu cérebro com os pensamentos das brigas de Rebecca na escola e o que cozinhar para o jantar? Acabei por me atirar – deixei as coisas acontecerem. E tenho gostado muito. Não que a escrita seja perfeita. Nem que tenha sempre aquela qualidade de "realização de um sonho" que eu adoro. Mas está adequada, até boa, e ainda gosto do desenrolar das personalidades das minhas personagens e do drama de suas vidas.

5 de maio de 1981
Antes de meditar e enquanto acabo o meu chá, como é a minha vida nesta pálida e ensolarada manhã de São Francisco?

Os tempos são muito difíceis para as pessoas pobres. Para pessoas negras, indígenas, gays, lésbicas, para todo mundo, aliás, menos para os brancos ricos que estão no poder. Não assisto mais televisão, exceto alguns programas, como M*A*S*H. Não suporto ler os jornais. E deixei de tomar minhas vitaminas. Meus olhos doem. Tem uma bolha no meu globo ocular.

Minha ansiedade com a publicação do livro[1] está diminuindo. E talvez o cansaço venha disso. Agora me sinto ansiosa porque ninguém parece ter ouvido falar dele ainda – embora tenha sido publicado oficialmente apenas na quarta-feira passada. Devo me lembrar (aparentemente) que são boas histórias e, mais do que isso, histórias <u>necessárias</u>.

---

[1] A coletânea de contos *You Can't Keep a Good Woman Down* foi publicada oficialmente em 29 de abril de 1981.

E eu realmente não estou trabalhando bem. Se eu conseguisse trabalhar, nada me incomodaria. Tenho certeza disso.

12 de maio
Nos últimos dias, tem sido difícil acompanhar as pessoas do romance. Estão todas tentando se expressar ao mesmo tempo, e Celie se tornou uma pessoa bastante interessante! E os homens estão crescendo! Lentamente, com relutância, mas estão em movimento. Robert me ajudou muito a poder sustentar certas ternuras nos homens.

Paternidade e gentileza. O que preciso em um homem.

Estou muito feliz com o livro. Pretendo chamá-lo:

A cor púrpura.

Ou

Púrpura

Acho que o primeiro.

Grande Espírito nos abençoe. Todos nós. Ensine-me a o caminho para ser como você. Mostre-me como fazer.
— S. WONDER

24 de junho de 1981
Terminei o romance!

Rebecca foi para o acampamento e vai ficar com o pai por 2 anos!

A escritora mulherista é a própria história, assim como a pessoa que a conta.

13 ago. 1981
Tillie[1] leu A cor púrpura e não teve quase nada a dizer. Tenho certeza de que ela não gosta. Ela leu no ônibus e me devolveu em grande desordem, faltando cinquenta páginas. Mas não me importa quem não gosta do livro, eu gosto. E é um livro verdadeiro. E imagine só – meu primeiro final feliz!

---

1 Tillie Olsen, nascida em 1913, foi uma autora feminista branca de ficção e não ficção cujos escritos falavam das lutas das mulheres e das famílias da classe trabalhadora. O livro de não ficção de Olsen, *Silences*, publicado em 1978, explorou os períodos de silêncio de autores, incluindo bloqueios criativos, trabalhos não publicados e os desafios que os escritores da classe trabalhadora, especialmente as mulheres, muitas vezes enfrentam para encontrar tempo para se concentrar em sua arte. Moradora de São Francisco, Olsen recebeu AW calorosamente na ocasião da mudança da segunda para a baía de São Francisco.

2 nov.

Por um tempo (agosto, setembro e parte de outubro) pensei em comprar uma casa e 10 hectares de terra em Mendocino. E é uma boa compra. $ 110.000 ou talvez $ 105.000. Eu estava disposta a pagar, da poupança e de adiantamentos: $ 25.000 na assinatura da escritura, $ 15.000 em 15 de março, mais $ 15.000 em 15 de novembro, chegando ao total de 55.000 e mais $ 500 por mês pelo tempo que faltasse para pagar o restante. Ofereci $ 90.000. O lugar ainda me atormenta um pouco. Embora para pagar eu tivesse que aumentar minha oferta em pelo menos $ 10.000. Ou $ 15.000. O que eu poderia fazer se conseguisse um adiantamento de 15 mil com os ensaios.[1] O mais importante é que sei que quero ter uma casa com um pedaço de terra em Mendocino. Em Anderson Valley.

A casa de Rick é perfeita de várias maneiras. Tem a terra. Depois, tem a casa com muito a ser feito para torná-la nossa.

Mas comprá-la acabaria com minhas economias. Como eu poderia fazer isso?

A partir de julho próximo:

20.000 Certificados de Depósitos   900,00 casa do Brooklyn
25.000 Certificados de Depósitos e poupança - 561,00
45.000   329,00
15.000 (adiantamento dos ensaios)   - 264,10
60.000   64,90 (impostos)
15.000 (Brandeis?)
75.000

105.000
- 75.000
30.000

Comentei com Robert que estive pensando em como poderia ser agradável viver no campo. Ele disse que estava pensando que poderíamos abrir um negócio. Editora? Algo por demanda, em qualquer caso. Talvez pudéssemos estabelecer um plano de 5 anos.

---

[1] Este livro de ensaios, escrito entre 1966 e 1982, seria publicado em 1983 como *Em busca dos jardins de nossas mães: prosa mulherista*.

Para garantir uma casa e um terreno nos próximos 2–3 anos, as finanças e a economia têm que permitir (as coisas parecem instáveis para nós dois agora). Eu poderia aceitar mais alguns trabalhos de residência. Depois de Brandeis o de East Washington, talvez. Pelas terras de Mendocino, estou tentada a vender a casa no Brooklyn, mas acho que isso seria um erro. Já que ela se paga e cobre minhas despesas de transporte aqui. E Park Slope é um local tão excelente que o valor da casa certamente vai aumentar.

Um convite no correio para ler na Universidade do Kentucky. As leituras ficam assim:

Universidade Howard	2.400
Reed	300
Univers. de Chicago	2.650
Univers. de Kentucky	2.000 + despesas
New School	100 + despesas
Nassau	800
	8.250
	700 San Jose
	100 Museu de Oakland
	9.050

05 nov. –
Ontem fui visitar Robert e Casey. Casey está em casa com um resfriado. Minha visita deu a Robert a oportunidade de sair um pouco para comprar suco e coisas para o jantar. Enquanto ele estava fora, eu li a maior parte do tempo, depois abri seu álbum de fotos. Então vi um envelope com fotos atrás do álbum e o abri. Continha cópias de fotos que Jan e eu fizemos no festival de música das mulheres. Nós duas nuas até a cintura e uma ex-aluna completamente nua. Robert havia feito "cópias" de nossas fotos para seu próprio "uso". Levei as fotos para casa comigo.

Ontem à noite, depois de ter preparado e servido um delicioso estrogonofe de carne com brócolis, perguntei a ele sobre as cópias, enquanto tirava o negativo e o destruía. Ele disse que eu sabia das cópias. Eu não sabia. Ele retrucou que nunca disse que não havia cópias (ele pegou as fotos na loja da Kodak). Mas ele disse. Lembrei-lhe que, quando voltou para o carro depois de pegar as fotos, ele tinha feito questão de me mostrar como o selo estava intacto.

Então ele ficou amuado e em silêncio por um tempo. Em algum momento, falei que sentia que ele havia se aproveitado de minha confiança. Que ele havia me enganado e mentido para mim. E que ele tinha invadido minha privacidade, de minha aluna e minha amiga.

Ele disse que estava arrependido. Mas prosseguiu explicando que – se fôssemos honestos um com o outro, como eu disse que achava necessário – ele tinha que admitir sua incapacidade de parar de objetificar as mulheres. Resumindo, ele disse que em nosso relacionamento ele não é um pornógrafo, mas fora ele é. Perguntei se ele achava que fazer uma excursão apoiada por feministas ao distrito da pornografia o ajudaria. Ele disse que já faz a excursão, mas como cliente e não como crítico. Discutimos a pornografia como um vício – o que eu penso que é. E como isso alimenta e muitas vezes cria nos homens compulsão sexual, o que Robert tem. Pedi que me mostrasse algumas de suas revistas novas. Ele estava muito relutante, mas acabou concordando. A primeira era de uma mulher asiática e um homem indiano. Ele disse: Bem, pelo menos agora meus livros são do Terceiro Mundo. Depois ele me mostrou livros cheios de mulheres negras muito caseiras, muito tristes e fisicamente estranhas. Em seguida, um de um casal branco padrão.

Pedi para ver os livros por curiosidade e, também porque ele disse algo sobre eu "compartilhar suas fantasias". Na verdade ele queria saber se eu conseguiria. Ele me disse que não existe erotismo, que uma vez que estou preocupada com quem produz e para onde vai o dinheiro, é tudo pornografia para mim. Sim. Olhei para as cicatrizes nas costas do "amante" indiano e me perguntei como ele as conseguiu. Olhei para a mulher "oriental" (na capa ela está chupando o pau dele) e fiquei pensando se ela era vietnamita e se falava inglês e se esse era o único emprego que ela conseguiu encontrar. Não consigo separar as fotos das pessoas reais. Perguntei a Robert como ele gostaria de ver meu rosto na capa de uma revista em cima do pau de um cara. Ele respondeu: Mas você não faria isso! Acho que ele pensa que eu morreria de fome ou veria Rebecca morrer de fome em vez de fazer esse tipo de "trabalho". Mas não tenho tanta certeza. Consigo me imaginar um dia estar exatamente na posição em que supunho que minha irmã asiática (vietnamita, cambojana, uma refugiada da guerra?) está. E, na revista, ela está.

Seja como for, continuei tentando fazer conexões entre escravidão e pornografia para Robert. Entre o machismo e o racismo. Mas não adiantou. Hoje de manhã acordei nauseada. E realmente incapaz de olhar para ele. Eu só queria me levantar e sair do apartamento, para o ar fresco. Chegando em casa, pensei em Fanny Kemble,[1] casada com um senhor de escravos até que não aguentou mais. E pensei: é assim que me sinto. E fiquei me perguntando se a repulsa venceria o amor, como aparentemente aconteceu no caso dela.

Ontem Wendy[2] veio com muffins, framboesas e desejo de melhoras. Pensei em qual seria a resposta dela a tudo isso. Pensei no porquê de algumas feministas serem lésbicas. Certamente muitas outras seriam se ousassem, diante do vício dos homens em explorar as mulheres. Aquelas que eles dizem "amar" e aquelas que ainda não conhecem.

E pensei em Faith.[3] Não usa drogas. Não é compulsiva. É contra a exploração de qualquer pessoa. Bonita. Brilhante. Espirituosa. E nos confins da Jamaica – um viveiro de machismo – sozinha. Lutando para aprender o bastante sobre os cuidados de saúde jamaicanos para oferecer informações úteis.

Homens e mulheres são fundamentalmente diferentes sexualmente, eu acho.

Fiquei enojada o dia todo. Enquanto fazia compras, arrumava flores (Gloria[4] vem para o fim de semana: como seria bom falar disso com ela, mas sei que não vou. Minha intenção era ficar tão feliz!) Um cochilo esta tarde ajudou um pouco. Mas ainda me sinto oca e minha garganta está arranhando. Hoje à noite pretendo ver um filme sobre mulheres egípcias e ir à aula de cerâmica.

Parece que meu dilema é estar sendo forçada a escolher.

Então eu pensei em Nana e outras mulheres identificadas como mulheres (mulheristas) e o olhar engraçado que elas têm em seus rostos enquanto discutem sobre homens. É óbvio que elas pararam de levá-los a sério faz muito tempo. Mas para me agradar, as irmãs ainda tentam fazer dar certo, vasculhando seus cérebros para encontrar qualquer tipo de elogio.

---

1 Apesar de sua oposição moral à escravidão, a atriz e escritora britânica Fanny Kemble foi, por um tempo, casada com um proprietário de escravos da Geórgia. Suas batalhas com o marido sobre o tratamento severo dado às pessoas escravizadas acabaram levando ao divórcio em 1849. Durante a Guerra Civil, ela publicou um livro, *Journal of a Residence on a Georgian Plantation em 1838–1839*, em que condenava os males que testemunhou na *plantation* de seu marido, extraído do detalhado diário de seus dias na Geórgia.
2 Wendy Cadden, amiga de AW, lésbica branca, fotógrafa e artista gráfica.
3 Amiga de AW, Faith Mitchell, uma médica e antropóloga que estava realizando pesquisas sobre questões de política social e saúde no Caribe.
4 A icônica feminista Gloria Steinem, amiga de AW e uma das fundadoras da revista *Ms*.

Desistir completamente dos homens. Essa é a escolha? O medo? Sinto que sou de natureza dual demais para conseguir desistir de alguém. Eu poderia ser muito descontraída, suponho. Mas não mais romântica – correndo para encontrar o "bonito" irmão perdido.

Além disso, como eu disse antes, as mulheres são muito mais interessantes para mim do que os homens, sistematicamente apenas. Alguns homens são maravilhosos, mas a grande maioria – ... bem, é só ligar a televisão por cinco minutos e zapear o mundo inteiro. Eles estão falando de autoridade, pau e armas.

06 nov., esta manhã lavei & arrumei meu cabelo, temerosa, porque isso poderia prolongar meu resfriado. E sentia frio. Aumentei o aquecedor, enrolei minha cabeça. Me vesti bem quentinha.

Ontem à noite, Robert veio antes de eu sair para ver o filme (sobre clitoridectomia[1] e outros abusos de crianças no Egito). Ele se desculpou e disse que quer muito mudar. Para se tornar alguém respeitado por mim e por ele próprio. Eu disse que ajudaria no que pudesse e dei a ele o livro Our Blood, de Andrea Dworkin.[2] Não consegui encontrar o livro dela sobre pornografia. Deixe-me procurar agora... Encontrei. Estava escondido na estante de livros.

Incrível. Um cara realmente assustador acabou de entrar para usar o banheiro. (Ele está ajudando Russell a consertar o vazamento na chaminé da lareira.) Quando vejo homens agora, meu primeiro pensamento é o estrago que eles podem causar. Será que esse maluco vai voltar, imagino, tentar arrombar a casa? Mas neste bairro ele seria assaltado por uma pessoa local antes de chegar aqui.

    25.000 (Carta da Brandeis dizendo que essa quantia é uma possibilidade para o próximo ano.)
    10.000 (não vejo como Harcourt poderia oferecer menos do que isso para os ensaios.)
     7.000 (até agora, leituras projetadas)
     3.600 (Ms.)
  $ 45.600

---

1 Um tipo de mutilação genital feminina, que consiste em remover parte ou todo o clitóris. [N. da T.]
2 Andrea Dworkin foi uma feminista e escritora radical, talvez mais conhecida por suas críticas à pornografia em seu livro *Pornography: Men Possessing Women*, publicado pela primeira vez em 1979. O subtítulo de *Our Blood*, publicado em 1976, é *Prophecies and Discourses on Sexual Politics*.

Então: eu deveria parar de pensar nisso e planejar minhas aulas na Brandeis. E acertar as coisas para Willis enquanto eu estiver fora.
Pode ser bom estudar:
Paule Marshall, Jean Rhys, Zora Neale Hurston & Virginia Woolf, e Agnes Smedley.

1. Frida Kahlo
2. Bessie Smith
3. Agnes Smedley

1. A escritora mulherista: identificando o mulherismo e sua ausência na obra de Paule Marshall, Jean Rhys, Zora Neale e Agnes Smedley – e sua profunda presença. Uma aula de escrita criativa.
2. A Vida Interior: Visões & o Espírito, um seminário
    Duas vezes por semana, cada um, por 1 hora e $^1/_2$
    Segunda/quarta-feira
    Terça/quinta-feira

Outro telefonema de Robert – Ele disse, tão sinceramente: "Eu te amo, Alice. Não esquece que eu te amo, e nada é mais importante para mim do que nosso relacionamento. Eu quero ser um amor que você possa respeitar. Que eu possa respeitar." Mais tarde ele disse (depois que eu falei para ele novamente como minha confiança foi quebrada): "Eu me odeio por fazer isso." Ele perguntou se podíamos conversar. Eu respondi que sim. Que o que mudou para mim não é a minha vontade de conversar, mas a minha confiança, a crença nele. Contei a ele sobre algo em que pensei o dia todo: sobre Ruth e os seis anos de surras aos fins de semana que ela suportou antes de finalmente deixar Hood. Como, saindo da minha família, era difícil confiar em qualquer homem, mas que eu tinha tentado. E mencionei o quanto lutei para me livrar do preconceito que me impedia de ver Pam e Casey simplesmente como seres humanos.

(Falar com os homens é difícil porque onde as mulheres feministas rotineiramente fazem analogias de raça/sexo, os homens parecem bloqueados.)

Ele disse que estava lendo o livro de Dworkin e admitiu se sentir ameaçado. Que percebe que terá que abandonar algum comportamento masculino que ele nem gosta ou respeita, mas que significa que ele é "um homem em boa posição entre os homens". Mas os homens individualmente terão que se juntar às mulheres, ser identificados como amantes de mulheres, assim como os brancos terão & tiveram que "se juntar" às demais pessoas que não são brancas. Eu nunca vou me juntar a brancos ou homens. Tenho sorte, e percebo isso, que já sou aquilo ao que me juntaria se não fosse. Se eu fosse um homem ou uma pessoa branca, desejaria ter coragem de me juntar a mulheres (e crianças) e pessoas de cor.

Sinto que – em minha escolha de estilo de vida e moradia – já me juntei (embora, novamente, já seja parte) à classe trabalhadora.

Conforme se aproximava a chegada de Gloria – e depois de ler sua longa carta, brilhante, sobre A cor púrpura – decidi vestir algo mais bonito e colorido para recebê-la. Escolhi minha saia guatemalteca bordada e um cachecol vermelho estampado para combinar com minhas meias vermelhas – e um casaco preto com muitos furos. Eu gosto do casaco e seus furinhos. Acho que ela vai gostar também.

7 nov.
Gloria é maravilhosa! E eu poderia facilmente me apaixonar por ela. Acho que isso é algo que acontece com ela o tempo todo. Ela é tão querida e cheira tão bem!

Ela chegou ontem. E à noite Wendy e Grace e eu fomos ouvi-la falar no Centro Cívico em Marin. Junto com Holly Near (sim!), Jessica Mitford[1] (hum?), uma comediante (?), e com moderação de Belva Davis[2] (supersuave). Nos divertimos. Fomos entrevistadas por um pessoal da TV itinerante. Em seguida, fui para a bela casa nova de alguém em Kentfield Hills.

Gloria e Holly foram minhas favoritas. Ambas tão abertas e atenciosas. Abraçando as duas, percebi que tanto da terrível restrição racial desaparece diante de mulheres como elas. E estou tão feliz. Holly e Gloria falaram tanto de racismo quanto de machismo, o que é sempre animador. Gloria também disse que com meu trabalho eu a ajudo a seguir em frente – para aquele público de duas mil pessoas. Houve um monte de (apalusos): eu queria escrever aplausos. Será que escrever dessa maneira nova e esquisita é um reflexo da maneira que meu cérebro está funcionando?

Foi uma noite maravilhosa e divertida. Desejei brevemente que Robert pudesse compartilhar de verdade o que as mulheres estão fazendo. Apenas

---

[1] Holly Near, uma respeitada cantora/compositora feminista branca e ativista pela justiça social, e Jessica Mitford, escritora e jornalista nascida na Inglaterra.
[2] Uma jornalista negra de rádio e televisão do norte da Califórnia.

pela diversão e ousadia disso. Quando fomos guardar nossos casacos aproveitei para dar um abraço e um beijo em Wendy – que retribuiu. Tinha outra mulher com jeito de sapatão na recepção: ela é musicista e amante de Holly Near. Tão impetuosa. Vestida com roupas masculinas. Muito forte e confiante – usando uma gravata que ela fez com a decoração floral de alguém. Uma fita laranja e branca.

Ela disse quando Wendy nos apresentou: Ouvi dizer que você me viu como sapatão. Eu tinha dito isso para Wendy, mas não achei que ela fosse contar! Mas a mulher continuou: Não me importo. Ela sorriu. E eu gostei dela.

Mais tarde pensei: Jesus! Eu gosto de todo mundo: homens, mulheres, gays, lésbicas, heterossexuais. Gente de toda cor e tudo mais. Mas eu gosto mesmo, aparentemente, de um certo tipo de judaísmo. Mel, Gloria e Wendy têm isso (seja lá o que for) em comum. São pessoas dedicadas, determinadas e muito calorosas que também sabem rir. Dá para saber de cara que é possível se divertir com elas e também trabalhar muito. Talvez até mais do que se não estivéssemos nos divertindo.

Ontem, domingo, Gloria e eu dormimos até tarde. Ela disse que a cama de Rebecca é confortável e comentou sobre todos os arco-íris. Tomamos um café da manhã com bacon e omelete e depois fomos caminhar em Land's End. Conversando o tempo todo. Depois voltei e fiz a entrevista. Eu divagava sobre todo tipo de coisa: o acidente, meu "sonho" de ficar de olho no motorista do ônibus para sair de Eatonton.

A visita foi uma alegria, basicamente, embora eu amaldiçoasse meu nervosismo e minha língua arrastada que melhorou no final.

Gloria é linda. Com olhos maravilhosos. Castanhos como café mocha/java. Ela parece tão "integrada" e à vontade e "pertencente" à vida. Desde que a conheço, ela tem a mesma idade.

Robert voltou e me convidou para jantar. Seu retiro correu bem, embora os Estudos Étnicos corram o risco de serem cortados, a menos que alguém realmente se responsabilize por isso. Ele pode.

Depois de Wendy e Gloria, ele parecia maçante, pesado, frio e tosco. Sem luz. Tapado, como as criaturas são tapadas. Trancado em si mesmo.

Ele falou em tentar mudar – a alimentação parece ser a chave, ele pensa. Quero apenas o melhor para ele, mas minha mente insistia em flutuar de volta para Wendy e Gloria. Eu não conseguia imaginá-las fazendo as coisas que R. faz.

Quando chegamos em casa, ouvimos música e ele colocou meus pés no colo e os massageou. Logo eu estava cansada demais para ficar naquela posição por mais tempo e ele foi para casa.

A entrevista é para uma reportagem de capa da Ms. E tenho que gravar fitas do meu trabalho para Stevie Wonder ouvir. Decidi que preferia uma citação[1] dele do que de qualquer outra pessoa: dele, Richard Pryor, Cicely Tyson, Bernice Reagon, não de um cânone literário.

Como vai ser? Esta nova exposição? Se isso acontecer ou não, eu sei que ficarei contente. É o mais importante.

12 nov. 1981
Robert e eu jantamos e ele chorou – porque quando estendeu a mão para acariciar a minha eu continuei acariciando a borda do meu prato. Nenhum sentimento. Ele iria para Pittsburgh mais tarde para uma leitura. (É tedioso escrever isso. Chato.) De qualquer forma, ele me pediu para perdoá-lo. E eu perdoei. Abracei ele e acariciei seus cabelos. A essa hora já havíamos voltado à minha casa e eu o deixei no carro e fiquei assistindo Cosmos. Eu contei que penso nele negativamente. As imagens dele, todas negativas, depreciativas. E sem confiança.

...A maioria das mulheres que eu realmente admiro são mulheres que amam mulheres. A afirmação de Gloria sobre não falar com os homens sobre as coisas que são importantes para ela (porque eles não conseguem entender/não entendem), mas se comprometer com eles mesmo assim, não me soa bem. Acho que podemos amar e respeitar nossos amantes. Podemos nos compartilhar totalmente. Eu odeio a ideia de ter Robert para sexo e proteção – mas não para um verdadeiro compartilhar.

Um fim de semana de chuva e lindas nuvens no campo. Robert e eu. E eu estava feliz quase o tempo todo. Cantando, assobiando. Enérgica. Trabalhei na minha colcha.

Dormimos juntos, abraçados, mas isso foi tudo. Expliquei minha sensação de morte sexual – que é apenas como amiga que permaneço em sua vida. Nós dois choramos muito (pelo menos acho que ele chorou). E fiquei triste

---

[1] Gloria Steinem veio entrevistar AW para uma reportagem de capa da revista *Ms.*, para marcar a próxima publicação de *A cor púrpura*. Alice está considerando aqui a quem pedir citações – também conhecidas como sinopses ou endossos – para o novo romance.

por nós. Mas olha que coisa surpreendente: também me senti livre! É por isso que eu estava cantando tanto e me sentindo tão bem. Eu me sinto livre de Robert. Se ele me desaprova – o que uso para dormir, se minhas roupas são muito largas, sei lá – sei que não importa. Ele não é alguém que eu esteja interessada em abraçar do jeito que ele quer ser abraçado. Também não estou mais constantemente pensando nele e inibida por ele.

O impulso por um terreno no campo: mas nosso lugar lá é adequado para nosso uso agora. Teremos subido apenas uma vez este mês. Ainda assim, fico com o pensamento de meu próprio espaço – onde posso caminhar e convidar meus próprios pensamentos. Eu sei que um lugar no campo, meu de verdade, vai ser bom para o meu trabalho.

Engraçado. Preciso estar em harmonia para fazer o meu melhor trabalho.

17 de novembro de 1981 Rebecca está fazendo 12 anos! Estou enviando flores para ela com o seguinte recado:

Para Rebecca –
Em comemoração de
nosso dia mais feliz
Um aniversário de três.
Você, seu pai e eu.
    com amor,
          Mamãe

Mas abri esse caderno para enaltecer meu próprio dia. Depois de quase uma semana de chuvaradas, o dia está brilhantemente claro e luminoso. E eu dormi profundamente na noite passada. Não me lembro se sonhei. Será o meio baseado que fumei com Wendy?

Ela e eu passamos a tarde e parte da noite juntas... Jantamos num novo restaurante muito bom. (Adoro esta cidade, onde as pessoas sabem cozinhar!) Realmente uma boa noite com muita conversa e algumas risadas...

Então Robert veio assistir televisão e tomar uma taça de vinho. Ele perguntou se poderíamos ter um período de teste de um mês para ele tentar "limpar sua reputação". Como a terminologia nos engana, pensei. Mas me sinto melhor o deixando tentar do que dizendo que "é tarde demais, nada que você faça mudará como me sinto". E que é em parte como me sinto. Não vejo como poderia esquecer. Por outro lado, não apoiar alguém que está sinceramente tentando mudar é nocivo ao próprio espírito. (Estou aprendendo tudo isso, ao que parece, lendo <u>Rays of the Dawn</u>, de Thurman Fleet: um livro tão misterioso.[1] É o tipo de livro para o qual nós leitores devemos estar prontos – uma vez emprestei para Robert e ele devolveu logo, intocado.)

Depois conversamos e ele leu em voz alta um boletim de estudos afro-americanos de Los Angeles e eu cortei um dos meus lindos vestidos antigos para incorporar à minha colcha. Foi uma cena notavelmente doméstica – e muito confortável! Quando ele estava pronto para sair, estendeu os braços para mim, como sempre faz, e nos abraçamos.

Com tudo isso eu me senti, quando não entorpecida (antes) e com raiva, muito feliz, como se meu espírito finalmente entendesse que minha felicidade está dentro de mim, assim como meu "Deus" ou minha sexualidade. Tudo que eu preciso está aqui dentro. Eu coloco o rosto em minha mão e seguro a testa e fico pensando sobre o Espírito que vive atrás de meus olhos.

01 dez,

Amanhã mamãe vai fazer 69 anos. Ou serão 70? Enviei flores. Costumava ter medo de que ela morresse antes de mim, e achava que não aguentaria. Agora sei que posso suportar sua passagem porque, morrendo, ela ainda será parte da alma dentro de mim. Também existe um sentimento de que eu seria libertada de alguma forma. Para ser mais eu. Mas o que tento lembrar é que a luta para ser livre deve significar se tornar livre <u>em meio a</u> outras pessoas, não <u>por cima</u> dos outros: os mortos, os fracos, os esquecidos.

09 dez.,

Robert e temos nos visto bastante. Fui ver <u>Ricas e Famosas</u> ontem à noite. Eu preferiria que não tivessem pessoas negras nos filmes do que tê-las como pano de fundo... Tenho pena de Robert. Ele sabe que quebrou nossa felicidade ao quebrar minha confiança nele. Ele está arrependido e tenta muito me fazer sentir otimista sobre nosso futuro juntos. Não consigo. Sinto como se eu fosse sempre pensar nele negativamente. Sem respeito.

Parece um desperdício. Tudo o que passamos – como ele disse esta manhã – acabar aqui. Mas nada <u>acaba</u>. Apenas muda sua forma.

---

1 *Rays of the Dawn: Laws of the Body, Mind, Soul*, foi autopublicado pelo Concept Therapy Institute de Thurman Fleet em 1976.

19 dez. de 1981
Dei as chaves do meu apartamento a Robert novamente. Mas pedi que ele me devolvesse todas as minhas fotos que fossem de alguma forma provocativas. Ele devolveu. Estamos amigáveis.[1]

Assim que deixei meu entorpecimento diminuir, a escrita que adiei por semanas começou a brotar. Talvez o bloqueio na escrita seja simplesmente uma emoção não resolvida na vida privada. É claro que, sendo como uma máquina, algumas escritoras e escritores provavelmente aprenderam a ignorar seu bloqueio e escrever de um jeito ou de outro – isso poderia explicar tantos livros ruins.

A escritora Ding Ling[2] deve estar aqui na segunda à noite, para uma reunião planejada por Tillie no meu apartamento.

12 jan. de 1982
Tanta coisa aconteceu! Ding Ling estava aqui. Andando devagar, olhando para tudo devagar com olhos interessados e sábios. Pequenos e redondos. Olhos amáveis. Ela me lembrou mamãe. Como mamãe teria sido uma grande escritora. Ela descansou na grande cadeira no meu quarto. Seu marido e o intérprete no chão. Eu servi chá para todos. Então ela saiu e veio até nós: Tillie, Jack, Susan G., Kim C., Wendy, Robert, vários outros.

Abraços quando Ding Ling foi embora.

Mas a grande novidade é que encontramos o terreno!

8 hectares de terra muito montanhosa mas bem bonita de Mendocino... Uma tenda yurt feita à mão que servirá bem para o meu estúdio. Duas estruturas que podem ser usadas como cabanas até construirmos nossa casa. Planejamos fazer nossa casa no alto da colina, com uma vista panorâmica das colinas mais baixas, lagoas, árvores e uvas – vinhas ao longe.

* * *

---

1 Há uma lacuna nos diários que levanta questões sobre a aparente reconciliação de AW com Robert. Após o "período de teste" de um mês, ela devolve a ele as chaves de seu apartamento, conforme registrado em 19 de dezembro de 1981, e ele aparentemente participa da reunião em sua casa em janeiro de 1982, na ocasião da visita da autora chinesa Ding Ling. Embora esteja faltando uma grande quantidade de anotações no diário – de janeiro a agosto de 1982 –, parece que ela e Robert continuaram tentando.
2 Ding Ling era o pseudônimo de Jiang Bingzhi (nascida em 1904), uma das autoras chinesas mais célebres do século XX. Ela era mais conhecida por escrever ficção centrada nas experiências de mulheres chinesas independentes, bem como por criticar abertamente o Partido Comunista, particularmente em relação aos direitos das mulheres.

As vendedoras são duas mulheres lésbicas de 60 anos. Muito legais. Decentes. Uma é ceramista. A outra é a funcionária dos correios em Navarro.

Um prado com cerca velha ao pé. Ele está empenado, como tudo. Riacho abaixo, árvores antigas, depois uma colina, sobre a qual ficam as cabanas.

Depois, mais alto, a tenda yurt e o local da nossa casa, depois, ainda mais alto, o poço.

Conseguiremos ver o céu em toda a sua glória. O sol! Lua!

13 jan. de 1982

Belvie[1] e eu nos divertimos muito na academia. Depois, jantamos num restaurante vietnamita bom e barato. Eu me sinto à vontade com ela. Ela me lembra o lado bom de mamãe.

Estou com sono, embora sejam apenas 22 horas. Vou me deitar aqui e sonhar com o terreno.

Sem data, 1982[2]

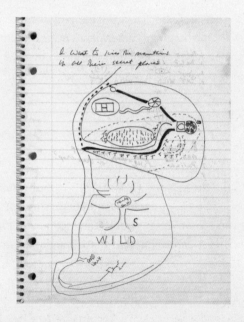

---

1 Belvie Rooks, uma escritora negra e ativista pela justiça social, era uma nova amiga que AW conheceu no final dos anos 1970.
2 Este é um desenho que AW fez de seus planos para um retiro rural no terreno que ela logo compraria no Condado de Mendocino, Califórnia. Os planos identificam três estruturas: a casa Harkle, no centro, e abaixo, a casa da Lagoa e casa de Hóspedes. Ela nomeou a propriedade Wild Trees, como mostra o desenho.

15 ago. de 1982
Isso é tão maravilhoso. Wild Trees. Quando estou aqui, estou em casa.

O que posso dizer sobre Robert? O ano passado foi tão difícil para nós. Ele sentiu seu trabalho ofuscado pelo meu. Está com poucos recursos. E tivemos uma briga sem sentido porque ele queria The Black Scholar na "Mesa Literária" (como ele disse) da festa do livro.[1] Eu disse Não: minha festa não deve ser usada pela The Scholar, ou por você. Ele ficou irritado por muito tempo. Ao longo de todas as férias, na verdade, por causa disso, mas também porque ele sente que este é "o meu lugar", não o dele.

Mas o lugar é realmente nosso. Eu quero compartilhar.

Alguém comentou que Ishmael Reed disse que eu rotulei homens negros de estupradores. Seria esse todo o seu proveito da leitura de A cor púrpura? Surpreendente![2]

Ultimamente, ao pensar nessa acusação, me pergunto: sou a Newsweek, sou o The Daily News? Ou sou uma mulher negra que também tem que suportar a acusação da sociedade branca de que o homem negro é um estuprador? E não é meu dever como escritora & ser humano investigar?

06 set. 82
Amanhã vou a Cambridge.[3] Na noite passada, enquanto nos aninhávamos confortavelmente na cama, Robert & eu planejamos visitar um ao outro. Ele vai me visitar em 3 semanas. Eu vou vir aqui duas vezes. Uma vez no final de out. & outra no dia de Ação de Graças. Fomos muito felizes juntos nessas últimas semanas. Ele e Casey estão usando o apartamento na minha ausência & acho que vão gostar. Pensar que estaremos juntos em 3 semanas torna a ausência menos castigante. Eu amo tanto meu apartamento, Wild Trees,

---

1 A festa do livro foi para *A cor púrpura*, publicado pela Harcourt Brace Jovanovich em 28 de junho de 1982. O romance foi aclamado instantaneamente pela crítica: *a Kirkus Reviews* o chamou de "um livro adorável e doloroso", enquanto o *New York Times* o saudou como "um romance impressionante e integralmente bem escrito".

2 O romancista e crítico Ishmael Reed criticou duramente as representações no romance do Sinhô ____ e outros personagens masculinos, acusando a AW de retratar homens negros com estereótipos violentos e sexistas.

3 AW havia aceitado um cargo de professora por um semestre na Universidade Brandeis, perto de Boston. Ela ficou em Wild Trees, sua casa no condado de Mendocino, quando voltou para o norte da Califórnia.

a Califórnia. E quando Robert & eu estamos realmente juntos, a vida é uma espécie de felicidade cotidiana. Aconteça o que acontecer em Cambridge (& Waltham etc.), deixo registrada aqui minha gratidão pela existência, pelas minhas amizades, pelo amor & ternura de Robert, por tudo o que tornou minha vida uma vida de felicidade & paz.

31 out. 1982
Voei para casa para o fim de semana. Cheguei quinta à noite, exausta, deprimida, de tpm. Muito chateada com algumas cartas de ódio que chegaram a Brandeis e um artigo que dizia "Cega de um olho" em letras grandes, anunciando uma leitura que vou fazer na Universidade Clara na quarta-feira. Muito cansada & deprimida para fazer amor. Sobre as minhas costas: uma semana de aulas, entrevistas, cartas de ódio, estudantes esquisitos, uma leitura tensa e rápida demais de Púrpura na Brandeis. Porém compensamos tudo na noite seguinte. Mas só porque pude compartilhar todos os meus fardos psicológicos & físicos com Robert, que me aconselhou & consolou... Me senti melhor imediatamente depois de contar a ele o que me incomodava. Isso nunca deixa de me surpreender.

E agora é Halloween, um dia claro e reluzente cheio de pessoas andando de shorts & a baía cheia de barcos. Demos uma volta ao longo do oceano.

Casey decorando a porta no estilo "doces ou travessuras". Robert & eu no escritório. Meu sentimento geral é melhor, muito, do que quando cheguei. E ler este caderno, as coisas do ano passado, é interessante. Como eu esqueço rápida & completamente (agora) as coisas ruins. Isso deve ser crescimento.

22 dez. de 1982
Graças ao Grande Espírito
    Estou em casa novamente. Em casa de novo, de fato!
    E o que aprendi decisivamente é que nunca mais preciso me afastar. Os 3 meses fora foram incrivelmente difíceis. A saudade foi quase insuportável. Houve momentos em que tive vontade de chorar. E eu sentia muita falta de Robert. Mas, o lado "bom": Rebecca & eu vivemos momentos maravilhosos juntas.[1] Nos víamos quase todos os fins de semana (8 ou 9 ao todo), com mui-

---

[1] Rebecca, agora com doze anos, estava morando em Nova York com seu pai, Mel, sua madrasta, Judy, e seus irmãos mais novos.

tos passeios juntas, compras, festas, risadinhas & chamego. E eu estava feliz por ter um tempo sozinha com ela para desenvolver nosso relacionamento. Que é tão bom também. Ou parece que sim. Ela está se tornando uma pessoa pensativa, muitas vezes séria, que adora rir e fazer descobertas...

Outras coisas boas – além do tempo com Rebecca – em Boston. Os Zinns, a quem amo tanto ou mais do que nunca. Fanny Howe & seus filhos. Mary Helen. Mas um olhar mais atento à cena Cambridge/Harvard me deixou feliz por não estar lá. Muita competição, atuação & medo. As pessoas não parecem muito reais. O que é assustador, porque tenho certeza de que são reais. Estar em Harvard deve dar a ilusão de criatividade & descanso constantes.

E agora, o que eu quero. Melhor clima, para começar. Mas não. Eu amo todos os climas, se eu estiver quente & aconchegada – e estou.

Enquanto estava em Cambridge, coloquei a casa do Brooklyn à venda. Pedindo 190.000, aceitaria 175.000. Isso porque eu gostaria de construir uma casa & receber a visita de mamãe por meses a fio, se ela quiser & puder. Eatonton é tão limitante em termos do que ela pode fazer. Pouca coisa a estimula lá. Aqui ela faz mais exercícios, vê mais coisas interessantes. Diz que não sente dor!

Agora a estação chuvosa chegou por aqui. Espero por dias ensolarados no jardim, preparando o solo para as colheitas de verão & outono. Mas talvez eu devesse trabalhar na minha colcha e descansar & descansar & descansar.

25 jan. de 1983
Passei uma semana adorável em Mendocino com Belvie. Varrendo palha, compostando, fazendo tortas no fogão novo. Sou toda eu lá de uma maneira que não sou em nenhum outro lugar.

Sou muito grata ao Universo por suas muitas belezas & bênçãos.

Muitos telefonemas & cartas para falar ou ler. Estou fazendo uma por mês, com a teoria de que em breve vou me encher novamente & poder trabalhar/brincar. Escrever um romance.

1 fev. de 1983
O mês do meu nascimento, 39 anos atrás. Minha mãe, deitada doente. Fico imaginando como será que ela se sentiu? Pesada, inquieta.

Um dia maravilhoso com Belvie. Horas ouvindo fitas no Howard Thurman Trust. Depois, almoço num restaurante internacional em N. Beach. Em seguida, nadamos no centro da cidade (Mason & Sutter), depois arroz & feijão em casa & um tratamento facial & penteado & essas coisas & tudo mais. Diversão & harmonia. Amizade & Espiritualidade.

18 fev. 1983
Finalmente, o dia da minha leitura na faculdade de Marin. Tomara que corra bem. Não tenho vontade de verdade de ler. Uma leitura por mês, posso dizer, será mais do que suficiente. Sinto uma sonolência que parece ligada ao clima instável, o inverno tentando virar primavera. Tive uma espécie de briga com Tillie.[1] Ela achou que meu discurso no dia de Martin Luther King não foi "útil". Ela acredita que a tecnologia tem a resposta para tudo. Mas além de água corrente & eletricidade para cozinhar & iluminação, não vejo nada impressionante nisso. Há um ponto em que a tecnologia deve parar – & depois da TV & do aparelho de som já está bom para mim.

Lógico que ela não concorda.

Ela me devolveu a cópia do discurso que fiz, coberta de comentários indignados. Ela acha "arrogante" ver a terra como antropomórfica. Eu não acho arrogante. O que fazer com um relacionamento que não me parece saudável? Sinto o ressentimento dela em muito do que diz. Ela continua repetindo que "não me conhece". E isso aparentemente a incomoda.

Enfim. A meu ver, é provável que a perseverança traga apenas um sucesso limitado, porque ela não é uma pessoa com quem se possa conversar. Ela não ouve. De jeito nenhum.

Robert & eu estamos felizes, graças ao Grande Espírito – ainda estou emocionada por estar em casa & com ele. Sempre que alguém menciona a possibilidade de eu me ausentar – mesmo que para um prêmio (ACP foi indicado para o The Book Circle Critics Award)[2] eu me arrepio. Não consigo me imaginar querendo sair de casa por qualquer motivo.

Embora eu tenha que ir para Minnesota & depois para Wisconsin.

---

1 Tillie Olsen, uma escritora branca cuja obra abordou as lutas de mulheres e de pessoas da classe trabalhadora, era uma amiga de longa data e uma espécie de mentora de AW – embora o relacionamento entre as duas às vezes fosse tenso.
2 *A cor púrpura* foi indicado para o National Book Critics Circle Award de 1982, categoria ficção. Perdeu para o romance de Stanley Elkins, *George Mills*.

19 de março de 1983

Voltei de Minnesota. Dois eventos, muito grandes, lotados & na verdade um terceiro evento, gratuito, para a YWCA [Associação Cristã de Jovens Mulheres] em homenagem à Semana da História Negra ou em homenagem às escritoras negras. Pessoas legais trouxeram seus filhos. Os outros eventos, na Universidade de St. Catherine, em grande parte branco, embora, como sempre, um número surpreendentemente diversificado de pessoas negras parecendo orgulhosas & felizes & trazendo presentes: poemas, livros etc. Presentes de todas as pessoas, na verdade.

...Li o ensaio "Everything Is a Human Being".[1] E o público pareceu realmente emocionado. Mais tarde, uma mulher nativa americana veio até mim & agradeceu & nós demos as mãos & nos sentimos tão próximas! Ela disse: "Sabe, eu estava sentada lá atrás pensando, imagina se eu estivesse diante dessas pessoas dizendo essas coisas! Mas aí eu pensei: Uau, uma mulher negra estadunidense está dizendo essas coisas! Nós rimos.

Ainda estaremos juntos – todos os povos do mundo.

Agora em casa. Para descansar & aproveitar a chuva & ler. E fazer uma limpeza nos livros (200 deles) que sinto que nunca mais vou ler. E fazer uma limpeza nas roupas que sinto que nunca mais usaria. E uma modesta reposição (inicial) de livros & roupas. A biografia de Frida Kahlo, a autobiografia de Gandhi, a biografia de Tolstói. E que agora me ocorre que eu realmente posso ter lido. E, emprestado de Sue, um livro de Blavatsky. E recomendado por Wendy Daughters of Copper Woman. E plantar 100 árvores. Com o auxílio de Rob & Sue. 10 alfarrobas pretas intercaladas com 10 arbustos de ervilha siberiana, afilando com 2 atriplex num lado da estrada. Então: 8 oliveiras russas, 10 nogueiras, 10 carvalhos vermelhos, vários amieiros, castanhas, nogueiras pretas etc.

Segunda-feira vou para a Geórgia para ajudar com a mamãe. Estou tentando me preparar para a semana. Mas é difícil. Vou levar muitos livros bons, um pouco de erva & talvez este diário para continuar escrevendo.

---

1 AW escreveu este ensaio para celebrar o nascimento de Martin Luther King Jr. e o entregou como discurso principal na Universidade da Califórnia, Davis, em 15 de janeiro de 1983. Mesmo texto ao qual Tillie Olsen se opôs, conforme registrado na entrada anterior, esse ensaio explora a relação apaixonada de AW com a terra e personifica árvores, cobras e a própria terra.

31-3-83
Na casa da Geórgia desde domingo, quatro longos dias atrás. Cheguei em Atlanta ainda apreensiva, aluguei um carro, fui até a casa de Ruth & peguei mamãe. Depois descemos para Eatonton por 5 dias. Mamãe extremamente fraca, caiu no chão ao tentar entrar no carro. Quando já estava em sua própria casa, porém, ficou bem mais forte. Capaz de ir ao banheiro sozinha cerca de 1/3 do tempo. Eu quase aproveitei a semana, embora minha pobre família louca esteja no seu pior estado que já vi em muito tempo.

Mas me senti mais perto de todos, por fim... porque há algo muito humanamente atraente nas pessoas que estão na luta – & todas elas estão. Na luta & se esforçando para ser o melhor de si.

21 de abril, quinta.
Cerca de uma semana atrás, Winnie Kelly me ligou para me dizer que A cor púrpura ganhou o American Book Award.[1] Foi muito bom ouvir isso; e então, esta semana – na manhã de segunda-feira, enquanto eu respondia cartas e pagava contas – uma mulher do KDLA [Departamento de Arquivos e Biblioteca de Kentucky] ligou e disse que eu tinha ganhado um Pulitzer. Eu pensei que ela estava brincando. Ela disse que não. A mídia começou a me procurar. E agora estou acabada. Felizmente, minhas amizades da Ms. enviaram uma secretária eletrônica. Embora agora eu ache que não gosto de ouvi-la. Por alguns dias, minhas manhãs tranquilas desapareceram & percebi novamente o quanto sinto falta delas. Preciso delas. O quanto minha serenidade depende da tranquilidade & do silêncio. Talvez seja isso que esses prêmios possam significar (as pessoas continuam perguntando & eu ainda não sei). Que serei livre para não falar.

Robert tem sido maravilhoso. Apoiador, amoroso, paciente, paternal/maternal/amante. Faz compras, cozinha, arruma as coisas. Uma noite eu tive que tomá-lo em meus braços & conduzi-lo! Ele teve o insight: "Desapegue

---

[1] Em 1980, o National Book Awards – anunciado pela primeira vez em 1936 – foi cancelado e substituído pelo American Book Awards, patrocinado pela Association of American Publishers. O prêmio foi reformulado em 1984 e renomeado como "National" em 1987. A National Book Foundation tornou-se responsável pelo National Book Awards em 1989 e reconhece oficialmente uma história contínua do NBA de 1949/1950, então o prêmio que AW ganhou em 1983 é agora conhecido como o National Book Award – um dos mais prestigiados prêmios literários dos Estados Unidos. O prêmio foi entregue em uma celebração fechada na Biblioteca Pública de Nova York em 28 de abril de 1983.

dos seus vícios & da luxúria & coisas boas virão para você." Fiquei muito feliz em ouvi-lo.

E agora vou passar o fim de semana em Milwaukee para falar ou ser homenageada pelos deltas. O que parece totalmente apropriado, de alguma forma.

Enquanto isso, recebi maravilhosos telegramas etc. de June & Toni Cade Bambara & Paule & um enorme buquê de 1 metro de altura de Bill Jovanovich.[1] Ele disse que se eu precisar de dinheiro, alguém para chorar ou rir "é só chamar". O American Book Awards & o Pulitzer os levaram a imprimir 20.000 cópias dos ensaios em vez de 10.000. Quanta cautela! Surpreendente.

Mas estou feliz. E Shug & a Celie estão felizes. Todo mundo parece muito emocionado & nós estamos chamando o prêmio de "O Pulitzer do Povo".

Abril de 1983[2]

Olá! Esta é uma Alice Walker muito cansada. Se você está ligando para me parabenizar, obrigada. Se você quer me convidar para uma entrevista, já disse tudo que tinha a dizer.

Se você precisar falar comigo sobre outra coisa, por favor, deixe seu nome & telefone.

Abril de 1983

Aceito este prêmio pelo meu romance,[3] em nome do povo, pessoas como meus pais, que nunca escreveram ou leram um romance; as pessoas deste país, que tiveram a educação, a saúde e a felicidade roubadas, & foram forçadas a trabalhar para o benefício das classes opressoras, e as pessoas de todo o mundo que estão nas mesmas condições, & que estão lutando para acabar com sua exploração neste momento. Aceito em nome de nossos ancestrais nativos americanos, negros & brancos radicais & feministas, cujas palavras & cujos atos nunca deixam de nos assegurar que não importa o quanto estejamos pobres, a terra nos pertence. Devemos usar toda a nossa raiva & todo o

---

1 William Jovanovich foi o diretor da Harcourt Brace Jovanovich, editora de AW. June e Paule são duas escritoras negras, amigas de longa data de AW, June Jordan e Paule Marshall.
2 Esta entrada sem data foi escrita depois que AW soube que ganhou o Prêmio Pulitzer por *A cor púrpura*. Ela estava sobrecarregada com os pedidos de entrevista da imprensa, por isso essa mensagem da secretária eletrônica.
3 Este é um rascunho do discurso de agradecimento de AW depois que *A cor púrpura* ganhou o American Book Award, que em 1987 foi renomeado como National Book Award.

nosso amor para protegê-la daqueles que a ameaçam & cujos atos arrogantes e destrutivos são subsidiados pelo sangue das pessoas oprimidas.

Juntos podemos sonhar & construir um país & um mundo onde todas as pessoas escrevem & todas as pessoas leem & todas as pessoas pintam & todas as pessoas fazem música & ninguém tem medo.

Entendo que, como uma dessas poucas afortunadas da minha classe, não apenas por escapar do analfabetismo, mas por realmente ler & escrever romances, é meu dever encorajá-los a acreditar que isso é possível.

Quero agradecer ao meu amigo Mel Leventhal por todos esses anos em que me apoiou de todas as maneiras. E agradeço à nossa filha Rebecca Leventhal por tudo o que me ensinou de admiração, paciência, encorajamento & alegria.

Agradeço às minhas amigas Joanne Edgar & Gloria Steinem[1] por sua confiança inabalável em meu trabalho, & agradeço a meu companheiro Robert Allen por sua alegria em compartilhar aventuras comigo. Agradeço a minha mãe por ter fé o bastante para me preparar para uma vida totalmente diferente – exceto pela jardinagem – da dela.

Somos todas filhas e filhos
do Éden
Selvagem
Extravagante, colorido
&
Desleixado
Estranho como o Adão
Originário
Como Eva.

30 de abril de 83

Robert & eu voltamos de Nova York & da cerimônia do American Book Awards. Resumindo, tudo agradável, não muito tenso. Agradeci aos meus "familiares" que estiveram presentes (Joanne Edgar, Rebecca, Miriam (mãe de Mel! Ele foi "agregado" de última hora), Gloria & Robert). Então aceitei o prêmio em nome do Povo. Os que leem & os que não leem. Só espero ter feito minha própria justiça popular. Quanta vida! Quantas vidas! E essa sabedoria otimista expressa

---

[1] As editoras-fundadoras da revista *Ms*.

tão diretamente! Eu realmente sinto que essas pessoas fizeram tudo isso, de alguma forma. Que eu realmente sou uma médium.

Então, depois da cerimônia, eu ou nós fomos levados numa enorme "limusine" para o salão de chá russo para jantar, onde Mel nos encontrou. Ele parece velho & doente. Senti tanta pena dele. Seus olhos estavam muito cautelosos e ele falou em estar "de plantão" para o governador que precisava de aconselhamento jurídico sobre: um caso de 2 milhões de dólares. Por que eu não consigo me interessar ou me impressionar com as questões legais dele?! Eu realmente queria, mas quase comecei a cochilar & "clique" vi novamente o tédio do casamento. O advogado Mel não é como o Poeta Mel – que o advogado Mel matou.

Muitas, muitas cartas de felicitação pelos prêmios. Quase todas expressando a sensação de que também ganharam alguma coisa. Só algumas pessoas são negativas. Uma delas, Loyle Hairston,[1] acha que os prêmios foram dados a mim por causa de meus retratos negativos de homens negros. Senti que isso era injusto e que eu não merecia & escrevi para dizer isso a ele.

Mas a maioria das pessoas parecem encantadas. Muitas mulheres & alguns homens.

Sei que se eu tivesse feito Celie gostar do estupro, não haveria reclamações da maioria dos homens. Ou mesmo da maioria das mulheres, que sofreram lavagem cerebral & se divorciaram de seus sentimentos. Mas graças a Deus elas estão acordando! E eu vou estar aqui dizendo Bom Dia!

05-11-83

Hoje estou com um tremor de tensão no olho, depois de vários dias de alegria ativa (natação, caminhada, yoga) que incluiu cantar. O problema: Puxa, uma carta muito desonesta de Loyle Hairston em que ele nega ter caracterizado meu romance como algo que gente branca premiaria por não dizer nada contra gente branca. Por que estou incomodada com isso? Assim como com Meridian, eu esperava mais dele. Certamente esperava justiça. Mas quando as mulheres escrevem sobre mulheres, os homens não entendem – ou se recusam a entender. Eles odeiam não estar no centro do palco & darão um jeito de estar no foco, mesmo que apenas dizendo que foram difamados – como Loyle fez. Mas, na verdade, eu não conheço esse homem além do fato de que ele escreveu uma crítica favorável a Terceira vida de Grange Copeland & de

---

[1] Autor e crítico literário negro.

uma festa de livros para Rosa em que pareceu bastante simpático.[1] Pelo menos estava <u>presente</u>, ajudando-a a vender livros.

Um problema mais complicado é Tillie Olsen,[2] que, quando lhe ofereci $ 1.000 para ajudar a pagar sua passagem para a China, continua me enviando lembretes de tudo o que fez por mim. Ontem ela devolveu $ 500 com um monte de tralhas indianas de souvenir (adesivos, cartões-postais etc.) que ela pegou no deserto no Arizona. Até uma xerox de sua carta ao pessoal do Guggenheim em apoio à minha inscrição!

Vou tentar nunca mais aceitar nada dela. Talvez essa seja a lição. Que a inquietação que senti o tempo todo sobre seus "presentes" era uma antecipação de que ela sentiria a necessidade de ficar me lembrando. E meu ressentimento por ser lembrada. Ela parece mesquinha & lamentável para mim, mas também me dá nos nervos. Ela também me lembra Muriel.[3] Essa mesma necessidade de ser aclamada como mentora, originadora de todos os pensamentos. Não gosto muito dela. Essa é que é a verdade. No entanto, continuo enviando bilhetes que são todos assinados "com amor". O tremor no meu olho parou.

Um terceiro problema que é apenas uma questão de $ também surgiu ontem.

Se devo gastar $ 2.800 na construção de um alicerce sob a cabana principal, em vez dos $ 1.000 que havia planejado. Mas é apenas uma questão financeira corriqueira, eu acho. Embora tenha que admitir uma certa inquie-

---

1 AW, Loyle Hairston e a romancista Rosa Guy foram colaboradores, no final dos anos 1970 e início dos anos 1980, da *Freedomways: A Quarterly Review of the Freedom Movement*, que se descrevia como "uma revista acadêmica escrita em estilo popular", fundada em 1961.
2 AW conheceu Tillie Olsen em meados da década de 1970. Admiradoras do trabalho uma da outra, as duas se correspondiam havia vários anos e, quando AW se mudou para São Francisco, Olsen a recebeu calorosamente. Ela também escreveu uma carta apoiando a inscrição da AW no Guggenheim e, em geral, encorajava a jovem escritora. Agora, no entanto, Olsen – nascida em 1912, mesmo ano da mãe de AW – parecia ameaçada pelas realizações literárias da escritora mais jovem.
3 A poeta Muriel Rukeyser, ex-professora de AW na Sarah Lawrence. Em última análise, AW acreditava que tanto Olsen quanto Rukeyser queriam ser figuras maternas para ela e ficaram com raiva quando Walker lhes negou esse papel. Em uma entrevista com sua biógrafa, Evelyn C. White, AW disse: "As mulheres brancas mais velhas que me ajudaram pareciam, por fim, irritadas por se encontrarem em competição com minha 'humilde' mãe e furiosas por eu nunca ter esquecido de colocá-la em primeiro lugar. Também imagino que acharam difícil saber sobre o sucesso de minha mãe como ser humano, uma vez que ela teve negados os vários privilégios que elas desfrutavam. Como, por exemplo, o de serem apenas brancas".

tação em relação aos custos cada vez maiores em Wild Trees enquanto nada parece estar acontecendo – por outro lado, supondo que tudo corra bem, terei o alicerce de que preciso no campo & a essa altura do ano que vem poderei estar lá, & confortável com água corrente, eletricidade e um novo quarto.

O tremor ocular voltou.

Então. Talvez eu esteja preocupada com dinheiro.

Alice, não fique. Se você ficar sem dinheiro, pode parar o que quer que seja. Tem dinheiro entrando. Você vai ficar bem. E avalie suas bênçãos!

Você escreveu um best-seller sobre pessoas que adora. Agora mesmo têm 50.000 cópias impressas. Está vendendo, & tem vendido, como pão quentinho.

Você ganhou um American Book Award & um Prêmio Pulitzer – que você nem sabia que premiava ficção.

Você tem uma filha saudável & engraçada que faz seu rosto se iluminar mesmo quando está falando sobre ela com estranhos em Milwaukee! Você não "a tem", ela tem a si mesma, algo que você admira muito. Você também gosta & admira sua honestidade & alegria. Sem mencionar como ela é bonitinha!

Você tem amizades que se alegram & torcem por você – Gloria, Robert, Belvie, Jan & tantas mais!

Você tem leitores que escrevem cartas em êxtase & enviam flores, broches & poemas.

Você vai para Le Mans em uma semana para receber um título honorário. Vai ver Mary Helen, Howie, Roz, Rebecca & sabe lá quem mais!

Você está indo para a China daqui a 3 semanas!

Você tomou a decisão de ter um compromisso público por mês, & está tentando, & às vezes conseguindo realizar alguns (& está sã).

Talvez a tensão venha de todas essas coisas "boas". Mas relaxe. O que importa é o mesmo de sempre: paz de espírito, um lugar no campo perto das árvores, um lugar na cidade perto de Robert. Saúde. Alguns dias para não fazer nada. Atuação política o bastante para justificar estar viva!

Hoje, por exemplo. Olha que próspero! Tão livre & aberto.

13 de maio de 83
(O nome disso é "Síndrome da Madrinha".)

Ontem, Tillie tocou a campainha & disse que queria "deixar algo". Eu a encontrei na escada, em frente à porta do meu vizinho. Nós discutimos, na medida em que isso é possível para nós. Eu disse que se o que ela estava me dando viesse dela, eu não poderia aceitar. Porque o que ela dá, ela aprisiona. E para mim isso é o mesmo que não dar nada. Por que ela me lembrou de tudo o que me ensinou sobre: China? Por que ela me mandou mais uma xerox de sua carta para o pessoal do Guggenheim? Por que ela teve que me dizer que Alice Childress colocou flores no túmulo de A. Smedley por causa da orientação dada por ela etc. etc. Ela respondeu, como eu esperava, que eu a interpretei mal. Que era "degradante" para ela até mesmo tentar discutir isso. Devemos ter sido um espetáculo, eu me impondo sobre ela às vezes, ligeiramente, nas escadas, meus vizinhos voltando para casa com crianças a tiracolo etc.

A certa altura, sentindo a futilidade de tudo isso, estendi a mão, pensando que o toque poderia fazer o que as palavras não podiam. Mas ela recuou. Foi embora, de verdade, num acesso de raiva.

Ela disse "você me confunde com Muriel". Eu respondi: "Você se comporta como Muriel. Talvez seja cultural."

Mas na verdade isso é Síndrome da Madrinha. Comportamento paternalista onde o esperado era igualdade & amizade.

E, até agora, meu olho não tremeu mais. Dormi a noite toda & aconteça o que acontecer tentarei expressar meu verdadeiro ser sobre o assunto.

26 de maio de 83
De volta depois de receber o título de doutora honoris causa na Universidade de Massachusetts. Foi divertido ver Mary Helen & ir assistir ao esplêndido "Say Amen, Somebody", & muito divertido ficar com Rebecca.

Tão cansada. Todo mundo quer que eu diga ou faça alguma coisa. Tudo o que consigo pensar é em como o verão vai ser ótimo, quando eu puder passar alguns dias, talvez até muitos dias, sem dizer mais do que...

...E agora, China!

Eu sublinho e adiciono o ponto de exclamação, mas o que eu realmente sinto é E agora... China. Gostaria de saber se consigo aguentar 21 dias. Já pensando em ir para a praia no Havaí & ficar em silêncio.

Visita à China[1]
1983
O tradutor é tão atraente!

---

[1] AW visitou a China em junho de 1983 junto com várias outras escritoras estadunidenses, incluindo Tillie Olsen, com quem ela recentemente tivera um conflito, e a aclamada romancista negra Paule Marshall. A tradução chinesa de *A cor púrpura* foi calorosamente recebida.

6 de junho
Depois de visitar o túmulo de Agnes Smedley.[1] Uma reunião no Instituto (Nacional) de Minorias em Pequim. Um lindo dia de calor – os momentos com Agnes cheios de emoção.

Precisamos nos certificar de tirar algumas fotos juntas. É disso que eu gostaria.

Estou particularmente interessada em escrever um ensaio sobre as alegrias de ser uma mulher de cor escritora.

Wild Trees
13 de julho de 1983
A viagem para a China foi exaustiva. Aliás, vou escrever mais sobre isso depois. Hoje estou deitada na cama do quarto novo em Wild Trees, aproveitando a brisa que entra pela janela. O quarto, embora pequeno, é um complemento perfeito para esse lugar. Proporciona um espaço para se esticar um pouco. E é sempre tranquilo.

Fui convidada para ser coapresentadora de uma cerimônia de premiação para mulheres de destaque da Baía de São Francisco – com Gloria. Não tenho o menor interesse, a não ser que eu veria Gloria & cumpriria um "dever" (que sinto vagamente) com as mulheres. Tentei me preparar psicologicamente para fazer isso (em setembro), mas no minuto em que começo a pensar no assunto meu pescoço tensiona. Acho que vou dizer não.

Agora, escrevendo à luz do lampião, olho para o vale & vejo a lua, brilhante acima das árvores. Tanta coisa aconteceu comigo este ano. O Prêmio Pulitzer, o American Book Award, um best-seller nº 1 do N.Y. Times. China. Wild Trees começando a me deixar confortável. Eu me sinto extremamente abençoada. Mesmo que ainda profundamente cansada. Tantos lugares me convidando a falar. Mas se falo, não escrevo. E escrevo porque não gosto de falar.

---

1 Agnes Smedley (1892–1950) foi uma jornalista e autora estadunidense, mais conhecida por seu romance semiautobiográfico *Daughter of Earth*, assim como por sua simpática narrativa das forças comunistas na Guerra Civil Chinesa. "Como meu coração e espírito não encontraram descanso em nenhum outro lugar da Terra, exceto na China", escreveu ela, "desejo que minhas cinzas jazam com os revolucionários chineses mortos." Ela foi enterrada em Pequim.

Cada vez que alguém me lembra que estou prestes a "falar" na África do Sul no dia 20 de agosto, fico tensa. Mas vou ler, ponderar e fazer o meu melhor.

7 de agosto de 1983
A notícia vinda da Pocket é que 250.000 exemplares de Púrpura estão impressos & eles esperam vender todos & muito mais! Enquanto isso, a capa dura continua a vender. $ 36.000 me são previstos em outubro. Da editora HBJ.

O trabalho na cabana/terreno está indo bem. O que temos agora é um simples refúgio no campo. E logo vai ter água & luz & um banheiro que já está quase pronto...

Agora dá para ter uma banheira de hidromassagem, um banco à beira da lagoa. Uma lagoa reformada. E tempo para estar aqui.

19 de agosto de 1983
Na agência dos correios em Boonville, a funcionária me mostra Púrpura no Catálogo do Clube do Livro do Mês... Aparentemente, eu e o livro estamos muito na mídia & sou grata por não estar ciente disso.

Não gosto de ver uma foto minha para todo lado que eu vá aqui em Valley. Isso mina a sensação de anonimato que eu gosto. Embora, como sou a única mulher negra morando aqui, o anonimato não seja possível. Todo mundo parece conhecer não só a mim, mas tudo o que acontece no terreno.

Agora, supostamente, a fiação será ligada na segunda-feira. Difícil de acreditar. E sim, estou farta de valetas & operários e da sensação inevitável de intrusão numa reconstrução como a que estou fazendo.

Minha irmã Ruth ligou ontem à noite... Discutimos sobre mamãe, que se preocupa, aparentemente, que todos lá vão morrer de fome. Me senti horrível ao pensar que essa preocupação é causada, tenho certeza, por Ruth, pois é ela quem se preocupa. Ruth diz que agora mamãe pode ir ao banheiro sozinha, comer sozinha & às vezes até tomar banho sozinha. Isso é um progresso! Enviei $ 22 em dinheiro para ela ter alguma coisa para si mesma. Para poder tomar uma "Pepsi por dia". Coitadinha. Ter um desejo tão pequeno & não poder satisfazer.

Devo enviar o artigo para Ruth de Gloria também, sobre a mãe dela.[1] Acho que ela iria gostar. Acho que é a melhor coisa de Gloria que já li.

---

[1] Em seu livro de 1983, *Outrageous Acts and Everyday Rebellions*, Gloria Steinem publicou um ensaio sobre sua mãe, chamado "Ruth's Song – Because She Could Not Sing It".

Daqui a pouco, Rebecca estará de volta.[1] Seus amigos, os Mettingly, estão nos ajudando a encontrar alguém para atuar como "guardião" para ela poder ir a uma escola fora de seu distrito.

Na loja de ferragens da cidade comprei tinta de tom amarelo boca-de-leão para pintar o banheiro. As paredes vão ter essa cor para captar o sol & a alegria, & o assento vai ser azul-marinho. A porta, vermelho oriental. Estou me dando conta que isso soa como uma cabine telefônica britânica ou talvez uma caixa de correio – exceto pelo amarelo.

Agora vou fazer uma sopa para o almoço & talvez dar uns toques finais no meu discurso – ou começar o banheiro.

<u>Mas</u>, meditar, eu preciso!

A meditação foi maravilhosa – 45 min.

20 ago. de 1983

E ótima para sonhos pacíficos! Ontem à noite tive o sonho mais extraordinário, lindo & requintado sobre mim e <u>Langston Hughes</u>. Nós éramos <u>amantes</u>. E ele amava tudo em mim, até mesmo meus sapatos, que estávamos olhando por algum motivo. Adorávamos trabalhar juntos. Conversar. Rir. Ele é tão <u>maravilhoso</u>. Estávamos na casa de Margaret Walker quando ele chegou, mas ela logo desapareceu. (Era como se ela fosse a conexão espiritual.) E por um tempo quente e sem fim nos beijamos & abraçamos & dissemos "Eu te amo. Eu te amo". Foi um dos sonhos mais prazerosos & plenos que já tive. Nós não "fazíamos amor" nós apenas <u>amávamos</u>. Profundamente.

Tanto que esta manhã quando acordei & entrei na sala grande & enfrentei o dia chuvoso, tudo voltou para mim & comecei a chorar porque era apenas um sonho. Mas senti a presença de Langston dizendo que para nós, o sonho é real. Que esse possa ser nosso espaço, um lugar para estarmos juntos, apaixonados & felizes. Ele me perguntou se eu não tinha achado bom & feliz & completo. E eu tinha que admitir que sim. Ele parecia estar, eu acho, na casa dos trinta. Muito bonito & tão amoroso.

Jornalista assim como a filha, Ruth sofria de um transtorno mental, e a jovem Gloria cuidou dela desde cedo. Ela escreve: "Ela era apenas um fato da vida enquanto eu crescia; alguém para se preocupar e cuidar; uma inválida que jazia na cama com os olhos fechados e os lábios se movendo em resposta ocasional a vozes que só ela podia ouvir; uma mulher para quem eu trouxe um fluxo interminável de torradas e café, sanduíches de mortadela e tortas de dez centavos, em uma versão infantil do que as refeições deveriam ser."

1 Rebecca estava morando com o pai em Nova York.

Langston, onde quer que você esteja, você me faz muito feliz e eu te amo. Talvez isso signifique que eu deveria fazer a coletânea de poemas. Se eu fizesse, poderia estar mais com você!

21 ago.
Ontem à noite o sonho foi com John Lennon. Eu estava tentando entregar a ele um exemplar de A cor púrpura. A única lembrança que ficou é dele sentado num lugar muito bem decorado, num hotel, vestido com um terno de uma suave cor de camelo.

23 ago.
Na última noite sonhei com Howie (Zinn) & estávamos andando de bicicleta & felizes como sempre acontece quando estamos juntos. Infelizmente é tudo o que me lembro. Mais tarde sonhei com terrenos e casas que pensava em comprar. Sem dúvida, esse sonho foi por causa dos meus pensamentos sobre comprar as terras dos meus vizinhos ao lado. Se fossem vendidas por $ 90.000, eu poderia dar uma entrada de $ 45.000 (os $ 36.000 da HBJ & $ 10.000 em Certificados de Depósitos) & pagar $ 450 por mês. Daí eu poderia alugar a casa principal deles por $ 250 por mês & reformar o "estúdio". Demolir a casa das "bombas hidráulicas". E finalmente, instalar as linhas de energia & telefone no subsolo.

Que dia incrível esse! Com muito mais vida (estou) do que ontem. E eu preciso, desejo, frutifico! Talvez eu devesse me vestir, ir ao parque buscar água, parar no Philo Café para o café da manhã & ler um jornal (credo – Robert disse que as notícias estão piores do que nunca).

23 ago. de 1983
A água está fluindo! E temos eletricidade! Houve uma reunião improvisada com nossas amizades de Valley. Fizemos uma peregrinação até a bomba hidráulica e brindamos ao Don (& Manuel) com vinho.

Robert tirou muitas fotos da nossa pequena procissão & do batizado que fizemos para a bomba e de nós uns com os outros. Em uma palavra, foi adorável. Boas vibrações, boas pessoas.

25 set. de 1983
É bem cedo. 4h30 da manhã. Tenho acordado todo dia nesta hora estranha. Esta noite acordei pensando no arranjo que fiz para contratar Brenda[1] para

---

[1] Brenda Walker, uma prima que vive na Geórgia.

cuidar de mamãe & morar na casa dela. Ela precisa de 1.100 por mês. O equivalente, descontando os impostos, do seu salário como farmacêutica. Inicialmente entrei em pânico – mas depois pensei: mesmo sem a ajuda de Bobby e Jimmy, eu poderia oferecer esse salário por pelo menos 6 meses. E eu preciso fazer isso & firmar o acordo com Brenda, amanhã. Embora pareça muito, é pouco se significa que mamãe estará mais feliz.

Que melhor uso eu poderia fazer do dinheiro que tenho? Além disso, minhas questões financeiras estão em uma situação gerenciável.

A casa no campo. A casa do Brooklyn. O apartamento. Melhor "investir" na felicidade & no conforto da minha mãe do que em outra casa. Então. Caso seja necessário, sempre posso fazer outra leitura em algum lugar. Vou ligar para Brenda de manhã.

Passei a maior parte do dia de ontem jogando coisas fora, arrumando meu escritório – & está começando a ficar maravilhoso de novo – como um lugar onde uma pessoa pode trabalhar. Estou guardando a maioria das cartas do pessoal que gostou de A cor púrpura. Algumas são bem bonitas.

Preciso ler O reino de Deus está em vós, de Tolstói.

Uma mulher escreveu (é a segunda) para me contar sobre o "defeito" em A cor púrpura: que a mulher que fica na rua "escravizando" para a esposa do prefeito não poderia ser Sofia. Ela continua por um longo tempo, listando as idades das crianças, o tempo gasto na África etc.

Eu quero escrever para ela & talvez eu escreva, que Com Certeza não é Sofia. Já que isso é cronologicamente impossível. Que a pergunta da leitora seja então: Quem é? E então se perguntar se é possível que tenha havido outra mulher, antes de Sofia, que sofreu seu mesmo destino.[1] Depois a leitora pode se perguntar (sem saber nomes) sobre o sistema de "contrato de trabalho" no Sul. O sistema muito usado no Sul após a reconstrução, quando pessoas negras eram "livres", mas os brancos ainda precisavam de seu trabalho. A era do sequestro que durou, provavelmente, até os anos 1930. Uma pessoa branca pediria a uma pessoa negra que trabalhasse para ela. Se a pessoa negra recusasse, isso era considerado agressão. Ela seria presa. A pessoa branca então

---

[1] No romance, a ferozmente independente Sofia se recusa a se submeter a homens (incluindo seu marido Harpo) ou a pessoas brancas. Depois de desafiar o prefeito branco da cidade, ela é condenada a doze anos de prisão, mas a sentença é posteriormente comutada para doze anos de trabalho como empregada do prefeito.

simplesmente solicitava ao carcereiro ou funcionário da prisão o acesso à prisioneira, ou prisioneiro, como trabalhador. O branco & o funcionário da prisão assinavam um contrato. Que por isso era chamado de "contrato de trabalho".

Foi o que aconteceu com Sofia. O que é único em seu caso, no entanto, é que ela realmente "agrediu" o prefeito. Sua resistência não era simplesmente à interpretação do homem branco ao não de uma pessoa negra.

Mas há outras possibilidades também. Como Nettie descreve a empregada do prefeito em termos de "contrato de trabalho" padrão, sua descrição se encaixa em Sofia. Lendo essa descrição muitos anos depois, Celie naturalmente assume que a mulher que Nettie viu era Sofia. E começa a escrever para Nettie sobre Sofia.

Uma terceira possibilidade é simplesmente aceitar a "impossibilidade de a mulher ser Sofia" como um quebra-cabeça. Já que é altamente improvável que, se alguém encontrasse um lote de cartas de 30 anos, não encontraria nelas um quebra-cabeças também.

Talvez tivesse sido útil mostrar mais nitidamente a leitores e leitoras que o prefeito & sua esposa já haviam pegado trabalhadoras na rua antes. Que o que aconteceu com Sofia não foi exclusivo dela. Que era, de fato, parte de um sistema em que pessoas negras, muito depois da escravidão ter sido abolida como resultado da Guerra Civil, podiam ser escravizadas legalmente.

É por isso que Sofia se refere a si mesma como escravizada, mas seu filho insiste que ela é uma cativa.

Nota: Ainda em 1968 coletei uma história de um homem negro que foi vítima desse sistema. Como ele não quis trabalhar para os brancos locais, foi preso por 5 anos. Ele foi posto na cadeia local em maio & não teve direito a julgamento até outubro. Durante esse período, é muito provável que ele tenha sido obrigado a trabalhar para os mesmos brancos a quem havia recusado. Depois disso, ele foi enviado para a prisão.

Uma leitura ontem à noite, que eu temia, mas que acabou bem. Não foi bem uma casa lotada – possivelmente por causa de uma chuva repentina. Pessoas negras bem-vestidas. Enquanto isso, eu apareci de poncho & calças bem casuais.

Parece que tenho um acordo com Peter Guber & Jon Peters.[1] E se der certo, terei que me acostumar a ter $, pelo menos por um tempo. Basicamente a

---

[1] Esses respeitados produtores cinematográficos fizeram uma oferta para comprar os direitos cinematográficos de *A cor púrpura*.

oferta é esta: 400.000 (350.000 como valor de compra, 50.000 como consultora criativa), mais 3% do total bruto pelas imagens, a partir do ponto de equilíbrio; mais, possivelmente, $ 75.000 adicionais se for necessário mais tempo – o que duvido, 18 meses é um período bastante longo. E 10% dos royalties da trilha sonora. O que tudo isso significa no mundo eu realmente não consigo imaginar. Depois, tem cerca de $ 100.000 da Pocket e $ 35.000 da Harcourt. Quem imaginaria? Isso é meio milhão de dólares!

    Robert & eu estamos muito bem. Incrível. Já faz muito tempo. Parei de convidá-lo para o campo, onde ele fica taciturno. Que pena. Wild Trees é espetacular! Meu jardim floresce desenfreadamente feliz. Cosmos e glórias-da-manhã por todos os lugares. Tomates. Couves e nabos. Este fim de semana Belvie, Wendy & eu plantaremos árvores. Álamos. Talvez algumas frutas também.

30 out. de 1983
Rebecca & eu, uma dupla dengosa. Esta manhã ela estava no sofá do meu escritório & adormeceu no meu colo. Foi tão como nos velhos tempos (!) quando ela era um bebê. E ela fica como era, mais parecida com ela mesma. Quer dizer: alegre & amorosa, carinhosa, inteligente & engraçada.

E ontem o irmão Guber me enviou uma garrafa de champanhe & um bilhete reconfortante. Mas que crises de ansiedade eu sinto sobre o filme! Tenho em mente as palavras de Peter sobre contratar as melhores pessoas em todas as categorias.

    Pensamentos sérios sobre a compra da propriedade dos Harkleroad.[1] $ 50.000 em dinheiro em 6 meses. $ 25.000 seis meses depois. Ou três.

    Robert & eu conversamos sobre montar uma editora. Wild Trees Press. Que poderíamos nos estabelecer no campo e fugir de Mendocino.

17 dez. de 1983
Ontem à noite minha irmã Ruth ligou. Ela disse que mamãe voltou para o hospital, que ela caiu – uma de suas pernas não está se movendo – & ela não consegue abrir a boca. Esse empecilho em abrir, ser incapaz de abrir a boca (& "empecilho" me lembra "cilha", que me lembra os "freios" dos cavalos, projetados para manter a boca aberta com as rédeas) me incomoda. Ela poderia estar sentindo inconscientemente que falou demais? Meu Deus, espero

---

[1] A propriedade ficava no condado de Mendocino, adjacente à casa de Wild Trees.

que não. Brenda[1] está se sentindo muito mal & pensando que vamos culpá-la pelo colapso de mamãe. Mas é lógico que não deveria se sentir assim – eu liguei, mas ela estava dormindo.

E hoje, o que está acontecendo aqui comigo? Uma fotógrafa do The New York Times, uma mulher gentil e sensível chamada Sara Krulwich, está aqui me fotografando para uma reportagem de capa da NY Times Magazine. Robert está no terraço corrigindo trabalhos dos alunos. O sol está aparecendo. Tem um fogo ligado no fogão & clique clique clique a câmera não para. Enquanto isso, minha mãe pode estar morrendo.

A última vez que falei com ela, ela disse que estava se exercitando & que estava dolorida. Eu falei que ela parecia mais forte & que o exercício era bom. Ela respondeu: "Bem, talvez seja bom para outras pessoas, mas talvez não seja para mim."

7 jan. 1984
Fiz várias ofertas para o terreno, mas todas foram recusadas. Então decidimos que não queríamos mais. Há uma chance de termos bons vizinhos &, de qualquer forma, provavelmente começaremos nossa casa neste verão. Amanhã, vou aparecer na capa da revista Sunday Times. Uma foto meio esquisita – & pelas minhas roupas, eu poderia aparecer na lista das mais malvestidas do mundo. Acima de tudo, o artigo de David Bradley sobre mim é estranho.[2] Nenhuma consciência da luta das mulheres – onde ele esteve?! Mas também muito emocionante em algumas partes... lógico, lendo essas coisas como se fossem sobre outra pessoa; um alguém de quem já se foi próximo. E que foi amado. E com quem você se preocupava. Há um sério erro de citação que é tão sem sentido que estou surpresa que tenham deixado na versão impressa. E ele diz que meu olho é artificial. Nossa.

Imagino que devo tomar o amargo junto ao doce. E o doce é que Robert & eu & Rebecca & eu, Casey & eu, e todos nós juntos estamos ótimos. Uma família reconstituída, cada vez mais forte.

---

1 A prima Brenda estava cuidando da mãe de AW na Geórgia.
2 A matéria de capa do escritor e jornalista David Bradley que teve AW como tema foi publicada na *New York Times Magazine* em 8 de janeiro de 1984, sob a manchete "A romancista Alice Walker contando a história da mulher negra".

Não importa a raiva com que eu tenha escrito sobre o homem negro, nunca soltei suas mãos uma única vez. Mesmo que ele tenha me chutado nas canelas muitas vezes.

Quanto mais penso no artigo de Bradley, mais terrivelmente desonesto, egoísta & condescendente parece. E não tenho sequer uma lembrança de ter almoçado com ele, muito menos de ter "flertado!"[1] O I Ching diz que eu nunca deveria tê-lo deixado entrar, que fazer isso sem já ter uma confiança mútua desenvolvida era errado. E o irmão Ching está certo.

E aqui estou eu no final deste caderno iniciado em 1976, há quase 8 anos!

Houve momentos difíceis, mas, no geral, me sinto, continuo me sentindo, abençoada. Na verdade, quando considero as possibilidades & as realidades de muitas outras vidas, sinto isso intensamente.

---

1 No artigo do *New York Times*, Bradley escreve assim sobre seu primeiro encontro com AW, vários anos antes de entrevistá-la para o artigo: "Alice Walker pessoalmente é tão multifacetada quanto Alice Walker nos livros. É uma estudiosa de alcance impressionante, da literatura africana a Oscar Lewis, o famoso antropólogo. Uma 'minina' do Sul da terra – em oposição à dama. Seu discurso é salteado de expressões caseiras, mas salpicado de alusões literárias rarefeitas. É uma feminista intransigente, capaz de análises perspicazes e lúcidas; e também dada ao toque e ao flerte inocente. Tem uma risada matreira que começa como um risinho e explode como uma bomba. Seus olhos brilham – eu não sabia, e certamente não poderia dizer, que um deles era cego por causa de um acidente na infância.

No mês que vem faço quarenta anos. De certa forma, sinto que o trabalho do início da minha vida está pronto & completamente feito. Os livros que escrevi já levam adiante os pensamentos que sinto que os ancestrais estavam tentando me ajudar a transmitir. Em cada geração alguém(s) (ou duas/ou 3 pessoas) é escolhido para este trabalho. Ernest Gaines é um desses. Margaret Walker. Langston & Zora. Toomer. "Uma ameixa foi deixada para mim. Uma semente se torna uma árvore cantante eterna!"[1] Ou algo parecido.

Grande Espírito, agradeço a vida longa & a plenitude do meu trabalho. Se você quisesse que eu seguisse em frente, voltasse para casa ou o que quer que fosse, eu tentaria suportar com alegria. Mesmo que eu esteja bastante alegre aqui. Eu amo Rebecca & Robert & Casey (Casey faz grandes fogueiras & adora ser abraçado). Nós somos uma família. Com tanta frequência este parecia um sonho impossível, neste mesmo diário. E mesmo assim é real.

Langston estava certo: o sonho é real. E se trabalharmos duro o bastante, sempre teremos um lugar no sonho.

Agradeço novamente. Eu te amo. Eu amo suas árvores, seu sol, suas estrelas & lua & luz. Sua escuridão. Suas ameixas & melancias & terras ribeirinhas. E todas as suas criaturas & seu pelo & olhos & penas & escamas.

26 jan. de 1984[2]

O ano novo, o ano profetizado, começou. Hoje está ensolarado, radiante. Deslumbrante no melhor estilo São Francisco. Já tive muitos dias felizes, e vários não tão felizes. Ainda me sinto traída pelo artigo de David Bradley no Times. Por um texto tão bem escrito, espero que o Times lhe pague 30 moedas de ouro. Eu pensei que tinha superado qualquer dor real em relação ao meu olho, mas parece que não. Justamente quando me senti à vontade para discutir essa cegueira, ele escreveu no Times que é artificial. O que implica que isso (& a maneira como aconteceu) explica minha visão "distorcida". Eu enxergo falsamente porque tenho um olho falso. O resto do texto é tão desonesto. Nenhuma discussão sobre minha "política" que foi o cavalo de Troia que o colocou dentro da minha casa. Os meus ensaios ele arruinou. E Meridian. Mas recebi muitas cartas maravilhosas e escritos de apoio. Todas as pessoas, exceto uma ou duas em quem já não confiava de todo modo, pa-

---

1 Este verso é parafraseado do poema de Jean Toomer "Song of the Son".
2 AW desenhou um coração roxo no entorno de "1984".

recem ter percebido. Mary Helen[1] comentou que alguém disse que colocaram a foto errada na capa. Deve ter sido Bradley, já que a matéria era sobre ele.[2]

Pois é. Desse nível para baixo. E ainda teve o terceiro ou quarto derrame da minha mãe – e às vezes ela divaga dolorosamente sobre a lesbianidade de Brenda. Ruth diz que mamãe a chamou de "hermafrodita" & disse que ela não deveria estar perto de pessoas "normais". Isso é engraçado: porque se ela está perto da minha família, ela não está perto de pessoas "normais". E existem pessoas "normais"? O que seria normal para Minnie Lou? Só as Testemunhas de Jeová, sem dúvida.

Robert me decepcionou, novamente. Enquanto estávamos no campo, ele pagou 300 árvores para mim. Quando voltamos para casa, dei a ele $ 5.000 como taxa de "consultoria" & perguntei se ele consideraria o dinheiro das árvores quitado ali. Ele disse com certeza. No dia seguinte, porém, ele mudou de ideia. Queria também o dinheiro das árvores em outro cheque de $ 300,00. Algo TÃO mesquinho, pão-duro, mão de vaca e sem visão me fez chorar de frustração. Então preenchi o segundo cheque. Depois, no dia seguinte, ele me contou que ano passado, enquanto esteve no Colorado, onde sua antiga namorada do ensino médio leciona, eles "tiveram um relacionamento de ordem sexual, mas baseado na amizade", o que ele viu como um progresso para si mesmo. Isso foi um golpe, mas depois do negócio da árvore eu senti tanta pena dele. Especialmente porque ele disse, quando perguntei por que esperou tanto para me contar: Mary Helen (Washington) está vindo (para lecionar por um semestre na Mills) & ela conhece A., são amigas & talvez ela saiba. Queria te contar eu mesmo, antes que você soubesse por ela.

Mas Mary Helen não me contaria, eu disse. Ela não iria querer me magoar. Mas estremeço só de pensar na opinião dela sobre você.

Essa interpretação não ocorreu a ele, acho que não.

Durante vários dias me senti suja, por causa de sua duplicidade. Ela estava livre de herpes?, por exemplo. E tudo isso que acontece com a infidelidade. Agora só me sinto triste por Robert. Tivemos alguns momentos muito bons juntos desde que ele me contou. E ele tem sido mais amoroso do que nunca. Mas, como eu falei para ele, não consigo mais confiar. Ele não me daria nem

---

1 Amiga de longa data de AW e estudiosa de literatura, Mary Helen Washington.
2 De fato, Bradley escreve o artigo em primeira pessoa e continua por várias páginas antes que a voz de AW seja ouvida; isto é, antes mesmo de ele citar a entrevista realizada com ela para a matéria.

uma fração do dinheiro que eu dei a ele. E só me contou sobre um caso porque temia que outra pessoa pudesse contar. Mas também tem muitos pontos positivos – e eu tento apreciá-los.

Sem data, janeiro de 1984[1]
Lamento que D. Bradley me ache menos agradável depois de descobrir que também tenho um enorme calcanhar de aquiles. Pode ajudá-lo saber que meu olho cego, que ele também percebeu como artificial, é de carne & osso.

Em uma nota menos técnica: não consigo imaginar ter dito "o feminismo branco não é uma tradição que ensina às mulheres brancas... que elas são capazes", a menos que meu cérebro & minha língua ecoassem a exaustão que Bradley imprimiu à minha voz & às minhas feições. O oposto é verdadeiro. Onde a tradição mulherista difere (da feminista branca) é que ela assume, a partir do conhecimento histórico, que as mulheres negras podem fazer quase tudo – porque geralmente elas já fizeram. Quando Sojourner Truth disse "ninguém jamais me ajudou a subir em carruagens ou a atravessar poças de lama... e eu não sou uma mulher?" e continuou falando sobre trabalhar feito um homem & comer como um, ela estava expressando essa tradição em alto & bom som.

Não escolho mulherismo porque ele é "melhor" que feminismo, já que mulherismo significa feminista negra, mas porque me pertence.

Sem data
Quincy Jones[2] me pediu para escrever o roteiro do filme. Eu disse que sim. Mas depois, quando mencionei isso para Wendy, fiquei pensando se é certo fazer isso de graça. Eu acho que não. Então eu deveria apenas escrever uma mensagem para ele nesse sentido.

Sem data[3]
A história começa por volta de 1903 com o linchamento – por brancos invejosos – do pai de Celie, um empreendedor/agricultor muito esforçado & que

---

1 Este é um rascunho da resposta de AW à reportagem de capa de David Bradley sobre ela na *New York Times Magazine*. Uma resposta mais longa foi publicada na edição de 12 de fevereiro de 1984 da revista.
2 O lendário músico e produtor Quincy Jones fez parte da equipe de produção da adaptação cinematográfica de *A cor púrpura*. A referência a Wendy aqui é à sua agente literária, Wendy Weil.
3 AW está começando a imaginar *A cor púrpura* como um filme, essas notas resumem o enredo e descrevem os personagens principais.

começa a prosperar numa pequena cidade da Geórgia. A mãe de Celie fica mentalmente instável, mas é cortejada & se casa com um homem mais interessado em seus atrativos (pequena, arrumada e branca), sua casa vitoriana, seus campos & propriedades, do que em suas duas filhas, Celie & Nettie. Quando Celie completa 14 anos, este padrasto, que ela acredita ser seu pai, começa a estuprá-la, engravidando-a duas vezes, e ele dá os dois filhos a um velho amigo que se tornou missionário. A mãe de Celie morre com raiva da filha & como Celie foi advertida por seu padrasto a não contar a ninguém (a não ser Deus) quem gerou seus filhos, ela obedientemente escreve cartas para Deus.

Mais tarde, quando sua irmã mais nova Nettie foge de casa, ela corre para a casa onde Celie vive com o Sinhô ___, um homem mesquinho, muitas vezes brutal, que como teve a mão de Nettie negada pelo padrasto delas, se casou com Celie porque precisava de alguém para cuidar de seus filhos; sua primeira esposa, Annie Julia, tinha sido assassinada pelo amante. Como Nettie despreza seus galanteios, ele a expulsa & então Celie a envia para os mesmos missionários, Corrine & Samuel, que haviam involuntariamente adotado seus filhos, Olivia e Adam. Com eles, Nettie parte para a África como missionária, onde permanece, escrevendo cartas, mas sem notícias de Celie por 30 anos.

Espancada por muitos anos de uma vida de trabalho penoso & abusos do Sinhô ___ e de seus filhos detestáveis, o espírito de Celie começa a se recuperar quando Shug Avery, uma cantora de blues & amante do Sinhô ___ é trazida para casa por ele, doente, para que Celie seja sua enfermeira. Celie & Shug se apaixonam, & Celie deixa o Sinhô ___ para acompanhar Shug a Memphis, onde Shug ganha a vida cantando blues (antes ela ganhava a vida como empregada) & onde Celie começa uma vida feliz e independente desenhando calças.

A gota d'água para Celie em sua vida com o Sinhô ___ foi descobrir, com a ajuda de Shug, que o Sinhô ___ havia escondido todas as cartas que Nettie havia escrito para ela ao longo dos anos. Nessas cartas, que ela finalmente recebe, a vida de Nettie se revela: ela & os filhos de Celie & Samuel & Corrine vivem entre os olinka em uma pequena aldeia de cabanas cobertas de palha (algumas redondas, algumas quadradas) na África Ocidental. Todos eles ensinam coisas lá & Samuel prega. Corrine gradualmente reconhece a semelhança entre seus filhos adotivos & Nettie & (graças a uma febre tropical) agoniza até a morte. Após sua morte, Samuel & Nettie se casam. Durante este drama pessoal, a aldeia dos olinka é destruída por uma empresa inglesa de borracha & eles são forçados a ir para uma reserva árida. Adam se casa com

Tashi, uma jovem olinka. Nettie, Samuel, Olivia & Adam & Tashi retornam aos Estados Unidos.

Enquanto isso, Shug havia deixado Celie para ter um caso com um rapaz bonito de 19 anos que toca blues. Eles viajam para o sudeste & conhecem os filhos já adultos de Shug, um dos quais trabalha numa reserva indígena que é uma imagem espelhada daquela que os olinka ocupam na África. Celie, cujo padrasto havia morrido & deixado a propriedade de seu verdadeiro pai para ela, incluindo uma casa enorme e bonita, perdoa & se torna amiga, pela primeira vez, do Sinhô ____, a quem ela agora chama de Albert. Apesar de sentir falta de Shug, ela está contente, com suas amizades & seus desenhos/costura. Naturalmente, nesse ponto, Shug volta.

Com Shug & Albert ao seu lado, Celie precisa apenas de uma coisa para que sua vida seja completa. Sua irmã Nettie. Um dia, enquanto todos estão sentados confortavelmente na varanda, Nettie, Adam, Olivia, Samuel & Tashi (depois que Celie recebeu um telegrama dizendo que o navio deles havia sido afundado por minas alemãs em Gibraltar) chegam.

Celie

Na cultura de pequenas cidades rurais da virada do século até os anos 1940, pelo menos, a forma feminina voluptuosa, corpulenta, robusta era admirada. E mesmo uma mulher muito gorda era admirada se fosse bem-humorada e "com pluma nos pés", ou seja, uma boa dançarina. Uma mulher magricela, esquelética (e não esbelta, o que era admirado se ela fosse também forte) era considerada quase deformada.

Ser magra é o maior defeito de Celie. Desde que se tornara mulher & muito magra (com seios pequenos) sua forma não era considerada feminina. Daí o lembrete frequente do Sinhô ____ para Celie de que era "magricela, com um jeito engraçado". Hoje diríamos que Celie tem a silhueta de modelo. Sua outra "feiura" consiste num jeito furtivo e abatido, cabelos & roupas desleixados (ela não tinha ninguém para ensiná-la a cuidar de si mesma). À medida que começa a criar a si mesma através de sua escrita, de seu amor por Shug & Nettie, ela começa a assumir uma beleza exterior que se aproxima de sua extraordinária beleza de espírito.

Shug Avery

Shug Avery é inspirada numa das minhas tias, que trabalhou como empregada a maior parte de sua vida. Eu nunca conseguia acreditar nisso porque quando ela veio para o Sul para nos visitar – envolta em strass (diamantes) e peles (de segunda mão, dadas por sua patroa), ninguém poderia imaginá-la limpando a própria casa, para não mencionar a de qualquer outra pessoa.

Shug cumpre o requisito de "ser corpulenta" (ver fotos de qualquer uma das primeiras cantoras de blues: Bessie & Mamie Smith, Ma Rainey etc.) para se qualificar como "feminina". Exatamente o oposto de Celie. Além disso, ela sabe se vestir, se comportar & não se atrapalha verbalmente como Celie. Ela é maravilhosa e sabe disso, e só tem pensamentos felizes sobre sua pele preta, já que durante esse período as mulheres negras de pele preta & as de pele mais clara tinham a mesma chance com os homens negros. Foram os filmes & espetáculos produzidos por brancos que incentivaram o sexismo colorista posteriormente exibido por negros. Shug se parece com Pearl Bailey[1] & age como se imagina que P. Bailey atuaria num ambiente só de pessoas pretas. Assertiva, engraçada, desinibida & relaxada.

Albert

Albert é um homem pequeno, amargo e fraco em um primeiro momento. Um homem cujo pai tomou as decisões mais importantes de sua vida. Embora casado duas vezes, com pelo menos uma amante de longa data e dois "conjuntos" de filhos, ele não sabe quase nada sobre crianças ou mulheres. É o tipo de pessoa que realmente pensa nas mulheres como uma espécie à parte, cujos sentimentos não são tão importantes quanto os de um homem. O que o salva do fracasso total como ser humano é seu amor irracional, mas sincero, por Shug Avery. É por amar Shug, & porque _ela_ ama Celie, que ele consegue começar a ver algo em Celie (& em outras mulheres) para apreciar. Ele ainda segue as ordens de outra pessoa, mas, ao contrário de seu pai, Shug & Celie o levam à fonte do amor em si, ou seja, se maravilhar com o universo. A própria existência. O homem que passa a valorizar a beleza & a fragilidade das conchas do mar sem nunca ter visto o mar é muito diferente do homem que estuprou a noiva que era ainda uma criança, e enquanto sua cabeça estava enfaixada.

---

[1] Pearl Bailey era uma cantora e atriz afro-americana voluptuosa e de pele escura que começou sua carreira cantando e dançando em clubes noturnos negros na década de 1930. Ela fez sua estreia na Broadway com _St. Louis Woman_ em 1946 e permaneceu ativa como atriz e cantora até sua morte em 1990 aos 72 anos.

Squeak/Mary Agnes

A coisa externamente mais importante em Mary Agnes é sua cor. Ela aparenta ser branca (como a antiga cantora/atriz Fredi Washington[1]) com olhos cinza ou verdes e cabelos claros. Ela representa muitas mulheres negras de pele clara que se veem perseguidas por homens negros e brancos por causa de sua cor & porque como "mulatas" elas foram estereotipadas nos livros & na mídia como devassas e fáceis (para o homem branco) & "bonitas como as mulheres brancas" para os negros. Muitas mulheres negras de aparência branca estavam perdidas de si mesmas porque nenhuma comunidade permitia que elas fossem elas mesmas. Squeak se encontra através da luta com Harpo & Sofia & seus filhos – & acima de tudo, através do canto, sem o qual teria afundado.

Harpo

Harpo, como seu pai antes dele, & em grande parte por causa de seu pai, pensa nas mulheres como uma raça subserviente. No entanto, é precisamente pela natureza não subserviente de Sofia que ele se apaixonou. Ele é um jovem muito esbelto quando se casam, mas no final da história está bastante corpulento. Como seu pai permanece pequeno & esbelto, Harpo começa a parecer ser o pai, & seu pai o filho. E isso reflete em seu crescimento interior, pois Harpo amadurece & começa a se tornar um ser humano autêntico antes que isso aconteça com seu pai.

Nettie

Nettie não é magra nem robusta, mas média. Ela é negra, mas não preta (Corrine é vários tons mais clara, como convém ao seu status de burguesa de Atlanta) e ela usa o cabelo solto num elegante estilo vitoriano, repartido no meio & enrolado na parte de trás da cabeça. Ela usa saias longas de missionária & blusas brancas com laços. Sapatos com fitilho & um casaco curto. Sua beleza é simples e natural e irradia bondade. Ao contrário de Shug & ao final Celie, seria difí-

---

[1] Fredi Washington, atriz dramática negra e ativista pelos direitos civis, ficou mais conhecida por seu papel na versão cinematográfica de 1934 de *Imitação da vida*, na qual interpreta Peola, uma jovem negra de pele clara que tenta se passar por branca.

cil imaginar Nettie realmente brava. Embora ela sentisse por Albert uma raiva suficiente para brigar com ele. Ela & Shug acabarão se tornando amigas, mas a princípio ela ficará surpresa com os palavrões fortuitos de Shug.

Samuel

Samuel é um homem grande, negro, amável & gentil com um olhar sacerdotal que desmente a facilidade com que ele se dá com as mulheres. Sexualmente & como amigas. Ele é uma pessoa "comovente" & um consolador natural. Com Samuel, as mulheres não sentem necessidade de aparentar algo que não são, porque sentem que ele as ama (& gosta delas) como são. Embora Nettie afirme que nunca pensou nele "como um homem" antes que ele chorasse em seus braços, ele é o tipo de homem com quem as mulheres têm fantasias porque a mulher com quem ele está geralmente parece muito contente. Ele é um homem vulnerável, capaz de chorar, capaz de estar errado. Capaz de admitir o fracasso. Nisso ele é um sucesso como ser humano, assim como um sucesso com mulheres que desejam um homem que seja humano como elas.

Sofia

Sofia é uma mulher de pele brilhante, corpulenta e corajosa, com "pernas grossas" & cabelo abundante, talvez o ideal de beleza campestre do início do século XX nos Estados Unidos. Uma das primeiras mulheristas, ela é capaz de trabalhar & enfrentar as próprias batalhas como um homem, gosta de homens, sexo, seus filhos & sua casa. O tipo de mulher forte e trabalhadora que, e quando está sem seu avental & com seu batom & de vestido, faz um homem piscar descrente não uma, mas muitas vezes. As mulheres também gostam dela (embora Celie não goste no início) por sua franqueza, seu humor, sua generosidade & pronta lealdade.

Sobre a música: Se o filme começar (como pode acontecer) durante a vida feliz de Celie quando menininha, antes da morte de seu pai, no final dos anos 1890, 1900, a música seria ragtime. Talvez apenas um tilintar, para nos informar que havia algo otimista, antes da queda. Quase tudo de Scott Joplin, je pense.

De resto, as músicas serão feitas a partir do livro & da vida de Celie (que ilustraria como blues são feitos) & então o blues tradicional da mulher jook[1]– como as mulheres de "Mean Mothers" & Bessie Smith.* Algumas das primeiras músicas (no filme) podem ser canções típicas de "mulheres vítimas", mas devem se transformar em canções de autoconfiança & independência. O tipo de músicas que Madam C.J. Walker cantarolava para si mesma. E que Shug Avery começou a cantar depois que desistiu de ter os homens como centro do universo, em favor de si mesma.

O que é importante para mim é que a música de mulheres independentes e silenciadas – música tão atrevida & livre quanto o jazz que os músicos que as acompanham tocavam – seja reintroduzida no mundo. Nós precisamos disto.

Pode ser assim:

1895 – 1903   ragtime desvanecente
1903 – 1914   Período de silêncio de Celie
1914 – 1925   Músicas de A cor púrpura
1925 – 1940s   Músicas populares de Bessie, "Mean Mothers"**[2] da época, instrumentistas da época. Inclusive para a seção do Harlem (década

---

[1] A cultura *jook* surge das Jook Joint, espécies de tabernas ou cabarés negros, com música, dança e jogos, frequentados por pessoas negras após o trabalho extenuante, e onde surgiram algumas tradições de blues e baladas afro-americanas. Muito comuns no Sul dos Estados Unidos e locais com populações majoritariamente negras, sobretudo em beiras de estrada. Zora Neale Huston comenta em seu ensaio "Characteristics of Negro Expression" que sua origem é negro-indígena e que a palavra "jook" significa "casa de prazer para negros". As mulheres tinham um papel bastante significativo nessa cultura. [N. da T.]

* Há uma música maravilhosa de Bessie que vou descobrir qual é, sobre como se trata um cafajeste:
You make him
Stay at home
Wash & iron
Let the neighbors think
He's lost his mind
(Na boca de Bessie "iron" e "mind" rimam)
[Nota de AW para si mesma. Os versos são parafraseados da canção "Safety Mama", de Bessie Smith.]

** Duas das minhas favoritas no Vol. 1 são "There Ain't Much Good in the Best of Men Now Days" (Shug) & "Keep Your Nose Out of Mama's Business" (Squeak/Mary Agnes). [Nota de AW para si mesma.]

[2] *Mean Mothers/Independent Women's Blues, Vol. 1*, uma coletânea de blues negros clássicos feitos por mulheres durante as décadas de 1920 e 1950, compilada por Rosetta Reitz e lançada por seu selo Rosetta Records.

de 1920) quem estaria tocando: Duke Ellington, talvez. Apenas um refrão. (& nas igrejas, arrecadando $ para a África "Lift Every Voice and Sing"[1]) Na África, música tradicional das mulheres do oeste africano. Sem tambores.

A maioria das mulheres pode fazer muito mais para se dar prazer do que um homem. Se não acredita em mim, pergunte a uma que não dê a mínima para o que os homens pensam. Shug não dava a mínima. Muitas vezes eu a ouvi dizer – porque ela estava falando comigo – eu tenho mais pau no meu dedo do que você tem na sua calça.

21 fev. de 1984
Ontem à noite, Quincy Jones & Steven Spielberg (parecendo um pouco como algum tipo de pássaro, talvez um papagaio – ele disse que quebrou o dedão do pé batendo na gaiola de seu papagaio: quebrou dois dedos ontem à noite, foram engessados depois da queda) chegaram. Quincy primeiro, numa enorme limusine que teve dificuldade em fazer a curva na minha rua. Quincy estava muito bem-vestido e com o cabelo arrumado. E Steven, que chegou mais tarde, casualmente & (parcialmente) com roupas de outra pessoa. Quincy falou tão positivamente sobre ele que quase fiquei com receio em vê-lo – mas, depois de um momento de quase sei lá o quê, desconforto, ele entrou & se sentou & começou a mostrar como leu atentamente o livro. E fazendo comentários realmente inteligentes. Incrível. E Quincy sorriu.

Robert & Rebecca & Casey estavam comigo. Rebecca se divertiu & Casey procurava algo para beliscar. Robert estava bastante charmoso também. Fomos jantar no Ernie's, onde Quincy & Steven & eu ficamos um pouco embriagados e cheios de energia pensando num filme sobre Celie & Shug & Nettie. E depois de três horas eles me trouxeram de volta para minha humilde morada & saíram noite adentro naquela enorme limusine para pegar o jatinho da Warner Brothers & ir para casa em Los Angeles & finalmente cama. Q. alegou não ter dormido na noite anterior porque sair de Los Angeles às nove da manhã era muito cedo.

Enfim.

---

1 Escrita como um poema por James Weldon Johnson e musicada por seu irmão J. Rosamond Johnson para o aniversário do então presidente dos Estados Unidos Abraham Lincoln em 1905, "Vamos erguer cada voz e cantar!", é de grande relevância para a comunidade afro-americana, sendo conhecida como o hino nacional negro. [N. da T.]

Ficou combinado que Steven & eu trabalharemos juntos no roteiro. Vou escrevê-lo & conferir. Escrever & conferir. Estou sentindo um pouco de pânico. Quero muito que fique bom. Algo para levantar os espíritos & encorajar as pessoas.

15 de março de 1984
Ontem foi o aniversário de Quincy. Liguei para cantar parabéns para ele. Ele me liga com frequência, com as desculpas mais esfarrapadas. Mas ele não estava nem no escritório nem em casa e parecia artificial. Então fui breve.
   Tanta coisa aconteceu.

Esta é minha terceira semana no campo escrevendo o roteiro. A primeira semana correu incrivelmente bem. E a segunda. Mas agora me sinto travada. Estou deitada na cama lendo e me sentindo com menos energia do que o normal. Provavelmente por causa dos biscoitos doces & do pudim que comi ontem & à noite.
   Robert. Ainda não confio nele. Muitas vezes nem gosto dele. Mas o costume de tê-lo é muito forte & ele é muito persistente... Tem muita tristeza, mas nada tão ruim. Fazemos yoga juntos. Vamos ao cinema. Sinto que estou fazendo coisas com alguém que conheço. Mas não tem alegria para mim. Nenhuma emoção...
   Estou travada no roteiro. Mas pelo menos estou no ponto onde Celie & Shug saem de casa. Agora preciso mostrar Celie & Shug em Memphis & depois a morte do padrasto de Celie, depois a paixão de Shug pelo rapaz de 19 anos, & a volta de Celie para casa & a amizade de Albert, & depois a volta de Shug e de Nettie – e parece difícil fazer isso em 50 páginas. Mas graças a Deus tenho mais 2 meses e 1/2 para fazer o esboço.
   Enquanto isso, Whoopi Goldberg[1] está fazendo um teste para o papel de Celie & eu vou a Los Angeles na sexta-feira para vê-la. Até nisso sinto que estou me afastando de Robert.

Também estou comprando a propriedade ao lado! $ 40.000 no ato e mais $ 70.000 em 15 anos. Com 10%. Finalmente fez todo sentido comprá-la – como uma guarida da minha privacidade. Com espaço livre, mas também um lugar

---

1 Whoopi Goldberg – nascida Caryn Elaine Johnson em 1955 – era uma jovem comediante e atriz que chamou a atenção dos produtores de teatro em 1983 com um espetáculo onde fazia monólogos de diferentes personagens. Intitulado *Whoopi Goldberg*, o espetáculo foi exibido na Broadway de outubro de 1984 a março de 1985.

onde amizades & visitantes podem ficar. A casa principal também tem uma banheira. E uma hidromassagem.

* * *

Curtis[1] foi indiciado por conspiração para o tráfico de narcóticos. No mesmo dia em que ouvi isso, de Ruth, fiquei sabendo que tinha ganhado o Prêmio Townsend[2] que é sei lá o quê da revista Atlanta na Geórgia. E, no mesmo dia também fiquei sabendo que tinha ganhado o Prêmio Lyndhurst,[3] do Tennessee – o prêmio fornece (ou é de) $ 25.000 por ano durante 3 anos. Isso é meio irreal.

31 mar.
A noite com Whoopi correu extremamente bem. Quincy enviou um jatinho para nós & o prédio de Steven é lindo. Whoopi foi maravilhosa. E eu tenho datilografado o roteiro. Tentando completar meus impostos. A terra no campo está firmada & comecei meu jardim. Eu amo que vai ter muito espaço para fazer todos os tipos de coisas ao ar livre & ninguém vai me ver! Foi assim durante boa parte da minha infância. Me lembro de um jardim que comecei um pouco afastado de casa, descendo a colina. Tentei plantar feijão & milho na areia. Todos brotaram, mas logo morreram. Mas para WT[4] acabei de comprar enormes montes de esterco compostado. E me sinto tão bem com isso. Tenho cavado duplamente um canteiro bom e grande para cenouras & alface. Hum. Também vou plantar mostarda & nabo & tomate e talvez algum tipo de feijão. Quiabo seria bom. Cebolas. Pimentas. E continuo plantando árvores. Bem devagar nisso. Esperando os Harkleroads partirem antes de plantar álamos na frente de casa.

Então. June Jordan[5] esteve aqui ontem à noite. Mais magra. Irritadiça. Com uma pessoa jovem, amizade/amante. Me senti estranha tentando falar com ela tendo essa outra pessoa presente. Mas fomos jantar comida chinesa & isso foi bom. Foi bom vê-la também.

* * *

---

1 Um dos irmãos de AW.
2 O Prêmio Townsend foi criado em 1981 e é concedido bienalmente a um escritor ou escritora da Geórgia que tenha publicado uma obra de ficção excepcional nos dois anos anteriores.
3 O Prêmio Lyndhurst, concedido pela Lyndhurst Foundation de Chattanooga, é um prêmio em dinheiro para pessoas que fizeram contribuições significativas para as artes, particularmente a literatura.
4 Wild Trees, propriedade de AW na zona rural do condado de Mendocino.
5 A aclamada poeta e amiga de longa data de AW.

Rebecca começou a fazer aula de aeróbica e está adorando. Suas bochechinhas ficam de um rosa tão vivo & seus olhos brilham. Estou tão feliz que ela está se exercitando.

Para ser sincera, sinto a tristeza & o sofrimento de estar sem uma companhia íntima. Mesmo agora, acho que aceitaria Robert de volta se pudesse. Mas eu desconfio dele tão profundamente. E o pior de tudo é que não acho que ele saiba o que está fazendo ou o quem realmente é. Então seria como jogar minha sorte nas mãos de alguém prestes a me machucar & me sabotar mais uma vez, mas que sempre colocaria a culpa de seu comportamento em sua infância. Como se todas as infâncias não fossem culpadas por muitos de nossos problemas... e daí? Já só somos grandinhos agora.

Mas acho que é uma boa hora para vê-lo menos. Estou muito ocupada com o roteiro. E com meu jardim. E Rebecca está aqui. E talvez eu devesse tentar – muito gentilmente – viver por um tempo sem abraços & chamegos – que eu adoro tanto. Um cobertor elétrico não substitui braços.

É, meu velho amigo. Agradeço por ter você.
Agora não fique triste!

———

Robert ligou para dizer que tem um grupo que quer banir A cor púrpura. Proibir A cor púrpura seria como proibir a cor azul – sentiríamos falta. E outra – por que não proíbem usinas nucleares?

18 de junho de 1984
Terminei o rascunho do roteiro algumas semanas atrás. Recebi de volta da datilógrafa ontem & enviei hoje para Los Angeles. Não existe nada como o alívio! E eu disse à minha agente para comunicar à Warner Brothers que não assino um contrato que parece vir com correntes como o que estão oferecendo. Fico feliz demais pensando em nada além das cores que vou usar/estou usando para pintar minha casinha redonda.

A fama me esgota, mais do que qualquer outra coisa. Estou cansada até agora de ser "reconhecida" pelo Prêmio Pulitzer. Mas estou lentamente recuperando minhas forças & no campo, em Wild Trees, estou muito, muito feliz. Os dias são longos e dourados – parecem quase intermináveis. E as luas cheias são espantosas. (Que frase!) Tem feno empilhado ordenadamente nos campos dos vizinhos, e para onde quer que olhemos existe beleza.

27 de junho de 1984
Independentementemente!¹ Acabei de ler a coleção de contos de California Cooper que a Wild Trees Press vai publicar. Sim. Parece que vai existir uma WT Press.² Com Robert como sócio & gerente de negócios. Tivemos uma festa muito bonita para celebrar a Editora & o solstício de verão no dia 23. Das 14h à meia-noite. Cerca de 70 pessoas – 50 adultos, 20 crianças. No geral foi uma festa maravilhosa. Com natação, caminhada, música ao vivo, alguns mágicos e depois dança!

17 ou 16 de agosto
O verão está passando rápido! As folhas já estão revoando & as maçãs madurinhas. Nesta estação banqueteei com frutas vermelhas & pêssegos & verduras & legumes maravilhosos. Lentamente sinto a força & o equilíbrio retornando. E a melhor notícia é que a Joan³ vem trabalhar aqui várias vezes por semana. Ela é uma excelente cozinheira e tê-la aqui significa que poderei comer de forma mais saudável. Ela me fez comer alimentos com ferro – ruibarbo e beterraba!

---

1 AW estava ciente, obviamente, de que "irregardless" [traduzido aqui como "independentementemente"] é considerado fora do padrão – uma corruptela da palavra "regardless" [literalmente: independentemente/seja como for]. Mas, como outros falantes que também conhecem a norma culta e usam a palavra, ela a usa para dar ênfase – e para homenagear o jogo de palavras inovador do inglês vernacular afro-americano [também conhecido como *Black English* – inglês negro]. Zora Neale Hurston celebrou essa inovação – chamando-a de "vontade de enfeitar" – em seu ensaio clássico, "Characteristics of Negro Expression".
2 O primeiro livro publicado pela Wild Trees Press foi uma coleção de contos de J. California Cooper, chamada *A Piece of Mine*.
3 Uma nova amiga e assistente.

Quincy enviou rosas cor de malva & um bilhete comovente. Eu já o amo. O que quer que aconteça ou não. O amor é um modo de sentir.

27 de agosto de 84
10:30
Na cama, em casa. São Francisco. Várias horas limpando meu escritório de restos incríveis – livros, papéis, provas de impressão; coisas que as pessoas enviaram. Quero poder trabalhar na minha mesa novamente. Não consigo há mais de um ano. Gasto todo o meu tempo respondendo cartas. Primeiro dia de volta à cidade & um longo e cansativo almoço com a publicitária da HBJ... Mostramos a ela o cartaz, ou o que será o cartaz & agora a HBJ quer comprar 1.000, o que financiará grande parte da tiragem.[1] Então, estamos felizes. Ainda me sinto um pouco nervosa com o pôster – pelo cabelo, um pouco. Mas no geral é um cartaz marcante e caloroso com uma boa mensagem. Sem esperança não pode haver justiça, sem justiça, não há esperança.

Robert & eu tivemos algumas boas conversas no campo & uma boa transa – a melhor que tivemos desde que ele me contou sobre seu caso com A. E quando estamos sozinhos, caímos numa espécie de rotina de harmonia doméstica. Mas isso não dura muito.

Sem data

Rebecca...

Duas coisas sérias...
1. Veja o telegrama. Não quero te abandonar no seu aniversário, mas devo ter dito a essas pessoas que viria em novembro – não no dia 17. Essa é novidade. O que devemos fazer? Também tenho 3 ingressos para Cicely nessa noite.[2]

---

1 HBJ refere-se a Harcourt Brace Jovanovich, editora de longa data de Alice Walker. O cartaz em questão é uma fotografia colorida, tirada por Robert Allen, de AW em seu jardim, ajoelhada, segurando algumas flores cor-de-rosa e sorrindo enquanto olha para a câmera. Seu cabelo está trançado e ela está vestindo calça jeans e uma camisa púrpura; ela também tem uma flor de laranjeira atrás da orelha esquerda. No canto superior direito se sobrepõe o texto: "Eu sou a mulher/ que oferece duas flores/ cujas raízes/ são gêmeas/ Justiça e Esperança/ Vamos começar. – *Horses Make a Landscape Look More Beautiful*, de Alice Walker."
2 A grande atriz Cicely Tyson iria se apresentar em Los Angeles, possivelmente para uma versão itinerante de *O coração não envelhece*, que ela havia estrelado na Broadway no outono anterior.

2. É possível que a gente nunca encontre um serviço de limpeza bom e confiável. Por isso, proponho (até encontrarmos alguém) que limpemos um pouquinho por dia. Comecei com os banheiros hoje. Você poderia limpar a área (banheiras) que eu deixei passar. E o piso. E tire o lixo. Seu quarto cheira mal.

Fui ao escritório para fazer algumas horas extras. Recebemos uma *ótima* resenha (do livro de C.)[1] na Publisher's Weekly, isso é muito importante. É o que os bibliotecários leem. E pessoas "do negócio", ou seja, livrarias. A Harcourt também pagou pelos cartazes que compraram. $ 4.000! Então – vamos ao depósito onde temos milhares de caixas para montar!

Te amo,
Mãe

———

Mamãe![2]

Comprei estas flores pra você hoje quando voltava do trabalho pra casa. Fiquei pensando em você o dia inteiro!
    Não se preocupe com a coisa de L.A. no meu aniversário. Se é o que tem que ser feito – VAI! não vou fazer nada. Você sabe. Que ótimo isso sobre a resenha e os cartazes! Vou limpar as banheiras. Se não limpar hoje à noite, amanhã. (Vou ter um dia mais curto na escola.)

Te amo! ☺
R.

Sem data
A cor púrpura atingiu a marca de 1 milhão em vendas hoje! A publicitária & a editora enviaram um pequeno buquê de flores. Isso significa cerca de $ 150.000

---

[1] O primeiro livro lançado pela Wild Trees Press de AW foi a primeira coletânea de contos de J. California Cooper, *A Piece of Mine*, publicada oficialmente em dezembro de 1984.
[2] Esse recado foi manuscrito por Rebecca aos 14 anos de idade.

dólares a mais, de acordo com Robert. Tomara que eu consiga comprar uma casa realmente linda – talvez com Robert – na cidade de Noe Valley, da qual nós dois gostamos. Eu gosto de investir em casas & se tivermos 2 apartamentos sempre poderemos alugar um. Isso pode funcionar muito bem. Provavelmente vou ter que pensar em vender este apartamento. Eu o adoro, mas realmente é muito barulhento para escrever ou meditar. Vi uma casinha marrom que parece no ponto em Noe Valley. Será que ao menos está à venda?

Na minha vida emocional sinto que estou estagnada. É como se meu amor por Robert nunca chegasse a um nível, em mim, que me empurrasse para a frente. Me sinto tão triste por ele, basicamente. Ter feito tanto mal ao que era um amor/emoção tão vivo & vibrante. Agora meu amor parece domesticado, sendo que antes era selvagem. Mas consigo nos ver como companheiros por mais algum tempo, até mesmo por muito mais tempo.

Quando registro essas coisas, agora é apenas um exercício. Um sentimento de espanto distanciado:

American Book Award
Prêmio Pulitzer
1.000.000 de exemplares vendidos em papel comum
70.000 em capa dura
1 ano na lista de best-sellers do NYT
Mais de 1 ano na da Publisher's Weekly
E no SF Chronicle fica entre o 1º (principalmente) e o 3º
Venda para o cinema 400.000 (incluindo consultoria)
Traduções estrangeiras:
    1. Francês
    2. Sueco
    3. Chinês
    4. Japonês
    5. Alemão
    6. Italiano
    7. Dinamarquês
    8. Turco
    9. Hebraico
    10. Húngaro?
    11. Finlandês
    12.
– Best-seller na Inglaterra. Idem para <u>Em busca dos jardins</u>

Nada está faltando a este sucesso, a não ser minha capacidade de senti-lo. Embora eu o sinta, como uma espécie de almofada, uma maneira ou um meio de me tirar da corrida de ratos (de qualquer tipo); aos poucos estou começando a me sentir segura em relação ao dinheiro. Isso é ter dinheiro. E é bom que Robert tenha dinheiro. E Deus sabe que ele merece. A Editora está decolando de vento em popa, graças a ele.

Sem data

Prezado Quincy,

Eu realmente mal sei o que dizer sobre Shug Avery. É como tentar explicar um poema. Se pudesse, não teria escrito o poema. No entanto, uma coisa me ocorreu, finalmente, & é que seu porte é irrelevante, essencialmente. Que Diana Ross poderia ser Shug se ela realmente quisesse. Eu a vi & amei em "O ocaso de uma estrela" & o que amei foi o amor dela por Billie que se manifestou tão visivelmente no trabalho ao qual tanto se dedica. Ela seria uma Shug diferente e seria difícil ver alguém tão franzina enfrentando tanta coisa, mas gente franzina já passou por isso.

Shug é uma pessoa livre. É isso que há de raro nela. Decidiu se entregar & dar seu amor como quer – entendeu que, já que a sociedade não foi organizada para seu benefício, não merece sua lealdade. Mas isso não significa que ela tenha nascido com essa atitude ou que não seja vulnerável. Ela é, na verdade, como o resto de nós, moldada por suas experiências. Seu momento de maior vulnerabilidade foi a adolescência, lidando com uma mãe fria e crítica e depois com Albert, um amante apaixonado, mas sexualmente irresponsável & covarde. Esse período de vulnerabilidade continuou em sua estada no Norte (trabalhando como empregada & depois cantando), culminando em seu total esgotamento físico & emocional.

Quando Shug é trazida para casa por Albert para receber os cuidados de Celie, ela está preparada para a morte. Isso a liberta. Arrancada das garras da morte física por Celie, Shug tem seu espírito completamente transformado. Ela se torna livre. Em certo sentido, é sua falta de apego (a coisas, homens, dinheiro) que faz com que se tornem plenamente disponíveis para ela. A morte é uma falta de apego. Mas Shug vive, com essa mesma carência, porque ama – embora, novamente, sem apego. É só depois de fugir com Germaine que ela começa a sentir sua ligação com

Celie & isso é uma surpresa para ela. Ela está livre de tudo, exceto da capacidade & necessidade de amar.

Mencionei Diana Ross porque sei que a estão considerando (&, na minha opinião, ela seria uma Squeak muito melhor), mas há outras mulheres que seriam absolutamente certas no sentido de ter "vivenciado o papel". Pena que Esther Phillips está morta. Mas Tina Turner não está. Eu sei que A cor púrpura deve fazê-la pensar em Ike. Ou pode ser alguém desconhecida.

Espero que isso seja útil & que você ainda tenha as anotações que enviei sobre todas as personagens alguns meses atrás. Tenho uma cópia se precisar.

Robert & eu passamos quatro dias idílicos em Wild Trees. Tivemos um jantar tradicional de Ação de Graças com feijão-vermelho & arroz (com linguiça da Louisiana!) & nabos da horta. E ele cozinhou sua clássica comida do Sul & torta de batata-doce. Depois passamos a maior parte do dia plantando um alqueire de narcisos, minha flor astrológica – que, para minha alegria, li no Western Gardening que os esquilos não comem (os bulbos)! Então plantei dezenas em buracos de roedores.

Rebecca passou as férias na Geórgia visitando alguns parentes & minha mãe. Foi a festas em Eatonton & fez sucesso com os Negritos, pelo que ouvi dizer.

Agora alimentei o fogo & em breve irei para Boonville em busca de pessegueiros. O veado comeu o que eu tinha.

Com amor,
Alice

Sem data

Querido Robert,

À medida que entramos nesta nova fase de nosso relacionamento, descobri que também tenho ansiedades. Quero seguir em frente com nosso plano, é lógico, mas sinto que algumas coisas devem ser esclarecidas para que eu não me sinta presa. Antes de mais nada, podemos concordar que está entendido que estamos entrando numa relação de negócios que será conduzida como tal? Que sua decisão de trabalhar em tempo integral para a Editora e me ajudar com: correspondências, fornecedores, papelada, contabilidade, consultoria, viagens, palestras etc. não é de forma alguma uma proposta de casamento, união civil ou qualquer outra coisa. E que minha decisão de recompensá-lo por seus serviços & te fornecer uma casa no campo não é nada mais do que o esperado de um empregador? Gostaria que ficasse entendido entre nós que não estamos falando de uma união permanente de qualquer tipo. Que eu concordo em te pagar entre $ 25.000 (mínimo) & $ 40.000 (no máximo, & o valor que almejarei) por ano durante 1-3 anos. No final de cada ano, decidiremos se desejamos continuar & como, & ao final de três anos devemos fazer isso seriamente. Com o entendimento de que eu não tenho que continuar te pagando um salário se eu não quiser.

Quero ser muito inequívoca sobre isso, pois não posso prever quais mudanças financeiras, emocionais ou quaisquer outras podem ocorrer em minha vida. Assim como você não pode. Gostaria que nos mantivéssemos flexíveis & livres.

Se concordar com estes termos, por favor, assine esta carta & me devolva uma cópia para meus arquivos.

Atenciosamente,
Alice

8 fev. de 1985
Em um dia – menos que isso – vou fazer 41 anos! Me sinto a mesma de sempre. Apenas mais feliz. Esta manhã Robert voltou para a cidade, depois de alguns dias no campo comigo (cuidando de um resfriado) e fiquei feliz pelo tempo juntos e pelo tempo sozinha. Eu amo minha solitude em WT. Comi uma grande tigela de aveia & nozes & frutas & aí comecei a limpar a casa... Quando varro o chão, sou instantaneamente unida a Celie (Rachel) e à mamãe. Então, varrer aqui no campo é profundamente gratificante. Depois fui para o estúdio e plantei sementes de boca-de-leão e muitas folhas de mostarda & nabos. Também arrastei o futon & tirei uma soneca no sol. Que maravilha morar num lugar onde posso plantar no dia do meu aniversário → o que pretendo fazer amanhã. Mas também quero plantar alguma coisa na lua nova. Só para ver se o que os antigos dizem sobre o crescimento mais rápido é realmente verdade.

18 fev. de 1985
Meu aniversário foi lindo. Acordei sozinha em Wild Trees e tive uma manhã um pouco devagar, depois subi para limpar o estúdio; então Rebecca chegou

(com um amigo) & logo Robert & Casey & todos nós saímos para jantar num restaurante em Mendocino. Parecia muito uma "família".

O evento de lançamento oficial da editora no museu de Oakland teve muitos pontos altos & calorosos. Belvie[1] fez um trabalho maravilhoso, organizando tudo. California[2] infelizmente leu a história menos apropriada para nossos patrocinadores/público (Os deltas). Mas Will Sand Young salvou o dia cantando a música mais linda para mim! E houve muitos abraços de muitas pessoas – de todos os tipos!

20 de fevereiro de 1985
Finalmente falei sobre minha sensação de que Robert/A Editora estão me tirando do meu espaço & do meu ressentimento sobre isso. Depois de reformar a casa da Editora, a ofereci para Robert morar. Ele acabou reclamando que era pequena demais para todas as "coisas dele" – muitas das quais são minhas coisas que emprestei a ele – e a Editora. Deixei isso passar. Então ele comentou que a localização da Editora é sombria & úmida & que pretende passar seus dias no estúdio. Eu peguei a dica & me ofereci para transformar o estúdio em Editora, reduzindo efetivamente meu espaço de trabalho pessoal a zero, já que Robert ainda está dividindo a casa. Hoje assim que acordei recebi dois telefonemas de pessoas que querem algo com a Editora. Depois, a constatação de que Robert levou seu computador para o estúdio. Senti que toda a minha luta para encontrar um lugar para trabalhar foi quase nula. Então falei isso para ele...

Mas fica um mal-estar. E. Por exemplo, acho que ele deveria mobiliar sua casa & que já lhe dei móveis demais. Mesmo assim, quando ele reclama que não tem mesa & cadeira (& não tem dinheiro para comprar), eu tenho que me segurar para não oferecer as minhas coisas, daqui. Só que a casa dele em Oakland tem duas mesas, uma delas minha, & quatro cadeiras, todas minhas. Ele está com meu tapete, meus quadros & eu comprei o sofá dele! Odeio me sentir responsável por mobiliar sua casa. E o dinheiro. Já paguei $ 4.000 mais um adiantamento de $ 2.000 para os impostos. Isso é bem mais do que Mills já fez.

* * *

---

[1] Amiga próxima de AW, Belvie Rooks, era a publicitária da Wild Trees Press, e Robert o gerente-geral. Belvie havia deixado a revista *Mother Jones*, onde era diretora de assuntos nacionais, para se tornar diretora de publicidade e marketing da nova editora.
[2] J. California Cooper, autora de *A Piece of Mine*, o primeiro livro publicado pela Wild Trees Press. Will Sand Young era um cantor da área da baía de São Francisco.

Então eu fico reclamona & me queixando! E pensando o quanto dessa súbita sensibilidade & indignação é a deprê da tpm.

15 de março de 1985
Um dia depois do aniversário de Quincy. Pensei nele ontem e liguei, mas ele estava fora/ocupado. Enviei flores "Adoro sua vida!". & assinei Sra. Katherine. Espero que ele esteja bem, mas tenho um sentimento avassalador de correria/cansaço ligado à produção do filme... Percebi que tenho medo de ver Quincy novamente. Medo de me sentir ainda mais atraída, sim, mas também que ele me decepcione & seja só mais um ego ambicioso de Hollywood, embora com alguns dos impulsos mais atenciosos que uma mulher pode conhecer.

Maio de 1985

> My soul forsaken
> until you come
> My heart so heavy
> bowed down in shame
> But now you her...
> don't go no where
> I b'lieve my life
> Be turnin' round.

Essa música começa como um cantarolar de Celie, para Shug, Shug assume, dá um tom de jazz mais animado, chama de "Celie's Blues", mas canta para Albert (onde seu significado ainda é válido) e então, no final, Albert "canta" essa música para Celie (via jukebox). Isso se aplica a todos os três, que fazem um círculo de seu amor.

10 de junho
No set segunda-feira:[1]
Ao contrário da semana passada, que foi sufocante, hoje está esfriando num grau alarmante. Quero ir para casa. Estou me sentindo cansada – e con-

---

[1] A adaptação cinematográfica de *A cor púrpura* estava sendo filmada em parte no set de Burbank, Califórnia, e outra parte em Monroe, Carolina do Norte (próximo a Charlotte). AW atuou como consultora no filme, estrelado por Whoopi Goldberg como Celie, Margaret Avery como Shug, Oprah Winfrey como Sofia e Danny Glover como Sinhô. Para Goldberg e Winfrey, o filme marcou sua entrada no cinema.

videi o elenco para jantar num restaurante chinês perto do hotel. Se pelo menos eu tivesse trazido meu casaco!

A experiência de um set é estranha. Hoje me sinto menos no centro do palco, assim como meu horóscopo previu. Não entendo a maneira como são feitas as coisas no cinema. Conversar com Rod Temperton[1] me fez perceber isso. Ele disse que quando uma pessoa vê as "filmagens cruas" ela não está vendo nada. Tudo é construído na edição. Isso apertou meu botão de cinismo. Por que desperdiçar minhas lágrimas – como fiz no outro dia – nas filmagens se não são necessariamente o que vai ser visto? Mas aí, meu eu menos cansado diz: O que for construído será construído a partir das filmagens. Então se anime.

WT
17 de junho de 1985

Enquanto eu descia a colina do estúdio agora há pouco, me ocorreu que Sofia no filme vai trabalhar para Harpo, não na loja de Celie. Harpo também foi transformado num "homem" no sentido pesado de possuir algo & dominar isso. Eu não me importo, é só que a construção de Celie não foi feita do nada. Eu acho que como o roteiro está agora, tem uma cena dela & algumas outras mulheres costurando na varanda. Esta mudança obviamente é porque os homens estão no comando & aparentemente não podem quebrar o estereótipo de que o homem é o provedor & a mulher subsidiária. Isso é bem diferente da primeira versão do roteiro que seguia o livro mais de perto. A ênfase no jook joint também reflete a forma como a música foi expandida.

Voltei na segunda-feira. E pedi a Robert que viesse na terça. Ele foi bom o bastante para trazer coisas mais quentinhas para mim & Rebecca & também algumas sugestões para o roteiro que eu tinha dado a Menno,[2] mas que ele esquecera de levar.

Quando estou no set, gosto muito de expressar meu apoio ao elenco & curtir as personagens ganhando vida e tenho certeza de que muitas coisas (mudanças de significados etc.) passam direto por mim. E noto que as poucas coisas que sugeri, além da linguagem, não apareceram neste novo roteiro, que na minha opinião desmorona ridiculamente perto do final, quando detalhes das longas histórias das personagens aparecem de repente.

---

1 Um compositor e músico premiado, Temperton estava coescrevendo a trilha sonora e a partitura de *A cor púrpura* com Quincy Jones.
2 Menno Meyjes, o roteirista da adaptação cinematográfica de *A cor púrpura*. O diretor Steven Spielberg decidiu não usar o roteiro de AW.

Estou impressionada com a dedicação de Steven em conseguir exatamente a cena que ele quer – não importa quantas vezes deva ser filmada. No calor, no meio da fumaça à base de óleo pesado, ele parece perfeitamente relaxado e feliz. Rebecca me ligou para me dizer que o bebê de Steven & Amy nasceu enquanto Celie estava em trabalho de parto. Mais uma coisa na longa fila de singularidades, sincronicidades. Oprah = Harpo etc. Margaret Avery/Shug Avery, Steven Spielberg/Whoopi Goldberg.

Sinto que o Universo está emanando a favor deste filme; e isso me tranquiliza quando vejo as mudanças feitas no roteiro.

16 ago. de 1985
Em locações na Carolina do Norte
58º dia de filmagem.

Sinto muito pouca necessidade de escrever qualquer coisa, mas não vou deixar que isso me paralise. Robert e eu chegamos aqui na suíte 157 do Holiday Inn em Monroe há duas noites. É a nossa terceira visita ao set do Sul. O ar-condicionado é barulhento, assim como a rua (estrada), como os carros indo & vindo no estacionamento. É quente & abafado. Comida horrível. A boa notícia é que o filme está indo bem. Isso quer dizer que o desempenho das pessoas foi excelente & tanto as atuações quanto a direção muitas vezes me pareceram inspiradas. Rebecca está convencida de que Steven não me ouve – & conversamos muito pouco – & eu concordo com ela. Ele não ouve ninguém. Mas de repente, passados alguns dias, percebe que ele mudou a coisa que incomodava a você ou conseguiu colocar as ideias que lhe eram apresentadas em algum lugar da cena. Pode não parecer exatamente com a sugestão, mas ainda é o bastante para reconhecer. O final do filme – que vimos ontem à noite – é realmente a expressão cinematográfica do título alternativo do meu roteiro "Espere por mim no pôr do sol". Ela está desiludida porque ele parece tão absorto & insensível; arrogante. Mas, com Whoopi, tudo é perdoado quando vemos o que está na tela. Quase tudo.

Whoopi está incrível como Celie, e Margaret[1] está maravilhosa, eu acho, como Shug. E é, de muitas maneiras, a mais vulnerável & corajosa do elenco. Já que ela sabe que tem quem achasse Tina Turner mais apropriada. Eu não. Margaret tem uma imensa doçura (que é, afinal, a razão de Shug ter esse nome[2]) e uma dignidade inata e frustrada. E ela se esforça tanto & infalivelmente para

---

1 Atriz Margaret Avery, que fez o papel de Shug no filme.
2 O nome Shug se aproxima da sonoridade da palavra *sugar*, açúcar em inglês. [N. da E.]

fazer as cenas direito. Eu gosto da vulnerabilidade que há em seus olhos. Ela tem lindos olhos; é o que percebemos primeiro e por último. E nas cenas em que nada mais poderia segurá-la, os olhos dela seguram. São olhos reais que mostram o que ela experiencia tão transparentemente quanto seu rosto – não bolinhas de gude que não mostram nada, não importa o que tenham visto.

Bem, depois da filmagem ela veio me dar um beijo & queria falar sobre uma estreia beneficente para o Kwanzaa[1] em Los Angeles.

Minha filha me surpreende com sua beleza e competência.[2] Todos me parabenizam. É a mais pura alegria ouvir sua voz alta e retumbante atravessando o set (acima de morro & lago) "Roda!" "Corta!" "Segura esse carro!" Etc. Etc. E vê-la andando a passos largos com seus Reebok amarelos, dreadlocks voando com o megafone (que ela raramente precisa usar – sua voz natural é bem alta, eu brinco com ela) & walkie-talkie no quadril. Eu gosto de sua altura, sua franqueza, sua característica alegre & e sua atitude sem tempo a perder com besteiras. Eu sei que ela não gostaria de cuidar da própria vida sem mim, mas ela poderia. Ela já é ela mesma.

Enquanto isso, a viagem para casa foi boa porque consultei um oftalmologista muito paciente (com uma bela gagueira) que me convenceu de que não vou ficar cega só porque meus olhos estão secos! E com certeza o colírio que ele me deu parece fazer mágica. Rebecca comentou sobre o tamanho dos meus olhos. Percebi que pareciam menores por causa da secura & do consequente hábito de apertar os olhos.

6h45, 7 set. de 1985

Daqui a dois dias será o aniversário do papai. Ele teria 76 anos, eu acho.

Insônia profunda. Estou para menstruar, imagino. Mas tive um sonho interessante, antes de acordar. Eu meio que estava dirigindo um carro grande de plástico preto (no sentido de muito flexível, como um desenho animado) – muito rápido, numa rodovia um pouco movimentada – O carro estava cheio de gente, de vários tipos & cores e eu entrava & saía do tráfego como um

---

[1] Celebração de povos afrodescendentes vivendo na diáspora, baseada em antigas celebrações africanas pela colheita. É comemorada entre os dias 26 de dezembro e 1º de janeiro. A palavra Kwanzaa deriva de uma frase em suaíli *Kwanza do ya matunda*, que significa "primeiros frutos da terra", logo, Kwanza são os "primeiros frutos", assim como a celebração, que celebra a comunidade, as crianças e a vida. [*N. da T.*]

[2] Rebecca, então com quinze anos, está trabalhando no set como assistente de produção do filme.

profissional, e como se realmente soubesse para onde estava indo, o que eu não sabia. Felizmente, percebi quais eram as chances de não provocar um acidente & parei no acostamento da estrada, onde sabia que trocaria de motorista ou faria aparecer um carro menor, menos plástico & veloz.

Talvez esse sonho reflita meus sentimentos sobre o filme, agora que está pronto – a filmagem. Minha recente & última viagem ao set, África, EUA, foi muito estranha. A viagem não foi nem um pouco planejada. Na verdade, eu tinha acabado de comprar e plantar hordas de petúnias, uma espécie de sálvia florida & três maravilhosos arbustos de borboleteiras roxas para comemorar a volta para casa depois da Carolina do Norte. Então – como eu tinha um compromisso – fui para a cidade. A certa altura, a secretária de Quincy, Madeline, me ligou para dizer que em breve eu receberia algumas das músicas do filme. Já que vou escrever o encarte. Enquanto conversávamos, Quincy chegou & começamos a falar sobre a música africana, & percebi que deveria estar lá na gravação, especialmente porque ele havia contratado o melhor tocador de kalimba do mundo. Então me lembrei que Steven tinha pedido que eu estivesse presente quando Akosua[1] (Nettie) fizesse suas narrações. E minha filha também estava lá trabalhando duro & sem dúvida precisando de um abraço.

Então eu fui.

De todas as cenas, me senti menos feliz com as africanas. A localização da vila está errada, a cerimônia de escarificação está errada (sem mencionar que a cicatriz de cada pessoa tem um desenho diferente, mas como são da mesma tribo a cicatriz teria que ser a mesma) & não há como ter uma plantação de borracha nesta terra seca e estéril. Então, de qualquer forma, cheguei ao set & quase imediatamente comecei uma conversa intensa e triste com um médico expatriado liberiano que é um dos figurantes. (Uma coisa boa é que tem muitos africanos neste filme – na verdade, quando Nettie encontra Celie, Carl Anderson (Samuel) é o único não africano do grupo: Susan (Tashi) é do Quênia, Akosua (Nettie) é de Gana, "Adam" & "Olivia" são de Zâmbia. De qualquer forma, este homem, lindamente vestido com túnicas de aparência nigeriana, se sentou ao meu lado na grama quente e seca & me disse, entre outras coisas, que a borracha Firestone[2] possui 168.000 acres de plantações

---

1 Akosua Busia, uma atriz de ascendência ganense, fez o papel de Nettie.
2 Firestone Natural Rubber Company Ltda. opera uma plantação de borracha na Libéria desde 1926. Esta, que é considerada a maior plantação de borracha contígua do mundo, tem sido objeto de reportagens em diversas mídias nos últimos anos sobre suas operações. Inclui-se um longa-metragem documental da série investigativa *Frontline* da pro-

de seringueiras na Libéria pelos quais o valor pago foi de 0,1 centavo por acre, em perpetuidade.

Ele falou sobre a falta de cuidados de saúde entre os trabalhadores. A alta incidência de cegueira por causa da fumaça liberada quando a amônia é adicionada ao látex (?) para mudar sua estrutura. Falou sobre ter inventado uma solução para lavar os olhos & sobre ter ensinado os trabalhadores a usá-la. Ele estava muito triste. Falava sem emoção e quase como se estivesse drogado, enquanto me contava sobre o golpe na Libéria em que cinco de seus amigos, ministros, foram mortos.

Perguntei sobre os colonos afro-americanos que "retornaram" à África após a Guerra Civil & se estabeleceram na Libéria. Ele disse que havia poucos traços distintivos deles. Que apesar de um dia terem sido principalmente, como se diz, "amarelo-escuro", agora estavam bem mais escuros. Foi um pensamento curioso: que as pessoas que "retornaram" à África em sua maioria nunca tinham estado lá.

Eu fico muito com as mães e as crianças, minhas aliadas naturais. Estou tão impressionada com o amor & o orgulho maternos. Elas vêm e ficam de pé por horas enquanto seus filhos passam pelas cenas. Fiquei especialmente comovida com a reação de todas ao repentino clima frio, para o qual ninguém estava agasalhado – já que é ensolarado, quente, África & tal.[1] Entre as tomadas, as mães, tremendo de frio, correram & colocaram seus próprios casacos leves & jaquetas sobre os ombros de seus filhos. Sempre que podiam, elas apontavam os filhos para mim & diziam o quanto estavam felizes por eles estarem no filme. Um garotinho, de aparência absolutamente fria & estoica, veio me dizer muito seriamente que tinha lido o livro & o achou muito bom. Ele parecia ter uns 6 anos. Na verdade, eu me preocupava que as crianças tivessem pensamentos negativos e pesadelos por causa da cena da cerimônia de escarificação. Mas na hora que eu estava mais preocupada, um dos "anciãos africanos" num lindo manto de Serra Leoa e um chapéu camaronês apareceu & me deu um livro sobre os povos do Quênia. Abri quase instantaneamente numa página que descrevia a "circuncisão" feminina, ou seja, tortura sexual & mutilação. A autora, Joy Abramson, conta ter presenciado tal mutilação ("circuncisão" é definitivamente um equívoco & um eufemismo ofensivo) feita por um grupo de mulheres a uma menina de 12 anos. A criança

---

dutora ProPublica, intitulado *Firestone and the Warlord*. Em resposta a esses relatórios, a Firestone negou todas as alegações de irregularidades e insiste que traz benefícios para a economia da Libéria e que cumpre as leis trabalhistas locais.
1 As cenas africanas do filme estavam sendo filmadas em Burbank, Califórnia.

foi imobilizada por várias mulheres, no chão, no frio, enquanto o "cirurgião" esfregava sua genitália com esterco de galinha seco, "lavava" sua faca cega em água "esverdeada" para então começar a cortar o clitóris da criança, depois do que ela foi forçada a pular para cima & para baixo três vezes para ver o quanto ou se ela sangrava. Se não sangrasse, o "cirurgião" ganhava uma cabra, como pagamento por seus "serviços". Se sangrasse, apenas ovos. A Sra. Abramson ficou olhando a criança, vista pela última vez caída exausta & atordoada no chão, & o clitóris decepado. O clitóris, ela notou, foi colocado entre os dedos de outra mulher cuja tarefa era chutá-lo para longe, no meio do mato.

Fui para as páginas iniciais do livro esperando que esse evento tivesse ocorrido décadas atrás. Infelizmente, o livro foi publicado em 1968. A justificativa para a clitoridectomia: ninguém se casaria com uma mulher cujo clitóris estivesse intacto. Uma mulher sem desejo sexual é, suponho, considerada mais dócil. Viro página após página, o rosto de cada mulher – violado & ferido – parte meu coração.

Então, que tenham pesadelos, pensei, que tenham pensamentos negativos. Qualquer coisa que ajude a saber em suas almas que as crianças não devem ser feridas, ponto final.

Pensei nos exilados quenianos que conheci em Londres e nas atrocidades cometidas por tantos líderes africanos contra seu povo. Essas atrocidades têm seu fundamento, acredito, nas atrocidades "culturais" e "tradicionais" infligidas a mulheres e crianças & particularmente a crianças que são mulheres.

Sem data, outono de 1985
Londres: Estou fazendo leituras no The Lewisham Theatre, The Poetry Center of London e The Africa Center. Também estamos tentando vender nosso primeiro livro da Wild Trees Press para editoras inglesas. No meio da semana recebo uma ligação urgente de Steven que levo dois dias para responder, dada a diferença de tempo transatlântica & o desagradável monopólio do único telefone do saguão por nossa recepcionista: Alice, como é que Nettie sabe o nome de Albert?, ele pergunta. Todo mundo sabe o nome dele, eu respondo. Até mesmo Celie. Ela não escreve em suas cartas por medo. Foi o que eu pensei. Mas queríamos que você estivesse aqui porque algumas pessoas pensavam diferente. De qualquer forma, vamos filmar assim.

O que você está fazendo em Londres?

Leituras.

22 set. de 1985
Uma manhã radiante e ensolarada no novo apartamento de Robert. Casey esparramado no sofá.

Dois "momentos para lembrar" no set: o dia, bem no meio da filmagem na Carolina do Norte, quando Whoopi me disse que nunca tinha lido o roteiro.

O dia em que Steven se referiu a "E o Vento Levou" como "o melhor filme já feito" & disse que sua personagem favorita era Prissy.

31 out. de 1985

> Seja você quem for
> Seja lá o que for
> Comece assim
> Seja sal d'
> A terra
> Ou somente refinado
> Açúcar.

Há uma impaciência agora quando escrevo. Prefiro meditar sobre meus pensamentos do que escrevê-los.
No geral, enquanto minha energia parece estar retornando, com a ajuda de massagens, clisteres & ginástica/yoga, eu pareço suspensa. Estou no limbo.

Sem data, início de dezembro de 1985
Tenho sentimentos contraditórios em relação ao filme.[1] Só o vi uma vez, em tal estado de tensão que saí do cinema com uma dor de cabeça avassaladora. Receio ter visto mais o que não está lá do que o que está, e tenho lamentado as personagens & os eventos que foram perdidos na edição ou que nunca estiveram no livro. Teve cenas que eu não gostei, e muitas que amei. Mas, para ter certeza do que sinto sobre o filme A cor púrpura, terei que vê-lo novamente, talvez muitas vezes, quando conseguir ser mais aberta ao que é, em vez de lamentar o que não é.

---

[1] O filme *A cor púrpura* foi lançado oficialmente em 18 de dezembro de 1985. AW escreveu esta entrada, e a que segue, depois de ver o filme, em uma pré-estreia.

6 dez. de 1985
Estou sendo assediada por repórteres – L.A. Times, N.Y. Times, The Chronicle etc. – que querem me entrevistar sobre o filme. Que a esta altura, eu já vi. Consegui cancelar ou evitar a maioria das entrevistas. Agora, o publicitário da Pocket quer uma declaração para publicar. Uma coisa básica que sinto sobre o filme – depois de assistir – é que ele é terrível. Parece escorregadio, higienizado & apolítico para mim. Algumas das palavras que saem da boca de Shug & Celie são ridículas. O filme parece um desenho animado. Tem anacronismos: o pai de Shug dirigindo uma charrete nos anos 1930, por exemplo. Em suma, na primeira exibição, notei apenas as falhas. Além disso, lamentei pelas personagens que tiveram uma atuação muito melhor nas filmagens do que no produto final; no filme pronto parecem miniaturizados e isso quando não são retalhados. Samuel quase não aparece. Harpo carece de plenitude – a plenitude que eu vi nas filmagens. Oprah é maravilhosa, mas muito envelhecida, apesar das coisas difíceis pelas quais passou. E quem alisou o cabelo dela? A casa-grande é apenas isso mesmo. Todo mundo está muito bem-vestido. E a música de Shug para Celie parece vir de uma mulher muito menor.

Estes são todos os meus pensamentos negativos. Eu me sentei lá tensa como um arqueiro & minha cabeça está doendo até agora.

As coisas que gosto: Não o Oliver Twist ou o coração esculpido na árvore, algo tão fofinho que chega a ser alienante, mas a cena de despedida, entre Celie & Nettie, que é boa, embora não seja a que teve os maiores esforços na filmagem, e a cena em que Nettie se defende do Sinhô. Nettie, na verdade, é maravilhosa. A cena do beijo de Celie & Shug. Toda a parte em que Shug & Celie encontram as cartas e começam a lê-las. Especialmente a cena em que Celie cheira a pétala de flor seca. Shug na jook joint, a primeira música. A segunda música soa tensa & pequena demais para o corpo de Shug, então o efeito é um distanciamento das emoções de C & S. As cenas na igreja são todas boas, embora a última seja piegas & me ressinto da imposição do pai de Shug entre ela & "Deus". A música é maravilhosa. Embora Nettie na África esteja ensinando leitura & escrita, e não música.

O final é comovente.

A BBC esteve aqui por 2 dias. O diretor, um homem branco chamado Nigel (depois que eu concordei em recebê-lo por causa de uma mulher negra chamada Samira que eu pensei que seria a diretora), contou a história de 2 artistas reclusos que ele filmou & que ficaram horrorizados com os resultados. Eles disseram, quando viram o que havia sido feito: "Bem, imagino que ficou tão bom quanto poderia ter sido." Talvez seja assim que me sinto. Mas também me sinto decepcionada por não ter ficado melhor.

Mas não ficou melhor porquê...? Eu vi o quanto todos trabalharam. Com que seriedade tentaram fazer tudo direito. Ajudei como pude. Quis chorar a semana inteira. Estou com medo de ter decepcionado os ancestrais.

Mas não. Eu fiz o meu melhor & os próprios ancestrais estão longe de serem perfeitos. Tentamos de tudo para nos expressarmos. Eles fizeram isso. Eu faço isso. Espero que seja verdade que não há erros, apenas lições. Esta pode ser grande.

11 jan. de 1986
Um lindo dia frio no campo. Estou me recuperando, espero, da pior gripe que já tive: calafrios & febre, dores nas articulações, músculos doloridos, dor de cabeça. Dormi relativamente bem na noite passada, o que agradeço. Fiquei agitada (e muito zangada) porque Mamie[1] escreveu para mamãe e Curtis & por último para mim dizendo que ela é a origem do título do livro, A cor púrpura, e na carta para mim ela fala sobre "bloqueio" & sobre não conseguir ler meu livro, aparentemente porque sente que eu a roubei no uso do título. Nas cartas para os outros, ela me acusa abertamente de plágio. No começo, me sentei & tentei escrever minha carta com paciência habitual, me explicando calmamente. Mas aí concluí que esse método obviamente não a ajuda & que ela deveria saber que precisa de ajuda psiquiátrica. Então escrevi uma carta mais curta & a enviei, sugerindo isso. Mas ainda é uma coisa absurda & incrível isso surgir agora, quase 5 anos depois que o livro foi publicado & que grande invenção da parte dela.

Mas o que me doeu foi o tanto que fiquei magoada por sua acusação. Senti toda a dor costumeira de quando eu era criança e ela podia & fazia com que todos nos sentíssemos tão errados & atrasados e estúpidos. Doeu perceber que a família ainda tem o poder de ferir. Que pessoas como Mamie ainda querem ferir.

E em meu estado debilitado, não pude rir disso, como às vezes consigo fazer. Então conversei da melhor maneira possível com Robert. Ele foi maravilhoso. Me incentivou a enviar flores para ela no Natal. Eu tinha me convencido a enviar a ela $ 2.000 para seu "museu".[2] E estou em paz quanto a isso: o bem é o bem, independente do que mais aconteça. Além disso, hoje eu meditei, por muito tempo & profundamente. Minha casinha é limpa e confortável. O sol está mais ou menos brilhante. Eu estou melhorando. A cor púrpura é o

---

[1] Mamie é a irmã mais velha de AW; Curtis é um de seus irmãos.
[2] Em 1980, Mamie fundou em Atlanta o museu Lee-Stelzer Heritage, que às vezes funcionava como banco de alimentos.

número 1 na lista do NY Times & do L.A. Times & do Philadelphia Enquirer e atingiu a marca de 3.000.000 de impressões. Rebecca é linda, inteligente, doce & está apaixonada. Eu amo Robert e Quincy. Estamos alugando uma linda casa em Bali para fevereiro. Eu sou abençoada. O Universo me ama. Para que ter medo?

22 jan. de 1986
Este caderno certamente revela o caos que foi o ano passado. Espero que este ano seja um pouco mais calmo e <u>organizado</u>. Muita coisa aconteceu; na minha órbita e em outros cantos. Pouco antes do Natal, fui comprar presentes na Women Crafts West, uma loja de uma linda irmã negra de cabelos grisalhos e rosto jovem chamada Pell. Comprei muitas coisas lindas feitas por mulheres: para Quincy, Peggy, suas filhas, para mim. E, pouco antes de sair da loja, avistei o verdadeiro motivo de estar comprando lá. Numa prateleira, a de baixo, atrás de um vidro, tinha algo que eu soube instantaneamente que precisava – uma varinha mágica! Tem mais de 30 centímetros com um cabo preto feito de nogueira & um cristal de quase 5 centímetros na ponta. Comprei com muita alegria e identificação. Então me senti pronta para ver o filme pela segunda vez na estreia em Nova York. E Robert estava (na aparência & no comportamento) espetacular! Vestindo um smoking que apenas um filósofo & amante descontraído de Mendocino usaria, com uma faixa na cintura & uma bandana e um peixe na gravata-borboleta. Uau. Eu, estava resplandecente num vestido de seda preto coberto de lantejoulas & folhas douradas. Uma irmã chamada Deborah Matthews, que faz isso por amor & profissão, me vestiu. Foi maravilhoso. Eu me senti gostosa e fenomenal & bastante protegida pela varinha.

Havia todo tipo de gente lá: todo mundo do filme, minha irmã Ruth & Betty, <u>muitas</u> escritoras negras – sim! Toni Morrison & Toni Cade Bambara, Sonia Sanchez; também foram Ruby Dee & Ossie & Bill Cosby & Camille – & o melhor de tudo, minha amiga Carole Darden da Sarah Lawrence. Linda, cheirosa. Muitos sorrisos. Eu fiquei tão feliz que ela estava conosco & que poderíamos mandá-la para casa na limusine. O que novamente me divertiu. São como carros pré-históricos & em Nova York realmente nos sentimos como seres rastejantes prestes a entrar em extinção.

Eu <u>amei</u> o filme. Assim como Ruth, que também tinha profundas reservas a respeito dele. Finalmente fui capaz de <u>assistir</u> e deixar de lado as cenas que <u>não</u> estavam lá. O filme é muito mais convencional do que o romance, especialmente em termos de religião versus espiritualidade, & relacionamento de Shug & Celie & até mesmo o relacionamento de Celie & Sinhô & também o de Harpo & Sofia, mas eu ainda senti muito da alma das pessoas – & isso foi maravilhoso. É exatamente o oposto de ler um livro – quero dizer, assistir um filme com muitas pessoas – o que ajudou tremendamente. Ler um livro é um prazer solitário. Ninguém quer alguém gargalhando no seu ouvido. Mas assistir a um filme com muitas pessoas é melhor – a não ser, obviamente, que seja um filme pavoroso. E fico feliz em dizer que Púrpura não é.

Acho que minha varinha mágica ajudou &, depois de tudo, Gloria & Mort apareceram & nos abraçamos e ela ficou muito feliz. Eu gosto tanto dela. De todas as pessoas, ela tem sido a mais solidária, uma verdadeira campeã para mim & para Púrpura. Ela disse, sabendo o quanto eu estava preocupada: "Você não precisa mais se preocupar. É lindo." Quincy vinha dizendo isso o tempo todo, é lógico, mas de alguma forma não era a mesma coisa. Seja como for, confio nos dois porque sinto uma decência profunda, permanente e inata. E os dois são modelos de amor.

Robert, Rebecca, Carole & eu nos sentamos com o pessoal da ONG de alfabetização Reading is Fundamental, o que foi um pouco difícil. Extensas perguntas comprometedoras lançadas na mesa, e me recusei a responder. Minha maior alegria foi que sinceramente amei o filme. Me incomodou muito ter que dizer publicamente que eu achei que o resultado seria horrível. Perdi o sono tentando pensar em maneiras novas & indolores de expressar isso no programa Good Morning America – que, aliás, eu nunca tinha visto. Deu tudo certo, pensei, no dia seguinte, e falei sobre mamãe & como ela estava animada pensando na estreia em Eatonton daqui a um mês & sobre como, mesmo acamada, ela quer ir ver o filme de vestido & sandália de salto.

Caro Danny,[1]

Tenho pensado muito em você, como ator e pessoa, e espero que esteja bem. Em poucos dias as indicações ao Oscar serão anunciadas, e fico ima-

---

[1] Rascunho de uma carta sem data para Danny Glover, que fez o papel de Sinhô. Os indicados da 58ª edição do Oscar foram anunciados em 5 de fevereiro de 1986. Embora Danny Glover não estivesse entre os indicados, *A cor púrpura* recebeu indicações para onze prêmios, incluindo Melhor Filme, Melhor Atriz (Whoopi Goldberg como Celie), Melhor Atriz Coadjuvante (Margaret Avery como Shug e Oprah Winfrey como Sofia) e Melhor Roteiro Adaptado. Quando os vencedores foram anunciados na cerimônia de premiação em 24 de março de 1986, *A cor púrpura* tornou-se um dos filmes com mais indicações na história do Oscar sem uma única vitória.

ginando se você estará entre os indicados. Não que você precise do prêmio. Você não precisa. Em sua atuação, você atingiu o nível de milagreiro & recebendo um prêmio ou não, essa capacidade de curar através de seu trabalho provavelmente sempre será sua; a não ser, obviamente, que você passe o resto de sua vida interpretando detetives malvados e traficantes de drogas. O que não acredito que vá fazer. Por outro lado, para um milagreiro genuíno, existe poder de cura até mesmo na representação do mal.

Deixe-me contar uma história: quando eu era uma menininha, tive uma experiência muito traumática que fez com que eu não pudesse viver com minha família por um tempo. Fui enviada para morar com meus avós por vários meses. Histórias sobre meu avô, sempre contadas com furtiva admiração, indicavam um fora da lei bastante autocrático, selvagem e renegado. Um homem que jogava & bebia uísque e carregava uma pistola. Até disseram que ele atirou no traseiro de uma pessoa (e isso era contado assim para parecer engraçado: nunca disseram que ele atirou em alguém pelas costas!). Eram muitas histórias – que até meus irmãos e irmãs quase adolescentes conheciam – sobre como Vovô batia ativamente em nossa avó, sua esposa. Sobre como ele a perseguia por toda a fazenda, disparando sua arma. De um jeito assustador, essas histórias eram contadas como se esse comportamento fosse divertido, & até as crianças imitavam o medo de minha avó, rindo de como ela implorava por sua vida ou fugia pelo milharal. Ele também, <u>sempre</u>, durante toda a sua vida, foi absolutamente apaixonado por outra pessoa.

Mas eles já estavam ficando velhos, quando fui morar com eles. A ordem autocrática ainda prevalecia: ele a chamava de "mulher", ela o chamava de "<u>Sinhô</u> Walker", mas ele já não batia nela. Mas a essa altura, eu não acho que precisasse. Sua palavra era lei.

E, na verdade, ele raramente falava. Rachel, minha avó, fazia 4/5 do trabalho – principalmente arrumava a casa, cozinhava, cuidava de galinhas & porcos, cultivava a horta, embora ele também gostasse de trabalhar no jardim – e eu me lembro das muitas horas que nós dois, meu avô e eu, passávamos sentados em silêncio na varanda da frente, ou contando os carros que passavam. Cada um de nós escolhia uma cor e quem acertasse a cor mais frequente entre os carros que passavam ganhava o "jogo".

Ele era inescrutável, era Henry Clay, & nunca foi violento ou mesmo levantou a voz durante todo o tempo que vivi com eles. E, no entanto, eu podia ver nitidamente os efeitos de sua violência no comportamento servil de Rachel.

Então, Danny, por ter feito o papel de <u>Sinhô</u>, você já conhece parte disso. Mas o que você pode não saber – porque eu não tive consciência disso por muito tempo – é que, embora eu entendesse, no lugar de uma criança, que ele tinha sido, & ainda era, de muitas maneiras "um demônio", <u>eu adorava meu avô</u>.

E ao longo dos anos na minha vida & no meu trabalho, lutei com esse conflito: como amar um ditador & um torturador. Foi depois de assistir o filme muitas vezes que percebi que eu vinha desejando & precisando ser capaz de amar meu avô, mesmo quando ele fazia as piores coisas. E a última barreira desse conflito foi levada água abaixo por sua atuação. Você me ajudou a reviver o início da vida do meu avô, a vê-lo objetivamente (Ele estava lá!), e a trazer sua psique completamente para a minha.

Vou lhe contar onde aconteceu: Quando ele sai correndo de casa, & descendo a pé, monta em seu cavalo, com seu pequeno buquê esperançoso de flores desgrenhadas – que ele nem sequer plantou! & segue o pôr do sol, ainda tentando cortejar uma mulher por quem ele era frouxo demais para se casar & com quem tem três filhos! E a música "Oh Careless Love" atinge em mim o gene do avô & me faz entender que parte da razão pela qual eu o amo tanto é – ele é como eu! Com a gente, o amor é amor absoluto/eterno. Não podemos deixar de amar por causa dos votos matrimoniais de outras pessoas ou mesmo dos nossos. Quando esse amor é frustrado, nos tornamos mesquinhos ou rabugentos. E percebo que ele também sentiu que eu era como ele, que deve ter sentido o tempo todo, & era por isso que podíamos nos sentar juntos e contentes passando horas sem conversar!

Danny, muito obrigada por esta cura. Por seu trabalho empenhado, que me surpreendeu & me honrou. Especialmente quando eu vi você no set levando e brincando, heroicamente, com cinco (?) crianças. Minha concentração teria sido arruinada; mas você, de alguma forma conseguiu incorporar a tensão e a distração nas cenas em que atuou – & elas ficaram realmente mais profundas, por causa disso.

<u>A vida não é surpreendente!?</u> Sempre apostando que "água mole em pedra tanto bate até que fura", algo que penso sobre toda a experiência do filme, que sinto que teve significados e conexões muito profundos para você também.

Estou tão feliz.

Com amor & gratidão, Danny,
da
sua neta & irmã,
Alice

01 de março de 1986

Uma semana estranha, abençoada & de certa forma ansiosa. Voltamos em segurança de Bali, onde nos divertimos muito. Eu amo muito arte de lá – embora seja repetitiva, como a vida – e a espiritualidade e o acolhimento/abertura das pessoas. Enquanto estive lá, não pensei muito em Quincy. Robert & eu discutimos meu amor por ele & conversamos sobre a possibilidade de uma "relação a quatro" se desenvolver entre nós e Q & P.[1] Tenho sentimentos muito contraditórios sobre isso. Ao mesmo tempo, entendo o fato de que qualquer relacionamento será complicado. Tenho sofrido muito desde que voltei porque, embora houvesse presentes de Quincy – champanhe & taças de cristal para o meu aniversário & uma fita do programa 60 Minutes – as cartas me pareciam frias. E voltei já faz uma semana & ele não ligou. Mesmo eu tendo deixado inúmeras (2) mensagens em sua secretária – que estou começando a odiar.

Eu estou indo muito bem, & então meu desejo por ele se abate sobre mim & sinto terrivelmente sua falta.

05 de março

Ele ligou duas vezes desde que escrevi da última vez.

Eu sou tão fortemente atraída por ele. Ao mesmo tempo, meu amor por Robert só se aprofunda. Não consigo imaginar a vida sem Robert tão facilmente quanto antes. Nós somos como (e realmente somos) bons amigos que também amam o corpo e o carinho um do outro. E depois de 10 anos! Acho que talvez eu simplesmente esteja pronta para outra experiência de amor & o Universo ofereceu magnanimamente a possibilidade de Q. Por outro lado, Q é tão ocupado, tão distraído, tão fisicamente não disponível, que talvez estejamos tentando ficar juntos no século errado. Eu me sinto assim às vezes. Por que está demorando tanto? Fico questionando. Como é que ele não pode voar aqui para me abraçar? Quando viajei para lá, nos abraçamos, mas sempre diante de uma plateia de pelo menos uma dúzia de pessoas.

15 de abril de 1986

Excelente dia de trabalho. Dois breves ensaios sobre Bali & sobre o tabagismo de Rebecca[2] que datilografei & guardei. Não estão terminados, mas quase.

---

[1] Aqui, "Q. e P." refere-se a Quincy e sua esposa na época, a atriz Peggy Lipton. Embora AW ainda esteja com Robert, ela e Quincy Jones desenvolveram uma forte conexão e estão tentando descobrir uma maneira de ter um romance sem serem desonestos com seus parceiros – e talvez incluí-los.

[2] Este ensaio, "Minha filha fuma", foi publicado mais tarde, em 1988, no livro *Vivendo pela palavra*.

Agora tenho máquinas de escrever no campo & na cidade, e estou na metade da transcrição do diário. O diário vermelho é interessante. O azul me faz bocejar. É difícil acreditar na quantidade de energia que coloquei nos conflitos de Robert. Mas é ótimo rever os bons momentos e como conseguimos passar por tudo. Ou <u>contornar</u> tudo. Estou praticamente decidida a <u>não</u> comprar a casa, embora pareça ideal.[1] É de frente para um parque, muitas luzes, estilo vitoriano clássico – até mesmo um marco histórico. Mas me senti tensa, estressada e enojada comigo mesma por ser gananciosa. Tenho um lugar no campo onde sou verdadeiramente feliz. O apartamento aqui é, no geral, muito confortável. Os cachorros não parecem latir tanto ou talvez eu tenha me acostumado com eles... Rebecca descobriu sobre a casa & adorou; o que torna mais difícil desistir.

Mas é bom para a alma abrir mão de coisas que cobiçamos. Fiquei estressada, mas não de uma maneira que tenha me impedido de aprender algo.

De qualquer forma, se a casa do Brooklyn for vendida – a tempo – isso ainda seria muito arriscado para mim.

Melhor deixar nas mãos do Universo. Se for para ser minha, será minha. Se não, não será.

6 de maio de 1986
Acabei de falar com Joanne[2] e perguntei sobre meu pedido para aumentarem meu pagamento para 3.000 por "coluna". Ela respondeu que não podem. Esse valor (1.500) é o máximo que podem pagar. Etc. É o que todos recebem. Se ao menos as pessoas entendessem como escritores são mal pagos! Expliquei que, como metade da minha renda vai para impostos, metade de 1.500 é apenas 750. A quantia que recebi de adiantamento do meu primeiro romance!

Ah, enfim. Se eu não estivesse sentindo o aperto para comprar uma casa, tenho certeza de que o valor do pagamento não importaria. Afinal, durante anos eu vendi textos para a <u>Ms.</u> por valores muito pequenos. É preciso se perguntar o quanto a revista tem de ser bem-sucedida antes que possa pagar aos escritores mais do que salários de fome.

* * *

---

1 Agora que Rebecca voltou de Nova York para morar com Alice, ela está considerando desistir de seu apartamento na cidade e comprar uma casa na área da baía de São Francisco para que possam passar mais tempo ali, além do tempo em Wild Trees, na zona rural de Mendocino.
2 Joanne Edgar, uma das editoras fundadoras da revista *Ms*.

Acabei de completar um rascunho de "No armário da Alma"[1] e o dediquei a uma mulher que conheci quando fiz uma leitura em Davis. Minha mente divaga. Pensando em dinheiro com grande alívio, coisa rara no ano passado. Pela primeira vez na minha vida me senti financeiramente segura, sem tensão. Tanto que foi difícil me preparar para o estresse de tentar comprar a casa da rua Steiner.[2] Mas isso parece estar indo bem, e daqui a um ano sem dúvida ficarei feliz com a decisão & a considerarei financeiramente astuta. Quando estou aqui no campo, no entanto, uma casa na cidade parece supérflua. Mas quando estou na cidade o apartamento parece cada vez mais bagunçado e barulhento. Rebecca me contou que tem outro cachorro do lado do apartamento em que fica meu escritório, e na semana passada vimos dois homens, nossos vizinhos mais novos, fazendo xixi nos arbustos em frente ao portão. Mas é como se, só agora que estou planejando me mudar, eu notasse essas coisas. A violência nas moradias sociais a um quarteirão de distância. Um dia desses, uma mulher asiática foi assaltada & seu marido começou a atirar em "qualquer coisa negra", como nos disse o jovem morador – e seu cabelo crespo no estilo Jheri, que assusta – quando Belvie perguntou. Então, ontem, teve uma grande briga quando Rebecca passou de carro. Eu me sinto mal por estar deixando o bairro. Para onde vamos não é muito melhor & também é perto de moradias sociais. Mas é um pouco melhor, e o parque parece tranquilo e bem-cuidado.

Será como se Rebecca & eu estivéssemos completando o círculo – da bela e antiga vitoriana da rua Midwood (depois Garfield, rua 1, bulevar Geary, travessa Galilee) à bela e antiga vitoriana da Steiner. Nós duas amamos casas velhas e espaçosas. Como temos pouca mobília, este lugar realmente vai parecer espaçoso.

Robert & eu fomos na festa de casa nova de Belvie no domingo e acho que foi uma das melhores festas que já fui. A casa tem vista para o rio & para o oceano. Fizemos um passeio de canoa pelo rio. Depois comemos algas marinhas das rochas na praia. A nuvem radioativa que vinha da Rússia em nossa direção foi mencionada apenas brevemente: as pessoas estavam num clima de adoração & olhavam para o mar em silêncio ou pegavam a canoa ou se deitavam ao sol. Então voltamos & tivemos um jantar delicioso & ouvimos música & tocamos um pouco. Donna me mostrou como tocar o berimbau, um instrumento angolano/brasileiro de grande ressonância & beleza.

---

1 Este ensaio – sobre a reação de AW à crítica ao personagem Sinhô ____ em *A cor púrpura*, tanto o romance quanto o filme – foi publicado em 1988 em *Vivendo pela palavra*.
2 AW decidiu seguir com a compra da casa em São Francisco.

16 de junho de 1986

Quem diria, eu comprei a casa; devo receber as chaves na quinta-feira. O Universo deu alguns sinais inconfundíveis. Pedi ajuda a Mel caso precisasse – 15.000 ou mais. Ele disse claro, depois voltou atrás. Nada de novo. Eu me senti tão triste por ele. Toda vez penso: não é possível que ele não pretenda nos ajudar nunca, de jeito nenhum. Mas – ... e agora Rebecca disse que ele e sua mãe estão descumprindo as promessas de ajudar a pagar as despesas da faculdade. Bem, e daí? Vamos dar um jeito. Por exemplo, um dia depois que Mel desistiu (depois de eu ter tentado comprar a casa com base em seu "é claro!"), recebi 18.000 via correio pela brochura de A terceira vida de Grange Copeland. Depois, 10.000 dólares inesperados da Harcourt. E, finalmente, em Los Angeles, numa cerimônia de premiação para Quincy, minha agente Wendy me disse que 25.000 viriam da WB.[1]

Então, mais duas noites nesse apartamento, e acho que Rebecca & eu vamos sentir falta. Acho que é o lugar que vamos lembrar como nosso primeiro lar de verdade. Estou totalmente reflexiva sobre nós.

Mel veio aqui para o fim de semana. Pálido e quieto. Muito tranquilo, pensei. Lendo muitos livros antigos sobre o movimento. Ele quer escrever um livro, Rebecca contou. Foi bom vê-lo, & fez muito bem para Rebecca. Embora ela tenha encontrado tanto defeito! Acho difícil acreditar que já fomos casados. Me senti muito feliz por estar com Robert. Robert é negro & lindo. E flexível. E a pessoa mais beijável que se possa imaginar. Às vezes ficamos nos beijando por meia hora. Apenas beijando & flutuando. Enquanto Mel esteve aqui pensei na vida que R & eu construímos. Só poderia ser construída por pessoas que colocam seu relacionamento em primeiro lugar. Não o trabalho. E isso é lindo. As colinas, as casas, as árvores, os lagos.

5 de julho de 1986

Terminei o ensaio sobre Bob Marley[2] – acho. Talvez precise de um parágrafo comentando os temas de suas músicas – por que são tão importantes & tocantes, especialmente para mim.

* * *

---

1 WB é a Warner Brothers, produtora da adaptação cinematográfica de *A cor púrpura*.
2 Este ensaio, "Jornada a Nine Miles", foi publicado mais tarde, em 1988, no livro *Vivendo pela palavra*.

Minhas inquilinas do Brooklyn não ainda não saíram da casa & parecem estar protelando na esperança de que eu as pague para sair. Apenas uma delas tem um contrato de aluguel. Fiquei <u>muito</u> irritada; tive pensamentos em que feria o corpo delas. Mas então, como não achei que parecia correto pensar e me sentir assim, reprimi as fantasias raivosas e elas acabaram se voltando contra mim. Por alguns dias, tive fantasias de autolesões e automutilação que me assustaram para caralho! Depois, outro dia, fomos na Belvie & peguei um livro que ela tem sobre cura ayurvédica – nunca reprima emoções, diz um ensinamento. Deixe sua raiva se expressar totalmente em sua consciência. Observe – com desapego. E foi isso que fiz. Parei de tentar deter o massacre mental contra mim & minhas inquilinas, mas realmente afiei minhas armas – Resultado: muito menos fantasias de autolesão & muito menos daquelas do tipo homicida. Tem um bom suprimento de raiva aqui, mas não parece dominar.

A coleção de ensaios está indo bem.

1. Tudo é um ser humano
2. Meu pai
3. O desejo de morrer de velhice
4. Peça chinesa
5. Um nome às vezes é um ancestral dizendo oi, estou com você
6. Nem só seus professores vão aparecer...
7. Jornada a Nine Miles
8. No recesso da alma | Carta para Mpinga
9. Minha filha fuma
10. O povo não se desespera
11. Tentando ver minha irmã

Sem data
A má notícia é que a maioria de nós sempre terá que lutar.
A boa notícia é que a luta nos torna lindos.

Aniversário do meu pai　　　　　　　　　　　　09 set. 1986
Não sei quantos anos ele teria. Tenho 42 anos. O que me surpreende. Em oito anos estarei com 50, como Rebecca apontou ontem à noite. Sou a Srta. Caseira hoje em dia. Aprendendo a cozinhar, principalmente pratos vegetarianos. Amando estar em casa. Ontem à noite, Robert & eu saímos para pegar uma escrivaninha & uma cadeira para o meu quarto. Um cenário de camponesa

mexicana – e agora escrevo de frente para a janela do meu quarto com vista para o parque. Hoje o dia está ensolarado & claro, há muitas crianças no parque. Rebecca dormiu comigo ontem à noite e tive um sonho maravilhoso, mas não me lembro. Ela teve um retorno turbulento na escola & ficou brava comigo por não estar aqui quando ela voltou no primeiro dia de aula. Eu queria ter estado. Esperamos por ela na loja de computadores & ligamos para casa, mas ela estava fora.

Ela falou sobre sua mágoa e raiva por ter sido deixada para trás tantas vezes quando era mais jovem. De sua mágoa quando seu pai deu ouvidos à nova esposa e a proibiu de entrar no quarto para se aconchegar junto. Ela disse que muitas coisas ruins aconteceram com ela e que não nos contou, porque nós a elogiamos por administrar tudo tão bem. Sentamos & conversamos e choramos. Há tanta verdade no que ela diz. Ela é muito sincera e ao mesmo tempo odeia me machucar. Eu a encorajei a ser ela mesma, independentemente de tudo, pois é isso que quero para ela mais do que qualquer coisa – até mais do que lealdade a mim. (Ela disse que se sentiu desleal ao gostar do filme de Spike Lee, "Ela quer tudo", quando obviamente achei que falta muito nele. Eu disse a ela que isso iria acontecer mais & mais, sua individualização. E que nós duas deveríamos esperar isso.) Ela quer ser ela mesma, mas todos os meus argumentos & comentários & jeitos fazem muito sentido! Esse era exatamente o meu dilema com minha mãe. Eu a amava desesperadamente. E, como no caso de Rebecca, eu duvidava de seu amor porque havia também nele um certo ar evasivo e preocupado.

Rebecca me perguntou se eu duvidava de seu amor. Respondi que não. Não duvido – não importa o que ela faça ou diga. O vínculo entre nós é eterno. Tenho toda fé nisso. Acho que ela está sentindo muito nossa separação iminente, que ocorrerá quando for para a faculdade. Em vários aspectos, este é o nosso último ano juntas, provavelmente. Ela me quer mais em casa. Eu quero estar mais em casa. Adoro passar o tempo & as noites com ela.

13 set. de 1986
A casa continua a ser um abrigo. Tenho escrito bem aqui... Ontem digitei no computador de Rebecca metade do que havia escrito & fiquei muito satisfeita comigo! Aí desconectei a tomada do computador! Tudo perdido. Foi deprimente, mas aceito isso como uma lição. Eu gosto do computador. Isso é tão incrível. É simples, bastante fácil, até agora, de mexer e não cansa tanto minhas costas ou meus olhos quanto datilografar.

23 set. de 1986

Acabei de voltar da cidade & do concerto do Sweet Honey; foi um tremendo sucesso.[1] Ingressos esgotados. Um público extremamente receptivo; na minha vez de cantar tudo correu bem, me diverti. Bernice estava majestosa, fantástica e intimidadora como sempre. Ela literalmente me assusta & assusta a maioria das pessoas, eu acho. Seu jeito é tão imperial. Ela é como poucas pessoas que já conheci, uma vontade extremamente forte, determinação feroz e personalidade forte. E ela é supremamente dotada de uma voz magnífica que carrega séculos de história & almas negras envoltas em suas cordas vocais e uma compreensão espiritual & política que torna o ato de ouvi-la um acontecimento incrível. Amei todas as cantoras, tão lindas em suas roupas e penteados! E gentileza, força e mulheridade por toda parte.

Com meu pagamento de 7.500, mais os aprox. 4.000 de lucro líquido, devemos enviar a Winnie 12-13.000. Além de uma cópia da fita & da nota de cessão de Maxine.

Maxine (Waters)[2] estava com seu jeito engraçado e mal-humorado de sempre. Angela Davis engraçada, risonha, vestida com um terno prateado muito atraente, os dreadlocks acobreados. Sua amiga Nikky[3] veio com ela & parece sua irmã gêmea, só que mais nova.

Mas o evento me deixou de boca aberta.

Queridas Rosemary e Joanne,[4]

Vocês disseram que minha carta às editoras da Ms. informando que vou deixar a revista as aborreceu. Lamento por isso. Ao mesmo tempo fico feliz, pois se estão chateadas o bastante, talvez haja algumas mudanças na revista & particularmente na forma como ela se apresenta ao mundo, o que tem importância para mim.

---

1 Esta foi uma apresentação beneficente com o aclamado grupo *a cappella* Sweet Honey in the Rock, cofundado por Bernice Johnson Reagon, para ajudar o trabalho de Winnie Mandela contra o apartheid na África do Sul.
2 Congressista de longa data da Califórnia, Maxine Waters era nesta época integrante da Assembleia do Estado da Califórnia.
3 A poeta Nikky Finnney.
4 Rosemary Bray foi editora da revista Ms. na década de 1980. Joanne Edgar foi uma de suas editoras fundadoras e escreveu a matéria de capa, "Wonder Woman for President", na edição inaugural de julho de 1972; ela foi editora da revista por dezessete anos.

Embora você diga que não se lembre, Joanne, eu lembro de ter falado sobre as capas da Ms. mais de uma vez junto ao corpo editorial da revista. Um momento particularmente vívido foi logo depois que cheguei para trabalhar, nos escritórios da rua Lexington. Estávamos na sala de reuniões e fui cutucada a falar o que tinha em mente. Digo "cutucada" porque estar naquela sala me lembrou muito de como eu me sentia como integrante do conselho administrativo da minha antiga alma mater, Sarah Lawrence. Eu ia para aquelas reuniões de metrô e trem, & depois subia a colina até a faculdade (tendo voado para NY do Mississippi), e então passava pelas limusines dos demais integrantes, do presidente da CBS & tal. Eu me sentava à mesa diante de homens brancos que falavam sobre arrecadar milhões de dólares para a faculdade e, sabendo que tais reuniões levariam inevitavelmente à destruição de alguma coisa, ficava imediatamente preocupada com a preservação das árvores do campus. Com certeza, para construir o prédio caro que rapidamente emergiu dos milhões projetados, as árvores – as últimas que eram grandes no campus – tiveram que ser assassinadas. Mas quando eu defendi as árvores, foi como se tivesse proporcionado à reunião um alívio cômico. Essas reuniões na Ms. eram assim, para mim; sempre que eu falava ficava um silêncio curiosamente respeitoso pontuado por risadinhas ainda mais respeitosas. E aí os negócios da revista continuavam. Foi o que aconteceu no dia em que levantei a questão das capas, e a frequente recorrência de mulheres brancas nelas. Uma editora disse: Claro que concordamos com você. Deveria haver mais pessoas de cor na capa. Mas se colocarmos rostos negros na capa, vamos perder dinheiro. (Mais ou menos isso.) A capa de Cicely Tyson (uma capa recente com um rosto preto), fez a revista perder dinheiro? Eu perguntei. Não me lembro da resposta, mas como achei uma das capas mais bonitas, só tive pena de alguém ser racista demais para comprá-la. E é lógico que me perguntei: mas para que raios de racistas vocês estão vendendo revistas?

Outra editora disse, efetivamente, que sua ideia era que a capa deveria ser "conceitual". Isso, acho que ela supôs, acabava com a questão da raça. No entanto, todas as capas "conceituais" que vi eram estampadas por modelos brancas: recentemente, por exemplo, o "conceito" de "Remaking Love" é uma capa estampada por uma mulher branca e um homem branco bastante parecido com uma cobra que parece prestes a beijá-la; o "conceito" de estilo é expresso por uma mulher branca e elegante sentada em uma cadeira; & é óbvio que o "conceito" de mulheres jovens ou velhas grávidas é expresso por duas mulheres brancas (uma mais velha, uma mais nova) grandemente encinta.¹

Parei de participar das reuniões e conferências porque ficou óbvio que a cor racial que deveria estar na revista basicamente seria apresentada ou representada por mim. Deus me livre de fazer uma sugestão para uma questão & não ter por perto a pessoa negra mais adequada para atendê--la. Enquanto eu te contava isso, Joanne, eu estava indo embora, e você pediu o nome de alguém que poderia ficar no meu lugar! Durante a maior parte da minha permanência na Ms. eu fiquei separada das outras editoras (primeiro como a única pessoa em um escritório grande, depois em um pequeno) porque para mim era menos estressante trabalhar lá se a realidade do meu cargo era condizente com a aparência dele. E a realidade é que, embora preocupada com a representação racial no conteúdo da revista & em sua capa, minha maior preocupação era com o nível de consciência por si só. Por que eu era a única pessoa terrivelmente oprimida pelas capas insistentemente brancas da Ms.? A realidade era que eu estava sozinha.

Agora você dirá: Não. Não é assim. Estávamos com você! Ouvimos você! Ou, por que você não falou um pouco mais sobre como se sentiu?

Mas eu pergunto, por que é necessário que eu diga, mais de uma vez, como me sinto quando suas respostas aos meus sentimentos inevitavelmente nos levam à terra das vendas de revistas e a seus comentários habituais de que rostos negros, rostos como o meu não vendem revistas? Embora, curiosamente, também nunca deixem de apontar que a Ms. tem mais leitoras que não são brancas do que qualquer outra revista de mulheres (brancas). Será que não existe uma contradição aqui, eu me pergunto. Ou, quando eu disse como é insultante e opressiva a capa que mostra duas mulheres brancas grávidas, vocês me responderam: mas se mostrássemos uma mulher negra grávida na capa, isso se encaixaria em muitos estereótipos negativos. Então deixe as mulheres felizes & sorridentes, eu sugeri. Afinal, a gravidez em mulheres negras não é necessariamente patológica. Então vocês vêm me falar sobre Bill Moyers e Patrick Moynihan² e que eles andam dizendo coisas ruins sobre a gravidez precoce

---

1 "Grávida", em espanhol. [*N. da T.*]
2 Em 1965, Daniel Patrick Moynihan, um sociólogo estadunidense que atuava como secretário adjunto no departamento de Trabalho do presidente Lyndon B. Johnson, escreveu "The Negro Family: The Case for National Action", que ficou amplamente conhecido

entre adolescentes negras. (Eu não assisto TV, então perco muito sobre homens brancos perturbados.) E isso me espanta. Que a Ms., uma revista feminista, deixe de colocar uma mulher negra grávida na capa por causa de qualquer coisa que dois homens brancos digam. Terrível. Sem mencionar o fato de que os avôs & bisavôs dessas recentes autoridades em gravidez precoce entre adolescentes negras, sem dúvida, engravidaram muitas adolescentes negras. Por que Moyers e Moynihan não escrevem sobre essas histórias? E sobre como muitas dessas mulheres e homens adolescentes negros que eles estudam são, muito possivelmente, seus próprios familiares e parentes, descendentes de homens brancos que as compraram, venderam e engravidaram?

Tudo que sinto por Marilyn Monroe é simpatia, e nojo de todos aqueles homens que ainda tentam fodê-la mesmo depois de morta. No entanto, acho errado ela aparecer duas vezes em capas da revista e Winnie Mandela nenhuma (estou errada? Espero que sim!). Acho errado que Marilyn Monroe tenha aparecido em duas capas e Tina Turner em nenhuma (estou errada? Espero que sim!). Tampouco concordo que, para uma pessoa negra, independente do gênero, estar na capa de uma revista ela deve ser incrivelmente famosa, estar morta, e até ser "negra". Pessoas retintas, negras, amarelas e vermelhas fazem & "refazem" amor, são estilosas, engravidam & às vezes se sentem bem com isso. A Deusa sabe.

Qual é a concepção de vocês? De um mundo feminista classe média branca com três pessoas famosas por ano? Para mim, é isso que as capas de suas revistas dizem. Se for essa a concepção, podem perpetuar vidas assim. Não é a minha; e eu não posso.

---

como o Relatório Moynihan. Homem de sua época, Moynihan acreditava que os pais (homens) devem ser os provedores das famílias estadunidenses e criticava a "ilegitimidade" (a palavra geralmente usada na época para se referir a uma gravidez fora do casamento) nas famílias negras. Provocando um acirrado debate por "culpar a vítima", entre outras ofensas, o Relatório Moynihan tornou-se um dos documentos mais controversos do século XX. Moynihan, no entanto, teve muito sucesso, tornando-se senador pelo estado de Nova York e publicando mais livros em que avançava em sua perspectiva. Em janeiro de 1986, o jornalista de televisão Bill Moyers exibiu um documentário na CBS com foco no colapso da família negra, conforme discutido no último livro de Moynihan, *Family and Nation*. O documentário lamentava as estatísticas indicando que a maioria das famílias negras não tinha um homem como chefe.

13 de dezembro de 1986
Já é quase final do ano e escrevi pouco em meus diários. Definitivamente, meu registro de altos & baixos com Robert me entediou: além disso, comecei a perceber que o vínculo entre nós permanece, não importa o problema temporário que tenhamos. Foi também o ano do "filme" com toneladas de cartas, a experiência de fazer o filme, as várias estreias. Falei para Robert hoje à noite, no cinema, antes de assistirmos "O rapto do menino dourado" – que gostei muito – que tudo parece irreal, como se não tivesse acontecido. Ou talvez tenha acontecido, mas com outra pessoa. Com minha irmã Ruth, por exemplo, que parece ter gostado mesmo de cada detalhe de tudo isso.

Agradeço por ter conseguido retornar ao meu antigo estilo de vida – exceto que, graças à Cor Púrpura e à venda da minha casa no Brooklyn, estou numa casa maior e mais bonita em São Francisco e pude pagar a hipoteca no campo. É realmente maravilhoso viver numa casa que gostamos, que é linda. Uma casa que talvez mais cedo ou mais tarde será nossa. Sinceramente, não espero sair daqui.

Acabei de ter uma longa conversa com Quincy. Ele pareceu mais leve do que eu já o ouvi antes, mais ele mesmo, mais livre. Ainda me preocupo com ele lá em Hollywood, mas parece que está crescendo. As filhas estão com ele & o filho está chegando. Tudo isso é muito bom.

Meu próximo romance (!) está quase pronto. Boas pessoas, pecadores interessantes. O pecado é um grande mestre e quando existe amor verdadeiro não há pecado. Na verdade, estou desfrutando de uma nova liberdade escrevendo este livro. Eu me deixo levar pelas vozes das pessoas mesmo quando me levam para países estrangeiros & não falam muito inglês.

Acho que aprender espanhol é como aprender a fazer colchas, para mim. A verdadeira razão é aprofundar o romance. A mesma coisa com a culinária, e é a isso que devo voltar nesta reta final do primeiro rascunho. Estranho pensar em termos de rascunhos. A cor púrpura não exigiu rascunhos. Mas precisei deles para escrever Grange & Meridian. Acho que vou chamar esse romance de algo que me veio num sonho:

<u>O templo dos meus familiares</u>
<u>& outras memórias</u>

ou apenas

<u>O templo dos meus familiares</u>
junto
a mim

"Recuerda?" aparecerá na primeira página e talvez seja também o nome do barco de Mary Anne.

Soube ontem à noite que Ding Ling[1] e Bessie Head[2] morreram. Não consigo acreditar. Fiquei muito triste e deprimida & sentei no banheiro para chorar. Ding Ling tinha 82 anos e posso dizer sinceramente que me apaixonei por ela. Ela alcançou <u>direto</u> o meu coração & eu sei que ela me amava. Sinto tanta raiva por Bessie ter tido uma vida tão brutal que a destroçou. Meu sentimento é como se a África do Sul a tivesse assassinado. E mesmo assim, ela conseguiu testemunhar tudo para o povo de Botsuana & eles sempre existirão porque, de certa forma, naquilo que escreveu, ela resgatou o povo e sua história. Eu soube dessas mortes pela <u>Ms.</u>, a revista da qual me demiti depois de todos esses anos, porque de repente parecia insuportável que Marilyn Monroe & duas mulheres brancas grávidas aparecessem na capa. Mas já sinto falta da "casa" que a revista foi para mim. E eu amo Gloria, que há pouco estava aqui.

Estou cansada. Vou comer algumas uvas e... cama!

14 fev. de 1987
É isso. Tenho 43 anos. Quem poderia acreditar! Meus olhos maravilhosos, tão leais e lindos, ainda estão comigo. Através deles me é permitido ver, testemunhar, a bondade, a maravilha do Universo. Estou cada vez mais surpresa com o que vejo. Ontem, quando caminhava até o estúdio para colher verduras para o jantar, tinham três cervos gordos no pasto olhando para mim. Eu disse oi. A laranjeira está <u>carregada</u> de laranjas. As macieiras cresceram tanto que quase não dá para podá-las. Os narcisos estão por toda parte. E o pequeno estúdio: tão lindo com as novas janelas e portas. Ah! E a lagoa ficou cheia com a água da chuva, e está fluindo por toda parte. Esse é o som que ouvimos, da água correndo. E a água do nosso poço tem um sabor limpo, frio & fresco!

Tudo me parece milagroso. O lenço que uso na cabeça – feito por mágicas da tecelagem na Guatemala – e as cascas de laranja espalhadas pela mesa. La-

---

1 Ding Ling foi uma das autoras chinesas mais célebres do século XX e ficou mais conhecida por escrever ficção centrada nas experiências de mulheres chinesas independentes. Ela e AW se tornaram amigas no início dos anos 1980.
2 Bessie Head, embora nascida na África do Sul, era considerada a escritora mais influente de Botsuana. Em 1977 lançou a primeira coleção de contos (*The Collector of Treasures*), publicada por uma mulher negra sul-africana. O governo de Botsuana concedeu a cidadania a Head em 1979, o que lhe permitiu viajar para o exterior. Crítica do apartheid, ela escreveu romances, contos e obras autobiográficas. Morreu de hepatite em 1986, aos 49 anos.

ranjas são laranjas, mas por qual processo de amor? Porque o amor faz tudo isso. A energia do amor faz tudo o que é bom e belo, e é o bloqueio da energia do amor que causa desastres.

Na minha família só minha mãe parece ver os milagres na vida como eu vejo. Somente ela está sempre orando e contemplando. Todos os outros vivem reclamando. Por que isso?

Charlayne Hunter acabou de sair. Depois de uma entrevista para MacNeil Lehrer.[1] Tudo o que fico pensando enquanto essas pessoas de câmera/som fazem esta cena em que estou "escrevendo" é se vou ficar mesmo gorda com esse casaco! Essas trivialidades. A entrevista foi interessante, até divertida. Charlayne é engraçada; uma garota Gibson[2] tão efervescente, uma beldade do Sul, mas de mente aberta. Com roupas muito elegantes. Se me comparo me sinto desleixada. Tão esquisito. Ficar pensando em roupas.

Ela acha que eu sumi. Mas a verdade é que agora faço apenas o que gosto de fazer – & não gosto de ser "aparecida" no estilo das celebridades estadunidenses. Por outro lado, é verdade que meu nível de energia tem estado mais baixo nos últimos dois anos – bem baixo. Mas agora, por alguma razão, sinto que estou mais animada – será o ácido fólico? O ferro quelado, ou o período de afastamento & relativo descanso? Seja o que for, estou voltando à vida: gostando de ver algumas pessoas, indo a peças, brincando vez ou outra de jogos de humor com Robert e Casey. E tem sido um momento maravilhoso para passar com minha filha. Um momento que era muito necessário ter com Robert.

Não sei quanto a outras pessoas, mas me parece sensato ficar perto daqueles que amamos, especialmente quando nos tornamos "bem-sucedidos". O que posso pagar agora que não podia antes? Dar atenção aos detalhes da vida & a meu comportamento com Robert, Rebecca & Casey. E qual é o "lucro" disso? É que estamos mais próximos do que nunca. E que Rebecca se sente realmente amada e no centro da minha vida, o que antes não acontecia.

---

1 O programa *MacNeil/Lehrer NewsHour*, criado em 1975, foi ao ar nas estações PBS de todos os Estados Unidos. Charlayne Hunter-Gault, ativista pelos direitos civis e jornalista negra premiada que também cresceu na Geórgia, era correspondente nacional do *News Hour*. Formou-se em jornalismo na Universidade da Geórgia em 1963, depois da política de desmantelamento da segregação da universidade, com o companheiro pioneiro e colega de classe Hamilton Holmes.
2 Segundo Valerie Mendes e Amy de la Haye no livro *A moda do século 20*, uma garota "Gibson" era "a personificação da mulher ideal, criada pelo ilustrador estadunidense Charles Dana Gibson, na virada do século". [N. da T.]

26 de agosto de 1987
Ontem Robert e eu levamos Rebecca ao aeroporto e a colocamos num avião para Nova York, a caminho de Yale. Nas últimas semanas, nos distraímos da inevitável despedida ajudando freneticamente uma jovem família refugiada de El Salvador. Uma jovem mãe de 23 anos, Reina, & suas duas filhas pequenas, Sandra de 5 anos, e Denise, 8 meses. Elas estão morando no quarto de hóspedes & isso é uma experiência e tanto. Isso interfere na minha escrita, lógico, mas posso beijar muito a bebê. Eu realmente amo bebês, e Rebecca & Robert também! Estamos todos comicamente apegados a Denise. Ela é fofinha, pesada, rechonchuda & bonita. Ou, como eu digo a ela: pesado, gordo, y bella! Ela tem 2 dentinhos.

De qualquer forma, eu estava tão cansada – de tentar (& conseguir) matricular Sandra numa escola & acertar os detalhes do colégio para a Reina & arrumar um apartamento – porque, eu percebi, não sou capaz de trabalhar com duas crianças brincando no quarto ao lado – eu estava anestesiada. Fomos para o aeroporto em transe. Rebecca tem mais coisas do que eu sabia que ela tinha. Mas não importa. Convencemos a companhia aérea a aceitar tudo. E aí, quando chegou a hora de deixá-la embarcar no avião, nós duas choramos, & todos nos abraçamos & beijamos. Robert tem sido um amigo maravilhoso para nós e um super-semi-pai para ela. Esperei por este dia de sua independência, mas foi difícil deixá-la ir. Sentamos & esperamos quase uma hora até o avião partir. Atrasou, então fomos buscar algo de comer.[1] E o voo finalmente decolou. Voltamos para casa & eu fui para a cama sofrendo de cansaço, de saudade & com uma enxaqueca horrível.

Ela ligou quando chegou em Nova York & me senti melhor. Os aviões são tão assustadores hoje em dia. Mas hoje ela ligou de novo, chorando & tristíssima. É o pai dela & a família dele – em questão de horas já a chamaram de yuppie & esnobe. Além disso, lá é quente & sujo & ela fica se perguntando por que as pessoas moram lá. Tentamos pensar em maneiras de passar o próximo dia & meio. Sugeri meditação e ser educada, e graças a Deus ela tem Frida (Kahlo)! Está lendo sua biografia & adora Frida. Eu adoro Frida; gostaria de escrever sobre ela. Não acho que seu biógrafo fez justiça a ela & a Deusa sabe que o filme de Leduc[2] perde o ponto. A melhor coisa até agora é a pintura de Frida "If This is Death, I Like It", feita por Ester.[3]

---

1 Escrito originalmente em espanhol.
2 O filme *Frida, natureza viva*, de Paul Leduc, de 1983.
3 A obra *Si esto es la muerte, me gusta* da artista Ester Hernandez.

É difícil para mim saber que criticam Rebecca – seus dreadlocks, em particular. Ela é <u>tão</u> bonita. Mas são muito ignorantes para enxergar.

Ah, e é tão parecida comigo. Ela está mudando legalmente seu nome para Walker & isso faz com que Mel e sua mãe a acusem de antissemitismo. Ao mesmo tempo, eles se recusaram a dar qualquer apoio significativo além de uma mesada mensal, que pedi a Mel para dar a ela, afinal ele tinha que fazer um gesto de apoio pelo menos simbólico.

Mas, por mais que eu tente, só posso me sentir tão triste. Minha filha linda e de coração tão grande está indo para Yale. Meu livro infantil[1] já está sendo impresso; meu livro de ensaios[2] está bem perto de ser enviado à impressão. Minha mãe está passando alguns meses felizes no campo; Robert está feliz & planejando um novo livro sobre masculinidade, que vejam a luz, e logo Reina & as crianças estarão no caminho. Estou colocando Sandra na escola particular duas casas abaixo. Reina vai se matricular em aulas de inglês. Vou dar 1.000 por mês para apoiá-la durante um ano. Eu <u>adoro</u> fazer isso, me faz sentir que todo mundo pode fazer algo & que o planeta pode ser um paraíso & vamos começar agora mesmo. Enquanto isso, eu disse não do fundo do coração a mais pedidos de dinheiro de meus irmãos que me deixam estupefata com suas exigências frequentes & não agradecem quando ajudo.

26 set. de 1987
Eu sou uma mulher africana; naturalmente eu insisto em todas as liberdades.

1 out. de 1987
Dá para acreditar que já é outubro? Os longos dias radiantes, as abóboras alaranjadas, as peras doces e os tomates suculentos. Estou colhendo feijão & verduras e tomates & berinjela e logo meu próprio milho! Na semana passada nós (Robert & eu) fomos nadar no rio – maravilhoso, frio, estimulante, depois de uma caminhada rápida pelas sequoias.

Como Robert é bonito de se ver, de estar com ele. Impossível não o abraçar e beijá-lo de verdade, mesmo que eu esteja com uma dificuldade cíclica com o sexo. Os homens são tão brutais que perco o tesão só de ler o jornal. Mas Robert está amadurecendo & brilhando e é um bom amigo. Mesmo as-

---

1 *To Hell With Dying* foi publicado em agosto de 1988, com ilustrações de Catherine Deeter.
2 *Vivendo pela palavra* foi publicado em junho de 1988.

sim, acho que não vou desistir da minha cama de solteiro (a grande cama de casal de madeira que parece de solteiro quando ele também está nela.)

Enquanto desvencilhava meu corpo de Robert, ofereci a ele meu romance[1] – a primeira parte. Ele ficou atordoado, e isso me agradou. Me sinto tão bem com as pessoas que chegaram tão longe. Descobri uma coisa: não sou muito boa em criar personagens que sejam como eu. Elas me entediam. São as almas imaginadas com selvageria, que realmente são como eu arquetipicamente, que são o meu deleite.

Estou indo com calma. Dizendo não a quase tudo. Há muito a se fazer, mas tenho aceitado o fato de que não posso fazer tudo. Eu escolhi algumas coisas. Reina & as crianças, algumas regalias, uma ou duas grandes leituras & viagens. Há vários meses que são livres. Me peguei com saudade dos dias calmos e chuvosos do outono, quando a casa na cidade realmente mostra o seu valor. Dias para acordar quente & centrada e passar da meditação para a oração (escrever).

O campo está lindo como sempre. Eu mexo & murmuro lá sem parar. E está ainda mais encantador: com o jardim circular ainda florido, o caminho serpenteando, os balanços, as lagoas.

Quero lhe agradecer, Universo. Eu me senti distante de você & não quero estar. Ola.

15 out. de 1987
Alguns dias depois de uma estranha viagem ao Leste para ver Howie & Roz[2] & Rebecca & Steven & mamãe & Ruth. Robert e eu voamos para Boston e passamos a primeira noite com os Zinns. Continuam lindos, envelhecendo – pela primeira vez Roz parecia mais velha. Seu cabelo está ficando grisalho & ela tem catarata, cuja remoção iminente discutimos no jantar. Pernil de cordeiro assado, que recusei. Conversamos sobre os animais, a crueldade de suas vidas, ou melhor, a crueldade humana com eles. Comi algumas sobras de camarões que estavam bons. Parece que fui parar no hábito de esporadicamente jantar peixe, camarão, abalone ou frango. 10% da minha dieta. Tentei formular uma filosofia – talvez seja esta: como tudo está vivo e nada quer morrer, ainda preciso comer para viver & o mesmo vale para todos os seres, o correto é comer a menor quantidade possível de tudo, exceto aquelas sementes, frutas, legumes que literalmente caem na mão. Me senti muito bem nos 3 meses do meu vegetarianismo estrito, talvez melhor do que já me senti em

---
1 *O templo dos meus familiares*, que ainda estava em andamento.
2 O historiador, ativista, escritor e ex-professor de AW, Howard Zinn, e sua esposa, Roslyn.

qualquer época. Uma consciência limpa energiza o corpo! Mas estou nesta fase, com preguiça de continuar. Quando estou com muita fome & tem um pedaço de frango ao meu alcance, é difícil não comer. Apesar do meu vínculo, como mãe, com as galinhas que também são mães.

———

Mamãe está mais ou menos na mesma, embora mais encolhida. Ela diz que não sente dor, só está "contraída". Ela ficou feliz em nos ver & não sei por que trouxemos chocolates, que ninguém da minha família precisa.

Nós comemos. Jogamos softball com o neto de Ruth, Kyle... Mais parentes e amigos começaram a chegar. Tias & tios & primos e até meu antigo namorado Porter e seu filho, Brandon.

Passamos para ver os túmulos dos ancestrais. A Igreja. Nossa antiga casa.

Mas finalmente chegamos em casa! São Francisco cinza, bonita, tranquila & montanhosa. Minha casa espaçosa, modesta & confortável & com todas as petúnias brancas florescendo nas caixas do terraço.

Vou ajudar Ruth a preparar a casa antiga para o inverno, para que ela & mamãe possam ficar lá no ano que vem, se quiserem.

16 de outubro –
Quase deixei de escrever a coisa mais importante: minha crescente consciência da Deusa (numa escala cósmica podemos pensar nela como a pequena mulher por trás do homem!) e minha lesbianidade. Sinto como se todo mundo soubesse que sou lésbica, menos eu. Ainda assim, é uma ideia nova para aparar em minha psique. Percebi que a única maneira de me relacionar sexualmente com a maioria dos homens é pensando em violência, & isso me destrói. Mas quando penso na Deusa & em amar outras mulheres, fazer amor com elas, não há necessidade de violência, pois não associo violência ou dor (dor física) com mulheres.

Chris, um homem adorável, me deu uma maconha incrível & fez um cachimbo para mim (de barro, acho, da lagoa) para fumar. Isso me ajudou a ver que, ao me relacionar sexualmente com os homens, tranco minha verdadeira sexualidade atrás de muros. Eu tenho muros internos. E isso, eu acho, é o que muitos homens e mulheres fazem.

De modo geral estou feliz com isso. Na verdade, me senti muito gay ontem o dia inteiro, e verdadeira.

Então caminhei até o estúdio & liguei para a central para ouvir minhas mensagens – Uma de Quincy & meu coração pulou pela boca. Eu amo esse homem, sendo lésbica ou não. Sua voz movimenta meus órgãos vitais (sorriso): Estou irremediavelmente presa entre homens & mulheres, então? Oy vey!

Ou será que estou esperando que Q, um <u>homem</u>, me salve? De qualquer forma, ele não reconheceu minha voz na secretária eletrônica. Pensou que fosse Rebecca. Disse que passou em casa quando esteve em São Francisco no mês passado, sentiu boas vibrações. Talvez ligue de Nova York. Sempre que ouço falar dele, fico tumultuada & não gosto disso! Tumulto, é isso.

Bem, está nas mãos da Deusa. Como tudo.

7 nov. de 1987
Eu amo Robert, mas estar com ele me faz me sentir terrivelmente afastada das mulheres lésbicas, que eu respeito e admiro. Elas, obviamente, & com razão, desconfiam de mulheres com homens. Eu mesma sou um pouco (às vezes <u>muito</u>) desconfiada. Mas descartar Robert não é a solução – e, além disso, não me sinto capaz de fazer isso, ele está tão entranhado no meu coração que sempre que tento arrancá-lo me vejo solta no ar, em queda livre.

Saí com Angela e algumas amigas[1] dela, Byllye & Mary, para dançar num clube de mulheres na noite de Halloween. Foi lindo estar com Angela, e nós ganhamos o segundo prêmio do concurso de fantasias como "Gêmeas Siamesas", porque mesmo que não estivéssemos vestidas de forma muito criativa – eu estava com meus dreads divididos em quatro e amarrados ao redor da minha cabeça & ela usava uns óculos estranhos que pareciam dois garfos, e que atrapalhavam muito a visão, mesmo assim ficamos unidas pelo quadril porque ambas estávamos muito tímidas para ir sozinhas para a competição de fantasias. Foi divertido, muito livre e inocente. Tinham duas Tina Turners, um casal de Morticias e três mulheres fantasiadas de Três Ratos Cegos que conquistaram o primeiro lugar.

Mas finalmente tenho que admitir que aquilo me pareceu estéril. Não as próprias mulheres, mas a música de discoteca horrível e sem sentido e a atmosfera enfumaçada. Apenas a competição de fantasias foi significativa e personalizada. Conheci muitas mulheres que pareciam doces e interessantes – e que mereciam uma música melhor.

* * *

---

[1] A ativista política Angela Davis e sua amiga Byllye Avery, que fundaram o Projeto Nacional de Saúde da Mulher Negra em 1984.

Angela & Toni Morrison vieram jantar aqui na segunda à noite. O cabelo de Toni está bem grisalho, e muito bonito e macio. Quando elas estavam saindo & conversávamos sobre cabelo, eu toquei nele. "Angela, sinta o cabelo de Toni, como é macio!" E a noite foi assim. Eu fiz sopa e legumes e tinha pão & manteiga & frutas e vinho. Toni falou sobre as críticas de seu livro – na verdade ela falou sobre as críticas feitas a nós, já que algumas pessoas que não gostam do trabalho dela também não gostam do meu. Aparentemente, há uma crítica horrível no The New Republic e republicada no The Village Voice, escrita por Stanley Crouch.[1] Alguém lhe mostrou pouco antes de ela ir a um programa de televisão ou rádio. Ela disse que foi chamada de "Tia Medeia" e que tem uma caricatura engraçada/estranha dela.

Ela falou sobre como consegue erguer barreiras, psicológicas, para se proteger. E sente que tem o poder de se proteger de gente maluca e de cachorros. Ela contou que sufocou mentalmente um cachorro que alguém segurava & ele cagou nas mãos dessa pessoa.

Acho que Toni tem um poder brilhante e sombrio, e se sente mais confortável para estudar o mal do que eu. Eu posso estudar confusão, que na maioria das vezes só se parece com o mal, & teria dificuldades quanto a sufocar mentalmente um cachorro.

Ela também foi muito gentil em seus comentários sobre Ishmael Reed, dizendo que nunca conseguiria levá-lo a sério. Ela parece conhecê-lo há muito tempo e recentemente jantou com ele. Ela explicou que quando Ishmael era um garotinho, por volta dos 5 anos, ele foi levado pela mãe para conhecer o pai, "um empresário de sucesso" que os expulsou do escritório. Este foi o primeiro encontro de Ishmael com seu pai. Eu disse que essa história explica o ódio que tem por escritoras negras: continuamos levando-o para conhecer seu pai.

Conversamos sobre a possibilidade de Tar Baby ser adaptado para o cinema; ela achou que não, mas mais tarde, quando Quincy ligou para falar sobre a decisão da Warner de me oferecer 3%, ele disse que os planos para o filme estavam realmente avançando. O marido de Euzhan Palcy está cotado para ser o diretor, e não Euzhan! Esta não é uma boa notícia. Ele disse que Toni receberia notícias em breve.

---

1 Chamado de "Literary Conjure Woman", o texto de 3.700 palavras foi publicado no *New Republic* em 19 de outubro de 1987. Nele, o crítico negro e oposicionista Stanley Crouch focou no romance, à época mais recente, de Toni Morrison, *Amada*, descartando-o por ser "banal" e "sentimental".

De qualquer forma, ele também comentou sobre o fato de Toni e eu estarmos jantando juntas. "Qualquer um esperaria que vocês fossem inimigas", ele disse. Mas por que "qualquer um" esperaria isso? Mesmo nas vezes que me senti mal por algo que Toni supostamente disse ou fez contra mim – por exemplo, impedir que Bob Gottlieb me contratasse na Knopf quando eu estava tentando deixar a Harcourt –, ao mesmo tempo sempre senti que, se fizesse meu trabalho, as coisas ficariam bem.

Expliquei minha ausência em sua grande leitura (City Arts & Lectures). Que eu estava em Boston fazendo uma leitura beneficente para mulheres. E a parabenizei pelo sucesso de <u>Beloved</u>, que pronunciei Be-Love-Ed.[1] Eu contei que tenho o livro, mas que ainda não tinha lido porque estava trabalhando em algo e sabia que quando lesse "iria ficar de queixo caído".

Ofereceram uma posição importante para ela em Princeton.

Fico feliz com seu sucesso. Não é o meu tipo de sucesso. Não parece que dá para passar muitos dias deitada junto da pessoa amada, mas talvez dê. Espero que sim. Eu sei que não suportaria ficar em Princeton por um dia sequer.

1 dez. de 1987

Uma manhã calma, chuvosa e arrastada no campo, e agora a notícia de que James Baldwin morreu.[2] Ontem à noite, de câncer de estômago. Ele tinha 63 anos. Raramente fico triste ao saber que pessoas morreram; fico mais triste em saber que estão doentes. Os mortos escaparam, eu sinto, uma parte de mim sente, e eu os vejo subindo, rindo & livres, espantados com sua boa sorte, acima da terra.

Baldwin era meu irmão espiritual, tio e pai. Lembro como me senti quando, num verão no início dos anos 1960, desci do ônibus em Boston e seu livro <u>Terra estranha</u> enchia uma prateleira inteira. Foi a primeira vez que me dei conta que era possível ser um escritor negro de destaque. Um "sucesso" à moda dos Estados Unidos. Os livros nas prateleiras da Estação Rodoviária Greyhound. Além disso, adorei o livro; gostei especialmente de Ida, seus dedos pretos e seu anel de olho de cobra. Ela é uma mulher que eu poderia reconhecer, me relacionar. Quando dormi pela primeira vez com Mel, às vezes pensava que éramos como Ida & Vivaldo.

---

1 Livro de Toni Morrison publicado no Brasil como *Amada*. [N. da E.]
2 Na madrugada de 1º de dezembro de 1987, o grande escritor morreu de câncer de estômago em Saint-Paul de Vence, França.

Agora ele está livre do sofrimento. A dor que o mundo lhe causou por ser preto, homem, gay, tudo isso, esperamos, acabou. Sua raiva cessou. E, sobretudo, há sua absorção agora, sentimos, no amor universal.

Se me arrependo de nunca o ter visto em carne e osso? Sim. Mas sei que seu espírito esteve comigo desde o início.

Ele foi um afortunado: deixou um exemplo de coragem, compromisso com a luta de todos os seres humanos para serem livres, e de um amor tão penetrante – em todas as suas palavras e obras – que talvez não procurássemos estar em sua presença física porque sempre sentimos que seus dons já tinham sido oferecidos, mesmo às pessoas que não o conheciam diretamente, e recebidos.

Adeus James, e bem-vindo ao Universo para o qual a morte é uma porta. Você se saiu muito bem. Aqui ficam lágrimas, tenho certeza, mas também canto & celebração.

17 dez. de 1987

Acabei de ter uma conversa muito perturbadora com o assistente do reitor de Yale. Rebecca está querendo se mudar do campus. Suas razões: é inseguro, insalubre e o espaço muito pequeno.

– Tive que interromper a escrita nesse ponto ontem por causa de uma dor intensa no pulso causada pelo meu esforço estúpido de pintar uma parede enorme com um pincel minúsculo. Quase me arruinei, no entusiasmo de ter encontrado a cor certa para o interior da minha casa – um coral terroso profundo, criado com a mistura de um laranja/rosa suave com branco & marrom. Lindo! Instantaneamente as coisas ficaram mais calorosas & há um maior sentimento de emoção, vida, na atmosfera. Paredes brancas estão realmente começando a me incomodar.

Enfim, um mês atrás tive o problema com meu braço esquerdo, no ombro. Algumas semanas de dor excruciante. A lição é: não exagerar! Ouvir meu corpo! Que fala tão expressamente. Toda vez, pouco antes de me machucar, ouvi em minha mente: Alice, não faça mais nada. Eu me respondia está bem, pronta para parar, mas então decidia terminar só mais aquele pontinho ali e aquela curva e... dor!

18 dez. de 1987

Passei dois dias negociando com o(s) reitor(es) de Rebecca. Eu os chamo de As Bruxas de East New Haven. Então, hoje de manhã, Betty Tractenberg ligou & ofereceu a R. uma sala de estudo em algum lugar do campus. E disse que ela é primeira da fila quando surgir uma vaga num quarto individual. Eu contei para R. E falei que a escolha é dela. Que pode ficar lá, mas não nas condições que quer; nas condições deles. Ou ela pode ir embora. Eles não vão permitir que ela se mude para o espaço que encontrou fora do campus. Também achei que ela tinha que saber que estou exausta por tentar resolver seus problemas a 5.000 km de distância. E, é isso.

Segui a vida & plantei narcisos e tulipas & vou plantar mais hoje.

**Quinta-feira,
26 fev. de 1988
11h15**
Acabei de terminar, há uma hora, o romance O templo de meus familiares. Saí da cama, tomei banho & me vesti, passeei pelo jardim a caminho do estúdio onde continuarei a transpor os capítulos no computador. Subindo a colina, meu olho captou algo no campo que parecia ser um cesto de roupa suja ou um saco de produtos de limpeza. Dei um passo em sua direção para pegá-lo.

Imagina o que era?! Um grande gato castanho-amarelado, deitado calmamente no meio do campo. Olhei para ele e disse "oi". Ele simplesmente virou a cabeça, olhou para mim & não disse nada.

Senti que terminei o romance como tinha de ser. Do sonho de Suwelo, que foi meu há vários anos – dois homens, um de meia-idade & um mais velho conversando na cabeceira da cama do mais velho – até a próxima visão do Sr. Hal, ser capaz de ver gatos.

**Sem data
Escrito na Itália**
Me pergunto se escrevi em algum lugar que a HBJ concordou em comprar o romance[1] por 2,5 milhões de dólares. Isso significa, na prática, apenas 1,6 milhão. Mas mesmo assim. Eu fiquei em transe. Não consigo entender/acreditar. Provavelmente eu teria concordado com um quinto disso. Mas – para ter $ 400.000 por ano; por 4 anos... Parece muito incrível.

Então, quitei a casa de Ruth & terminei de pagar a reforma da casa antiga. Dei a Mamie um cheque para cobrir as despesas depois de sua internação.

9 de maio – Belvedere, Castelfranco di Sopra, Itália
Estamos aqui há dois dias. Parece bem mais. A paisagem é linda, mas o ar é horrível. Tanta poluição, não dá nem para ver o sol. Mas tem lindas papoulas

---

[1] O templo dos meus familiares.

vermelhas, cascatas de flores silvestres brancas & amarelas e milhares de íris lavanda. Passeamos nos bosques, nos terraços & nos olivais, e Robert ficou me perguntando sobre a escrita de um roteiro. Ele está escrevendo um sobre Nancy & Henry.[1] "Sua versão" da experiência deles, como ele diz. Uma postura tipicamente masculina. A maneira como eles se apresentam é mais interessante para mim. Duvido que Nancy fosse muito "gostosa" e Henry era provavelmente tão rígido quanto gay. Enfim. Senti uma forte tristeza e pesar ao lembrar minha luta para escrever o roteiro de Púrpura. Ainda culpo Robert por minar meus esforços. Mas na maioria das vezes eu deliberadamente não penso nisso. Parece que não posso fazer nada. Foi uma oportunidade maravilhosa, para a qual eu não estava suficientemente preparada. Mas agora vejo com mais nitidez o que motivou suas objeções. Ele mesmo queria escrever um roteiro. E de fato escreveu um com St. Clair que não deu em nada. Deve ter sido difícil me ver escrevendo um. Eu acho. E então ele me contou sobre seu caso com A... & precisava que eu lhe desse outra chance. E por aí foi.

Enquanto isso, ainda penso em Bubba[2] todos os dias. Belvie me contou sobre uma conversa que tiveram e ele disse que me amava, mas tinha medo do "físico". Medo de "estragar tudo". Ela tentou encorajá-lo. Estou com tanto medo. Medo da rejeição. Medo de me machucar. Com medo. Com medo. Tudo o que sei é que quero & preciso dele na minha vida.

24 de junho de 1988

Ontem terminei o TMF pela segunda vez! Incorporando todos os "trechos" que escrevi na Itália – uma viagem bastante improdutiva...

De qualquer forma, o romance agora está concluído, para minha alegria. Se isso confunde John,[3] sinto muito. Não posso trabalhar cara a cara com ele neste livro. Ele estranha o espírito do livro. E da última vez, no V pela P[4] ele me disse: Anais[5] nunca recusou minhas sugestões, ou algo nesse sentido. Insinuando: Quem é você para fazer isso? Eu calmamente escutei todas as suas sugestões & trabalhei com ele com bastante complacência. Mas ele destruiu

---

1 Henry Crowder, um músico de jazz negro autodidata, e sua musa, Nancy Cunard, uma poeta branca de vanguarda, herdeira de transportes marítimos e editora da antologia *Negro* de 1934, que foi inspirada e dedicada a Crowder.
2 Quincy Jones.
3 Seu editor na Harcourt Brace Jovanovich, John Ferrone.
4 "V pela P" refere-se ao livro de ensaios de AW *Vivendo pela palavra*.
5 Anaïs Nin, a famosa escritora.

nosso vínculo que já era frágil. Eu detestava ser tão condescendente em minha própria casa!

5 set. de 1988
Hoje completei a segunda rodada de edição.[1] Uma experiência de aprendizado e humildade. Como falei para Robert, ser editada por John me faz pensar que tenho coragem de escrever. Por outro lado, dá para entender por que editores editam em vez de escrever. São tão exigentes que nunca se permitiriam fluir... Meus olhos estão muito cansados – o lesionado flutuando, o outro apertado, dolorido. Meus dedos também estão doloridos. Mas me sento aqui no estúdio e fico olhando as copas das árvores, os vinhedos e o vale, e sei que estou no lugar mais bonito do mundo. Até os abutres são lindos aqui, e tão graciosos.

Senti a depressão de terminar um trabalho longo. Sinto falta das personagens de Templo; dá uma sensação tão estranha quando percebo que realmente terminei algo e não há mais nada para o meu pessoal fazer. Me senti tão vazia, tão cheia, com tanto medo, tão confiante – enquanto lutava para exteriorizar essa história. Finalmente, foi a confiança que a trouxe à tona. Eu vou só viver e confiar no Universo, e deixar que eu e minhas habilidades sejamos usadas para o bem maior.

18 set. de 1988
Domingo
Há dois dias, na sexta-feira, fiz o último pagamento da minha casa! Rua Steiner, 720 agora é "lar". O pagamento final foi o maior cheque que já fiz – mais de 223.000. Depois de separar $ para os impostos, ainda fico com 200.000. E mais um milhão de dólares a receber. Estou calmamente eufórica com tudo isso. Eu agora tenho posses – ou sou responsável legal de meus espaços na cidade e no campo. Acho que se fosse preciso, eu poderia alugar esta casa & morar em Mendocino ou alugar uma ou todas as casas em Mendocino. Mas o plano que tenho em mente é comprar outras, como investimento: 2 apartamentos. E alugar. Para que o aluguel pague a hipoteca etc.

Robert e eu desfrutamos de algumas noites altamente apaixonadas, para não dizer tórridas – eu desisto. Isso deve ser amor ou algum tipo de paixão

---

1 AW refere-se ao seu trabalho com o editor da Harcourt, John Ferrone, em *O templo dos meus familiares*.

poderosa. Depois de 10 anos eu ainda amo seu cheiro, o toque de seus dedos & outras partes!

Somos especialistas em conviver. E Berkeley é um ótimo lugar para fazer isso. Sentamos em cafeterias com jornais, fazemos compras em lojinhas maravilhosas. Encontramos comidas <u>bonitas</u>. E voltamos para cá depois de jantar numa dúzia de restaurantes que frequentamos & assistimos a filmes ou vídeos, & vamos para a cama & nos beijamos, beijamos & beijamos.

Encorajei Roberto a conseguir um segundo emprego para não me sentir como uma empregadora principal. Ele se tornou membro da equipe do Oakland Men's Project, o que o deixa feliz & a <u>mim</u>, orgulhosa! Seu lema é: "Trabalho dos homens: Acabar com a violência masculina."

21 set. de 1988
"Alice e o casaco muito caro."

Dois dias atrás eu comprei um lindo casaco – para quem gosta de símbolos de cobras do sudoeste, chapéus de camponeses mexicanos (sombreros), pimentas e miçangas com (presumivelmente) pequenas réplicas de pessoas chicanas penduradas – pareceu uma boa ideia no momento. Comprei na Obiko's, que tem roupas de artistas que gosto muito, como gosto de Sandra Sakata, a própria proprietária, e Kinondo, sua assistente. No entanto, acordei todas as noites cheia de remorso. O casaco é a peça de roupa mais cara que já comprei: 4.500,00, e isso parece – nesses tempos de gente sem-teto, enchentes em Bangladesh e devastação na Jamaica – uma quantia exorbitante para pagar em um casaco. Então, acho todo tipo de coisa errada com isso – e comigo. Esta é a primeira vez que me sinto tão mal por ter comprado algo. Me sinto culpada. E, também me sinto um pouco insegura quanto ao casaco. É tão diferente de tudo que já usei.

Fico na cama pensando: deveria ter comprado o suéter mais curto e mais barato. Apenas $ 1.700! Ou, deveria saber resistir à tentação do casaco. Me senti extremamente estúpida por isso. Será que algum dia vou ter coragem de usar algo assim?

5 out. de 1988
P.S. Vários dias depois de voltar do Novo México:

Finalmente, ainda no Novo México, não aguentei mais. Minha consciência estava me massacrando. Decidi ligar para Obiko & dizer que devolveria o casaco assim que pisasse em São Francisco. O que eu fiz. Me senti melhor imediatamente.

29 nov. de 1988
Voltei de uma ótima visita a Nova York. Fiquei na casa de Gloria, saí com Rebecca. Comer. Fazer compras. Ler – Tudo ótimo, para meu deleite.

    Ontem à noite, ou melhor, esta manhã, tive um sonho precioso sobre mim & meu pai. Foi muito real, muito bom – e era uma conversa política, entre iguais. Não me lembro de tudo, mas acordei quando estávamos discutindo a opressão branca contra pessoas de cor & a maneira como eles tentam destruir nossa fé em nossa própria beleza.

2 dez. de 1988
Tarde da noite. Meus olhos estão quase fechando. Quincy ligou & tivemos uma longa conversa de duas horas. Ele recebeu a concha grande que lhe enviei & meu bilhetinho para "fazer as pazes". Ambos pedimos desculpas por qualquer mágoa etc. Sua vida, como sempre, inacreditável em sua complexidade. Esposas, filhos, sua mãe... – oy vey. Mas ficou óbvio que não há nada romântico entre nós. Ele é maravilhoso, mas pertence a um mundo definido que me dá dor de cabeça só de pensar.

20 dez. de 1988
Amanhã é o Solstício de Inverno! O sol começará sua jornada de volta para nós. Aleluia!

    Passei o fim de semana, sex-seg., na Geórgia. Primeiro teve uma celebração pela volta para casa e o prazer (& a exaustão) de se relacionar com a família & as amizades em Eatonton. Um verdadeiro prazer poder ler para o pessoal – poemas e dois capítulos de A cor púrpura. E conhecer os jovens que a Fundação apoia.[1] Tudo correu bem, embora o auditório de 1.200 lugares estivesse apenas parcialmente cheio. Acho que tinha cerca de 300-400 pessoas. Principalmente parentes, pensei.

    Mas tínhamos três suítes no Terrace Inn em Milledgeville, Gloria veio & foi adorável, como sempre, e Rebecca pegou um voo de Nova York para lá – a caminho de Miami e Antígua.

    Passei momentos maravilhosos com várias sobrinhas, sobrinhos e primos. O filho de Fred, Mike, é adorável. Todos devemos trabalhar duro para evitar que sua gentileza retroceda. Senti que todas as crianças me amavam.

---

[1] Com o apoio financeiro de AW, Ruth Walker criou a The Color Purple Foundation, que oferece bolsas de estudo para estudantes do condado de Putnam e de Eatonton na Geórgia, sua cidade natal.

Os pequeninos continuavam me agarrando pelos joelhos. E eu realmente olhei para eles & vi sua preciosidade.

Teve a festa de aniversário para a mamãe. Muito bolo. Ela desperdiçando... e desperdiçando.

2 jan. de 1989
Passei os últimos seis dias relendo O templo dos meus familiares. É maravilhoso. E mal posso esperar para oferecê-lo às pessoas. Mas o cansaço visual! Porque cada frase tem que ser examinada & sempre tem esse medo de que algo vai sair errado. Não é muita coisa. E cá entre nós, John & eu vamos corrigir isso.

24 jan. de 1989
Na Casa Patricio, com vista para a Baía de Las Banderas em Puerto Vallarta. Não consegui piscar os olhos a noite toda. Música incrivelmente estridente vindo de la ciudad. E muchos perros ladridos. Acordei o coitado do Roberto para me fazer companhia, e ficamos nos revirando até amanhecer.

A casa é uma mansão em comparação com a maioria das casas no entorno. Enorme. Três quartos com vista para o oceano. E construída em 4 níveis. Tem uma piscina modesta. Me fez pensar na casa que estamos projetando na colina de WTs.

1 fev.,
Viemos para casa com dois dias de antecedência. Fomos parados novamente pelo bloqueio do exército & a visão de todas aquelas metralhadoras nas mãos de todos aqueles jovens minou qualquer interesse de retornar às praias do interior. Passamos os últimos dois dias deitados na cama trabalhando em nosso roteiro, que esboçamos e que parece muito bom. Tivemos uma aventura interessante e frustrante na volta. Não sei como pegamos o avião errado, então, assim que impedimos o avião certo de decolar sem nós, & nos acomodamos, reclinamos em nossos assentos, fomos informados de que, por "razões de segurança", tínhamos que voltar para o avião em que havíamos embarcado primeiro. O que significou sermos separados de nossa bagagem e pararmos na bela Los Angeles antes de vir para SF. Nós dois estávamos muito cansados no final de nossa jornada, & agradecidos por estar em casa.

Meu amado passou a noite comigo, e no dia seguinte nós, mais precisamente ele, digitou o roteiro no computador, depois de criarmos mais algumas cenas.

Ficamos muito felizes – por termos criado mais uma coisa juntos.

E seu livro[1] está recebendo ótimas críticas – em PW & Kirkus. Embora tenha um sem-vergonha por aí tentando roubar a história. Robert está muito chateado. Mas mais calmo depois de conversar com nosso advogado Mike.

Passei os últimos dois ou três dias me atualizando entre dilúvio de correspondências que aguardavam meu retorno.

Quincy perguntou se eu escreveria um réquiem para Ray Charles e uma peça para A cor púrpura. Seria uma oportunidade de colocar muitas das coisas que ficaram de fora do filme.

21 mar. de 1989
Primavera!
Um dia extremamente calmo, nublado e cor-de-malva na cidade, depois do dia maravilhoso ontem com Robert. Nós trabalhamos e perambulamos pela casa até as 14h e aí fomos a Oakland para uma caminhada ao redor do lago. Só estar no sol quente foi celestial. No entanto, me senti nocauteada depois e tirei uma soneca no apartamento de Robert. Muito tranquilo & colorido & aconchegante lá, preciso dizer!

Então voltei para casa – depois de jantar cedo & fazer compras de supermercado em Rockridge, que gosto muito – e assisti a última metade de The Women of Brewster Place,[2] que foi linda e comovente. Tenho que enviar um telegrama para Oprah.

E como você está? Meu confidente? Escrevo cada vez menos aqui. Inclusive agora só de escrever meia página, meus dedos doem. Será artrite precoce? De qualquer forma, acho que tenho pouco a dizer, embora tanta coisa tenha acontecido. Críticas horríveis (ou, como diz Rebecca, horr<u>invísiveis</u>)

---

1 O livro de Robert Allen, *The Port Chicago Mutiny: The Story of the Largest Mass Mutiny Trial in U.S. Naval History*, foi publicado no início de 1989 com boas críticas na *Publishers Weekly* e *Kirkus Reviews*.
2 *The Women of Brewster Place*, uma minissérie de televisão produzida por Oprah Winfrey e adaptada do romance homônimo vencedor do National Book Award que lançou a carreira de Gloria Naylor. A adaptação para a TV – estrelada por Oprah Winfrey, Jackee Harry, Lonette McKee, Paula Kelly, Olivia Cole e Lynn Whitfield, entre outros – foi ao ar na ABC em 19 e 20 de março de 1989.

sobre Templo na PW e Kirkus.[1] Depois, uma crítica realmente esplêndida no Library Journal. Também uma declaração bem bonita de Isabel Allende.

As palestras & angariações de fundos mais recentes me deixaram exausta, e percebo que é hora de economizar energia para o longo caminho da trilha publicitária, em maio. E para a manifestação em Washington no dia 9. E para as leituras em Nova Jersey & na Pensilvânia.

12 de julho de 1989
21h15. Mas ainda está um pouco de claro lá fora. Afugentei um guaxinim para fora do estúdio, depois desci a colina sentindo pena de mim. Isso é tão incomum que achei melhor me confrontar honestamente neste diário – onde não escrevo há séculos.

Hoje me senti inquieta, presa. No entanto, ontem senti que toda essa beleza ao meu redor era o presente mais completo e luminoso que alguém poderia ter.
 Meus olhos estão muito cansados. Não me recuperei das entrevistas e flashes da divulgação do livro. E estou comendo, comendo, como uma louca. Eu não preciso de todo esse descanso. Esse é o cerne disso, eu acho. E, além disso, está muito frio para ter coragem de plantar um jardim tardio & a lagoa está gelada! Eu deveria começar a fazer as pesquisas para meu próximo romance. É isso o que romancistas fazem! Não ficam de folga por 5 a 7 anos entre um romance e outro.

Sem data
O templo dos meus familiares não é um romance de pesquisa, mas de silêncio, espera, meditação e sonho.

13 set. de 1989
Tenho sentido o estresse de tantas viagens & entrevistas (uma para o Sindicato de San Diego esta manhã!) & estou planejando lentamente o momento

---

[1] O romance de AW, *O templo dos meus familiares*, foi publicado em 1º de abril de 1989, e obteve críticas mistas. "Embora tenha seus pontos fortes", lamentou a *Publishers Weekly*, "o livro nunca alcança o poder narrativo de *A cor púrpura*". O *Library Journal* discordou, escrevendo sobre o grande elenco de personagens do romance: "Da narrativa de suas histórias emerge um tecido glorioso e iridescente, um fio que conecta todas as suas vidas e vidas anteriores e parece puxar toda a existência em suas dobras. As personagens de Walker são magnéticas, mesmo com suas falhas e tropeços muito humanos; parecem conter o mundo e fazer-lhe justiça. Altamente recomendado."

em que não irei a lugar nenhum, me sentarei na minha varanda no campo & deixarei que o mundo venha até mim.

Muito cansada, esta noite.

Eu finalmente admiti para mim mesma como estou magoada e frustrada com algumas críticas mais cruéis. Acho a injustiça algo particularmente difícil de suportar. Principalmente de críticos homens brancos que obviamente não entendem que minha metafísica os inclui, embora a deles nunca tenha me incluído.

Esta noite, Rebecca, Robert, Casey & eu saímos para jantar – a comida era intragável (!) num lugar praticamente desconhecido em SF. E aí cheguei em casa & fiz ovos mexidos.

E assim concluo este caderno. Robert & eu estamos juntos. Cansados, mas firmes. Rebecca está em casa por um tempo trabalhando em seu filme & fazendo caminhadas comigo. Estou construindo uma casa enorme no campo. Bem, 3 quartos. E nesta casa estou criando um santuário para Robert & eu nos divertirmos. Vou arrumar outra janela e o quarto todo branco. O piso de Rebecca está sendo repintado.

Tudo deve ficar lindo – & depois, neste verão, o resto da casa será pintado. Branco gelo & azul acinzentado.

O que preciso fazer, pela saúde, felicidade & criatividade?

1. Manter o calendário que tenho. Excluir talvez, mas nunca adicionar.
2. Voltar ao trabalho.
3. Lembrar da deusa e da Mãe Terra.

Quinta-feira, 19 de outubro, após o grande terremoto[1]
Eu estava no porão pegando o último monte de roupas de Rebecca na secadora quando senti a terra se mexer. Não me ocorreu que era um terremoto até que ouvi a casa ranger & o teto começar a tremer. Corri para a porta da garagem,

---

1 Em 17 de outubro de 1989, um terremoto devastador atingiu a área de São Francisco às 17h04 e durou quinze segundos. O terremoto de Loma Prieta, assim nomeado devido a um pico próximo ao seu epicentro (perto de Santa Cruz), mediu 7,1 na escala Richter, e suas consequências foram testemunhadas ao vivo pela televisão por milhões de fãs de beisebol que assistiam ao terceiro jogo da World Series, realizado no Candlestick Park em São Francisco. O terremoto ocorreu momentos antes do início do jogo, e os locutores esportivos logo começaram a relatar o pandemônio resultante no estádio. O terremoto matou 63 pessoas e feriu mais de três mil.

que não abriu porque a energia foi desligada. Então subi as escadas & saí. Michael estava saindo de casa com seu cachorrinho. Corremos para os braços um do outro. Mais tarde, tomamos chá & ouvimos as notícias em seu carro.

Alguns pratos caíram, mas o que me chateia principalmente é a única panela indígena que quebrou. Era de argila marrom, muito simples, e de um formato & uma pátina da maior delicadeza que se pode imaginar! Comprei há 10 anos no Grand Canyon.

Estamos todos felizes por estarmos vivos. E ontem à noite Robert & Casey passaram a noite aqui, e enquanto eu estava deitada na cama ao lado de um Robert respirando suavemente, me surpreendi pensando em como estou feliz.

23 out.
Pensando em muitas coisas para escrever, mas resisti, por medo de não estarem totalmente "prontas". Mas como é reconfortante saber que em 3 dias de paz & descanso e solitude, além de meditação, meu planeta imaginário se revela.

07 nov. de 1989
Dia de eleição; e em breve vou descer a colina para saber o que aconteceu com Dave Dinkins, talvez o próximo prefeito de Nova York.

Um dia devagar para mim. Depois de uma noite maravilhosa sozinha com o rádio & notícias & blues e apreciando a nova estação local WZYX, 90,7! Tantas coisas impactam meu organismo: tenho certeza de que é a causa da minha letargia. Primeiro, o terremoto, que experimentei direta, mas não aparentemente, na mesma medida que os telespectadores experimentaram pela TV. Parece que todo mundo pensa que toda a área da baía está devastada, quando não está. Existe algo de positivo sobre a Terra se mexer de tempos em tempos. Está viva, afinal. Mas o outro impacto, ontem, foi saber que tem um vinhedo subindo no cume em frente à casa nova. Senti imediatamente uma sensação de futilidade. Que sempre haverá algo invadindo; que não há como escapar. Mas finalmente me levantei e subi a colina para ver a destruição. Eles derrubaram alguns carvalhos, mas felizmente não podem ocupar a descida da colina, que é muito íngreme. Além disso, o vinhedo está longe o bastante para, quando as uvas estiverem na folhagem, adicionar pontos de cor à paisagem, então me senti melhor. E <u>então</u>, Anne ligou do escritório de Wendy. Ela disse que transferiu mais de 135.000 para minha conta. Isso <u>também</u> foi um grande impacto. Não sei de onde é, possivelmente da Pocket, e me ocorreu novamente – a sensação de ter <u>tanto</u>.

Demais? A única salvação é continuar doando. Embora eu deva ficar com alguma coisa também. Uma bonificação para Roberto seria legal, eu acho, e 5.000 para Rebecca e seu filme.

E acho que hoje fiz doações para quase todo mundo. Incluindo 10.000 de uma bolsa de 25.000 para a rádio KPFA. E vou nomear o novo departamento de países em desenvolvimento como Ida B. Wells. Mais 5.000 para o Fundo de Defesa da Criança, 5.000 para a Fundação das Mulheres, 5.000 – uma lista bastante longa.

Eu me senti mal por ter dito a uma pessoa maravilhosa & jornalista mais-ou-menos que uma de suas perguntas para mim sobre "como o sucesso de escritoras negras teve a 'permissão' para acontecer" era boba. Mas todas as suas perguntas eram bobas. Ela falava como se as escritoras negras escrevessem apenas sobre "a situação negra" que, afinal, está se tornando cada vez mais de todas as pessoas.
 Estou cansada de perguntas bobas e estúpidas! Ela também parecia insinuar que, para as editoras, escritores e escritoras negras são casos de caridade. Enquanto isso, por minha conta a Pocket ganhou milhões sozinha & ainda questiono a contabilidade deles. Irritante.

17 dez. de 1989
Mal posso acreditar que sobrevivi à última leitura/sessão de autógrafos do ano! Ontem à noite na Marcus Books em Oakland. Uma livraria lotada, esmagadoramente de pessoas negras, o que é tão incomum. Com muitas crianças & idosos. Autografei livros até meu braço não aguentar. E continuei.
 Hoje à noite, mudava de canais na casa em que fica a editora, Robert zapeava tentando encontrar <u>alguma</u> coisa que valesse a pena assistir: e lá estava Quincy, dançando em seu videoclipe. Tão bonito & engraçado e o que poderia dizer? Comecei a sorrir, de pura felicidade em vê-lo, & por amor. Isso me surpreende. Meu amor é como um animal brincalhão que pula com olhos brilhantes, quer eu queira ou não. E eu agradeço, na verdade. Não dói mais. Apenas um tipo de brilho – & ver Q é quase como ver um pôr do sol que quase perdi.
 Robert e eu estamos maravilhados (eu estou) com a forma que este ano passou. Tanta viagem, trabalho duro (por causa do público) e tanta união & amor. Não brigamos seriamente nem uma vez. Só uma vez que falei para ele tomar as vitaminas junto com a comida!

* * *

Boston foi divertido. Vimos Gloria & Rebecca & Bill & Gay & seus filhos & Roz & Howie & Marilyn & Charlie & Mary Helen! Mas nossa! como as pessoas conseguem suportar um clima tão frio? E Derrick & Jewel. E a Universidade Tufts. Transbordando com uma multidão.

E agora tenho um mês e uma semana! Para fazer o que gosto, sem mais viagens! Parece o paraíso.

29 de dezembro de 1989

Bem, agora realmente ouvi o novo álbum[1] de Q & estou praticamente no chão! É tão incrivelmente vivo, e a cara dele, e tem músicas que sinto que são para mim. Eu encarei a verdade: amo esse homem. E tenho tanto medo. Nos últimos dias, estive num estado terrível – aquela horrível euforia que amantes sentem quando tudo está contra o amor & o coração obviamente não dá a mínima. Qual é a cura para isso? Talvez toneladas de sorvete ou chocolates. Ou trabalhar. Mas quantos romances mais consigo escrever?

---

1 O álbum de Quincy Jones de 1989, *Back on the Block*, teve participações de músicos e cantores lendários de três gerações, incluindo Ella Fitzgerald, Sarah Vaughan, Miles Davis, Dizzy Gillespie, Ray Charles, Chaka Khan, Luther Vandross, Bobby McFerrin e Tevin Campbell, que tinha doze anos de idade. O álbum ganhou sete prêmios Grammy, incluindo Álbum do Ano.

PARTE QUATRO

NINGUÉM DERRUBA UMA GRANDE MULHER

A década de 1990

8 jan. de 1990
Já numa nova década! Saí hoje e comprei um SAAB conversível preto 1990 muito bonito. E isso quase me matou. Troquei o SAAB vermelho e a diferença entre os dois carros foi de 23.400. É muito dinheiro. Só pude suportar gastar isso pensando no quanto eu mereço! E foi fabuloso, atravessar a ponte na chuva, em alta velocidade, Q no som, e o purgatório de quatro horas na concessionária de carros ficando para trás.

Eu tenho estado muito melancólica. Mas lendo este diário entendo o porquê. Se meu amor por Q é "real" ou não, definitivamente é uma paixão e isso me atordoou. Como Q é "indisponível", como diz o preceito dos Doze Passos, tenho que me conter. Então voltei meus pensamentos para carros novos & jardinagem. Mas essa não é uma boa estação para jardinagem & o carro é maravilhoso, mas não pode me abraçar.

Enfim, estou desgastada pela paixão e tem coisas piores para me desgastar, digo a mim mesma filosoficamente.

Passei uma ótima noite na cama com Georgia O'Keeffe – sua nova biografia.[1] Ajuda ver que artistas sempre têm emoções & vidas complicadas & que se debatem com sentimentos – & Georgia viveu até os 95!

A viagem para ver Catherine (Deeter)[2] foi muito boa. Embora insone & estranha, também. O livro vai ser lindo & todo mundo está nele!

Esqueci de registrar o encontro meu & de Rebecca com Henri Norris[3] depois de cinco anos de afastamento! Fomos ouvir Patti LaBelle, que parecia estar meio que arrastada & eu não consegui entender uma palavra. James Ingram foi muito mais inteligível e doce para o meu gosto. Henri nos convidou & foi bom estar com ela, mas também um pouco tenso, já que não sei qual é seu verdadeiro objetivo. Eu sinto intuitivamente que ela ainda acha que eu

---

1 *Georgia O'Keeffe: A Life*, de Roxana Robinson, publicado em outubro de 1989.
2 Catherine Deeter foi a ilustradora do primeiro livro infantil de AW, *To Hell With Dying*, e nesse momento estava trabalhando em ilustrações para um segundo livro infantil, *Finding the Green Stone*, que foi publicado em 1991. Quando AW escreve que "todo mundo está nele", está se referindo a si mesma, Robert, Gloria e outros familiares e amigos que inspiraram as personagens de *Finding the Green Stone*.
3 Henri Norris era uma advogada negra e ex-assistente de AW, a quem ela havia contratado para ajudar a gerenciar as demandas oriundas do Prêmio Pulitzer. Elas se distanciaram, não tão amigavelmente, em 1984.

preciso sair do armário & faz isso através de seu jeito doce. Mas isso mais do que nunca não é o caso.

Depois ela & Rebecca foram para uma reunião sobre vício em amor & sexo, & então R chegou em casa & me perguntou sobre sua triste infância & minha negligência com ela e seu sentimento de ter sido abandonada & por aí vai. Fiquei devastada. E com raiva. E cansada. A infância que ela se lembra – com toneladas de pessoas requisitadas para cuidar dela – não é a que aconteceu.

A discussão trouxe muitos aborrecimentos... Meu vício em Robert. Seu caso com A.; meus esforços para escrever o roteiro... meu fracasso... O desastre com Henri. Minhas amizades perdidas. Meu sentimento de não saber como consertar uma amizade que está rompida. Na verdade, fiquei muito feliz por Henri ter feito o esforço – que deve ter sido considerável. Por isso estou mais que cansada! Tantas emoções! Tanta dor para recordar. Tanta tristeza.

13 jan.,

Metade do mês se foi. Deito na cama, deprimida. Mas sozinha & é melhor assim. Não consegui responder a Rebecca ou Robert. Apenas... inerte. Ou, me arrasto até a cozinha ou banheiro.

Minha casa é um refúgio maravilhoso e, finalmente, está chovendo. Me sento na cama com meu velho roupão vermelho – Rebecca não o quer mais – e tento me sentir tão vívida quanto posso. Mas estou cinzenta, cor de estanho, como a chuva que risca as janelas ou as lágrimas que riscam meu rosto. Tanta tristeza! Às vezes me sinto tão triste que acho que talvez seja hormonal.

18 jan.

Hoje está melhor. Depois de muita chuva necessária o sol está brilhando. Os pássaros chilreando. O céu azul. Estou trabalhando no texto do festival Zora.[1] Eu tinha receio de não ter mais nada a dizer, e realmente não tenho. Agora tudo está sendo memorializado, institucionalizado, e isso nunca é tão divertido quanto a criação ou a descoberta.

---

1 AW estava preparando uma palestra, a ser proferida no final de janeiro de 1990, para o primeiro Zora Neale Hurston Festival of the Arts and Humanities em Eatonville, Flórida, cidade natal de Hurston.

Minha melancolia está diminuindo um pouco.

Ontem Ruth me contou que Mamie[1] foi a Eatonton para ficar uma semana; que ela planeja "revelar" um retrato de mamãe que aparentemente estava pendurado acima da televisão. Que M. me acusa de ser uma mãe "podre"; e disse que se eu fosse o que deveria ser, tiraria mamãe da moradia social. Isso doeu, mesmo que aquela seja a comunidade de mamãe & que ela esteja feliz morando ali & nunca tenha expressado nenhum desejo de sair.

É Mamie quem quer a grande casa nova, para revelar seu retrato em... Enfim. Ela planeja escrever uma "exposição" para contar ao mundo seu lado das coisas. Uma delas é que até mesmo a mamãe foi uma mãe podre.

E talvez ela tenha sido, para Mamie. É difícil imaginar a mamãe, com dezessete-dezenove, dois filhos pequenos & mais seis a caminho! Sempre esquecemos que ela foi mãe solteira por pelo menos alguns anos.

Casita Careyes, México, 05 fev. de 1990
Robert me lembrou que convidamos mamãe para uma visita de 3 meses neste verão & então eu & ela poderemos decidir o que é melhor fazer.[2] Estou pronta, finalmente, para cuidar dela na minha casa – ou estarei, quando a casa estiver terminada. Passei por mudanças incríveis: às vezes penso que seria melhor se ela se despedisse da vida. Mas agora ficarei feliz em ajudá-la a viver o máximo que puder. Me senti traumatizada com seu adoecimento, como se também estivesse um pouco doente & fraca, porque ela está. Será que isso é comum? Tenho a sensação de que provavelmente sim.

17 fev. de 1990
Tanta coisa aconteceu: Nelson Mandela foi libertado no dia 11. Um homem alto, elegante e bonito e maduro. Com Winnie ao seu lado olhando, muito afetuosa, para ele. Foi uma visão que jamais esquecerei. Assim como nunca esqueci quando conheci o Dr. King e os vincos em seu terno cinza de "pele de tubarão". Foi quase demais para acreditar. Ver este homem que esteve afas-

---

1 Ruth e Mamie são as irmãs mais velhas de AW. Alice é a mais nova de oito filhos.
2 A mãe de AW havia sofrido o primeiro de vários derrames quase uma década antes. Desde então, Alice vinha se organizando com seus irmãos Bobby, Curtis e Ruth para cuidar dela, com Alice assumindo grande parte da responsabilidade financeira. Enquanto todos os filhos lhe ofereceram a opção de deixar seu pequeno apartamento em uma habitação social, Minnie Lue insistiu em permanecer em sua comunidade, entre seus amigos e várias crianças que ela ajudou a criar.

tado de nós por quase 30 anos. E saber que ele voltou para um mundo que os brancos racistas arruinaram.

27 fev. de 1990
June me enviou um artigo fabuloso que ela escreveu sobre a libertação de Nelson, no qual diz, basicamente, que ele sobreviveu à capacidade da África do Sul de matá-lo.[1]

Ainda estou um pouco letárgica. Mas sempre faço minhas longas caminhadas de uma hora com Gina & seu cachorro Mara. Vamos até o conservatório no Golden Gate Park & voltamos. E tem sido maravilhoso para minha resistência & todas as dores que estava sentindo nas pernas.

Da janela do meu escritório vejo que a ameixeira no quintal está florida. E a cerejeira no quintal de Michael está cheia de folhas. Primavera em fevereiro. Mas também está frio.

06 de março de 1990
Estou me sentindo muito melhor. Sou tão grata por isso.

Decidi mudar de editor. Espero que isso não seja um erro. Mas... percebi que sempre fico com receio de trabalhar com John, mesmo que ele seja bom & eu goste do que ele faz. Não tem alegria. Espero que Willa seja melhor para mim.[2]

Eu também larguei mão da Mamie. Simplesmente desisti.

31 de março de 1990
Decidi dar a casa em que está a Editora para Robert no seu aniversário. Espero que seja o certo a fazer, pelo bem de uma maior igualdade entre nós. Ele comentou no México seus medos de envelhecer sem ter garantias. Sei lá – parte de mim fica maravilhada por ele não ter mais dinheiro para exibir, mas tento não pensar negativamente. Ele disse que está parando com a maconha & talvez isso melhore suas finanças. Sinto que as mulheres em geral (& eu em particular) são muito mais cautelosas com dinheiro & Robert frequentemente comenta com admiração & e talvez inveja que quase todas as mulheres que conhecemos têm casas grandes. É o instinto de aninhamento, ele diz. Sim, eu concordo, & o bom senso de comprar o ninho.

---

1 O líder sul-africano antiapartheid Nelson Mandela foi libertado da prisão em 11 de fevereiro de 1990. O ensaio de June Jordan, "Mandela and the Kingdom Come", foi publicado no *Progressive* em abril de 1990.
2 Willa Perlman seria sua nova editora na Harcourt.

Tivemos uma boa briga em Careyes & eu falei para ele que não quero ser responsável por seu plano de previdência (que discutimos) & essas coisas. Ele mencionou algo sobre "comunhão de bens". E isso realmente me incomodou. Expliquei que esse termo não tem relevância para nosso relacionamento. Mas pensando nisso tudo mais tarde, senti que poderia dar a casa que ele usa há 5 anos & que a sacrificaria pelo bem de sua estabilidade & nossa amizade.

<u>Além disso</u>, estou comprando a Casa Pacifica, uma linda casa de retiro em Careyes.[1] Tem 3 quartos, vista maravilhosa, piscina, jardim encantador, árvores frutíferas, redes e buganvílias de quatro cores diferentes. Uma estradinha tranquila, de paralelepípedos. Muitas árvores floridas, grutas de buganvílias em árvores ao longo da estrada. Robert & eu ficamos empolgados com a perspectiva de ir para lá & explorar diferentes partes do país. Aprender a língua bem o bastante para realmente conversar.

A casa já viria mobiliada. Tem até um par de binóculos para ver o clarão verde no final do pôr do sol. Uma construção branca de dois andares, com dois quartos no andar de cima & no de baixo um quarto, sala de estar & sala de jantar. Uma grande Alberca (piscina) na saída da sala de estar. Pediram $ 250.000 & eu ofereci $ 240.000. Aceitaram & então fomos ao escritório de advocacia.

Estamos pensando em passar 6 meses em Mendocino, de maio a novembro. De janeiro a março no México e de dezembro a abril na cidade. Algo assim. Estou ansiosa para cultivar melancia, manga, chirimoia, amendoim e couve na horta.

Então:

A casa de Mendocino deve ficar pronta até 1º de junho e ficará espetacular. Eu sei que só vou querer deixá-la para fugir do frio & da chuva no inverno rigoroso.

Este ano, até agora tão difícil quanto o ano passado, foi fácil no que diz respeito ao meu relacionamento com Roberto. Ele vê isso como os altos & baixos naturais da vida. Acho que provavelmente ele está certo. Porque ele é uma pessoa maravilhosa, meu querido amigo.

---

1 Este retiro é em Jalisco, México.

13 de abril de 1990
Como o tempo voou!

O mais interessante desta semana, além da transa fabulosa com o bom e velho Roberto que sempre é um adivinho certeiro como amante (!), foi um encontro com Donna Vermeer & Lindsay Fontana, que querem filmar <u>Meridian</u>. Donna é preta, tem olhos pretos grandes, muito atraente. Lindsay é loira, com olhos azuis grandes. Ela dá um tom mais de Los Angeles à seriedade nova-iorquina de Donna. Gostei das duas. Este seria o primeiro longa delas juntas. Eu pedi para falarem com Michael.[1] Elas sugeriram Euzhan Palcy[2] & se ela concordasse eu estaria no céu.

Ontem à noite tive uma reunião com Barbara Masekela (& Timbor?) (& Hari Dillon) do ANC.[3] Em breve serei convidada para visitar a África do Sul. Ela queria se certificar de que por mim está tudo bem em ir como convidada do Movimento Democrático Unido. Só espero que não me convidem antes do outono. <u>Nada</u> vai se interpor entre mim & meu jardim neste verão.

Então, a Deusa continua me iluminando. A capa para a edição comum de O Templo vai sair em três semanas. Minha cópia parece ótima. Fico sentada aqui na cama olhando pela janela as folhas verdes e densas que agora escondem a maior parte da casa do outro lado da rua. Serão impressos 1.300.000 exemplares do Templo. Incrível. Meus outros livros estão vendendo e sendo lidos. Dr. Lui[4] me ajudou a recuperar minhas energias. Robert & eu somos amantes novamente.

22 de maio
Roberto & eu dirigimos até o campo para passar o dia & a noite – e estava chovendo tanto, como se a terra amasse nós, os californianos, afinal. As árvores gotejando, as flores desabrochando. As cachoeiras jorrando. Celestial. E somos maravilhosos juntos: amigos e amantes.

---

1 Advogado de AW.
2 A aclamada cineasta Euzhan Palcy ficou conhecida por ser a primeira diretora negra produzida por um grande estúdio de Hollywood (MGM), em seu filme de 1989, *Assassinato sob custódia*.
3 O African National Congress (ANC) [Congresso Nacional Africano] era o principal partido de oposição na África do Sul durante o apartheid. Logo se tornaria o partido governante da África do Sul no pós-apartheid, começando com a eleição de Nelson Mandela como presidente em 1994.
4 Um médico de medicina chinesa com quem AW estava se consultando.

20 de junho de 1990

Eu não tinha percebido o quanto estava completamente oprimida pela ideia de receber a visita de mamãe. Junto com Mary Alice, Ruth e Kyle.[1] Sabia que isso poderia ser demais, especialmente porque estava me debatendo com o que sinto por Robert, mas finalmente encarei o fato de que mamãe provavelmente não queria vir, como ela nos disse há dois anos. Então liguei para Bobby & pedi que perguntasse novamente se isso era algo que ela realmente queria. Ou se preferia ficar em casa & receber minha visita. Ela disse que prefere ficar. E que só viria para cá porque achou que era o que queríamos. Ela "questionou" por que eu pediria para ela viajar para tão longe! Estou aliviada. Principalmente porque a casa não está pronta. Quanto tempo ainda, oh Deusa, quanto tempo?, é o meu apelo. O pessoal do piso ainda não tem todo o piso. O pessoal do azulejo ainda não tem todo o azulejo. Então, está tudo parado enquanto derrubam mais árvores e desenterram mais argila. E todo dia é dinheiro – estava começando a me preocupar até que Wendy ligou para dizer que A cor púrpura (filme) de repente (por causa da TV) nos rendeu 99.000. E que a HBJ está comprando os poemas, menos a parte da Doubleday, por 100.000. Também receberei os direitos autorais em setembro. Da Pocket são 150.000. Mesmo assim, estou cansada de pensar em dinheiro. A água realmente é algo precioso & está chovendo lá fora no leito da malva, onde o solo era duro como uma pedra.

03 de julho

Assisti três dos filmes de Pratibha[2] na noite passada: Perturbadores, lindos, cativantes, pura poesia. E embora sejam curtos, são tão poderosos que não aguentaria assistir um quarto. Fiquei completamente plena com os mundos revelados nos três primeiros.

É dia 4 de julho. A Sra. Bush me convidou para fazer um evento da campanha de alfabetização com ela – recusei. Seria melhor George gastar dinheiro em

---

1 A irmã de Alice, Ruth e seu neto Kyle, e Mary Alice, cuidadora da mãe de AW, tinham se planejado para acompanhar a mãe de AW na visita à Califórnia.
2 A cineasta Pratibha Parmar, uma nova amiga de AW, nasceu em Nairóbi, no Quênia, depois que sua família se mudou da Índia durante o Império Britânico. A família de Parmar posteriormente migrou para Londres, onde ela cresceu. Seu trabalho reflete sua forte identificação com suas raízes da classe trabalhadora, e ela explora em seus filmes as interseções de classe, raça e gênero.

educação, comida & abrigo para as crianças dos Estados Unidos do que eu ficar de conluio com sua esposa sob o pretexto de que ler vem antes de comer.

Agora, vou arrancar pelo menos algumas ervas daninhas do jardim!

18 de julho de 1990

Ruth, Kyle e Mary Alice[1] estão aqui. E Rebecca voltou da África! Hoje fomos ao museu De Young ver as colchas Amish. Gloriosas! Depois, fomos comer no Silver Moon. Em seguida fomos à praia... Kyle tem muita energia e fica pulando sem parar. Mas é um menino bonito e brilhante. Amanhã vou ver Jane[2] novamente & estou ansiosa para investigar minha sensação de que resisto a um relacionamento real com Ruth (& talvez com outras pessoas), porque quando criança ela nunca respeitou limites & eu me sentia engolida por ela ou o que ela tentou viver através de mim. Talvez esta seja a raiz do meu sentimento de que nada do que tenho deveria ser meu. O que significa que sempre dou crédito aos outros pelo que faço. Ou compartilho, porque tenho a sensação de que nada deve ser só meu.

O crédito dado a mim, eu passo para os outros. Os elogios também. Passo para Ruth, ou para mulheres que me lembram Ruth. Até mesmo nomear a personagem principal da Terceira Vida de Grange Copeland como "Ruth" exemplifica isso. É uma maneira de homenagear & um elogio à minha irmã, sim, mas também mostra como me senti fundida a ela.

29 de julho de 1990

Outro insight sobre a "generosidade" de Ruth & de mamãe comigo. Agora acredito que elas se sentiram culpadas por me deixarem com meu pai & meus irmãos & que Ruth me dava mesada, arrumava meu cabelo & fazia vestidos para mim para aliviar sua culpa, não porque me amava. E aquela mamãe, depois de se libertar do ambiente horrível do nosso barraco, também se sentiu culpada. E isso alimentou seu desejo intenso de mudarmos para uma casa decente – que ela sempre disse que era por mim. Então, se ela estava me deixando sozinha para me dar um lugar melhor, como eu poderia reclamar?

Cresci considerando que casas são Recompensas! E essa é uma das razões pelas quais tenho 3 hoje[3] – além de todos os lindos "barracos" que me lem-

---

1 A irmã de Alice, Ruth e seu neto Kyle, e Mary Alice, cuidadora da mãe de AW, decidiram visitar AW na área da baía, apesar de sua mãe ter cancelado a viagem que ela faria.
2 Terapeuta de AW.
3 A essa altura, a AW possuía três casas: a casa da cidade na rua Steiner, em São Francisco; o complexo rural Wild Trees no condado de Mendocino, Califórnia; e a casa recém-adquirida em Careyes, México.

bram da beleza que minha mãe foi capaz de criar em meio àquela feiura. Meu amor por minha mãe está completamente ligado à sua expressividade como artista e amante da natureza – como eu já disse antes em algum lugar.

Bem: Robert & eu nos separamos enquanto Ruth, Kyle & Mary Alice estavam aqui. Foi como uma folha caindo de uma árvore. (Muitas vezes brinquei que Robert era minha "árvore"!) Me sentia coagida, presa por sua presença – o peso dela – e cansada de ser o sol que o ilumina. Ele, claro, estava preocupado que 6 meses não era tempo suficiente para conseguir outro emprego. (Pedi que, a partir de 30 de janeiro, ele deixe de ser meu gerente.) Lembrei a ele que, quando demiti Belvie, ele disse que seis <u>semanas</u> eram suficientes. De qualquer forma, assim como com Belvie, estou tentando suavizar o golpe dando a ele 25.000 para pagar um adiantamento num segundo condomínio.

Enquanto isso, estou aqui, finalmente sozinha! Na minha cama aconchegante no loft, no campo. O dia está brilhante, arejado, quente. Minha horta é maravilhosa. Devo fazer verduras para o almoço & pêssegos & milho ao longo do dia. No geral, lendo na lagoa & sonhando!

3 de agosto
Minha mente tem estado muito ocupada com a pergunta de Jane: Por que a severa exaustão/depressão de três anos que começou em 1983? Ela foi um eco da minha depressão anterior... & o que em 1983 se assemelhava ao meu trauma de infância?

O quê, efetivamente. Discutimos isso: minha sensação de que a revelação de Robert sobre: seu caso me devastou. Mas eu não podia sair do relacionamento porque dependia dele para me proteger durante o bafafá do sucesso de Púrpura. Da mesma forma, quando meu irmão atirou em mim, eu menti para protegê-lo(s),[1] e também dependia de Bobby para me proteger de crianças que me assediavam. Era horrível. Engolindo minha raiva, sem me sentir capaz de me libertar. E, no entanto, lembro de quando quase me libertei de Robert, como me senti leve & bem! Mas então cedi quando ele disse que estava parando de beber & mudando.

---

1 Quando eram crianças, um dos irmãos de AW atirou no olho dela com uma arma de pressão. Ela mentiu para seus pais sobre o que aconteceu para protegê-lo.

15 de agosto de 1990

Tem tanta coisa acontecendo. Rebecca & eu voltamos com segurança de uma viagem de trabalho/lazer na qual, ao longo de uma semana, passamos por Eatonton, Nova York, Boston & New Haven. Na Geórgia, demos uma entrevista para o Prime Time de Diane Sawyer. Um passeio através & em torno de velhas assombrações.

Falei com Bobby sobre colocar mamãe na casa de repouso local. Ele é favorável à ideia. Então Rebecca & eu visitamos a casa de repouso. Não é ótima, mas é uma possibilidade. Uma opção.

Depois, seguimos para Nova York & para a linda casa de Gloria. Então no dia seguinte para New Haven & um apartamento para Rebecca. Um dormitório. Uma bela vista. Do outro lado da rua do campus. E depois voltamos para a Gloria & um dia infernal de compras/museu. E finalmente em casa. Depois para o campo. A casa ainda não está pronta.

Nesse meio-tempo, consegui falar com Ruth sobre a possibilidade de colocar mamãe numa casa de repouso, mas sem mencionar que não pretendo colocar Kyle na faculdade. Continuo adiando essa conversa. E agora estou muito cansada & preciso dormir.

Agradeço, Grande Espírito do Universo, pela beleza que sempre está na minha vida.

17 de agosto de 1990

Querida Ruth,

Meu problema em "adotar" Kyle junto com Keon & Chauncey é que sinto que fui manipulada para fazer isso. E fico ressentida. Me ocorreu que a única razão pela qual Kyle sabia alguma coisa sobre o acordo com os garotos Hunt foi porque você contou – e o jeito como ele se sentiu foi resultado de como você explicou as coisas. Por outro lado, ao me contar a reação dele: que ele se sentiu excluído etc., você me fez ter pena e me sentir responsável de alguma forma pelos sentimentos ruins dele. Eu não sou responsável por eles.

Uma explicação mais razoável para a minha "adoção" dos 2 meninos, na minha cabeça, foi a que te dei. Que, sem ajuda, eles provavelmente não vão conseguir e que, se não tiverem assistência, no fim Kyle provavelmente vai perder a amizade dos dois, pois eles ficariam para trás na escola & iriam fazer outras coisas, como costuma acontecer com crianças muito pobres.

Eu gostaria que você tivesse sustentado a explicação original junto a Kyle, que é verdade, não o deixa de fora, e mostra, de fato, que ele é o "primeiro". Ou seja, ao comprar a casa para você, eu também estava pensando em Kyle. E apoiando sua fundação, e te pagando um salário, para ajudar a mamãe, por mais insuficiente que seja.

 Eu pensei muito sobre isso e decidi não adotar Kyle, no fim das contas. Já fiz o melhor que posso por vocês dois. E estava feliz por isso. Mas minhas doações estão no fim, agora.

Copiei esta carta e estou enviando para Ruth. Imediatamente minha mente se livrou de toda a confusão de sentimentos emaranhados que eu tinha sobre quais são minhas responsabilidades com Ruth & Kyle. E, curiosamente, pela primeira vez em meses, sinto que em breve poderei parar de ver Jane. Qual é a principal ajuda que precisei ter até agora? Começar a estabelecer limites. Não me deixar ser manipulada para assumir mais responsabilidades do que quero. Também vou estabelecer um limite para as minhas doações – 200. Mesmo depois que meu cheque final (do Templo...) vier da Pocket/HBJ. Esses são todos os assuntos que dominaram minhas conversas com Jane, muito mais do que eu pensava que dominariam.

20 de agosto de 1990
Uma troca muito estranha & estranhamente típica com Quincy através de sua secretária. Eu havia pedido a ele para receber um prêmio por mim da P.E.N.[1] em L.A. no dia 23 de setembro. Não deveria ter feito isso. Mas o escolhi em vez de Whoopi, a quem entendo ainda menos do que entendo Q. De qualquer forma, ele disse que iria se pudesse. Tivemos uma conversa agradável e sem importância. Exatamente como aquelas que tivemos nos últimos 5-7 anos. Hoje sua secretária ligou para dizer que ele não pode receber o prêmio. E não o culpo de forma alguma. Acabei de perceber o uso cruel que eu esperava fazer dele. O prêmio não significa absolutamente nada para mim. Não conheço uma única pessoa que quer me premiar com o P.E.N. Esta não é minha organização favorita. Por que, então, fui incomodar essa pessoa ocupada, gentil e brilhante? E já me preparei para me sentir mal, não importava sua decisão. Pois se ele aceitasse, tudo isso significaria algum tipo de ligação pública e externa entre nós, o que seria falso – e se ele dissesse não, o que ele fez, eu me sentiria rejeitada.

---

[1] A PEN America é uma fundação estadunidense que premia escritores do mundo todo, dos mais diversos gêneros literários e que se relacionam às pautas de direitos humanos. [N. da E.]

Esse sentimento de rejeição que parece "familiar". E ao "escolher" me relacionar com ele, já estou me preparando para viver esse sentimento familiar.

Acho que Quincy é tipo Porter, meu namorado do ensino médio. Preto, bonito, doce, que me rejeitou, eu senti, antes que a operação no meu olho removesse a maior parte do tecido cicatricial. Mas então, quando o removi & voltei para a escola radiante – e paparicada pela Srta. James, a professora de francês que me levava para a escola todos os dias – começamos a namorar. Então talvez eu ainda esteja tentando vivenciar a mesma experiência com Quincy, que tem bom senso o bastante para evitar. Porque na verdade não existe uma paixão verdadeira entre nós – acho que não. Talvez um pouco. Mas há alguns anos, da minha parte, existe uma espécie de histeria, exaltação, em relação a ele. Mas mais "viciante" do que verdadeiramente amoroso. Eu parecia "amá-lo" porque ele era tão distante. O que também parece ser um padrão: começou, estou pensando agora, durante meus primeiros anos com minha mãe, que às vezes era muito distante & enquanto eu crescia, distante fisicamente, porque ela era empregada de alguém em outra parte Eatonton.

Lembro de uma vez tentar beijar minha mãe nos lábios, e ela disse que não gostava de beijo na boca. Então nunca beijei. Também não nos abraçávamos exatamente. Eu me deitava – quando chegava a deitar com ela – com minha cabeça num de seus braços como se fossem travesseiros. Não havia carinho, com os braços dela em volta de mim, como faço com Rebecca.

Hoje acredito que minha mãe, diante de uma criança tão obviamente carente de afeto, cedia nas vezes que ficávamos de mãos dadas. Ficávamos assim porque eu sempre estava estendendo a mão para a mão dela, como ainda procuro a mão de Rebecca, ou Robert ou... é uma segunda natureza, ou mesmo uma primeira natureza, para mim.

Quando a secretária de Q disse que ele não poderia receber/aceitar o prêmio por mim, senti uma onda de humilhação, como se ele tivesse feito isso, dito não, para deliberadamente "me derrubar". Mas eu digo não o tempo todo para outras pessoas, inclusive para pessoas que têm uma queda por mim. É direito dele dizer não e não se sentir responsável pelos meus sentimentos.

Mas é como se eu quisesse algo que revele que ele me ama. Mas cada ato prova que não. Então, por que não consigo "superar isso", como diz Rebecca?

Quando Rebecca & eu conversamos sobre isso na outra noite, concordamos que ele é um arquétipo para mim. E que eu projetei essa figura interior idealizada em Q, ou que ele se parece tanto com essa ideia que acho que ele é o ideal. Mas realmente, tudo o que Q é, ou melhor, tudo o que projeto nele, está dentro de mim. Eu não preciso projetar isso nele. O que ele é em si mesmo seria, sem dúvida, muito desarmônico em minha vida.

Ainda assim, essa sensação de humilhação, apenas um lampejo dela, foi um sinal revelador, eu sinto. Por que eu pareço querer isso recorrentemente?

Enfim. Robert & eu passamos um dia agradável aqui em casa anteontem. Ele veio para preencher cheques & "gerenciar negócios". Ele está magro & parece bem. Contei a ele sobre minhas sessões com Jane & a conversa que tive com Gloria em que pude "ver" a pequena Alice, abusada e abandonada, num "celeiro/casa". Ela estava jogada num canto. Com um tipo de vestido de saco sem mangas, azul-escuro. Eu falei para ela que ia tirá-la daquele lugar desolado. (Qualquer um dos muitos barracos horríveis em que moramos.) Ela não acreditava em mim. Eu disse "vou levar você comigo para um lugar melhor". Segurei sua mãozinha junto à minha e comecei a subir a pequena colina em direção à estrada principal. (Esta é a casa perto da Capela Wards.) Mas uma serra circular enorme veio rodopiando pelo campo e a separou de mim, literalmente decepando sua mão. Depois, criei uma placa de metal <u>grossa</u> e enorme entre nós e a motosserra, e corremos loucamente para a estrada. Mas então a motosserra gigante começou a cortar & atravessar o metal. Foi nesse ponto que percebi que nunca poderia libertá-la segurando sua mão. Eu só poderia libertá-la com segurança levando-a para o meu coração.

E eu a vi, muito pequena, preta & assustada, com seu vestido azul, escalando o meu coração. Não sei se ela chegou até o fim, mas sei que meu coração está onde ela tem que estar.

24 set. de 1990

Incrível que o ano está terminando! Nesse ritmo, farei cinquenta daqui a duas semanas, em vez de quatro anos!

A festa de inauguração da casa nova organizada por mim & Rebecca (com a ajuda imensa & competente de Joan[1]) foi uma delícia. Muita comida boa, dança, abraços & sorrisos. Li um poema em homenagem a Charlie & aos outros pedreiros. Arisika Razak[2] dançou. Dançou feliz. Muitos convidados

---

1 Joan Miura, assistente de AW.
2 Arisika Razak, uma nova amiga de AW, atuava como educadora e conduzia rituais de cura e danças espirituais.

– cerca de 20-25 ficaram para dormir – & depois tomamos café & bolo & no almoço comemos lasanha.

24 out. de 1990
Um dia quente e ensolarado no campo. Na casa nova. Tranquilo. Na cama. 10h. Depois da meditação, penso: a melhor coisa da vida é a meditação!

Meu trabalho não está fluindo & tento não entrar em pânico. Você não pode servir a dois senhores, passou pela minha cabeça esta manhã & liguei para Joan para cancelar um discurso sobre testes nucleares. Eu estava me sentindo expansiva – com dezembro & janeiro livres. E de repente decidi não fazer, depois de dizer que faria.

Eu me recolhi na minha terra. Minha casa. Para dormir. Ontem dormi, de um ponto ensolarado no chão até o outro. A casa está maravilhosamente aberta ao sol, mas sólida & acolhedora.

28 de outubro de 1990
Tanta coisa para pensar: o convite da Lear's[1] para cobrir o julgamento de Winnie, a presença de Ayi Kwei[2] em minha vida. E em breve estarei quase sem dívidas!

Quando tudo estiver pago, a partir do final deste ano!!! Terei as seguintes despesas:

>   Despesas de Rebecca, alojamento & etc.
>   20.000 por ano.
>   45.000 salários de Mary & Joan
>   25.000 sustento de mamãe

Essas serão minhas maiores despesas.

---

[1] *Lear's* era uma revista focada em mulheres com mais de quarenta e cinco anos e foi publicada de 1988 a 1994. Seu slogan era "Para a mulher que não nasceu ontem". Os editores convidaram AW para cobrir o julgamento da líder antiapartheid sul-africana Winnie Mandela – convite que AW recusou. Em 1991, Winnie Mandela foi condenada por sequestro e ser cúmplice de agressão, mas, em recurso, sua sentença de seis anos de prisão foi reduzida a uma multa e uma pena restritiva de direitos por dois anos.

[2] AW começou a desenvolver uma amizade com Ayi Kwei Armah, escritor ganense mais conhecido por seus romances *The Beautyful Ones Are Not Yet Born* e *Two Thousand Seasons*.

Somadas a estas:

> seguro
> saúde, viagens, roupas.
> Presentes!

Prometi 5.000 para a revista <u>Spare Rib</u>, 500 para irmã Bernard da África do Sul.

Agora, para fechar esta seção, um último sonho. Novamente sobre "inundações", "águas profundas" Robert & eu. Ele mergulhava na água bem até o pescoço neste sonho, para me resgatar, eu sinto, embora eu não me visse. E então sinto que confio em Robert, como confio em mim mesma. E que ele representa meu eu neste sonho, que está mergulhando no inconsciente para salvar minha alma.

Poema dos Sonhos
27 nov. de 1990

> E se eu realmente
> falhar
> me avise
> me avise
> me avise.

6 dez. de 1990
Há pessoas que sabem coisas que não foram ensinadas.
E esse foi o início – quando esse fato foi reconhecido – da educação. Outras pessoas tentando aprender o que sabiam.
– AW, INSIGHT

20 ou 21 fev. de 1991
Criadora/
Ó Mãe de Todos, esteja comigo agora
& em cada hora da minha transformação eterna.

―

A resistência é o segredo da alegria.

―

A vida continua!

02 de abril de 1991

Algumas semanas atrás, dormi com Mercedes.[1] A primeira vez que fiz amor com uma mulher. Estou surpresa com como foi fácil & natural, mas o que isso significa eu não sei. Ela & o neto estão hospedados na minha casa na cidade agora, porque ela foi ameaçada pela proprietária/colega de quarto & tem medo de voltar para a casa da mulher. Essa complicação, esse envolvimento se tornou algo íntimo demais rápido demais, e parece o tipo de crise em que entro com Ruth & Fred & Denise & mamãe & outras pessoas da minha família. Tenho medo de as pessoas me darem por certa. De ser usada. Enganada. Por isso reprimo minhas emoções, mesmo quando tento encontrar ou oferecer uma solução para o(s) problema(s).

Mercedes & eu tivemos uma longa conversa por telefone ontem à noite. Fui bastante franca sobre meus medos. Ela ficou magoada. Mas, no geral, sinto que falar a verdade pelo menos ventila meu ar interno.

Mercedes é uma linda mulher negra que tem um tipo de visual & a energia de Marley. Ferozmente dedicada a seu neto de 4 anos.

21 de abril de 1991, domingo, 23h

Muito cansada. Uma volta tranquila, com Robert, depois de 10 dias de turnê no Sul para My Blue... não, HER BLUE Body![2]

09 de junho – um domingo.

Ah, que dia de sorte. Sozinha em Wild Trees, na minha casa com a parede nova quase pronta & o nome na entrada. Temple Jook[3] – onde adoração & pecado (sendo o ser em si mesmo) são uma só coisa.

Estou habitando meu corpo & meu espaço de uma nova maneira. Ainda gosto de fazer amor com Mercedes, mas o que eu realmente descobri é como estou profundamente enraizada em meu relacionamento com Robert. Depois das minhas primeiras noites com Mercedes, tive um sonho no qual senti a mais terrível sensação de perda, de luto. Acho que foi porque eu tinha medo de perder

---

[1] Mercedes é uma nova amiga de AW, uma artista negra cujo nome foi alterado nestas páginas para proteger sua privacidade.
[2] *Her Blue Body Everything We Know: Earthling Poems, 1965-1990 Complete* coletânea completa de poemas de AW, até o momento, foi publicada no início de 1991, e AW tinha acabado de terminar uma turnê para promovê-la.
[3] "Temple Jook" foi o nome que AW deu para a casa em Wild Trees, sua propriedade no condado de Mendocino, Califórnia.

Robert se expressasse, fisicamente, com uma mulher, a minha bissexualidade. Acho que todas e todos os amantes "potenciais" que escolhi foram escolhidos para não competir com nosso relacionamento, que me parece uma "família", "amor & apoio incondicional", "memórias compartilhadas", "o conforto do lar".

Quando contei a Robert sobre a Mercedes, ele também ficou com muito medo. Mas então senti um amor tão grande por ele, & o expressei, que acho que ele entendeu inequivocamente meu amor & prazer em nosso relacionamento. Somos amigos. Às vezes, nosso sexo é maravilhoso. Às vezes é só bom. E outras vezes é uma chatice. Ele & Mercedes são bons amantes. O que é diferente é o conhecimento que Mercedes tem do meu corpo & a maneira como fazer amor com ela parece uma longa e curativa brincadeira em que ela, aliás, tem <u>muitos</u> orgasmos (um grande choque para mim, a aquariana fria, de um orgasmo por vez), e meu próprio prazer com o corpo <u>dela</u>. Eu adoro tocá-la. Seus joelhos, por exemplo, sua barriga & seios.

June[1] & eu estávamos conversando ontem sobre ser bissexual. E sobre como a comprovação disso não está apenas na mente ou no espírito, mas literalmente, no corpo. Uma pessoa sabe que é bissexual se tem atração sexual por mulheres e homens. Presumivelmente, as lésbicas têm uma atração mais poderosa por outras mulheres. Ou exclusivamente.

Acho difícil acreditar que <u>existem</u> mulheres heterossexuais & lésbicas. Parece que, se temos uma mãe & um pai, teríamos que ser essas duas coisas e ser capazes de nos sentirmos atraídos por ambas.

Fundamentalmente, acho difícil me sentir atraída pela palavra do Dominador (homem) sobre qualquer coisa como se fosse a verdade.

Essa fuga para outra coisa é algo que examinei durante os últimos meses de terapia com Jane. Eu compro casas porque preciso de lugares para onde fugir. E agora percebo que comprei a casa no México para ter <u>para onde mandar as outras pessoas</u> que insistem em me visitar!

Enfim. Sessões de terapia concluídas por enquanto. Estou empenhada em terminar meu romance. Também preciso escrever um prefácio para a edição do 10º aniversário de <u>Púrpura</u>.

E as viagens de divulgação do <u>Blue Body</u>? <u>Exaustivas</u>. Mas uma verdadeira honra & <u>delícia</u> conhecer minhas leitoras e leitores, que gosto como pessoas. Brancas, negras & de todas as outras raças & tipos.

---

[1] A amiga de longa data de AW, a poeta June Jordan.

23 de julho
Parece que minha vida está em transição. Assim como meu romance[1] está quase pronto. Mulher em Transformação, sou eu. Me transformando de novo.

Mais sobre Mercedes:
   Ela me lembra minha avó, Rachel. Doce, paciente, leal. Inocente. Todas boas qualidades & no entanto fico facilmente irritada com a combinação delas em Mercedes.

09 de agosto de 1991
Hoje terminei o primeiro rascunho de O segredo da alegria. O nome que ficou.
   Comecei a navegar pelo dicionário: "Ruth" significa "tristeza, piedade, remorso". Anruth = impiedosa etc.! "Sabático" onde estou, significa (de sábado, sábado para judeus, domingos para cristãos): período de descanso, férias.

Sábado, 12h30
19 ago.?
Dirigi até a cidade[2] com Rebecca. Ouvimos Tracy Chapman, Ladysmith Black Mambazo & depois Jean Bolen, que falavam sobre Deusas interiores. R & eu decidimos que nós duas somos fortemente Afrodite & também muito Hestia. Um passeio agradável – R dirigindo – mas cansativo. Agora ela está lá embaixo conversando com Jonah que acabou de voltar do México & eu tomei banho e vesti minha camisola de flanela para um verão quente de São Francisco, presente que Gloria me deu.
   Estou com receio de ver Mercedes & todas as suas expectativas. Disse a ela que vou alugar o quarto dos fundos da casa dela por seis meses. Um lugar para eu ficar quando estiver lá; mas também um auxílio para que ela não tenha que morar com uma colega de quarto. O relacionamento é muito enfadonho – & ela solta nomes demais: Angela Davis, Audre Lorde, ad infinitum. Também solta muitas dicas sobre tudo o que precisa. De qualquer jeito, eu não amo essa mulher.
   Nesse meio-tempo, terminei um rascunho do meu novo romance: Segredo da alegria. Meu romance de "dever". Eu fiquei destruída por cada página.

---

[1] Neste ponto, AW está escrevendo o romance que se tornaria O *segredo da alegria*.
[2] De Wild Trees, seus dezessete hectares de terra em Mendocino, até a casa da cidade na rua Steiner, em São Francisco.

O desafio que tenho pela frente é este: estou gastando muito dinheiro! Gastando & gastando & não consigo parar. Certamente um sinal de alguma doença. Enquanto isso, R e eu compramos uma linda arte huichol de Isobel. A pintura retrata o comportamento dos insetos durante o último eclipse solar no México.

Um grande terremoto no país hoje – sacudiu a casa. A casa balançava & revirava, muito graciosamente.

Esta manhã a cidade está envolta em neblina. Turistas alemães estavam tirando fotos de si mesmos na frente da minha casa, e no fim ousaram chegar até a porta para um clique. Bastante barulhentos. Bati na porta & os mandei sair dos degraus. Mas eles voltaram! Então gritei "Vão embora!"

Que casa maravilhosa: a vista do parque é soberba. Mas acho que não consigo viver aqui com os ônibus turísticos despejando turistas cada vez mais desrespeitosos. Talvez eu consiga alugar a casa, mobiliada, para pesquisadores visitantes ou algo assim & fique com um pequeno apartamento espetacular na cidade para mim. Me dei conta que os turistas já me perseguiram da frente da casa até os fundos, onde minha cama dá para a cidade, não para o parque. Felizmente tem uma figueira-do-faraó e uma palmeira cobrindo a vista.

Depois de terminar o rascunho de "Alegria" me senti tão cansada. Quase doente. Capotei na cama e dormi até as 16h do dia seguinte. Levei muito tempo para entender a drenagem de energia que acompanha o trabalho criativo.

Tive uma breve conversa com Mel ontem, quando Rebecca ligou para ele. Parece que quebrou o gelo um pouco entre a gente. Acho que é porque este é o último ano de Rebecca em Yale & ele não foi convidado para ajudar na mensalidade & agora sente que nunca poderá colaborar. Depois de muito estresse para Rebecca, ele deu um carro a ela. É sua pior característica: oferecer coisas & depois interditá-las & criar condições. Ela se limitou a chorar na varanda da casa deles, sozinha, durante o grande processo de receber o suposto presente. Gloria diz que alguém chamou isso (oferecer dinheiro & coisas, mas com condições) de pênis verde.

Eu odeio a manipulação que sinto com Mercedes. Minha paixão já se transformou em piedade. A piedade é detestável em relacionamentos íntimos. E me sinto entediada.

Fora isso, como fica a vida aos 47 anos, o ano do equilíbrio perfeito?

1. Rebecca é saudável, inteligente e tem um coração enorme. Seu trabalho de verão ensinando escrita & natação a levou à decisão de buscar a arteterapia. Então a pós-graduação se aproxima & ela parece pronta para isso.
2. Robert está saudável... e aos 49 anos finalmente parece pronto para abraçar sua carreira como escritor. Ainda compartilhamos momentos ótimos juntos.

    Eu ainda gosto de ficar aconchegada com ele. O sexo é bastante incerto.
3. Minha mãe continua agonizando, mas está estável. Minha irmã Ruth está prosperando. O resto da família continua como sempre: comendo demais, bebendo demais, se drogando demais.
4. Minhas casas estão lindas e quitadas. Minhas finanças estão bem.

    Mas diminuindo porque estou gastando muito em móveis eternos. Depois da festa no próximo sábado & da partida de Rebecca, vou me sentar com Robert & avaliar as coisas. Estou cansada de comprar. Eu só quero ser.
5. Minha aventura ortodôntica continua. Sinto meus caninos sendo puxados pelo aparelho. Daqui a um ano meu sorriso deve estar muito mais confortável & pretendo sorrir muito. Passou um ano – & me surpreendi por suportar tudo isso com um certo fatalismo. Mas é lógico, o que mais eu poderia fazer?
6. Gloria está mais fria desde que mencionei meu relacionamento com Mercedes. Não fez uma única pergunta sobre ela, o que acho estranho.

No lado negativo: meus ossos doem mais do que antes. Principalmente os pés. E, perto da minha menstruação, os quadris e joelhos. Talvez este seja um sintoma da mudança. Eu deveria investigar. Uma nova fase da vida pode estar começando.

Rebecca me disse: você vai escrever por pelo menos mais 30 anos! Até os 77 anos. Minha mãe já é, aos 78 anos, mais velha que isso.

Casa Careyes
México
30 nov. de 1991
Ontem à noite fomos convidados a compartilhar o jantar de Ação de Graças num dos restaurantes do hotel logo acima da praia. Participamos de um con-

curso de escultura de abóbora antes do jantar – eles misturaram o Halloween com o Dia de Ação de Graças – & fiquei surpresa ao descobrir como é divertido esculpir uma abóbora. Gloria, Robert & eu esculpimos uma & depois Rebecca esculpiu a melhor, que ficou tipo uma máscara indiana. Trouxemos para casa. O jantar foi calmo, mas/e agradável. Nós quatro somos como uma família e por isso nos divertimos em reuniões onde não conhecemos muitas pessoas. A conselheira de Careyes é uma condessa, que conheceu Miles Davis & costumava comprar roupas com ele, entre outras coisas, e parece uma caricatura de uma aristocrata – involuntariamente engraçada, muitas vezes. O primeiro nome dela é Bianca, que resume quase tudo e tenho a sensação de que ela passou boa parte de sua vida tentando colorir isso.

O jardineiro parece estar desbastando um terreno lá atrás. O dia está nublado & fechado. Ontem fomos a uma praia que nunca havíamos visitado antes, ondas enormes entre pedras grandes, fortes demais para mim, mas não para Robert & Rebecca, que pareciam gostar de levar caldo.

Hoje estou sem energia e otimismo. Talvez cheguem quando eu me levantar da cama. Rebecca continua me dizendo que eu a criei "negligentemente". Fico pensando, talvez, mas a criei.

Ontem à noite pensei: talvez escritores & outros artistas não devam tentar criar filhos porque nosso trabalho, por natureza, nos consome.

03 dez. de 1991
Voltamos de Careyes.

Vimos Adrienne Rich[1] na rua. Eu vi essa mulher sozinha do lado de fora do hotel Hyatt Regency. Fui atraída por sua bengala & segui a bengala até seu rosto. Nos abraçamos. Eu falei para ela "eu te amo!" Ela é calorosa & alerta & bonita. Belos olhos & sorriso gentil.

28 dez. de 1991
O manuscrito está pronto & agora está com o revisor, ou estará em breve. Eu adicionei um capítulo e algumas linhas ao original... enfim. Os contratos da HBJ, Pocket e Cape Vintage devem chegar em breve.

31 dez. de 1991
Quincy enviou presentes adoráveis: um vídeo, Listen Up, uma foto sua com N. Mandela, e algo realmente maravilhoso, uma boneca da África do Sul, uma

---

[1] Adrienne Rich foi uma influente poeta, ensaísta e feminista estadunidense.

das duas que os Mandelas lhe deram. Ela é extraordinária. Coloquei na mesa atrás do sofá & ela se recusou a ficar de pé, então pensei que ela estava congenitamente desequilibrada (ah, uma integrante da minha família! eu pensei); mas não, ela está bem. Quando a coloquei na estante (ao lado do barraco de Beverly Buchanan,[1] com o qual combina), ela ficou serena.

E Quincy? No filme parece exausto, confuso, velho & cansado. Ele precisa de sol. Precisa de chuva & terra. Ele vive, obviamente, no estúdio & toda a sua cor vai para sua música. Escutei Back on the Block ontem quando estava varrendo a casa e não aconteceu nada. Minha mente realmente viajou. É como se ter escrito para ele em Careyes fosse um último ato de exorcismo, de luto.[2] E esta manhã percebi: Quincy tem sido meu amigo imaginário! Pois o Q com o qual eu fiquei no mundo da lua não é o homem cansado, envelhecido e sem raízes cujos filhos não o conhecem & cuja voz é seca. Fabriquei o acolhimento que precisava de alguém em vez de dar a mim mesma. Mercedes tem muito desse acolhimento, na verdade, e certamente sua presença como pessoa e sua bondade. Ela só é pobre, & como a maioria das pessoas pobres, depende da ajuda dos outros. Isso que me mantém afastada dela. Porque me lembra muito de mim mesma, quando eu estava tentando florescer e precisava de pessoas que já tinham encontrado a rota de fuga. Muriel, Jane, Charles, Howie. Etc.

Eu lidei com infidelidade de Robert vivendo uma vida dupla imaginária com Q. Fugindo para ele quando surgia a necessidade.

Mas agora eu entendo que esse onde para o qual tentei fugir não existe.

Os homens, em grande medida, perderam seu atrativo. A erosão da confiança é ainda maior do que a perda de respeito. Sem falar no interminável desperdício masculino das reservas planetárias e sua criação arrogante de leis que controlam mulheres & crianças.

18 fev. de 1992
Acredito que hoje seja o aniversário de Toni Morrison. Feliz aniversário, Toni. Existem muitas de nós, aquarianas, todas criativamente loucas (como minha irmã Mamie) ou loucamente criativas.

---

1 Beverly Buchanan era uma artista negra do Sul cujo trabalho AW colecionava, particularmente suas esculturas de barracos de madeira.
2 AW havia escrito uma carta de amor para Quincy Jones em novembro, enquanto estava em Careyes, México.

Na casa do campo com Frida.[1] Com uma chuva longa, lenta e constante. O solo não consegue reter mais água, por isso tem deslizamentos, árvores arrancadas etc. Estamos aquecidas & secas, deitadas no sofá azul-petróleo em frente ao fogo. Ontem à noite eu estava com frio, estranhamente. Hoje não vou esquecer de pegar algo quentinho.

Mercedes ainda está em Cuba. Ontem à noite, pela primeira vez, realmente senti falta dela. Seu corpo quente e cheiroso (ela se livrou dos óleos exagerados que me davam náuseas) e seu sono pesado. Acordar de manhã com carícias e dormir gostoso e contentes como os gatos.

Gloria viajou há alguns dias, ainda em turnê.[2] Não consigo acreditar que ela faça tantas coisas. Seu livro está em 1º lugar dos mais lidos, como merece estar. As mulheres precisam repensar por que se apaixonam por caras de papel. Percebo que minha atração por Q era exatamente o que ela estava falando. O "romance" da fuga de uma situação intolerável, que não temos coragem de mudar no momento. Agora, surpreendentemente, minha "atração" por Q desapareceu completamente. Como se nunca tivesse existido. Ele ainda manda flores, felicitações de aniversário & dia dos namorados & expressões doces, mas não há ressonância crescente em mim sobre com isso. É tão estranho. E acho que é por causa de Mercedes. O amor dela é tão real. Tão presente. Tão incondicional. E assim, de certa forma, humilde, como é o amor. Se ela estivesse aqui, estaríamos juntas no sofá, com Frida. A "relação a três" perfeita. Com ela me lembrando que seu presente para mim são 52 massagens & que eu lhe devo mais 45. E eu responderia que sim! e sentiria suas mãos tão acostumadas a cuidar de bebês, me mimando. Meu corpo sente sua falta. Entre o toque dela & o de Robert há um abismo. Em comparação, os dedos dele parecem peculiarmente cegos, seu toque sempre errando o ponto.

Pensamentos sobre Mamie: parece que a relação também acabou dentro de mim. Fico triste por ela... Enviei um cheque de 10.000 & embora ela tenha prontamente descontado, está distante para escrever uma mensagem de agradecimento. Ela é alguém por quem sinto tristeza. Eu sinto seu o ódio por mim & não há nada que eu possa fazer sobre isso.

---

1 A gata de AW, em homenagem à artista mexicana Frida Kahlo.
2 Gloria Steinem estava em turnê para promover seu novo livro *Revolution from Within: A Book of Self-Esteem*.

19 fev. de 1992
Desejo coproduzir & narrar um documentário de uma hora sobre todos os aspectos da mutilação genital. Desejo que seja filmado em países onde se pratica o ritual da "circuncisão feminina". Desejo visitar anciãs, matriarcas & casais jovens e antigos e entrevistá-los sobre sua experiência – sexual & psicológica. Desejo visitar hospitais onde essas "cirurgias" modernas são feitas, tanto em países em desenvolvimento, quanto na Europa, Inglaterra & América do Norte. Gostaria de ser assistente na filmagem de uma clitoridectomia. Gostaria de mostrar como fica a aparência de uma mulher que foi faraonicamente circuncidada e infibulada.

Meu ponto de vista é que após a publicação nos Estados Unidos & na Inglaterra do meu romance <u>Segredo da alegria</u> haverá uma rara janela de oportunidade para que as pessoas sejam sinceras e estejam conectadas (o livro servirá como ferramenta de conexão) em relação a esse assunto, que coloca em perigo mulheres & crianças onde quer que vivam, e ainda tem um impacto negativo na vida & na saúde das pessoas em todo o mundo. A probabilidade de que a mutilação genital acelere a propagação da aids também será explorada neste filme.

Sem necessariamente condenar ninguém, este filme apresentará os fatos sobre os horrores & perigos de uma prática milenar, com a intenção de encorajar as pessoas a reavaliar suas "tradições" & mudar aquelas que são obviamente prejudiciais.

Acredito firmemente que a educação fará a maior diferença quando se trata de conter essa violência em particular, e uma abertura empenhada em discuti-la. Sinto fortemente que trabalhar com a cineasta Pratibha Parmar será um grande trunfo para este filme em particular, por causa de sua experiência <u>e</u> formação, e que juntas produziremos um filme a serviço do mundo.

AW

9 de abril de 1992
Já está quase amanhecendo. Sinto o fluxo de ar frio que precede o sol. Estou acordada porque é a noite anterior à minha menstruação. Primeiro, tive a enxaqueca obrigatória, tão divertida como sempre, e agora insônia.

Terminei o relacionamento com Mercedes. Ela é maravilhosa de muitas maneiras & uma das mulheres mais bonitas que já vi, e é um amor – mas me sinto meio acorrentada por ela. Não há muita "elevação" para a conversa, para o pensamento. Me senti sufocada com sua presença e atolada nas muitas crises que ela tem. A mais recente foi que alguém roubou sua bolsa & fugiu com a maior parte do filme que ela gravou em nossa viagem.[1]

Enfim. O que estou sentindo é uma explosão de energia criativa agora liberada porque não estou lidando com o "trabalho" de Robert ou Mercedes. Na verdade, me peguei pensando no começo de um novo conto, o que não acontecia há anos? Bem, meses.

Eu me sinto:
1. De coração & cabeça abertos
2. Extremamente abençoada com meu trabalho & a oportunidade de trabalhar mais, isto é, contra a mutilação genital.
3. Sem estar agindo como se estivesse nas garras da "loucura" pré-menstrual.
4. Equilibrada em minhas amizades
5. Reconectada com Belvie[2]
6. Passando momentos maravilhosos com Deborah[3]
7. Liguei para meu irmão Bobby hoje no calor da emoção apenas para dizer "oi". Eu não me sentia tão perto dele em 41 anos.
8. Me interessei e respondi à maioria das pessoas da minha família. E sem parecer um dever oneroso, isso é bom. Posso ser útil sem ser tragada. Ou ter que ser alguém diferente de quem eu sou. Boas notícias!

Vou propor a Mercedes que ela & eu conversemos apenas uma ou duas vezes por semana. Ela liga tanto que não tenho nada para contar & ela mesma não é muito conversadora ao telefone. Acho que ela quer o relacionamento principalmente pelo crescimento que lhe proporciona. Viagens, eventos etc. Mas me sinto livre. E estou começando a sentir que talvez possa fazer as próximas viagens sozinha.

10 de abril de 1992

Robert me ligou para me dizer como ele gostou/amou Filhas do pó.[4] É uma experiência incrível, ver esse filme. E eu falei para ele que é com pessoas da

---

1 Mercedes viajou com AW para a Austrália e Nova Zelândia.
2 A velha amiga de AW, Belvie, com quem ela teve um rompimento doloroso, trabalhava como publicitária para a Wild Trees Press.
3 Deborah é uma amiga que AW conheceu na época da estreia do filme *A cor púrpura*.
4 *Filhas do pó* é um filme independente de 1991 escrito e dirigido por Julie Dash. Foi o primeiro longa-metragem dirigido por uma mulher afro-americana distribuído nos cinemas

mesma comunidade de Lissie & Hal. O fotógrafo especialmente parecia saído do <u>Templo dos meus familiares</u>.

Tive uma boa conversa com Rebecca, que me informou que estava "curtindo para todo lado" com uma mulher. Fiquei feliz em ouvir isso. Ela estava cansada, mas feliz por ter descoberto que tem talento. Eu ri e assegurei a ela que também tenho.

Eu estou feliz. De uma forma calma e pensativa.

Dormindo maravilhosamente. Me sentindo como um pássaro no céu.

Sem data
Minhas finanças nunca estiveram melhores. Quando estiver em SF, vou reservar um Certificado de Depósito de 100.000 para o trabalho sobre mutilação genital. Minhas casas & vários veículos estão quitados. Rebecca se forma em Yale no próximo mês! Meu tratamento odontológico está quase pronto. Eu me reconectei com Belvie, que é preciosa para mim. Sou amiga de Joan Miura. Deborah é minha amiga. Bertina. Roberto é meu amigo. Me reconectei com Ruth – admiti que ela é tanto minha mãe quanto minha irmã. Mas ela não era "pura" como mamãe, & isso me confundiu, me deixou mais crítica com ela. Além disso, fiquei magoada ao ver o quanto do trabalho de "maternagem" de mamãe ela havia feito. Mamãe, exausta com oito filhos, relegou os três últimos para Ruth, que nunca teve uma infância. Então, <u>culpa</u>. Ela era uma identidade <u>turva</u> para mim. Às vezes irmã, uma filha, como eu. Às vezes uma mãe. É por isso que a raiva de meu pai contra ela parecia incestuosa & <u>estranha</u> para mim quando criança. Minha mãe tentou proteger Ruth – fisicamente (quando meu pai a espancou), mas não a protegeu o bastante de seu próprio abuso, que era usar Ruth para criar seus filhos. E para assumir muitos deveres de esposa-mãe. Mercedes <u>é</u> Ruth. Assim como a parte de mim que se "distanciou" de Ruth. Apenas para tentar voltar desse jeito, quer dizer, através de uma relação de "amor".

20 de maio de 1992
Abençoadas sejam todas as pessoas da minha vida. Deborah, minha boa amiga com quem é tão fácil estar. Abençoada seja Belvie que é minha irmã & me

---

nos Estados Unidos. Situado em 1902, conta a história de três gerações de mulheres gullah em uma ilha na costa da Geórgia, enquanto vários membros da família Peazant decidem se devem deixar a ilha para um novo começo ou permanecer e manter seu modo de vida.

faz rir. Abençoada seja Mercedes, que é minha amante & me faz sentir. Abençoado seja Robert, que é meu irmão & amigo & que me torna compassiva. Abençoada seja Rebecca, que é a cereja do bolo! Abençoada seja Frida, que é minha familiar & que me ensina o valor do descanso. Abençoada seja a Terra em todo o seu esplendor. Estou completamente feliz com isso. Muito feliz, na verdade. E uma peônia vermelha está se abrindo na minha cômoda.

16 de junho de 1992
Acordei esta manhã com um telefonema de Bobby McFerrin.[1] Ele está em Nova York narrando Pedro & o Lobo. Ele tem uma bela voz – rica & vibrante. Concordei em escrever um libreto para ele, que devo concluir no final de dezembro. Vou tentar deixar novembro & dezembro para a escrita propriamente dita. Robert acabou de ligar, em meio a tudo isso. Paule Marshall & Unita Blackwell[2] receberam subsídios da Fundação MacArthur. Isso é maravilhoso. Elas precisam do dinheiro, merecem o dinheiro e, além disso, sabem o que fazer com o dinheiro.

Mercedes. Pobre Mercedes. Depois de todo esse tempo, ela não tinha lido meu livro. Eu não consigo acreditar. Ela só tentou falar sobre o livro com outras pessoas com base no que me ouviu ler ou dizer na Austrália & na Nova Zelândia. Quando perguntei se tinha lido, ela respondeu que sim, mas que não conseguia se lembrar de nada. Depois que voltei da Costa Leste, ela me deu uma carta dizendo que agora sim realmente leu etc. & que quando eu perguntei antes, ela teve um branco de terror absoluto.

Ela vai vir aqui esta tarde e sinto… quase nada. Mas por que seria tão difícil amar alguém que não sabe ler ou não quer ler, e que mente sobre isso? Certamente, de um jeito ou de outro que se olhe para isso, há uma tragédia aqui. Mas falar faz parte da partilha para mim & adoro trocar ideias. Gosto que a outra pessoa <u>tenha</u> ideias.

* * *

---

[1] Artista vocal amplamente aclamado e vencedor de vários prêmios Grammy, Bobby McFerrin narrou a produção do American Ballet Theatre do balé clássico *Pedro e o Lobo*.
[2] Paule Marshall é uma aclamada romancista negra e Unita Blackwell é ativista pelos direitos civis e foi a primeira mulher afro-americana a ser eleita prefeita em uma cidade do Mississippi (Mayersville). Em 1992, ambas receberam a prestigiosa bolsa MacArthur "Genius", uma bolsa de duração de cinco anos para pessoas que demonstram criatividade excepcional em seu trabalho atual e apresentam boas perspectivas para os futuros.

Grande Beleza, que é o nome que escolho para "Deus",[1] agradeço suas bênçãos que são infinitas. Agradeço por me permitir ter visão suficiente para ver as maravilhas que se espalham diante de mim. À medida que entro nesse período de profunda interação com as pessoas, oro para ter forças e funcionar em harmonia com os outros & para não ansiar constantemente por meu amado isolamento – às vezes conhecido como solitude. Parece que agora tem tanta gente na minha vida. Me ajude a ser a bênção para essas pessoas como você é para mim.

12 de julho
9h
Na cama do Stouffer-Waverly Hotel, nos arredores de Atlanta. Cancelei tudo em Atlanta, exceto autógrafos & uma entrevista com uma mulher da revista HealthQuest.[2] Cancelei Chicago & posso ir para casa na terça de manhã no primeiro voo. Fui assediada, entristecida por pessoas que querem que eu autografe livros, mesmo quando explico que meu braço está caindo! E na Universidade de Maryland quase houve uma debandada quando finalmente encerrei os autógrafos depois de algumas centenas de livros, deixando cerca de 300 pessoas brandindo & gritando comigo. Sorri e acenei quando saí & mandei beijos.

HBJ sobrecarregou a minha agenda, com pouco tempo para descansar e o que mais me ressente é que quando estou cansada não consigo estar presente de fato para as pessoas. Fico incapaz de oferecer meu melhor pensamento, o que elas merecem & que eu sempre quero dar. O público, aliás, é quase sempre incrível. Sensível, maciço, caloroso, presente, agradecido.

Fui recebida no aeroporto por um adorável cavalheiro sulista num carro muito longo que me levou para Eatonton para ver mamãe. A pobrezinha está inconsciente com um tubo de oxigênio no nariz. Não consigo entender sua tenacidade. Sei que ela deve odiar estar tão indefesa enquanto todos à sua volta estão desistindo. Três funerais no sábado. Ruth foi a todos.

A notícia no escritório de Wendy é que Whoopi Goldberg está interessada em Alegria.[3] Ela daria uma Tashi incrível. Rebecca disse que eu deveria pedir

---

[1] "Grande Beleza" e "Grande Espírito" são nomes que AW continua a usar como termos afetuosos para Deus.
[2] *HealthQuest* foi a primeira revista estadunidense de circulação nacional com foco na saúde afro-americana. Foi fundada em 1991 por Sara Lomax-Reese e Valerie Boyd, a organizadora deste diário.
[3] *O segredo da alegria*, publicado originalmente em junho de 1992, conta a história de Tashi, uma personagem secundária de A cor púrpura e O templo dos meus familiares. O

uma proposta, descrevendo a abordagem que ela gostaria de tomar. É uma boa ideia. Vale a pena criar filhos para nos ajudem a pensar.

Dividi a condução do debate em Washington com a Dra. Toubia, que é sudanesa & cirurgiã.[1] Uma mulher muito impressionante, muito árabe em sua postura. Direta e lúcida, um grande trunfo e recurso nessa questão porque, embora eu possa emocionar as pessoas, às vezes esqueço de dar detalhes importantes.

1 de agosto de 1992

Um lindo dia quente no campo. Muitas horas organizando a correspondência para Joan. Ontem lidei com as contas. No final da tarde fui nadar & depois tomei sol. Ontem também escrevi para Bobby McFerrin & recusei a colaboração na ópera. Um grande alívio. Especialmente desde que recentemente consultei Pratibha sobre o nosso filme[2] & parece que vou para a África na primavera do ano que vem. Alegria está indo muito bem. Esteve em primeiro lugar por duas semanas, localmente. Depois em segundo. E assim segue desde que chegou nas livrarias. Quarto lugar no Times. No geral, me senti animada com a resposta. Alguns resenhistas são míopes, limitados, sem imaginação & bastante lentos, mas alguns são bons, embora a mutilação genital os horrorize. Eu continuo gostando da história, & admiro as personagens. Mais uma vez sinto que me curei em muitos níveis e adoro Pierre e admiro Lisette. Por Adam sentimos simpatia, por Olivia, tristeza, por Jung, compaixão, por Raye & Mbati, alegria. Por Tashi, libertação na Grande Beleza, de alma intacta.

16 de agosto

Robert & eu passeamos um pouco na marcha da Third Wave.[3] Ele me contou que está saindo com uma mulher chamada Roberta. Alguém que ele conheceu na universidade. Eu lamentei um pouco, mas no geral estou feliz por ele.

* * *

---

romance explora os esforços de Tashi para se recuperar emocional e fisicamente da circuncisão feminina – ou mutilação genital feminina –, ao mesmo tempo que busca entender por que as mulheres de sua tradição (o povo fictício olinka) devem passar por essa tortura. Aparentemente, Whoopi Goldberg, que interpretou Celie no filme *A cor púrpura*, estava interessada em fazer uma adaptação cinematográfica de *O segredo da alegria*.

1 Dra. Nahid Toubia, médica sudanesa, especialista em mutilação genital feminina.
2 AW e o cineasta Pratibha Parmar estavam avançando com a ideia de fazer um filme sobre a mutilação genital feminina.
3 Rebecca foi uma das fundadoras da Third Wave Direct Action Corporation em 1992. Em 1997, a instituição foi renomeada Third Wave Foundation, uma fundação dedicada a apoiar "grupos e pessoas que trabalham em prol da justiça de gênero, racial, econômica e social".

E agora, para a cama. Rebecca onde quer que você esteja no grande coração dos Estados Unidos, estou pensando em você & desejando tudo o que você também deseja para si mesma. Estou impressionada com o que você está fazendo & loucamente orgulhosa mesmo. Tento esconder, porque não quero que meu sorriso atraia oportunistas, mas você é <u>exatamente</u> a filha que eu quero!

01 out. –
Dormi como o céu & a terra ontem à noite & esta manhã. Antes de ir para a cama, escutei Back on the Block – Robert trouxe, antes de eu deixar a cidade, a Newsweek com a foto de Quincy & Nastassja Kinski[1] anunciando o bebê que está para chegar. Ela parece uma adolescente, aos 31 anos; ele parece um depravado gordo e careca aos 59 anos. Esse padrão dele – mulheres brancas e jovens, gravidez antes do casamento, confusão generalizada & distração, é tão óbvio que até estranhos conseguem notar. Eu tenho um padrão óbvio semelhante? E se sim, qual é? Qual é a minha sombra, nas questões do coração?

Este cômodo, minha cozinha, é perfeito para escrever. Mbele[2] está do lado de fora, deitado numa toalha, aproveitando a chuva na varanda. Estou na mesa de pinho em frente às belas janelas & à vista enevoada. Com meia xícara de café, que experimentei, ao acordar. Olho à minha volta, com admiração & gratidão, sempre. O quintal já está "cheio" das plantas cultivadas há alguns anos. Tudo tomou conta. Os eucaliptos estão altos; os plátanos deixando cair suas folhas amareladas.

E estou procrastinando!

Quinta-feira de manhã, 5h30, Brown's Hotel, Londres
Bem desperta depois de um sono profundo que encerrou um dia exaustivo, mas maravilhoso, com Efua[3] & Ben e a comunidade de mulheres refugiadas em Tottenham. Efua me pediu para ser a madrinha da Forward International[4] & eu disse sim. Avisei a ela que não sou muito boa em arrecadar fundos. Vamos ver... A vida como sempre é incrível além do que se possa imaginar.

---

1 A atriz e modelo alemã Nastassja Kinski e Quincy Jones tiveram uma filha, Kenya, que nasceu em 9 de fevereiro (aniversário de AW) em 1993.
2 Mbele é o novo cachorro de AW.
3 Efua Dorkenoo, uma londrina descendente de ganenses, estava ajudando AW a encontrar contatos para o filme que pretendia fazer, com Pratibha Parmar, sobre mutilação genital feminina. Dorkenoo tornou-se líder do movimento global para acabar com a prática.
4 Movimento global para banir a mutilação genital feminina. [N. da T.]

Deborah[1] é uma ótima companhia – prestativa, alerta, engraçada. Hoje à noite ela usou terno e gravata & estava linda. O porteiro se dirigiu a ela como "senhor".

Amanhã tem mais entrevistas etc. Eu não poderia estar mais cansada disso. Mas depois de Amsterdam elas vão acabar. Vou para casa, passo um novembro tranquilo na Califórnia, um dezembro ainda mais tranquilo no México, e começo o Ano-Novo trabalhando nos vários filmes. <u>Meridian</u>, <u>Like the Pupil of An Eye</u>[2] (Pratibha começou a filmar hoje), e possivelmente <u>Segredo da alegria</u>. Então vou para a África em março. Casa durante o verão <u>inteiro</u>!

Antes de sair para essa turnê, jantei com Tracy Chapman.[3] Ela chegou de jeans & botas e, carregando um bolo de café, que ela mesma fez. Comemos macarrão & salada & conversamos por 5 horas. Achei ela meiga, esperta, linda e muito inteligente. Ela me contou sobre seu rancho & cães & cavalo. Contei o quanto a admiro cantando. Ela pareceu equilibrada & feliz. Eu certamente me senti assim.

21 de outubro de 1992, 06h

Meu livro é o segundo na lista dos mais vendidos. Sarah Wherry, a publicitária, trabalhou duro. Ela é negra, bem clara, com cabelo preto cacheado. Um rosto meigo & corpo rechonchudo. Por causa dela, a turnê tem sido suportável & até divertida. Tanta coisa aconteceu. Conheci Efua Dorkenoo. Ben Graham, seu marido. Amina Diop. Linda Weil-Curiel. Saí com Pratibha & Shaheen – que é adorável. E em meio a tudo isso, tem Deborah. Uma amiga que gosto assim como gostava de minhas amizades na escola primária. Engraçada. Viva. Corajosa. Atenciosa. Ela mesma ao máximo. Temos ótimas conversas & momentos juntas. Sempre com música.

Conversei com Robert. Com Rebecca. Minha verdadeira família. Grande Beleza você é boa para mim. Eu te amo.

---

1 A amiga de AW Deborah Matthews a acompanhou nessa viagem, uma turnê internacional de divulgação de *O segredo da alegria*.

2 Este era o título provisório do filme sobre a mutilação genital feminina; acabou sendo chamado de *Warrior Marks*.

3 A cantora e compositora lançou seu primeiro álbum, intitulado simplesmente *Tracy Chapman*, em 1988. Com os singles "Fast Car", "Talkin' Bout a Revolution" e "Baby Can I Hold You", o álbum ganhou três prêmios Grammy, incluindo uma homenagem a Chapman como Melhor Artista Revelação. AW era fã do trabalho de Tracy, e vice-versa, mas esse foi o primeiro encontro delas.

Sem data
Reconstrução Retroativa:

Ontem à noite na casa de Pratibha & Shaheen,[1] Aminata Diop[2] e sua amiga & advogada Linda Weil-Curiel vieram jantar. Eu não sei o que eu esperava – e na verdade tenho uma foto das duas na parede do meu escritório –, mas elas eram <u>mais</u> do que isso. Mais reais, mais calorosas, mais amorosas, mais dolorosas, mais fortes. Mais sinceras. Eu as amei quase instantaneamente. Aminata não fala inglês. Meu francês é caduco & é lógico que ninguém além dela fala a língua bambara. Conversamos sobre coisas logísticas, durante o jantar. Como a filmagem de amanhã que está sendo planejada, que horas nos encontraremos etc.[3]

2 nov. de 1992

Querida família,

Como vocês devem saber, existe uma forte possibilidade de que mamãe vá para uma casa de repouso em Eatonton a partir de 1º de janeiro de 1993. Após quase treze anos de cuidados domiciliares,[4] acredito é hora de fazer essa mudança. Não é simplesmente uma questão de dinheiro. Embora eu saiba que a própria mamãe ficaria chocada se soubesse que seus cuidados custam aproximadamente 40.000 por ano, me senti privilegiada por pagar minha parte e gostei de trabalhar com Bobby & Ruth ao longo dos anos para oferecer à mamãe o que ela mesma pediu: anos de permanência em sua própria casa & em sua própria cama.

Há alguns anos eu esperava que ela aceitasse vir para a Califórnia para morar comigo no campo – e por essa razão minha casa tem hoje uma rampa para cadeiras de rodas que ninguém usou! –, mas ela não quis vir & me disse isso. Ruth também enfatizou que é importante para ela estar sempre perto de suas amizades – prima Cora Mae, Lucille & Sra. Reynolds, por exemplo. Com isso eu concordo.

---

1 A cineasta Pratibha Parmar e sua parceira, Shaheen Haq, moravam em Londres.
2 Aminata Diop fugiu de seu país natal, Mali, para a França em 1989 para escapar de um procedimento de mutilação genital feminina (MGF). Ela solicitou asilo em outubro de 1990 e acredita-se que seja a primeira mulher a citar a MGF como razão para buscar a condição de refugiada.
3 As mulheres estão filmando cenas em Londres para o documentário sobre mutilação genital feminina.
4 A mãe de AW sofria com complicações decorrentes de vários derrames.

As cuidadoras, todas merecedoras de nossa eterna gratidão, estão definitivamente sentindo a tensão, mental & fisicamente. Também temos que levar em consideração a saúde de todos nós que assumimos a responsabilidade pela maior parte de seus cuidados. Estou preocupada que algum problema de saúde de repente atinja um ou todos nós, deixando mamãe numa situação vulnerável & instável. Eu tive a doença de Lyme na última década; é crônica, até agora incurável e imprevisível em seu desenvolvimento. Isso, além da minha deficiência visual, que não melhora com a idade, ou com a profissão que escolhi.

De qualquer forma, conversei bastante com Ruth & Bobby, que concordaram que essa mudança pode ser positiva. Também discuti sobre isso com Mary Alice, a quem ofereci o trabalho de cuidar de mamãe na casa de repouso para que ela tenha a segurança de estar com alguém que conhece & ama todos os dias. Também discuti sobre isso com a Sra. Gunthier, a diretora da casa de repouso que entende perfeitamente a alta qualidade dos cuidados que exigiremos de mamãe. Ela foi instruída a manter contato direto comigo, assim como com Ruth, para que estejamos sempre cientes do que está acontecendo. Mary Alice, como eu disse, também estará lá. Ela deve passar pelo menos algumas horas com mamãe <u>todos</u> os dias.

Não acho que mais do que isso possa ser feito. É o que gostaria que Rebecca fizesse por mim quando chegar a minha hora.

Quem estiver preocupado com os cuidados de mamãe neste novo arranjo pode expressar isso talvez fazendo mais visitas a ela, ligando para ver como ela está na casa de repouso e de quaisquer outros jeitos que vocês imaginarem. Os móveis de seu apartamento poderiam ser transferidos para a Casa Antiga. Em feriados & encontros, mamãe pode ser levada para lá, onde mais uma vez estaria entre suas próprias coisas. Também ajudaria se vocês pudessem oferecer uma resposta positiva e de apoio. Embora eu ache que esta é a melhor solução para o problema com os cuidados de longa duração, e o melhor que sinto que posso conceber pessoalmente, é uma decisão & um passo extremamente difícil de tomar. Tenho que ficar me lembrando que uma casa de repouso não é, por exemplo, um campo de concentração. E que, de fato, à medida que a mamãe fica ainda mais frágil & sujeita a infecções etc., será realmente melhor para ela estar onde a assistência médica está sempre à mão.

Como vocês também são filhos dela, sei que esta decisão irá afetá-los, e é por isso que estou aproveitando esse tempo para apresentar da forma mais objetiva possível o que está acontecendo. Recebi uma mensagem de Mamie & Curtis de que gostariam de assumir alguma parte, financeiramente, dos cuidados com mamãe. Isso agora pode se dar nas despesas com casa de repouso, além do salário de Mary Alice.

Espero que cada um de vocês & todos estejam bem e felizes. Rebecca e eu estamos aguentando firme, lutando pelo bem – como espero que vocês também estejam – em muitas frentes. O mal no mundo continua a surpreender, mas também a coragem do espírito humano para se expressar em níveis cada vez mais altos de compaixão & esperança. Isso nos mantém em movimento, embora a exaustão seja uma companheira constante.

Cordialmente,
Alice Walker

P.S. Por favor, respeitem o fato deste assunto ser confidencial, apenas para pessoas da família. Pelo menos até que todos os problemas sejam resolvidos.

9 de novembro

Em Temple Jook, na cama. O sol está fazendo a névoa subir do "lago" – tudo se move lentamente em direção ao oceano.

Me sinto pronta para o amor & para amar um(a) igual. Alguém que pense por si mesmo ou si mesma. Alguém que possa bancar seu próprio jeito. Alguém que já tenha uma vida. E que ame viver. E alguém que se ame.

É isso.

Muitos filmes estão no forno ou prestes a serem realizados. "Like a Pupil of An Eye".[1] "Meridian". "O segredo da alegria". Eu adoraria que Danny fizesse "A terceira vida de Grange Copeland". Ficaria fabuloso.

Deborah & Rhyan[2] estiveram aqui para passar o fim de semana. Uma boa visita para elas. Eu estava cansada & preocupada. Deborah expressou novamente sua atração por mim. Mantive meus sentimentos de irmandade. O pêndulo parece estar balançando de volta para os homens, incrivelmente.

---

1 AW e Pratibha Parmar começaram a filmar partes de "Like a Pupil of An Eye", o título provisório do documentário que acabaria se tornando *Warrior Marks*.
2 Rhyan, a filha adolescente de Deborah.

Estranho. Interessante. Joan ligou para me dizer que Arthur Ashe[1] escreveu me convidando para alguma coisa – & me dei conta que adoraria conhecê-lo.

O que eu gostaria de fazer: 1. Escrever contos em Careyes 2. Trabalhar com Lisa Jones ou Nina Pierce em <u>Meridian</u>. 3. Trabalhar com Pratibha & Efua em nosso filme. 4. Ser amante de um(a) igual.

18 nov. de 1992
Audre Lorde[2] morreu ontem, aniversário de Rebecca. O filme de Spike Lee sobre a vida de Malcolm[3] também estreou. Belvie & eu fomos à estreia, em Oakland, no Grand Lake Theatre. Um filme muito bom. Não muito animado, mas fabuloso como registro de mais um momento difícil para nós, pessoas negras. Mais uma vez percebo o quanto eu amo ser preta & mestiça & vermelha. É verdade que sofremos muito, mas em contraparte a vida é intensa. Alegria. Êxtase de ser. Grandes golpes de dor. Tristeza. Sofrimento. Amor e felicidade. A névoa está se dissipando, vagando lentamente em direção ao mar. Minha vizinha trouxe um saco de figos enquanto estávamos filmando na terça-feira. Estão diante de mim, na mesa de pinho rústica, pretos & deliciosos. Eu como com os olhos antes de colocá-los na boca. Nós dois somos da terra. A que come & o que é comido. É uma festa perpétua. Serei saboreada e comida por algo um dia. Que eu seja plenamente apreciada!

3 dez.
Ontem mamãe fez oitenta anos. Mandei flores que, espero, sejam perfumadas. Mamãe não costuma abrir os olhos, mas ainda pode cheirar!

As filmagens de Like the Pupil of An Eye: Genital Mutilation & the Sexual Blinding of Women correram bem. Pratibha engrandeceu com a equipe – todas mulheres: negras, indianas, japonesas & brancas. Convidei Mercedes para a sessão de fotos. Chegamos no meu novo jipe verde, que gosto muito,

---

1 Lendário tenista, Arthur Ashe foi o primeiro afro-americano a ganhar o título individual em Wimbledon, o Aberto dos Estados Unidos e o Aberto da Austrália. Depois de se aposentar em 1980 devido a uma cirurgia cardíaca, Ashe usou seu reconhecimento como importante esportista para promover os direitos humanos, a educação e a saúde pública.
2 Audre Lorde descrevia-se como "negra, lésbica, mãe, guerreira, poeta". A autora dedicou sua vida e seu talento criativo – como notável escritora de poesia e prosa – a abordar o racismo, o sexismo, o classismo e a homofobia. Ela morreu de câncer de mama em 17 de novembro de 1992.
3 *Malcolm X*, filme de Spike Lee de 1992, estrelado por Denzel Washington como o líder icônico.

e tivemos nosso momento estranho de sempre. O dia de Ação de Graças na semana passada foi o mais bonito que já experimentei. Deborah, Rhyan, Trajal, Stefan, Frida & Mbele estavam aqui. Nós cozinhamos & caminhamos & conversamos & compartilhamos música & o ritual. Finalmente experimentei como deve ser ter uma família na qual nos sentimos confortáveis. Vendo todas as pessoas que convidei, fiquei tentada a me esconder no quarto – mas logo percebi que não precisava. Eu poderia existir entre elas sem medo. Então me deitei no sofá para ler. Fui para a sauna. Cozinhei vegetais. Elas fizeram suas coisas. Foi celestial. Fácil. Algo tão pacífico & feliz que nenhum de nós queria que acabasse. Todo mundo ficou até tarde no dia seguinte. Robert chegou trazendo flores que, ao lado das de Deborah, pareciam cansadas, ou até murchas. A qualidade do sentimento mudou. Ele se tornou "o homem". "O pai." Ele estava com fome, então preparei algo para ele comer. Me peguei tentando apaziguar algo crítico que encontrei nele, em seu espírito & sua atitude. Ele é, receio, meu avô, William Grant, pai de mamãe, a quem ela sempre tentava agradar. Toda raiva & excitação reprimidas. Ele ficou durante a noite, e de manhã subiu e foi para a minha cama comigo & Frida. Nos aconchegamos & voltamos a dormir. Onde eu, como esperado, tive lindos sonhos.

 Jane disse, quando fui para uma sessão de 2 horas com ela, que talvez uma vida com Robert "não seja bem" o que eu preciso. Falei para ela que me sentia pronta para um compromisso & por que não com Robert? Ela está certa, eu acho. Essa relação poderia quase ser certa, mas tem essa característica de amortecimento que agora é tão aparente para mim. Meu tédio fácil. Minha sensação de que Robert não é uma pessoa geradora.

 Mercedes disse na outra noite que ela é responsável pela minha nova capacidade de me entregar. Ela é a combinação mais interessante de doçura & bondade, arrogância & ignorância. Eu só fiquei boquiaberta com ela.

 Enfim. Ela é definitivamente minha sombra & decidi parar de bater a porta na cara dela. Talvez seja isso que meu sonho tentava me dizer. Levantar & encarar minha sombra – que nem é Mercedes, mas uma família de crianças selvagens e insatisfeitas; e meu medo de que deixá-las entrar me leve de volta a Eatonton, lar de tanta miséria.

 Mais um dia lindo no meu vale. Depois de tempestades impressionantes & chuvas suaves nos últimos dois dias, hoje o dia está ensolarado, fresco e limpo. O ar é tão fresco que é inebriante.

 Hora de começar a trabalhar em meus diários – o que sempre é tão fácil deixar para depois.

Sobre Mercedes. Ela parece tanto com minha irmã Ruth. Não tão inteligente ou articulada, mas com o interesse de Ruth pelo físico. Seu fascínio pelo corpo & seus processos. É um mistério – como continuamos a tentar criar harmonia a partir do caos da vida familiar. Essas coisas se resolvem? Algum dia haverá paz? Só de pensar nisso quase caio no sono. A mente literalmente entra em queda diante da enormidade da tarefa.

15 de dezembro de 1992
Careyes
Rebecca acaba de sair do chuveiro cantando junto com Tracy Chapman. "Deep in my heart" ela canta, talvez os únicos versos que conhece ou os versos que ressoam. Angel[1] não pode vir no dia planejado. R. está aqui com saudades dela, devorando o extenso fax que A. enviou ontem. Estou desfrutando de uma xícara de café "proibido" (esquecido, o café, por alguém que usou a casa nos últimos meses). Na verdade, estou feliz. R. & eu tivemos nossos habituais dias tensos no reencontro. De cabelo curto & sorriso pronto, ela me lembrou seu pai, com quem ainda estou mal resolvida. Raiva, principalmente. Perplexidade. Desapontamento. Contentamento por ele não ter vindo para Careyes no lugar de Angel. Ter energia masculina em casa me deixa constrangida. Especialmente a do tipo pesado que apenas se senta como uma pedra, lendo as notícias.

Adoro ouvir Tracy. Sugeri que ouvíssemos antes, mas Rebecca recusou. Disse que a amizade que T. & eu desenvolvemos a faz parecer "diferente". Que estava acostumada com T como alguém "de fora".[2] Poderosa e misteriosa. Como só passamos duas noites juntas, ainda acho que ela é poderosa e misteriosa & aprecio de todo o coração sua estética.

Ela mora num grande rancho, uma parte fica entre as nuvens. Em dias claros, a partir deste ponto, dá para ver o oceano. Aconchegante, na medida certa. Fiz uma massagem nos pés dela. Quando contei para Rebecca, ela quase

---

[1] Angel, de 23 anos, era o novo interesse amoroso de Rebecca.
[2] Para elucidar: Rebecca parecia estar perdendo a distância que permite que, como fã, seja devota do trabalho de uma artista enquanto esta permanece à distância, ficando do lado "de fora", remota, "poderosa e misteriosa". Conhecer a artista como amiga – o que AW estava fazendo com Tracy Chapman – ameaça tirar um pouco do mistério e, consequentemente, um pouco da devoção de fã. Como Zora Neale Hurston escreveu em suas memórias *Dust Tracks on a Road*: "Aquele que faz os ídolos nunca os adora, por mais ternamente que tenha moldado o barro. Não se pode ter conhecimento e adoração ao mesmo tempo. O mistério é a essência da divindade. Os deuses devem manter distância dos homens."

chorou. Está tudo bem, eu disse. Faço em você também! Mas ela respondeu: Mamãe, por favor, deixe alguma coisa no mundo para sua filha fazer! Como posso competir com isso?[1]

20 dez. de 1992

Quem diria que o período natalino está chegando. Amanhã já é o solstício de inverno! E é isso que importa. O sol está voltando para as terras do norte. Muita abundância solar aqui que nunca mais nos deixou. A manhã está linda e brilhante. Acabei de ouvir Robert espirrando e tossindo & percebo que é o som de homens numa casa o que acho tão dissonante. Seu peso. Eles estão lá embaixo. Estou esperando para descer porque pintei meu cabelo, a mancha branca na frente do meu couro cabeludo que me faz parecer que estou ficando careca. Em breve vou parar de usar tinta – sei que não combina com dreadlocks & meditação. Sou sensível com isso, de qualquer forma, como sou com meu olho – no qual frequentemente coloco uma lente de contato marrom, e até que esteja pronta para me livrar desses resquícios de insegurança, vou me segurar. É a mesma coisa com as casas. Muitas vezes acho que tenho muitas, embora use todas bem. Me fazem sentir segura num mundo onde muitas pessoas não têm direito à moradia.

Tem música rolando – as pessoas estão aqui para passar as férias.

Vida!

Agora vou lavar o cabelo & descer para ver meus convidados. Levando Mahalia comigo!

22 dez. de 1992

Rebecca, Deborah & Rhyan foram para a praia e R. & eu ficamos sentados numa palapa esperando nosso peixe. Ele era como uma sombra bege. Silencioso. Vazio. Seus olhos não mostravam nada além de talvez medo quando eu olhava para eles. Me deixar levar pelo pôr do sol que era lindo – e de repente pude me permitir sentir algo que reprimi por anos. Me peguei começando a escrever mentalmente um anúncio para classificados: Procurando papai. Escrevi uma longa lista de possibilidades. Ele poderia ser gay, como Baldwin. Poderia ser hétero, como Howard Zinn. Poderia ser bi, como qualquer

---

[1] Novamente, a resposta de Rebecca não foi baseada no desejo de "competir" diretamente com AW pela atenção de Tracy. Ela simplesmente estava respondendo às oportunidades superbacanas e interessantes de alegria e realização que AW parecia atrair para si mesma – dizendo em tom de brincadeira: *Deixe algumas coisas legais no mundo para eu fazer também!*

pessoa. Como eu. Preto, no entanto. Passeios amorosos à beira-mar, peixe frito, bons livros & piadas & abraços. E como é bom ter alguém com quem compartilhar problemas & alegrias! Então me sentei lá escrevendo tudo isso & fantasiando sobre que tipo de homem responderia a tal anúncio, e me perguntando também que tipo de papel exerceria. Senti as lágrimas brotando de algum lugar muito profundo. Parte inferior das omoplatas? Porque é aí que as lágrimas mais amargas se acumulam. E comecei a chorar, silenciosamente, ao reconhecer o quanto sinto falta, preciso e quero um pai. Tenho 48 anos. Quero um pai. Isso é o que eu queria nos homens que escolhi e consegui cacos e pedaços de "paternidade". Especialmente de Mel. Talvez seja por isso que o sexo sempre pareceu um tanto incestuoso – especialmente com Robert, que parecia com a minha ideia de irmão.

Agradeci por esse insight. Aconteceu depois de um sonho particularmente vívido na noite anterior à chegada de Robert & Deborah & Rhyan. Sonhei que havia perdido o filho de alguém, um menino pequeno, & que ele estava sumido por três dias. Eu não sabia como contar para sua mãe. E então, no terceiro dia, fui para o quarto escuro onde a criança & eu dormíamos & lá estava ele. Sentado na cama, saudável, tagarela & feliz. Ele estava bem, ele disse, e havia passado os 3 dias no acampamento de verão. Ele era lindo. Olhos negros brilhantes & pele café com leite. Percebi & toquei alguns cabelos prateados em sua cabeça. Na minha alegria, peguei o telefone & tentei discar o número de sua mãe. Não consegui completar a ligação. Então um telefonista tentou me ajudar (a voz de Robert eu pensei) sem sucesso. E pensei no sonho: para que preciso dele? Ele não está melhor do que eu. Então continuei tentando ligar para ela por conta própria, mas não parecia ter o número certo. Mas sabia que ela ficaria feliz, como eu estava feliz, assim que conseguisse.

Agora eu acho que essa criança do sexo masculino é _minha_ criança masculina interior que me deixou quando meus irmãos me atacavam durante a infância. Ele foi banido, por mim. E agora ele está de volta. Uma criança pequena. Mas de bom humor. Eu não o perdi depois de tudo! Viva!

22 dez. de 1992
Casa Alicia, Careyes, México
Este caderno inacabado marca o fim deste diário. Foi um ano de grandes mudanças, crescimento, conhecimento & não conhecimento. De tristeza. Solidão. Alegria. Amor. Despertar. Grande Beleza, te agradeço. Tantas bênçãos na minha vida! Criando, como você!

27 dez. de 1992
Os dez dias com Rebecca se organizaram numa rotina calorosa e amorosa. Trabalho, carinho na rede, passeios à beira-mar. Levei uma semana para "recuperar a casa". Varrendo, limpando papéis velhos & lixo, sujeiras de meus convidados etc. Meus convidados. Estou cansada de recebê-los. Muitos. Variados demais. E estou ressentida que eles (alguns deles) precisem de tanta ajuda para chegar aqui. De qualquer forma, isso deve ser facilmente resolvido com um "não".

Enfim. O cachorro está para fora & latindo. Robert acabou de jogar uma leve indireta para mim. Ele está fazendo as malas. Levando seu café, sua cafeteira e sua granola! Não nos abraçamos nem uma vez, embora eu tenha sentido vontade uma ou duas vezes. É difícil terminar um relacionamento de amantes. Levou um ano inteiro para acontecer.

Mas finalmente... Adeus. Adeus, meu amante. Adeus às brincadeiras nas encostas de Mendocino, ou se enroscar nos arbustos & nas árvores. Adeus devaneios ao luar, ainda iluminados por seu brilho. Você cresceu. E agora veio até a porta para me dizer que está seguindo seu caminho. Vejo um homem alto, pálido e grisalho, tentando parecer alegre. Falamos de um dia tranquilo para mim. Espero que os vizinhos não toquem música alta o dia todo & que Mbele não lata para tudo que se mexe. Sorrimos um para o outro – & agora que você foi embora,[1] Mbele late loucamente.

E agora está tranquilo. Eu ouço música, mas até agora é suave.

Nossos corações & vidas foram tão entrelaçados! Por tantos anos! E agora... você merece uma vida feliz de amor & alegria. Te desejo isso.

E agora:

Wilma Mankiller e Charlie Soap[2] estão vindo com Janet. Gloria chegou ontem à noite & ela, Robert, Angel & Rebecca & eu jantamos na Playa Rosa. Como sempre a comida estava deliciosa, mas a música deixou muito a desejar. Angel fala espanhol & tentou pedir para melhorar a música. Permaneceu o que

---

[1] Robert ainda não estava deixando Careyes, mas iria ficar em outro lugar com sua namorada, Janet, que visitava a região.
[2] Wilma Mankiller era uma líder comunitária e a primeira mulher eleita chefe da nação cherokee. Ela se casou com seu amigo de longa data, Charlie Soap, um nativo cherokee e falante fluente de sua língua materna, em 1986.

Gloria descreveu como música "Eurotrash". Música "brasileira" cantada por gente branca recém-chegada. Horrível. Vazia. Sem alma.

Vamos todos nos encontrar para jantar às 20h. A essa hora do próximo domingo, estaremos no voo para casa. Nem parece possível. Este longo, doce e complicado mês.

Em um mês vou para a África – para o Senegal & Gâmbia. Convidei Deborah para me acompanhar como assistente. Ela aceitou. Também iremos a Burkina Faso para o festival anual de cinema. Há uma certa falta de familiaridade nisso tudo. No entanto, uma vez reunida com Pratibha[1] & a equipe, o sentido de "estar no fluxo & no caminho" retornará, sem dúvida. Hoje lamento a passagem de algo valioso que inevitavelmente mudou. Como as estações.

01 jan. [1993]
Perto do meu último dia em Careyes. Ontem à noite todos nos reunimos na casita de Charlie & Wilma & Gloria: eu, Rebecca, Angel, Janet, Robert. Antes que os outros chegassem, Gloria, Charlie, Wilma & eu ficamos na varanda conversando sobre as coisas difíceis que 1992 trouxe. Todas as três mulheres sofreram ataques públicos na mídia, Gloria talvez a que mais sofreu. Wilma ficou magoada porque os agressores eram amigos. Eu falei em contra-atacar. Fiz uma massagem nos pés de Wilma, que pareceu gostar. Eu com certeza adorei fazer. E percebi que sim, massagem nos pés é definitivamente algo que quero sempre na minha vida. Dar & receber... Assistimos aos fogos de artifício & nos abraçamos enquanto belas formas preenchiam o céu. Nos unimos. Pareceu bom & correto. Eu continuo tendo a sensação de estar com as pessoas que deveria estar. Eu adoro Charlie & Wilma & sinto que sempre nos conhecemos. O toque da mão de Wilma sobre a minha parece familiar. Charlie se parece com a vovó Rachel! Ele também contou que em Cherokee Alice é = Celie!

Ele & Wilma escreveram meu nome Cherokee: Aquela Que Traz a Poderosa Mensagem. O alfabeto Cherokee é lindo.

Então comecei a dançar – não pude evitar. A dança simplesmente tomou conta dos meus pés. Logo estávamos todos no ritmo & dançamos por algumas horas, até que senti que tinha dançado de volta ao meu corpo. Este foi o melhor presente para os primeiros momentos de 1993. Abracei Robert & Janet & desejei feliz ano novo a eles. Estava vestida toda de branco. Assim

---

1 AW iria se encontrar com a diretora Pratibha Parmar e sua equipe na África para continuar filmando o documentário sobre mutilação genital feminina.

como Charlie. Me senti como uma iniciada – tanta vida nova surgindo & tanta morte do que não vive mais.

Grande Beleza, agradeço pelas novas & velhas amizades. Agradeço por estar comigo quando me desespero. Agradeço a glória deste momento, que pode muito bem se estender pelo ano inteiro. 1993.

Que eu possa andar, pensar & agir em beleza, de acordo com o que é natural & para o bem maior de todos.

12 jan.
Tracy C. & eu marcamos um encontro para domingo à noite. Ela chegou em sua Mercedes preta com telefone & CD player, e lá fomos nós ver "Traídos pelo desejo", que gostei muito. Depois fomos ao Zuni onde eu comi batata & sopa de alho-poró & ela, polenta. Estou atraída por ela. Amo como é escura. Seus grandes olhos negros. Seus dentes brancos. Encantadora. E tudo isso misturado com sua voz, tão rica e convincente. Ela me deu um livro e uma fita sobre como tocar violão, e um livro para cães: How To Be Your Dog's Best Friends. Escrito por monges. E eu dei a ela um quadro huichol que comprei em Vallarta.

4/2/93
Manhãzinha em Londres. Estou na cama. O tráfego lá fora está aumentando. Outro dia cinzento & nebuloso, como os londrinos aguentam? A casa de Pratibha & Shaheene[1] é maravilhosa – na verdade estou no quarto de Pratibha. Pensando muito em Tracy. Botei tudo para fora ontem e escrevi uma carta para ela & pedirei a Sarah Wherry para enviá-la para mim. Percebo agora que preciso de um aparelho de fax. Apenas para Tracy & eu. Embora haja algo de bom na lentidão das cartas.

Deborah & sua amiga Mary chegaram em casa pontualmente às onze.[2] Tracy tinha acabado de preparar o café da manhã & estávamos prontas para comer. Os cachorros latiam feito loucos. Deborah parecia bastante desanimada. Ela havia me contado várias vezes sobre sua atração por mim; sempre mantenho uma atitude amorosa de irmã-amiga. Então fiquei surpresa por

---

1 A cineasta Pratibha Parmar e sua parceira Shaheen Haq estavam morando em Londres, onde receberam AW durante uma breve parada antes de seguirem viagem para a África a fim de trabalhar no filme que estavam fazendo sob mutilação genital feminina.
2 Deborah iria viajar com AW para Londres e África, trabalhando como sua assistente nas filmagens de *Warrior Marks*. Nesta entrada, AW relata os eventos que levaram à sua partida para Londres.

ela ficar magoada ao ver Tracy comigo. Também houve o fato de termos ido ao aeroporto em carros diferentes. T. queria me levar. Dizer adeus no aeroporto teria sido mais difícil se não tivéssemos praticamente esgotado nossas emoções na última semana. Ela parecia requintada de camisa branca, jeans, colete preto & botas pretas. Eu amo sua aparência. Tão andrógina.

O avião estava seis horas atrasado, então D. & eu voltamos para minha casa & ela me confrontou, gentilmente & com dignidade, com seus sentimentos. Dizendo que não sabia se deveria vir. Ela admira Tracy & me ama – ainda assim, continuaria doendo & ela aprendeu que deve cuidar de si mesma. Isso eu entendi. Sugeri fazer só metade da viagem. Embarcando com Pratibha. No final, ela veio, mas ainda há um pouco de tensão, o que eu lamento. Talvez isso alivie. Não sei.

Um momento triste com Mercedes, que também chegou alguns dias antes, enquanto Tracy estava lá. Ao contrário de Mercedes, Deborah consegue articular sua mágoa e entender que não estou tentando causar sofrimento. Estou apaixonada & embora isso seja um problema para Mercedes e Deborah, é uma alegria para mim. Considero um presente do universo – finalmente encontrei a figura que tanto busquei! E ela é uma mulher! E ela é preta! E ela é cantora! Só o primeiro fato, de que ela é uma mulher, me deixou com medo de querer que isso acontecesse antes.

Assim que raiar o dia de amanhã, partimos para nossa jornada africana. Pratibha ligou ontem à noite & me avisou sobre Banjul, que, embora seja a capital da Gâmbia, não tem ruas pavimentadas. O Senegal parece bastante predatório – todo mundo querendo dinheiro antes de fazer qualquer coisa. Horrível.

Semana passada fui fazer um teste de aids. Até agora T. & eu só fizemos sexo seguro. Maravilhoso, mas também frustrante. Vou buscar os resultados assim que voltar.

E Roberto? Ele & Janet são um casal – & ele parece feliz. Abalado um pouco, acho que pelo meu relacionamento com Tracy. Parece mesmo estranho. Eu a cerquei como se meu inconsciente, em vez do meu consciente, a quisesse & desejasse.[1] Um longo voo através da escuridão até a luz ofuscante de seu sorriso.

* * *

---

[1] AW aproximou-se de Tracy em parte enviando lírios tigrados ao camarim de sua apresentação em São Francisco.

O que aconteceu?[1]

Ela veio, no meio da tempestade, para o campo, embora eu a tenha avisado que poderia ser perigoso. Trazendo flores. Passamos 2 dias juntas. Castas. Íntimas. Fraternalmente – mas sempre com a forte energia da minha atração, agora admitida para mim mesma. Quando não consegui resistir a tocá-la, me ofereci para massagear seu couro cabeludo. Dançamos. Cozinhamos. Assistimos a filmes. Na última noite beijei sua bochecha quando dei boa noite. Eu queria tanto abraçá-la. No dia seguinte, no caminho de volta para casa, justamente quando eu tinha perdido todas as esperanças, ela perguntou o que eu faria para o jantar. Nada, eu respondi, esquecendo completamente Mercedes & nossos planos de ficarmos juntas. Então lá fomos nós para o Zuni & depois ela foi para casa. Mais tarde nessa mesma noite, fumei um baseado que me ajudou a admitir que eu já estava sentindo sua falta. Liguei para ela & falei isso. Ela disse que viria para a "conversa" que Jean Bolen & Isabel Allende & eu teríamos na noite seguinte. Não pensei em mais nada até que, na noite seguinte, a vi na plateia. E tenho certeza de que meu rosto se iluminou. De alguma forma, consegui terminar a conversa & embora nós duas estivéssemos prestes a ser engolidas pela multidão, conseguimos sair & chegar à minha casa, e assim que pendurei nossos casacos nós viramos uma para a outra e nos beijamos. Um beijo que durou duas semanas. Ela não foi para casa naquela noite. Algumas vezes fui para casa com ela. Ela & os cachorros voltaram & ficaram comigo. Eu finalmente senti como o amor pode ser sentido quando a pessoa amada é alguém que respeitamos completamente, sentimos orgulho e admiramos.

6 fev., Feliz aniversário, Bob Marley!
Na cama em Banjul![2] Cheguei ontem & muito surpresa por achar o lugar tão fresco e agradável. Ontem à noite jantamos com Pratibha & a equipe num bom restaurante libanês. Contei a P. sobre T. Assim como Shaheen, ela ficou muito feliz por mim. Nos abraçamos, rindo como crianças. Tenho a fotografia que T tirou de nós no terraço, bem ao lado da minha cama, e eu literal-

---

[1] Observe, cara leitora, caro leitor, que a menção anterior a Tracy no diário foi datada de 12 de janeiro, relatando um encontro agradável de jantar e cinema. Nesta entrada subsequente, datada de 4 de fevereiro, AW está registrando o que aconteceu nas semanas anteriores e que a levou a esse novo estado, o de estar apaixonada por Tracy e envolvida em um romance profundamente satisfatório.

[2] Banjul é a capital da Gâmbia, um pequeno país da África Ocidental que faz fronteira com o Senegal. AW e Pratibha Parmar estavam lá para iniciar as filmagens do documentário sobre mutilação genital feminina, *Warrior Marks*.

mente deleitando meus olhos com ela. Que rosto caloroso e expressivo ela tem, tão cheia de amor.

Era lua cheia! quando chegamos. Essa foi a coisa mais significativa, depois da frieza inesperada. Grande & amarela & brilhante. Surpreendentemente acolhedora. Atravessamos a extensa vila de Serrekunda. Muito simples, cheia de pedestres e carros. A área é fortemente muçulmana. As mulheres, em sua maioria, mutiladas quando crianças. Essa exposição a tanta mutilação fez com que a cena de uma mutilação surgisse em momentos estranhos na minha cabeça – e vejo & quase sinto a navalha descendo e cortando não apenas lábios genitais, mas também lábios faciais, olhos & narizes. Esses delírios são extremamente perturbadores e me lembram de um período semelhante em que tive delírios que envolviam cegueira. Tive que lutar para me proteger, minha visão, meu olhar, dizendo repetidamente: tenho o direito de dizer o que vejo. Tenho o direito de ver o que vejo. Não preciso me punir ou ser punida por ver.

O hotel é agradável. Fica bem na costa. Julius Coles[1] ligou literalmente no minuto em que entrei no saguão. Ele quer colaborar, assim como Ayi Kwei.[2] Se ao menos T estivesse aqui! Sinto falta de seu calor & sua deliciosa preguiça pela manhã.

8 fev. de 1993
Banjul, Gâmbia
Ontem foi um dia incrível. Acordei às sete, me vesti & corri para me juntar a Pratibha, Deborah & o restante da equipe para o café da manhã. Depois de muito tempo, fizemos as malas e partimos para Dar Es Salaam.

Chegamos numa casa – mas antes, nosso motorista, Malign/Meilaine (a pronúncia) estava ouvindo "Matters of the Heart", que foi como um abraço caloroso de Tracy. Ele disse que adora sua música & que quer mandar um presente para ela. Eu disse que entregaria. Voltando, então, à casa. Um terreirão ladeado por uma cerca. Uma longa varanda & muitos cômodos escuros, um deles com um monte de areia num canto, todos com camas, exceto uma sala no final do corredor perto da rua. Um grande grupo de crianças cercou nossos carros quase imediatamente e que crianças lindas! De vários tons de preto,

---

[1] Julius Coles era a antiga paixão de faculdade de AW. Eles se conheceram quando Alice era aluna da Spelman e Julius estudava na faculdade Morehouse, onde se formou em 1964. Ele passou mais de quatro décadas envolvido em trabalho de desenvolvimento humano internacional em vários países africanos.
[2] Ayi Kwei Armah, escritor ganense, era amigo e admirador de longa data de AW.

diversos tipos de cabelos, penteados & despenteados. Olhos escuros e grandes cheios de interesse, curiosidade, admiração. Numa questão de minutos fizeram uma apresentação para nós. Música espontânea feita com latas e paus. As garotinhas fazendo uma dança com palmas, os meninos dançando fantasiados: máscaras & vários panos & batendo paus. Muito vibrante. A equipe ficou encantada. Depois de um tempo Satufa – Sophia – chegou. Ela tem a minha idade, é mais pesada, usa óculos esportivos parecendo equipamentos espaciais que as mulheres africanas parecem gostar. Depois de um tempo de apresentação & bate-papo, me senti em casa com ela. A ABC, ela explicou, tinha vindo na semana passada & ela colaborou. Agora queria que tivéssemos chegado primeiro. Eu lhe assegurei que não importava. Ela também indicou que a remuneração que oferecemos era um pouco modesta demais. Eu respondi que, bem, somos mulheres negras & nossos recursos não são os mesmos da ABC que é branca & masculina. Me abstive de oferecer mais dinheiro.

    Entrevistei Mary, uma irmã preta com um vestido lavanda & roxo e um enorme cabelo artificial caindo nas costas. Sua filha "pequena Mary" estava sendo circuncidada. Tinha sido, na verdade. Agora estava no mato & fazia parte da cerimônia que iríamos filmar. Por que ela foi circuncidada? Perguntei. Ela respondeu que é tradição. Se ela também passou por isso? É lógico. Sua mãe falou que iriam para um lugar cheio de bananas. Quando chegaram, ela foi pega por mulheres que nunca tinha visto antes, circuncidada e mantida isolada por duas semanas. Se estava com medo? Sim. Sentiu que sua mãe a havia traído? Bem, na época talvez, mas depois entendeu que era "tradição". Se ela achava que Mary se sentiria traída e zangada com ela? Bem, pretendia levar alguns doces para a filha e que logo ela esqueceria tudo o que aconteceu. Ela mesma esqueceu? Sim. Mas se pudesse parar com essa "tradição", pararia? Sim. Por quê? Por causa da dor.

Senti tanta saudade de Tracy. De vez em quando eu saía mentalmente de onde estava para beijá-la.

    Quando chegamos no mato, eu estava em estado de pavor. Com certeza, debaixo de uma grande árvore pessoas cantavam alto & dançavam. As meninas circuncidadas estavam sentadas numa esteira grande, a "pequena Mary" de 4 anos era a mais nova. Elas ficaram sentadas, imóveis como estátuas enquanto os adultos dançavam à sua volta. Existe um clube de mulheres estéreis. São as Dykes, Deborah conta. O papel delas é se vestir como palhaços e homens para divertir a todos. Uma delas continuava balançando a bunda quase nua no rosto das crianças. Eu fiquei atrás delas por um tempo, então me movimentei pelo espaço para poder ver seus olhos. Silenciosas, sisudas, atordoadas. O que está acontecendo? Seus olhos se perguntavam. Por que todo mundo está tão feliz?

Tive que parar de escrever ontem porque não aguentei. A enormidade do que elas perderam não será entendida por essas meninas até muito mais tarde na vida. A maioria nunca vai compreender. Perguntei a "Grande Mary" sobre prazer sexual, Você sabia, eu comentei, que a remoção de órgãos sexuais diminui o interesse sexual & reduz severamente o prazer? Ela respondeu que achava que sua vida sexual era perfeitamente satisfatória, muito obrigada! Pelo menos este grupo não faz infibulação.[1] As meninas foram privadas de toda a sua capacidade de ter prazer. Seus corpos foram violados e pelas mesmas anciãs que deveriam protegê-las.

Eu nunca vi uma dança tão enfática, barulhenta, mas de sangue frio, como a executada pelas mulheres & por alguns homens da aldeia. Em dado momento, esta parte da cerimônia terminou. Depois houve o sacrifício, presidido pela circuncidadora, uma senhora idosa cuja acuidade visual certamente não é 20/20.[2] Com um vestido branco & vermelho & segurando seu bastão de autoridade, um pedaço de madeira que notavelmente parecia com um pênis.

Ela pontificou longamente sobre "a tradição" e como ela foi escolhida pela aldeia para realizar a circuncisão – ouro foi "derramado" sobre ela. Dois touros foram mortos. Todas as mulheres antes dela foram circuncidadas. Todas que viriam depois dela também seriam. Logo um homem se adiantou & agarrou a trêmula galinha branca que descansava no pé da árvore. Colocando o pé sobre ela para mantê-la parada, ele pegou uma faca & cortou a cabeça da galinha. O sangue espirrou. Um pouco caiu nos pés da pequena Mary. Seus pés, os menores de todos, me destroçaram. Pensei na circuncidadora a agarrando, e ela, com os olhos tapados, sem saber o que ou quem a agarrava ou o que procurava. Eu finalmente comecei a chorar, olhando para aqueles pezinhos.

Ninguém mais chorou. Estavam rindo. As crianças choravam por dentro. Compreendi a mensagem do sacrifício: da próxima vez, cortamos sua cabeça.

Mais tarde, entrevistando a circuncidadora, perguntei o que ela sentia quando as crianças choravam & gritavam. Ela não as ouvia, me respondeu.

---

1 Costura da vulva, deixando apenas o espaço para passagem de urina e menstruação. [N. da T.]
2 Termo técnico da área oftalmológica para designar uma visão perfeita. [N. da E.]

É isso. Era "tradição". Suas mães foram submetidas a isso. A mãe dela. As anciãs e as ancestrais. Sim, é óbvio que fariam isso com suas próprias garotas. Eu queria pegá-las em meus braços & fugir com elas.

Deborah & eu nos juntamos à procissão de volta à aldeia. A circuncidadora ia na frente com uma trouxa na cabeça, nós duas atrás. Muita alegria fingida, palhaçada e dança enérgica. Uma garotinha de uns cinco anos, de repente, pegou minha mão. Só por um instante. E eu sabia que ela sabia que vim por sua causa. Ela era a "criança africana" dos meus sonhos.

9 fev. de 1993, 3h

Bem, bem, bem acordada! Acordei pensando em Tracy. Lembrando da curva de sua perna quando ela está dirigindo. A brancura de seus dentes quando sorri. A maneira como cobre o rosto quando dorme. A maneira como me sinto quando ela chega & quando vai embora. Como de manhã adoro convidá-la para ficar em meus braços.

Minha vida é maravilhosa. Mesmo presenciando toda essa dor fico feliz por estar na vida. Hoje tenho 49, quarenta e nove. Vinte anos mais velha que Tracy. Essa felicidade tão inesperada mas para a qual estava preparada, até preparada com cuidado. Estar com saúde. Estar apaixonada. Fazer um trabalho que significará mais felicidade para muitas pessoas. Trabalhar para proteger nossas crianças. Estar na África. Perceber que as pessoas africanas ficariam bem, basicamente, se parassem de se machucar. E que eu amo tanto a África quanto as pessoas aqui. Que as pessoas africanas têm "tempo" & "espaço". Ocidentais não têm mais isso. As pessoas africanas deveriam poder ser sábias, não apenas astutas ou espertas.

É isso. Feliz aniversário, meu corpinho negro maravilhoso que está menstruando & tentando passar pela menopausa – por isso minha insônia! Você carregou bem o meu espírito. Eu te honro & te amo & juro que continuarei cuidando de você com todo o amor que encontrei esperando por mim em meu coração.

14 fev. de 1993
Dia de São Valentim (Dia dos Namorados)
Popenguine, Senegal
Finalmente estou em Popenguine, na acolhedora casa de Ayi Kwei[1] e, na verdade, acolhida nos braços & na cama de Ayi Kwei. Muito amor & carinho.

---

1 O amigo de longa data de AW, Ayi Kwei Armah, escritor ganense, morava em Popenguine, Senegal, uma cidade costeira a cerca de 240 quilômetros de Banjul, Gâmbia.

Amigos. Deborah está dormindo no quarto das crianças que tem beliches, uma escrivaninha & uma lousa. Julius (Coles) acabou de chegar e me presenteou com uma garrafa de vinho que T & eu certamente aproveitaremos. Chegamos ontem em Sindia, após deixarmos Banjul e cruzarmos uma estrada esburacada & empoeirada em uma longa viagem de ônibus. Ayi Kwei, negro & lindo, nos encontrou e nos trouxe de táxi para Popenguine. No último momento, Deborah quis vir comigo e então nos organizamos para que isso acontecesse. Tivemos o prazer de nos olharmos novamente, eu e ele. Fui para seus ternos braços negros, meu sorriso se estendendo de orelha a orelha. Depois de uma caminhada na praia & um jantar simples & adorável, discutimos os arranjos para dormir. Ele tem apenas 2 quartos & uma cozinha & eu deveria dormir em sua cama que fica ao lado de sua mesa & da escrivaninha & do computador. Ele deveria dividir o quarto com Deborah? Não. Eu deveria? Não. Porque ele sonhou comigo em sua cama. Então eu disse tudo bem. Durma comigo. Seu rosto se iluminou & com certeza depois de muito banho & escovar os dentes, este pequeno, esbelto, maravilhoso, lindo homem negro com seu sorriso caloroso & olhos risonhos/tristes veio para a cama. E para os meus braços carinhosos. Conversamos por horas, embora eu estivesse muito cansada. Sua bela voz como um estrondo baixo no meu ouvido... Conversamos sobre muitas coisas – & contei a ele sobre T. O que o surpreendeu. Eu sabia que não poderia dormir na cama dele sem deixar explícito que ela é minha amada e que minha vida sexual é com ela, embora meu amor por ele seja constante. Conversamos mais um pouco, nos abraçamos um pouco mais. Beijamos. Mas estranhamente nunca nos lábios, e mais tarde, com tudo conversado e abraçados, adormecemos.

Hoje Deborah & eu fomos passear na praia & adormecemos à sombra de grandes pedras. Delicioso. E quando acordamos a barriga dela estava melhor, eu estava mais contente, o vento & a poeira não me incomodavam tanto. Pois o vento está soprando constantemente. A poeira sempre atinge os olhos & a garganta.

    T & eu vamos dividir a casa de praia de Julius por alguns dias, no nosso retorno de Burkina Faso. É uma pequena estrutura mourisca estranha que deve nos alojar bem por algumas noites. Mas me ocorreu: onde ele vai dormir quando vier no fim de semana? Vou pensar nisso mais tarde. Provavelmente seria por apenas uma noite, em todo caso.

    T & eu conversamos esta manhã. Ela me ligou para me desejar um feliz dia dos namorados. Eu ansiei tanto por ela que quase tenho medo de vê-la.

E, no entanto – mal posso acreditar que ela está chegando. Quando chegar a Dakar, na segunda-feira, terei só mais 3 dias. E, finalmente ela chega – Inshallah – na quinta-feira. Devemos filmar na Ilha Goreé quinta & sexta & depois partir para Burkina Fasso no sábado.

20/3/93
Na cama
Os Diários de
Alice Walker

Então, estou na cama. Em São Francisco. A manhã é de sol brilhante, pássaros cantando e, porque é sábado, faz silêncio. Na verdade, acordei de madrugada porque Tracy está vindo hoje à cidade para fazer compras & eu a convidei para passar aqui & me dar um beijo de 5 minutos. Ficamos juntas o tempo todo por exatamente um mês & só nos separamos anteontem. Ela foi para seu rancho. Lógico que parei de escrever nesse diário no minuto em que ela chegou a Dakar. Ela veio no dia 18 de fevereiro, enquanto eu estava filmando na Ilha Goreé. Corri de volta para o Savana Hotel, onde eu tinha uma suíte, e soube que ela estava no pequeno quarto ao lado. Eu me refresquei & bati em sua porta. Ela parecia mais pesada, mais sólida, seu rosto com contornos mais interessantes. Foi um choque, depois de tanta saudade. Nós duas meio que ficamos ali, só nos olhando. Então não conseguíamos mais olhar. Por fim & bem depressa estávamos nos braços uma da outra, onde ficamos, ou desejávamos ficar, o resto do tempo. No dia seguinte estávamos de volta à Goreeé & Pratibha nos filmou juntas. Tracy em toda sua beleza – & eu tão feliz que estava atordoada.

Logo chegou a hora de partir. T e eu chegamos na minha casa & passamos a noite juntas & depois fomos para a casa dela & passamos a noite juntas & depois voltamos para minha casa. Depois fomos para o campo... & enfim de volta à cidade, onde estou na minha cama nesta manhã adorável & ela chega em breve & vamos nos beijar.

4 de abril de 1993
Depois de muitos gloriosos, quase insuportavelmente próximos & lindos minutos, horas, dias, semanas juntas, tivemos nossa primeira briga de verdade, provocada pela exaustão. Me sinto indo para um nível muito mais profundo da minha psique do que já fui. Tracy está tão presente que preciso estar também.

19 de abril de 93, segunda-feira
O que parece estar acontecendo: medo de amar tanto alguém. Medo de amar alguém que é tão alerta, tão desperta.

Nesse meio-tempo comecei a ter consultas com Jean Shinoda Bolen.[1] Fui na quinta-feira passada. Em uma hora falei sobre como estou cansada desse medo de intimidade que tenho. E de como não consigo controlar isso. Ela disse uma série de coisas realmente tranquilizadoras: uma, que o mecanismo de defesa que estou querendo que desapareça me protegeu por muitos, muitos anos, e não deve ser descartado só porque eu quero isso agora. Que o corpo lembra & honra todos os seus traumas & ainda está tentando me proteger de confiar antes que essa uma atitude se prove sábia. Ela disse que T & eu temos pouco tempo juntas & que o que geralmente acontece é que confiança é algo construído com o tempo. Mais tarde, compartilhei isso com T, que pareceu entender que pode ser isso.

Lamento que as entradas sobre T & eu sejam tão poucas. Quando as coisas estão indo bem & na maioria das vezes estão, eu não penso em escrever. Há uma paz muito prosaica e uma paixão intensa e constante. Acho ela tão linda. Ontem, só porque sua pele retinta parece tão arrebatadora com roupas azul--cobalto, coloquei lençóis dessa cor – e lá estava ela deitada numa cama azul--cobalto, seus olhos negros brilhando, sua pele brilhando, sua beleza absoluta. Tão absoluta que às vezes sinto que meu amor é adoração. Nos beijamos sem parar & beijamos mais um pouco, e de alguma forma as distâncias não destruíram nada da nossa intimidade enquanto nos tornavam mais conscientes de sua preciosidade.

Tanto trabalho para ser feito. Ou feito aos trancos e barrancos. T & eu adoramos estar juntas. Para minha surpresa, estou completamente feliz não apenas com ela em minha casa, mas com ela & seus cachorros! Isso certamente é novo para mim. Robert sentado em minha casa sempre me fez me sentir desconfortável, mesmo quando éramos amantes. Ainda assim, preciso trabalhar no meu corpo – me associar a um clube ou algo assim. E minha escrita. Preciso escrever!

---

1 Jean Shinoda Bolen é doutora em medicina, psiquiatra, analista junguiana e escritora. Os livros de Bolen exploram a psicologia arquetípica no desenvolvimento da espiritualidade, como *As deusas e a mulher: nova psicologia das mulheres* e *Os deuses e o homem: uma nova psicologia da vida e dos amores masculinos*.

Como as coisas estão hoje, 20 de abril de 1993
Não vejo Mercedes desde que voltei da África, há mais de um mês. T & eu estamos próximas. Nos aconchegamos, abraçamos, conversamos sobre tudo & qualquer coisa. Ela adora ler para mim! Vamos ao cinema, fazemos caminhadas. Nossa felicidade foi prejudicada por meu mau humor & retraimentos inexplicáveis & primitivos. Estou trabalhando nisso, com Jean Bolen. T vai se mudar, comprar uma casa na cidade, para estar perto de mim, mas também para ter uma base enquanto grava (& ensaia) suas novas músicas. Ela ligou mais cedo & disse que Jeanne Schneider (corretora de imóveis) encontrou 6 em potencial. Elas devem visitá-los na quinta-feira. Espero que este não seja um dia de decepção para T. Gosto da irmã de T, Aneta. Queria que ela tivesse um(a) amante. Me lembra Ruth. Muito esperta. Doce. Ama T que definitivamente a ama também.

———

Diário de Cuba

>**Havana**[1]
>**4 de maio de 1993**
>**19h06**
>**Quarto 409, Hotel Comodoro**

Acabei de tomar banho e lavar o cabelo depois de um mergulho solitário na pequena praia abaixo da minha janela. É simples e um pouco desmazelada, como muita coisa aqui. No entanto, o mergulho foi tranquilo, a água refrescante, o sol quente, a espreguiçadeira de praia confortável para ficar enquanto me secava ao sol refrescante & ouvia um pouco dos ruídos das vozes penetrantes e dos lamentos das cantoras negras vindos do bar acima da praia.

    Chegamos em Havana por volta das dez da manhã, depois de nos reunirmos – nossa delegação – em Miami na noite passada. Somos nove pessoas, homens & mulheres, incluindo Gloria La Riva, Jalayne Miles, coordenadores, Dennis Banks, Ramsey Clark, Mitchiko, que é neurologista e David Levinson, médico que mora em SF e cuida de pacientes indigentes. Depois, chegaram

---

1 AW viajou para Cuba com uma delegação de artistas e ativistas em desafio ao bloqueio dos Estados Unidos contra Cuba. Ela passou duas semanas no país visitando escolas, hospitais e creches e tendo reuniões com autoridades cubanas e conversas com pessoas comuns.

Berta Joubert, psiquiatra, e Diane Wong, ativista. E ainda Joe Friendly que está gravando nossa jornada.

Em Miami fui recebida por Jalayne Miles & Gloria & Jae & depois Dennis & Mitchiko, de quem gosto muito. Ele é nipo-americano, magro, recém-casado com uma ministra episcopal da Catedral de São João, o Divino, em Nova York. Ele é caloroso, tem senso de humor & uma boa risada. Ramsey chegou mais tarde & também gosto muito dele. É um caubói do Texas com aparência tão clássica – com seu jeans skinny & o corte de cabelo de rapaz do campo, mas quando abre a boca para a imprensa, há uma paixão e poder maravilhosos e compromisso com a justiça. Difícil acreditar que ele já foi procurador-geral no governo Johnson. Ele também parece profundamente familiar e, aos 66 anos, acho-o atraente & com vitalidade. Dennis já se tornou um ancião, e eu adorei que ele trouxe um tambor que ele mesmo fez – um tambor estilo xamã – e em nossa coletiva de imprensa em Havana ele tocou este tambor, pintado nas cores das quatro direções sagradas do xamanismo, preto, branco, amarelo e vermelho & cantou a música "Journeying" da tradição de seu povo – ele é anishinaabe. Eu o conheci há muito tempo na faculdade Evergreen, em Oregon. Tenho certeza de que ele não se lembra disso & não fomos apresentados. Ele era jovem & alegre. Seus olhos brilhavam. Usava seu longo cabelo preto em duas tranças grossas amarradas com fita vermelha. Acho que ele deve ter sido o primeiro indígena realmente saudável e em carne e osso que já vi. Ele estava lá fazendo palestras sobre o American Indian Movement, do qual foi fundador. A próxima vez que o vi, foi em seu julgamento por assassinato (de um agente do FBI, junto com Leonard Peltier etc.) em Custer, Dakota do Sul. Lá, eu lutei com todas as minhas forças para testemunhar esse grande ataque à sua vida & me curei ao fazer isso. Ele e eu estamos extremamente confortáveis juntos & ficamos no chão do aeroporto, sentados na nossa bagagem, ouvindo as canções tribais que ele gravou para o produtor de Whitney Houston, um sujeito chamado Narada[1] que mora em Marin & quer que eu vá jantar com os dois quando eu voltar para SF. Eu falei para Dennis: Um cara chamado Narada. Como eu poderia resistir!?

Hoje à noite, todos nos reunimos no meu quarto para assistir nossa coletiva na TV. Ramsey apareceu bastante, eu um pouco, Dennis um pouquinho. Lamentei especialmente que a música de Dennis não tenha ganhado um

---

[1] Narada Michael Walden, produtor, músico, cantor e compositor vencedor de vários prêmios Grammy.

momento de destaque. É tão importante que os cubanos vejam um indígena que traz sempre uma mensagem de sobrevivência & sobrevivência com dignidade. Dennis havia falado, na coletiva de imprensa & em nossa reunião em Miami (numa casa bem na curva de um rio!), sobre a política dos Estados Unidos, após 1866, de submeter os nativos americanos à fome. Que época difícil para indígenas & africanos! Porque é lógico que essa foi a mesma época em que muitas pessoas negras foram libertadas da escravidão, mas morrendo de fome, tinham que voltar para os senhores e trabalhar por nenhum tostão. Esse sistema de meeiros, que tanto se assemelha à escravidão, surgiu assim.

Um encontro interessante na casa da curva do rio.

Cada um de nós disse algo sobre nossas vidas & por que estamos comprometidos em ser solidários com o povo cubano durante esta crise horrenda. Mencionei que minha primeira ação política, não relacionada aos Direitos Civis, foi uma manifestação na Casa Branca durante a Crise dos Mísseis quando JFK era presidente. Como estava muito frio & nevava muito, Kennedy mandou levarem café e chá para nós. Este pequeno gesto humanizou Kennedy & contar isso até hoje faz sorrir. (Hoje acho que provavelmente foi alguma mulher sensível que trabalhava em seu escritório que fez isso!)

6 de maio de 1993
Esta noite nossa delegação passou três horas com Fidel.[1] Um homem alto, de cabelos grisalhos, nariz grande, olhos castanhos, bastante magro desde as últimas fotos que vi dele. A princípio ele parecia rabugento, mal-humorado. Não, não a princípio. Ele nos recebeu em uma antessala do palácio da revolução, muito calorosamente. Para mim, ele disse, segurando minha mão & acariciando minha bochecha: Eu te vi na TV ontem à noite. Ele andou pela sala apertando as mãos & acarinhando as bochechas. Então o seguimos até um grande salão de mármore com grandes rochas & samambaias gigantes. Plantas verdes em todos os lugares. Bebidas deliciosas. Mojitos & suco de laranja. Mas talvez isso tenha acontecido depois de nossa longa conversa em

---

1 Fidel Castro, o revolucionário comunista e político que foi presidente de Cuba de 1976 a 2008, reuniu-se com AW e a diversa delegação de ativistas com a qual viajou. Analisando neste momento, AW observa: "Ao descrever Fidel, é importante reconhecer que ele se tornou comunista somente depois que os Estados Unidos invadiram Cuba, que foi derrotada na Baía dos Porcos e, posteriormente, sofreu embargo, tendo cortadas todas as importações de coisas como alimentos e petróleo (até ração de galinha!) que precisava. Ele foi um líder revolucionário e anti-imperialista do povo cubano que derrubou um ditador brutal, Batista. Fidel depois se tornou um comunista por ser o padrão."

volta da grande e longa mesa, onde ele fez inúmeras perguntas para cada um de nós e ouviu atentamente nossas respostas. Ele nunca tinha ouvido falar de "circuncisão feminina" e ficou devidamente chocado quando, a seu pedido, eu a descrevi graficamente. Ele & Ramsey & Dennis & Nora (um dos médicos) também conversaram bastante. Com Nora sobre neuropatia óptica; com Dennis sobre indígenas, tratados & a reserva. Com Ramsey sobre Direito Internacional. Dei-lhe muitos livros & como uma criança ele começou a folheá-los. Dava para ver que ficou encantado. Ele disse que eu trouxe exatamente o que ele queria: A cor púrpura em espanhol. Eu também trouxe fitas, o que o surpreendeu & agradou. Me senti muito acolhida & à vontade com ele. Deusa, ele adora falar! Sem parar. Um de seus colegas mais tarde também.

Em seguida, nos ofereceram um lanche maravilhoso de frango frito & um tipo de pãozinho de frutos do mar & biscoitos.

Se a princípio ele parecia rabugento, preocupado, irritado & até um pouco demoníaco, quando saímos ele estava positivamente alegre. Todos tiramos fotos com ele. Perguntei se poderia abraçá-lo. Ele me abraçou de volta & beijou minha cabeça. Muito doce. Quando estávamos saindo, ele me disse que sempre se lembraria de mim. Falei que ele me inspirou toda a minha vida & que o amo.

Senti que nosso encontro, embora compartilhado com uma dúzia de outras pessoas, foi completo. Sinto que o conheço de uma maneira que não conhecia antes de encontrá-lo.

Ontem, o Cinco de Mayo também foi incrível. Entregamos $ 75.000 em medicamentos à Cruz Vermelha. Fizemos isso num hospital para crianças nascidas com problemas cardíacos. Quando fui apresentada houve empolgantes aplausos de pé, o que me surpreendeu & emocionou muito.

Estou feliz por ter vindo, depois de tudo. Amanhã haverá um encontro com escritores. O representante do ANC em Cuba & talvez eu tenhamos uma conversa com Nancy Morejon[1] na Casa à tarde. Espero que sim.

9 de maio de 93
Praia de Varadero, Cuba
Dia das Mães. Depois de um momento adorável dançando com Miguel – um boliviano realmente lindo que ama & vive com Margot Pepper (amiga de

---

1 Aclamada poeta, crítica e ensaísta cubana.

Tetteh Kofi, uma amiga de Ayi Kwei... mundo pequeno!) – encontrei Assata,[1] que estava extraordinariamente maravilhosa. Ela veio ao hotel dois dias atrás & só tivemos tempo para um breve encontro. Ela é linda, verdadeira, engraçada e construiu uma boa vida em Cuba. Ficou sentada em um banco na praia enquanto eu dava meu mergulho diário. Ela tem longos dreadlocks com pequenas conchas brancas nas pontas.

Uma sessão muito interessante & agradável na União dos Artistas & Escritores... Os editores do meu livro em Cuba estavam lá & me presentearam com 3 cópias da edição cubana do meu livro. O editor também quer imprimir O segredo da alegria. Fiquei muito contente. Eles só conseguiram imprimir 80.000 cópias de A cor púrpura & as venderam rapidamente. Os cubanos adoram ler. Me surpreendeu que tantas pessoas tenham o livro & o tragam para que eu autografe. Houve também uma série de rádio que durou uma semana. Todos adoraram o filme. As pessoas gostam de Steven Spielberg em Cuba & eu me pergunto se Steven já esteve aqui. Acho que ele adoraria.

18 de maio de 1993
Voltei de Cuba na terça-feira, há uma semana! Não posso acreditar que já faz tanto tempo. No meu último dia, visitamos um hospital onde crianças de Chernobyl estão sendo tratadas... As crianças – algumas carecas, algumas com mechas de cabelo faltando, algumas com marcas de queimaduras de radiação/vitiligo – pareciam de bom humor. Dennis as encorajou a cantar para nós, o que fizeram com alegria. Então ele ensinou a elas a canção de honra que está tentando ensinar para mim também. Foi o ponto alto da nossa visita.

Depois fui com Assata Shakur para sua casa. Pequena, acolhedora, colorida. Livros & música por todo canto. A verdadeira casa de uma artista, ou melhor, de uma verdadeira intelectual... Ela é engraçada, inteligente & incrivelmente bonita. Muito sulista também. Calorosa & amável. Conversamos um pouco sobre ser mulheristas, amar mulheres e homens. Foi revigorante conversar com outra mulher que ama primeiro a alma & depois o corpo.

O jantar mais tarde foi oferecido pela gerência do hotel & imploramos por comida cubana! Arroz & feijão, por favor! Estava uma delícia. Depois fizemos

---

[1] A ativista pela libertação negra Assata Shakur, exilada em Cuba após ter escapado, em 1979, de uma prisão na Nova Jersey, onde estava mantida sob acusação de assassinato de um policial.

os discursos habituais, mas foram curtos. Tinha uma pequena banda encantadora & dançamos.

Eu dançava minha volta para Tracy. E depois de Miami e uma viagem de segunda classe me sentindo na primeira classe para SF, lá estava ela finalmente, me esperando no aeroporto, com flores. Preta & brilhante & linda e radiante para mim. Os cachorros também ficaram felizes em me ver e, enquanto nós íamos para minha casa, senti que já estava em casa. Fizemos amor nos dois dias seguintes. Dormimos nos braços uma da outra, comemos no colo uma da outra. Onde eu terminava & ela começava? Depois, no fim de semana: fui vê-la jogar futebol. Ela é uma atleta que me surpreende. Tem um chute impressionante; sempre soube que suas pernas eram fortes. E conheci sua amiga Maria & o filho Tyler que chorou quando a mãe saiu para jogar, então o embalei em meus braços. Ele amou. Eu também.

Agora em Temple Jook, com um frango no forno. Tenho que me levantar & colocar o arroz para cozinhar.

Dia seguinte: Tive um belo jantar sozinha na noite passada, e um sono profundo – depois de algumas conversas com Tracy – e um descanso tranquilo na cama esta manhã até Wendy ligar & depois Leigh.[1] O livro[2] (com Pratibha) está indo bem nas mãos delas.

24 de maio de 1993

10h10 A caminho de Boston. T saiu, a beijei em todos os lugares que consegui alcançar, sonolenta deitada na minha cama, os cachorros nos travesseiros no chão. Ela machucou a mão jogando futebol, colocamos gelo e cuidamos.

No domingo dormimos quase o dia todo. Ela ficou sem forças depois do futebol e da lesão & por ter ficado acordada até tarde montando os móveis de seu estúdio. É lindo ouvi-la cantar & tocar no violão suas novas músicas. Eu amo isto. Às vezes o violão é tudo o que ela tem consigo, ou às vezes o violão e uma toalha. Eu fico perto, admirando suas belas costas & a cintura & o quadril e os braços maravilhosos e fortes. Ela gosta de cantar para mim. Nossa música "Ouagadougou" ela abandonou por um tempo. Mas anseio por ouvi-la. Talvez quando eu voltar.

---

[1] Wendy Weil, agente literária de longa data de AW, e Leigh Haber, sua editora na Harcourt Brace.
[2] AW e Pratibha Parmar fizeram um livro para acompanhar o filme. Intitulado *Warrior Marks: Female Genital Mutilation and the Sexual Blinding of Women* foi publicado em outubro de 1993.

30 de maio

Na casa de Gloria,[1] onde a luz é sempre fraca! Mas aconchegada & confortável & feliz. Vimos dois filmes & tivemos dois ótimos jantares desde que cheguei na sexta-feira, bastante cansada, da minha leitura em Boston & dos 2 dias com os Zinns. Eu me senti confortável como sempre com o humor & o aconchego de Howie e Roz.

As costas dela estavam um pouco doloridas – de nadar no frio da manhã na baía – e lhe fiz uma massagem curativa. Ela proclamou que era um milagre. A primeira massagem que ela já recebeu. Eu não pude acreditar. Ela faz massagens nele, no entanto. Ela o chamou & pediu que me observasse para que pudesse aprender, mas ele não respondeu. Enquanto eu a massageava, Tracy ligou. Estamos perdidas de amor, com saudades de casa, desejando uma à outra. Eu sinto tanta saudade que tenho sonhado com ela constantemente, enquanto durmo & acordada... Fantasio suas mãos, maiores que as minhas & as quero em mim, tão fortes & gentis... "Eu te amo" são as palavras mais eróticas que conheço quando ela está fazendo amor comigo – na verdade, as únicas palavras que me vêm à cabeça. Quando estamos fazendo amor, sussurro essas palavras em sua boca, enquanto respiro. Ela é maravilhosa. Uma deusa & uma atleta. Uma criança & uma mulher. Um novo ser.

O amor é sempre igual, mas cada vez parece profundamente diferente. Eu realmente acho que Tracy é a primeira pessoa que amo & de quem me sinto totalmente orgulhosa. Ontem à noite, durante uma conversa que nos fez respirar pesadamente & rir por ter "dado um bom telefonema", eu disse a ela que ela tem meu coração. Ela respondeu: "Vou cuidar bem dele." Eu disse que "eu sei".

Hoje Gloria & eu planejamos uma viagem ao Lower East Side para ver óculos. Me levantei, troquei de roupa depois de lavar os cabelos & descobri que estava muito estafada para ir a qualquer lugar que não fosse a cama. Então foi para lá que eu fui & fiquei ouvindo músicas maravilhosas da África – aquela terra estranha que a gente ama porque é o lar. Eu nunca odiei a África. Interessante. Não importa o quanto me desespere.

---

[1] AW está em Nova York visitando sua amiga de longa data Gloria Steinem, após eventos do livro em Boston, onde ela passou um tempo com seu querido ex-professor da Spelman Howard Zinn e sua esposa Roz.

21 de junho de 1993
Solstício de verão! Dia mais longo do ano!
Bem fresco, ensolarado. Lindo! E tive uma manhã perfeita. Acordei cedo me sentindo bem. Meu torcicolo (de dormir em má posição) melhorou. Ontem à noite eu caminhei – antes do pôr do sol – até a casa da editora e voltei.[1] Frida estava indo comigo, mas desistiu quando viu como eu planejava ir longe! Foi uma grande caminhada, ninguém na estrada. Além disso, metade do caminho a estrada é minha! Enfim. Devo levar meu contador de passos por todos os lugares que caminho. Meu objetivo é fazer até cinco quilômetros por dia. Voltei para casa, tirei a roupa e fui para a jacuzzi. Vim para dentro, tomei banho e me deitei na cama. Mais tarde, T ligou & conversamos & rimos por um longo tempo. Hoje de manhã acordei com muita energia & decidi tomar coragem & limpar meu armário. Foi um prazer. Eu tinha tantas coisas horríveis. Mandei embora cerca de um terço de tudo o que tinha lá.

Depois dancei por 30 minutos. Em seguida, fui tomar sol. Então era hora de fechar minha linda casa, dizer adiós à minha fiel gata & voltar para casa na cidade.

Nesta manhã espero Gloria (Akasha) Hull que quer fazer uma entrevista comigo sobre espiritualidade.[2] Então, às 15h, um novo tapete possivelmente vai chegar. Eu preciso organizar a semana com Jayne, minha nova treinadora.

T & eu conversamos várias vezes ao dia. Estaríamos respirando pelo nariz um da outra se pudéssemos. Ela se esforçou muito para fazer um aniversário maravilhoso para Neta.[3] Coitadinha. Senti que ela estava tentando compensar todas as pessoas que acha que deveriam estar na vida de sua irmã, mas não estão.

O trabalho no nosso livro do filme[4] está indo bem. Estou satisfeita com as entrevistas.

E então mandei [dinheiro] para Rebecca. Nenhuma palavra se ela recebeu, apesar das conversas conciliatórias que tivemos. Ainda me sinto distante, como se ela estivesse distante de mim. É quase como era antes de me tornar mãe. Talvez isso seja natural. É difícil imaginá-la aqui, agora. Às vezes

---

1 Finalizando suas viagens de longa distância por enquanto, AW estava de volta à sua casa de campo em Mendocino e indo e voltando para São Francisco.
2 Uma versão dessa entrevista acabaria sendo publicada no importante e reflexivo livro de Akasha Gloria Hull, de 2001, *Soul Talk: The New Spirituality of African American Women*.
3 Tracy Chapman era bastante próxima de sua irmã mais velha, Aneta.
4 O livro em que AW e Pratibha Parmar estavam trabalhando, para acompanhar o documentário sobre mutilação genital feminina.

sinto muito saudade. Saudade das conversas com ela. A liberdade & diversão de fazer isso.

T & eu estamos planejando viajar e acampar no Grand Canyon, que ela nunca viu. Ela vai adorar eu sei.

1 de julho de 1993
Já passa das 20h da noite, ainda está claro lá fora. Estou no meu quarto na cidade, na cadeira em que raramente me sento, admirando a simples beleza de tudo: a cama trenó de mogno, tamanho "king" californiana, os lençóis cor de ameixa, a colcha, o leque japonês dourado que cobre o umidificador, meus CDs reorganizados. Pinturas & desenhos.

Como de costume, fazendo coisas incríveis! Duas noites atrás teve uma pré-estreia de "Warrior Marks" no Instituto de Arte de SF.

O filme é lindo. Forte. Poderoso. Visual & emocionalmente arrebatador. Estou tão feliz com ele. Eu abracei Pratibha muitas vezes. Até a Srta. Chapman teve que admitir que é ótimo. Ela & eu e Neta fomos juntas, e depois que Pratibha & eu nos abraçamos, ela & eu nos abraçamos.

Passei o último fim de semana na casa dela & dormi a maior parte do tempo. Eu estava tão cansada. Um pouco por causa da pressão para terminar o livro "Warrior Marks", e porque aumentei muito minhas atividades físicas, o que faz minhas articulações & ossos doerem.

12 de julho de 1993
Quando T & eu estivemos pela última vez no campo, alguns dias atrás, ela estava comendo couve que eu havia preparado & colocou um pouco do caldo que restava na panela sobre o arroz. Ela fez isso de um jeito tão parecido com o do meu pai que lágrimas brotaram dos meus olhos. Tentando me controlar, fui para o quarto & para chorar mais ou tentar parar de chorar. Logo voltei para a mesa. T. perguntou se eu estava bem. E eu tinha certeza disso? E meu rosto "revirou" (uma expressão da infância que se encaixa perfeitamente na contorção do rosto choroso), e com muitas lágrimas escorrendo eu respondi: Eu Quero Um Pai! EM PRANTOS! Eu chorei descompassadamente & ela se levantou e me abraçou. Eu disse: É isso que eu quero! E um pouquinho depois, ainda soluçando: Meu coração está em frangalhos! E, no entanto, ao mesmo tempo, senti que estava exatamente me curando. Chorei dois baldes inteiros de lágrimas e T me levou para o sofá onde toda a dor da vida dos meus pais tomou conta de mim & eu fiquei pensando no quanto dessa dor

era minha culpa por ter nascido. T disse que não é minha culpa & que mesmo se eu não tivesse nascido meus pais poderiam ter sido igualmente pobres & oprimidos & trabalhadores. Não meu pai, eu disse. Pois ele, como eu, foi feito para ficar à toa por aí & encontrar sua alma.

Quando assoei o nariz foi como um rio. Quanta água!

Conectei isso a um sonho que tive algumas noites antes do rompimento da barragem. Eu estava visitando Quincy, comendo batatas fritas num prato de papel. Ele estava, como sempre, ocupado & distraído, mas eu & ele deveríamos ir a algum lugar, e sair de sua casa para isso. Olhei para rua & estava chovendo a cântaros. A cântaros. Baldes. Chuva torrencial. Quincy é o "pai" em que me agarrei por 5 anos. A chuva representava as lágrimas que vieram.

Agora vou tirar uma soneca. Jayne, minha treinadora, veio às 11h, logo depois de T e eu fazermos amor. Agora já passa das 17h & estou me arrastando. Embora muito feliz. E T encontrou uma casa que gosta. Talvez.

Então, por meio de baldes de lágrimas, uma chuva torrencial, deixei a casa do meu pai – com ele! Porque, depois de tudo dito e feito, percebi – não pela primeira vez – que o amo profundamente. Não o pai mesquinho, misógino e nojento que sempre reclamava, mas o gordo engraçado que me amava. T é incrivelmente parecida com papai – mas não gorda! Retintos, os mesmos olhos grandes e pretos. Amam música. A vida. Amam estar na estrada. Amam amar. Eu falei para ela esta manhã: Meu pai gostaria de você. E gostaria mesmo. Senti uma pontada de tristeza por eles não poderem se conhecer. Lamento que ele nunca saiba que, através de T, voltei para ele. É verdade também, como diz T, que eu sou meu pai. Aquelas partes dele que sinto tanta falta também estão em mim.

5 de agosto de 1993

Ontem à noite, no meio da conversa sobre o quanto sentimos falta uma da outra, T disse: "Talvez devêssemos morar juntas." Ela ficou nervosa & falou meio brincando. Mas estou pronta para experimentar. Longe dela sinto saudades & mais saudades, e posso, com exatidão, me chamar de doente de amor. Não me sinto tão bem desde a última vez que a beijei. Sabemos que nos amamos. Sabemos que podemos morar na mesma casa, em harmonia com seus cachorros. Outras questões práticas nos assustam, no entanto. Conversamos sobre ela morar comigo na Steiner. Eu ir morar com ela no rancho. E nós morando juntas no campo em Mendocino. Nos conhecemos há uns nove meses, estamos apaixonadas há seis, e na verdade conseguimos passar uns bons cinco desses seis meses juntos.

19 de agosto.
Leigh Haber[1] & eu conversamos sobre contratar alguém para transcrever meus diários. Obviamente ela está ansiosa para lê-los. Não é isso o que quero no momento, acho que não. Mas acabei de perceber uma coisa interessante: por muitos anos eu disse que começaria a publicar os diários quando chegasse aos 50 anos. E então, por causa do filme, não consegui fazer um manuscrito (transcrição). Mas veja só! O diário que mantive em Londres & na África está sendo publicado em Warrior Marks, antes mesmo de eu completar 50 anos! O Universo ouve cada pequeno desejo e acerta em seu curso natural!

É por isso que sei que pode haver paz mundial.

Hoje Tracy vai olhar as casas com a Jeanne.[2] Duas casas "grandes" que estou ansiosa para saber como são. Ela está falando sério sobre morarmos juntas e eu também. Embora eu vacile um pouco por pura admiração. É realmente possível viver com alguém que eu cerquei, cortejei, conquistei? Alguém que canta & toca violão & anda nua fazendo as duas coisas? A consciência está mudando no mundo. Mais & mais pessoas entendem que devemos ter gratidão por tudo o que temos. Que devemos apreciar nossos corpos, nossas almas e a terra.

08 de setembro de 1993
Amanhã é aniversário do papai. Ele teria oitenta e quatro anos. Já se passaram 10 dias desde que escrevi neste diário. O churrasco na Tracy foi divertido, embora eu estivesse desleixada com calça de moletom & camiseta. O tempo virou de repente e de nublado abriu um sol quente & eu tinha levado apenas coisas de frio. Conheci Hazel, a mãe de T. Eu gostei dela. O que intrigou Tracy. Eu acho que Hazel está em choque porque T é sua filha & se tornou alguém tão bem-sucedida e famosa.

Tracy fez sorvete caseiro & 2 tortas de pêssego. Todo mundo trouxe comidas deliciosas. No dia seguinte, o filme foi exibido & Pratibha & eu conversamos com as pessoas, todas amontoadas no quarto & no escritório do andar de baixo. Ele continua lindo, poderoso.

* * *

---

1 A editora de AW.
2 Corretora de imóveis de Tracy.

Rebecca, Angel,[1] Tracy & eu ficamos no campo até quinta-feira. Comendo muito bem, dormindo até tarde. Aproveitando o momento de nos conhecermos. Então todas descemos para a cidade & elas foram para Nova York. Rebecca & eu estamos bem melhor. Eu gosto de Angel. Todo mundo gostou de Tracy e vice-versa.

Enquanto isso, mamãe finalmente está na casa de repouso – & parece estar melhorando! Acho que ela vai melhorar!

10 set. de 1993
Minha mãe morreu ontem à noite. 09 de setembro. Aniversário do meu pai.

21/9/93
Ela estava na casa de repouso há menos de uma semana. Voltei agora do velório/funeral e passei mais ou menos uma hora no telefone com meus irmãos (Bobby & Jimmy) que vão me ajudar com a conta do funeral. Tentei ligar para Bill, mas sem sorte.

Rebecca & Angel nos encontraram, eu & Tracy & Trajal,[2] no aeroporto de Atlanta. Fomos recebidos por Eddie, que, dirigindo uma grande limusine, nos levou para o Ritz Carlton Hotel. Um lugar com boas camas, quartos enfumaçados & comida horrível! Isso foi na quinta-feira. Sexta-feira fomos à casa da fazenda, para o velório, que foi emocionante.

Quando chegamos todo mundo estava comendo. Meu irmão Fred também estava lá, Mamie, Ruth. Jimmy. Conversei com Fred & Jimmy na varanda dos fundos. Apresentei Tracy para todos. Mamie a abraçou & até lhe deu um grande beijo. Tudo muito bizarro. Ficou dizendo "Ela é minha". Enfim... voltei para o quarto com ar condicionado onde Ruth estava. Ela estava reclamando como sempre. Que ninguém ajudava. Que estava com dor. Cansada. De tudo. Eu já ouvi tudo isso antes & logo me inquietei.

Esperamos um tempão pela mamãe. Tracy & eu resolvemos caminhar um pouco pela estrada. Mostrei a casa da dona Reynolds. A casa da prima Lucille. Quando voltamos para a casa antiga, vimos o carro funerário. Ficamos paradas, acompanhando-o com o olhar. Então observei – com Rebecca & Angel & Trajal & Srta. Cook – os agentes funerários (filhos do Sr. Hurt) abrirem as portas do cômodo em que ela (mamãe) ficaria. Recolhi o lixo que estava ao

---

1 Angel Williams, uma mulher negra, era a parceira romântica de Rebecca.
2 Rebecca era amiga de longa data de Trajal, agora parte da família agregada.

redor da porta & nos degraus enquanto os homens levantavam o caixão & percorriam a curta distância entre o carro funerário & a porta.

Eles a trouxeram muito gentilmente, em seu belo caixão de pinho, e a cercaram de flores. Muitas. Dois ou três carregamentos de flores. Por fim, abriram o caixão – & lá estava ela. Tão bonita ainda & com atitude! Parecia prestes a falar. Ruth & eu fomos vê-la. Rebecca & Tracy & Angel & Trajal também. Ela usava um vestido que Ruth descreveu simplesmente como "verde". Mas na verdade era mais água-marinha & parecia água do mar do Caribe. E usava pérolas, 3 fios entrelaçados, no pescoço, e tinha um ramalhete de flores cor-de-rosa. Um buquê delas em suas mãos.

Me aproximei e toquei sua mão debaixo do véu. Parecia a mão dela ainda. Fui até a cabeceira do caixão e acariciei seus cabelos. Muito macios & achei mais escuros que o normal. Tracy, Rebecca, Trajal & eu ficamos sentados no sofá enquanto as pessoas entravam e saíam. Foi tão bonito. As muitas crianças, os adultos de fala mansa. As flores coloridas. Havia uma sensação de realismo, e foi uma verdadeira experiência de grande completude. Eu fiquei feliz.

Em algum momento, pedi que todos saíssem & apresentei Tracy à mamãe. Tracy disse a ela que me ama & que vai tentar cuidar de mim. Falei para mamãe que amo Tracy & como ela é compassiva, corajosa, talentosa e gentil. Contei que Tracy & eu estamos juntas e em meu coração pedi que ela nos abençoasse.

Voltamos para Atlanta & e no outro dia seguimos de carro para o funeral. Foi impressionante. Certamente o maior que já teve em Eatonton. A procissão se estendeu por quilômetros. Todos os carros que encontramos saíram da estrada & pararam. As escoltas policiais tiraram os quepes e os colocaram sobre os corações. E o corpinho de mamãe seguiu serenamente. Eu, Ruth, Rebecca, Tracy & James Lee, um primo, fomos juntos logo atrás dela.

O culto foi no Salão do Reino. Um edifício "bonito", estéril & em tons pastel, com "Bendito seja Jeová... Dispõe-me o coração para só temer o teu nome" inscrito na parede atrás do púlpito. Foi um grande choque ter um TJ[1] branco fazendo a oração de abertura. E um choque ainda maior quando as pessoas foram convidadas a cantar "All Things Made New", uma música completamente chata, sem melodia e dissonante, que, para seu crédito, a congregação nem tentou murmurar. Horrível. Então veio à frente

---

1 Testemunha de Jeová.

um Irmão Hester, que supostamente mamãe gostaria que pregasse em seu funeral. Um desastre completo. Frio, <u>sem</u> emoção, literalmente. Sem gramática, também. Um sermão de proselitismo cuja única misericórdia foi sua brevidade.

Então meu irmão Jimmy veio à frente & falou sobre mamãe. Ele foi engraçado & caloroso. Humano. Fez as pessoas "verem" & sentirem mamãe. Lembrarem dela como realmente era. Cheia de luz da vida. Sensível, sempre.

Ele falou do amor dela por coisas antigas. Como ela daria aos outros o dinheiro que ganhara para comprar um vestido novo – então decidiria que o antigo parecia ótimo.

Ele também contou sobre a vez, quando ela estava doente, que queria sorvete. "Se eu não tomar sorvete", ela disse a Mary Alice, "vou chorar". Essa história fez todos sorrirem. As reminiscências de Minnie Lou que ele trouxe salvaram o dia.

Rebecca, Tracy & eu entramos atrás de Mamie, que se jogou à frente de Ruth "porque eu sou sua filha primogênita", & Ruth, apoiada por dois homens como se de repente ela tivesse ficado muito fraca & "feminina" para ficar em pé sozinha. Evitei deixar os encarregados da funerária cuidarem de mim. De mãos dadas, Rebecca de um lado & Tracy do outro, ficamos na frente do caixão & desejamos à mamãe uma boa viagem para a morada de Willie Lee, Fannie Lou, Martin, Malcolm, Lorraine Hansberry, Che etc.

Eu não sabia que ninguém, além das Testemunhas de Jeová batizadas, tem permissão para falar em suas reuniões. Mesmo Ruth não pôde falar porque, embora seja membro, ela não é batizada. Achei isso ultrajante.

Eu queria falar & Rebecca também. Mas fiquei contente com o discurso de Jimmy – e senti que essa era a religião de mamãe & embora a detestasse, foi a que ela escolheu para si mesma & para seus últimos ritos.

A parte do serviço do funeral deixou muito a desejar. Chato, seco, dissonante. Desejei que minha prima Carolyn pudesse ter feito uma oração para mamãe. Ela teria sido perfeita. Esses rituais de dominação masculina branca carecem de alma.

E então, voltei para Atlanta, & depois para SF. Durante todo o nosso tempo em Eatonton, Tracy & eu ficamos próximas e felizes. Deitadas entrelaçadas nos braços uma da outra, ainda maravilhadas por ser tão bom & sermos tão abençoadas. Gostei de apresentá-la à minha mãe, minha família. Todo mundo ficou bem.

———

Querida Angela –

Pensei muito na comemoração do nosso aniversário de 50 anos[1] (dá para acreditar!?); aqui está um pouco do que imaginei: alugamos o Greens (o restaurante) para o nosso jantar de aniversário. Antes disso fazemos um cruzeiro (convidados selecionados) pela Baía. Poderíamos assistir o pôr do sol debaixo da ponte Golden Gate!

Como você sabe, o Greens tem um espaço aberto grande, bonito e com uma bela vista da marina. Não sei se alguma vez já o alugaram, mas posso descobrir facilmente. Gostaria que fosse uma verdadeira festança, então proponho convidar não apenas nossas amizades, mas todas as pessoas com quem trabalhamos ao longo dos anos, e as que admiramos o bastante para querer compartilhar essa noite. Pode ser uma festa beneficente. Minha parte (depois das despesas) iria para a FORWARD International, o grupo de Londres que faz campanha contra a mutilação genital, & sua metade talvez pudesse ir para o Projeto Nacional de Saúde da Mulher Negra (ou quem mais você quiser). No entanto, apenas as amizades estariam no barco.

Tracy se ofereceu para fazer a música – ela & sua banda! Talvez as pessoas tenham que fazer cinquenta anos para que coisas realmente incríveis aconteçam!

Então. Poderíamos cobrar bastante pelos ingressos. Mas isto tudo são coisas da minha cabeça. Eu sugeriria Belvie Rooks como a pessoa responsável por este evento. Ela faria tudo lindamente. Provavelmente contrataríamos a irmã negra que fez a comida na festa de aniversário de Henri.

Pode ser incrível!

Sugiro que seja dia 6 de fev., aniversário de Bob Marley, que cai no domingo.

Me conte o que você está pensando.

Minha mãe estava serena & de certo modo cheia de atitude em seu caixão de pinho rugoso brilhante, com fotos de seus filhos & netos em volta dela. Seu velho espírito, resoluto & irreprimível, brilhava. Ela parecia prestes a fazer um comentário sagitariano contundente e vigoroso para todas as pessoas que se aproximavam para vê-la. Foi uma despedida incrível e maravilhosa. Ela era tão respeitada em nossa comunidade, foi como se a mãe da aldeia tivesse morrido. Foi provavelmente o maior funeral de todos os tempos em nossa cidade & as pessoas, parentes incluídos, se comporta-

---

[1] Tanto AW quanto a ativista Angela Davis comemorariam 50 anos no início do ano de 1994. Angela no dia 26 de janeiro e Alice em 9 de fevereiro.

ram muito bem & estavam em sua maior beleza. Foi memorável. Tracy & Rebecca & eu estávamos juntas e, afinal, pude apresentar minha mãe & Tracy.

Com amor,

27 de setembro de 1993
Chegando ao fim deste diário, que comprei dezembro passado no México. Minha mãe morreu, depois de menos de uma semana (?) na casa de repouso. Meu relacionamento com Robert terminou, finalmente. Doloroso, mas que alívio! Do jeito como vejo agora, o relacionamento morreu em 1984 ou por aí, quando ele me contou sobre seu caso com A. E desde então, nos nove, bem, oito anos seguintes, nos deixamos levar pela corrente. Eu me deixei. Ele diz que sempre estava "performando", então acho que estava só sendo levado pela corrente de um outro modo. E aguentei o máximo que pude para não ficar sozinha. Então, graças à Deusa, simplesmente me cansei dele, da simulação & de mim mesma fingindo sentimentos que não sentia há anos. Me joguei em Mercedes, que acabou sendo uma distração do meu dilema. Mas pelo menos aprendi uma coisa com Robert: não deixe a distração se fixar permanentemente. Mas como ela provou ser pegajosa. E como é difícil esquecer.

Fui ouvir Tracy em outubro, nos encontramos em novembro... Ficamos em janeiro. Nos apaixonamos em fevereiro. Agora estamos respirando dentro do nariz da outra há 8 meses maravilhosos, e estou mais feliz do que nunca, eu acho. Digo isso porque acho que tenho sido muito feliz nesta minha vida, mas nunca tanto quanto quando estou apaixonada.

Como também há amizades que parecem sólidas: com Angela, Deborah, Henri, Gloria, Belvie, Max, Joan... Será que algum dia serei amiga de Robert?

Minha relação com meus irmãos melhorou e no geral eu gosto deles, malucos como são. Continuo tentando entender o que aconteceu com eles & e está dando certo. Estou pensando em fazer um documentário sobre eles chamado "Irmãos". Estou realmente curiosa para saber quem são.

Tenho três casas & acho que poderia abrir mão de uma ou duas. Casas agora deixaram de significar amor. Amor significa amor. Eu sei que quero estar com Tracy, onde quer que seja. Talvez em todas as nossas moradias, talvez em uma. Tenho dinheiro. O suficiente.

O que eu quero agora? Quero que o filme "Warrior Marks" e o livro tenham bom desempenho. E quero ficar em casa, com Tracy, fazendo as coisas que gostamos: cozinhar, comer, dançar, abraçar, beijar, dormir, fazer amor, ler uma para a outra, brincar com os cachorros, deitar na rede. Conversar. Rir. Quero estar com ela. Eu não preciso das viagens. Das plateias. Ficar indo & vindo destrói a "eternidade" que uma vez descobri em mim.

Grande Beleza, você me abençoou mais do que nos meus sonhos mais loucos. Te amo & a Tracy como uma. Agradeço que seja radiante e brilhante.

———

Não ser fiel a si mesma é a única morte

São Francisco
8 out de 1993

Toni Morrison ganhou o prêmio Nobel hoje...[1] Todo mundo tem clamado por um comentário. Então escrevi algo bem rápido e dei para Joan distribuir. Diz algo assim:

"Ninguém escreve mais lindamente do que Toni Morrison. Ela explorou consistentemente questões de verdadeira complexidade & terror & amor na vida das pessoas afro-americanas. As duras críticas não a dissuadiram. Os prêmios não a imobilizaram.

"Ela é uma escritora que merece essa honra."

Tracy & eu estávamos na cama quando recebi a ligação – passamos a maior parte da noite passada "fazendo as pazes" após a tempestuosa viagem que fizemos para acampar[2] – e quando voltei para a cama depois de ouvir a secretária eletrônica, contei a ela sobre minha ambivalência. Que não existe consciência feminista (exceto em Sula, que gosto muito) em seu trabalho e que isso o torna bonito, mas sem levar a lugar nenhum. Ela gosta muito de A canção de Solomon, que eu não gosto. Seja como for, ela disse "melhor Toni do que algum homem ou mulher branca que não chega à metade da qualidade do que ela faz". E eu concordo. De qualquer forma, mandei flores e um

---

[1] O Prêmio Nobel de Literatura de 1993 foi concedido a Toni Morrison em reconhecimento ao conjunto de sua obra, particularmente seus romances "caracterizados pela força visionária e importância poética", como disse a Fundação Nobel em seu comunicado à imprensa de 7 de outubro de 1993, anunciando o prêmio. "Meu trabalho exige que eu pense no quanto posso ser livre como uma escritora afro-americana nesse mundo genderizado, sexualizado e totalmente racializado", escreveu Morrison em seu livro de ensaios de 1992 *Playing in the Dark: Whiteness and the Literary Imagination*. "Meu projeto nasce do prazer", acrescentou ela, "não da decepção."

[2] Alice e Tracy tinham ido acampar em Yosemite.

bilhete para Toni. E espero que ela esteja feliz, como Tracy disse que mais tarde ouviu pelo rádio.

———

Wendy acabou de transferir 157.000 para minha conta, minha parte de Warrior Marks, o livro. Devo investir ou economizar esse dinheiro, ou então, lentamente, ou não tão lentamente, vou doá-lo. Ayi Kwei[1] escreveu pedindo um empréstimo de 10.000 para abrir uma editora em sua casa em Popenguine. Eu enviei. Também emprestei a mesma quantia a Elizabeth Sunday para sua linha de roupas "africanas" para crianças. E por aí vai. Gosto sinceramente de circular a energia criativa do dinheiro dessa maneira.

Deborah[2] & eu nos divertimos muito fazendo compras no outro dia. Comprei uma calça jeans preta, um casaco preto, uma calça preta. Sapatos. Foi maravilhoso. Mais tarde fomos para Khan Toke & comemos peixe frito & arroz & sopa.

Partimos para Londres na quinta-feira... Aparentemente, "Warrior Marks" vai ao ar nacionalmente na televisão na Grã-Bretanha pouco antes de chegarmos. E então seguimos para Birmingham e Paris!

Recusei a oferta da BBC para filmar O segredo da alegria & Joan contou que Pratibha pode ter encontrado um produtor independente.

Continuo indo rápido demais. Essa é a principal coisa "errada" comigo. Ainda sonho em ir bem devagar, apenas ter umas galinhas & escrever um livro ocasionalmente. Quero uma vida doméstica mais estável. Previsível. Compartilhada. Coitada da Tracy, ela está tentando construir e comprar uma casa para nós, mas as coisas estão difíceis. Tudo no mercado é casebre ou castelo. E não tem como a casa dela no campo ficar pronta antes do próximo outono. Fiquei comovida com sua persistência em tentar encontrar um lugar para nós. Embora tenha me sentido aliviada quando percebi que não quero sair de casa; não dessa em Steiner, onde estou escrevendo isso, ou de Temple Jook.[3]

———

Terminei, mais ou menos, a transcrição do volume um dos meus diários. A escrita na maior parte é a de uma mulher que é casada & portanto não é livre. Eu também era jovem & inexperiente. Sinto profundamente que há uma

———

1 O respeitado escritor ganense Ayi Kwei Armah, amigo de longa data de AW.
2 Deborah era amiga de AW e ocasional assistente de viagem. Khan Toke Thai House é um restaurante em São Francisco.
3 Temple Jook é o nome que AW usa para sua casa na propriedade Wild Trees em Mendocino.

distância de mim mesma enquanto leio. Na verdade, eu estava aprendendo a viver. Literalmente, como permanecer viva, trabalhar, amar. Com a ajuda de Mel aprendi isso. Ele era minha Shug. Uma delas.

13 out. de 1993
Por que continuo tentando descobrir o que há de errado comigo? A pessoa que eu mais amei na terra (ou no céu) morreu. Estou me sentindo perdida, desolada. Triste & num pesar além da conta. Achei que seria diferente. Que não me sentiria tão sozinha sem ela. Mas me sinto. Sem seu calor, sua ternura & generosidade. Sua integridade absoluta como mulher & sua bondade.

Fui fazer uma caminhada de meia hora na marina. Uma gaivota marrom me adotou, voando ao meu lado e depois me seguindo, voando à minha frente apenas para pousar & me esperar. Isso me tirou da melancolia. E eu estava profundamente envolvida nessa névoa, me sentindo muito quieta, muito quieta por dentro. Encontrei uma mulher no caminho, uma mulher branca da minha idade com cabelos ruivos alaranjados & ela sorria sozinha como eu sempre faço: um sorriso que sinaliza um segredo delicioso. Talvez um(a) novo amante. Alegria, em todo caso. Reconheci sua felicidade. Era minha há um mês.

Conversei brevemente com Henri[1] que falou que esses sentimentos são normais, mesmo os que tenho por causa da menstruação. Vazio. Letargia. Ausência de paixão.

Meu irmão Jimmy, que ficou de mandar o dinheiro de mamãe, enviou um cheque em branco. Peguei 2.000. Estou tão feliz que ele enviou, como havia prometido. Meus irmãos me deixam feliz quando cumprem sua palavra.

16 de outubro, Londres, 6h45
A estreia correu bem. Embora a prefeitura, com capacidade para 1.000 pessoas, fosse muito grande & cavernosa. Vieram 778 pessoas, um público grande que não parecia tão grande por causa do espaço. E o som ecoava um pouco. Ainda assim, o filme é maravilhoso & o público aplaudiu fortemente & por muito tempo no final. Então Pratibha, Efua & eu subimos ao palco para responder perguntas. Pervais, o diretor do festival, estava no palco conosco. Um homem paquistanês-britânico doce & bonito, que mais tarde nos levou a um ótimo restaurante indiano.

---

1 Henri Norris, amizade antiga de AW e sua ex-assistente.

Eu disse a Pratibha depois de deixar o palco: um a menos, faltam oito! Terça vamos ao lançamento em Paris.

É domingo. Acredito que o sol estará brilhando – está assim desde que chegamos! Em breve todas estaremos de pé & arrumadas e prontas para voltar a Londres de trem. O passeio aqui foi divertido. Sentamos em lugares ensolarados & tomamos chá & comemos sanduíches. De atum & pepino. Fiquei muito agradecida por ser algo comível.

E então como vai tudo agora? Dormi bem na noite passada. Não usei as lentes de contato ontem à noite na estreia. Me senti bem com isso. Mostrando a "marca da guerreira" que tenho. Fui com meu casaco laranja & calça preta Laize Adzer, os sapatos novos que comprei & o colete com elefantes que Deborah me deu.

Consigo perceber que estou envelhecendo. É uma visão tão interessante. Começo a ver um rosto & um corpo maduros. Bom. Tenho quarenta e nove anos – talvez viva tanto quanto minha mãe. Talvez não. De qualquer forma, vivi mais da metade da minha vida. Nunca pensei que chegaria aos cinquenta. Se chegar, continuarei a aumentar minha capacidade de entender & amar, pois é nessa área que sinto que de fato amadureci & onde encontrei mais alegria.

Pedi a Pratibha que escrevesse o roteiro do O segredo da alegria comigo. Considero ela uma boa escritora & essa colaboração deve tornar tudo divertido! Gosto de diversão. Ela também.

Devo terminar meu livro The Same River Twice enquanto estiver no México.

The Same River Twice
Uma reflexão
Sobre fazer
Um filme
de
A cor púrpura

10 anos depois

por

Alice Walker

1 nov. de 1993, 3h27[1]
Na cama! No Hotel Lowell
Nova York
Minha agenda parece cheia. Preciso comer bem, fazer exercícios (o parque fica perto) & tomar todas as minhas vitaminas!

Pratibha está no hotel. Gloria mandou uma manta linda com sol & lua. Me sinto abençoada por ter amizades assim.

2 nov.
5 minutos tensos no Today Show. Depois, meia hora descontraída e animada na WBLS, a estação de black soul que toca músicas tranquilas & que hoje estava incitando as pessoas a votar. No prefeito Dinkins que parece que pode perder.[2]

Fiz um passeio adorável no Central Park. As folhas são tão vermelhas & douradas & há um trecho fechado, só para pedestres e carruagens. Cheguei à pista de patinação no gelo & fiquei hipnotizada pelos patinadores. Acho que realmente tive uma experiência religiosa. Eram um mosaico da cidade, do país. Do mundo, na verdade. Amarelos & brancos & pardos & pretos, todo mundo patinando alegremente ao som de boa música. Todos bem jovens, alguns na puberdade. Eu adorei a graciosidade de seus corpos, sua despreocupada estabilidade inclinada. Fiquei tão emocionada! Acima deles & além do arco de árvores estavam os prédios altos da rua Central Park South & num deles uma bandeira dos Estados Unidos balançando ao vento. Pensei em quanto precisamos de uma nova bandeira para representar os Estados Unidos que está emergindo. Mas como estava contemplando esta cena preciosa, me senti perto disso. Talvez porque a música que estava tocando era "And You Were There..." & mentalmente criei um comercial para o Amor, com os patinadores andando pacificamente pela pista, de todas as cores, masculinos & femininos, & as folhas voando, vermelhas & douradas, e os prédios altos ao fundo... etc.

Realmente não queria voltar para o hotel. Adorei ficar lá fora. Meu corpo estava tão feliz quanto Ginger![3] Mas subi & acendi a lareira & logo Rebecca chegou & ela & eu & Pratibha fomos comer num restaurante indiano que Rebecca achou ótimo & eu achei muito picante & superfaturado.

---

1 A turnê do filme *Warrior Marks* levou Alice e Pratibha para Londres, Paris e, em seguida, Nova York.
2 O primeiro prefeito negro da cidade de Nova York, David Dinkins, perdeu sua candidatura à reeleição em 2 de novembro de 1993, por uma pequena margem de 2%, para Rudolph Giuliani, que se tornou o primeiro prefeito republicano da cidade em sua geração.
3 Um dos cachorros de Tracy.

Amanhã queria ver Mike Rudell,[1] mas o encontro terá que ser cancelado. Tenho algo na CNN & uma cerimônia de inauguração com corte de fita!

5 nov., de manhã cedo.
Na cama no Mayflower.
A inauguração foi sensacional. Gloria & Bill & Bella Abzug estavam lá. Rebecca & Trajal & Joanne Brasil & Charles. Mike Rudel. Sonia Sanchez. Wendy. Estamos todos hipnotizados pelo filme. Depois tivemos um bom período de perguntas e respostas. Mas vou escrever sobre isso mais tarde, pois preciso acordar bem cedo amanhã, voar de volta para Nova York para o Charlie Rose Show e depois para Atlanta.

Quarta. O'Hare, Chicago. A caminho de São Francisco.
A noite passada foi maravilhosa. O pessoal de Chicago lotou o teatro – muitos nem conseguiram entrar. Um público caloroso, atencioso e apaixonado que me deu muitos presentes. Incluindo um casaco tecido por uma jovem que se inspirou na minha descrição da cor Azul Poderoso em O templo dos meus familiares. Uma linda irmãzinha branca de cabelos escuros cujo rosto era como a mais humilde flor. Também recebi um caderno de uma mulher que me disse que era da última sociedade matrilinear islâmica – em Sumatra. Outra pessoa me deu broches – um deles diz "Amazônia Africana", o outro "Amor de Irmã". Alguém me deu girassóis. Também recebi poemas & abraços. A recepção foi na Biblioteca Pública de Chicago Harold Washington, um prédio novo construído para parecer antigo. Espaçoso, elegante – e fomos recebidas por 5 mulheres negras & um garotinho tocando chocalhos. Falei brevemente, agradecendo todo mundo ali por sua doçura – o que Pratibha & eu sentimos no minuto em que pisamos nesta cidade outrora fria & monótona do Meio-Oeste. Minha suíte no Ritz era ensolarada & confortável. A comida muito boa. Sopa de galinha que realmente parecia ser de verdade.

Embora 600 pessoas (de acordo com o jornal) tenham vindo a Atlanta, a energia era baixa. Senti que o pessoal da organização estava desorganizado, não muito felizes por trabalharem juntos, e cansados. Também fui no meio da tarde, na Georgia Tech, uma escola que nunca tinha visitado antes. Ainda assim, as perguntas foram boas e, no geral, achei as pessoas atenciosas. No dia seguinte, Tracy & Pratibha & eu fomos visitar mamãe. Minha antiga escola. Minha(s)

---

1 Advogado e velho amigo de AW.

antiga(s) casa(s). Foi ótimo estar com elas. Tracy dirigiu o carro. Peguei algumas folhas das velhas árvores da casa para colocar no túmulo da minha mãe.

Estou cansada demais para escrever coerentemente. Estamos sentadas aqui na passarela, muito insatisfeitas com o atraso. Todo mundo querendo estar em casa. Meu maior arrependimento até agora é que eu estava muito exausta quando Tracy veio me encontrar em Atlanta. Mas ela disse que teve bons momentos comigo mesmo assim. Na noite em que ela chegou, eu estava tão cansada que mal conseguia falar.

23 nov. de 1993
Na casa do campo depois da turnê de 93!

Me sentindo um pouco mais forte. O sol está brilhando. O vale sereno. A turnê me esgotou. Depois de Chicago, voltei para casa por um dia & meio, que passei com Tracy. Muito bom. Fomos – ela, Neta & eu – andar de bicicleta perto de seu rancho. Isso me relaxou maravilhosamente. Segui para Seattle & tinha uma multidão maravilhosa. Houve 2 exibições do filme. Exausta após jantar frango marinado & torta de pêssego feitos cuidadosamente (por mulheres negras). Depois, um ou dois dias de descanso & Belvie me acompanhou até L.A., onde a exibição foi boa & vi Quincy depois de quase 7 (?) anos! Ele parece bem & estava com a amada, Nastassja Kinski,[1] que parecia muito doce. Parece óbvio que as canções de amor de Back on the Block eram para ela. Perguntei sobre a filha deles, Kenya. Dizem que ela é grande e saudável. Nos abraçamos e foi ótimo. Também vi sua filha, Jolie.

E então voltei para casa. Depois, o evento final no Castro.

Acabei de falar com Tracy. Estamos planejando o cardápio de Ação de Graças que parece maravilhoso. Quiabo. Frango. Vegetais. Arroz. Batatas-doces etc.

24 de nov.

Cardápio de Ação de Graças

Guisado da Alice
Frango de Alice (2)
Farofa de pão de milho
Arroz

---

1 Nastassja Kinski, a atriz que agora era esposa de Quincy.

Feijão-verde c/ cogumelos da Tracy
Doce de cranberry de Jackie
Pão de milho
Molho
Torta
Bebidas? – Vinho, Chá Gelado

30 nov. de 1993
Ação de Graças chegou & terminou. Rebecca & Angel, Jackie & Aneta, Tracy & eu. Ginger, Tasha, Frida.[1] Casa cheia. A casa comportou o dia & os convidados lindamente. Na verdade, seis pessoas podem ficar perfeitamente à vontade aqui. Jackie dormiu no sofá. Neta no quarto de Frida. Rebecca & Angel no quarto de hóspedes.

19 jan. de 1994
Por onde começar? Careyes foi, em muitos aspectos, um desastre. Passei 10 ou mais dias lá [resolvendo problemas de manutenção doméstica] & colocando a Casa Careyes à venda. Nem sequer relutei. Obviamente parecia mais do que consigo fazer sozinha & não gosto de ter que pensar em "funcionários" durante as férias. Não tive férias afinal. Então, no dia seguinte ao Natal, fizemos as malas e voltamos para S.F. As coisas ficaram tão ruins que terminamos! Felizmente, não ficamos assim por muito tempo. Então, no dia seguinte à nossa chegada, Tracy teve bronquite. Nas 2 semanas e 1/2 seguintes ela esteve muito doente. Durante esse tempo, conseguimos ir ao Zuni na véspera de Ano-Novo & brindamos a chegada do ano com taças de champanhe & mais de 4 dúzias de ostras, que descobrimos que amamos! Até Neta, que nunca tinha comido. Foi um belo começo de ano.

Na minha ausência, fui atacada na Newsweek por algumas mulheres africanas/árabes – principalmente Nahid Toubia,[2] a quem apelidei de "a general" por causa de seu porte militar. Fiquei angustiada com seus comentários. Ela acha que estou fazendo o trabalho anti-MGF porque sou "uma estrela decadente tentando voltar aos holofotes". De qual planeta ela é? Dói mais ser

---
1   Para recapitular os relacionamentos: Angel é a parceira de Rebecca; Jackie é a melhor amiga de Tracy e Aneta é irmã de Tracy; Ginger e Tasha são os cachorros de Tracy; e Frida é a gata de Alice.
2   Nahid Toubia é uma cirurgiã sudanesa e ativista pelos direitos da saúde das mulheres; ela é especialista em pesquisa sobre mutilação genital feminina.

criticada por mulheres negras – que sabemos que devem estar tão cansadas & frustradas quanto a nós – e mesmo que a crítica reflita os desejos delas com mais precisão do que os nossos.

Depois chegou uma carta de alguém dizendo que em sua cultura existe um ditado: "Falar a verdade machuca as pessoas." E que machuquei a África ao falar contra a MGF. Isso me deprimiu sem fim... Só de saber que em algum lugar existem pessoas que pensam assim. Tento imaginar tal sociedade & ela é uma imagem do inferno. A beleza da verdade é que ela é a realidade. Damos um suspiro de alívio ao saber o que é, como é preciso seguir, o que considerar, para sobreviver.

Aparentemente, há muita controvérsia & questionamento dos meus "motivos". Tudo é tudo tão estressante & me faz pensar se algo substancial ocorrerá para impedir a mutilação de crianças. Adultos como Toubia parecem querer trazer o problema para si em vez de trabalhar para transformá-lo.

25 jan.
Hoje foi maravilhoso, e por motivos curiosos. Tracy partiu na segunda-feira, ontem?, por volta do meio-dia. Fiz uma longa caminhada, descendo até o final da estrada principal numa direção & então atravessei o campo até chegar à horta, onde plantei repolho chinês pak-choi & alho.

Hoje de manhã meditei na cama, com Frida em meus joelhos. Saí para outra longa caminhada. Tive uma boa refeição. Li. Fiz sopa. Escrevi para Ayi Kwei... contando alguns dos meus problemas. Seu silêncio sobre meu trabalho me decepciona, mas estou feliz por ter escrito a carta. Preciso praticar no novo computador & gostei de trabalhar nele.

Vi um pouco do pronunciamento de Clinton – muito bom. Embora ele & Hillary pareçam exaustos.[1]

E eu? Estou descansada, eu acho. Finalmente. Ainda um pouco sensível, mas, no geral, percebo que provavelmente sou a única pessoa realmente preocupada com os ataques contra mim. Outras pessoas têm seus próprios problemas.

Enfim. Todo mundo que convidei virá à minha festa.[2] Gloria, Wilma, Jean, Clarissa, Carole, Ruth, Aneta, Tracy, Joan, Angela, June, – moi – quem mais? Belvie.

---

1 Bill Clinton havia sido empossado presidente um ano antes, em janeiro de 1993.
2 AW completou 50 anos em 9 de fevereiro e estava planejando uma festa particular para comemorar. A festa de arrecadação de fundos conjunta que ela propôs a Angela Davis nunca aconteceu devido a conflitos de agenda.

Senti tanta falta da minha solitude! É a cura além das palavras.

Grande Espírito que eu desperte logo & caminhe & esteja em você. Sinto falta da sua presença mais do que tudo. Tua graça. Agradeço por me trazer através do fogo.

28 fev., o último dia do mês!
Não acredito que o tempo tenha passado tão rápido. Nesse ritmo, completarei cem anos e não vou nem perceber.

Meu encontro de aniversário foi delicioso. Um dia antes de Ruth, Clarissa & Wilma chegarem. Eu cozinhei frango, verduras e arroz. Sorvete de sobremesa.

07 de março de 1994
Enquanto isso, uma grande confusão nos jornais sobre a retirada de 2 de meus contos da prova para alunos do ensino médio da Califórnia. Eu não tenho a menor ideia do conteúdo da prova. E esses idiotas nem pagaram pelo uso dos contos.

Enfim. "Roselily" é considerado antirreligioso pela Coligação pelos Valores Tradicionais, ou algo assim. E tem um outro grupo que presumivelmente retirou "Am I Blue" porque o conto é "anti-consumo-de-carne". Isso tudo é de tanta ignorância que é até difícil de acompanhar. E também é cansativo. Então, por dois ou três dias – enquanto Joan se defendia da mídia: Today Show, Belva Davis, Connie Chung, Tom Brokaw, Hank Plant, Pacifica etc. – eu fiquei deitada. Entrando & saindo da banheira de hidromassagem. Tomando sol no terraço. Na rede, lendo romances inúteis sobre bissexuais negros de classe média.[1]

28 de abril de 1994

Na África do Sul, as pessoas negras estão votando. Nada nos últimos 342 anos as desviou do objetivo de serem livres em sua própria terra. Eu me sinto orgulhosa delas, e realmente, como a maior parte do mundo, impressionada com Nelson Mandela. 75 anos. Ainda afiado. Ainda um verdadeiro amante de seu povo & respeitando a si mesmo. Ainda adorável.

8 de junho de 1994

Que montanha-russa tem sido tentar comprar uma casa com T! Há três semanas encontramos a casa "perfeita". Um quarto para nós, outro quarto/escritório para Joan, acomodação para Aneta,[2] escritório/estúdio para T. Fizemos uma oferta (1.000.000); muito animadas. O preço ficou em 1.195.000. A imobiliária fez uma contraproposta. Com força. Nós contra-atacamos. Eles contra-atacaram. Aneta decidiu que não queria morar lá de jeito nenhum. Cancelamos nosso lance. Era bonito. De 1903, estilo renascentista italiano, no alto de Ashbury. 900 na verdade. Eu já havia praticamente feito a mudança e planejava alugar a casa em Steiner. T é muito dura em seu jeito de negociar. Eu teria dado o preço pedido & já estaria na casa a esta altura. Mas ela sustentou que a casa não valia, no mercado atual, o que estavam pedindo. Meu pensamento era: nós amamos a casa – eu amei mesmo – e temos o dinheiro. Mas então, com a saída de Aneta, havia a questão dos inquilinos & se iriam embora dignamente etc. Tudo isso foi muito estressante. Sinto que perdemos a oportunidade de tentar algo profundamente significativo & diferente – e que o Universo nos ofereceu um presente que pode não aparecer novamente.

O lado positivo: não preciso me mudar; embora turistas carregando câmeras ao redor da minha casa me deixem louca. Estão constantemente tirando fotos, agora do portão que instalei para evitar que se empoleirem bem na minha porta.

Saí ao meio-dia.[3] Quando cheguei, estava cansada, mas não tanto de dirigir. Parece que estou com uma fadiga profunda & meus pés e pernas doem.

---

[1] Provavelmente o primeiro romance de E. Lynn Harris, *Invisible Life*, publicado em fevereiro de 1994.
[2] Joan é assistente de AW; Aneta é irmã de Tracy.
[3] Para Wild Trees/Temple Jook, a casa de campo de AW em Mendocino.

Fiquei chocada (de novo) ao ver como estou acima do peso. Visitei Alison LaVoy, minha médica, e contei sobre minhas estranhas dores. Ela me pediu para fazer exames de lúpus e hipertireoidismo. Devo receber os resultados em mais ou menos duas semanas.

Na verdade, eu lembro quando escorreguei e fui ladeira abaixo. Comi sorvete & queijo enquanto Rebecca estava aqui. Ela ficava sempre no telefone com Angel e, embora a estadia juntas tenha sido boa, foi tensa por sua distração & seu desleixo. Sem mencionar seus maus hábitos alimentares nos quais logo caí!

T. me acompanhou a L.A. para receber o Torch of Liberty Award da ACLU.[1] Nada mal. Danny Glover apresentou o prêmio & disse coisas bonitas. Percebi, não pela primeira vez, que não me importo mais com todo esse lado da vida – o lado público. Na melhor das hipóteses, é um pesadelo – pelo menos (o evento) foi num bom hotel & a comida (serviço de quarto) era boa. O vídeo que publicaram sobre mim foi mal pensado. Imagine minha surpresa ao ter uma voz masculina branca falando sobre minha vida como se soubesse alguma coisa.

Que loucura.

Enfim. Voltamos para casa & ficamos felizes por termos recebido o público e sobrevivido, mais uma vez!

10 de junho
Nahid Toubia, da Newsweek, ainda sente que a mutilação genital não é minha real preocupação. Ela se ressente por eu ter "me encarregado" disso, me chama de intrusa. Isso é tão deprimente. Rebecca me contou que G.W. disse que "não gosta de Warrior Marks", mas não vai declarar isso publicamente. Como Rebecca tem crédito de ser confiável, ela comentou com ela, Bom, porque as outras pessoas que estão se manifestando contra isso são muito reacionárias.

T ligou ontem à noite. Eu me senti distante, fria. Ela continua tratando & falando sobre a casa. Já passei da fase de ficar encantada por sua obsessão. Conversamos brevemente sobre sua intenção de enviar os cachorros – levar

---

[1] Prêmio oferecido pela American Civil Liberties Union [União Americana das Liberdades Civis]. [N. da T.]

os cachorros – para New Skete[1] para serem adestrados. Pelo menos ela percebe que o mau comportamento deles não é fofo.

E aí, depois de ficar decepcionada com a fusão fracassada, agora sinto, verdadeiramente, que foi o melhor. Eu gosto de ter meu próprio espaço. Viver sozinha a maior parte do tempo. Sair da solidão para o convívio. E ainda tem a questão da relativa juventude de T.[2] Muito do que a fascina eu já assimilei 20 anos atrás. Por exemplo, Living the Good Life,[3] que ela está lendo, eu ganhei há 10, ou mais, anos atrás de Dan Wax.

Um dos melhores dias que tive em algum tempo. E só de pensar que minha agenda está vazia! Eu mal posso acreditar. Eu disse a T: queria um ano sem ser "Alice Walker". Sem nem sequer ter que pensar no trabalho que as pessoas insistem em me mandar fazer. Estou farta de prêmios, de recomendações de escrita, de arrecadar fundos, de escrever resenhas & prefácios. E agora também críticas & comentários sobre filmes & mais & mais súplicas de grupos de lésbicas & gays com os quais até agora (a maioria brancos, de classe média, extremamente hipócritas & egocêntricos) sinto zero afinidade.

Hora de me animar! Tenho dinheiro mais do que suficiente para passar o ano. Tenho uma namorada que amo & que me ama. Tenho muitas amizades – amorosas, corajosas, estranhas, maravilhosas, repletas de si & dos mistérios do TODO. Estou com os pés doloridos, mas vou tentar cuidar deles. Continuarei me exercitando – já que isso definitivamente os ajuda a melhorar. Também vou melhorar minha dieta. Preciso parar com o açúcar. Aqueles adoçantes horríveis também. Reduzir ao mínimo as gorduras. Aumentar a caminhada. Nadar.

Grande Espírito, agradeço por me deixar vê-lo. Quando começo a sentir gratidão, sei que estou me curando.

---

[1] Um mosteiro ortodoxo oriental, localizado em Cambridge, Nova York, conhecido por oferecer um programa abrangente de adestramento para todas as raças de cães.
[2] A essa altura, Tracy tinha trinta anos; Alice, cinquenta.
[3] *Living the Good Life: How to Live Sanely and Simply in a Troubled World*, de Helen e Scott Nearing, foi publicado pela primeira vez em 1954 e reeditado como um livro de bolso em 1973. É a história de um casal que deixou a vida na cidade em 1932 e se mudou primeiro para Vermont e depois para uma fazenda no Maine. A alimentação e as filosofias de vida dos Nearings serviram de modelo para muitas pessoas que buscam um modo de vida mais simples.

Segunda-feira, 13
Ontem à noite comecei a ler Dalai Lama. Não surpreendentemente, suponho – já que me sinto tão budista – ele me parece bastante familiar. Tão sensato. Tão respeitoso com a natureza. Ele diz que come o que lhe é oferecido & embora seja vegetariano por natureza às vezes come carne. Ele é honesto sobre todas as coisas, embora tenha se recusado a responder uma pergunta feita pessoalmente sobre shunya, o conceito de vazio. Obviamente isso é algo que eu gostaria de ouvir. Às vezes, como agora, me sinto tão vazia que não consigo imaginar que criei algo ou que algum dia vou criar. A cada vez há um ponto em que digo: Certo, não vou fazer isso. E é isso. Vou plantar meu jardim & varrer meu quintal!

Esta manhã ainda está fria. Um pouco de chuva.
Eu amo a paz & o sossego. A paz de espírito.
Toda vez que penso vagamente em ligar a voz do homem branco – rádio ou t.v. – penso: nah. Que alegria habitar o mundo sem sua falsa jovialidade, seu riso traiçoeiro (enlatado). Seu esforço implacável para tornar a violência normal. Seu ódio & medo de todos & tudo. Seu veneno açucarado.
Agora está definitivamente chovendo. A vista da minha cama é de milhões de árvores. Quando olho para elas, posso senti-las irradiando resistência & serenidade.

23 ago. de 1994
Tracy está organizando testes com músicos & encontrou 2 que gosta. Estou tão feliz com isso. Ela ligou do carro parecendo animada. É nítido o seu carinho por Roc, baterista que a está ajudando a montar a banda. Ela é tão despretensiosa quando canta. É como respirar. Adoro quando ela canta novas músicas para mim no telefone.
A melhor novidade que encontrei nos últimos tempos é Deepak Chopra. Ele está trazendo conhecimento védico para o Ocidente. Ele é maravilhosamente experiente & otimista.

Tenho ligado para Gloria diariamente. Fiquei emocionada com sua doçura, em nossa viagem para Badlands. Tracy & eu tivemos que correr para pegar nosso avião & não nos despedimos direito dela. Eu adorava passear na "Porta" & sair diante da paisagem.[1] É linda. Devastada & linda & portanto extremamente reconfortante. A beleza permanece.

---

1 O Parque Nacional de Badlands, na Dakota do Sul, apresenta uma trilha acessível que leva a uma fenda na Muralha de Badlands conhecida como "a Porta" com vista para o

30 ago. de 1994
Completei o rascunho de The Same River Twice[1] dia 26, & ontem entreguei a Joan para termos cópias. Estou enviando uma para Wendy & outras para Gloria, Belvie, Rebecca, Robert & Tracy. Joan gostou muito, e preciso agradecê-la por me ajudar a ir mais fundo & ser mais precisa no tema.

4 set.
Tenho poucos pensamentos sobre minha mãe agora, depois de escrever sobre ela em "River". Não sinto tanta saudade quanto pensei que sentiria. Eu a admiro mais, se isso é possível. Quaisquer que sejam suas falhas, sigo admirada por seu caráter magnífico.

13 set.
Robert me ligou ontem para dizer que recebeu a cópia de "River". E disse "você me pegou com minha humanidade à mostra!" E tivemos uma boa conversa. Eu tinha receio que ele ficasse chateado. Ele e Janet vão "se juntar" em 11 de junho, ele contou. Na casa de barcos em Oakland. Ele está dando aulas em Berkeley, e gostando; seu livro sobre Port Chicago foi comprado pela Turner Broadcasting. Ele está num relacionamento seguro. Parece feliz. Estou feliz por ele. Tivemos alguns momentos fabulosos juntos & fomos ótimos, no geral, como amantes. Aprendemos & crescemos emocionalmente.

Enquanto isso, Tracy & eu estamos tentando lidar com as separações que parecem ser uma necessidade de nossa vida juntas agora. Ela está organizando testes com músicos todos os dias, menos no fim de semana... Às vezes sinto uma saudade absurda & sei que ela também sente de mim. Ainda assim, é maravilhoso poder vir a Wild Trees por alguns dias. Renovar amizades com as pessoas aqui ou só ficar quietinha.

20 out – 1h30
Sábado à noite jantei com Angela & Belvie.[2] Angela como sempre trabalhando em algo sobre mulheres encarceradas. Se preparando para uma aula. Ela fez alguns tratamentos periodontais & estava com o maxilar inchado. Cortou vá-

---

parque. AW, Tracy e Rebecca se juntaram a Gloria Steinem e Wilma Mankiller, entre outras, para participar do Pow-wow [Encontro dos povos nativos da América do Norte], na Dakota do Sul em meados de agosto.
1 O atual título de AW para o livro era *The Same River Twice: A Meditation on Making a Movie of The Color Purple 10 Years Later*.
2 A ativista política Angela Davis e a velha amiga Belvie Rooks, que AW uma vez descreveu como "a irmã que eu sempre quis ter".

rios centímetros dos dreadlocks & estava com 3 deles amarrados. Foi meiga & tranquila na convivência. Eu gosto muito dela. Aconselhei-a a abandonar temporariamente o trabalho com prisão & ler romances.

10 nov. de 1994
Os republicanos & a direita cristã varreram as eleições na terça-feira. Muito angustiante. Todo mundo: Rebecca, Tracy, Belvie, o pessoal da rádio KZYX muito tristes. Liguei para o locutor nativo americano que parecia desesperado e disse a ele para não se desesperar, que os wasichus[1] nos causaram dor desde o momento em que chegaram à costa, mas ainda estamos aqui & persistiremos em ser quem somos. Talvez essa seja nossa única glória, mas reflete a Natureza, nosso Deus.

Então, a Scribner ofereceu 375.000 por The Same River Twice. Fizemos uma contraproposta de 500.000. De qualquer forma, aparentemente estou a caminho de outra aventura editorial, Wendy[2] & eu estávamos conversando: pode vender muito. Ou modestamente. A Scribner realmente vai comprar meu próximo romance, concordamos. Não este livro. Quando chegarmos a um acordo sobre este livro, poderei começar o romance. Eu me sinto muito no limbo para começar antes.

Kate Medina, uma editora da Random House, veio me ver. Ela, de brincadeira, me ofereceu o casaco que estava usando – e que eu havia gostado muito – para que eu fosse para a RH. Tivemos uma boa conversa, mas gosto mais de Leigh.[3] Espero fazer com que a Scribner melhore a oferta não a destrua. (Mais tarde, ela enviou uma orquídea incrível!) Durou alguns meses.

Grande Espírito, te agradeço pela beleza ao meu redor & por eu ser capaz de enxergá-la e até ocasionalmente ser ela. Sua chuva é maravilhosa. Seu sol soberbo. Seus ventos... tudo o que você criou é motivo de admiração. E esse, por trás de tudo, é meu estado permanente.

01 de dezembro! Inacreditável! Quinta-feira. Muita água. Chuva indo e vindo. Estou pronta para começar meu romance. Comprei um caderno novo & colei uma foto que Angel tirou, do pôr do sol de Careyes, na capa. Mas, como em

---

1 Termo do povo indígena lakota para designar uma pessoa branca – especificamente uma pessoa branca gananciosa.
2 Agente literária de AW.
3 Leigh Haber, a editora mais recente de Alice na Harcourt, estava se mudando para a Editora Scribner.

qualquer compromisso, para é preciso ser paciente. Então, mesmo que me sinta pronta, não vou começar até que a história comece a se escrever.

14 dez. de 1994
Hoje é uma quarta-feira mais chuvosa do que se pode imaginar, e é difícil acreditar que o ano já está terminando. Me sinto muito feliz, calma, centrada... Algo parece ter mudado. Ou talvez eu esteja apenas combinando os minerais certos. Aumentei minha dosagem de cálcio & magnésio & isso cessou a dor nos meus quadris imediatamente. E estou tomando óleo de fígado de bacalhau.

Tracy ligou pouco antes de sair de casa para ir trabalhar... Sinto falta de nossos ótimos momentos juntas, mas no geral entendo nossa situação. Ela está trabalhando tanto & tem tanta coisa exige que fique para lá & para cá! Me entristece vê-la tão cansada. E ah, a música que ela está fazendo para nós que estamos no mundo! E esta noite ela vem para ficar... Ela & os cachorros são como uma família. Até a Frida parece sentir isso.

Tracy encontrou – queira a Deusa – uma casa! Uma em estilo vitoriano de dois andares, grande. Haverá uma inspeção amanhã & ela deve saber se será possível ampliar a garagem e instalar uma escada ligando-a ao porão. Espero que tudo isso dê certo. Parece ser a casa perfeita. Privada, no alto da rua, espaçosa (Aneta terá uma boa acomodação) & tranquila.

Enquanto isso, concordei em emprestar 50.000 a Rebecca & Angel para financiar um café que elas querem abrir no Brooklyn: Kokobar. Eu mal consigo me imaginar investindo dinheiro no Brooklyn, mas amo Rebecca & Angel & quero apoiá-las.

Agora vou meditar. Talvez mais tarde fazer yoga!

23 dez. de 1994
Estamos em Careyes.[1]

Rebecca & Angel chegaram ontem à noite, Tracy & eu, um dia antes, no solstício de inverno.

Tracy contou ontem à noite que parece que esta casa também não vai dar certo. Ela tem medo de que os inquilinos a aborreçam. Não vão embora etc. Sinto muito por ela. Ela parece tão aflita, como se tudo devesse ser difícil &

---

[1] A casa de férias de AW no México.

como se não se pudesse confiar no universo para mandar embora quaisquer tempestades que apareçam.

Duvido que estejamos destinadas a fazer isso juntas. Ela me deixa ansiosa, insegura. Estou tão acostumada a fluir com a vida. Com ela estou sempre tendo que me explicar. Isso é no mínimo cansativo. De qualquer forma, ela está dormindo profundamente lá em cima. A casa é maravilhosa – para dormir. Descansar. Rebecca também está dormindo. Angel & eu vamos tomar um chá daqui a pouco.

O que fazer com o desconforto? Se concentrar em se divertir. Se concentrar em descansar. Estar no sol. Nadar. Lembrar que a convidada é a deusa! Ser gentil. Sorrir. Não ficar mais chateada que ela por sua ambivalência em ter uma casa na cidade.

1 de janeiro de 199[5].
Rebecca, Angel, Tracy & Gloria estão reunidas lá embaixo. Eu vim para o meu quarto. O dia está fresco & nublado.

Ontem à noite fomos jantar no Playa Rosa. Inventamos um jogo maravilhoso usando clichês. Acabamos pensando em centenas ou dezenas. Tomamos margaritas. Eu apenas uma, bem fraca. Mesmo assim estou sofrendo por isso. Faltando cinco para a meia-noite, subimos correndo a colina até a casita de Gloria & recebemos o ano novo lá. Eu gostaria de poder dizer que me senti feliz. Eu estava, e ainda estou, muito distante de Tracy, que é egocêntrica demais para perceber na maior parte do tempo. Ela & Angel mentem ao falar de computadores & esportes. Mas o longo jogo no jantar foi divertido. Assim como nossa viagem a Vallarta.

7 jan. de 1995
Incrivelmente estou em casa, em SF, na cama... Muito feliz por estar em casa.

Tracy veio ontem à noite para jantar. Assistimos ao último filme de Marlon, "Preto é... Preto não é...".[1] É maravilhoso mesmo sendo longo. Nós duas contribuímos para o financiamento. bell hooks está muito boa no filme, e mesmo vale para Angela Davis e para Essex Hemphill & Michelle Wallace. Michelle parece tão machucada que não consigo suportar. Ela é uma

---

1 *Preto é... Preto não é* é um premiado documentário longa-metragem de Marlon Riggs, lançado em 1994, que explora as múltiplas e complexas expressões da identidade afro-americana. Riggs, um talentoso cineasta, poeta e ativista dos direitos LGBTQIA+, morreu em abril de 1994.

mulher tão linda! Assim como Angela, que foi fotografada recentemente para a Essence.

Finalmente fiquei muito cansada com a maneira como Tracy & eu temos nos relacionado. Ela é obsessiva com os cachorros, as casas. Ela está fazendo tanta coisa agora que não sobra tempo para nós. Quando a vejo, ela está cansada, tensa, sem luz ou senso de doação. (Embora no plano material ela tenha me dado toneladas de presentes de Natal: cerâmica, pimentas chilli, livros, fitas.) Assim que chegamos à Casa Careyes, ela fez amor comigo. Eu sei que ela está se dedicando ao máximo – mas o problema é que quero ser nutrida & suas habilidades de nutrição são limitadas. Quero uma companheira com quem compartilhar minha vida – quase diariamente. Quero uma casa junto com alguém. Estou pronta para esse compromisso!

Tracy admitiu sua tristeza. Eu disse a ela que estamos nos desvinculando. E que eu não via como poderia conseguir, em nosso relacionamento, o que preciso. Ela está comprometida com [seu rancho]. Estou comprometida com Mendocino. Eu realmente amo Mendocino. É como um lar, & é, o de uma forma muito profunda.

Eu me sinto ótima. Muito livre. Aliviada. Estar sozinha não me assusta. Eu gosto demais disso. E agora me comunico facilmente & com a mesma facilidade respondo às minhas amizades.

20 jan. de 1995

Querida Tracy,

Estou te escrevendo para pedir desculpas por ter sido uma péssima anfitriã no México. Por pior que estivesse me sentindo, gostaria de ter tido a força de vontade para ser mais genuinamente acolhedora com você. Meu afastamento foi horrível: quase sempre acontece. Eu deveria ter tido o bom senso e a energia de ir sozinha para a praia; isso teria ajudado. Mesmo uma caminhada até a estrada. Mas eu estava presa numa confusão de sentimentos dolorosos & conflitantes. E me desequilibro tão facilmente! Quando Rebecca & Angel perderam o voo minha ansiedade começou. Antes de chegarmos na casa, tive medo de que nosso tempo lá fosse tão difícil para mim como das outras vezes. (A não ser na vez que fiquei um mês lá – sempre esqueço disso – escrevendo O segredo...). Então conhecer duas, três, quatro pessoas, levá-las até a casa, descobrir que as chaves da casa foram perdidas (responsabilidade de Rebecca), tentar encontrar o novo molho de chaves. E o restante: sentir tão sozinha tendo que lidar com a casa, Estella, as filhas de Estella.[1]

Me senti sem qualquer apoio. Fiquei feliz em ver você & Angel se conectarem tão bem, mas me senti muito mais velha & excluída. Então, num dia em que eu estava tentando recuperar o equilíbrio, Rebecca me informou que ela & Angel estavam se separando. Eu me encontrei mais uma vez tentando estar presente & ser útil para elas. O que me drenou. Também estava começando a ver coisas perturbadoras em Rebecca & Angel & no relacionamento delas. Comecei a ver como conheço pouco a Rebecca que mora com Angel.

Seu comentário sobre a quantia que pago a Estella foi muito doloroso. Em quase todos os casos, em todos os casos, na verdade, no México paguei a mais para todo mundo. Eu tenho que me ater mais ou menos às taxas de câmbio para não parecer uma tonta – mas sempre sou abordada para "empréstimos" para construir casas, pagar remédios, viagens, necessidades das crianças. Eu nunca disse não. Também sou extremamente sensível à pobreza das pessoas ao meu redor & sou conhecida lá por minhas doações "regalo". Foi por isso que Marcos[2] me pediu um empréstimo para construir sua casa depois de uma semana, e foi por isso que Rebecca disse não. Ela sabia que eu nunca conseguiria. Por causa da minha própria origem pobre, tenho dificuldade em dizer não a qualquer pessoa pobre, & às vezes, como consequência, alguém se aproveita de mim.

Isso pode não fazer nenhum sentido para você. Mas eu queria expressar de qualquer maneira. Seu julgamento sobre mim como alguém que explora os outros me machuca. Também me fez perceber como você me conhece pouco.

Enfim. Apesar dessas coisas – & mais –: lamento mais do que você pode imaginar que essas duas semanas tenham sido desperdiçadas. Deveria ter sido um tempo de cura de todos os momentos que estivemos distantes. Um tempo de descanso & de verdadeiro relaxamento. Em vez disso, foi tenso & triste. Eu me culpo por não ser capaz de superar meu

---

1 Estella era a governanta e cozinheira na casa de AW em Careyes. Mãe solo, ela levou suas filhas, de nove e onze anos, para trabalhar com ela todos os dias que AW e companhia passaram lá, e Alice se viu ensinando as meninas a nadar e assumindo outras responsabilidades de cuidado com as crianças, durante o que deveriam ser as férias com sua família escolhida.
2 Marcos era o jardineiro da casa de AW em Careyes.

conflito interno. Mas, quando penso em tudo isso, vejo muitos dos caminhos que poderia ter tomado em vez de ir ladeira abaixo.

Em primeiro lugar: a Casa Careyes é linda & maravilhosa, mas foi, como eu disse no jantar, um erro meu comprá-la. Por todos os motivos que mencionei. Basicamente, porque me distraía do meu relacionamento fracassado com Robert – assim como, anos antes, o trabalho numa magnífica ruína de calcário no Brooklyn me distraiu de um casamento fracassado com o pai de Rebecca.

Eu tenho um complexo com casas. Realmente acreditei que um lugar bonito para viver significava felicidade. Errado. A felicidade é feita com o amor compartilhado pelas pessoas dentro da casa – não importa que tipo de casa seja. Esta é uma lição simples, mas valiosa. Ao aprender isso pude finalmente amar mais as pessoas do que as casas...

Quando vejo sua obsessão em conseguir uma(s) casa(s), eu me vejo. Eu te vi se afastar do nosso relacionamento no esforço de construir/comprar um lugar para o relacionamento acontecer. Infelizmente, o relacionamento que idealizamos não vai existir. Mas não acabe como eu (não que eu pretenda permanecer assim!) com duas casas lindas & sem ninguém para dividir. Você é jovem. Você vai se envolver (como eu me envolverei – embora não tão jovem) em outros relacionamentos. Eu apelo que você faça deles mais uma prioridade se quiser que durem.

Não quero com isso jogar culpas. Eu te acho maravilhosa, e continuo te amando, admirando & respeitando. Isso é um conselho de uma amiga que se sentiu muito lá embaixo em sua lista de prioridades no último semestre. Depois das casas, dos cachorros, de Aneta, das cavalgadas, do seu trabalho como música. Todas essas coisas são importantes, mas, por causa da minha ansiedade com abandono – desde a infância & minha mãe – exigem muito de minha autoestima...

...E é isso. Espero que você esteja bem & que consiga ter alguém para te ajudar. Fico preocupada que você se esgote & adoeça. Tome suas vitaminas, coma regularmente. Se aqueça...

Com amor,
Alice

P.S. O que deixei de comentar, porque realmente não tinha percebido como fui afetada profundamente, é sobre o diagnóstico de leucemia do meu irmão.

Bill é meu irmão favorito. O único que sinto que conheço & entendo um pouco. Aquele cujo amor parece genuíno. Eu sabia que, se Greg[1] estava me ligando no México, era por algo sério. E isso também começou a pesar sobre mim. Nos últimos dias, falando com Bill quase diariamente, me reconectei com algumas das minhas primeiras lembranças & meus sentimentos por ele. Senti, quando falei com Greg, que ele tem apenas a menor das menores chances. Por causa de sua idade & peso & saúde geral debilitada. Fiquei triste por não ter ido antes & gravado sua história – como ele me pediu.

26 jan. de 1995
Na cama do quarto de Karla, no andar de cima da casa de Gay & Bill.[2] Vim para Boston na terça-feira. Um voo suave e agradável. Li metade de <u>The Art of Raising a Puppy</u>, que Tracy me emprestou antes de minha partida. É incrível; aprendi coisas sobre cachorros que nunca imaginei. Tudo isso como uma preparação para trazer Marley para casa no aniversário de Bob, 6 de fev. Tracy & eu fomos a Sebastapol para conhecer Marley – & a criadora, Madeline Hill – na semana passada. Marley, em algum lugar no meio do bolo de 10 filhotes, estava dormindo, sonhando, se aninhando para ficar aquecida. Com 4 semanas ela ainda é surda & cega, com apenas o olfato para guiá-la. E a necessidade de estar quentinha. Os filhotes & a mãe estavam num cercado na garagem de Madeline. Conhecemos o pai, um labrador preto carinhoso, curioso e bem animado. A mãe é chocolate. Muito atraente. O pai é bem babão.

 Greg me pegou no aeroporto. Tivemos nosso tempo tranquilo habitual no caminho para Beth Israel. Quando chegamos, meu irmão ficou surpreso & contente. E aí passei os últimos dois dias fazendo massagem nele. Nas pernas, que estão carregadas de edema, nos pés. No braço esquerdo. Na verdade, ele está retendo tanta água que a segunda quimioterapia ainda não começou. Mas ontem – depois do diurético & da minha massagem (da qual me orgulho! Porque ele adora, e a massagem o relaxa & o faz dormir!) – ele perdeu 6 quilos numa noite! Muita urina. E aposto que hoje ele perde mais 4 – e devem começar o tratamento esta noite. Ele está parecido com Buda. Muito gordo, muito plácido, muito sólido. Está perdendo o cabelo e ontem, quando massageei sua cabeça, saiu um pouco nas minhas mãos.

---

1 Filho de Bill, sobrinho de AW.
2 AW estava visitando seu irmão Bill e sua esposa, Gay, em Boston, se reconectando com a família, incluindo os filhos de Bill: Greg, Karla e Kim, e passando um tempo amoroso com o irmão enquanto ele enfrentava o diagnóstico de leucemia.

Um famoso astro do beisebol visitou meu irmão quando eu estava lá na terça-feira à noite. "Mo" alguma coisa. Um cara muito legal. Todo musculoso. Atencioso. Sério. Gostei muito dele. Ele prometeu trazer um boné de beisebol do Red Sox para o Bill. Também vai enviar um barbeiro para cortar seu cabelo.

Conheci um dos sobrinhos de Gay. Ronnie. Homem muito bonito. Preto, cabelo grisalho. Gosta muito de massagem.

Foi divertido conhecer as pessoas que amam Bill. E a equipe médica & de enfermagem é das mais acolhedoras e meticulosas que já vi. Gostei especialmente da Dra. Robin Joyce – ela explica tudo. Detalhadamente. E é engraçada & sincera. Todo mundo emociona Bill. Ele parece feliz.

Bobby[1] veio há alguns dias. Está enorme, mas muito elegante. De cabelo trançado. Com um belo jeans preto & suéter preto. Lindas botas de cowboy, cor de caramelo. Gostei tanto delas que acho que ele poderia me dar um par.

Jimmy me contou, por uma hora, tudo sobre seus traumas físicos. Ele parece mal. Perdeu a maior parte do cabelo, a pele está cinzenta & flácida. Seu corpo mudou. Está barrigudo. Os ombros ossudos. Já está um velhinho. Senti pena dele & dediquei a melhor escuta que pude – dada a minha exaustão. Meus irmãos são basicamente monologuistas. Raramente parecem interessados na vida de quem os ouve. E certamente não na minha. Embora Bobby, que vai para Careyes em abril, esteja muito interessado no México. Espero que ele & Deborah gostem. Preciso pedir que Rebecca chame Miguel para substituir a rede.

Amei estar no meio de uma família que parece ter amor – & problemas normais. E é maravilhoso estar com Gay.[2] Nós continuamos de onde paramos. Falando sem parar. Andando por aí. Hoje vamos fazer uma caminhada & ir ao cinema.

Bill me contou como papai organizou a primeira escola em nossa comunidade. A Escola da Wards Chapel. Como ele andava por toda parte conversando com os pais. Como a primeira escola foi incendiada por brancos. Como ele teve que se humilhar para conseguir um barraco abandonado para a escola até que outra fosse construída. Ele explicou aos brancos que sem saber ler pessoas negras não poderiam cuidar adequadamente dos filhos dos brancos.

---

1 Bobby e Jimmy são dois dos outros irmãos de Alice, que também visitaram Bill enquanto ela estava em Boston. Seus irmãos e irmãs são: Fred, Mamie, Bill, Curtis, Bobby, Jimmy e Ruth.
2 Gay é a esposa de Bill.

Se a criança precisasse de remédio, uma pessoa analfabeta não conseguiria ler o rótulo do frasco.

Ele entrevistou & contratou as primeiras professoras. Srta. Lowery (descrita como esnobe) & Srta. Reynolds. Mais tarde a East Putnam, escola em que estudei, foi construída. Foi erguida num antigo quartel do exército que meu pai & outros conseguiram com o governo.

Adoro pensar no meu pai como um organizador.

Como eu gostaria de tê-lo conhecido naquela época, quando ele & mamãe estavam tão apaixonados & ele tinha esperanças em relação ao futuro. Quando olho para a sociedade agora – como é retrógrada – sinto um pouco do que eles devem ter sentido. Mamãe se voltou completamente para a religião. Papai ficou sem esperanças & amargo. Mamãe sublimou sua decepção & sua raiva. Papai ficou cada vez mais doente.

Tracy ligou ontem à noite. Sua turnê começa em um mês. Conversamos por muito tempo. Eu a amo tanto. É muito difícil estarmos separadas. E, no entanto, sei que não poderia continuar do jeito que estávamos. Ao mesmo tempo, percebo que não dou crédito suficiente aos esforços dela. Considerando tudo o que ela tem que fazer, ela tentou passar um tempo comigo. É que raramente os encontros têm a intensidade de antes.

De qualquer forma, estou contente. Não poderia me sentir mais feliz por estar perto do meu irmão enquanto ele passa por esse momento difícil. Eu amo ser útil.

30 jan. de 1995

Esta manhã acordei com saudades da minha família, pela primeira vez em trinta anos! Fico me pergunto se reprimi minha saudade deles porque não conseguia estar por perto. Durante todos aqueles anos na faculdade, tanto na Spelman quanto na Sarah Lawrence, devo ter sentido saudade deles. Mas eu era pobre demais para viajar e encontrá-los – a não ser Ruth, em seu apartamento apertado & com seu casamento horrendo – & eles também eram pobres demais. Meus irmãos Bill & Jimmy tinham filhos pequenos para sustentar & trabalhavam várias horas em empregos chatos e repetitivos.

Howie & Roz[1] vieram ao hospital um dia antes de eu ir embora. Exatamente às quatro. Passamos uma hora conversando no saguão. Eles vão para a Itália, Bolonha, para ficar por três meses. Howie vai dar aulas. Roz vai pin-

---

[1] Howard e Roslyn Zinn.

tar. Eles parecem maravilhosos. Howie está grisalho & magro. Roz também magra, de cabelos compridos e usando boina. Muito bonita. Ambos estão na casa dos setenta. Finalmente fomos ver Bill.

Eles começaram a conversar com ele sobre seu trabalho. Ele ficou bastante animado descrevendo tudo. Como dirigia para lugares como Vermont no meio do inverno para trocar pneus – às vezes pesando 450 quilos – & tão altos quanto uma porta – em grandes caminhões de carga. Ele contou sobre trabalhar num clima tão frio – & sem poder usar luvas porque elas atrapalhavam – que não conseguia fechar as mãos. Contou também sobre uma noite em que um pneu de 450 quilos caiu e ele conseguiu levantá-lo novamente. Colocando tábuas embaixo do pneu até abrir um espaço para entrar e ficar ele mesmo sob o peso. Ele trabalhava sozinho.

Esse vislumbre de sua vida profissional me levou às lágrimas. Cada trabalho durava aproximadamente 4 horas. A ida & a volta mais 4.

Gay me disse que Bill estava sempre cansado quando voltava do trabalho, mas nunca impaciente ou hostil com sua família; que ele sempre entrava pela porta parecendo feliz por estar em casa beijando & abraçando ela & as filhas.

Os Zinns saíram quando a enfermeira de Bill entrou. Eu os acompanhei até o elevador. Eles perguntaram sobre Tracy. Eu contei para eles que ela está bem & fazendo músicas maravilhosas.

Voltei para casa. A ameixeira do lado de fora da janela da minha cozinha está começando a florescer.

---

5 fev.
Tive uma conversa dolorosa ontem à noite com Tracy. Ela <u>não</u> se responsabiliza por nada de errado em nosso relacionamento. Mencionei minha tristeza. O pesar. Ela não sente isso, não tanto. Foi uma conversa difícil em que não fui acolhida, mas mantida à distância. Julgada.

Tracy disse ontem à noite: "Nunca pensei que terminaria assim." Nem eu. Mas aprendi lições maravilhosas. O amor é o que importa. Ponto. Todas as casas do mundo não podem te fazer feliz se estiverem vazias.

Agora o sol está chegando. Parece. Vou me levantar, fazer minha meditação & comer mingau de aveia & encarar o dia!

Então... para a cama. Sobrevivi a um dos dias mais dolorosos da minha vida. Consegui meditar. Consegui me levantar. Enquanto comia aveia na minha tigela azul, saí pela porta & desci a colina. Tem narcisos por toda parte. A acácia está florindo! Os arbustos de daphnes. Tudo tão verde, em todos os lugares. No estúdio, varri o chão & colhi os galhos do quintal. Na casa de hóspedes, o sol me pegou assim que abri a porta dos fundos. Estendi um cobertor no mar de calor deixado pelo sol & adormeci. Isso me acalmou um pouco.

Grande Espírito, me deixe me apoiar em você. Estou fraca hoje. Estou doente. Estou triste. Esteja comigo, por favor, enquanto cambaleio para seguir meu caminho & meu destino.

16 fev. de 1995

Querida Tracy,

Não espero que esta carta mude nada, a não ser talvez sua compreensão. Lamento profundamente o que disse na praia de Careyes, que não estava mais apaixonada por você. Momentaneamente parecia verdade: eu estava sofrendo & não amava nada. Mesmo assim, não era fundamentalmente verdade. Eu ainda te amo. Na verdade, te amo mais do que nunca.

Esta não é uma carta de súplica e, embora eu saiba perfeitamente que estou sofrendo, por ter magoado e perdido você, talvez com minhas razões, também sei que preciso começar a me sentir melhor, a encarar a vida de frente.

Conversando com Jean Bolen,[1] percebi que não tem como você interpretar os sinais estranhamente conflitantes que venho dando. Que você leia meu manuscrito no seu tempo de descanso, por exemplo, quando obviamente eu queria que você o lesse imediatamente. Ou, quando digo que não estou a fim de fazer amor & depois, mais tarde, querendo.

Eu não entendo por que estou lutando tanto contra isso. Um insight que tive esta semana foi que você é a primeira pessoa que amei na mesma profundidade & intensidade com que amei minha mãe. Mas isso traz junto todas as outras intensidades: medo da rejeição, medo do abandono, medo da crítica, medo do amor ser negado se eu não for "perfeita".

Senti tanta saudade de você nos últimos meses. Tentei tanto preencher o tempo em que estivemos separadas com outras coisas, outras pes-

---

1 Terapeuta de AW.

soas. Ainda assim você não estava lá. Isso mexeu com todos os meus velhos sentimentos de ter sido abandonada. Quando estávamos juntas. Eu não consegui voltar atrás.

Mas chega disso.

Quando contei a Jean B. o que te disse, como tinha me arrependido e, além disso, como não é verdadeiro, ela me disse para contar a você sobre meus sentimentos antes que você pegasse na estrada.

Eu quero que você saiba, quando sair para enfrentar a loucura, que você é profundamente amada. Apaixonadamente, reverentemente. Por alguém que está totalmente impressionada com o que você tem realizado, e pela beleza & coragem de sua criatividade. Estou magoada porque as coisas deram tão errado para nós, mas somos boas pessoas e sinto que o universo nos ama e cuidará de nós. De você, enquanto segue para o interior. Vou orar por você toda noite.

Não endureça seu coração. Perdoe. Ame.

Tudo o que sinto por você é amor, mesmo quando estou com raiva ou não entendo. Sou imperfeita. Eu me distancio quando deveria me aproximar. Estou tentando aprender.

Tenho fé em você. E confiança. Vou tentar ser a melhor amiga que você já teve. Ou pelo menos me igualar a Jackie![1]

Com amor sempre,
Alice

p.s. Depois de escrever essa carta, voltei a dormir, em paz. Como se para confirmar o que eu tinha escrito sonhei que estávamos prontas para pegar um barco – um grande navio – e ele estava superlotado ou atrasado ou indisponível. Mas bem à minha esquerda, ouvi uma sirene de nevoeiro & um enorme navio cinza apareceu num porto que nunca pensei que estivesse lá. Outro barco! Peguei sua mão & partimos em direção a ele.

___

Escrevi para Tracy uma carta o mais honesta possível sobre meu amor e minhas lutas internas. Fazer isso limpou profundamente o meu coração. Ela ligou ontem à noite, disse que a leu. Que é linda & a fez chorar. Ela raramente chora. Não sei o que vai acontecer.

---

[1] Jackie era a melhor amiga de longa data de Tracy.

26 fev. de 1995
Marley Moo[1] está indo bem no adestramento. Adora o ar livre. Ficar deitada em seu pequeno pallet no deque. Pratibha veio passar o fim de semana: nosso habitual momento descontraído e caseiro.

Joan & eu fomos ao minirrecital de Tracy: ela convidou pessoas amigas dela e da banda, agente, contador etc., para vir ao estúdio ouvir suas novas canções. Foi maravilhoso. Fomos logo após a aula (Joan) e a terapia (moi). Tracy estava cantando uma música que eu nunca tinha ouvido antes. Algo sobre "hoje me apaixonei de novo por você, mais uma vez", muito bonita. Quando entramos, ela parecia tímida & feliz.

Mais tarde, nessa noite, conversamos por telefone. Muito calorosamente. Mas ainda não conseguimos passar um tempo juntas. Seu trabalho consome tudo. Ela está criando algo <u>grande</u>. Eu entendo isso e não me sinto mais ressentida. Mas orgulhosa dela.

13 de março de 1995
Então. <u>Trabalho</u>:

Preciso revisar <u>Same River Twice</u>. Gloria enviou comentários. Ela é sempre intelectual demais, mas valorizo sua sinceridade & vontade geral de ser boa leitora e opinar. A carta de Leigh não chegou, a não ser que Joan tenha recebido.

Deborah & eu estamos tentando vender Careyes.

Tenho (quase) um livro de ensaios.

Tenho, como dizem, a "ideia" para o meu próximo livro.

Embora não tenha muita energia para escrever. Estou mais feliz brincando com Marley & aproveitando esse último período sabático.

Grande Espírito, novamente devo dizer que estou aqui despojada: fraca & triste & lamentável. Sentindo saudade de um amor que não é bom para mim. Uma mulher tola que pinta o cabelo & cujos joelhos estalam.

25 de março, 4h da manhã, aniversário de Gloria.
Fui ver Tracy ontem à noite, como uma tonta. Apresentação no Palácio das Belas Artes. Não muito boa – inteiramente por culpa do espaço estranho & da técnica de som. Tracy estava linda & engraçada. Minha mente viajou. Mais

---

1 A labradora preta, ainda filhote, de AW.

tarde, nos bastidores, estavam Jackie & Aneta. Tracy. Deborah & Rhyan & um amigo de Rhyan que veio comigo.

Horrível. Tenso. Falso.

Cheguei em casa & fui para a cama, tomei alguns comprimidos para insônia. Mesmo assim, meu coração me acordou, ardendo. Não posso continuar com isso. Eu assumi toda a culpa por tudo que deu errado. Obviamente estou sendo injusta comigo mesma. Tracy & sua irmã & seus cachorros <u>são estranhos</u>. De qualquer forma, depois de me sentir furiosa & magoada & muito estúpida por ter arrancado a casca do meu coração curado indo ao show, bati no travesseiro & então orei. Lembrei da pena de águia que Charlie Soap me deu, peguei-a & coloquei-a sobre o meu peito. Orando para ser inteira novamente. Orando para me curar. Para não sentir mais dor por isso. Orando para me libertar; ter paz interior.

27 de março de 1995
É hora de terminar este caderno. Faço isso com prazer. É uma crônica de 9 meses de luta com Tracy. Um período em que senti os altos mais sublimes & os baixos mais <u>abismais</u>. Nunca amei ninguém tanto quanto amo Tracy. Mas acho difícil continuar a amá-la como "amiga". Ela tem sido cruel comigo. E eu com ela, também. Não sei por quê.

Ela fez seu último show ontem à noite; eu não fui. Aparentemente foi tudo bem. Ela & Aneta vieram ver Marley & ficamos conversando por uma hora ou mais, nós três. Não foi ruim. Meu foco total é desapegar. Dei a ela a arte de fios huichol que comprei para ela em dezembro... Marley & eu vamos a Mendocino amanhã ou terça. Mal posso esperar. A cidade é dura. O campo mais tranquilo & pacífico. Mesmo que chova, vou dar um jeito. O que percebi foi que enquanto eu quiser beijar & abraçar Tracy sempre que a encontrar, terei que evitá-la. O estresse de manter meus sentimentos reprimidos é insuportável.

Aneta falou mais do que de costume. Tinha um ar de cansada. Parece melhor, mais <u>presente</u>, do que o habitual. Tenho tanta admiração por Tracy. Ela conseguiu tudo o que se propôs a fazer & fez tudo de forma brilhante. É inteligente, bonita, engraçada. Estou feliz por ela estar no mundo.

Terminei um rascunho final do novo material para SRT.[1] Joan vai enviar por correio para Leigh amanhã. Eu estou seguindo. Lentamente, com: To My

---

1 "SRT" refere-se ao livro em andamento, *The Same River Twice*.

Young Husband. Tem um tom diferente, este livrinho. Na verdade, me faz pensar nas Cartas a um Jovem Poeta, de Rilke. Sempre gostei do tom, do tamanho etc., desse livro. Sempre achei muito puro.

Então. Acabei de corrigir 2 ou 3 erros gritantes no meu texto "Abraçando Fidel." Mas me recusei a me agredir por isso.

A visita de Tracy & Aneta foi uma tensão. Mas foi suportável. Senti que já não tinha que me importar tanto. Ou ficar pedindo mais desculpas.

Evelyn White deve escrever uma biografia minha.[1] Bill saiu do hospital & diz que está se sentindo muito bem. Wilma & Charlie[2] querem que eu os visite.

A vida continua. Me levando junto. Grande Espírito, aceite minha gratidão & amor.

4 de maio!
Na quarta-feira tive uma conversa de 2 horas com a terapeuta de Rebecca. Ajudou bastante. Embora eu tenha ficado chocada ao ouvir Rebecca afirmar que a deixei sem comida na geladeira. Ela disse que sempre ia ao Kentucky Fried Chicken! Sem dúvida por opção, a terapeuta disse, e R. admitiu que sim. Tentei fazê-la dizer o que ela espera de mim. "Três refeições por dia", respondeu. Ela ainda deseja que eu seja uma mãe como Judy.[3] O dia todo em casa, cuidando de tudo, assando biscoitos & levando as crianças para lá e para cá. Embora eu achasse que fui uma boa mãe, a exposição de Rebecca a Judy a ensinou o contrário. É doloroso, mas posso viver com isso.

Choramos & nos confrontamos & por fim nos abraçamos & voltamos pelo Central Park de braços dados.

Na quinta-feira, Anna Deavere[4] & eu tivemos nossa "conversa" com Charlie Rose na rua 92. A apresentação de Y. Charlie foi insensível, muito pessoal. De

---

1 Evelyn C. White, uma jornalista veterana de São Francisco, autora e editora do *The Black Women's Health Book*, estava começando a trabalhar em uma biografia de AW.
2 A ativista Wilma Mankiller, a primeira mulher eleita chefe principal da nação cherokee, e seu marido Charlie Soap.
3 Judy é a madrasta de Rebecca, a mulher com quem Mel Leventhal se casou após se divorciar de AW.
4 Anna Deavere Smith, célebre dramaturga e atriz, reúne histórias por meio de entrevistas gravadas com centenas de pessoas e depois retrata as pessoas entrevistadas no palco, no que o National Endowment for the Humanities descreve apropriadamente como "uma curadoria de exibições do caráter estadunidense organizada em torno de questões prementes de nosso tempo".

resto, senti que a noite foi boa. Depois, quando dei por mim estava abraçando Skip Gates![1] Além disso, ele cheirava surpreendentemente bem. O que eu disse a ele. Ele me cheirou também, sob meus dreads, & disse "você também".

Na sexta-feira fui ao Brooklyn para ver onde & como minhas meninas moram. A casa de Angel é bem simples, típica classe da trabalhadora do Brooklyn. Os cachorros são ótimos. O apartamento de Rebecca impecável e de bom gosto. Simples. A cara dela.

Rebecca & eu pegamos o ônibus para Boston & fomos ver Bill & Gay.[2] Onde, entre outras coisas, Brenda nos fez uma surpresa, e tinha uma tigela enorme de frango frito... Bill parece ótimo.

Rebecca teve que ir embora bem cedo. Fiquei me revirando a noite toda sentindo falta dela. (Ficamos aninhadas de manhã depois de dormirmos juntas.)

Na manhã seguinte fui embora. E voltei para casa. Deborah[3] estava me esperando (uma surpresa) no aeroporto.

O que me traz à notícia sobre: San Luis, 670, Berkeley.

Deborah & eu estamos adquirindo uma casa juntas em Berkeley. Dois andares, mais o porão. Muita madeira velha bonita. Muito trabalho a ser feito. E tem um parque privativo com uma grande piscina & quadra de tênis!

Isso é mais uma tentativa de "consertar" minha vida com outra casa? Tracy me perguntou isso ontem à noite. Eu também me pergunto. Perguntei a Jean Bolen. O que parece diferente é que estou fazendo isso com alguém que conheço & confio & gosto. Deborah. Uma amiga. Ela & Rhyan[4] & eu seremos uma família. É uma tentativa franca nossa de sermos menos solitárias & sozinhas.

05 de junho
Penso nas minhas duas semanas na estrada como uma peregrinação. Surpreendentemente, pude visitar e realmente estar com todos os meus 7 irmãos.[5]

---

1 Estudioso literário afro-americano e intelectual Henry Louis Gates.
2 Bill, irmão de AW, ainda lutava contra a leucemia, com a ajuda de sua esposa, Gay. Brenda é prima de AW.
3 Deborah Matthews era uma amiga de longa data de Alice, fez várias viagens internacionais com ela e provou ser uma confidente especialmente preciosa durante os tempos turbulentos com Tracy.
4 Rhyan, a filha adolescente de Deborah.
5 Começando com uma visita a Atlanta para fazer o discurso de formatura na faculdade Spelman, AW fez uma viagem à Costa Leste, visitou Rebecca, no Brooklyn, e depois todos os seus sete irmãos de Atlanta, Eatonton e Boston.

Querida Tracy,

Tanta coisa está terminando e começando. Robert se casou no domingo, e partiu ontem com Janet numa viagem de cinco semanas começando no alto da África & depois via Creta & Santorini para a Itália & o País de Gales. Nós dois conversamos por telefone antes de partirem. Uma conversa boa e tranquila, recheada com a felicidade dele & minha felicidade por ele. Robert é uma pessoa muito boa & sinto que somos feitos para ser irmão & irmã o tempo todo. Ele me ensinou muito sobre o amor.

Já te contei sobre a sessão que tive com Rebecca e Mel? Foi muito boa. Outra transformação. Eu falei para Mel que achava que ele nos cortaria de sua vida, exatamente do jeito que seu pai fez quando ele era um garotinho. Surpreendentemente, ele começou a chorar & não conseguiu falar. Mais tarde, jantamos num restaurante & pudemos realmente conversar pela primeira vez em muitos anos. Hoje recebi as 2 primeiras das 50 cartas que eu havia pedido – que escrevi para ele – & que ele sempre prometia, mas nunca entregava. Sempre me impressiono com minha péssima caligrafia! Ele parecia surpreso que ainda me importo & gosto dele. Ele achava que eu havia sido infiel & usava isso contra mim. Eu contei para ele que só comecei a me encontrar com Robert intimamente depois que ele & eu concordamos em nos divorciar. Ele parecia realmente aferrado à minha infidelidade, embora fosse o único com uma namorada – mais tarde sua esposa – ao lado. Rebecca se lembrou de ter visto Judy muito antes de Robert aparecer!

Acho que foi uma cura para Rebecca ver sua pobre mãe e seu pobre pai lado a lado conversando entre si & com ela. Ela nos interrogou sem parar, implacavelmente.

Ainda acho que Mel & eu precisamos chorar um pouco mais juntos; mas agora sinto que vamos. Contei à terapeuta de Rebecca que, quando ele me cortou de sua vida, senti como se tivesse perdido meu melhor amigo. E perdi. Éramos uma pequena família muito insular. Minhas amizades & meus familiares ressentiram-se com sua presença. O mesmo aconteceu do lado dele, em relação à minha. Etc. Ele foi, de muitas maneiras, um "pai" para mim – sem contar todas aquelas habilidades de advogado!

Não era sobre isso que eu planejava escrever. Estava me sentindo tão para baixo & triste que, quando comecei a me sentir melhor, pensei em você & como você receberia cuidados se ficasse doente. Eu sei que tem Aneta, mas eu queria ter certeza de me oferecer como enfermeira caso, Deus me livre, seja necessário. Chá & apoio, sopa, massagem nos pés etc. Por favor, nunca hesite em pedir. Mesmo que você esteja apenas se sentindo cansada ou precise esfregar o couro cabeludo & separar os dreads.

Estou tomando estradiol & progesterona há 2 meses. Acho que estou melhor. Meu humor parece equilibrado. Percebi que também posso ter um pouco de Transtorno Afetivo Sazonal (TAS), o que significa que os hormônios enlouquecem quando mudo de clima. Tão estranho. Mas agradeço que a Dra. LaVoy pareça ter controle sobre as coisas. É um alívio pensar que é possível não me sentir maluca por metade do mês.

Amor, bocejo, boa noite. Alice.

13 de junho de 1995

Já falei tanto da minha "peregrinação" que escrever sobre isso parece redundante. No entanto, depois de ver Mamie & Curtis & estar com Ruth em sua casa & em seu carro, fomos para a casa antiga. O evento mais importante foi pescar com Bobby & Fred & comer bagre frito que Bobby fez. Uma experiência maravilhosa. Eu não peguei nenhum, mas meus irmãos me deixaram puxar os peixes que fisgavam. Fred colocou isca no meu anzol. Me senti bem pequena & madura ao mesmo tempo & me senti amada & amorosa.

Meus irmãos estão nitidamente fazendo o melhor que podem & falham tanto quanto o resto de nós. E daí? Eles também são generosos, amáveis & loucos. Minha mão não parava de esbarrar na enorme arma do meu irmão Fred, que ele carrega em sua picape. Então finalmente enfrentei meu medo de "irmãos com armas" & pedi a ele que me ensinasse a atirar. Ele ficou encantado. Então separei as pernas para me equilibrar & atirei, esvaziando completamente o tambor de balas. Foi ótimo. E algum medo antigo desapareceu.

Na formatura em Spelman, fiz conexões calorosas com Gloria Joseph, parceira de Audre Lorde, & Alfre Woodard & Johnnetta Cole,[1] que me deram um selinho! num elevador lotado. Foi um evento muito impactante, espiritualmente falando, mas longo & tedioso.

---

[1] Johnnetta Cole era a respeitada "irmã presidente" da Faculdade Spelman.

04 de julho de 1995

Anteontem, por volta da 0h30, Tracy me ligou para me contar que terminou o álbum! Foi quase um ano de trabalho. Ela começou o processo procurando um estúdio & organizando testes com músicos em agosto passado. E antes disso estava escrevendo as canções & criando a música. Uma jornada tão longa. E nem acabou. Mais dois dias para o disco ser "masterizado" & depois disso, outra turnê. Ela parecia bem.

Foi um bom papo. Me sinto em paz, centrada, sem precisar de nada, estou em casa. A melhor sensação do mundo.

Grande Espírito, criador da chuva. Do sol. Criador da neblina. Você me abençoou com tudo que preciso para ser feliz. Eu te agradeço & te amo.

09 de julho de 1995 – aniversário do papai?

Uma noite & uma manhã de clareza emocional. A resposta de Tracy à minha série de cartas, depois que perguntei se ela tinha recebido: "Bem, se alguém já duvidou que você é uma escritora..." Uma resposta tão insignificante e lamentável. Enfim. Basta & basta. Convivi com Pema Chödrön[1] nas últimas semanas e ela me salvou (& o budismo tibetano).

30 de agosto de 1995

Duas noites atrás, Tracy ligou no caminho para casa depois de uma reunião. Eu a convidei para uma sopa. Ela veio, parecendo gloriosa. Eu amo o jeito que ela olha, anda, fica em pé, se senta, seu cheiro. Ela me deu várias dicas de como lidar com Marley Moo[2] & eu tentei agradecer, embora tudo isso parecesse com o pai ausente que chega correndo, fica dez minutos & tenta ditar o comportamento da família que passa por dificuldades.

Ela me mostrou as fotos que fez para a capa do álbum.[3] Mais aberta, mais alegre – presente – do que em qualquer outro disco. Estou tão orgulhosa dela. Eu a acho incrível.

Quando ela estava de saída, a abracei & disse te amo. Ela respondeu que também me ama. Somos amáveis juntas, independente de como estejamos, quando estamos juntas. Cheias de vida. E alertas. Muito conscientes de cada nuance da vida – & com muita humildade.

* * *

---

1 A escritora Pema Chödrön é uma monja budista tibetana estadunidense e uma das principais expoentes dos ensinamentos sobre meditação e sua aplicação à vida cotidiana.
2 A labradora retriever preta de AW.
3 O quarto álbum de Tracy Chapman, *New Beginning*, foi lançado em novembro de 1995 e se tornou um sucesso, vendendo mais de três milhões de cópias só nos Estados Unidos.

Eu consigo ver tão nitidamente como nossas vidas se influenciaram. A capa de seu novo álbum parece um pacote antigo de sementes. Em todas as fotos ela está em campos, entre coisas em crescimento. Tem até uma dela deitada num repolho! E tenho certeza de que haverá um girassol em algum lugar. Eu amo tudo isso, lógico. E o girassol é a minha flor preferida neste momento da minha vida. Sempre tenho girassóis em casa.

Eu, por outro lado, agora tenho um cachorro preto. Tracy tem três cachorros pretos. Eu emagreci & noto que estou me vestindo mais como ela. Ela se tornou vegetariana estrita. Eu ainda não – como peixe & frango de vez em quando. Quando converso com Marley & cuido dela, às vezes ouço a voz de Tracy. Ela me ensinou a me abrir para os animais de uma maneira verdadeira. Como respeitar & cuidar deles. Este é um presente muito grande.

A outra coisa que conversamos foi como, mesmo que eu não percebesse, sair do armário – como uma bissexual tem sido assustador. E duplamente porque Rebecca também saiu do armário. Então, no México, eu também estava sentindo medo & me sentindo estranha por estar "fora" do armário entre estranhos num país muito homofóbico e machista.

05 de setembro,
Escrevi um novo prefácio para Warrior Marks que realmente gosto. A qualidade da minha escrita melhorou com descanso & reflexão. E com a recusa em escrever resenhas etc. para outras pessoas. Meu trabalho tem vida, engajamento, paixão (com a dor e a delícia). Isso me agrada.

14 set. de 1995
Um dia, enquanto eu estava sentada na cama meditando, minha assistente ligou com a seguinte questão. A divulgação deste encontro de lésbicas & gays negros estava começando,[1] ela me informou, e a organização queria saber como eu queria ser descrita. Uma das apresentadoras seria descrita como lésbica assumida. Outra como heterossexual assumida. Será que eu me importaria em completar o quadro, por assim dizer, e permitir uma descrição minha como uma bi-sexual assumida? Claro que sou bi-sexual, se com isso quero dizer que acho mulheres e homens sexualmente & espiritualmente atraentes. E ocasionalmente usei esse termo. No entanto, sabendo que em

---

[1] Este é um rascunho de uma palestra que AW daria em uma conferência de lésbicas e gays negros.

breve viria encontrá-los,[1] e sendo, como muitos de vocês sabem, exigente com as palavras, decidi que a que prefiro "assumir" junto de vocês meio é uma que não me faça sentir cortada ao meio, como "bi-sexual" faz. Mas uma que, em vez disso, me faça sentir inteira, até mesmo sagrada, uma mulher com todas as minhas partes espirituais & sexuais. Rachel Bagby, a musicista, tem um canto que expressa lindamente a riqueza desta palavra que escolho – & que acho que combina com alguém que ama & se sente atraída por mulheres e homens. A palavra é <u>completa</u>. Eu sou uma mulher <u>completa</u>, ela canta com sua voz negra comovente. E sim, eu sinto, então eu sou.

Como a palavra <u>mulherista</u>, que prefiro ao termo feminista negra, "completa" brota da cultura e do nosso próprio vernáculo. Ele (ou ela) já é um adulto completo. Dá para <u>ouvir</u> isso ecoando ao longo dos tempos de uma maneira que não podemos ouvir "ele ou ela é bi-sexual". Fulana de tal é uma alma completa e, obviamente, um humano completo. Ela (ou ele) é alguém que é livre.

Não está faltando nada, em outras palavras. E para a pessoa inteira, mulher ou homem, existe a sensação mais reconfortante de que a Mãe Natureza, sendo ela mesma uma mulher inteira, garante que em tempos de seca ou fome sempre haja a possibilidade de uma adaptação diferente, um novo rumo para a vida, sempre a possibilidade de mudança radical.

Meditando mais sobre isso, percebi que é o espírito em qualquer pessoa que primeiramente me atrai, e que o espírito que mais amo é o corajoso, atencioso, rebelde & compassivo. O espírito que não apenas <u>fala</u> de resistência e revolução, mas que sobe às colinas metaforicamente ou na realidade para iniciar o levante. Amo o espírito que odeia a guerra, mas que luta, mesmo assim, pelo bem-estar dos fracos e dos pobres. Como uma pessoa poderia <u>não</u> ser atraída por Che Guevara ou Frida Kahlo, por exemplo, é um mistério para mim, se seu charme pessoal e físico chegasse perto de seus corações & intelectos magnéticos rebeldes.

Os homens que amei e que me atraíram disseram NÃO a todas as formas de dominação, racistas, classistas, sexistas ou outras, e as mulheres fizeram o mesmo. Eu amei cada uma dessas pessoas e as desejei em seus momentos de resistência & glória; eu as amo & admiro ainda agora.

Portanto, esta é a minha meditação sobre a questão da nomeação. Pois <u>é</u> importante como nos definimos. A palavra lésbica está crescendo em mim enquanto me vejo amando, desejando e admirando tantas mulheres lésbicas.

---

[1] Referindo-se aos participantes da conferência a quem ela se dirigiria.

Na verdade, o espírito das lésbicas é muitas vezes irresistível. Eu resisti antes porque para mim simbolizava uma ilha e uma separação que não sinto. Eu sempre gostei da sonoridade de gay. Tenho achado a expressão Na Vida particularmente boa. E muito preta. Espero que "Completa" possa ser visto pelas outras pessoas como uma palavra útil e calorosa também, que, enquanto estiver sendo dita, com amor, atraia atenção, elogios e talvez o pensamento de beijos que encontrem a voz terna, sincera & generosa na boca de quem fala.

21 set. de 1995
Havana, Cuba
Hotel Copacabana
Peguei este diário há dois dias, quando me preparava para vir a Cuba. Desta vez estou com uma delegação de mulheres patrocinada pelo Projeto Médico dos Estados Unidos e Cuba. Trouxemos 5 milhões de dólares em antibióticos. No entanto, hoje estava tão quente & a limonada tem tanto açúcar que tive uma enxaqueca terrível a tarde toda.

Resumindo: entregamos os 5 milhões de dólares em antibióticos. Exibimos nosso filme, nos encontramos com poetas & cineastas e escritores. Ouvimos música. Visitei uma maternidade tão pobre que me fez chorar. Visitei uma policlínica tão simples & adorável que me fez sorrir. Me encontrei com a facção radical da Federação Cubana de Mulheres. Fiquei admirada de ver como todo mundo é tão limpo, apesar do fato de quase não haver sabão. Fui nadar no rio. Discuti sobre Colin Powell & vírus com Fidel Castro. Bebi mojitos. Tive um grande sentimento de ligação com todo mundo da nossa delegação das Nações Unidas. Passei 3 dias lá. Dois viajando. Cheguei antes que percebesse, cheia de energia & como sempre impressionada pelo espírito do povo cubano.

Ontem foi Ação de Graças: **23 nov. de 1995**. Beverly (Guy-Sheftall), Joan & Belvie celebraram comigo & Moo & Frida. Eu esperava Angela, mas ela não veio. Evelyn também ficou em casa trabalhando. Foi agradável. Muito tranquilo. Eu fiz vegetais & pão de milho & inhame. B. trouxe flores, Joan arroz & salada de legumes. Belvie fez uma torta de limão incrível. Um banquete. Depois do jantar fizemos uma grande fogueira & ouvimos Clarissa contar contos populares do "Teatro da imaginação".[1] Muito divertido.

---

[1] *Teatro da imaginação* é uma série de performances de áudio em doze partes em que a analista junguiana e aclamada escritora Clarissa Pinkola Estes compartilha mitos, contos e poemas de perda, amor, sacrifício e sobrevivência.

Enquanto estava deitada no sol, pensei no sonho em que saudade que sinto de papai veio à tona. A dor de sentir saudade dele tomou conta de mim & comecei a falar comigo mesma com a voz terna dele. Raramente percebo ternura em sua voz quando tento me lembrar dela. Fiquei tão emocionada que chorei – não muito, mas o bastante. Também comecei, acho, a escrever meu próximo romance.

Enquanto isso:
TSRT[1] recebeu uma resenha brilhante na BookList. Joan trouxe uma cópia lindamente datilografada do meu novo livro, Anything We Loved Can Be Saved. Que eu acho que deveria voltar ao seu título original: Giving the Party. Mais ressonância. Profundidade. Embora o outro seja mais esperançoso. Tenho recursos suficientes para chegar ao final do ano – & mais dinheiro para receber. Estou reconsiderando manter minha casa. Meu Deus, estou até reconsiderando manter minha casa no México! Isso porque decidi, eu acho, transformar Wild Trees num Retiro para o Estudo da Prática Mulherista, operável mesmo em minha vida, ao contrário de quando eu morrer. O governo entrou em paralisação na semana passada & a economia está mudando. Além disso, com meus pontos de vista & o fato de meus livros serem frequentemente banidos, talvez eu deva tentar estruturar uma fonte alternativa de renda. Só conheço imóveis. Eu não "conheço" de fato. Mas de qualquer forma, pareço acumular casas.

Eu quero fazer o bem no mundo. Quero oferecer às pessoas cansadas lugares encantadores para descansar. E pensar & ruminar & estar em comunidade. Tenho lugares lindos por toda parte. O universo me deu & trabalhei para consegui-los também. Parece certo compartilhá-los.

Instituto para o Estudo da Prática Mulherista, por fim, na Steiner. Com o retiro, aqui.

2 jan. de 1996
Admirada por já ser ano novo. 1995 foi um dos mais difíceis que já experimentei. Quase o ano inteiro dedicado a intensidades variadas de mágoa.

Na véspera de Ano-Novo, Rebecca e eu tivemos um bom jantar com massa no campo... Perto da meia-noite, saímos para a jacuzzi & ficamos lá por cerca de uma hora. No Ano-Novo ouvimos fogos de artifício explodindo no vale. Parecia incrivelmente certo estar na entrada do ano com ela. Numa

---
1 *The Same River Twice.*

grande piscina de água morna, sob uma lua brilhante, com neblina subindo lentamente a colina. Foi muito curativo & pareceu um renascimento.

Hoje é **10 jan.** – Alguém me ligou para me dizer que a Scribner enviou um buquê de flores. A entrega viria de Forte. Bragg. E chegaram! Muito lindas. Leigh[1] me ligou para dizer que haveria uma pequena resenha, positiva, factual, no Times.[2] E para me dar os parabéns. Foi um bom dia. Cérebro nebuloso. Ou talvez seja simplesmente espírito de inverno. Lento, vagaroso, sonolento. Como tudo na natureza. Eu desisti de tentar castigá-lo colocando-o em atividade.

11 jan.
Enquanto isso, pessoas amigas me dizem que estou em todo lugar. Essence, Emerge, Parade?, The Chronicle – na Biblioteca de Berkeley, com capacidade para 300 pessoas – 1.000 compareceram. O evento no Instituto Smithsonian teve que ser transferido para suportar mais gente. Os ingressos esgotaram. Idem centro de artes da cidade.

Admiti a Joan que me agrada ter o apoio do pessoal! E falei que o texto de Evelyn na Essence[3] é excelente!

27 de janeiro quase meia-noite.
Rebecca acabou de sair. Estou em turnê. Já falei/li para grandes públicos em Stanford, The Herbst, Pepperdine, The Smithsonian/Georgetown. E para grupos menores – ainda na casa das centenas – em muitas livrarias. Ontem à noite na Borders na Filadélfia, hoje à tarde/noite na Barnes & Noble.

Antes de deixar SF, conheci Salman Rushdie numa reunião de escritores no Hayes St. Grill. Eu gostei dele, & fiquei surpresa por isso. Ele parece contente, em forma, seu novo livro[4] está indo muito bem. Compartilhamos a capa da SF Chronicle Review of Books.

---

1 Leigh Habar, editora de AW.
2 Uma breve resenha de *The Same River Twice* foi publicada no *New York Times* em 14 de janeiro de 1996. "Ler o livro é como vasculhar uma gaveta, e encontrar algumas surpresas", observou o texto. Uma resenha na *Publishers Weekly* declarou: "O livro ilumina maravilhosamente o espírito 'renascida pagã' de Walker e sua paixão sem limites pelas personagens que cria e pelo público que ela atende."
3 A jornalista Evelyn C. White, que começou a fazer as pesquisas para a biografia de AW, escreveu um conto chamado "Alice's Wonderland", publicado na edição de fevereiro de 1996 da *Essence*, uma revista popular para leitoras negras.
4 O esquivo escritor Salman Rushdie estava em turnê para promover seu novo romance,

Amanhã vou ler & fazer uma sessão de autógrafos na St. Anne's no Brooklyn. Depois, no Kokobar.[1] Segunda-feira livre.

01 de fevereiro de 1996

Amanhã é o último dia da turnê! Embora eu tenha alguns compromissos em SF/Berkeley. Mas serão em casa! Estou sentada num agradável e ensolarado quarto no Boston Harbor Hotel, olhando para a água. Dormi muito bem na noite passada; tem sido difícil dormir na maioria das noites. Acho que estou relaxando. Ontem foi inesperadamente maravilhoso. Para minha surpresa, fui entrevistada por Sara Lawrence Lightfoot.[2] Para o Say Brother, da PBS.[3] Foi de longe a entrevista mais inteligente desta viagem. Ela foi calorosa, sábia, experiente, compartilhou sobre si mesma & me respeitou – eu a amei! Como escrevi em seu exemplar de The Same River Twice: Foi como se tivéssemos acabado de nos conhecer. Não tive a sorte de conhecê-la antes. Agora sinto que tenho uma nova amiga.

Então, ontem à noite no The Brattle Theatre. Casa lotada. Os ingressos esgotaram em 7 minutos. De acordo com o cara de Wadsworth, Bill veio! Em cadeira de rodas, usando máscara. Uma fila inteira de Walkers! Família.

Em seguida, fui para o Harvard Faculty Club & a um jantar oferecido por Skip Gates. Encontrei Florence Ladd[4] no guarda-volumes.

Ela foi acolhedora & amável. Nos conectamos. Subimos as escadas juntas. Nos sentamos em cadeiras uma ao lado da outra dizendo "te amo". Foi ótimo. Skip se aproximou enquanto dizíamos isso & rapidamente entrou na conversa: eu amo vocês duas. Howie fez minha apresentação no Brattle, mui-

---

O *último suspiro do mouro*. O romancista havia precisado se esconder em 1989, quando o líder espiritual do Irã, o aiatolá Ruhollah Khomeini, ordenou a execução de Rushdie depois de rotular seu romance *Os versos satânicos* como uma blasfêmia.
1 Kokobar era o cibercafé e espaço para performances no Brooklyn que Rebecca e Angel fundaram e administraram.
2 Sara Lawrence-Lightfoot, que recebeu o MacArthur Genius Award em 1984, é socióloga, professora de longa data em Harvard e autora de vários livros de não ficção, incluindo *I've Known Rivers: Lives of Loss and Liberation*, 1995.
3 *Say Brother*, atualmente *Basic Black*, é um programa de televisão semanal de assuntos públicos de, para e sobre afro-americanos, na WGBH, estação de televisão integrante da PBS em Boston.
4 A Dra. Florence Ladd atuou como diretora do Instituto Bunting na faculdade Radcliffe de 1989 a 1997. "Skip" Gates é Henry Louis Gates Jr., crítico literário, historiador e intelectual que dirige o Hutchins Center for African and African American Research, em Harvard.

to doce & divertidamente, o clássico Howie.[1] Roz estava lá. Considero ela uma das mulheres mais bonitas do mundo. No jantar, Howie estava do outro lado da mesa. Eu ao lado da sobrinha de Skip & Colin Powell, que parecia ter uma mente perspicaz. Coração também, possivelmente. Skip & Florence disseram que eu deveria passar um semestre em Harvard. Eu não consigo imaginar. Dá um aperto & uma sensação de estar presa, mesmo no clube da faculdade.

Enfim. Boston foi legal. Em seguida, fui para Atlanta. Tempestade de gelo. Mas uma noite interessante no Santuário da Madona Negra. Antes disso, uma entrevista muito <u>chata</u> no Jardim Botânico de Atlanta. Um jantar muito agradável no hotel com Ruth & Mamie. Eu massageei os pés delas. Comemos. Foi a primeira refeição só entre nós três em cerca de 30 anos. Mamie relembrou uma época em que juntamos azevinho & fizemos nossa própria decoração de Natal. Ruth é silenciada por Mamie & perde sua presença mandona e dominante. Muito interessante.

Hoje de manhã sonhei que estava completamente reconectada com minha família. Estávamos nos abraçando. Rindo. Chorando. Juntos. Muito agridoce. Mas muito real.

Isso é possível por muitas razões, mas uma delas é que eu não tento mais dar tudo o que eles pedem. Dou o que posso pagar.

Hoje sou diferente. Sou alguém que pode dizer não & diz. Mesmo para esta família que muitas vezes temi que me engolisse ou me devorasse.

Pode ser tão simples? Talvez.

Careyes, México   **26 fev. de 1996**
Será verdade? Que Rebecca & eu decidimos "abraçar o monstro" e vir mais uma vez, juntas, para Careyes? Eu tinha esquecido como é fácil chegar aqui. Pegamos um voo às 9h, chegamos logo depois do meio-dia, horário de SF. (O tempo de voo é de 3h15min.). Marcos – um dançarino que está fazendo a jardinagem aqui – estava nos esperando. Nosso carro estava limpo & brilhante. O para-brisa rachado foi substituído. Paramos numa incrivelmente animada & descontraída Vallarta para comprar mantimentos – um supermercado novo e grande bem na estrada para casa. Lá tem de tudo: de pãezinhos &

---

1 Seu antigo professor na Spelman e amigo de AW, Howard Zinn, e sua esposa, Roslyn.

tortilhas feitos na hora a pratos & vassouras. E, comida pronta para servir, tanto fast-food quanto na cafeteria. Compramos uns 100 dólares em coisas. Massas & atum & camarão & biscoitos & muitas frutas & legumes. Comprei algo que parecia couve (uma espécie de espinafre) que cozinhei ontem à noite. Delicioso!

Passamos mais de uma hora fazendo compras, depois voltamos para casa, Rebecca dirigindo. A cidade está linda, agora que a estrada está concluída. Não é mais barulhenta, empoeirada & quente. Bem, estava quente, mas as palmeiras estão começando a sombrear a estrada & tem buganvílias por toda parte.

Chegamos no portão e lá estavam Estella[1] e seu novo marido que é segurança. Nós a pegamos e chegamos em casa, onde tudo parecia maravilhoso. Limpo, organizado, iluminado, lustrado. Uma visão encantadora.

Fui até o novo jardim & encontrei toranjas na árvore.

Levamos Marcos & Estella até o ônibus.

Comemos melancia, depois pão fresco, espinafre salteado e tostados. Muito delicioso.

Hoje o dia está tempestuoso & brilhante. Eu fiquei principalmente deitada. Estou com uma leve dor de cabeça pela luminosidade. Mas desfrutei de um mergulho um pouco frio. Rebecca colocou para tocar uma música sufi que ela adora. Muito intensa. Estou apenas me deixando relaxar. E até agora <u>estou</u> tranquila...

E então me peguei mais uma vez descobrindo este lugar como um refúgio, um paraíso. Cuidado em nossa ausência por pessoas gentis e honestas, e aparecendo, quando voltamos aqui, como um mundo mágico & simples. Modesto, mas abundantemente suficiente.

Rebecca é uma querida companheira. Gracias a la madre de dias.

01 de março de 1996 – Dia 6!
É difícil acreditar ou imaginar como tudo é lindo. Tantas cores de buganvílias. E a estrelítzia está gigante agora! A solandra é abundante. A florzinha azul perto da porta está desabrochando só para nós. Assim como a grande árvore na janela da frente.

---

1 Estella é a governanta e zeladora da casa de AW em Careyes.

Rebecca & eu nos abraçamos muito. Senti saudade de nós duas juntas. Isso é tão bom. É quando nosso vínculo é rompido que me sinto profundamente fora de sincronia com meu mundo. Ela & eu ainda somos, em algum nível muito profundo, uma, & sempre seremos. Quando ela dorme no meu colo sinto-a exatamente como quando ela era criança. Seus movimentos durante o sono são os mesmos. Só que ela está maior.

E os pássaros estão cantando. A piscina tão limpa que parece uma visão. O céu está limpo. O sol quente. Ontem Rebecca cortou meu cabelo, então estou mais descolada & mais atrevida & viva.

Em casa novamente. 6 de março de 1996
Eu não sonhei muito ou vividamente, em Careyes. O lugar parecia o paraíso – & o rebatizamos de Casa Paradise. Vividamente. A buganvília está mais vibrante do que nunca. E com certeza, tem uma segunda roxa agora, subindo a treliça acima da piscina.

O que decidimos sobre: Careyes:

1. Vamos ficar com a casa
2. Vamos melhorá-la, pintar com uma cor de terra maravilhosa – hoje é branca com venezianas cor de mostarda – & por fim construir uma torre atrás dela com um telhado de palha, almofadas & uma rede. Será para meditar e ser um espaço extra para hóspedes.
3. Aumentar os salários de toda a equipe – Estella, Marcos e Miguel.[1] 50% para E. e M. E 20% para Miguel. Além disso, uma bonificação duas vezes por ano. Miguel também receberá 15% de cada aluguel. Quando eu morrer, cada um receberá 10.000, e também Alicia, a esposa de Miguel, & seus 3 filhos.
4. Decidimos alugar a casa mais ativamente. Nessa região os hotéis são muito caros. Vamos cobrar $ 500 por semana para 3 quartos, piscina & carro, é um ótimo negócio. Decidimos que a taxa para família será de $ 200 e ainda permitiremos que nossas próprias amizades & algumas outras pessoas a usem sem precisar pagar nada.

---

[1] A equipe que cuida da casa em Careyes.

3/9/96 Wild Trees
Devolvi meu rosto aos olhos! Depois de usar & me apegar a óculos por quarenta anos, decidi... começar a usar minhas <u>duas</u> lentes de contato. No passado, usei uma no olho direito, o ferido, onde ainda há vestígio de tecido cicatricial. Me senti muito vulnerável sem óculos para que considerasse seriamente usar a lente de contato que comprei para o outro olho, o com visão. Enfim. Que revelação! Usar as lentes me devolve a visão periférica, que eu pensava ter perdido para sempre. Como minha visão melhorou, meu olho não se cansa tão facilmente, parece mais forte. E como parece mais forte & foca melhor, o olho que não enxerga segue os movimentos com mais facilidade. Consequentemente, embora o olho cego seja maior & pareça um pouco vesgo, o aspecto geral é maravilhoso. No reflexo meus olhos me olham equilibrados, pretos, brilhantes! Eu amo isto. É como ter meu olho de volta. Os zilhões de óculos que comprei foram tentativas de recuperar a nitidez da visão. Mas nenhum funcionou tão bem quanto as lentes.

Talvez esse intervalo de tempo – entre mim & o novo – seja algo que tenha que acontecer. Talvez haja esperança para mim & a internet!

18 de maio, 11h50 – Adam's Mark Hotel, Houston
Li a introdução de Pat Holt para <u>Alice Walker Banned</u>[1] e gostei muito. Ele vai ser publicado para coincidir com a semana dos livros proibidos, em setembro. Talvez eu leia em Lehigh em 11 de set. Censura Como Ameaça à Diversidade.

Tracy está na França, ainda em turnê, coitada! Ela ligou de Lyon. Deixou uma mensagem. Me sinto distante, desconectada. Mas não sem amor. Apenas cheia até a borda com a minha própria vida.

E então, Grande Espírito, você que nos dá o poder de amar & sonhar, agradeço por me devolver o riso & por enviar a mim tão boa companhia & boa comida.

Boa noite. Eu amo o amor que sinto!

---

[1] *Alice Walker Banned*, publicado em 1996, explora o que vários grupos consideraram ameaçador no trabalho de Walker e tentaram censurar. A editora da *San Francisco Chronicle Book Review*, Patricia Holt, escreveu a introdução desta coleção, que inclui alguns dos textos controversos, bem como testemunhos, cartas e ensaios sobre as tentativas do Conselho de Educação do Estado da Califórnia de censurar o trabalho de Walker.

26 de maio, final do primeiro dia em San Luis, 670[1]

Um dia maravilhoso! Acordei às seis horas, encantada com o silêncio e a vista deslumbrante. O azulejo verde da lareira, as árvores sussurrando ao vento. Ontem fez muito calor, uns 33°. Deborah & eu fomos velejar com Anthony Leighton & Sheila & Lillie & Greg & Jessica. Muito bom flutuar sobre a baía, no sopro do vento. Ótimo almoço! Focaccia & azeitonas & queijo & salada. Depois, voltei para um jantar comemorativo com Joan & Belvie & Sue,[2] que se certificou de que todos os móveis estavam basicamente no lugar antes de eu chegar. Até papel contact nas gavetas.

Hoje tentei organizar a cozinha, mas estava exausta por ter ido velejar, pelo entusiasmo/estresse da mudança e por estar prestes a menstruar. (A menstruação começou hoje.) Não me senti nada deprimida, apenas um pouco ansiosa em vir para casa pela primeira vez para morar. É magnífica. Transmite paz, é linda. Espaçosa. Deborah é maravilhosa. Uma pessoa rara. Verdadeira, por completo.

Marley – roncando ao lado do fogo apesar de seu sono ter sido silencioso desde seu nascimento. E tem sido doce e engraçada como sempre. Ela ainda me lembra minha avó. Não seria incrível se, em vez de nos reciclarmos como humanos, fôssemos para a outra parte do mundo animal? E que Mu[3] fosse de alguma forma Vovó Nettie?

Rebecca & eu conversamos. Ela está passando por um momento difícil com Angel. Estão terminando. É doloroso. Sinto muito por elas.

De vez em quando sinto saudade de Tracy. Mas no geral a mudança fez bem para mim; estou contente.

Oh, Deusa da venda de casas, por favor, envie alguém para comprar a Steiner, 720.

19 de junho (quinta-feira)

Ontem, quarta-feira, Tracy veio aqui. Ela está bem magra. Permanece vegana – exceto pelo peixe. E ainda está se recuperando de uma infecção brônqui-

---

[1] AW e sua amiga Deborah Matthews tinham acabado de se mudar para uma casa em Berkeley, junto com a filha de Deborah, Rhyan. Deborah supervisionou as reformas da casa durante as viagens de Alice. AW planejava vender sua casa na rua Steiner em São Francisco.
[2] A assistente de AW, Joan Miura, sua amiga de longa data Belvie Rooks, e Sue Hoya Sellars, artista, vizinha e amiga de Mendocino, estavam ajudando na mudança.
[3] Um dos nomes carinhosos de Alice para sua cachorra Marley, também conhecida como Marley Moo, ou simplesmente Moo ou Mu.

ca que tratou com antibióticos, assim como eu. Fiquei nervosa antes de sua chegada. Mas logo ficou tudo bem. Ela ficou admirando a casa – adorou a cor azul (sua cor favorita!) e disse que estava morrendo de fome. Esquentei um pouco de arroz, tostei algumas sementes de gergelim, fiz um molho maravilhoso com azeite de alho, levedura de cerveja e aminoácidos & polvilhei sementes de abóbora & de girassol sobre o arroz junto com o gergelim. Também ofereci uma salada. Ela adorou cada mordida.

Ela trouxe presentes: um sabonete cheiroso que comprou em Paris, um livro enorme e ilustrado sobre casas de escritores e 4 pacotes de sementes para plantar. Dois de alface & 2 de girassóis (minha flor favorita, que está na capa do CD dela!)

Divagamos sobre tantas coisas durante a conversa. Marley tentando desesperadamente conseguir nossa atenção. Marley sempre amou Tracy. Na verdade, Tracy me ajudou a escolher seu nome e foi comigo para conhecê-la, antes mesmo que a trouxesse para casa. No começo, T foi fria & crítica com ela. Mas no momento em que ela foi embora, já havia se tornado mais afetuosa. Agradeci a ela por ajudar a me sentir confiante o bastante para ter uma cachorra. Também agradeci por me ajudar a me reconectar com minha família.

Foi uma boa visita. Tranquila, simples. Tínhamos grande parte da casa só para nós. Acho que ela ficou encantada com a beleza da casa & a vista maravilhosa do meu quarto. Ela falou sobre a família que construiu com a banda & o lar que ela construiu com sua irmã, Aneta.

Quando ela chegou nos abraçamos. Quando foi embora, também. Ela falou que gostaria de me encontrar novamente antes de voltar para a turnê, em julho.

Meu coração está tão calmo que estou admirada. Continuo espiando, pensando que algum canto ainda deve abrigar dor. Mas até agora há apenas um está tudo bem. No geral, a vida é caracterizada pela paz.

21 de junho, Wild Trees
Curiosamente, Joan ligou ontem para dizer que fui convidada para uma reunião que inclui Dalai Lama. Isso parece bom.

Rebecca voltou para NY. Me contou que Tracy vai acabar com elas.[1] Recusou o pagamento 2.000 que elas levantaram. Agora, só recebe os 60.000 na to-

---

[1] Tracy ameaçou com um processo legal fechar o Kokobar, o cibercafé em Fort Greene, no Brooklyn, que Rebecca e Angel abriram em janeiro de 1996 com o apoio financeiro de várias pessoas de destaque, incluindo o cineasta Spike Lee, Alice, e Tracy, que forneceu a elas um empréstimo de US$ 60.000.

talidade ou elas terão imóvel interditado. Eu não consigo entender isso de jeito nenhum.

1 de julho de 1996

Querida Tracy,

Foi uma visita maravilhosa; fiquei tão feliz em te ver! Já plantei as sementes – <u>todas!</u> – tomei banho com o sabonete (delicioso!) e li uma boa parte do <u>Writer's House</u>, que estou gostando muito. Espero que esteja tudo bem com você, seu trabalho & sua recuperação/descanso.

Meu irmão Bill deve morrer até este fim de semana, depois de um ano & meio de bênção. Suponho que irei a seu funeral em Boston nesta semana. Ele realmente admirava a coragem que você tem – e teria te abraçado com seus braços bem robustos, eu sei. Ele está sofrendo muito, agora, no final, e sua esposa, minha ferozmente leal & amorosa cunhada Gaynell, está tão cansada que mal consegue ficar de pé. Eu vou cuidar dela & das crianças.

Tomara que a gente consiga se ver novamente antes de você voltar para a estrada. O sistema telefônico aqui continua peculiar – por exemplo, ainda não sabemos como recuperar mensagens, mas pelo menos tenho um # privado, assim como na casa. Deborah falou que toca no meu escritório. Eu também vou verificar aparelho na Steiner.

Meu trabalho está indo muito bem & os jardins aqui & em Wild Trees. Ontem plantamos uma bananeira.

Estou pensando em por fim (depois que vender minha casa, por favor, Deusa!) comprar uma Land Rover. A maioria dos veículos é grande demais para mim, mas notei uma na minha rua & parece do meu tamanho. O que você acha? Sabe alguma coisa sobre o desempenho?

Fique bem. Descanse sua voz, seu peito.

Com muito amor,
Alice

P.S. Ruth acabou de me ligar para me dizer que Bill morreu às 11h da manhã de hoje. Ele era um espírito maravilhoso. Um ariano – nasceu em 23 de março – teimoso. Ele disse à filha que partiria hoje. E nem um minuto antes!

8 de julho de 1996

Querida Gay,[1]

Você estava tão linda durante a cerimônia de Bill. Mas atingiu o zênite no dia do funeral. Bill teria ficado tão encantado por você, & tão orgulhoso.
 Foi tudo <u>tão</u> amoroso & lindamente organizado. As crianças tão admiráveis. Cada uma delas tocou meu coração. Apenas por estar juntas, sendo sinceras, sendo nós mesmas, foi um bálsamo curativo.
 Avise-me quando quiser uma visita.

Amo você.
Alice

———

Autenticidade é o único Elogio

———

Casa Azul[2]
13 de julho de 1996
A notícia mais estimulante agora é que alguém aparentemente muito capaz quer fazer um musical de A cor púrpura para os palcos da Broadway.
 Seu nome é Scott Sanders, ele & Peter Guber chegaram em Berkeley na quinta, dia 11, para almoçar. Pratibha, que está aqui a passeio, se juntou a nós. Esperávamos que Peter também pedisse os direitos de <u>O segredo da alegria</u>. Mas não, eles querem ACP. Peter foi o produtor executivo do filme A cor púrpura.
 Ele parece exatamente o mesmo. O que é incrível. Enfim. A Warner Bros detém os direitos teatrais. A visita foi para saber se estou interessada. Tenho sentimentos mistos, que expressei. De alguma forma me sinto presa, na mente do público, ao ACP. Até mesmo a cor está começando a me cansar. E eu a amo tanto! O jeito estadunidense parece usar tudo para tirar a alma de qualquer coisa viva.

---

1 AW escreveu esta carta para sua cunhada, Gaynell, agora viúva de Bill, depois de voltar do funeral em Boston.
2 Casa Azul [grafado assim no original, em espanhol] é o nome que AW deu para a nova casa que divide com Deborah em Berkeley.

Fico preocupada que fazer um musical me distraia dos livros que estou escrevendo agora. Vai drenar meu foco. Tenho receio de voltar a entrar nesse rio e saber que existem críticos que realmente desejam que eu me afogue.

A vantagem é que, se for bem-feita, a peça pode ser linda, emocionante. Uma afirmação de vida. Haveria papéis maravilhosos para um elenco negro – a música poderia ser ótima.

Scott me deu uma lista de nomes de pessoas que poderiam me falar sobre ele: eu liguei. Teve boas críticas de Shirley MacLaine, Rosie O'Donnell & da assistente de Bette Midler. Ainda estou esperando notícias de Whoopi Goldberg e Lily Tomlin.

Joan, Pratibha & Deborah estão animadas com a perspectiva. Decidi ir ver alguns musicais.

O plano é continuar a conhecer Scott e começar a estudar a natureza das peças musicais – o que acho que esta seria, em vez de uma ópera. Pretendo ver O Fantasma da Ópera em SF, Os Miseráveis, se conseguir encontrar, e quando for a Nova York em setembro, Scott pediu para me levar para ver apresentações lá.

6 de ago., Ontem Angela,[1] Fania & sua sobrinha & seu sobrinho Brittany e Reggie vieram nadar. Ela tentou me ligar, mas eu estava falando com Jean Bolen. Gregg & Monica[2] estavam no estúdio – pegando o cavalete para ela, que está pintando. Eu estava na horta – plantando beterraba & fazendo a limpeza. O jardim ainda não floresceu muito neste verão. Ainda assim, colhi frutas vermelhas, milho, brócolis e cebola.

Angela me disse que tem um ótimo artigo sobre Tracy no Times. Que seu CD já é platina dupla. Isso é tão afirmativo de seu talento, sua sabedoria & acima de tudo, de seu espírito. Ela trabalhou tanto. E não decepcionou. Eu me sinto imensamente orgulhosa dela.

E aí, ontem à noite, sonhei que estava lendo o jornal e havia um anúncio de seu relacionamento com outra pessoa – alguém com um nome francês ou alemão. Isso me despertou! E pensei: sim, é óbvio, tendo encarado o quanto amo Tracy, é óbvio que temo sua ligação com outra pessoa. No entanto, Alice, pequena criança que foi deixada muitas vezes por aqueles que amava,

---

1 A amiga de AW, Angela Davis, ativista por justiça social, e sua irmã Fania.
2 O sobrinho de AW, Gregg (filho de Bill, às vezes chamado de Greg) e sua esposa, Monica, tinham viajado de Boston para visitá-la.

esta é uma realidade da vida. As pessoas que você ama te deixam. E você não esquece, mas se cura. Você segue em frente, como está fazendo, continuando a criar uma vida feita à mão e pelo coração de outros amores & amizades & parentes e Mu!

Então enfrente a verdade: Tracy se foi. E foi embora para viver a vida que <u>ela</u> sonhou. Desapega, continue se libertando, com amor & gentileza. A amizade é possível. Isso não é pouca coisa.

12 de agosto de 1996
Uma manhã devagar e tranquila no The Lowell.[1] Depois uma reunião às 13h com Kate Medina.[2] Chocada com sua frieza, seu atrevimento, "Pode apostar". Branquitude até o osso. No entanto & assim espero uma editora competente. Deusa, tomara que não tenha cometido um erro. Discutimos ideias para o livro de ensaios. Voltei ao título original. Anything We Love Can Be Saved.

Falamos sobre o livro de religião como um pequeno livro com fotografias. Ela está "emocionada" com os rumores do romance.

Oy vey!

Estou tão feliz que Pratibha vem me fazer companhia em NY. Ela chega por volta das 17h30, daqui a 3 horas. O que significa que ela está voando agora. Depois do almoço, irei ao parque.

16 de agosto. Hoje a venda da minha casa está para ser finalizada![3] Acordei no meio da noite bastante animada. Está ensolarado & fresco, mas tem muita fumaça no ar. Houve incêndios por toda parte. Meus olhos ardem.

Tenho me sentido feliz. Angela[4] passa aqui para nadar. Passa aqui para jantar. Ajudei com os cuidados médicos de Sue, que não se sentia bem (gripe). Tenho conseguido falar distinta & diretamente com todas as pessoas. Trabalho em momentos alternados durante todo o dia. Fico contente em saber que Tracy está bem e feliz & que seu trabalho esforçado & sua bela música estão sendo devidamente apreciados. Acabei de falar com Monica & disse a ela que sinto falta deles.

---

1 Hotel Lowell de Nova York, no Upper East Side.
2 AW estava deixando sua editora anterior, Scribner, e se mudando para a Random House, onde Kate Medina se tornaria sua nova editora.
3 A casa na rua Steiner, em São Francisco.
4 A amiga de longa data e ativista por justiça social Angela Davis era a nova vizinha de AW, tendo comprado um lugar perto de Wild Trees/Temple Jook em Mendocino.

Este é o paraíso em que estou. Agradeço, Grande Espírito. Beleza sobre a Beleza!

17 de agosto,
Acabei de doar 2.000 para o A. I. M. conseguir comprar dois ônibus que vão percorrer o país tentando libertar Leonard Peltier.[1]

Joan, Deborah, Sue & eu fomos ao evento beneficente. Dennis[2] parece muito mais velho & muito mais pesado. Nos abraçamos calorosamente & ele me beijou muitas vezes.

Fomos à rua Steiner, 720 para nos despedirmos. Afinal, era uma casa tão linda! Linda & deixada em condições absolutamente impecáveis.

Esse capítulo, em todo caso, está encerrado... Eu não superei Tracy. Às vezes sinto que nunca vou conseguir. Estar com ela era especial. Mais profundo do que qualquer coisa que experimentei com outra pessoa. Ainda sinto saudade dela, anseio por ela, penso nela. Por outro lado, estou basicamente feliz. Só tenho saudades.

E amo a vida comunitária na qual me integrei.

25 de agosto,
Fui ao show de T ontem à noite com minha amiga Diana e nós duas nos divertimos muito. Tracy estava maravilhosa! Bonita, equilibrada, engraçada. Adorei todas as músicas – e ouvi-la cantar com sua voz incrível. O show parecia lotado.

Quando a apresentação terminou fomos ao camarim. Ela estava com intoxicação alimentar & levou mais ou menos meia hora para voltar. Quando ela chegou, nos abraçamos calorosamente. Sussurrei que ela tinha sido maravilhosa, perfeita, e que Diana & eu quase desmaiamos de alegria. Acariciei seu cabelo & seu rosto – toda a minha ternura simplesmente ali.

Ela precisava dar uma circulada. Mas logo voltou com convites para uma festa de Fim de Turnê. Aceitamos & fomos de carro para outra cidade – Lafayette, um encontro numa pousada. Isso também foi bel legal. Por causa de

---

1 Leonard Peltier, líder do American Indian Movement (AIM) [Movimento Indígena Americano], é um ativista nativo americano que foi preso, considerado pela Anistia Internacional, junto com muitos outros, um prisioneiro político. Apesar das evidências inconclusivas, ele foi condenado pela morte de dois agentes do FBI em um tiroteio que ocorreu em 1975 na Reserva Indígena Pine Ridge, Dakota do Sul, e sentenciado a duas prisões perpétuas consecutivas.
2 O ativista nativo americano Dennis Banks, cofundador do AIM.

seu estômago delicado, ela estava comendo pão puro. Eu comi alguns canapés & depois uma fatia de seu pão. Enquanto ela circulava, Diana & eu conversamos sobre A cor púrpura ser uma peça da Broadway. Ela está animada com a ideia. Acha que não devo me preocupar em ficar sobrecarregada. Que eu já sofri & desta vez poderia só me divertir. Ela é maravilhosa. Ainda é uma hippie de carteirinha depois de todos esses anos – nos conhecemos desde a faculdade. Ela veio ao show com sandálias tipo Birkenstock, calças largas, xale e carregando uma mochila. Somos muito tranquilas juntas. De qualquer forma, logo T veio nos convidar para dar uma volta. Nós fomos. Continuei minha longa conversa com Aneta, irmã de Tracy, impressionada em como ela é adorável. Ela definitivamente está florescendo. E a abracei por tempo suficiente para ela saber que eu era sincera.

O dia do show foi ótimo também...

O dia todo – mas não o tempo todo – Sue e eu penduramos quadros, com Deborah supervisionando tudo. Foi divertido. Caseiro.

Então, entregaram um grande buquê de flores. De Quincy. Com um cartão muito doce. Eu fiquei encantada. Falei para D. & S. antes de abrir o cartão: sinto cheiro de Peter Guber aqui. E acho que isso está ligado ao sonho de fazer do ACP um musical.

É verdade: desta vez acho que posso me divertir com isso tudo.

4 out., 1996
Hoje à noite, Angela e eu vamos ouvir Me'Shell Ndegeocello. Estou ansiosa. Eu gosto de Angela. Eu gosto de fazê-la descontrair & sorrir.

Rebecca acabou de entrar no meu quarto, usando a porta dos fundos! Alta & esguia, como um garoto. Ela & Me'Shell[1] chegaram ontem à noite & agora ela vai levá-la para uma entrevista. Depois voltam para o café da manhã. Eu ainda não a vi, mas espero que tenha dormido bem. Rebecca me informou que vai ficar aqui. Que Angel talvez venha com ela. Oy vey.

Vou deixar o Xanax a postos.

* * *

---

[1] Rebecca havia se tornado próxima da aclamada cantora e compositora Me'Shell Ndegeocello, com quem logo embarcaria em um relacionamento romântico.

Meu cabelo grisalho é bem perceptível agora. Às vezes acho magnífico. Às vezes não tenho certeza. Me consolo principalmente por ser natural & portanto honesto e amo tanto a naturalidade quanto a honestidade. Na verdade, praticar essas duas coisas é minha religião.

9 out –
Que <u>saudade</u> do campo! Sorte minha que esta casa <u>é</u> grande e posso desaparecer por horas. Rebecca & Angel estão aqui. A convivência entre/junto conosco não é confortável. É verdade que sempre que Rebecca está por perto eu piso em ovos. Mas não tanto quanto antes. Me sinto distante dela, na realidade, e ela de mim, obviamente. Isso é lamentável, mas tudo bem. Aceito que não somos mais próximas. Me sinto aliviada por não estar mais de luto por isso. Ela não é uma hóspede tão atenciosa quanto eu gostaria, ou tão organizada, mas me consolei com o pensamento de que ela partiria em breve. Em quanto tempo? Bem, a princípio ela ficaria só uma noite. Depois uma semana. Angel estava para chegar. Não chegou. Depois dois dias. Agora talvez quatro dias. Graças à Deusa eu tive bom senso o suficiente para ficar com meu carro. (Rebecca alugou um.)

Falei com Deborah sobre meus sentimentos de tensão, pavor, falta de espontaneidade junto com Rebecca. Ela está se dando muito bem com as duas. Às vezes sinto que elas estão apegadas & eu fiquei de fora. O que é bobo. E se elas estão, & eu não, e daí? Considerando que basicamente continuo querendo que elas vão embora.

Sinto falta da minha família – que é cada vez mais a família de Bill. Me sinto à vontade e compreendida com Gregg & Monica, & com Gaynell. Mas também não quero romantizar isso.

Tenho pensado, lógico, em Tracy. Tão longe lá na Austrália. Mas de certa forma é tudo nostalgia, já que dois anos se passaram desde que estávamos juntas. <u>Dois</u>. Só tenho lembranças e o incrível número de presentes que ela me deu. Não importa onde eu esteja ou em que casa, sempre tem um presente dela, silenciosamente me lembrando que eu estava em seus pensamentos tanto quanto ela estava nos meus.

Já não é tão doloroso, como há um ano. Meu coração parece curado. Também percebo que estou em meio a uma longa passagem da meia-idade para a segunda metade da minha vida. Daqui a pouco terei 53. Ainda pareço & sinto que sou jovem. Mas meus ossos rangem & minha visão está embaçada! Então as coisas estão mudando.

Devo dedicar novembro & dezembro ao Romance. Janeiro também. Na verdade, todo o resto do meu tempo & energia até que esteja pronto.

É isso...

Anime-se, minha querida menina. Você e sua mãe estão juntas novamente! Existe esperança para você e Rebecca. Tracy deixou cicatrizes & flores em seu coração. O amor é do que o mundo é feito. Sempre haverá amor por você.

24 out.
Tive uma insônia agravada, acordando às quatro & sem conseguir voltar a dormir! Em parte, é hormonal. E, também, porque Deborah & Rhyan & eu tivemos uma conversa que revelou que R. está infeliz na escola & sentiu que eu "não gosto dela". Foi uma longa conversa que aconteceu ao redor da minha cama. Tarde da noite. Na manhã seguinte, disse a Deborah que achava que uma boa educação para R. era mais importante do que a divisão igualitária dos custos da casa, o que lhe causa aperto financeiro todos os meses.

Ela acabou concordando & devolvi o dinheiro que ela tinha investido – só uns 5 a 6 mil dólares ao longo do ano & meio em que possuímos a casa.

A casa dela nunca foi vendida; ela alugou.

Então, liguei para o meu advogado e pedi que redigisse os documentos para refletir a minha propriedade exclusiva da casa.

Eu disse a D. que ela & R. podem ficar como minhas convidadas.

Mas não tenho certeza se isso vai funcionar por muito tempo. Estou descobrindo que sinto falta da solitude da minha casa – & que, além disso, tenho muitas amizades em Berkeley que parecem felizes em vir me visitar. Acho que hospedar D. & R e o escritório imobiliário de D. pode ser demais para mim. E me assusta que seu negócio não pareça estar indo tão bem.

É óbvio que me repreendo pelo meu egoísmo. É uma casa enorme. Mesmo assim, percebo que não sou louca pela arte de D ou seu perfume. Que me incomoda que ela & R sejam viciadas em junk food & TV. Que a parte da casa de R esteja sempre bagunçada e a TV ligada mesmo quando ela está na escola.

Então, acho que vou discutir a possibilidade de elas voltarem para a casa delas quando o contrato dos inquilinos terminar, em junho ou julho. Que tal?

3 nov. de 1996

Estou num estado de espírito que reconheço como minha necessidade de estar no clima do campo. Meu humor de quem precisa de espaço. No entanto, não importa o quanto eu olhe para o calendário, não poderei fugir – exceto por uma noite – antes do dia 12.

Estou com esta pequena agitação ou melindre por dentro: que acabou a lua de mel com Deborah, Rhyan, o gato e o escritório imobiliário... É uma coisa estranha: essa saudade que tenho de solidão, da privacidade. De fato, não gosto de ver ninguém de manhã antes de estar pronta. É realmente estranho tentar conviver com os cheiros e hábitos de outras pessoas. D & R comem de forma diferente. Lavam roupa constantemente.

Mas me ressinto pelo fato de ter meio milhão em dívida? Não é exatamente uma dívida; é uma hipoteca. Os juros são dedutíveis. É gerenciável. O que me ressente um pouco é a incapacidade de D. de ajudar com isso – depois que insisti que ela pegasse o capital investido & colocasse Rhyan numa escola melhor.

Acho que essa agitação é apenas por não poder ir a Mendocino – todo o resto é administrável; todo o resto é até interessante.

No entanto, fico triste por não conseguir morar com ninguém. Ao que parece. Mas pelo menos estou me observando: sou tão rígida. Eu percebo coisas que gostaria de não perceber. Sou crítica. Sou um pé no saco, realmente. Deusa, como eu fiquei tão rígida? E gosto de me considerar generosa. Não.

O que é engraçado, porém, é que _sou_ generosa com Deborah & sinto que isso é algo, que se tornou algo, unilateral. Eu sei que seus recursos, financeiramente, são menores que os meus. Mas ela poderia oferecer um passeio em algum local interessante que conhece, ou um filme na TV. Alguma coisa. Ou jantar.

Mas isso são só resmungos. Não é algo importante.

Vou tentar deixar meu humor se elevar. Continuo sabendo que é do campo que preciso. Incrível o que a beleza & a solitude que encontro ali fazem por mim.

Grande Espírito, continue, se assim deseja – & espero que sim – a abençoar esta pequena parte estranha de você. Às vezes me sinto tão confusa. Tão estranha para mim mesma. Tão insegura. Mas ultimamente comecei a relaxar, a saber que os dias vão passar e as coisas vão mudar.

Ainda há uma felicidade, apesar de tudo isso.

1 dez.,
Um dia de Ação de Graças espetacularmente bom. Éramos 18 ou mais pessoas. Deborah, Belvie, Joan & eu começamos comparecendo & fazendo parte de uma cerimônia do nascer do sol em Alcatraz.[1] (Falei para umas 2.700 pessoas.) Voltei da ilha, tomei café da manhã no Chester's em Walnut Square, depois voltei casa para um cochilo. Depois, convidados!... Todos trouxeram comidas maravilhosas. E foram para casa levando comidas maravilhosas.

4 de dezembro,
Eu tenho fofocado tanto sobre minha situação em casa! A noite passada com Rebecca deixou um gosto amargo. Eu realmente preciso me sentar & conversar com Deborah diretamente.

Acho que estou recuperando uma parte de mim que estava na sombra de minha mãe. Porque como ela compartilhou tudo, espaço, tempo, recursos, eu sinto que também preciso. Mas, como Jean apontou, não se pode compartilhar a solitude. Especialmente quando se trabalha em solidão. Simplesmente não dá certo. Minha mãe fazia o tipo de trabalho que tolerava interrupções – & oito filhos certamente a prepararam para <u>ser</u> interrompida. Ela era uma contadora de histórias, não uma romancista. Eu quis imitar sua maravilhosa generosidade. E quis cuidar dos outros como ela fazia. Mas no minuto em que sinto que <u>preciso fazer isso</u>, começo a me ressentir das pessoas. Elas começam a me irritar. Me dão nos nervos. Encontro defeito nelas. E então fico chateada comigo mesma por não ser melhor.
   Bem, eu não sou melhor do que sou.

De qualquer forma, tive uma iluminação quando eu estava saindo da cama. Que vir para o campo é realmente como correr para o bosque ou sonhar acordada quando eu era criança. Uma maneira de escapar da tristeza & da violência & da monotonia da minha casa & família. Ao mesmo tempo, devo ter experimentado uma profunda solidão & sentimentos de abandono. Ninguém nunca veio atrás de mim por preocupação com meus sentimentos ou para perguntar o que estava errado. Em algum lugar nesse padrão de fuga para a solidão pacífica em que aprendi a amar & minha tristeza não foi, aparentemente, perdida, está pelo menos parte do nó que estou tentando desembaraçar.

---

1 A cerimônia do nascer do sol foi uma alternativa ao dia de Ação de Graças, um ritual para homenagear os povos indígenas e comemorar suas histórias e culturas.

9 dez.,
Resumindo, estou no campo há uma semana & não vejo ninguém além do meu cachorro há seis dias. Estou me sentindo perfeitamente feliz. Ler, escrever, carregar lenha, fazer fogueiras & jantares. Cochilar. Caminhar na chuva... Esta semana, a jovem que concordou em me deixar assistir ao nascimento de seu bebê está vindo com sua mãe & 2 parteiras. Eles são lakota. Estou animada com a perspectiva de assistir a um parto. Eu ansiava por testemunhar esse milagre.

14 dez. de 1996
Tive a temida conversa com Deborah. Ela ficou extremamente chateada. Muito zangada & magoada. Chorou muito. Me senti tensa ao entregar-lhe a carta, pedindo que a lesse. Também me senti aliviada por sair do meu silêncio. Ela disse que estava em choque. Que não tinha notado nada de errado, exceto que eu tinha me afastado. E não experimentou nenhum desconforto. Fiquei espantada – mas isso só mostra que cada um de nós vive em sua própria realidade. Por que eu esperava que ela se preocupasse com o fato de eu estar subitamente retraída, fria com ela? Por que eu esperava que ela adivinhasse que eu estava tendo dificuldade em me ajustar a ela & sua filha, seu gato e seu empreendimento comercial? Fui tonta em esperar que ela se perguntasse sobre mim, que me perguntasse o que havia de errado?

Ela disse que não perguntou nada porque se eu precisasse dizer algo a ela, bem, ela acha que eu deveria apenas dizer.

A discussão foi acalorada em alguns momentos. Admiti estar com raiva e falei sobre me sentir enganada, mal interpretada. Que perdi a confiança. Parei de acreditar.

Basicamente, ela não quer voltar para a casa na Carleton St. Eu dei a ela 6 meses, quando presumo que o contrato de aluguel de seus inquilinos terá terminado.

Eu me sinto chocantemente distante. É verdade que parei de acreditar que D. se importava comigo há muito tempo – eu sentia que a casa, que morar nesta área, era algo mais importante para ela do que eu. Ao sentir isso, minha própria afeição diminuiu.

Lakota, Teste, Odillia, Yeshi e Emma vieram ontem para termos um momento antes do bebê nascer. Elas passaram a noite. Preparei um grande jantar que gostamos. Foi divertido.

* * *

O bebê, um menino, nasceu no dia 17 de dezembro. Sagitário! Eu estava lá, segurando a luz para Yeshi[1] enxergar melhor. Foi fantástico. Vou amar esse bebê para sempre. Resistirei a qualquer tentativa do mundo de prejudicá-lo. Quando as mulheres governarem, uma de nossas primeiras leis exigirá que os pais estejam presentes para segurar a luz enquanto seus filhos nascem. O pai do filho de Teste não estava conosco, mas grande parte de sua extensa família compareceu.

Agora preciso meditar. Estou muito cansada.

24 dez.
Deborah aparentemente comentou com Sue que ela estava "até o pescoço com a situação e agora tinha que se mudar". Esta é uma descrição precisa, eu acho. Contou que ela parecia devastada. Espero que conversar com Sue a tenha ajudado.

No meio disso, estou gripada. Saudade de Mercedes,[2] entre todas as pessoas. Passamos a noite juntas, a noite em que o bebê nasceu. Dia 16. Apaixonante. Confortável. Escandaloso. Divertido. Depois às 4 da manhã fui testemunhar o nascimento.

Alguns dias depois, Yeshi ligou & eu & ela fomos ver uma coisa de Natal horrível, em Davis. Saí no intervalo. Fui comprar livros. Mais tarde ela me disse que tem uma queda por mim. Nos abraçamos. Adormecemos. Muito agradável. Ela deve me visitar depois do Natal.

De alguma forma, essas duas coisas, & saber que em breve terei livre uso de minha casa, me deixaram muito equilibrada. Muito calma. Eu sei que o companheirismo que eu ansiava é muito possível, talvez até provável. Eu amo minha vida!

Casa Paradise
Careyes
10 jan. de 1997, aniversário de Fred[3]
E me dei conta que tenho sido insana sobre meus olhos. Eles são lindos! Acontece que toda vez que minha vida desmorona esse é o ponto fraco que sente o estresse. Ou melhor, o ponto fraco em que coloco ênfase. Agora começo a me ver de forma realista. Um corpo 52 anos, firme e preto de um tom

---

1 Parteira e nova amiga.
2 Velha amiga e ex-amante de AW.
3 Fred é um dos irmãos de AW.

maravilhoso – uma folha, noz-pecã, terra – com cabelos grisalhos & olhos cinzentos.

11 jan., sábado
Ontem Gaynell, Mu & eu fomos à praia de La Fortuna, minha praia favorita. Caminhamos alguns quilômetros & depois voltamos ao Chee Chee's para comer pescado frito & cerveja. Muito agradável. Ela se aprofundou no estudo da língua espanhola, usando as fitas Pimsleur (fitas de Tracy) que eu trouxe. É uma aluna voraz e entusiasmada. Ela me contou na praia que na noite anterior se viu obcecada não com Bill, mas com suas aulas! Este é um grande ponto de virada para ela.

Nosso tempo juntas é agradável e passa voando. Ela fica só mais dois dias aqui depois de hoje. Incrível.

18 jan. de 1997
O mês está voando. Daqui a pouco, em dois dias, será hora de voltar para casa!

Eu penso em Yeshi. Lá, a conversa é profunda e respeitosa. Posso deixar minha mente e pensamentos fluírem naturalmente. Com ela há uma percepção natural que cresce fora do contexto dos anos sessenta. Eu respeito o que ela faz no mundo. Para mim, porém, não existe atração física, embora eu a ache bonita.

Ela é quatro anos mais velha que eu. Poderíamos fazer ótimas viagens juntas. Ficar abraçada com ela também é bom.

Estar com a Mercedes é uma agonia.[1] Acabei de sugerir que descêssemos a costa para fazer compras. Ela ficou encantada. Deve estar entediada também – estamos em vibrações tão diferentes. Ela está infalivelmente no "corpo" e eu no "espírito".

Então, mais uma vez, Alicia, controle-se. <u>Nunca</u> vai ficar tudo bem entre você & Mercedes. É como se vocês fossem de planetas diferentes.

25 de jan., 1997!
Careyes foi, no geral, muito bom. Estudei & pratiquei meu espanhol. Estive presente & sem me irritar com Gaynell, embora tenha caído no mau humor uma ou duas vezes com Mercedes. Fiquei <u>atenta</u> ao meu comportamento & tentei afastar a maldade no ato! Adorei ter aprendido a técnica de "levantar o

---

[1] Mercedes estava visitando AW em Careyes por alguns dias.

cavalo-vento".[1] Um treinamento de Shambala. Agora, quando sinto que não consigo fazer algo que parece necessário, eu levanto o cavalo-vento e sigo meu caminho.

Então, quando cheguei em casa, conversei com Deborah & ao entrar oficialmente na era aquariana, às 12h56 de quinta-feira, estávamos nos abraçando. Eu me ofereci para ajudá-la a conseguir seu próprio lar. Simplesmente não suportava vê-la sofrendo. Ainda sinto – eu chamo isso com precisão e sem drama: Despertar.

Agradeço, Grande Espírito. Por todo.

26 jan., 1997
Feliz aniversário
   Angela!
   Quem poderá compreender como estamos envelhecendo?!
   De toda forma, venha para um jantar de aniversário no dia 9 fev., entre 17h30 e 18h. Em vez de presentes, traga comida (um prato favorito). Uma história. Uma canção. Uma nova dança.
   Casa Azul
   Berkeley

7 fev. – Ontem foi o aniversário de Bob Marley. Feliz Aniversário, Amado. Sua grande fotografia está pendurada em cima da minha cama. Você é o pai de Mu & minha alma gêmea.

―

Vou fazer um jantar de aniversário no domingo.[2] Espero que não chova! Vinte e tantas pessoas estão vindo e deverá ser divertido. Eu não posso acreditar que tenho 53 anos! Mas preciso dizer que ainda pareço muito jovem. Será que vou me sentir velha aos 70? 80? Oitenta, com certeza. Estou começando a entender o que mamãe quis dizer quando falou que por dentro, não importa

---

1 "Levantar o cavalo-vento" é uma prática budista para alcançar a libertação de obstáculos autoconstruídos e construir a confiança interior, descrita pelo mestre de meditação tibetano Chögyam Trungpa em seu livro de 1984, *Shambhala: a trilha sagrada do guerreiro*. A imagem de um cavalo voador – representando força, vitalidade e energia com poder de enfrentar e transformar obstáculos – simboliza a força que podemos aproveitar para enfrentar os desafios da vida, sejam pessoais, comunitários ou sociais.
2 O aniversário de AW estava chegando, em 09 de fevereiro.

sua idade, ela sempre se sentiu com dezesseis anos. Eu não me sinto com dezesseis, mas com 35 ou um pouco mais.

25 de março de 1997
Feliz aniversário, Gloria
 Escrito no avião voltando do 3 Rivers Festival e depois de conhecer Mumia!

Acordei de madrugada para visitar Mumia[1] no corredor da morte. Foi uma ótima visita. Depois corri para falar com estudantes do ensino médio em algum lugar de Pittsburgh. Livros pré-autografados. Tirei uma soneca, depois fiz minha palestra diante de uma plateia (adorável) de 2.000 pessoas. Autografei mais livros, por mais de uma hora. Em seguida, fui para uma recepção, depois, caí na cama por volta da meia-noite.
 Agora no avião, indo para casa.
 Em movimento!

01 de maio,
Estou a caminho de Austin, última cidade da Costa Leste que faz parte da turnê.[2] A noite passada na biblioteca Harold Washington foi maravilhosa. Uma multidão que transbordava. A noite anterior em Boston também foi adorável. Minha família apareceu! Eu fiquei muito emocionada. Jimmy & eu andamos de braços dados e ele se sentou ao meu lado enquanto eu autografava livros. Monica & Gregg pediram um jantar chinês. Ficamos na minha suíte & conversamos e comemos. Como uma verdadeira família! Não consigo esquecer o prazer que isso me dá.
 Surpreendentemente, enquanto eu estava sentada no avião & folheando The American Way,[3] vi meu próprio rosto! Meu livro. Uma resenha boba, mas o que importa é o grande número de pessoas que vão ver.
 Mal posso esperar para estar em casa! Especialmente com D & R fora.

---

1 Mumia Abu-Jamal é um ativista político e jornalista que foi condenado por homicídio e sentenciado à morte em 1982 pelo assassinato de um policial da Filadélfia. Após inúmeros recursos, sua sentença foi comutada em 2011 para prisão perpétua sem liberdade condicional. Durante sua prisão, Abu-Jamal publicou vários livros e comentários sobre questões sociais e políticas, incluindo *Ao vivo do corredor da morte*, em 1995.
2 AW estava em turnê para promover seu novo livro de ensaios, *Anything We Love Can Be Saved*.
3 A revista de bordo da American Airlines.

12 de maio
A apresentação beneficente para a KPFA[1] na Escola MLK foi maravilhosa demais! Eu cantei! (Meu Hino)

A multidão era imensa – ingressos esgotados. Boas-vindas genuínas & calorosas. Fiquei tão feliz em ver que encontrei meu povo & minha cidade.

Li & conversei & sorri & gargalhei – & a comunidade também!

Então acordei cedo para assistir o Sunday Morning na CBS.[2] Muito bom o programa. Mas com informações demais.

Já consigo vislumbrar ver o fim da turnê do livro. Sempre uma bela paisagem! Na quarta-feira eu voo para Seattle → Atlanta → casa → L.A. → para casa novamente até Pratibha & eu irmos para o rio]. A Conferência de Paz é de 11 de setembro, o que significa que estarei em casa de 25 a 31 de maio. Então, de 1 a 8 de junho, antes da viagem para o rio! Cerca de 2 semanas para mim.

Agradeço ao Grande Espírito por todo o apoio. A cada árvore, cada canto de pássaro, cada morcego, visível ou invisível. Do lado de fora da minha janela oliveiras & um sobreiro. Ouço pássaros. Meu amigo no quarto ao lado está dormindo. Meu cachorro também. Estou acordada, escrevendo, contando minhas bênçãos e te amando constantemente!

Terça-feira, dia 5!
Meu romance[3] continua muito vibrante. Ontem me sentei para ler tudo. Ele quer avançar, como prometi, quando a turnê terminar. Então, mesmo que eu escreva apenas 2 linhas, vou fazer isso agora – oferecendo minha completa e grata devoção.

14 de junho,
E foi isso que fiz! E nos poucos dias que tive em TJ[4] terminei! Estou chocada. Me esforcei muito para deixar algumas páginas para mais tarde – depois da viagem para o rio. Sem chance. Por fim, parei de resistir e me sentei para escrever. É um romance maravilhoso: sinto que (com a incrível ajuda de papai

---

1 KPFA é uma emissora de rádio de música e assuntos públicos sediada em Berkeley e financiada por ouvintes da área da baía de São Francisco.
2 O programa contou com uma entrevista com AW.
3 O romance em andamento é *By the Light of My Father's Smile*, publicado em 1998.
4 "TJ" refere-se a Temple Jook, o nome da casa de campo de AW em Mendocino na propriedade Wild Trees.

do outro lado) curei as feridas causadas por – – tudo em nossa vida. (Ninguém para culpar agora, nem mesmo ele, ou eu.)

Então voltei feliz para a cidade – embora bastante nervosa com a Conferência de Paz. Minhas duas "oficinas" tinham mais de 600 pessoas. De qualquer forma, estudei & tentei levar algo novo para o programa.

Conheci Dalai Lama. Gostei dele. Pensei em como teria sido interessante ter Fidel lá. Fiz meu discurso. Ouviu todos os demais.

Fui em todos os dias. Foram momentos maravilhosos.

14 de julho de 1997
Ontem, 14 de julho, eu de fato terminei o romance, depois de trabalhar nele & sentir que ainda não estava pronto. Recuperei seu título original & agora estou considerando incluir um aviso aos pais (aqueles que me proíbem) de que é escandaloso. Aparentemente, isso faz parte da minha natureza. Penso no que é escandaloso como verdade.

De qualquer forma, pensei muito em quem deveria ser a primeira leitora e ontem percebi que deveria ser Jean B, se ela estiver disposta. Já escrevi seis romances. Estou impressionada. E gosto de todos eles.

21 de julho de 1997
As árvores que plantei aqui sete a dez anos atrás se elevam sobre mim. As batatas & os feijões que plantei há alguns meses estão enchendo baldes & cestas. Essa abundância que parece a expressão natural da natureza nunca deixa de me deliciar & me maravilhar. Por que a terra é tão boa? Além disso, como essa abundância acontece, exatamente? Como aquele feijão vira uma panela de sopa?

Enviei o romance – By the Light of My Father's Smile – para Joan revisar & repassar para Jean & talvez para Wendy & Kate.

22 de julho
Ontem à noite tive meu primeiro sonho relaxado e confortável sobre Tracy & eu. Estávamos num espaço público, nitidamente um espaço de sapatão – muitas mulheres com doçura, atitude & cabelos curtos – e estávamos conversando. Sobre todos os tipos de coisas. Tranquilamente. Estávamos cientes de que as pessoas, as mulheres, estavam ouvindo – não importou por um tempo. E então pedimos um espaço privado. (O lugar que estávamos parecia uma galeria de arte ou uma loja de chá ou um espaço combinado, talvez um

teatro.) Enfim, na primeira sala em que chegamos, uma mulher branca com o rosto machucado, mas cicatrizado, estava sentada numa cadeira arrumando o cabelo – um corte rosa com uma faixa azul-clara. Falou que eu & ela iríamos aparecer num programa mais tarde, juntas. Então parecia haver algum evento chegando.

Parecia que não conseguiríamos encontrar um espaço privado. Sugeri ir para a minha casa – mas não disse com o coração. Naquele momento, as mulheres avisaram que haviam encontrado uma sala vazia. Fomos para lá. Não me lembro de algumas das coisas que conversamos. Lembro de falar sobre o meu cabelo.

Tracy sempre me encorajou a deixar grisalho. Na ausência dela, deixei grisalho por muito tempo. Na semana passada pintei. No sonho, ela acariciou meu cabelo & disse: ah, você ainda está pintando o cabelo! Eu respondi: depois de um tempo o cabelo grisalho me deixou com aspecto de cansada & eu já estava cansada. Quando eu pinto me sinto menos cansada. Ela não foi crítica como eu temia que fosse. E então reparei nos fios da frente de seu próprio cabelo (ela tem algumas mechas grisalhas no topo da cabeça) & que ela havia pintado os <u>seus</u> fios grisalhos.

Parecemos nos divertir com a nossa discussão sobre o cabelo.

Esse sonho aconteceu depois que passei um dia e uma noite deliciosos com uma nova amiga do Havaí.[1] Ela canta músicas tradicionais & acompanhadas do ukulele que ela mesma toca.

24 de julho,
Minha nova amiga do Havaí, que é muito bonita, talentosa e é, entre outras coisas, curandeira (& mora numa velha casa de praia no Havaí), perguntou se poderíamos ficar juntas – & eu disse que sim.

Ela havia estado em minha casa vários meses atrás com outra pessoa. Ficaram na casa de hóspedes. Convidei o casal para tomar chá em minha casa & Zelie se ofereceu para cantar para mim, porque eu já sabia que ela é cantora. Ela pegou seu pequeno ukulele e cantou. Em havaiano. Fiquei encantada. Gostei dela. Alguém disse, ou ela mesma, que ela estava num relacionamento e acabou se desinteressando, exceto como amiga. Alguns meses atrás ela entrou em contato com Joan para vir me visitar. Fiquei surpresa, mas estava muito ocupada com a turnê do livro & a conferência de paz para pensar muito sobre isso. Nesse meio-tempo, quando Pratibha & eu estávamos a ca-

---
[1] A amiga era Zelie Duvauchelle.

minho de Flagstaff para começar a viagem pelo rio Grand Canyon, andávamos pelo aeroporto de Phoenix e alguém gritou meu nome. Lá estava Zelie, seguindo viagem para estudar no deserto por 2 semanas com um xamã. Ela estava sozinha, parecendo brilhante & autoconfiante. Aberta. Ficamos felizes em nos vermos.

Então, em Berkeley, ela veio jantar. Foi agradável, mas, como ela fuma, achei que até nossa amizade duraria pouco. Ainda assim, gostei dela e fiquei surpresa ao descobrir que gostava do cheiro de seu tabaco – que era uma mistura do Pow Wow tradicional dos nativos americanos e que tem sálvia! Ironicamente, enquanto estava no Arizona, comprei dois cachimbos nativos americanos.

Mesmo assim, como sabemos, eu estava exausta e fissurada. Então dei um abraço de tchau & fui para a cama.

Depois que ela perguntou se poderíamos ficar juntas, ela me contou que se sentiu atraída por mim no dia em que nos conhecemos. Isso me surpreendeu. E que ela queria me ver de novo & estava com medo de que eu estivesse muito cansada, o que eu quase estava.

Estar com ela parece tão tranquilo. Ela não sabe muito sobre mim; não tinha lido meus livros. Na pousada começou a ler <u>O templo dos meus familiares</u> & adorou. O entusiasmo dela é encantador.

Antes de voltar para a cidade – ela iria ao aeroporto buscar a mulher de quem está se separando, que não vê há 3 meses – fomos até um banco que construí no lugar que minha mãe mais gostava na minha terra. Tem vista para o vale. Nos abraçamos & nos beijamos. Me senti muito confortável & tranquila & em casa.

Vamos nos ver talvez na segunda-feira antes que ela vá para o Havaí & antes que meus sobrinhos cheguem para uma visita. Ela volta em setembro & já combinamos de nos encontrar.

29 de julho de 1997
Zelie saiu da minha cama de madrugada. O avião dela para o Havaí decolou às 8h50 desta manhã. Tivemos dois dias maravilhosos.

Fomos à praia. Praia de Muir. Depois, subi a colina até a casa de Yeshi, me sentei na varanda esperando que ela voltasse. Ela chegou. Nos alimentou. Então nos levou num passeio à Green Gulch Farm. Um lugar mágico. Jardins, plantas, campos! Verdadeiramente belo. Mu estava no céu.

Então Zelie & eu, muito cansadas, voltamos para minha casa. Onde Sue tinha preparado um jantar maravilhoso com frango & arroz & salada. Joan estava esperando por nós! Nós quatro tivemos uma ótima refeição & um ótimo momento! Zelie se enturmou perfeitamente e Joan e Sue ficaram nitidamente felizes por nós.

Acendi a lareira & por alguma razão concordamos que gostaríamos de nos deitar juntas, ficar abraçadas. Zelie queria ficar nua. Então eu tirei minhas roupas também & ficamos abraçadas na cama, conversamos & nos beijamos durante a maior parte do tempo, se não toda a noite. Muito agradável.

Ela disse que ficou acordada a maior parte da noite, mesmo enquanto eu cochilava.

Enfim, foi assim que acabamos na mesma cama & foi dessa cama que partimos para a praia de Muir, na segunda-feira, por intermédio de Vicky – Zelie precisava de roupas – e conheci Vicky. Victoria é italiana, mas muito loira, de olhos azul-acinzentados. Muito jovem, 33 anos. Zelie comentou que ela, Zelie, tem 38 anos e parece mais velha. O corpo dela (Zelie) parece de 38, mas seu rosto parece de 45. De qualquer forma, Victoria parecia muito branca. Mas cordial e até carinhosa. Minha sensação era de que ela havia ajudado a conectar Zelie ao meu trabalho. As duas tinham ido à exibição de "Warrior Marks" no Castro. Nesse dia, me deram alguns brincos com a inscrição "Proteja esta mulher". Quando eu disse a Zelie que Victoria parecia legal e tranquila ela respondeu: Não, ela só está em transição. Acabou de voltar da Itália, conheceu & se tornou amante de um alemão; não sabe o que fazer agora. Está em choque cultural.

A separação delas parece genuína & sem rancor. A amizade parece forte. Zelie costuma falar da cura que os 4 anos juntas proporcionaram a ambas.

Parece muito bom, esse novo relacionamento com Zelie.

Hoje a manhã está fria e nublada em Cazul, Berkeley. Tomei meu copo de Synergy & voltei para a cama. Mu está cochilando aqui perto.

Minha vida mudou muito. E na direção pela qual eu orei. Existem problemas & terão outros mais, mas sinto que posso conhecê-los e superá-los. Zelie é aberta & amorosa. Atenciosa & generosa.

Ela planeja voltar em 3 semanas!

Grande Espírito, preciso agradecer por sua infalibilidade. Agradeço a grande alegria & beleza que você introduz silenciosamente em minha vida. Agradeço pelo que é novo e pelo que é antigo. Pelas canções. Pelo sol & o pôr do sol. O nascer do sol na vida. Pelo alimento e pela família. Pelo amor nos rostos das minhas amizades. E pela gentileza. E o prazer de corpos nus numa cama. Pelos cabelos & olhos, calor & carinho. Pela tristeza & pela dor que nos ensina a desapegar. A sobreviver à conquista de nossa teimosia. Vivo maravilhada em todos os planos, espelhando você, como um pequeno brilho ou uma lágrima em seu grande olho.

Com todo meu amor. Agradeço.

05 de agosto

Kate Medina[1] acabou de ligar. Ela disse que adorou o romance. Estou tão feliz. Que ela & Wendy[2] estão fazendo a "coisa de editora" – falando de dinheiro. Prazos. Etc. Enfim. Fico feliz com o apoio de seu entusiasmo que se baseia em perícia, experiência & competência.

O universo me enviou um amor. Alguém que quer me amar bem porque eu mereço. Alguém que também é bem-amada. Zelie.

Agradeço, Grande Bondade da Vida. Enquanto falamos de encontros & visitas e sobre comer e fazer amor.

22 de agosto de 1997

Em Molokai, vivendo um momento muito agradável!

26 de agosto de 1997, 19h20

No avião de volta do Havaí.

Foi uma semana extraordinária. Zelie é maravilhosa. Calorosa, amorosa, espontânea, divertida. E uma amante deliciosa! Ela me apresentou ao sexo mais intenso e prazeroso que já experimentei. Eu nunca soube que era possível rir tanto ou chegar ao orgasmo com tanta alegria. E conversamos & caminhamos & viajamos & nos alimentamos bem juntas. E nadamos & cozinhamos.

Adoramos estar juntas. Dormir juntas. Ela é tão natural. A pessoa mais natural – além do meu pai! – que conheci. E ela também tem dores & aflições, que tento aliviar. Eu amo isso – poder cuidar dela.

31 de agosto

Zelie & eu estamos bem, embora ela esteja com muita dor por causa de uma luxação crônica nas costas & no pescoço & no ombro. Uma vez ela remou por todo o entorno da ilha de Molokai, sua casa, e provavelmente se machucou

---

[1] Editora de AW na Random House.
[2] Wendy Weil, agente literária de longa data de AW.

bastante. Eu a levei para ver o Dr. Lui, que deu a ela ervas e fez acupuntura para toxicidade do cólon & do fígado. E à Sherry Ongh para uma consulta. E Joelle veio fazer massagem. Se não exagerarmos, ela deve começar a se sentir melhor muito em breve.

Ela, fiel à sua palavra, deixou o tabaco na lixeira do aeroporto de Honolulu. E não tem bebido cerveja.

Uma das coisas que eu queria fazer quando fui ao Havaí era visitar a avó de Zelie que está numa casa de repouso, depois de ter um derrame, há quatro anos. Na nossa última noite saímos de Molokai e fomos a Honolulu para vê-la. Lá estava ela, com sua longa trança grisalha sob o pescoço. Zelie a refez imediatamente e a colocou em cima do travesseiro, onde ficou como uma pluma, como se pudesse voar. Eu trouxe 3 pequenas flores do seu quintal – Z mora na casa dela – e as coloquei sobre o seu corpo. Estas flores têm um mito especial. Elas são naturalmente meio-floridas e crescem na cerca viva que protege a casa dos olhares de quem caminha pela praia. A história é que sua "outra metade" foi embora por algum motivo & nunca mais voltou, mas pode ser encontrada nas montanhas. Fiquei encantada com este conto. O que aparentemente é verdade. Ou seja, a parte superior da floração acontece na mesma planta lá nas montanhas.

Conversamos com a vovó por meia hora mais ou menos. Contei para ela como estava feliz em vê-la. Esfregamos sua cabeça, mãos & pés. Ela não parecia saber que estávamos lá. Eu me senti muito feliz por estar com Zelie na despedida. Curiosamente, no dia anterior, a tia de Z, Paranani, ligou & disse que a enfermeira da vovó tinha perguntado se ela estava esperando por alguém.

Na manhã seguinte, antes de sairmos de Honolulu, fomos visitar a tia de Z. Ela & Z falaram brevemente sobre a condição da vovó. Logo partimos. Um dia depois de voltarmos para Berkeley, vovó morreu.

Sábado, 6 set.
Hoje enterramos a vovó. Na igreja católica Nossa Senhora das Dores, uma igreja originalmente estabelecida pelo Padre Damien da Colônia de Leprosos. É uma bela igreja, pequena e branca com telhado vermelho e pequenas janelas de catedral. Do lado de fora tem um gramado espaçoso, sebes, uma cruz enorme & uma vista fabulosa para o mar.

Zelie cantou quatro músicas para a vovó. Uma delas, a Canção da Vovó, do novo cassete dela. Foi muito emocionante...

Os dias são <u>tão longos</u>! Percebi isso na última vez que estivemos aqui. Desta vez, como a casa estava cheia de pessoas desde sexta-feira, os dias parecem se estender por duas ou três semanas. Diariamente fico frenética para fugir. Caminhar, me sentar à beira do mar. Ontem Zelie me levou para um passeio adorável & eu consegui me sentar por cinco minutos à beira do mar & deixar o vento soprar através de mim.

    Depois pegamos um abacaxi que havíamos comprado e voltamos para visitar a vovó. Nos sentamos na grama perto do túmulo dela & comemos. Também oferecemos a ela uma fatia. Zelie colocou na pequena abertura do túmulo, debaixo das flores. Contei a ela como no México as pessoas celebram o dia dos Mortos & vão ao cemitério, se sentam em cima e ao redor das sepulturas dos ancestrais & fazem almoços como piquenique. Que comem pequenos crânios & esqueletos feitos de açúcar. Parece uma expressão pagã maravilhosa que acontece naturalmente. Fomos "comidas", mordidas, por formigas enquanto ficamos sentadas ali.

    Eu chorei muito. Fiquei especialmente comovida com a forma que a cerimônia terminou. Depois que as cinzas da vovó foram colocadas no pequeno buraco, Zelie jogou a terra com uma pá. Um gesto de delicado enquadramento, focado, amoroso. Parecia tão verdadeiro & correto. E foi tão doce e bonito. Eu a amei muito ao vê-la homenagear sua avó dessa maneira.

―

Há vida quase demais para relatar. Meu romance está nas mãos competentes de Wendy.

    Zelie é uma metamorfa. Infinitamente fascinante, apenas por sua natureza. Ela está com muita dor, infelizmente, mas hoje de manhã ela percebeu que virou as costas de mau-jeito levantando uma bolsa muito pesada. Ela recebeu uma ótima massagem ontem à noite & acordou de madrugada com tesão por qualquer coisa. Nossa vida sexual é maravilhosa. Prazer profundo. Surpresa. Ontem eu senti a necessidade da solitude. Disse coisas dolorosas para ela. Ela chorou. Reconheci minha crueldade. Pedi desculpas. Abracei-a. Ela me perdoou facilmente. Uau!

    Conversamos muito. Isso purificou o ar. Esta manhã acordamos cedo. O sol está brilhando. Ela está cantando. Eu meditei. Estamos tentando organizar nossa viagem a Cuba.

Então... Rebecca se desconectou de mim. Eu não sei por quê. Mas estou tentando suportar isso com dignidade. Ela está na MacDowell[1] trabalhando num de seus livros.

---

1 MacDowell é uma colônia de artistas em Peterborough, New Hampshire.

Mal posso acreditar na rapidez com que minha vida mudou. Uma amante/parceira muito carinhosa & bonita que <u>canta espontaneamente</u> & faz outros sons. A parceira mais sensual que já tive. Uma boa cozinheira. Uma comunicadora comovente. Uma pessoa madura! Com muito cabelo!

Universo! Você é incrível. Eu te amo e agradeço muito.

Zelie me enxerga. Ela ama meu olho. Ela olha no interior do meu olho & enxerga um universo. Ela diz que as coisas estão se movendo, assim como as estrelas!

29 set. de 1997, Cincinnati, Ohio
É tarde da noite aqui, embora não tão tarde na Califórnia, onde, graças à Deusa, eu moro. Vou fazer um seminário e uma leitura na Universidade de Miami amanhã. Em Oxford, que fica em algum lugar por aqui.

Até agora tudo bem em casa! Zelie & Mu me levaram ao aeroporto. Ontem à noite começamos a fazer amor. Este é o melhor sexo de todos os tempos, de toda a minha vida – & eu pensava que estava no ápice! Que prazer, vida.

Uma pequena nuvem é a forma como a antiga amante de Z, Victoria, continua se insinuando. Mas Z parece estar lentamente, mas, definitivamente, percebendo.

A casa é maravilhosa. Aos poucos está refletindo o fato de que Z também mora lá. O quarto dela ainda está uma bagunça, porque ela passa muito tempo no meu quarto. Adoro ouvi-la cantando ou falando ao telefone. E rindo, o que ela faz muito. Eu a amo e sempre a desejo, um novo sentimento – uma espécie de constante excitação.

Não há muito o que relatar realmente. Gosto de todas as coisas simples que fazemos juntas. Caminhar. Comer. Dirigir por aí. Ir assistir filmes. Todo o tipo de coisas. Ela é engraçada. Urgente. Presente. Diz o que está em sua cabeça...

...Sou tão franca quanto ela. Temo magoá-la às vezes. Deusa, tomara que não.

Eu a encorajei a escrever mais. A passar mais tempo sozinha. A desfrutar dos frutos da solitude: intimidade com a própria mente, centramento. Etc.

Rebecca, que finalmente retornou uma de minhas muitas ligações, acha que meu romance é sobre ela![1] Incrível. E muito bizarro até para comentar. Embora eu de fato me lembre que ela me apresentou às romãzeiras.

---

1 O novo romance de AW, *By the Light of My Father's Smile*, foi publicado em 1998.

De qualquer forma, ela está tão chateada como sempre porque sou sua mãe. Não sei o que aconteceu conosco, mas algo aconteceu.

Zelie é mais madura que Tracy & pode me ajudar com ela. Disso eu sei.

30 de setembro, 23h52

O(s) evento(s) na Universidade de Miami correram muito bem. 750 alunos dentro, muitos mais do lado de fora assistindo por telões. Me senti muito confortável comigo. Li poemas, trechos de ensaios. Falei. Li o ensaio sobre FMH[1] & aconselhei o público a ver o filme. O sobrinho de Henri distribuiu panfletos. Tudo pareceu maravilhoso & as pessoas eram tão amáveis.

Estou muito feliz por ter vindo afinal. Não sei se devo desistir dessas palestras. Realmente não é o dinheiro que é tão atraente. É o sentido do acolhimento da comunidade.

No caminho para casa, fantasiei que fazia amor com Z. Foi delicioso só de pensar nela, em nós, na cama & totalmente absorvidas.

Grande Espírito eu te agradeço por este amor. O fazer & refazer que realizamos com tanta alegria.

19 out

A "carga" em torno de T & sua música & minhas memórias é menor agora, embora ainda esteja presente de uma maneira estranha. Enquanto estava em Molokai, Zelie me disse que ouviu "New Beginning" para sentir seu efeito nela. Ela ficou entediada depois de um tempo – embora adore o CD – e desligou. Resolvi escrever a T e ouvir novamente o CD. As melhores músicas "The Promise" "Mother of Us All" "River" etc., ela escreveu enquanto estávamos juntas. Minha favorita, "Give Me One Reason" eu a encorajei a colocar no CD. Ela não conhecia ou confiava no sentimento de blues profundo daquela música ou não reconhecia sua vitalidade, seu ritmo contagiante ou seu valor. Ela obviamente adorou e sempre cantou com gosto. É uma música tão sensual, também.

Tentando planejar minha viagem na próxima semana. Zelie & eu repassamos o roteiro da Vila Sésamo – que é sobre contar pingos de chuva com o Conde & Elmo, o monstro, & ensinar.[2]

---

1 *Follow Me Home*, o filme independente de 1996 estrelado por Alfre Woodard e dirigido por Peter Bratt.
2 AW apareceu no episódio 3.717 do popular programa infantil *Vila Sésamo* para explicar ao personagem Elmo por que a chuva é importante, e contou os pingos de chuva com o personagem conhecido como Conde.

2 nov.

Não acredito que estou sentada na cama de um hotel em Denver escrevendo isso! Felizmente, estou numa suíte com muitas janelas. E olhando para as montanhas Rochosas ao longe. Peguei o voo ontem de manhã, cedo. Acordei às 4h, o carro chegou às 5h, o avião decolou às 6h15 e cheguei às 9h48. Encontrei Clarissa[1] no centro de convenções onde o festival do livro foi realizado & seguimos em nosso trabalho. Foi lento, a princípio, mas logo nossa conversa tomou uma vida maravilhosa, lenta e reflexiva. Ficamos felizes por estarmos juntas & nosso carinho uma pela outra ficou aparente. Em algum momento, depois de um comentário que fiz, ela pegou minha mão e disse eu te amo. Segurei a mão dela, apertei & respondi eu também te amo. Eu amo Clarissa. Ela ofereceu tanto que foi esmagada de volta pelo mundo. Todas as mulheres estão em dívida com ela.

Mais tarde, autografamos livros juntas, de um jeito muito tranquilo & franco, ombro a ombro, & depois fomos almoçar no hotel.

Zelie & eu passamos um tempo maravilhoso em Nova York. Nós duas gostamos da Vila Sésamo. Ela & Gloria gostaram uma da outra. Gloria & Hyun Kyung[2] jantaram conosco num restaurante chamado Bamboo.

No caminho paramos na Geórgia para visitar os túmulos de mamãe e papai & mostrar a Zelie nossa igreja & todas as placas para cima e para baixo na estrada para Wards Chapel. Estava chovendo e o caminho parecia bastante sombrio. A igreja está caindo aos pedaços. Acho que vou oferecer 5.000 para reforma. Novas janelas & portas etc.

Foi maravilhoso estar no Museu Harriet Tubman. Conheci pessoas extraordinárias, incluindo meu primo em segundo grau Edward, de quem gostei! Tantos membros da família vieram à cerimônia para me ver receber o prêmio Shelia – & fiquei encantada em vê-los, em ver Polly! Rute. Brandon. Kyle. Jimmy. E tantos outros. E ver Zelie no contexto da minha tribo. Muito bom.

* * *

---

1 Clarissa Pinkola Estes, psicanalista junguiana e *cantadora* (guardadora das velhas histórias) da tradição hispânica, autora do best-seller *Mulheres que correm com os lobos: mitos e histórias do arquétipo da mulher selvagem*.
2 Chung Hyun Kyung é uma teóloga leiga da Igreja Presbiteriana da Coreia. Ela chamou a atenção internacional pela primeira vez em 1991, quando fez um discurso agora famoso – uma interpretação feminista/asiática/terceiro-mundista, do Espírito Santo – no Conselho Mundial de Igrejas em Canberra, Austrália. Ela se encontrou com AW e sua amiga de longa data, Gloria Steinem, para jantar durante esta viagem.

Depois, fizemos amor na cama branca de 1812, anterior à Guerra Civil, & tomamos café da manhã. Dividimos um quarto & mais ainda, um banheiro & fiquei bem com isso. Depois do jantar de premiação saímos com Cory & Rudolph Byrd & Henry & Valerie & Veta & Anita (Ponder) e Angie.[1] Muito agradável. Me senti tão em casa, tanto no meu corpo & espírito e feliz em olhar do outro lado do salão para Zelie que estava reluzente.

Quero voltar para casa! Nós duas afundamos! Ela por causa de sua menstruação, que começou. Eu, por causa da necessidade de solitude. Nós sofremos. Remoemos tudo. Choramos. Nos sentimos desencorajadas & incompreendidas. Então, lentamente começamos a voltar aos nossos sentidos.

Me sinto bastante contente por estar aqui – já que estou aqui – olhando para as montanhas Rochosas, esperando o café da manhã e aceitando o fato de que tenho dois eventos para fazer em Dallas antes de voltar para casa.

Terei cerca de 2 semanas em casa antes de irmos para Cuba. Uma viagem de dez dias. Em seguida, Ação de Graças. Aniversários. Depois, um dezembro livre. Careyes em janeiro.

Zelie me contou duas coisas que me assustaram: Um problema de saúde que ela tem & que ela está prestes a perder sua casa! Kainehe, onde ela cresceu & viveu toda a sua vida. Esta é uma grande perda para ela & a deixou profundamente perturbada.

Ainda entendo com algum "peso" o assunto casas. Resisti a me envolver. Mas ontem à noite pensei (e depois de conversar com Clarissa que me disse que investiu seu dinheiro em aluguel de imóveis): Por que não investir os 350.000 do BA[2] em terra no Havaí, com Zelie? Ela conseguiria manter sua terra natal, se não seu lar, e teríamos um lugar familiar e aconchegante para nos encontrarmos. Poderíamos estudar a cultura havaiana que tenho a sensação de que realmente gostaria. (Alicia, sempre otimista!)

É verdade que Molokai parece chato, mas isso é em parte porque eu sou uma estrangeira. De qualquer forma, essa pode ser uma solução maravilhosa

---

[1] Carey Pickard, então diretora-executiva do Museu Harriet Tubman em Macon, Geórgia; Rudolph Byrd, professor da universidade Emory, cofundador da Alice Walker Literary Society (AWLS); o artista Henry Leonard; Valerie Boyd, cofundadora da AWLS, escritora/jornalista (e organizadora deste livro); Veta Goler, pesquisadora de história da dança e professora da faculdade Spelman; Anita Ponder, então diretora de educação do Tubman; e Angie Brooks, gerente de operações. AW recebeu o Prêmio Shelia – uma homenagem anual dada pelo museu Tubman a uma mulher afro-americana de distinção – em 24 de outubro de 1997.
[2] BA é uma sigla para Bank of America.

para esse problema que ela sente por não ter um lar. (Eu não consigo me livrar desse problema nos relacionamentos!) Logo vou discutir isso com ela. Talvez em Careyes. Faria mais sentido estudar a cultura havaiana – mais inglesa – do que a mexicana. E seria tão bom para Zelie manter suas raízes. Ter raízes <u>e</u> asas.

Enquanto isso, essa vida nômade tem que parar. É exaustivo demais. E sinto falta de toda a <u>vida</u> que acontece em casa.

E assim, começo a encerrar este diário – pobre coisinha manchada & esfarrapada! Daqui a pouco preciso me levantar & me vestir, pegar o avião para Dallas. É nesta mesma noite que eu falo!

Falei com Zelie ontem à noite. Ela disse que sente saudade & que me ama. Perguntei a ela antes de sair do que ela mais sentiria falta por não ir comigo. Ela respondeu que sentiria falta de estar ao meu lado. Isso é o que sinto também. Talvez no futuro, se houver lugares aos quais ela realmente queira ir, ela possa vir comigo.

Eu amo esse sentimento que tenho da minha vida sendo minha. De estar apaixonada por uma grande "mo'o" – a deusa lagarto/guardiã de Molokai. A luta para manter meus próprios demônios – hormonais & outros – fora de meus relacionamentos íntimos continua. Tenho sido dura com os amores. Não aceitar que me amam talvez porque eu mesma não me amasse & valorizasse & me aceitasse. <u>Oro</u> para que isso mude. Que eu nunca mais desconte minha raiva em outro amor, atacando com palavras ofensivas como fiz no passado.

Zelie & eu conversamos sobre o que precisamos fazer quando ficarmos tensas & nervosas & perigosas uma para a outra – precisamos, <u>devemos</u> dar espaço uma para a outra. Felizmente posso ir para o campo. Graças a Deus & à visão.

No campo (**6 nov.**) Z está na cozinha cozinhando mingau de aveia. Ela deve partir em breve, levando o jipe de volta para a cidade. Para que tenhamos dois carros e Rebecca e Me'Shell possam usar quando/se vierem no dia de Ação de Graças.

Zelie quer convidar Victoria para o dia de Ação de Graças. Tenho sentimentos contraditórios. Eu disse que tudo bem, mas sinto que é muito cedo, que devemos tomar um chá antes, que estou tentando me preparar para isso. Também estou surpresa que Zelie seja insensível às minhas necessidades & meu tempo. Mas, como ela disse esta manhã, ela é extraordinariamente egocêntrica. Eu realmente notei isso desde que estamos juntas. Ela me lomi-lomiou[1] apenas uma vez – porque pedi – desde que fomos morar juntas. Comentei sobre uma dor no joelho quando caminhávamos na outra noite & ela disse: eu não quero saber disso. Ao mesmo tempo, ela me incomoda (& a Joan) regularmente... [E] ela não faz quase nada. Seu quarto na minha casa ainda está bagunçado desde quando ela se mudou há 2 meses.

Hoje de manhã, depois de abordar o assunto de V. & Ação de Graças, ela pediu para olhar nos meus olhos – simples assim. Eu disse não, obrigada. Ela se "magoou" & "desapareceu". Expliquei que era um momento ruim. Ela disse que queria olhar porque a luz da claraboia sobre a cama era tão boa etc. Etc.

Eu realmente não acredito que esse relacionamento vai funcionar a longo prazo. Hoje as coisas estão agradáveis na maior parte do tempo. O sexo é muito bom. A conversa também, principalmente. Mas não me sinto cuidada. Em vez disso, sinto como se estivesse fazendo tudo. E mais, eu não estava preparada para suas quase constantes doenças/dores/etc. Muitas! Sinto que estou começando a me questionar sobre sua mente, seu estado etc. Emocional, psicológico. Minha nossa! Que pequena confusão!

O que fazer? Muitas vezes ela parece sentir empatia, mas talvez seja sempre falsa.

Enfim. Não quero que Victoria venha para o dia de Ação de Graças. Vou dizer isso. E continuarei planejando o chá para dezembro.

Fiz exatamente o que planejei. Disse a Z. que me sinto descuidada. Ela ficou sentada, atordoada com a informação. Magoada, como eu também estou. Sentei ao seu lado & comemos aveia & aí me levantei para cuidar do fogo & continuar escrevendo.

Quem sabe o que vai acontecer? Eu não sei. Mas falei sem rodeios que quero ser parceira de alguém que faça com que eu me sinta cuidada. Que preciso ter seu carinho demonstrado. Aonde quer que essa franqueza leve, sem dúvida, vou descobrir.

Meu palpite é que levará a muito menos angústia em torno da minha menstruação. O que parece acontecer é que eu geralmente caio em sentimentos como esses & eles me deixam doente na semana anterior ao início do meu ciclo. <u>Essa</u> é a parte verdadeiramente <u>sofrida</u> da TPM. Emoções não expressas encontram hormônios malucos!

---

[1] Lomi-lomi é uma massagem havaiana.

Enfim. Ela foi embora. Estou sozinha, com Mu. Me sentindo vazia, pensativa. Tudo bem. Estou feliz por ter este refúgio, este fogo ardente.

E a vida sem ela. Como seria? De que eu sentiria falta? Sentiria falta <u>dela</u>. De fazer amor. Passear. Mas eu ficaria bem. Com amizades. Com a própria vida. Além disso, sonhei de novo com a Deusa ontem à noite: uma mulher grande e preta que me massageava e ria enquanto brincava com meus braços.

28 nov. de 1997
Ontem comemoramos o dia de Ação de Graças. Éramos umas 16 pessoas. Todas ao redor da grande mesa da sala de jantar que é pequena demais! Belvie sugeriu colocar uma tábua; Diana sugeriu colocar outra mesa pequena para fazer um "L". Vou analisar isso para o ano que vem.

Eu estava cansada a ponto de desmaiar, mas foi adorável.

Z. fez um lindo altar com velas decoradas com fotos de Cuba.

Depois de comer <u>muito</u>, tivemos show & histórias. A maioria de nós ficou conversando. Z cantou. Tão bonito. Arisika dançou.

Hoje estou me recuperando. Com o sol na minha cama. Z saiu para encontrar equináceas & botões-dourados, vitamina C.

Nossa viagem a Cuba foi incrível. Tão incrível que não consigo começar a descrever, exceto para dizer que fui abraçada com amor onde quer que eu aparecesse. E Z também. Nós duas aparecemos na televisão cubana. Distribuímos presentes por onde passamos.

Terça-feira, 9 dez. de 1997
Finalmente no campo. Numa cama recém-arrumada com lençóis cor-de-rosa. Me sentindo bem distante de Z. Uma sensação estranha de: e se eu tiver cometido um grande erro? Não sei por que isso está me atingindo com tanta força.

Fomos, na noite anterior à viagem, ver o desfile de Victoria (de suas joias artesanais). Gostei de algumas. Comprei um colar. Z comprou outro para mim.

Foi agradável depois de alguns momentos embaraçosos.

Por fim abraçamos todo mundo & viemos embora. Fomos ao Bucci's, restaurante italiano que serve uma comida deliciosa. Voltamos para casa. Fizemos amor. Dormimos. Na manhã seguinte viemos para cá.

É superchato de relatar, mas Z achou que eu deveria tê-la consultado antes de emprestar o Jeep para Rebecca (para os três meses que ela ficará em L.A.). Conversar com ela foi cansativo.

O que foi que eu fiz?
Estou tão crítica, de repente. Preciso parar!

Quarta, dia 10 – Na cama ouvindo Bobby McFerrin. Algo está lá, em algum lugar para nós. Enfim, ele está cantando "Eu posso sentir meu corpo totalmente, sim!" Tão lindo.

Z ligou esta tarde & fiquei feliz em ouvir sua voz! Havia passado dois dias sem vontade de falar com ela. Não liguei. Não havia nenhum sentimento por ela, por nós, qualquer coisa. Achei que estava sem amor. Mas, aparentemente, não. Agora eu quero vê-la, beijá-la. É a coisa de morte-vida-morte sobre a qual Clarissa fala.

Estou muito melhor. Dormi por 2 dias praticamente. Obrigada, Vida!

Então, aqui estou eu novamente. Recuperando a saúde. Apaixonada. Querendo me aconchegar & beijar. Dançar. Vida. Preciso tentar não me esgotar como tenho feito!

Véspera de Natal & tinta verde! 24 de dez.
Estou na cama em Cazul,[1] Mu está do lado de fora da porta do meu quarto, em sua almofada, preta & angelical. Uma sombra tão pequena. Sempre amando – mesmo quando de mau humor, como tenho estado. Bem leve porque antes de ir passar uma semana fora [Havaí] Zel conversou comigo e me tirou de um buraco em que eu estava quase afundando. Minha libido estava baixa e um plano de prazer muito esperado não se concretizou. Ela me criticou, porque se decepcionou, & é óbvio que eu fiquei completamente magoada. Sou uma alma tão sensível. Como minha mãe e meus irmãos Bill & Bobby. Todos nós choramos facilmente, embora Bobby tenha aprendido a esconder suas lágrimas. Eu nunca consegui.

A horrível infecção respiratória que começou em Cuba – pelas substâncias irritantes no ar na estrada para Santa Clara, mas também por sufocar minhas lágrimas no jazigo de Che – parece vencida pelos antibióticos que comecei a tomar há 5 dias. Amanhã Mu & eu iremos para o campo para passar alguns dias e retornar provavelmente no domingo. Quando Zel estará de volta.

* * *

---

[1] Cazul é a Casa Azul de AW, em Berkeley. Ela também ainda é proprietária da casa de campo, Temple Jook/Wild Trees, no condado de Mendocino, e da casa em Careyes, no México.

Eu estou feliz. Contente. Satisfeita com meu relacionamento com Zel. Encantada com Cazul. Finalmente me instalei aqui e adoro o espaço. Sua beleza. A maneira como o sol inunda meu quarto à tarde.

Também reorganizei as coisas. Meu escritório agora está no andar de cima ao lado do meu quarto, bem melhor. No andar de baixo agora tem um esplêndido quarto de hóspedes. Zel & eu fomos à Bed, Bath & Beyond na Jack London Square para comprar lençóis. Eu não fiquei louca por eles, mas o quarto em si é fabuloso. Grande, aberto, convidativo. As visitas vão adorar a lareira.

Rebecca & Me'Shell estão em Careyes. Parece que não conseguem dar um tempo, tão necessário uma para a outra. Eu fico triste por elas. As coisas parecem tão difíceis. Rebecca está tentando escrever. Me'Shell tentando cantar.

O que estou tentando fazer?

Amar Zel & Mu, e ficar mais em casa!

Vamos para Careyes no dia 6: ficamos lá por algumas semanas, depois seguimos para Yucatán e a Conferência de Etnobotânica. Depois, casa. Brindo com Howie & Studs na noite do dia dos Namorados & depois falo em Chicago no final do mês. Em seguida, Havaí por duas semanas para a conferência Dreamtime. Em abril vamos à (Paris?) Inglaterra para a turnê do livro.

O contrato com a Random House foi assinado. Kate devolveu o manuscrito enfeitado com clipes de papel. Aparentemente, uma longa lista de questões está anexada. Eu não li & nem vou ler até chegar em Temple Jook. Vou levá-lo para o México comigo. Rebecca diz que tem mosquitos. Hmmm.

Minhas finanças estão ótimas. Minha saúde é boa. Meus hormônios estão causando enxaquecas & letargia, mas não angústia suicida. Cruz-credo. Muita distração, no entanto.

Estou lendo uma biografia incrível de Che Guevara.[1] Sua vida foi moldada, de muitas maneiras, por causa da asma. Foi particularmente emocionante ver que Celia, sua filha mais velha, também tem asma & saber que, como pediatra, ela cuida de bebês com a doença. Gosto de todos os quatro filhos de Che.

Gostaria de ter conhecido Aleida[2] depois que li esse livro. Receio ter sido muito ignorante e esquisita com ela. Focada como eu estava nas crianças. Espero que ela me perdoe.

* * *

---

[1] *Che Guevara: uma biografia*, de Jon Lee Anderson de 1997.
[2] Aleida March, segunda esposa de Guevara e integrante do exército cubano de Castro.

E Tracy? Eu ainda penso nela e me importo. Mas a dor desapareceu completamente. Quase não lembro dela. Eu adoraria vê-la, na verdade. Seu silêncio longo, estudado e determinado é obviamente calculado e destinado a ferir. Isso me faz saber que ela está machucada, mesmo que ela não possa sentir, e eu me preocupo com ela.

Agradeço, Grande Espírito, por me ver através da dor considerável de me separar dela – o verdadeiro amor da minha vida.

Dizer isso me surpreende. E, no entanto, sinto que é verdade. Não pensei a mesma coisa sobre Robert? Tenho certeza. Talvez existam muitos amores verdadeiros. Talvez Zel, que volta para casa amanhã, seja um deles.

Passei quatro dias fabulosos em Temple Jook. Fui dirigindo no dia de Natal, quinta-feira. Trabalhei no SMILE[1] na sexta de manhã.

Enquanto isso, Rebecca está em Careyes escrevendo & se divertindo muito. Depois vai para L.A. dia 30 para comemorar o Ano-Novo com Me'Shell.[2] Elas podem vir ao norte de Berkeley & para o campo enquanto estivermos em Careyes em janeiro.

As respostas de Kate Medina ao romance não ajudam em nada. Ela sugere tantas coisas que não consigo confiar em nada. Adicionei títulos aos capítulos, o que poderia fazer de qualquer maneira. Mas isso é tudo. Talvez ela esteja sentindo a mudança repentina na Random House e queira mostrar serviço para a nova chefia. Quem sabe.

Adoro olhar ao meu redor para minha linda casa... Eu me sinto tão sortuda! Ter amor & trabalho e belos lugares para descansar minha alma. Minha única oração nestes dias é Agradeço!

9 jan.,
Às vezes existe apenas o sentimento de estar morrendo. Eu sinto isso aqui[3] e me surpreendo com o fato de sempre sentir isso aqui. Parece uma reentrada no fracasso. Me sentei no terraço do andar de cima & olhei para o jardim encantador & tudo me deixou fria. Comecei a chorar, pensando nas relações que terminaram aqui. Ou que foram muito tensas. Robert & Tracy. Rebecca!

---

1 O novo romance, *By the Light of My Father's Smile*.
2 Rebecca estava namorando a cantora, compositora e instrumentista Me'Shell Ndegeocello.
3 Na casa em Careyes, México, que AW às vezes chama de Casa Paradis, ou Casa Paradise.

Será o café, forte, que tenho bebido todos os dias? A maconha? O açúcar? A cerveja ontem?

Eu me entreguei a todas essas substâncias desde que cheguei. O café me estimula demais. Açúcar é a droga que mais me deprime (também tomei um sorvete antes de sair de Berkeley e outro no primeiro dia em Playa Rosa!) Leite, que não tolero de jeito nenhum. A cerveja me deixa com gases e desfocada e sempre é demais para minha bexiga pequena.

Todo esse excesso de indulgência com o que é veneno para mim me levou ao fundo do desespero. Zel e eu conversamos e isso ajudou, mas aí comecei a sentir que falar não estava ajudando, mas me fazendo sentir mais vazia, sem esperança. Eu só queria silêncio. Solidão. Nadei na piscina fria sozinha. Me deitei de bruços ao sol. Subi as escadas & me deitei nua na rede. Esperançosa de que o sol surgiria de trás das nuvens & me aqueceria. Não. Eu não conseguia me mexer, embora estivesse com muito frio. Depois de chorar, me senti melhor. Agradeço, Grande Espírito, pelas lágrimas! E por me ensinar mais uma vez que não posso com café forte, açúcar, sorvete ou leite – essas drogas poderosas transmitidas para os crédulos como "inofensivas" ou "recreativas".

Tive uma visão maravilhosa esta manhã sobre a Casa Paradis, que estou pensando novamente em vender. Zel comentou que a corda da roupa lá atrás é muito grossa & não era própria para um varal. Eu disse que era uma corda de varal & seja como for era igual àquela que usamos na minha infância para pendurar roupas. Mas quando tentei prender a toalha que estava estendida com um pregador me dei conta de que _era_ uma corda muito grossa & que o pregador não cabia nela! Então comecei a pensar nos varais da minha juventude.

Na verdade, raramente comprávamos cordas de varal – se é que comprávamos! – nas lojas. Se bem me lembro, usávamos arame ou pendurávamos as roupas na cerca do jardim. Geralmente as duas coisas porque havia muitas crianças e minha mãe lavava tantas roupas quanto.

Zel comentou sobre minha atitude defensiva. Eu _estava_ na defensiva. Senti como se ela tivesse encontrado mais uma coisa que não gostasse na minha casa. E isso me levou à revelação de que tenho momentos difíceis aqui porque o lugar lembra a minha infância. Até o calor! Estou de volta a uma casa em que muitas coisas estão "erradas" ou não funcionam direito. Os primos da cidade vêm nos visitar, zombando de nossa pobreza, e estamos desesperados para oferecer a eles o melhor que temos. O melhor quarto, o melhor fogo, a melhor comida especialmente. Esperamos que, se eles comerem bem e dormirem bem, não irão notar os buracos nas paredes ou as goteiras no telhado ou que não temos um varal de verdade.

Minha fascinação por ter casas, que de certa forma é contra a minha natureza – não gosto intrinsecamente de ter coisas – vem do desejo de tornar o lugar onde vivo bonito, confortável; um lugar onde tudo funcione.

No México, como meu espanhol é fraco e porque estou aqui apenas uma vez por ano, e porque há tanta coisa cultural & política que não entendo, é impossível – ou parece – que as coisas funcionem tão bem quanto eu gostaria. (O país inteiro não funciona!) (Não que o nosso funcione.)

E, no entanto, quando estou aqui sozinha, me concentro no que é bom, no que é belo. Mas, quando outras pessoas estão aqui, pareço ver apenas as falhas. Costumo ver minha casinha pelos seus olhos e julgá-la com severidade. Na verdade, eu a abandono, e esse abandono me faz sentir dividida, desleal e triste.

Eu posso ter tido essa revelação antes, mas parece nova. Parece real.

Isso explicaria por que me sentei chorando no terraço – falando sobre me sentir um fracasso! Depois de tudo que conquistei na vida, uma palavra de um hóspede sobre algo que está errado me faz sentir com nove anos de idade, morando no pior barraco de todos os barracos que habitamos. Eu acho isso incrível. Que seja no encontro com esta casa relativamente pequena, mas agradável que tantas das lágrimas da minha infância estejam guardadas.

Seria esse um dos motivos para eu tê-la comprado? Me submeter a uma experiência, como adulta, de uma situação de vida que "não está tão bem".

Agora começo a entender outra coisa. Que essas "drogas" – café, açúcar (principalmente) e leite – me levam para os cantos escuros, pesados e opressivos da minha psique. Assim como a maconha me leva ao lugar de conexão suave com a natureza e a Ayahuasca[1] me leva a regiões desconhecidas para mim. E também me apresenta ensinamentos profundos – que não são menos profundos simplesmente porque não me lembro deles.

Uma reviravolta na viagem!

Eu temia a chegada de minhas amigas Joan & Sue![2] Elas iriam gostar do que encontrariam? Nós quatro seríamos felizes? Elas chegaram rindo e completas. Admirando tudo. Sue especialmente é tão contemplativa. As flores, as árvores, os pássaros, o ar! Ela levantou meu coração. Joan também. Logo estava – eu, a criança de nove anos – vendo meu pequeno "barraco" através

---

1 Uma bebida à base de plantas que algumas comunidades nativas usam para fins divinatórios e curativos.
2 Joan Miura era assistente e amiga de longa data de AW. Sue Sellars, lembra AW: "não era apenas minha vizinha e amiga, mas uma artista extraordinária (pintora) e lésbica radical-separatista até que cedeu a Robert!" Também conhecido como Robert Allen, homem com quem Sue desenvolveu uma amizade duradoura.

dos olhos do amor. E sim! Eu disse. Isso aqui não é maravilhoso?! E isso aqui também. E venham, deixem eu mostrar outra coisa! Eu fiquei incrivelmente feliz porque elas estavam felizes.

E assim foi. Todos os dias acordamos tarde, comemos frutas em volta da mesa (Sue vai tomar café no hotel). Vamos à praia à tarde. Eu nado. Zel cria belas esculturas de areia. Joan & eu adormecemos na praia anteontem.

Ontem à noite dormi bem & depois o sono ficou agitado – a mota![1] – e passei muito tempo na cama esta manhã. Finalmente me levantei, cortei a ponta esvoaçante da cortina do chuveiro, arrumei o quarto – Zel tinha descido as escadas para escrever em seu diário – e percebi uma sensação de contentamento. Melhor do que apenas passar tempo. Eu adoro ter Sue & Joan aqui. Elas são maduras e tornam as coisas mais simples, tranquilas.

E então, hoje, que acho que deve ser dia 14 de janeiro, estou amando minha casinha novamente. Zel odeia a buganvília porque "faz bagunça" & ela tinha que limpar tudo quando era criança. Eu a amo por sua cor e suas mágicas flores "secas"! Basicamente, não estou abandonando minha casa – também estou aprendendo a aproveitar nossa praia, Playa Rosa. E La Fortuna nunca pareceu tão atraente.

Tais são as mudanças de humor! Como nuvens sombrias no céu do espírito! Agradeço, Pema. Agradeço a todos os meus guias, professores & especialmente minhas queridas amizades.

———

Minha vida interior ainda está instável com as mudanças radicais que ocorrem em minha vida exterior. Isto é, o relacionamento com Zelie. Ela é um milagre & é ainda mais interessante quanto mais eu a conheço...

Enfim. A vida é fabulosa. Não é sempre, né? Estou aqui na minha casinha branca na encosta de uma colina no México sabendo que minhas amigas estão se divertindo junto comigo. É ótimo. Amanhã Joan & Sue vão embora. Sentirei falta delas.

27 jan. de 1998
Hotel Uxmal Mission, Uxmal, México.
Sentada em nossa varanda em Uxmal, com uma vista esplêndida das ruínas a 1,5km de distância. Pintei minhas unhas de "violeta virtuosa" e agora minhas mãos & pés parecem pertencer a outra pessoa. Acordamos cedo. Zel está to-

———

[1] Mota é uma gíria em língua espanhola para maconha.

mando banho. Suspeito que vai fazer muito calor pelo resto de nossa estadia – o tempo tem estado chuvoso & encoberto, muitas vezes frio, desde que chegamos.[1] Meu corpo sofreu, perdendo o calor que se acostumou em Careyes.

28 jan. de 1998

Gostando muito desta conferência. Realmente gosto de Terence & Paul & Manuel e Peter. Também de Jonathan Ott que é tão inteligente.[2] Todos eles me parecem tão familiares. A turma de Zel. Simpáticos. Estou aliviada. Feliz. Aprendendo coisas novas e incríveis!

Estou distante de Z e de mim mesma! nos últimos dias. Desde que Joan & Sue foram embora (senti saudade delas!) e isso também se deve à minha menstruação, sempre na promessa não realizada de descer. O que finalmente aconteceu. Por muitos dias irritáveis e tensos pareci não amar Z. O velho padrão de gelo onde eu fico achando que o amor morreu e me perguntando por que estou com essa pessoa?! A vida não é melhor sozinha?! A resposta é não. E assim lutamos juntas – Zel sendo muito amorosa, mas se mantendo firme. Com certeza, quando comecei a sangrar, meu humor mudou & agora tenho me sentido muito afetuosa com ela. Esta noite, durante a palestra de Peter Furst, ficamos de mãos dadas.

Descobri que Peter Furst é um dos pais das pinturas modernas Huichol – e um grande amigo de José Benítez Sánchez.[3] Durante o almoço, ele contou a Zel & a mim histórias incríveis dos primeiros tempos dos Huichol.

Amanhã é nosso último dia inteiro aqui. Partimos sexta-feira.

Tem sido ótimo. Ir para casa parece ótimo. O México foi totalmente diferente nesta viagem. Mais diversão. Mais aprendizado. Mais cura. Expansividade.

Encontrei outra parte da minha tribo.

---

1 AW está acompanhando Zelie – que, além de musicista, é curadora energética tradicional havaiana – em uma conferência de etnobotânica em Uxmal.
2 Entre os mencionados nesta entrada: Terence McKenna foi um etnobotânico e místico estadunidense que defendeu o uso responsável de plantas psicodélicas naturais. AW se lembra dele como "um professor extraordinário para aqueles que queriam aprender". Jonathan Ott é um etnobotânico, escritor, químico e pesquisador botânico que ajudou a cunhar o termo "enteógeno", que se refere a uma substância química, tipicamente de origem vegetal, que é ingerida para produzir um estado alterado de consciência para fins religiosos ou espirituais.
3 Peter Furst é autor de vários livros e ensaios sobre os huichol, um povo indígena do México, incluindo *Visions of a Huichol Shaman*, que explora as pinturas visionárias do artista xamã José Benítez Sánchez.

03 fev.,
Em breve terei cinquenta e quatro anos! Quem poderia acreditar! Eu não. Sinto meus habituais trinta e seis, às vezes nove ou dez. Às vezes 500.000. De qualquer forma, de volta de Careyes & Yucatán. O seminário sobre enteógenos foi informativo & muito novo para mim: aprender num grupo como aquele.

Sou dezesseis anos mais velha que Zelie. Considerando isso, dentre outras coisas, é um milagre nos relacionarmos tão bem. Sexualmente & além.
 Eu sinto que ela está preocupada com alguma coisa. Isso me preocupa.
 Decidi deixá-la na Beamer & vir[1] com Sue. O que acabou por ser um passeio épico & se estendeu por 6 horas! Tráfego, inundações e paramos para comer & abastecer gasolina. Comprei uma deliciosa barra de chocolate Häagen-Dazs, sorvete & seguimos em frente. Sue estava um pouco abatida, mas provavelmente apenas cansada da viagem.

O silêncio monástico de Wild Trees é maravilhoso. Há uma calmaria na chuva & ouço apenas um sapo & a água correndo morro abaixo.
 Olho para a paisagem molhada, molhada & para o eucalipto e me sinto tão feliz. (Incrível quando considero como me senti triste em outros momentos! Será que realmente entenderei que a vida é mutável & que as emoções são como o clima?) Os budistas sabem disso, e que lição valiosa!

Tanto Tracy quanto Deborah parecem ter sumido da minha vida. As cordas entre nós se romperam.
 Abri um envelope que estava na minha pilha quando cheguei & descobri que D. descontou um cheque sem fundos. E agora precisa aprender a resolver isso de descontar cheques sem fundos. É lógico que eu queria correr para ajudá-la. Mas recebi conselhos idênticos de Joan, Joanne & Zel. Não. Então eu não vou.

Março de 1998
Ultimamente, Mamie tem sido mais fraternal. Ela escreveu um cartão recentemente dizendo que me ama & que todos ficaram felizes em vir me conhecer quando eu nasci! Incrível.

---

1 AW viajou para Wild Trees, sua propriedade em Mendocino, com Sue Sellars, sua amiga e vizinha.

1998 – Kaua'i

07 de março, sábado, Moore House, perto de Hanelei, Kaua'i. Conferência de Brugh Joy sobre Sonhos.

Minha menstruação veio no dia seguinte à massagem mais magnífica de um havaiano chamado Allen. Durou 4 horas e foi perfeitamente incrível. Ele encontrou e dissolveu alguns nós que eu nem sabia que tinha.

Embora eu estivesse me sentindo exausta e irritada ontem à noite & bastante fria & distante ainda agora, um dia rápido & tranquilo, Zelie & eu ficamos muito bem. Ela se enche de vida aqui de uma forma que me emociona muito. Continuo querendo que ela tenha disponível toda a energia que tem aqui, o tempo todo. Em Berkeley também tem grande energia, mas a conexão com a terra aqui ainda é palpável. Tão preciosa!

Estou tomando erva-de-são-joão & vitex para o meu mau humor. Este mês pareceu bem menos matador. Viva!

Talvez eu dê um passeio na praia esta manhã, depois de colocar um monte de roupas na máquina de lavar.

Grande Espírito, preciso de ajuda! E eu não preciso sempre? Me ajude a continuar a me abrir à Vida. Me ajude a continuar a enxergar & me deliciar com pessoas, eventos, tudo. Às vezes, como agora, me sinto tão estranha por trás das minhas tentativas de entender a novidade da mudança. Me ajude. Sei que ajuda o tempo todo, eu sei. E então,

Agradeço.

25 de março, aniversário de Gloria:
Apenas olhei para cima & notei que o céu está clareando & formando um nevoeiro. Misericórdia! Ontem à noite sonhei que vomitava algum tipo de queijo (branco) numa pilha de roupas novas de Hillary Clinton – e ainda num saco, bem engomado. Alguma coisa rosa. Quando ela entrou eu disse: Apenas se lembre, eu não te traí!

Estou realmente triste por ela & Chelsea e por ele.[1] A mídia é implacável & nem sequer importa se não nos interessamos por essas coisas.

Cheguei ao domingo depois de um dia de prazer na cama com Zelie. Ela é uma amante tão adorável! Eu sou tão sortuda. Ela é <u>tão</u> a juventude masculi-

---

[1] Durante grande parte do ano de 1998, o presidente Bill Clinton esteve envolvido em um escândalo político sexual – o que afetou sua esposa Hillary e sua filha Chelsea, com dezoito anos à época. O presidente de 49 anos inicialmente negou ter um caso com a ex--estagiária, de 22 anos, da Casa Branca, Monica Lewinsky. O escândalo acabou resultando no impeachment de Clinton, apenas o segundo presidente a enfrentar esse destino.

na para minha Grande Mãe. Tive esse insight sobre mim mesma: que sempre amei a juventude masculina. E amei homens que a carregaram, encarnaram, até que começaram a perdê-la. Na casa dos trinta & Robert na casa dos quarenta, os homens parecem (alguns deles) começar a deslizar para o velho feminino, que não é a mesma energia da Grande Mãe, talvez porque sejam homens. O atributo da Grande Mãe, como o da Imperatriz, é abundância, fecundidade, fartura. Vida exuberante. Nutrindo, mas de forma recíproca, geralmente.

Uma alegre visita de Gloria que, aos 64 anos, parece ótima. Ela & eu somos amigas há tanto tempo! Apenas nos conectamos diretamente e seguimos. Estamos planejando uma viagem de compras quando eu for para o Leste em maio. Vai estar quente & ensolarado então, com certeza!

Quero escrever poesia novamente. E sinto que ganhei espaço depois de 6 romances e dezenas de contos e ensaios. Gosto de ler poesia quando faço uma palestra; é maravilhoso sentir a resposta do público. As pessoas amam a poesia e precisam dela. Assim como precisam de música. E precisam e merecem o melhor das duas coisas.

Então estou na cama, depois de meditar... Tenho passado as noites deitada diante da lareira lendo o livro de Angela sobre mulheres no Blues[1] que é maravilhoso.

É isso, Grande Espírito, te agradeço por todas as tuas bênçãos. Como você é rico, variado & misterioso! Como você brinca de esconde-esconde conosco e às vezes nos lança com força uma bola de baseball! Agradeço por me permitir manter minhas casas de pé. Pela minha saúde. Meus dentes. Meus olhos. Minha capacidade de comer e defecar com prazer em vez de dor. A lista não tem fim. Assim como também não tem fim minha gratidão & meus agradecimentos.

Você é bomba! (Como diz a geração da minha filha, estranhamente.) Eu Te Amo.

6 de maio de 1998
Voltei da Inglaterra. Uma viagem de 10 dias muito desafiadora.

---

1 O livro de Angela Davis *Blues Legacies and Black Feminism* – uma pesquisa sobre a vida e a arte de Gertrude "Ma" Rainey, Bessie Smith e Billie Holiday – foi publicado em janeiro de 1998.

Públicos apinhados – o maior em Barbicon – 1.900 pessoas. Zel & eu na TPM, sentindo o fuso horário, irritáveis. Eu falei para ela num momento "Foda-se & me deixe em paz!"

Imagine!

Me senti tão madura!

Mais tarde, rimos & nos divertimos muito, apesar da minha exaustão.

De volta à Cazul que está literalmente inundada de flores! Glicínias, jasmim, jasmim-da-noite, rosas.

Tenho estado alternadamente energizada e jogada pelos cantos. Hoje, apenas feliz – até parei tudo para registrar.

Agradeço, mamãe.

09 de maio de 1998
Parece que estou morrendo para a vida que vivi. Percebo que não me importo se sou famosa ou mesmo se serei lembrada. Certamente escritoras e escritores devem ser lembrados em parte porque desperdiçaram tantas árvores. Depois desta próxima turnê eu posso muito bem me aposentar de verdade! Eu até compraria de volta da Random House as minhas histórias/memórias.

É bem provável que eu espere alguns anos antes de publicar qualquer coisa. Pelo menos 3. 6 seria o ideal.

Zelie & eu precisamos de um tempo uma da outra, mas de uma maneira tão boa! Estamos juntas constantemente há semanas, meses, e tem sido tão verdadeiro. Agora é só tempo da solitude.

Vou seguir para o campo na terça-feira. No domingo retorno para ir a um piquenique & para vê-la se apresentar, depois volto na segunda & FICO até eu ter que ir para o Leste. No Leste, vou ver Gloria & será divertido. Vamos fazer compras & comer & conversar. Depois, voarei para Chicago para falar com livreiros.

Zelie me ajuda a perceber que posso viver com muito pouco & ainda ser feliz. E então parece que estou perdendo um pouco do meu medo de casebres.

Sáb.
16 de maio de 1998
Senti raiva o dia todo e quero ir na raiz da questão.

Para começar, está muito frio. E tem chovido desde que cheguei na terça-feira.

Eu me recompus para a viagem à Inglaterra. Saí de casa ao meio-dia, com um voo previsto para as 14h30. Joan calculou mal. O voo estava programado para sair às 16h30 & na verdade saiu por volta das 17h. Eu fiquei realmente irritada...

A Inglaterra foi um desafio. Cinco palestras & várias entrevistas & uma sessão de autógrafos todos os dias – mas com a ajuda de Zelie estive à altura da ocasião. A imprensa era ruim. Deprimente. Deixou um gosto amargo. Especialmente o The Guardian, cujo entrevistador identificou as calças do meu jardineiro japonês como calças de "combate".

Então, deixei a Escócia de madrugada, voei para Londres – excelente café da manhã! Comi salsicha & tudo mais. Saí de Londres horas mais tarde. Cheguei em SF horas depois disso! Eu havia pedido a Joan para contratar um motorista para nós, mas não, lá estava ela em seu pequeno carro. Um táxi teria sido mais rápido.

De qualquer forma – ela se desculpou brevemente por ter nos mandado para o aeroporto horas antes do longo voo. Passando pela cesta mais tarde, deixei um bilhete perguntando se o trabalho repetitivo & o tédio não a estavam afetando. Ao que ela respondeu que precisa de mais dinheiro!

Nós conversamos. Eu disse que tinha certeza de que poderíamos dar um jeito, embora na verdade tenha ficado chocada. Mais tarde, escrevi uma carta para ela expressando minhas reservas sobre dar um aumento a ela – "um aumento no custo de vida", disse ela; seu "aluguel aumentou duas vezes" – já que prevejo diminuir drasticamente o trabalho. Falei da frequência com que tentei fazer com que ela ignorasse o fax & o telefone. Que estou cansada etc.

Fui para um fim de semana de Ayahuasca com Zelie. Quando voltei, a demissão de Joan estava na minha mesa. Antes de sair para o fim de semana, eu havia escrito uma carta e deixei um cheque (bônus & comemoração) de 25.000, para que ela percebesse que eu não estava tentando deixar de pagar seu dinheiro – só não tenho certeza se um aumento fazia sentido se o trabalho dela seria cortado pela metade.

Ela deixou tudo na minha mesa, arquivos etc., e disse que sua demissão estava efetivada imediatamente.

Senti tanta raiva que parecia entalada. Zelie veio & conversamos, o que ajudou. Ela pediu para reler a carta – que ela já havia lido no computador antes do envio. Eu li. Não parecia nada tão ruim para mim. Zelie deixou imediatamente uma mensagem de apoio a Joan. Na manhã seguinte, liguei & deixei uma mensagem. Dizendo que sentia muito por ela ter sentido que devia pedir demissão, que eu havia relido minha carta e não parecia ameaçadora ou ofensiva. E que eu acrescentaria 11.000 aos 25.000 como um salário de um ano inteiro como indenização. (Isso foi sugerido por Gloria, a quem liguei assim que pude falar com outra pessoa sobre isso.)

Mais tarde, Sue me contou que Joan disse que sentiu que havia sido demitida. Que eu queria que ela desistisse. Ela leu trechos de minha carta para Sue. Aquelas partes que, separadas do resto, parecem falar apenas do passado, não do futuro.

Enviei lírios brancos de Casablanca & um bilhete: Para a luz em nós.[1]

Já conversei com várias amigas sobre isso. E escrevi uma descrição do trabalho. Me sinto <u>muito</u> melhor & mais equilibrada.

<u>No entanto</u>, parte da minha raiva é que essa bomba mexeu comigo. De repente, me dei conta que nem sei enviar um fax normal. Não dormi a noite toda. <u>Resfriada</u>. Me levantei cedo & saí para ver se o abacateiro podre, mas lindo, estava sendo derrubado, como combinado. Conheci, conversei & paguei o homem da árvore. Nesse tempo notei sua brancura (enquanto ele estava "supervisionando") & a pele escura de seus trabalhadores mexicanos. Ele era bastante agradável. E a transação foi bastante tranquila. Eu me senti – talão de cheques firmemente na mão – muito bem.

Subi para pedir a Zelie que me mostrasse como enviar alguma coisa por fax. Ela ainda estava na cama, abraçando meu travesseiro, querendo fazer amor. <u>Agora?</u> ela perguntou. Eu disse sim. Concisamente. Ela resmungou um pouco, mas se levantou & desceu. Meu primeiro fax regular foi muito caseiro. Escrito à mão. A parte inferior rasgada. Ela estava impaciente comigo. Isso me magoou profundamente. Mais tarde, ela agravou o problema dizendo que não queria ter que me mostrar como fazer toda vez que eu precisasse enviar algo por fax. Ninguém nunca falou comigo num tom que parte do princípio de que eu sou estúpida. Fiquei com muita raiva & disse isso a ela.

Nossa despedida foi tensa e de minha parte gelada.

Toda a sua conversa sobre me ajudar, mas quando eu mais precisei ela me decepcionou.

Então falei para ela: não quero te pedir mais nada! E eu quis mesmo dizer isso.

---

1 AW escreveu: "Joan Miura, minha amiga há mais de trinta anos, também foi a melhor assistente administrativa que já tive. Essa separação dolorosa levou a um hiato na conexão que durou vários anos – até que, por acaso, nos encontramos numa exposição das extraordinárias fotografias de Elisabeth Sunday em uma galeria na área da baía. Eu a vi antes que ela me visse e disse 'boo'. Desde então, continuamos nossa amizade e nosso trabalho juntas, ao que sou grata."

Estou aqui desde terça-feira – A essá altura Zelie ligou. Está chateada porque não vou voltar hoje à noite[1] como combinado.... Eu listei seu papel no ocorrido. Ela se desculpou. Concordamos que é melhor eu ficar aqui.

Mas no fim das coisas eu acabei indo. Saí enquanto ainda estava claro & cheguei por volta das 21h30. Eu esperei & esperei por ela. Finalmente, por volta das 1h30, ela chegou – cheirando a tabaco & cerveja. Ela havia parado num pub. Tivemos um reencontro mais ou menos.

E agora estamos as duas aqui, em Wild Trees. Ela está no estúdio preparando sua música; eu acabei de plantar couve russa, nicotiana & mostarda japonesa. Estou sofrendo de carência de amor e desordens gerais. O comportamento de Zelie sobre o fax realmente mudou a forma como eu a vejo. Como alguém, quaisquer que sejam seus pontos positivos, que é egoísta, preguiçosa e egocêntrica. Ah! Mulher-esqueleto! Eu me senti muito cética em relação à capacidade dela de me amar. Ela toma tudo o que tem como tão garantido.

Discutimos sua preguiça na outra noite. Acho que nunca conheci, pessoalmente, uma pessoa mais preguiçosa. Ela disse que não tem energia. Nem motivação. Que seus avós & seu padrasto sempre disseram que ela era preguiçosa e "sem serventia". Que havaianos são assim.[2] Ela perguntou se eu achava que era depressão. Eu respondi que talvez. Mas realmente não faço ideia.

Estou me sentindo aliviada por não ter uma assistente... Não estar presa num mundo ganancioso através dela faz com que eu me sinta livre. Ainda estou sofrendo com a perda. Algo de aço penetrou em mim também.

Ontem Z & eu fomos a Mendocino – à praia. Jantamos no The Chocolate Mousse. Me senti tão distante, como se mal a conhecesse. Me sinto triste com isso. Ela continua fumando – então os beijos não são tão gostosos. Ela parece realmente ter mergulhado na maconha. Pelo menos está saindo da cama antes do meio-dia. E fazendo um esforço para colaborar de uma forma mais consciente. Fiquei chateada que ela me deixou para comprar a caminhonete & ir ao oftalmologista sozinha. As duas coisas deram certo – e o oftalmologista foi ótimo.

* * *

---

1 Retornar à Casa Azul em Berkeley.
2 Os avós de Zelie por parte de pai eram descendentes de colonos franceses. Sua mãe era nativa do Havaí. Zelie foi uma criança *hanai* (termo usado no Havaí para adoção informal) por seus avós após a morte prematura de seu pai. Sua visão das pessoas havaianas era típica dos colonizadores brancos daquela época.

Estou para menstruar. Indo para a Filadélfia, Nova York, Chicago em alguns dias – Deusa me ajude! E preciso escrever um discurso de 12 minutos. Me recuso a pensar sobre isso! A única resposta é mudar minha vida para que isso não aconteça!

Gloria disse que Wilma[1] voltou para o hospital! Isso é uma chatice. E uma lição/aviso.

Grande Espírito, estou tão deprimida – já estive neste lugar antes. Me ajude. Apenas a alcançar a graça de não magoar ninguém ao meu redor.

Agradeço.

9 de junho de 1998

Grande Espírito, aqui estou eu de novo! Sentada ao sol pelo qual agradeço profundamente. Esperando melhorar minha amarga disposição. Que com o sol, o sono & as frutas frescas que Zelie comprou antes de sair, melhorando. Agradeço. Estava me sentindo como uma fera.

A maneira como Joan foi embora foi como uma picada de escorpião. Venenosa & persistente. Eu senti tanta raiva. E exausta por isso.

No entanto, com o sol tão brilhante e a brisa tão suave, eu realmente devo deixar a gratidão me guiar.

Depois de um dia de pequenas brigas & tristezas e todo tipo de angústia & eventuais reconciliações, Zelie foi para Berkeley & de lá segue para o Havaí. Lamento deixá-la ir sozinha, mas nós duas precisamos de tempo. E não vou sair daqui enquanto não for preciso.

O sol é incrível! Vou descer daqui a pouco só para senti-lo em meus membros.

Parece que é assim para mim: que eu estava bem, Zelie & eu bem, até que voltamos do nosso fim de semana de Ayahuasca & encontramos a demissão de Joan. Eu entrei em algum tipo de choque e pânico – ser dispensada tão pouco cerimoniosamente e depois de ter oferecido a J. 25.000 em reconhecimento ao seu trabalho. E aí só tive uma semana para me reorganizar e então fui para Chicago, Nova York & Filadélfia. Perdi o voo para a Filadélfia, devido a tempestade & trânsito congestionado. Cheguei a tempo de ser lançada rapidamente em uma reunião de brancos ricos que apoiam a Biblioteca Livre onde falei. A fala/leitura correu bem. Eu estava num clima de "mas que diabos".

---

1 Wilma Mankiller, amiga de longa data de AW, ativista, assistente social, líder comunitária e primeira mulher eleita chefe principal da nação cherokee.

Comentei sobre o bíceps do garçom. Ele riu. Acordei no dia seguinte às 08h08 e precisava pegar um trem às 8h45 para NYC. Consegui por algum milagre & porque meus pés foram velozes. Uma longa viagem a Manhattan, até a casa de Gloria. Ela & eu fizemos compras o dia todo & nos divertimos muito. Depois fomos ver O Rei Leão. Os cenários ficaram deslumbrantes. (Mas o Jovem Rei Leão passou de um menino negro para um homem branco sem lógica ou aviso.) No dia seguinte saí da casa dela às 12h30 para pegar o avião das 14h. Cheguei lá & fui informada que o voo foi cancelado! Fui para United, depois de ligar para a limusine do Corey. Esperei no aeroporto de Chicago. O motorista chegou atrasado. Me fez andar até seu carro, que só então ele explicou que estava quebrado & enguiçado. Fiquei no estacionamento por 1/2 hora aguardando a substituição. Que por fim aconteceu. Fui para o meu quarto no Spartan & para a festa da Associação de Livreiros Negros. Depois com Wendy & Carol para um restaurante barulhento horrível onde não conseguia ouvir nada além de barulho. Chegamos tão cedo que nenhuma mesa estava pronta. Saímos. Comemos no hotel. Wendy & eu somos velhas soldadas vendendo meus livros para editoras mas quando estamos a sós o tempo passa devagar. Fiquei aliviada por ir para a cama. Na manhã seguinte, de pé às 5h30 – tinha que estar no camarim às 6h30. Para esperar & esperar. Conheci os outros palestrantes, Dava Sobel & George Stephanopoulos. Eles eram calorosos & interessantes. Seu editor também estava com ela & é bem fofo. Carol se sentou comigo. Falei por 10 minutos ou mais. Os outros igualmente. Passei 1 hora e 1/2 autografando livros. Uma fila imensa. Fiquei feliz em me ver livre. Voltei para o hotel. Fiz as malas. Fui para o aeroporto. Um assento na primeira classe, mas bem no meio do corredor! Horrível. Então li na maior parte do caminho para casa. Cheguei. Nenhum motorista. Liguei & então ele apareceu.

Finalmente em Cazul com Zelie & Mu! O que foi ótimo. Uma vida inteira aconteceu desde que nos separamos. Fiquei tão feliz em estar em Cazul de novo que quase chorei.

Chegando aqui, acho que estávamos bem até que Sue me ligou & disse que havia jantado com Joan na noite anterior & que Joan está procurando emprego. Eu falei que ela não tinha que fazer isso ainda. Que tolice minha pensar que ela usaria os 36.000 para dar a si mesma pelo menos uma pequena pausa.

Também me senti incomodada porque em minha sessão com Jean Bolen, ela tentou justificar a saída de Joan sem aviso prévio.

Fiquei desapontada & irritada com Jean por ela tentar justificar o que me parece um comportamento pouco profissional, para dizer o mínimo. Parte do meu acordo com Joan era que ela me ajudaria a encontrar e treinar alguém antes de partir. O mínimo que ela poderia ter feito, me parece, era avisar. Ela também se recusou a reconhecer meu esgotamento, o que me doeu.

Zelie & eu passamos vários dias entrevistando prováveis candidatas. Decidimos que Kaiya é a pessoa certa. Ela nos ganhou com sua praticidade, inteligente o bastante. Maternal.

Liguei hoje & deixei uma mensagem avisando que o trabalho é dela. Ela retornou, encantada.

11 de junho de 1998

Ontem eu estava com mais energia do que há alguns meses. Minha própria energia, em oposição àquela que extraí do Universo (que usei na Inglaterra, Filadélfia e em Chicago). Então, com minha própria energia, me vesti, depois de assinar cheques (eu gosto disso!) & tendo organizado o talão, fui até a casa de Angela.[1] Colhi verduras. Fiquei sentada com ela em sua varanda. Aproveitamos o sol. Voltei caminhando, joelhos estalando, perambulando pela casa. Em algum momento fui para a casa de hóspedes & descobri que, embora não tenha água quente no chuveiro, a banheira de hidromassagem estava perfeitamente quente. Pulei lá & tomei um ótimo banho que aliviou a dor artrítica que sentia nos quadris & na parte inferior das costas.

Zelie ligou. Ela está feliz por estar em casa & vestindo poucas roupas. Ainda nos irritamos facilmente com os comentários uma da outra. Ou eu me irrito. Falei para ela que tive uma longa conversa com Rebecca, que chega no sábado. Junto com Trajal & seu amigo Kamron. Deixei uma mensagem explicando minha exaustão & minha falta de ânimo. Ela disse que entende & que também está muito cansada. Falei que sentia que seria melhor recebê-los entre sábado e terça-feira. Ela respondeu tudo bem. Eu & ela devemos ir ao departamento de veículos, o DMV, em Fort Bragg para colocar o Jeep em seu nome.

É isso... A lua estava cheia ontem à noite. Senti nos meus ovários. Acordei com sua claridade & fui até o deque para vê-la – bem, espiei pela porta do deque. Foi legal mesmo assim.

Meu humor melhorou muito.

Este tempo sozinha é precioso.

---

[1] Angela Davis agora é proprietária de uma casa em Mendocino, não muito longe de AW.

Quando Zelie está por perto eu falo demais. Ela tem inúmeras condições de saúde e preocupações emocionais & fica discutindo sobre isso constantemente. É como se meu mundo estivesse completamente preenchido com a estática de outra pessoa.

Ela disse algumas verdades para mim, no entanto. Uma é que não tenho que culpar ninguém pela minha exaustão, a não ser eu mesma. Que é meu problema/culpa não conseguir & não dizer não. Isso é terrivelmente verdade. Trabalhei sob a suposição de que o trabalho precisava ser feito & que meus ancestrais me prepararam & me enviaram para fazê-lo – mas eles não me enviaram para fazer todos esses discursos. Que me esgotam quando são tantos na agenda. E quando são somados a todas as outras coisas que me interessam.

No fim das contas, Zelie é boa para mim – não importa o quanto eu catalogue seus defeitos meticulosamente. Ela diz que sou implacável, que guardo rancor. Que não lembro das coisas boas. (Reclamação de Robert!) Etc. Tudo verdade. E quem mais tem a coragem de me dizer isso?

O que eu preciso para ser mais feliz em nosso relacionamento?

Mais tempo sozinha –	no mínimo 3 dias por mês. No máximo 7.
	Isso me daria a oportunidade de meditar, ouvir minha voz interior com clareza. Permanecer fiel ao meu senso interior de direção.
Acordar sozinha com mais frequência – na minha própria cama	Pelo menos 1/3 do tempo. Preciso saborear ou relembrar meus próprios sonhos, meditar, me sentir em paz com meus próprios ritmos.

Experimentar mais silêncio enquanto estamos juntas. Eu não sou falante, por natureza. Sou essencialmente contemplativa. Eu amo o silêncio. Fico revigorada ao aproveitá-lo. Muita conversa drena minha energia criativa & me faz me sentir irritada e vazia.

Drogas:	Gosto de maconha, mas faz meus olhos doerem (seca & leva à inflamação) e

qualquer tipo que não seja havaiana me deixa pesada & desanimada, em vez de leve. Também me dá ressaca. Então prefiro fumar cerimonialmente, se for o caso.

As últimas experiências com MDMA foram maravilhosas. Mas a qualidade da segunda leva era ruim. Experimentei pouca "verdade" (o lugar favorito para mim) & muitas consequências residuais: dor de cabeça e cansaço geral/indisposição. Então isso é algo que eu provavelmente não vou usar novamente.

Ayahuasca, na última sessão, parecia me dizer claramente que não preciso disso. Ou, em outras palavras, o que recebi foi "Vá para casa e aproveite sua vida normal!" Eu amo a vida normal & por isso esta instrução faz todo o sentido para mim. O que significa que provavelmente não tomarei o "chá" após as próximas 2 sessões.

Mais natureza selvagem/ar livre/conexão com o tempo da Natureza. Eu gostaria de caminhar, acampar. Atravessar um rio. Andar de bicicleta. Etc.

13 de junho de 1998
Rebecca, Trajal[1] e Kamron chegaram por volta das 19h da noite passada. Eu os adoro. Kamron é um jovem alto, inteligente e tranquilo, tem mãos quentes e olhos atenciosos. Eles ficaram em Cazul com Rebecca & dormiram no quarto de hóspedes, que gostaram. Devia ver os armários! Rebecca dormiu "delirantemente" na minha cama, ela disse. Comemos melancia, pepino & salada de tomate & milho no jantar. Perfeito. Trajal & eu conversamos sobre se juntar

---

1 Trajal é um amigo de longa data de Rebecca e Alice.

a uma trupe, Kamron falou sobre seu trabalho com pacientes que convivem com aids & os mais recentes avanços na luta para impedir que o câncer nos devore. Acabar com o capitalismo, pensei. Eliminar a capacidade de alguns de devorar os outros e desviar os nutrientes legítimos de outras pessoas para si mesmos.

Rebecca falou sobre seu instinto de estar no ninho. O desejo de ter uma vida estável. Uma casa & uma família. Ter uma infância nômade foi difícil para ela.

Eu fiquei feliz.

E assim, Grande Espírito, mais uma vez, agradeço por minhas bênçãos incrivelmente maravilhosas. Vivi meio século! Vi muitas paisagens! Amei muito e muitas pessoas! Já provei de tudo! Até caracóis! Estou cercada de beleza desde que nasci!

Árvores!

Morrer é tornar-se você com outra forma. Que divertido!

29.06, 1998

Na cama em Temple Jook. Uma manhã fria e de nevoeiro. Ontem a neblina se dissipou às 9h e plantei na crescente horta da frente: favas, abóbora, couve, mostarda, uma mistura de saladas. Algumas das plantas nicotiana brotaram & duas de couve russa e mostarda japonesa.

Zelie e eu saímos do paraíso e fomos ouvir a apresentação do Me'Shell. Não posso dizer que fiquei emocionada, ou mesmo comovida com suas músicas, mas me senti muito protetora & realmente emocionada com sua coragem na apresentação, pois tenho consciência (via R.) de sua fragilidade. Zelie ficou para ouvir Indigo Girls & Natalie Merchant & Sarah McLachlan (organizadora da Lilith Fair). Fomos ver High Art: Retratos Sublimes[1] no Lumiere. Gostei muito, mas o final é ruim. Mataram a personagem mais interessante sem mais nem menos...

O passeio com Rebecca & Me'Shell foi bom. Me'Shell estava resfriada e tão exausta que fiquei com dó.

Zelie & eu fomos fazer uma lomi-lomi que foi incrível. Feita por duas mulheres que arrotam como sapos o tempo todo. Muitas coisas ficaram me-

---

[1] *High Art* é um filme independente canadense de 1998, sobre um relacionamento lésbico complicado, dirigido por Lisa Cholodenko e estrelado por Ally Sheedy e Radha Mitchell.

xidas. Depois, fomos jantar no Thanh Long. Excelente! Então, a caminho de casa, perguntei se ela poderia consertar a maçaneta do portão lateral. Ela respondeu que não era sua prioridade, num tom de voz que me fez estremecer. Fiquei atordoada.

Ela mora em minhas várias casas de graça, pagando apenas sua própria conta de telefone. Às vezes também compra comida.

Isso é tão perturbador que é até difícil escrever. Tanto sua tensão quando solicitada a fazer algo, quanto o meu sentimento de rejeição/estar errada. Acabo sentindo que é emocionalmente inseguro pedir qualquer coisa a ela. Este é um grave desequilíbrio que terá de ser conscientemente resolvido.

8 de julho de 1998
Tenho estado tão irritada que consigo ouvir a tensão na minha voz. Irritada com Zelie enquanto ela estava aqui – distante, indiferente. Irritada enquanto ela está fora – na festa de aniversário de V & saindo com ela & outras amizades. Eu quero que ela tenha amizades. Ela precisa disso e tem muitas. Bem, apenas algumas que são realmente próximas: Arisika, Victoria, Ehu & Nancy. Betty de Maui está na cidade. Ainda estou sentindo a perda de Joan. Pobres coitadas! Nós duas! Ela parece, ao telefone, mais chorosa do que nunca. Escrevi uma longa carta expressando minha raiva etc., mas não enviei. Hoje limpei o armário no quartinho. Ontem limpei a geladeira. É lindo simplesmente estar aqui dia após dia. Com ou sem Zelie. Principalmente com.

As gerações mais novas são diferentes. Ela me lembra Rebecca às vezes. Também sinto que o fato de ela nunca ter realmente trabalhado significa falta de fibra.

Então, no meio de toda a angústia que sentia, cortei meu cabelo. Provavelmente está ridículo. Não tenho certeza se me importo.

Oprimida por objetos! Material! Coisas! Casas!

24 de agosto de 1998
No campo. Zelie está no estúdio... Como as mulheres vivem a menopausa? Eu me sinto caindo na loucura a cada cinco minutos.

Fomos ao Festival de Música de Mulheres em Michigan. Li o 1º capítulo de Light & Zelie cantou. Rebecca & Me'Shell vieram – foi bom vê-las. Embora mais tarde Rebecca comentou que ser colocada publicamente na posição de minha filha era uma tensão. Pobrezinha.

Eu precisava desesperadamente de solitude. Finalmente esta manhã – depois de dormir em camas separadas na noite passada & descansar soberbamente – eu disse a Z. que estou na TPM & preciso ficar sozinha. Ela foi compreensiva. Ao dizer isso a ela me pareceu que quebrei o feitiço do meu desespero. Eu não a culpei por alguma ofensa sem sentido ou real. Também não me culpei. Apenas me apossei de minha condição & de seu remédio. Mais tarde, ajudei-a a redigir o contrato de Kainehe no computador. Muito engraçado. Ela é uma iniciante. Perdemos temporariamente o documento. Etc.

Estamos comprando Kainehe[1] juntas. Ela está negociando a propriedade, eu estou investindo 300.000. Isso foi/tem sido tão assustador para mim. Estou prestes a tirar o nome de Deborah do meu financiamento de Cazul. Estou refinanciando a hipoteca. Me senti muito ignorante & como se não tivesse a menor ideia do que estou fazendo. <u>Mas</u> realmente quero me dissociar dela.

Nenhuma palavra de Joan, além de formalidades. Nada em resposta às minhas cartas. Tão estranho. Eu sinto falta dela; a Joan que eu gostava.

Kaiya[2] parece bem, basicamente, mas muito aérea. Estou esperançosa que ela vai "pegar" sua persona de telefone, como pedi. Ela tende a divagar sem parar, como se estivesse desconectada de sua própria mente. Me deixa louca.

4 de setembro de 1998
Minha caligrafia está mudando. Mais garranchada do que nunca. Mas às vezes, sempre uma surpresa deliciosa, é graciosa também.

---
1 A casa de infância de Zelie no Havaí.
2 A nova assistente de AW.

Não escrevi nada de fato em um ano, desde que terminei o romance. Não me sinto compelida a escrever nada. Contente por viver um dia de cada vez.

Grata por coisas como – por exemplo: hoje não está tão quente quanto ontem. O reservatório de água está transbordando e não esvaziando.

Minhas bênçãos, de fato, são tão numerosas como sempre. Devo contá-las:

Rebecca ligou ontem à noite & disse que empacotou as coisas em sua casa & a alugou. Ela está na Costa Oeste agora – ligou de L.A., ao lado do mar. Ela & Me'Shell estão tendo problemas típicos de casal. R precisa de espaço. Assim como eu. Nos solidarizamos uma com a outra & rimos de nossa situação.

Rebecca pareceu estar bem. Sei que ela tem ossos & dentes saudáveis & um sorriso vitorioso. Inteligência. Alguma compaixão. Ela disse que vai ligar para a tia Ruth.

Eu... Estou passando por um período pedregoso. Saúde e psique. Desde que Joan saiu, me sinto menos estável. Meus hormônios estão me fazendo me sentir estranha. Fui ver um homeopata e agora estou tomando lachesis e apis. Apis para dor nos olhos, zumbido no ouvido, alergia a picadas de insetos. Lachesis para mudanças de humor & angústia da menopausa.

Espero que a cura não seja pior do que a doença.

Tranquilidade. Solitude. Estudar com meus professores – Pema, Jack Kornfield etc., vai ajudar. E apenas ser. Yoga, se eu conseguir me trazer verdadeiramente aos meus sentidos. Meditação.

É de trabalho que preciso? Após concluir cada livro, sinto que terminei. Mas – ... talvez não.

O livro é lindo.[1] Vou a nove cidades em turnê. Dá para administrar. Três semanas. Preciso me levantar agora & comer meus cereais!

27/10/98

Que delícia poder relatar que estou em casa novamente, no campo, depois de um mês fora, na estrada. Zelie me deu este caderno; pensei que escreveria nele enquanto estivesse na turnê. Feito boba. Enviei-o para casa com uma caixa de coisas que peguei no caminho & roupas que não faziam sentido para o clima. Em todos os lugares que fomos, exceto Toronto, estava calor. Constantemente trouxemos sol e perseguimos a chuva.

---

1 *By the Light of My Father's Smile*, o novo romance de AW, foi publicado oficialmente em 1º de setembro de 1998.

Zelie foi uma companheira maravilhosa. Prestativa, atenciosa, engraçada, sexy. Amorosa. Iluminamos os lugares onde quer que aparecêssemos. Dividimos o palco em Toronto & Nova York. Delicioso.

Em Atlanta & Boston, encontramos familiares & amizades. Em NYC Gloria nos levou para ver "Ragtime" o musical. Eu gostei. Z ficou encantada.

Em L.A., Rebecca & eu nos aconchegamos para jantar no meu quarto "de pelúcia" no 4 Seasons & depois Bashir & Paul & Askia vieram me ouvir ler. Então fui com Rebecca ver seu estúdio & o apartamento que ela divide com Me'Shell & Askia.[1] Seu escritório é minúsculo. Simples. Muito puro. Ela se orgulha disso.

En famille na sala de estar do 4 Seasons, nos sentamos à tarde para um chá com Scott Sanders & conversamos sobre o musical ACP. Tenho lido peças de Pearl Cleage, Marsha Norman & Thulani Davis. Thulani recebe meu voto sobre quem escreverá o "livro" da peça.

Minha irmã Ruth teve câncer de cólon e fez uma cirurgia para removê-lo, junto com um grande pedaço de seu intestino. Ela... tem apenas a resposta mais distraída da tv fechada para qualquer coisa que se assemelhe à Vida Real. No entanto, acho que o câncer chamou sua atenção. Ela disse para mim & Zelie, me convidem para o Havaí, eu quero ver um vulcão.

O dia está espetacular. Me sinto grata por estar viva. Acho que vou encontrar um lugar para me deitar ao sol.

Eu fui ao programa da Oprah. Oprah está no auge. Muito linda e admirável. Seus olhos têm uma frieza que eu não lembrava, mas a entrevista correu bem. Foi editada em 8 segmentos e começou a ser exibida. Eu vi um dos cortes & pensei que parecia tonta com a maquiagem. Ainda não entendo maquiagem. É uma máscara.

A turnê foi um sucesso. Embora não tão bem planejada quanto as anteriores. Eu também havia deixado explícito que não estava disposta a fazer tanto. O evento de Atlanta tinha poucas pessoas. Não era meu eleitorado. O mesmo aconteceu em D.C., onde o evento foi realizado no interior do estado de Maryland. Na universidade Bowie State.

Mineápolis foi ótimo. Filadélfia. Toronto. 92ª St. Y.[2]

---

1 Askia é filho de Me'Shell. Me'Shell às vezes também atende pelo nome de Bashir.
2 Centro cultural comunitário no Upper East Side, Nova York.

O livro[1] entrou na lista dos mais vendidos do New York Times algumas semanas atrás. Entrou tanto na lista de SF quanto no NYT antes mesmo que eu tivesse começado a turnê. Em 15º eu acho. Em seguida, passou foi para a frente e ficou em 9º.

Não quero publicar nada por bastante tempo.

O que eu quero *mesmo* fazer: Cultivar meu relacionamento com Zelie – que está em retiro no deserto do Arizona por 11 dias. (Ela ligou hoje de manhã; está feliz. Também estou. Nosso amor é muito sereno.) Quitar minha hipoteca! Passar algum tempo em Careyes e no Havaí – onde Zelie e eu agora somos proprietárias de sua casa de infância.

A vida é boa.

Agradeço, Grande Espírito, BEIJOSBEIJOS

Cazul 11/11/98

Demiti Kaiya[2] e minha nova assistente, Barbara, parece competente & alegre, com vida própria, muito obrigada! Me senti extremamente sortuda por tê-la.

Tenho sido crítica de Zelie. Ela cortou o cabelo e sinto muita falta de como era antes. Ela também sente. Está parecendo masculina agora, enquanto antes parecia ter uma força masculina. É como se o masculino dominasse seu feminino agora. Me incomoda. Eu amo o feminino e gosto muito do masculino. Não me sinto confortável com um dominando o outro.

Metade do meu cabelo está preso em marias-chiquinhas bem curtas. Estou tirando os dreadlocks aos poucos. Como Angela disse: Está na hora. Essa é a única resposta correta. É bom conhecer meu cabelo novamente. Como molinhas e tão fino! Chocante. Como cabelo de bebê. De onde vem isso? Estas molinhas macias?

04 dez. de 1998

O dia de Ação de Graças contou com a visita maravilhosa de Rebecca & Bashir & Askia.[3] Disseram que desejam comprar terras perto de nós, no campo. Pratibha & Shaheen também.

Nossa comunidade está sendo bem cultivada.

---

1 *By the Light of My Father's Smile* foi o primeiro romance publicado por AW após o hiato de *O segredo da alegria*, de 1992.

2 Substituta de Joan Miura como assistente de AW por um curto período.

3 Parceira de Rebecca, Me'Shell agora é chamada Bashir entre amigos, e Askia é seu filho pequeno.

Zelie deu uma guinada mais doméstica, agora que seu cabelo está tão curto! Fazendo sopa & muffins & massas. Tudo delicioso.

Tivemos um momento difícil porque no dia de Ação de Graças Carmen, a amiga que Z convidou, tirou fotos. E ela & Z desapareceram como colegiais para puxar fumo – o que as tirou do círculo familiar. Senti falta de Zelie.

Ela se desculpou. Chorou. Pediu que eu a perdoasse. Nesse momento percebi que ela não tinha feito nada demais.

A ofensa, qualquer que fosse, era pequena & não valia suas lágrimas. Fizemos as pazes e depois fizemos amor, deliciosamente.

Estamos diferentes agora, com nossos cabelos curtos – o meu está com umas 200 tranças <u>minúsculas</u> – do que o que chamávamos de "aquelas duas" de antes de nosso corte. Estamos em transformação. Entrando no desconhecido. Nos tornamos vulneráveis, menos atraentes, mais simples. Eu aprecio nosso compromisso de jornada, embora às vezes me sinta à deriva.

Caminhei. Me alimentei. Fiz uma fogueira. Comecei a ler <u>A luz dentro da escuridão</u>.[1]

Estou ciente de que agora não há nada entre mim & a vida. Eu caminho por ela como se estivesse num córrego ou rio denso & é como se estivesse imersa. Eu alcancei o Tempo.

27 dez. de 1998
Kainehe, Moloka'i, Hawa'i
Estou feliz!

Zelie & eu acabamos de voltar para casa depois de mais ou menos uma hora no mar aberto, nadando & caminhando, conhecendo alguns vizinhos, Carole & Josh.

É <u>incrivelmente</u> bonito. O oceano logo à nossa porta, Maui logo à frente & à esquerda, e Lanai à direita. Tranquilo, mesmo com o pessoal cortando galhos de árvores no quintal.

Este é um paraíso. Casa de Zelie. Fico feliz em vê-la em sua <u>placita</u>. Ela está tão viva e animada.

Agora temos 4 casas grandes! Ah, Vida. Você quer minha presença em 4 comunidades da Terra & qual a melhor forma de me tentar do que com lindas

---

[1] *A luz dentro da escuridão: zen, alma, e vida espiritual*, de John Tarrant, é um livro de 1998 que discorre sobre como nossas experiências mais sombrias podem ser portas para a sabedoria e a alegria.

casas/lugares. A casa de Zelie tem uma alma/mana tão boa. De vovó & vovô. E de frente para o mar, realmente maravilhosa.

E então – Te agradeço, Grande Espírito, pela beleza que consistentemente apresenta aos meus olhos & coração & alma...

5 jan. de 1999
Feliz Ano-Novo, Alicita!

Fiquei no meu "modo fula" – bom nome para isso – por um bom tempo. Também senti raiva porque Z não tirou fotos antigas de V. de suas paredes. Tudo veio à tona depois que voltamos para casa. Discutimos separação. Graças à maior maturidade de Z, não me afastei em meu habitual limbo de alienação. Em vez disso, conversamos & na véspera do Ano-Novo fizemos Ho'o pono pono[1] com um parceiro e chegamos a lugares de amor maravilhosos e profundos! Fizemos as pazes.

Sábado. Mais ou menos 15 jan de 1999
Zelie & eu fomos a Cihuatlán[2] para comprar colchões novos... Não encontramos os colchões, mas conseguimos um aparelho de som, um gravador para ela & um radinho para Marcos.

Foi uma ótima viagem. Cihuatlán fica a cerca de 1 hora e 15 minutos, perto de Manzanillo. Conseguimos que entendessem nossas necessidades & adorei praticar meu espanhol.

Então, uma grande mágica aconteceu. Yolanda[3] veio em casa para nos fazer massagens. Enquanto ela estava aqui, decidimos fazer uma troca: O Nissan, que eu estava planejando trocar, por massagens & aulas de espanhol. Enquanto ela massageava Zelie, a geladeira nova chegou: perguntei se ela precisava de uma geladeira. Ela disse Si. Zelie & eu gostamos muito dela. E agora ligamos a geladeira & o aparelho de som. Z está tocando ukulele & cantando em seu quarto. Eu estava usando o computador, na sala de jantar.

Agora voltei para a cama com as portas & janelas abertas. Me sentindo feliz.

---

1 Ho'oponopono é uma prática havaiana de reconciliação e perdão.
2 Cihuatlán é uma cidade costeira no estado mexicano de Jalisco, a pouco mais de uma hora de carro de Careyes.
3 Yolanda é uma amiga e massoterapeuta, de Careyes.

Hoje é **23 de janeiro**. Zelie partiu no dia 20... Ela parece feliz por estar em Kainehe & por passar tempo com sua família.

Estou me divertindo muito, depois dos solavancos e dificuldades habituais da Vida. La vida. Ai, yi, yi!

Esta manhã, às 9h30, fui fazer yoga. Blanca, la maestra, não apareceu até 10h15. Tive tempo de dar uma olhada na academia com sua linda vista da praia. Depois, Blanca chegou com uma tropa, mais quatro outras mulheres & Yolanda. Blanca nos guiou por mais ou menos uma hora de exercícios enérgicos. Então tomamos banho & fomos para um terraço num apartamento vazio & fizemos yoga por mais uma hora.

Foi maravilhoso! Adorei como eu estava entregue. Eu gargalhava. Ainda posso fazer quase tudo, exceto a postura do herói deitado. Mais tarde, as outras foram para La Loma, onde jantamos ontem à noite – em Zapata – comida incrível! – E eu voltei para casa & tomei iogurte e suco. Juan Padilla (irmão de Yolanda) veio & levou a geladeira. Finalmente!

Zelie & eu ficamos na companhia uma da outra por tempo demais & precisávamos de uma pausa.

Assim que ela saiu, dei atenção a um conto que comecei a escrever há mais de um ano.

Ontem, com grande felicidade, trabalhei nele. No meu pequeno notebook, na mesa da cozinha.

A solução para mim, a única que funciona, se não quero infligir dor a outras pessoas, é abraçar a solitude. Simplesmente desaparecer da presença de qualquer ser que pudesse ser ferido, até mesmo Marley.

E foi isso. Resolvi pintar a casa de azul. A parede ocre.

Isso tudo é muito parecido com ter uma casa no Sul, viver entre pessoas cuja língua estou tentando aprender & amá-las em algum nível familiar profundo enquanto permanecem misteriosas.

Às vezes fico chocada ao pensar: em 20 anos terei setenta e cinco! Mas é óbvio que eu poderia facilmente morrer antes disso.

Por enquanto estou muito feliz.

Agradeço, Grande Espírito, por todas as suas bênçãos. Pelo ar & água & luz & mulheres generosas. Pelos doces homens mexicanos que tanto me lembram a vizinhança & amizades de infância. Tanta ternura, doçura, vivacidade. Eu aprecio isso cada vez mais à medida que envelheço.

Todo mundo me trata gentilmente aqui. E hoje me conectei novamente com Careyes & com o porquê de eu escolher estar aqui em alguns períodos todo ano.

Meu cabelo ainda está curto. Toda noite eu desfaço mais das ridículas tranças microscópicas & as refaço em tranças irregulares, mas mais atraentes, para mim. As tranças de uma menininha. Ou de uma velha.

Me sinto extraída de toda pretensão ou aspiração. Uma monja. "Extraída." Hmmm. Despojada? Me olhando no espelho hoje pude ver que pareço menos atraente. Mas eu ria muito! O que significa, eu acredito, que meu espírito está ganhando força.

13 fev. de 1999
Deusa, el tiempo!

Já na metade do 2º mês do ano. Saboreando aquele dia tranquilo da semana – domingo.

No geral, tivemos momentos maravilhosos. Zelie ama muito as pessoas & é genuinamente interessada nelas. Geralmente é recíproco. Foi ótimo conhecer Yolanda & Blanca & os meninos de Yolanda. Que meninos tão queridos. Espero que possam crescer com uma masculinidade doce.

Passei a manhã do meu aniversário[1] destrançando & retrançando meu cabelo. Mais tarde, almoçamos no La Viuda & depois fomos nadar em Las Salinas – Yeshi[2] uma convidada maravilhosa. Depois, jantamos (& depois amor & uma soneca) no La Loma, que foi uma viagem. Yolanda trouxe um bolo enorme, e todo mundo, incluindo as garçonetes & dono de restaurante, cantou parabéns em espanhol.

Foi um dos dias mais felizes da minha vida.

18 de fevereiro
Tenho cinquenta e cinco anos. Não me importo de aparentar a minha idade – acho que estou muito bem para o meu gosto. Meu cabelo está crescendo. Eu pareço a própria menina que fui, basicamente, a não ser nas vezes que pareço minha mãe. Também me pareço com a tia Sally. Uma espécie de olhar

---

1 AW tinha acabado de completar 55 anos em 9 de fevereiro.
2 Yeshi é a parteira amiga de AW, que veio visitá-la da área da baía de São Francisco.

místico, travesso e <u>louco</u> – Zelie disse que dá para ver o círculo completo ao redor da íris dos meus olhos.

Estou gastando muito dinheiro, mas as coisas, as coisas estruturais, estão sendo feitas. A lagoa, por exemplo, a sala de arquivo, os sofás aqui, & este ano, os banheiros e a <u>cozinha</u>! Que é um desastre que nunca percebi antes. Apesar de eu me lembrar de guardar dinheiro na conta para um fogão cooktop.

 Grande Espírito, eu te agradeço por todas as minhas diversas bênçãos. Por Marcos, que completou apenas o 7º ano na escola & hoje está com 26 anos, trabalhando como meu jardineiro, doce & paciente & respeitoso comigo. Um dançarino.

 Por Yolanda, cuja mãe engravidou 28 vezes & ela é uma das 14 crianças vivas. Uma irmã tão corajosa. Uma artista.

 E Blanca, tão intensa.

 Agradeço por Zelie.

 Agradeço pelas mulheres do nosso círculo. Por Joan, que era tão boa para mim. Por Belvie, que me fez rir tantas vezes. Por Diana que é tão paciente & leal. Por Evelyn que é tão sincera & protetora. Por Yeshi que me ama. Por Sue que também me ama. Por Arisika que quer estar mais perto.

 Por esta temporada em Careyes, cheia de aprendizado & risadas & comida & por fazer as coisas acontecerem. As flores plantadas. Marcos & eu fizemos nossa primeira viagem juntos, a <u>Vivero</u>. Pelo meu espanhol que está melhorando.

 Pelo silêncio desta noite – isso é uma bênção depois da barulheira do dia. E pelo som das ondas batendo na praia.

 Neste momento da minha vida vou usar muito cinza & areia & cáqui & verde-oliva!

27 de abril de 1999

Voando para Pittsburgh.

 Tenho pensado neste estranho território emocional em que entrei com Zelie.

 Passamos 2 meses maravilhosos em Careyes. Temporada prejudicada apenas pela barulheira incrível do meu vizinho. A única vez que me lembro de me sentir realmente magoada ou decepcionada com Zelie foi quando o barulho de Duccio estava tão insuportável que a acordei para me confortar e ou apenas ficar comigo, uma testemunha. Ela disse que não estava tão incomodada & que queria voltar a dormir.

Me senti muito sozinha & reprimida. Eu não esperava que ela se oferecesse para brigar com ele, esperava que ficasse comigo por um tempo, já que a experiência era horrível para mim.

Eu estava com muita raiva por ter sido acordada no meio da noite, por ter ficado acordada.

Na volta para casa, parecíamos bem – embora algo que ela disse quando chegamos de Careyes tenha me perturbado: que por eu ser tão "grande", a "grandeza" dela não é vista. Eu senti exatamente o que ela quis dizer: que lanço uma grande sombra & no entanto, o que posso fazer a respeito? Sem contar o que já tenho feito. Passar muito tempo juntas em lugares onde quem eu sou como "uma personalidade" não significa nada.

No dia 15 de abril, Z foi para Moloka'i. Não fiquei triste ao vê-la partir. 2 semanas se passaram & não sinto falta dela. Me sinto entorpecida e como se, novamente, não soubesse o que aconteceu.

Sinto vontade de ensacar esse relacionamento e entrar em um completamente novo. Com alguém de idade mais próxima da minha & que tenha maior proximidade em relação a meus próprios valores.

Devo ir para o Havaí no dia 5 de maio.

29/04/99

Também estou amando meu novo cabelo curto. Estou parecendo bem sapatona, na verdade. Bem interessante. Estou tentada a pedir a Raynetta para apará-lo para o verão. Quando saí de casa estava pensando: é hora de voltar aos dreads.

Tenho apenas alguns minutos em Pittsburgh, mas talvez consiga comprar um par de meias.

Falei com Zelie. Ela pareceu sem graça e vazia ao telefone. Não sinto nada quando ela diz que me ama. Não sinto nada quando digo isso a ela.

Parece que não restou nada.

O que me lembra o que JoAnne[1] disse: que é hora de recomeçar com uma lousa limpa. Se é com Z ou não, de certa forma isso está fora de questão.

"The Changer"[2] de Earthlyn diz que estou perdendo amizades porque estou mudando muito rápido.

---

1 JoAnne Brasil, escritora e astróloga.
2 Um baralho de cartas de oráculo desenvolvido por Earthlyn Manuel.

8 de maio de 1999

Aceitei duas leituras no norte de NY – Buffalo & Rochester. Vou providenciar a companhia de Zelie ou de outra pessoa divertida. Visitaremos as Cataratas do Niágara e os anciãos do povo Onondaga.

E aceitarei mais 2 compromissos, possivelmente, mas por quê? Não há razão para aceitar mais coisas, a menos que eu sinta que esses eventos me conectam a algum segmento crucial do mundo. Eu não me importaria de voltar ao sudoeste. Arizona ou Novo México. Sul do Texas. Caso contrário, Não. Ou, possivelmente, algum lugar a uma curta distância de carro. SF ou Palo Alto.

4 lugares para falar parece bastante. Financeiramente é excelente.

Tenho $ vindo de direitos autorais por mais 2 anos. O musical A cor púrpura, royalties etc.

O que vier!

Eu quero todo o meu tempo. Tem algo tentando se preparar em mim. Preciso ficar quieta pelo tempo que for preciso. Ir somente com o Espírito. (Quando digo isso, vejo Wild Trees, o lugar que o Espírito, os Ancestrais, me forneceram para fazer meu trabalho em benefício de todos.)

Pedi a Yeshi que pensasse numa terapeuta para mim. Em Berkeley.

Tenho sentido a poesia chegando. E não estou resistindo exatamente. Só não tenho tempo. Para deixar que os versos que vêm permaneçam visíveis por um momento, depois permitir que afundem. Está chegando, no entanto. É nessa direção que a Alma quer ir.

Meu medo é que vejo as coisas com tanta nitidez – & será que quero compartilhar essa visão tão nítida? Sobretudo, não desejo desencorajar as pessoas jovens, coitadas!

10/5/99

Ah. Uma manhã radiante e fresca em Kainehe. Acabei de voltar de uma caminhada de meia hora na praia. Caminhei até o lago de peixes & a casa de telhado azul que é tão bonita.

A praia é linda.

Zelie preparou o quarto externo para eu ter meu espaço privado & estou muito confortável lá.

Quando a vi me esperando no aeroporto, carregando colares que sua mãe fez, fiquei tão feliz em vê-la. A princípio ela parecia quase uma estranha. E eu saboreei essa impressão. Seu cabelo é tão encaracolado & ela é tão negra! Achei ela muito atraente. E seu olhar é como fogo.

Ela foi imediatamente calorosa e atenciosa comigo... E é bonita demais! Um espírito tão bom e forte. Nós fomos de carro para o mercado & depois para o mercado de peixes e depois para Kainehe.

Estávamos tímidas, cuidadosas, uma com a outra. Mas também atraídas. Fomos para o meu quarto, finalmente, e fizemos amor muito docemente.

Ontem, Dia das Mães, fomos visitar a mãe dela.

Z & eu discutimos sobre ser amantes e não namoradas. Ter outras amantes. Ter amantes do sexo masculino. Fomos abertas e sinceras.

O que vai acontecer? Onde a Vida realmente vai nos levar?

Aprendemos, durante nossa recente separação, que cada uma de nós é capaz de encontrar contentamento em seus próprios mundos.

23 de maio de 1999

>Não há nada
>para dizer
>Estou contente.
>Zelie
>em sua bicicleta azul
>saiu para
>alimentar
>os cachorros.

7/6/99
De volta de Moloka'i. Um período fascinante. Mais, depois. Não dormi a noite passada.

30 de junho de 1999
Zelie e eu começamos a fazer terapia de casal na semana passada. Uma mulher maravilhosa chamada Jane Ariel que é judia, lésbica, já viveu em Israel. Cabelo branco. Olhos acolhedores. Gostei muito dela. Todas nos gostamos, eu sentia.

Foi ótimo mergulhar em nossos problemas com alguém tão inteligente, experiente, atenciosa e vestida com uma roupa tão elegante. Pijama preto, estilo chinês & camisa verde & brincos de jade verdes.

Zelie e eu tivemos um amor incrível & algumas grandes brigas. No entanto, quando a última briga explodiu, ela exibiu sua raiva volátil & vulgar &

me deitei no sofá pensando sobre o porquê de estarmos brigando. Percebi que tinha algo a ver com minha decepção por Rebecca & Bashir não serem hóspedes muito atenciosas. Me senti maltratada. Barbara[1] está doente. Etc. Etc. Não fugimos – nosso comportamento típico – mas nos sentamos no sofá para conversar & depois nos abraçamos & beijamos. Sim! Avanço!

16 de julho, 5h05
Zelie e eu passamos pela casa de Deborah na Carlton[2] na semana passada. Tem uma cerca ao redor da casa que parece madeira compensada. Fiquei muito triste vendo isso. Tão desolador & como se ela estivesse se escondendo do mundo.

Joan, Tracy, Deborah, Mercedes, Belvie. Vida antiga.
Zelie, Diana, Yeshi, Evelyn, Arisika. Vida nova.

Como prosseguir?

O Motherpeace[3] diz que O Sol vai brilhar novamente, em breve. Que há uma chance de sermos amantes de uma maneira que cure velhas feridas. Que eu posso lidar com a complexidade. (Exceto quando estou cansada.)

Eu quero uma vida mais simples. Menos coisas. Mais tempo de qualidade com as pessoas que amo.

Rebecca me comunicou que acha que não fui entusiasmada o bastante em minha resposta à sua escrita. Eu respondi a ela que não li muito. Eu não leio as revistas em que ela publica. Nunca recebo a notícia de que algo foi publicado. Pressuponho que tudo o que ela escreve sobre mim é basicamente um ataque. Etc. Mas na verdade já não me importo tanto & estou feliz. Ela tem direito a ter seus sentimentos & sua visão. Sinto que elogiei muito o que vi & ouvi. Mas ela acha que não.

Por outro lado, nosso tempo juntas foi bom. Gostei de ter a ela & Bashir por perto. Tenho que tentar não exagerar, no entanto.

Esse <u>completo</u> esgotamento que eu sinto não é bom. Tanto vazio que me sinto com os joelhos fracos.

Bênçãos a todos os seres sencientes, incluindo eu mesma!

---

1 Barbara era a excelente, e ainda relativamente nova assistente de AW.
2 Deborah, que havia morado com AW, havia voltado para sua antiga casa, que não conseguiu vender.
3 O *Motherpeace Tarot* é um baralho de cartas de tarô inspirado no movimento da Deusa e no feminismo da segunda onda. Criado na década de 1970 por Karen Vogel e Vicki Noble, nunca esteve fora de catálogo.

14 de agosto de 1999
Tenho me sentido intensamente triste. Provavelmente desde, pelo menos, a morte de John Kennedy Jr.[1] Sem contar a escalada de violência na vida cotidiana nos EUA e o aumento de crimes de ódio – principalmente contra pessoas negras & judias. Mais perto de nós, sinto que a maior parte da minha vida acabou. Finalizada. Como se uma longa fileira de portas atrás de minhas costas tivesse incrivelmente se fechado em definitivo. Enviei o que pode muito bem ser meu último livro: The Way Forward is With A Broken Heart. Talvez eu nunca escreva outro livro & parece que tudo bem. O que parece horrível é o lugar entre & no meio onde me encontro. A vida antiga acabou. A nova não começou. Não sei nem se há uma nova.

17 de agosto de 1999
1h02
Vida, a Nova Vida, começou. Obrigada, Jesus. Obrigada, Buda. Obrigada, Ísis. Obrigada, Vida, você mesma!

Z voltou do Havaí "em chamas" com uma visão nova e expandida de sua vida. Que inclui querer um relacionamento "aberto" & sair de casa. No começo eu fiquei chateada. Brava. Magoada. Nós conversamos & conversamos. Fui ver Jane Ariel, nossa terapeuta feiticeira. Foi uma sessão ótima & divertida. Eu me sinto (depois de ficar tão triste & chorar dez litros de lágrimas) ótima. É tão surpreendente. Por meses não tive uma energia de verdade como essa. Agora tenho muita. Acordo cedo; medito.

Sinto que estamos dando liberdade uma à outra & nossa base é o amor incondicional. Ela saiu ontem à noite com antigas amizades. Saí com Susan Griffin. Nos divertimos. Mais cedo, Evelyn & eu tínhamos ido caminhar & depois fomos até a loja de esportes para comprar tênis para mim.

Quem sabe o que vai acontecer? Z diz que quer começar seus 6 meses de "relacionamento aberto", ou seja, disponibilidade para amantes em potencial, logo em 1º de setembro, quando sua casa ficará vazia. Tem uma mulher havaiana por quem ela se sente atraída/ ela tem 3 filhos & um marido.

Z é uma criatura tão única. É uma viagem estar com ela.

No horizonte há mais meditação, sim! Caminhada. Yoga. E algumas roupas novas; as que tenho hoje parecem <u>muito</u> esfarrapadas. Eu joguei um monte fora.

---

1 Em 16 de julho de 1999, John F. Kennedy Jr. morreu quando o avião que ele pilotava caiu no Oceano Atlântico na costa de Martha's Vineyard, Massachusetts.

30/8/99

Rebecca & Bashir e Askia[1] estão aqui. A casa nos acolhe muito bem. Ontem foi o aniversário de Bashir. Comemoramos indo assistir Fanny no Chez Panisse, um musical baseado no livro de Alice Waters – depois jantamos no Chez Panisse. Uma noite muito agradável. Zelie & eu ficamos de mãos dadas durante grande parte da apresentação.

Zelie foi para procurar um lugar para se mudar. Talvez tenha encontrado: um quarto & banheiro na casa de uma mulher negra. Vou sentir falta dela – mas agora percebo que a vida simplesmente continua... não importa quem está indo & vindo. Sinto uma distância entre nós. Hoje lamentei o que não é para ser. Senti as lágrimas brotando dos meus olhos.

Mas também me sinto profundamente bem. Comigo. Há um perfume maravilhoso de jasmim vindo lá de fora, da cerca coberta de flores.

Vou seguir através das partes ásperas – depois de Porter, depois de David, depois de Mel, depois de Robert, depois de Tracy... Já estive aqui antes.

"O amor não fica longe por muito tempo..."

Deusas me ajudem. Ancestrais.

Z vai se mudar amanhã. Vou à Geórgia para um encontro da minha escola. Estou ansiosa para ver as velhas amizades e colegas de classe.

7/9/99

Evelyn[2] & eu fomos a Eatonton para participar da minha reunião do ensino médio – maravilhoso ver todo mundo. Gente que eu nunca veria, em outra ocasião. Dancei com Porter[3]... Ele está gordo e careca. Parece menor. Oy vey!

Não vi nenhuma professora que reconhecesse. Mas muitos colegas. Murl & LeRoy, & Doris & Mozelle & Edith & Eunice. Foi ótimo. Quase todos os homens não só me abraçaram de todo o coração, mas me levantaram do chão e me seguraram no ar!

Depois fomos visitar meu irmão Bobby, que me mostrou os maiores melões que já vi. Um deles pesava 45kg. Ele deu um pequenino para nós que

---

1 Rebecca tinha vindo visitar sua parceira, Bashir (cantora/compositora Me'Shell Ndegeocello), e seu filho Askia.
2 A biógrafa de AW, Evelyn C. White.
3 O namorado de AW no ensino médio.

rolou na parte de trás do nosso carro, bateu e se partiu, então o abrimos na casa de Ruth & comemos. Delicioso!

———

Voltei de Eatonton e encontrei um bilhete de Zelie dizendo que gostaria de passar a noite comigo.

Ela veio & fomos jantar no Breads of India. O dono me deu um chapéu que trouxe da Índia! Tão fofo.

Em casa Zelie pediu para dormir na minha cama. Ficamos abraçadas até adormecer. Então ela se levantou & foi embora às 7h.

Ah, Vida!

17 set. de 1999
Uma sessão emocionante com JB[1] ontem. Jean, eu disse, estou desabando! Admitir isso me fez chorar. Falei da insônia, da falta de motivação para escrever. Contei sobre minha série de grandes sonhos. Ela, como EU, me encorajou a pintar. Vou buscar papel hoje. Embora me ocorra que provavelmente não preciso de nada de especial.

De qualquer forma, foi uma sessão confusa e desgastante. Eu estava cansada & desorientada quando deixei SF. Perdi a curva à direita da rodovia. Segui na direção de São José.

Cheguei em casa sã e salva para ficar com a minha família. Rebecca tinha comprado sabonete, uma cortina de chuveiro para o estúdio & sushi. Ela & eu tínhamos feito um passeio maravilhoso ao redor do lago Anza mais cedo.

Tirei uma soneca!

Então, Yeshi retornou minha ligação. Ela me lembrou de usar minha PROGEST! Eu tinha parado. Não consigo acreditar. Então tomei um banho quente e passei. Dormi muito bem ontem à noite.

Te agradeço, Deusa Yeshi!

Hoje olho lá fora, sim, nevoeiro.

Mas vou me levantar de qualquer maneira & comprar mais Progest. Levar Mu para a marina.

Desde que comecei a fazer caminhada de manhãzinha com Evelyn, estou enxergando essas manhãs como lindas.

* * *

———

[1] A psiquiatra junguiana Jean Bolen, terapeuta de longa data de AW.

Agradeço, Grande Espírito, por todas as suas bênçãos. Por Jean Bolen que é sábia. Por Yeshi que é generosa. Por Zelie que me desperta em todas as minhas partes sombrias! Por Rebecca que é carinhosa. Por Bashir que é gentil e tão doce. Por Askia que é uma alegria. Por Mu que é leal. Por Frida que é uma rainha.

Por esta casa azul que nos abriga a todos, expandindo & contraindo à sua vontade.

Por Barbara que é engraçada & verdadeira. Por Evelyn que ama a verdade. Por Belvie que sobe ao topo! Por Mercedes que me ensinou que não posso basear uma amizade na culpa enquanto me submeto à manipulação. Sim! Por Pema Chodron que abençoou minha vida com sabedoria.

Por Bobby que cultiva melancias de 45kg & amendoins para mim, tão especial! Por me amar.

Eu sou tão grata e tão abençoada. Me permita sair agora e encontrar sua maravilha em todas as suas formas![1]

Grande Espírito, A Vida Continua!

19 set.,
No Retiro Budista para pessoas de cor no Spirit Rock.

Preciso relatar o encontro com Russell Brown de Santa Fé. Um homem negro, psiquiatra. Toca o didjeridu. Um homem charmoso e bonito. Profundamente sensível. Inteligente. Conhecedor & sábio. Foi quase um amor – ... bem, até ouvi-lo falar uma ou duas vezes na assembleia.

Escrevi um bilhete para ele: "Eu simplesmente te amo. Vamos ser amigos."

Ele escreveu em resposta: "Seu bilhete me fez chorar. Obrigado! Já somos amigos."

Esta tem sido uma experiência surpreendente. Nunca estive mais feliz. Eu amo todo mundo. Eu amo Spirit Rock.[1]

Jack Kornfield disse que vai ser meu mentor no Dharma. Depois de tentar me orientar em direção a Gandhi & King.

---

1 Spirit Rock é um centro de meditação em Woodacre, Califórnia, que se concentra nos ensinamentos de Buda conforme apresentados na tradição Insight Meditation. Foi fundado em 1987 por um grupo de professores de meditação, incluindo Jack Kornfield, escritor americano de sucesso e professor do movimento Vipassana.

Estou <u>muito</u> feliz com a possibilidade de aprender o Dharma bem o bastante para ensinar.

E amanhã eu volto para o meu mundo. Para Cazul. Como vai ser, só posso imaginar. Será bom ver Rebecca & Bashir & Askia & em algum momento Zelie. Espero que estejam em cuidado & bem & felizes.

Vida!

2 out de 1999   Temple Jook
Voltei a Cazul e encontrei Rebecca acompanhando uma fotógrafa até o portão. A mulher que faz ensaios com mulheres aos 40, 50, 60, 70 anos. Foi um encontro difícil para R. mas ela estava muito presente & interessada na minha experiência de retiro. Que eu compartilhei tão completamente quanto meu resplendor permitia.

Nos dias seguintes me atualizei nas correspondências, fui à cidade para uma consulta com Jean B. (que disse que estou bem & me deu alta!) & ao escritório de Bob Burke para assinar documentos fiduciários. <u>Então</u>, finalmente, até Hilltop para comprar sutiãs!

Ontem, depois de muita faxina, limpeza etc., vim para cá. A viagem foi um pouco longa por causa do trânsito, mas ainda assim: saí às duas e quinze & às 17h30 estava preparando couve. A planta com que sonhei desde a minha última vinda. É tão saudável que posso senti-la falando comigo. Que verduras tão boas!

Infelizmente eu exagerei na comida. Me virei & revirei a noite toda. Sonhando com batatas fritas!

Hoje o dia começou frio e nublado. Agora está ficando quente & ensolarado.

13 de outubro,
Ontem fui com a Zelie à terapia, o que foi bom. Depois, visitei seu quarto em Oakland. O que também foi bom. O quarto é organizado e relaxante, esteticamente agradável. Me deitei em sua cama enquanto ela juntava algumas coisas para trazer. Ela está ficando aqui comigo.

Ainda estamos muito na relação. Concordamos que devo ter 2/3 da Kainehe em vez de continuar com o "empréstimo" de 345.000. Estamos pensando em fazer algum tipo de centro lá para nós & outras mulheres. Aí poderíamos ficar mais tempo todo ano.

Estamos empolgadas para ir a Oaxaca no dia 22 & depois a Careyes.

A vida é abundantemente boa.

Rebecca é maravilhosa. Bashir é maravilhoso. Askia é divino. Eu amo ter todos por perto. Que almas preciosas e corajosas! Eu me sinto tão sortuda!

E então, no meu 55º ano, me sinto abençoada. Ancestrais presentes e acolhedores. Espíritos da terra & das plantas acenando. (Esqueci de mencionar que 8 xamãs da Colômbia vieram tomar chá no sáb.!)

Vida!

Bênçãos a todos os Seres, em todos os lugares!

31 de outubro O El primero dia de Noviembre
Oaxaca, O. México

No dia 14 de outubro Zelie, Maria Elena & yo fomos visitar a vó Ayahuasca & seu ajudante, José. Foi a primeira vez que estive em cerimônia com um grupo misto, homens & mulheres, & com exceção de Ricci, eu era a única pessoa negra. Parecia muito diferente & no início foi muito difícil relaxar na experiência. Eu também estava preocupada porque a vó já tinha me dito para ir para casa & viver uma vida mágica comum. Achei que isso significava não tomar mais Ayahuasca. Perguntei aos oito xamãs que vieram para o chá sobre isso. Eles acharam que eu não deveria levar a mensagem como definitiva & para sempre.

Então pensei: talvez eu deva ser amiga da Ayahuasca & aprender mais sobre ela.

Disse isso a José na primeira noite. Que me senti chamada a ser amiga da Ayahuasca & amiga também das pessoas que tradicionalmente a usam como medicamento, ou seja, os Xamãs.

Naquele mesmo dia, chegou a notícia de que Thomas Ridge, governador da Pensilvânia, havia assinado uma sentença de morte para Mumia – 2 de dez. é a data marcada para sua execução. Eu estava sentindo tanta raiva & angústia & tristeza & desamparo que me afastei o dia todo. Quando tomei esse medicamento, no entanto, o impacto total da ação de Ridge me atingiu. Me sentei chorando & balançando, com meu xale na cabeça.

Na noite seguinte, tendo me mostrado essa profunda dor, a vó me respondeu:

Eu fui parar numa floresta cheia de grandes árvores & espaços vazios. Estava chamando "Vovó! Vovó!" Procurando por todos os lugares. Percebi depois de um tempo que ela não estava lá! Me senti intensamente abandonada, sozinha. Então me dei conta, depois de dizer a mim mesma "ela não está aqui!" que eu estava lá & que eu sou a vó! Muito pacientemente ela disse: Certo. Nós somos a mesma.

Foi um grande insight. Que agora eu sou a vó. Que não há autoridade superior. Eu tive uma profunda sensação do poder da Vó. De sua confiança. Sabedoria. Sem haver nenhum absurdo em cuidar em todos. Me senti batizada para a próxima fase de minha vida.

Enquanto tudo isso acontecia, José cantava ícaros. Zelie, Maria & eu nos unimos a ele. Nossos corações ficaram completamente sintonizados um com o outro. Percebemos nossa irmandade. E é maravilhoso.

Na noite seguinte, José nos deu uma Ayahuasca diferente, que limpa o sangue. E cantou para nós um canto para abrir o coração:

"Agora é a hora
Ya es el tiempo
Agora é a hora
Ya el la hora
Para abrir o coração
Para abra el carazon"

Ele nos diz muitas coisas sábias:

Um bom professor está sempre aprendendo
No momento em que ele pensa que sabe
Ele errou

Desta vez minha "viagem" é permanecer no presente. Com José, com Zelie, com Maria Elena.

Me sentei por 4 a 5 horas contemplando, purgando (como faço todas as noites) uma vez. Experimentei uma sensação de doçura, afinidade, felicidade & êxtase.

Me senti muito próxima de Jack & Ricci. E mais perto de uma ou duas das pessoas brancas. No entanto, várias pessoas foram muito desrespeitosas com o medicamento. Alguém vomitou no chão & levou uma eternidade para limpar. Outros tentaram torná-lo erótico. E o mais detestável de todos continuou fazendo comentários rudes, condescendentes & zombando de José. Eu fiquei realmente revoltada. Parecia que um bando de fantasmas cruéis habitava um canto da sala.

A ligação com Maria Elena foi intensa. Nunca havia experimentado nada parecido.

Então, depois dessa <u>incrível</u> experiência de ser iniciada na autoridade de uma avó, igual à Natureza (!), voltamos para casa para fazer as malas para nossa viagem a Oaxaca.

8 de novembro de 1999
Não tenho vontade de escrever nada. E não me importo minimamente. Estou ciente de ter me esvaziado de minha antiga vida. Eu mal posso suportar falar sobre isso, parece tão distante e desvinculado de mim. Esse eu parece novo, incipiente, mas está ficando mais forte. Preenchendo-se de novos sonhos, realizações, desejos.

23 dez.,
Quase vida demais para relatar!

Estamos todos aqui em Kainehe: eu, Zelie, Rebecca, Bashir, Askia! Amanhã Pratibha & Shaheen chegam. Como isso aconteceu?

Ontem à noite Zelie ensinou aos meninos, Askia & Todo, como fazer uma fogueira na praia. Foi maravilhoso. Juntamos gravetos (eles até "juntaram" & queimaram minha bengala!) para a fogueira na expectativa de ver uma grande lua cheia que não apareceu – por causa das nuvens!

O padrasto de Zelie, Ah Yong, e seu irmão, Clinton, vieram se juntar a nós. Assim como Ian e Kumau. Foi agradável. Tomei uma cerveja, que fez Ah Yong achar graça. Eu disse quero uma forte, não uma "leve"!

Rebecca estava tirando fotos com sua câmera antiga. Na noite anterior o luar estava maravilhoso.

Agora amanheceu, o começo do dia está nublado & frio. Meus dreads finalmente estão no lugar – levou um ano! E meu couro cabeludo precisa ser lavado. Principalmente porque caíram faíscas & cinzas da fogueira na minha cabeça.

É tão <u>diferente</u> estar com a família. Eu amo isso. Estou maravilhada. Fui passear com Askia & os cachorros na semana passada. Fomos ao Lago Anza. Em algum momento ele quis parar, pular o riacho & subir o morro do outro lado. Brincar. Me sentei numa pedra & observei. Grata e contente. Uma avó! Como eu estava feliz! Por causa de algo tão simples!

Zelie está voltando para cá, para Molokai. Para ficar mais com a família. Trabalhar mais na música dela. Enfim. Concordamos em ter partes iguais de Kainehe, o que me parece bom, embora esteja tentada a dar a ela minha parte.

Algo me impede, no entanto. Em parte porque amo Kainehe. Mas ainda posso lhe dar, afinal é a casa dela.

27 dez. de 1999

Querida Zelie,

Isto é para que você saiba que eu decidi dar minha parte de Kainehe para você. Na verdade, decidi há algumas semanas, enquanto ainda estávamos em Berkeley; na noite que chorei tanto!
 É isso.
 É sua casa & minha alegria dar este presente para você.
 Eu também providenciarei o suporte acordado. A chave é começar, perseverar. Trabalhar.
 A motivação, querida, será o amor do seu povo, da terra, e a <u>gratidão</u> por terem sido oferecidos a você um lugar e uma ferramenta na cura de ambas.
 Cante!

Com amor,
Alice

Este é um registro da minha intenção, no caso de algo inesperado & final acontecer comigo!
 Eu confio em Rebecca para fazer isso.

4 jan. [2000]
No primeiro dia do ano liguei & deixei uma mensagem para Bob Burke (meu advogado) pedindo que ele preparasse documentos da transferência de Kainehe para Zelie. Então, está feito! Ontem de manhã contei a ela sobre isso.
 Ela chorou.
 Eu também disse a ela que a apoiaria por 1 ano.

Eu não sei se é a coisa certa; <u>sinto</u> que é o certo.
 Eu não poderia me apegar a algo tão precioso para ela & sua família & ficar sentada enquanto ela tentava cantar para sair da dívida.
 Quem sabe o que vai acontecer com a gente. Aconteça o que acontecer, tivemos 2 anos e 1/2 incríveis!

* * *

E, no dia 30 de dezembro, Tracy ligou! Recebi sua mensagem um ou dois dias depois. Incrível. Estou tão feliz por ela. Ela parecia tão doce. Liguei & deixei uma mensagem dizendo que estaria de volta no dia 9, e estarei – se a Deusa quiser.

8 jan. de 2000
Amanhã vou para casa em Berkeley & para Mu.

E ontem, meus guias voltaram! Eu estava sentada na cama olhando para a cortina da janela, soprava no vento forte. Eu queria olhar lá fora. Me levantei, puxei a cortina, olhei para o mar aberto. Logo percebi que havia um rostinho na árvore (feito de folhas) que estava muito animado com vento & bastante expressivo. E então reparei que estava falando comigo! Foi como uma experiência de Ayahuasca, de verdade. Não consigo me lembrar palavra por palavra, mas a essência era: Ah, pare de resmungar. Você já tem muita coisa. Apenas comece. Por qualquer lugar! Uma palestra completa, atacando minhas hesitações, passando por cima das minhas inibições. Incrível. Urgente.

E, com essa certeza, escolhi uma linha deste mesmo diário & logo ela se expandiu para – o começo de alguma coisa! Fiquei maravilhada. Como sempre.

Fiquei tão agradecida que me ajoelhei diante da árvore, que fica do lado de fora do meu quarto, & em lágrimas agradeci a mensagem de que agora posso começar a dançar novamente.

O mundo é tão mágico que assusta algumas pessoas. Daí as repressões de todos os tipos. Estou tão agradecida que essa magia seja tão deliciosa para mim. Se isso é loucura, que alegria sem fim!

POSFÁCIO

ALICE WALKER

Há alguns dias foi meu 77º aniversário. Comemorei com amigos e uma sobrinha, em uma pequena vila de pescadores na costa do México. Durante esses últimos anos, vivi uma vida quase monástica, em sua maior parte no campo, no norte da Califórnia, em uma casa zen na encosta de uma colina com vista para um vale que muitas vezes, na maioria das manhãs, está completamente coberto de neblina, de modo que quando olhamos lá fora é como se minha casa e eu, e meu amado cachorro, Ede, estivéssemos à deriva em um mar cinza-perolado. Eu adoro isso. É como se todos os contos de fadas que me contaram ou que li quando criança tivessem, de alguma forma, se tornado realidade.

Ainda tenho contato com minha vida de escritora, que parece ser uma parte intrínseca de mim, colocando ocasionalmente meus pensamentos – poemas, ensaios, observações, encorajamento à juventude – em meu blog, alicewalkersgarden.com. Faço, no que concerne outras partes da minha natureza: caminhadas na floresta no entorno de minha casa, jardinagem, embora não tanto quanto antes, natação em um lago cheio pela chuva, e recebo uma ou outra pessoa amiga que queira vir passear pela minha colina. É uma vida vivida sobretudo na solitude, que sempre gostei muito e da qual, como atesta este diário, muitas vezes me distraí com as súplicas de um mundo que imaginei poder ajudar. Se realmente fui capaz de oferecer esse apoio é algo que por vezes pondero. De qualquer forma, a maioria das minhas atividades nesse sentido parecia uma boa ideia na época. Eu não me arrependo.

Valerie Boyd ter aparecido para me ajudar a editar, dar forma e publicar meus diários é um sonho tornado realidade. *Wrapped in Rainbows*, a biografia perfeita que ela escreveu de Zora Neale Hurston, a quem tanto amamos e admiramos, era toda a evidência de que eu precisava de que ela seria confiável para editar centenas de páginas de meus diários desordenados e oferecer às leitoras e aos leitores um formato mais facilmente transportável, e compreensível. Embora eu sinta falta de alguns dos sonhos, das visões, dos enigmas explorados nas páginas que agora repousam apenas nos arquivos da biblioteca da Universidade de Emory, é um alívio ver que aqueles olhos carinhosos e seu coração sensível, conectados a uma mente engenhosa e sua afiada tesoura de edição, encontraram uma forma de atender a uma exigência editorial de que, em *Colhendo flores sob incêndios*, ofereçamos cerca de quinhentas páginas em vez de mil. E, obviamente, haverá um segundo volume.

Que tipo de coisas foram deixadas de fora?, você pode se perguntar, se é uma pessoa, leitora ou leitor de curiosidade tão grande quanto a minha. Considerei isso e decidi que, se escrevesse um posfácio, para o qual a princípio não via necessidade, ofereceria uma amostra.

Algumas entradas cortadas de *Flores*, e meus comentários sobre elas:

Estou num dilema não especialmente delicioso: o meio de um triângulo composto por Robert & Mercedes & eu. Minha sensação geral é de cansaço. Robert & eu ficamos muito confortáveis juntos, em geral, embora tenhamos experimentado uma certa aspereza quando ele ligou & eu contei que estava na cama com Mercedes. Eu estava mesmo. Mesmo que ela estivesse dormindo profundamente.

Entrei no relacionamento com Mercedes por frustração com a morosidade de Robert? Sua incapacidade masculina de compreender apaixonadamente a imensidão das mulheres?

O que chama a atenção em algumas intrigas "românticas" é que consomem tanta energia! Mas também, registrar esses períodos em um diário pode ajudar a entender as motivações de uma pessoa, frequentemente perdidas em meio à pressa emocional de fugir de uma situação desconcertante e tentar algo novo.

Rebecca ligou. Fizemos as pazes. Ela me magoou dizendo que não se sente em casa em nossa casa e que a família de W é "normal" etc. Pedi para ela parar de fazer comparações. De qualquer forma, agora ela acha que W é gay... Ela perguntou: "Todo mundo é gay?" Eu respondi que não, mas suspeito que todo mundo seja bissexual. Ela disse que tem certeza que ela não é. Falei que não há certeza na vida & que mesmo quando estamos mortos, poderemos voltar como brotos bissexuais.

Tente enxergar um panorama geral, insisti. E então ela me disse que homens brancos estão planejando colonizar Marte. Refletimos: quem mais pensaria nisso? Eles não são planetários, eu disse. Não da Terra, enfim. E penso: nunca *quero deixar a Terra. Nem é algo que me passe pela cabeça. Mas agora tenho outro pensamento sobre "o homem branco" como criança: se sentiria ele* tão sem-teto & indesejado *para estar sempre procurando um lugar mais & mais longe para viver?*

Minha filha e eu, graças a todas as Deusas e todos os Deuses já imaginados, estamos tão próximas hoje como sempre estivemos, e temos sido muito próximas. A vida por qualquer motivo nos deu sofrimento ao longo de anos difíceis de suportar. Essa conversa, tão típica de nós, me faz lembrar de nossos dias mais "profundos".

Sonho, dez. 1990
Deitada nos braços de Robert uma tarde, dormindo, sonhei:
Uma congregação de uma igreja quadrada, nada muito especial acontecendo. Então aparece um jovem negro que magicamente organiza um círculo de pessoas dançando. Tem uma mulher deficiente que faz movimentos surpreendentes com a bengala, inclusive se deitando prostrada no chão & se levantando novamente. Tem outra mulher, ou a mesma mulher, uma negra maravilhosa, dançando graciosamente num vestido/saia curto e de fenda. Tudo isso acontece com alegria & todas são pessoas de cor. E então, aparece na igreja/círculo um contingente da bluegrass,[1] *estadunidenses brancos cheios de amor & música, & o som plangente do banjo. Acordei dizendo, como dizia no sonho, é tão maravilhoso saber quem somos & como parecemos ser & como* somos! *Feliz.*

Não suportaria deixar esse sonho de fora do livro! De fato, como serão os Estados Unidos quando – se um dia – estiverem unidos e felizes!? Não viverei para ver esse dia, mas esse sonho deve ser cultivado – daí esse sonho – nos corações de nossa tribo multicolorida. Tive a sorte, depois de ter sido machucada até o âmago pela vida no Sul e especialmente depois de anos de conflito no Mississippi, de finalmente me encontrar em uma comunidade de hippies em uma comunidade rural no norte da Califórnia, onde eu pude chacoalhar meu xequerê ao lado dos violinos, banjos e trompas do pessoal da *bluegrass*. Eu nos via então como uma semente de cura e diversão; ah, eu divagava, afinal, não é impossível! Os Estados Unidos *podem* ser livres.

16 ago. de 1985
Tive um sonho outra manhã que foi maravilhoso: eu estava na casa da minha mãe, como sempre, repleta de visitas. Ela estava deitada num quarto grande perto de uma janela & eu ficava do lado de dentro & de fora, olhando e conversando com ela. Mas me sentia realmente irritada com as pessoas & queria que saíssem. Expressei

---
[1] Tipo de música popular característica do Sul dos Estados Unidos, com raízes nas montanhas Apalaches. [*N. da T.*]

isso para ela, sentando-me ao seu lado na cama. Mas ela explicou que ter as pessoas ao seu redor, velhas & novas amizades, a fazia se sentir lembrada. E com certeza, quando ela disse isso, seu rosto foi ficando cada vez mais jovem, até que ela era mais nova do que quando eu nasci – & percebi que sim, muitas de suas velhas amizades se <u>lembravam</u> dela assim! E para elas, ainda havia <u>algo</u>, nela, que eu nunca poderia descobrir. Esta foi uma grande lição para mim e mudou, espero, para sempre, meu aborrecimento com suas visitas. No sonho eu realmente me sentei num canto & comecei a cuidar de mim mesma.

Cuidado com qualquer coisa que destrua ou distorça seus sonhos! Este foi um dos sonhos mais nítidos que já tive. A maioria, se não todos os sonhos, pode ser assim, acredito, já que sonhei muito nesta vida. Sonhar é a fonte do primeiro conhecimento, eu acredito.

———

Agora preciso parar & apenas olhar para a forma como o vento, invisível, move tudo, especialmente os galhos das árvores que vejo de todas as 7 janelas!

Minha casa na época era uma tenda de madeira com sete janelas! Construída por um hippie que acreditava que a humanidade poderia se contentar com menos, hoje ela é uma prova de nossa capacidade de fazer beleza com madeira descartada, vidro, portas, guarnições das janelas e maçanetas de cor de lavanda!

22 out. de 1980
Algumas experiências maravilhosas com Robert. Uma imensa capacidade de fazer amor & ainda maior de amar através do toque. Eu falei para ele uma noite em sua casa: Por que será que seu toque agora é todo prazer, não existe mais dor (às vezes sua pressão causava dor nos meus seios) e ele respondeu: "Porque estou te amando mais." Então, hoje à noite, quando eu falei para ele que estava me sentindo mal, ele ligou para me lembrar que é noite de lua cheia. Ele disse: eu te amo. E eu respondi: "Bem, talvez, eu acho... pode ser."
 Mas eu também sentia amor por ele. E de qualquer forma, quer eu diga ou não, meu toque diz que sinto.
 Ele disse no carro quando estávamos indo para o parque passear & almoçar nas colinas: Quer saber? Eu amo seu toque, e seu toque me ama.
 Ele é muito mais bonito agora do que há um ano. Alto & esbelto & com uma cor de cobre e belas covinhas profundas.

* * *

Esta é uma relação que passou por muitas provações! E, no entanto, tinha tanta ternura e beleza e, acima de tudo, amadurecimento. Eu não conseguia nos soltar, já que estávamos juntos em muitos de nossos momentos. Amadurecendo. Saboreando. Passeando. Amando. Geralmente indo a algum lugar!

―――

Fomos para Cambridge juntos & fiz um evento beneficente para a Oxfam. Arrecadamos 10.000. Quincy enviou lindas tulipas – ele é tão atencioso e <u>presente</u> onde quer que eu esteja. Depois recebi um telegrama dele & de Harry Belafonte. Da campanha USA for África. Sinto que Quincy está realmente se tornando meu irmão/pai/amigo e adoro isso. O conto "Cuddling" – escrevê-lo – parece ter curado minha doença de amor.

Eu tinha uma paixonite por essa alma gêmea maravilhosa. Mas superei quando percebi que era o seu espírito, expresso em sua música, o que mais me atraiu.

―――

Não estamos mais nos debatendo em nosso relacionamento. Ou, pelo menos, não de nenhum jeito antigo. Estou ciente de tentar ajudá-lo em sua luta para libertar a si mesmo, sua psique, e isso é bastante prazeroso também, já que a pessoa que emerge é bonita e envolvente. É quase exatamente como ver alguém nascer, e que tenha 1,80m é irrelevante. Às vezes, vejo em seus olhos a perplexidade, a mágoa & a confiança de uma criança e simplesmente tenho que tomá-lo em meus braços, como faria com uma criança pequena, abraçá-lo & balançá-lo. Eu <u>amo</u> a pessoa que ele está se tornando. Eu o amaria mesmo que não o conhecesse.

Relacionamentos são ideais para esse tipo de maturidade. Ajudar um ao outro a renascer.

Abril de 1983/depois de ganhar o Pulitzer por A cor púrpura
Minha querida, este é o fim da linha para quase todo mundo. Mas tenha coragem. Não tenha medo. As coisas vão ficar bem. Se não para a humanidade, então para o nosso planeta, que está muito mais sintonizado com os refinamentos da eternidade do que nós.

Que trabalho tão tedioso é esse. Estou impressionada. Isso é a "Fama"? O cansaço e o esforço para tornar sucinto o que é longo?

―――

A diretriz da pessoa da câmera para mim foi de "escrever algo" enquanto estivesse sendo filmada.

———

O telefone tocou: Srta. Sue da rua de cima quer pegar um pouco da "água curativa" de uma fonte que ela ouviu falar. Esta fonte costumava ser apenas para brancos. Agora, é integrada. É um gotejamento do tamanho de um dedo.

Ela vem até a porta & mamãe a deixa entrar. Ela recolhe potes de plástico do tamanho de um galão. 4 deles. Eu entro, a abraço. Ela me fala que eu pareço bem, magra & feliz. Ela diz "O que você está fazendo? Casou de novo?"

Eu respondo "não acredito em casamento". Ela para. Então ri.

Eu gosto dela.

Ela conta que dizem que esta água mineral faz a gente se sentir com 16 anos. Mas ela não quer se sentir com 16. Isso traria problemas. Ela & minha mãe são amigas íntimas há 50 anos.

Adoro saber que venho de uma mãe que teve amigas leais durante toda a vida. Que compartilhavam aventuras e tribulações e piadas. Que entendiam a história, social ou não, de algo tão estranho quanto essa "água curativa" segregada, hoje integrada.

———

Ruth e eu lutamos durante os momentos difíceis de nosso relacionamento, como temos feito há anos. Ela fez um verdadeiro esforço para não falar tão constantemente sobre si mesma. Pretendo mandar fazer para mim uma pulseira com a palavra Silêncio. Porque eu acredito que existe um perigo real em falar demais. Acho que falar nos rouba a potência da mesma forma que o perfume é roubado da fragrância quando o frasco é deixado aberto. Sempre me sinto mal, quase nauseada, quando falo demais. Acho que é daí que vem a expressão "em boca fechada não entra mosca".

Minha irmã e eu éramos muito diferentes, o que muitas vezes é comum com irmãs. Hoje percebo que falar muito, como escrever é para mim, era uma forma dela se validar em uma família que raramente escutava. Sou tão amante do silêncio que costumava dizer, de brincadeira, sem dúvida, que seria um prazer estar morta.

———

Amanhã, Robert, Carole Ellis (nova amiga), Rebecca, Casey e eu vamos dar uma festinha. Fiquei o dia todo fazendo compras & cozinhando (lasanha de berinjela & frango ao curry; Robert fez tortas) e estou me sentindo feliz no amor? Com

Robert. É diferente, de alguma forma, agora. Mais como cachorrinhos, na verdade. Dois cachorrinhos rolando alegremente juntos num lugar quente e brilhante. Somos nós.

Quando fizemos amor ontem à noite, olhei para o rosto dele quando estava gozando – geralmente fecho os olhos & <u>imagino</u> ele e seu rosto. Desta vez olhei. Prefiro olhar. Seu rosto estava tão <u>decidido</u> a me servir. Todo o seu prazer estava em me agradar, me levar ao clímax – e senti como se estivéssemos em lados opostos de um rio com nossos braços estendidos, alcançando um ao outro.

E então – o rio, a distância, desapareceu.

Assim é o dom da confiança. E por que ele nunca deve ser quebrado.

———

Alguns pensamentos aleatórios: minha vida com Mel sempre teve uma característica de irrealidade, como se algo em mim estivesse adormecido durante todo o relacionamento. Sinto uma grande paz, mas uma paz constantemente sabotada pelo anseio.

Com Robert – <u>quando</u> estou com Robert – me sinto em paz, como se meu espírito, não apenas minha mente ou corpo, tivesse encontrado descanso. Mas curiosamente eu "descanso" me movimentando com ele. Disse a ele em nossa viagem ao deserto que – já que não queremos usar símbolos de grilhões, ou seja, pulseiras, anéis etc. acho que um presente perfeito para nós seria combinar mocassins. E se algum dia fizermos uma cerimônia, é <u>isso</u> que eu gostaria de trocar. Mocassins combinando.

Nunca tivemos uma cerimônia além de, se bem me lembro, lavar um grande cristal no oceano sob a lua cheia. O filho de Robert, Casey, levou até nós o cristal e uma lanterna.

É difícil escrever. Começo a sentir que de alguma forma o ato de escrever me separa do Ser. A felicidade de me entregar aos sons do vento e a aparência das folhas enquanto sopram. Não resta dúvidas, seguindo meu coração & o Espírito do Universo, de que encontrei meu lugar. Minha casinha redonda com o novo piso amarelo, dormitório no mezanino & as claraboias.

Quando encontramos nosso lugar, nós sabemos. Todo o resto pode parecer uma distração. Nos recostamos para apreciar a beleza da própria Vida.

———

E é isso!

Finalizo oferecendo um pequeno poema de um querido professor, o monge budista Thich Nhat Hanh.

> O momento presente
> Compreende o passado e futuro.
> O segredo da transformação
> Está na maneira como lidamos
> Com este momento.

Mantive um diário durante toda a minha vida adulta, desde a adolescência. Em parte, porque minha memória é conhecida, entre meus amigos, por não guardar muito do que compartilhamos. O diário me devolve um pouco do que esqueci. As conversas, descobertas psíquicas e viagens de todos os tipos.

E, no entanto, tenho vivido constantemente em outro presente. O momento presente da criação. Enquanto escrevia os diários, também escrevia, em outra esfera, mundos que descobri em minha imaginação. Romances, poemas, contos etc. Isso significa que este diário é, em muitos aspectos, minha tentativa de guardar momentos que experimentei, com minhas amizades e outras pessoas, também inesquecíveis e queridas. E é, portanto, verdadeiramente dedicado a essas pessoas.

12 de fevereiro de 2021

AGRADECIMENTOS

Um livro desse tamanho e escopo – mais de oito anos em sua elaboração – requer uma comunidade intencional de bons participantes e simpatizantes para trazê-lo à vida. Tenho tantas pessoas a agradecer por sua boa vontade em geral, assim como por atos específicos de bondade e graça. Correndo o risco de deixar alguém de fora, tentarei citar nomes aqui. Mas mesmo que seu nome não seja mencionado, saiba que sou grata por todos os pequenos momentos que levaram a esse grande momento. Agradeço a todas e todos os bibliotecários que encontraram uma caixa de arquivo para mim; a cada barista que meticulosamente fez um doce desenho com leite de aveia no meu *chai latte*; a todas as pessoas amigas que, apesar dos aparentes contratempos, mantiveram sua fé.

Preciso começar com minhas duas assistentes da pós-graduação, Stephanie Blount e Nicole Morris Johnson, que, ao longo dos anos, me ajudaram a transcrever cada palavra dos manuscritos dos diários de Alice Walker. Aquele verão nos arquivos com você, Steph, é uma das minhas memórias mais preciosas da minha vida. E, Nicole, sempre serei grata por seu compromisso inabalável de anos com a empreitada.

Agradeço também aos arquivistas e administradores – especialmente ao falecido Rudolph P. Byrd, a Yolanda Cooper, Courtney Chartier, Gabrielle Dudley, Jennifer Gunter King, Rosemary Magee, Randall Burkett, Kevin Young, Clint Fluker e o falecido Pellom McDaniels III – da Biblioteca de Manuscritos, Arquivos e Livros Raros Stuart A. Rose da Universidade Emory, que abriga amorosamente a vasta e ampla Coleção Alice Walker.

Agradeço também à nossa editora original deste livro, Dawn Davis, que se apegou ao sonho, mesmo em meio à névoa de mil páginas e uma grande mudança de carreira. E à nossa atual editora, LaSharah Bunting, que interveio para colaborar com tudo – com o apoio sólido de sua assistente, Maria Mendez, e nosso excelente e exigente editor sênior de produção, Mark LaFlaur. Tudo isso foi possível graças ao generoso apoio de Dana Canedy, vice-presidente sênior e editora do selo Simon & Schuster, e sua impressionante equipe de produtores.

Expresso minha profunda gratidão a Joy Harris, dedicada agente literária que Alice Walker e eu compartilhamos, e à sua equipe, Adam Reed e Alice Fugate.

Tenho o privilégio de agradecer infinitamente aos meus salva-vidas: Dr. David Kooby, Dr. Walid Shaib, P.A. Sujata Kane e as numerosas equipes de enfermagem e outros profissionais de saúde que me ajudaram em tempos difíceis. Três reverências profundas a vocês.

Tenho muita gratidão por minha pequena família de lutadores: meus pais, ambos agora ancestrais, Roger e Laura Boyd, que sempre apoiaram minhas ambições literárias, apesar de não serem "pessoas que leem livros", como meu pai disse uma vez; minha sobrinha Kaylisha Lewis Boyd; meus irmãos Mike e Tim, e minha cunhada Regina.

Finalmente, é com grande alegria que agradeço às muitas pessoas amigas e colegas, antigas e novas, que simultaneamente me seguraram e me levantaram – ou, como Zora Neale Hurston poderia dizer, que "me apoiaram de todos os lados". Agradeço, queridas e queridos companheiros de jornada: Veta Goler, Gina Breedlove, Mignon Goode, Linda Blount, Monica Pearson, Kelley Alexander, Miriam Phields, Shay Youngblood, Ellen Sumter, Boston Fielder, Annette Lawrence, Aunjanue Ellis, Nina Revoyr, Valerie Woods, Craig Seymour, Nivea Castro, Beverly Guy-Sheftall, Ti Walker, Monimala Basu, Eileen Drennen, John T. Edge, Janice Hume, Jeff Springston, Elena Grant Napper, Swasti Oyama, Marcia e Daniel Minter, Lois Hurston Gaston, Charlayne Hunter-Gault, Jamilah Shakir e dezenas de outras pessoas.

Nenhum desses agradecimentos seria possível, obviamente, sem o agradecimento inicial: A *Alice Walker, por ser você, a pessoa mais livre que conheço, e por me escolher.*

– VB

* * *

Agradeço a todas as pessoas – muitas agora no mundo espiritual – por quem permaneci viva.

E às pessoas – neste mundo e no espiritual – por quem eu teria morrido.

– AW

CRÉDITOS DAS FOTOGRAFIAS

As fotografias são listadas pelos números de página em que aparecem.

15 Passaporte de AW, primeiro carimbo de 1962. Coleção Alice Walker, Biblioteca de Manuscritos, Arquivos e Livros Raros Stuart A. Rose da Universidade Emory.

19 AW na faculdade Sarah Lawrence, 1964. Coleção Alice Walker, Biblioteca de Manuscritos, Arquivos e Livros Raros Stuart A. Rose da Universidade Emory.

51 AW com o marido Mel e a filha Rebecca, 1970. Coleção Alice Walker, Biblioteca de Manuscritos, Arquivos e Livros Raros Stuart A. Rose da Universidade Emory.

54 AW com sua mãe, Minnie Lou (ou Lue) Walker, e sua filha pequena Rebecca, março de 1970. Coleção Alice Walker, Biblioteca de Manuscritos, Arquivos e Livros Raros Stuart A. Rose da Universidade Emory.

77 Alice aos seis anos. Coleção Alice Walker, Biblioteca de Manuscritos, Arquivos e Livros Raros Stuart A. Rose da Universidade Emory.

99 AW e a jovem Rebecca em viagem. Coleção Alice Walker, Biblioteca de Manuscritos, Arquivos e Livros Raros Stuart A. Rose da Universidade Emory.

118 Esboço de autorretrato de AW de uma entrada no diário de abril de 1978. Coleção Alice Walker, Biblioteca de Manuscritos, Arquivos e Livros Raros Stuart A. Rose da Universidade Emory.

130 AW em Nova York. Foto de Nancy Crampton. Coleção Alice Walker, Biblioteca de Manuscritos, Arquivos e Livros Raros Stuart A. Rose da Universidade Emory.

171 *Não seja a queridinha de ninguém*. Foto de Nan E. Park. Coleção Alice Walker, Biblioteca de Manuscritos, Arquivos e Livros Raros Stuart A. Rose da Universidade Emory.

179 A primeira página do manuscrito de *A cor púrpura*, de um diário de 1980. Coleção Alice Walker, Biblioteca de Manuscritos, Arquivos e Livros Raros Stuart A. Rose da Universidade Emory.

201 Ilustração de AW de sua propriedade recém-comprada, que ela apelidou de Wild Trees, no condado de Mendocino, Califórnia. De uma entrada do diário de 1982. Coleção Alice Walker, Biblioteca de Manuscritos, Arquivos e Livros Raros Stuart A. Rose da Universidade Emory.

222 AW em 1984 com sua "família reconstituída, forte", como ela disse: seu parceiro Robert Allen e Casey, filho dele, e Rebecca, filha dela. Coleção Alice Walker, Biblioteca de Manuscritos, Arquivos e Livros Raros Stuart A. Rose da Universidade Emory.

236 AW trabalhando em Wild Trees, 1984. Coleção Alice Walker, Biblioteca de Manuscritos, Arquivos e Livros Raros Stuart A. Rose da Universidade Emory.

291 AW em foto de Dwight Carter para a revista *Essence*, setembro de 1989. Coleção Alice Walker, Biblioteca de Manuscritos, Arquivos e Livros Raros Stuart A. Rose da Universidade Emory.

292 AW e Rebecca. Foto de Jean Weisinger, julho de 1991. Coleção Alice Walker, Biblioteca de Manuscritos, Arquivos e Livros Raros Stuart A. Rose da Universidade Emory.

369 AW em foto de Sydney R. Goldstein, City Arts & Lectures, São Francisco. Coleção Alice Walker, Biblioteca de Manuscritos, Arquivos e Livros Raros Stuart A. Rose da Universidade Emory.

457 AW aos cinquenta anos. Coleção Alice Walker, Biblioteca de Manuscritos, Arquivos e Livros Raros Stuart A. Rose da Universidade Emory.

479 AW dançando. Foto de Jean Weisinger, 1992. Coleção Alice Walker, Biblioteca de Manuscritos, Arquivos e Livros Raros Stuart A. Rose da Universidade Emory.

ÍNDICE REMISSIVO

AW = Alice Walker

aborto, 27, 56, 74
Abramson, Joy, 249-250
Abu-Jamal, Mumia, 420
   Ao vivo do corredor da morte, 420
   data de execução marcada, impacto em AW, 475
Abzug, Bella e Bill, 365
África, 15
   África do Sul, 269, 298, 306, 307, 370
   AW e Parmar e as filmagens de *Warrior Marks* em (1993), 322, 323, 324, 333, 334-335, 336-337, 336-342
   AW sobre gravidez, 28
   Banjul, Gâmbia, 336-338, 340
   Botsuana, 269
   Burkina Faso, 333, 341
   Dacar, Senegal, 340-341
   Libéria, 248-249
   música, 350
   mutilação genital feminina, 249-250, 337-340, 367-368
   Popenguine, Senegal, 340-341, 361
   Quênia, 17, 26, 248-250
   Uganda, 17, 26
   Ver também mutilação genital feminina
África do Sul, 269, 298, 307, 370
   African National Congress (ANC) [Congresso Nacional Africano], 298
   julgamento de Winnie Mandela, 306
   palestra de AW, 214
African National Congress (ANC) [Congresso Nacional Africano], 298

Alcatraz (dia de Ação de Graças, 1996), 415
Alice Walker Literary Society (AWLS) [Sociedade Literária Alice Walker], 432
"Alice's Wonderland" (White), 398
Alice Walker Banned (AW), 403
   Introdução de Holt, 403
alicewalkersgarden.com (blog), 481
Allen, Casey, 221
   a filha de AW, Rebecca, e 163-164
   birracial, pele clara, 129, 154, 158
   filho de Robert com esposa, Pam, 103, 119, 129, 138, 186
   morando com o pai, 174, 190, 202-203, 251
   na travessa Galilee Lane, 15, São Francisco, 140
   sentimentos de AW sobre, 129, 165-166, 183, 186-187, 194, 223
   separação de Robert e Pam, 141
   unidade familiar com AW e Robert, 135, 138, 141, 146-148, 162, 176, 186-187, 203, 221, 223, 232, 242-243, 270-271, 287-288, 486-487
Allen, Robert "Bob", 100, 221
   apoio financeiro de AW, 300-301, 304-305
   AW morando em São Francisco e Mendocino, 116, 117, 120, 132-135, 136-138, 140, 146-147, 148, 151, 154, 181-184, 202, 203, 220, 232, 238, 241, 242-243, 245-246, 251, 254-255, 260, 262-263, 266-267, 270, 286-288
   AW o demite como gerente, 301
   AW oferece a Robert a editora em Wild Trees, 296-297

caráter e personalidade, 127-128, 161-162, 163-164
carreira, 153-154, 374
cartaz de AW, 236
caso inicial com AW, 63, 64-65
cerimônia, 487
como editor de The Black Scholar, 152-153, 202
confiança e intimidade, 487
discórdia no relacionamento de AW, 141-143, 151-153, 190-191, 194-195, 196-197, 198-199, 202, 224-225, 233-235, 243-244, 296-297, 300-301, 343
divórcio de Pam, 186
editora Wild Press, 220, 236, 240, 241-242, 282
empréstimos de AW para, 151
escrita do roteiro, 279-280
escritor, 312
esposa Pam, 64-65, 81, 82-83, 92, 100, 101, 102, 112, 138, 142, 152, 158, 164, 183
filmagens de A cor púrpura, 245-246
fim de relacionamento com AW, 359
fotografias comprometedoras mantidas por, 190-191
hábitos e peculiaridades de, 134-137, 142
infidelidade, 224-225, 279-280, 301
insegurança financeira de, 296-297
mãe, Sadie, 102, 126
na Oakland Men's Project, 282
namorada (mais tarde esposa), Janet, 332, 333-334, 335, 374, 391
namoro, 321
pornografia e, 191-192, 193
presenteia AW com um diário, 110-111
Projeto sobre Port Chicago, 91, 103, 137, 285, 374
Rebecca, 271
relacionamento de AW com (anos 1970), 81-85, 90-91, 93-104, 108-112, 116-118, 123, 125-130, 146-148, 151-160, 162-164, 167-168
relacionamento de AW com (anos 1980), 174, 176, 182-183, 184, 189, 190-193, 196-197, 198-200, 202-203, 205, 207-209, 217, 220, 235, 237, 239, 241-244, 253-254, 258-259, 261, 268, 272-273, 274-275, 281-82, 284-285, 287, 289-290, 484-485
relacionamento de AW com (anos 1990), 297, 298, 304-305, 307-309, 312, 318, 321-322, 323-324, 328, 330-332, 374
renascimento, 485
tensão de AW, 134-135
terremoto (1989), 287-288
triângulo amoroso de AW com a Mercedes, 308-309, 482
uso de maconha e, 296
viagem à Itália com AW (1988), 279-280
viagem a Puerto Vallarta com AW (1989) 284
viagem ao Sudoeste e Grand Canyon com AW (1978), 116-117
viagem para o Leste com AW (1987), 273-274
viagens com AW e sua reflexão sobre mocassins combinando, 487
Allende, Isabel, 285-286, 336
"All Things Made New" (música), 356-357
"Am I blue" (AW), 369-370
American Book Award (ABA), 207-208, 209-210
American Indian Movement (AIM) [Movimento Indígena Americano], 345, 410
amor
capacidade de amar, 29
citação de Anna Karenina, 33
artistas e, 30
por Bertina, como seguro, 141
desejo de, 154-155
com iguais, 326-327
sem amor, morte do amor, 56, 95, 114, 138, 139, 442, 466, 471
medo de, 343

pelo feminino, 460
por seu avô, 256
por sua mãe, 74, 300-301, 385
por casas, 359
sem esperança de, 29
por casas vs. pessoas, 380
independência vs., 92, 116
inter-racial, 42, 47
pela vida, 47, 73, 97, 107
por Mel, seu marido, 16-17, 26-27, 37, 39, 42, 53, 58-59, 63, 70, 471
modelos de, 255
problemas com o amor, 432-433
por Quincy Jones, 254, 257, 274-275, 289, 290, 293, 304-305, 485
por Rebecca, sua filha, 53, 56-57, 66-67, 80-81, 156, 223, 262-263
por Robert "Bob" Allen, 64, 81-83-85, 95, 98, 100, 102-104, 108-109, 116-117, 129, 148-149, 154, 155-157, 164, 165-166, 169, 183-184, 222-223, 237, 253-254, 258, 275, 281-282, 308-309, 471, 484-485, 486-487
amor-próprio, 111
sexo vs., 26
pelo silêncio, 453, 486
pensamentos sobre, 29, 45-46, 47-48, 56, 76-77, 109-111, 113-114, 123-125, 133, 134-135, 143-144, 147-148, 154-155, 168-169, 223, 268, 270
por Tracy Chapman, 335, 336-337, 349-352, 356-357, 359-360, 372, 383, 385-388, 408-409, 412, 438, 471
universal, 278, 473
pelo universo, 429
o que atrai AW e, 395
"trabalho é amor tornado visível", 66, 70
pelo jovem masculino, 444-445
por Zelie Duvauchelle, 423, 428, 429, 435, 436, 441, 460, 470
"Anaïs Nin: 1903-1977" (AW), 96, 108
Anderson, Carl, 248-249
Anderson, Jon Lee,

Che Guevara: uma biografia, 437
Angelou, Maya, 153
Anna Karenina (Tolstói), 33
Anything We Love Can Be Saved (AW), 420
entrevista, *Sunday Morning* CBS, 421
resenhas, 420
turnê do livro, 420-421
Ao vivo do corredor da morte (Abu-Jamal), 420
Appiah, Kwame Anthony, 66
A redoma de vidro (Plath), 63
Ariel, Jane, 468, 470
Armah, Ayi Kwei, 306, 337, 340-341, 347-348, 361, 368
The Beautyful Ones Are Not Yet Born, 306
Two Thousand Seasons, 306
Aronson, Henry, 16, 34
As deusas e a mulher: nova psicologia das mulheres (Bolen), 343
Ashe, Arthur, 326-327
Assassinato sob custódia (filme), 298
Atlanta, Geórgia, 22-23, 127, 143-144, 320, 365
a turnê de AW com *Warrior Marks* (1993), 365-366
comunidade negra, 22-23
Ritz Carlton Hotel, 355, 365
turnê do livro de AW (1996), 399-400
turnê do livro de AW (1998), 458,459
visita AW (1995), 390
Austen, Jane, 75
Austrália e Nova Zelândia, viagens (1992), 317
Avery, Byllye, 275
Avery, Margaret, 246-247, 255

Bagby, Rachel, 394-395
Bailey, Pearl, 228
Baker, Ella, 144
Baker, Houston, 77
Baldwin, James, 44, 46, 47, 277, 330-331
Terra Estranha, 277

Bali, 258-259
Bambara, Toni Cade, 180, 208, 254
    roteiro para filme sobre Zora Neale Hurston, 180-181
Banks, Dennis, 344-347, 410
Baraka, Amiri (anteriormente LeRoi Jones), 70, 99
Barbara (assistente), 460, 468-469, 473
Beatles, 185
Beautyful Ones Are Not Yet Born (Armah), 306
Beckham, Barry, 68-69
Berkeley, Califórnia
    Casa Azul (Cazul), casa de AW, San Luis, 670, 390, 404-405, 408, 412-413, 419-421, 425, 436, 444, 446, 451, 454-455, 473, 474
    rádio KPFA, 421
    Restaurante Chez Panisse, 471
    terapeuta, 467
Bertina (amante), 107, 121-122, 125, 131, 133, 134, 141, 318
Best Short Stories by Negro Writers (Hughes, org.), 30, 152
    "To Hell with Dying" (AW) publicado em, 37
Bethune, Mary McLeod, 125-126
Bibbs, Hart Leroy, 78
    "A Diet Book for Junkies", 78
Bierce, Ambrose, 32-33
Black Boy (Wright), 40
Black Britannia (filme), 142
Black Macho and the Myth of the Superwoman (Wallace), 118, 149
    crítica de AW de, 153
Black Scholar, jornal, 146, 153, 202
    Allen como editor, 153, 202
    Resposta de AW ao texto de Staples, 153
Blackwell, Unita, 319
Blues Legacies and Black Feminism (Davis), 445
Bolen, Jean Shinoda (terapeuta), 336, 343, 344, 385, 386, 390, 408, 415, 422, 451-452, 472-474

As deusas e a mulher, 343
    como leitora de AW, 422
Os deuses e o homem, 343
Bolsa da Fundação MacArthur, 319
Boonville, Califórnia, 186
    aluguel de verão, 181-184, 186-187
Boresoff, Tod, 157
Boston, 42, 65, 123, 204, 277
    Boston Harbor Hotel, 399
    casal Zinn 204, 273-274, 289-290, 349-350
    Commonwealth, escola, 21
    evento beneficente de AW, 277
    leituras e autógrafos de AW, 289, 350
    Mamie, irmã de AW em, 123
    turnê do livro de AW (1996), 399-400
    turnê do livro de AW (1997), 420
    turnê do livro de AW (1998), 458
    viagens de AW para ver a família, 123, 273-274, 302, 349-350, 381, 382, 390, 405-406, 407
WGBH, 399
Botsuana, 269
Bourne, St. Claire, 137, 156-157, 167, 280
Boyd, Valerie, 320, 432
    organizadora de *Colhendo flores sob incêndios*, 336, 481-482
    Wrapped in Rainbows, 481-482
Bradbury, Ray, 32-33
Bradley, David,
    "A romancista Alice Walker contando a história da mulher negra", 221-222, 223-225
    resposta de AW à entrevista de, 225
Brasil, JoAnne, 365, 466
Bray, Rosemary, 264
Brokaw, Tom, 369
Brooklyn, NY, 67, 97, 100, 101, 106
    aluguel da casa de AW, 155-156, 158, 184-185, 190
    AW transferindo bens domésticos para São Francisco, 158-160, 161-162
    casa AW à venda, vendida, 204, 259, 261, 262, 268

casa de AW roubada, 160
casa de AW, rua, 423A, 93-94, 96, 98, 101, 104, 111, 115, 139, 157-159, 204
Kokobar cibercafé, 376, 399, 405
Park Slope, 93, 159, 190
Sétima Avenida, 157, 158
sublocação da casa do AW para amigos, 132, 147, 156-157
Brooks, Angie, 432
Brooks, Gwendolyn, 152
Brown, Russell, 473
Brugh Joy, Conferência sobre Sonhos, 444
Buchanan, Beverly, 314
Buckley Jr., William F., 67
Burke, Bob, 474, 478
Burkina Faso, 333, 341
Bush, Bárbara, 299-300
Bush, George H.W., 299-300
Busia, Akosua, 248-249
By The Light of Father's Smile (AW), 421-422, 458, 460
como best-seller do *New York Times*, 460
edição, 436, 437
turnê do livro (1998), 437, 458
Byrd,. Rudolph, 432, 489

Cabana do pai Tomás, A (Stowe), 36
Cães
adestradora, Madeline Hill, 381
Andrew, 41, 43, 46, 53
Ede, 481
Ginger (de Tracy Chapman), 364, 367
Marley Moo, 381, 387, 388, 393, 394, 396, 404, 463, 419-420, 424-426, 429-430, 435-437, 451, 463, 472, 473
Mbele, 322, 327-328, 332
Myshkin, 40, 41
Tasha (de Tracy Chapman), 367
Cadden, Wendy, 192, 195-196, 198, 200, 206, 220
Cambridge, Massachusetts, 59, 62, 63, 66-67, 73, 204
Campbell, Tevin, 290

Camus, Albert, 55
Canção de Solomon, A (Morrison), 156, 360
Candler, Elizabeth, 122
Cane (Toomer), 40-41
Cape Vintage Press, 317
Castro, Fidel, 346-347, 396
Celebrações do dia de Ação de Graças
em 1970, 54
em 1977, 102
em 1978, 146-147
em 1980, 185
em 1982, 202-203
em 1984, 241
em 1992, 327-328
em 1995, 396
em 1996, 415
em 1997, 435
em 1998, 460-461
Cerimônia de nascimento/parto lakota, 416-417
Chapman, Tracy, 323-324, 329-330, 334-338, 340-344, 349-355, 469
amizade com Jackie, 367, 386, 387-388
AW acampando em Yosemite com, 360
AW contatada por (1999), 479
AW e diferença de idade, 372
AW esfriando, 377-378
cartas de AW para, 378-381, 385-385, 390-392, 393, 406
cinquentenário de AW, 368-369
concertos (agosto de 1996), 410
dia de Ação de Graças com AW (1993), 366
empréstimo para cibercafé Kokobar de Rebecca e Angel, 405
influência de AW, 393-394
irmã Aneta, 344, 351, 367, 368, 370, 376, 380, 387-389, 391-392, 405, 410-411
música, 373, 430
na África com AW, 340-342
New Beginning (álbum), 393-394
no funeral da mãe de AW, 355-357
"Ouagadougou", 349

procurando casa, 352-353, 370, 371-372, 376-377, 380
recapitulação do relacionamento do AW, 359
relacionamento de AW com, 360-362, 366-368, 371-372, 373, 376-377, 383-384, 387-389, 393, 404-405, 408-409, 411-413, 430, 443
sonhos de AW, 408, 422-423
sucesso de, 408
turnê de *Warrior Marks*, 365-366

Charles, Ray, 285, 290
Charlie Rose Show (programa de TV), 365
Che Guevara: uma biografia (Anderson), 437
Chez Panisse (musical), 471
Chicago, 320
    AW em turnê de *Warrior Marks*, 365-366
    AW falando, 436-437, 450
    festa da Associação de Livreiros Negros, 451
    Hotel Ritz, 365
Childress, Alice, 212-213
China, 212
    A cor púrpura em chinês, 213
    Ding Ling, 200, 269
    túmulo de Agnes Smedley, 214
    visita de AW (1983), 213-214
Chödrön, Pema, 393, 441, 458, 473
Cholodenko, Lisa, 455
Chopra, Deepak, 373
Christian, Barbara, 163
Chung, Connie, 369-370
Chung Hyun Kyung, 431
Civis, Movimento pelos Direitos, 11-12, 16, 17, 33-34, 36
    assassinatos de Martin Luther King Jr. e de Robert F. Kennedy, 43-44
    AW marchando com King, 43
    AW no Mississippi, 47, 48
    AW no SCOPE, 22
    AW retorna ao Sul (1965), 22-25
    AW retorna ao Sul (1966), 34

condado Liberty, Geórgia, reunião, 23-24
conflitos internos, 48
Meridian de AW, 77, 80
sentimentos de AW sobre o ativismo, 79
violência racial na Geórgia, 22
Clara, Universidade, 203
Claremont, faculdade, 185
Clark, Ramsey, 344-347
Cliff, Michelle, 167
Clinton, Bill, 368, 444
Clinton, Chelsea, 444
Clinton, Hillary, 368, 444
colchas, costura, 45-46, 186-187, 198-199, 204
Cole, Johnnetta, 392
Coles, Julius, 337, 341
Coles, Robert, 57-58
Colhendo flores sob incêndios (AW)
    Boyd como organizadora, 320, 481-482
    trechos cortados e comentários de AW, 482-488
    trechos cortados, 482
Color Purple Foundation, 283, 302-303
condado de Liberty, Geórgia, 23-24
Conferência da Paz (1997), 420
Cor púrpura, A (AW), 188, 192, 197, 235, 268
    American Book Award, 207-210, 214-215
    AW considera escrever uma peça baseada em, 285
    citações sobre, 197
    considerações de AW sobre, 218-219
    cópias vendidas, 211-212, 215, 238-239, 253
    crítica de Reed, 202
    em espanhol, presente para Fidel Castro, 346-347
    festa do livro, 201-202
    irmã de AW, Mamie, 253
    musical proposto, 407-408, 410-411, 467
    National Book Critics Circle Award, nomeação, 205

prefácio da edição do 100 aniversário, 309
Prêmio Pulitzer, 12, 207-208, 212, 214-215, 235, 485
primeira página, 178, 179
resenhas em jornais, 179
resenhas, 202
royalties, 215, 219-220
sucesso de AW, 238-239
título de trabalho, 119-120
tradução chinesa, 213
Cor púrpura, A (filme), 407
adaptação cinematográfica, 225
AW como consultora, 244-247, 250
carta de AW para Danny Glover, 255-258
"Celie's Blues", 244
direitos do filme, 219-220
elenco, 240-241, 246-247, 248-249, 255
estreia em Eatonton, Geórgia, 255
estreia em Nova York, 254
filha de AW trabalhando, 248
filmagem 225, 244-250
ganhos de AW, 224-225, 261
indicações ao Oscar, 255
interpretação de AW, 225-232
lançamento, 251
"momentos para lembrar" no set, 247
renda de exibição na TV, 299
resposta de AW, 251-253, 254-255
roteiro, 232-233, 235-236, 245-246, 280
trilha sonora e partitura, 244, 248
Coming of Age in Mississippi (Moody), 49
Cooke, Michael, 134
Cooper, Jane, 136
Cooper, J. California, 236, 238, 243
A Piece of Mine, 236, 238
Cornelius, Barbara, 58
Cosby, Bill e Camille, 254
Crouch, Stanley, 276
Crowder, Henry, 279-280
Cuba, 63, 84-85, 157
assalto ao quartel de Moncada, 161-162
AW encontra-se com Fidel, 346-347
praia de Varadero, 347-348
revolução em, 84-85
viagem de AW (1993), 344-349
viagem de AW (1995), 396
viagem de AW (1997), 428, 432, 433-434
"Cuddling" (AW), 485
Cunard, Nancy, 279-280

Dalai Lama, 373, 405, 422
Darden, Carole, 17, 254, 368
Dash, Julie, 317
Daughter of Earth (Smedley), 214
David (primeiro namorado), 31-32, 471
Davis, Angela, 264, 310, 377
amizade com AW, 359, 368, 374-375, 396, 408, 411, 460
Blues Legacies and Black Feminism 445
carta para, 358-359
cinquentenário, 358n1
convite de aniversário de AW, 419
irmã Fania, 408
jantar com AW e Toni Morrison, 276
Projeto Nacional de Saúde da Mulher Negra, 275
vizinha de AW em Mendocino, 409, 450
Davis, Belva, 195, 369-370
Davis, Miles, 290, 312-313
Davis, Ossie, 254
Dee, Ruby, 168, 254
Deeter, Catherine, 272, 293
Denver, Colorado, festival do livro (1997), 431
Dial Press, 134
Diana (amiga), 410, 435, 465, 469
diários
A cor púrpura e, 178, 179
arquivo na Universidade Emory, 11, 481-482
assuntos não abordados, 59-60
Boyd como organizadora, 336, 481-482
caderno iniciado (1976), 222
carta depois da demissão da *Ms.*, 264-267

carta para Angela Davis, 358-359
carta para Danny Glover, 255-257
carta para Diane K. Miller, 180-181
carta para Langston Hughes, 37-39
carta para Quincy Jones sobre Shug, 240-241
carta para Robert Allen, 241-242
carta para sua família, 324-326
carta para sua irmã Ruth, 302-303
cartas para Tracy Chapman, 378-381, 385-386, 391-392, 393, 406
como forma de lembrar momentos, 487-488
cronologia de, 57
encadernado em espiral azul escuro, 178
falta de entradas (1986), 267-268
final de um diário (1978), 108-109
final de um diário (1992), 332
final de um diário (1993), 359
final de um diário (1995), 387-388
final de um diário (1997), 433
final de, sumário e, 155
hábito de parar e começar, 57, 124
haicai (sem data, década de 1960), 25
influência de Anaïs Nin, 123-124
intervalo em diários (janeiro a agosto de 1982), 200
"intrigas românticas" e o valor do diário, 482
luta para escrever, 43
métodos, 17, 25
motivos para guardar, 488
"Não ser fiel a si mesma", 360
negligência com, 285-286
observações, pensamentos, 307
poema (abril de 1983), 209
poema (maio de 1999), 468
"Poema dos Sonhos" (27 de novembro de 1990), 307
poemas (abril de 1974), 73
presente de Robert, 155
primeiro, diário de viagem, 13-15

publicação em Londres e África diários, em *Warrior Marks*, 354
releitura, 56, 203
transcrevendo, 136-137, 255-256, 354, 361-362
trechos cortados com comentários de AW, 29-30, 481-488
uso de tinta vermelha, 26
"Diet Book for Junkies, A" (Bibbs), 78
Dillon, Hari, 298
Ding Ling, 200, 269
Dinkins, David, 288, 364
Diop, Aminata, 323, 3242
discurso de agradecimento de AW, 208-209
docência de AW, 67
    como profissão, 26-27
    como residente, 190
    em literatura negra, 53
    na faculdade Mills, 163
    na faculdade Tougaloo, 58, 60
    na faculdade Wellesley, 58-59, 59-60, 64
    na Germantown Friends, escola, 58-59
    na Universidade Brandeis, 183, 189, 190, 193-194, 202, 203
    na Universidade de Berkeley, 157, 163, 183
    na Universidade de Massachusetts, 57-58
    na Universidade de Stanford, 163, 183
    na Universidade de Yale, 94, 95, 99, 102, 134
    palestras/leituras (1977), 98
    sobre ser professora em Harvard, 59-60
    Universidade de Antioch (CA), 166
Dorkenoo, Efua, 322-323, 327, 362
Dostoiévski, Fiodor
    O idiota, 40
Doubleday, 299
Dufty, William
    O ocaso de uma estrela, 66
Dust Tracks on a Road (Hurston), 329

Duvauchelle, Zelie, 423-434, 441-442, 443-444, 446-453, 455-457, 458-469, 470-478
    antecedentes familiares, 449
    apoio financeiro de AW, 477-478
    casa em Molokai, Kainehe, 432-433, 457, 460, 461-462, 466, 474, 477-479
    Conferência em Yucatán e etnobotânica, 437, 442-443
    dia de Ação de Graças com AW, 435
    doença de, 434
    em turnê com AW (1998), 458
    irmão, Clinton, 477
    masculinidade, 460
    necessidades de AW no relacionamento com, 453-457
    pai, Ah Yong, 477
    "relacionamento aberto" desejado por, 470-472, 474-475
    relacionamento com AW fraqueja, 465-466, 468-469, 471
    tensão com AW, 429, 433-434, 435-436, 448-449, 450, 452, 455-457, 465-466
    Victoria, ex-amante, 425, 429, 433-434, 456, 462
Dworkin, Andrea, 193, 194-195
    Our Blood: Prophecies and Discourses on Sexual Politics, 193
    Pornography: Men Possessing Women, 193

E o vento levou (filme), 251
Eatonton, Geórgia, 128-129, 177, 204, 295, 304, 320, 324, 356
    a família estendida de AW em, 431
    cidade natal segregada de AW, 12
    elogios para AW em, 177
    estrada da Bell's Chapel, 177
    estreia de *A cor púrpura*, 254-255
    Fundação A Cor Púrpura, 283
    funeral da mãe de AW, 356-357
    leituras de AW, 283
    memórias de infância de AW, 328, 439
    "peregrinação" de AW (1995), 392
    reunião do ensino médio (1999), 471
    sepulturas dos pais de AW, 365-366, 431
    sonho de AW, prestar atenção para sair, 195-196
    viagem de AW (agosto de 1990), 302
    viagem de AW (dezembro de 1988), 283-284
    viagem de AW (fevereiro de 1980), 174
    viagem de AW (julho de 1992), 320
    viagem de AW (mar. 1983), 207
    viagem de AW (outubro de 1987), 273-274
    visita de Rebecca (1984, 1990), 241, 302
    Ver também Walker, Minnie Lue
Edgar, Joanne, 209-210, 259, 264, 443
    "Wonder Woman for President", 264
Elbow Room (McPherson), 78
Eliot, George, 75
Ellis, Carole, 143, 146, 486-487
Ellison, Ralph, 44, 78
    Homem invisível, 44
"Em busca dos jardins de nossas mães" (AW, ensaio), 69
    Em busca dos jardins de nossas mães: prosa mulherista (AW), 103, 110, 153, 161, 175, 189, 207-208
Emory, Universidade, 432
    arquivo dos diários de AW, 11, 481-482
escrita, AW e, 11-12, 22, 44
    ato de, e separação do Ser, 487
    autocrítica da, 137
    bloqueio em escrever sobre a Guerra do Vietnã, 65
    bloqueio na escrita, 200
    boa ficção e alegria de escritor, 181
    começando um novo trabalho, 287, 375-376, 387, 479
    como escritora existencialista, 32
    como ocupação única, 132-133
    condições para, 131, 132-133
    considerando nova trilogia, 64
    convites para falar vs., 213
    criando *O templo dos meus familiares*, 268

criando personagens, 40, 76, 181–182, 187, 273
depressão ao terminar um longo trabalho, 281
descoberta de palavras, 027
distrações e, 306
dreno de energia, 310–311
em um computador, 263
ensaios "pedindo para ser escritos", 77–78
entrada em diário, sem data, sobre escritoras negras, 178–180
entrevista para O'Brien e, 72–73
escrevendo ensaios, 149
escrever, 55, 57, 388–389, 474
escrita de romance, 77, 81, 102
felicidade e, 463
ficção vs. poesia, 40
haicai em diário (sem data, década de 1960), 25
ideia para o conto "sobre uma mulher negra burguesa", 30
ideias para contos (12 de novembro de 1965), 31–32
ideias para seu segundo romance, 45
impaciência e, 251
impulso de escrita de AW, 88
intrusões da vida e, 186–187
lendo outras escritoras/outros escritores, livros, 32, 33, 44, 46, 57–58, 61–62, 66, 66–67, 69–70, 75, 104, 106, 123–124, 140, 186, 193–194, 198–199, 461
motivação para, 472, 477
necessidade de seu próprio espaço e, 197–198, 374, 413, 418, 432, 453–454
poema (31 de abril de 1985), 251
primeiros escritos de *A cor púrpura*, 92–93, 119–120
processo criativo, 55, 70–71, 147, 316–317
produção durante seus anos de faculdade, 21
programando tempo para escrever, 186–187

psicanálise e, "O fio de Ariadne", 123–124
questões sobre aptidão, 109–110
realização do trabalho do início da vida, 222–223
sede de, necessidade de, 46–48
sentimentos de vulnerabilidade e, 161
sobre criatividade e felicidade, 32
sobre diálogos, 22
sonhos e, 268
sua vida e as pessoas nela, 145–146
trabalhando em um novo romance em Boonville, 181–182
trabalho como refúgio, 155
"trabalho é amor tornado visível", 66, 69–70
trabalho em *A cor púrpura*, 187–188
Ver também diários; trabalhos específicos
espiritualidade, 156, 174, 471
a Deusa, 274, 298
Ayahuasca, 440, 447, 450, 454, 475, 476–477, 479
bênçãos, 198, 319, 331, 422, 445, 455, 458, 464, 465, 469, 474, 475
Budismo e, 373, 393, 419, 473–474
caminhadas no Central Park e, 364
Deus, "Grande Espírito", 12, 168, 175–176, 205, 223, 385, 403, 414, 429, 444, 445, 473
escrita movida pela Alma, 467
experiências com MDMA, 454
grande Beleza como nome de Deus, 320, 331, 334, 360
guias espirituais, 479–480
Hurston, mistério, 329
imagem de Deus, 141
Motherpeace Tarot e, 469
natureza e, 375–376, 454–455
obras de Bolen e, 343
oração e, 151, 273, 387–388
reencarnação, 404
solidão e, 368
visão da avó, 475–476

xamãs e, 475
Essence, revista, 377-378, 492
"Alice's Wonderland" (White), 398
Estella (governanta), 378-379, 401
Estes, Clarissa Pinkola, 368, 369, 396, 431, 432, 436
　Mulheres que correm com os lobos, 431
Evergreen, faculdade, 345
"Everything is a Human Being" (AW), 206
existencialismo, 32

Fact, revista, 33
faculdade Marin, 205
faculdade de St. Catherine, 206
faculdade Tougaloo, 58, 67
　Prêmio Literário Alice Walker, 60
faculdade Wellesley, 58-60, 64
família refugiada de El Salvador, 271
Fannie Lou Hamer (Jordan), 68
　resenha de AW de, 67-68, 70
Faulkner, William, 78
Federação Cubana de Mulheres, 396
felicidade
　boa ficção e alegria de escritores, 181
　com a vida, 156-157, 168, 318-319, 340, 392-393, 408-409
　com Robert Allen, 161-162, 197, 202-203, 205, 261, 285, 288
　com sua casa, 437
　com sucesso, 207-208
　com Tracy Chapman e, 342, 343, 352-353, 357, 359
　em Careyes, México, 329
　em escrever, 463
　em fazer os outros felizes, 439
　em Nova York, 364-365
　em Wild Trees, 235, 259, 414-415, 443
　lares vs. amor, 384
　quinquagésimo quinto aniversário, 463
　Retiro Budista para Pessoas de Cor, 473
　ter medo, 55
　vinda de dentro, 198-199
feminismo, 225
　AW fala na Universidade Brown, 68-69

Blues Legacies and Black Feminism (Davis), 445
lesbianidade, 192
Morrison, 360
Movimento da Deusa, 469
mulherismo vs., 225
Staples crítica de Shange e Wallace em *The Black Scholar*, 153
Steinem, 198-199
Ver também a revista *Ms.*; Steinem, Gloria; *mulheres específicas*
Ferrone, John, 280-281, 284
Festival da Paz Mundial da Juventude, Finlândia, 13
Festival de Música de Mulheres em Michigan, 456
Filadélfia, Pensilvânia
　AW falando na Biblioteca Livre (1998), 450-451
　Germantown Friends, escola, 58-59
　turnê do livro (1996), 398
　turnê do livro (1998), 459
Filhas de Bilitis (Daughter of Bilities – DOB), 65
Filhas do pó (filme), 317-318
Filho nativo (Wright), 40, 78-79
filosofia, 29-31, 272-273
finanças, lucros, 12, 211-212, 219-220
　acordo pelos direitos do filme *A cor púrpura*, 219-220, 261
　adiantamento da HBJ para *O templo dos meus familiares*, 279, 281
　bolsa Radcliffe, 58, 59
　compra da casa de férias no México, Casa Careyes, 297
　compra da casa em Berkeley, Casa Azul, San Luis, 670; 390, 404-405, 407, 412-413
　compra da casa em Molokai, Kainehe, e presenteando Zelie, 457, 474, 477-478
　compra da casa em São Francisco, rua Steiner, 259-261, 281

compra da casa no Brooklyn, rua 1, 423a; 93, 94, 96, 101, 104, 111
compra da propriedade de Harkleroad (Mendocino), 217, 220, 233-234
compra da propriedade Wild Trees (Mendocino), 189, 200 (*ver também* Mendocino, Califórnia)
compra de um apartamento em São Francisco, St. Francis Square, 139-140
compra de um carro novo, 293
despesas (1990), 306-307
direitos autorais, 101, 146, 261, 288-289, 299, 467
direitos autorais, *A cor púrpura*, 215, 220-221, 238
direitos do filme, *A cor púrpura*, 220, 239
doações de dinheiro recebido, 104
economias, 123, 155-156, 163-164
ênfase na renda, 164
fundos disponíveis (1995), 406
gastos excessivos, 311
gestão financeira, 217-218
honorários da Sarah Lawrence, 60
impostos, 113-114, 115
independência financeira, 152
insegurança sobre dinheiro, 101, 109, 132-133, 160, 211
investimento em propriedades, 281
limitando valores para doação, 303-304
Merrill oferecendo recursos, 21
pagamento de palestras, 101, 115
pagamento por *Warrior Marks*, 354
pedidos da família e custos, 271-272, 279, 315
possibilidade de sustento, 56-57
presente de $ 150.000 para Rebecca, 351-352
presentes e subsídios, 288-289
problemas com Robert Allen e apoio, 112-113, 151-153, 228-229, 301, 304
recursos da revista *Ms.*, 75, 104, 259

recursos para amigos, 361
recursos para KPFA e outras instituições de caridade, 289
recursos para o filme de Rebecca, 288-289
renda (1977), 94, 98, 101, 104, 105
renda (1978), 114-115, 132-133
renda (1979), 148
renda (1980), 174
renda (1981), 189-190, 193
renda (1990), 301
segurança financeira, 259-260, 288-289, 318, 359-360, 436-437
Finding the Green Stone (AW), 161
personagens inspiradas na família, 293
"Finding the Green Stone" (Lawrence), 161
Fine Old Conflict, A (Mitford), 105
Finney, Nikky, 264
Fire Island, NY, 134
Firestone Natural Rubber Company, 248-249
Fitzgerald, Ella, 290
Fleet, Thurman
Rays of the Dawn: Laws of the Body, Mind, Soul, 199
Follow Me Home (filme), 430
Fonda, Jane, 166
Fontaine, Gwen, 85
Fontana, Lindsay, 298
Forward International, 322
Freedomways: A Quarterly Review of the Freedom Movement, 211
French, Marilyn
Mulheres, 104
Friedman, Mickey, 174-175
Friendly, Joe, 344-345
Fundação Terceira Onda, 321-322
Fundo de Defesa da Criança e, 21
Furst, Peter, 442
Visions of a Huichol Shaman, 442

Gaines, Ernest, 67, 77, 124, 223
Gâmbia, cidade de Banjul, 333, 335, 336, 337, 340

Gandhi, Mahatma, 473
Ganpatsingh, Cecile, 13
Gates, Henry Louis "Skip", 390, 399, 431-432
gatos
    Frida, 315, 318-319, 328, 351, 367, 368, 376, 396
    Tuscaloosa, 105, 107, 109
    Willis, 182, 185-186, 194
Gemini (Giovanni), 62
Germantown Friends, escola, Filadélfia, 58-59
"Getting Down to Get Over" (Jordan), 69
"Gilded Six-Bits, The" (Hurston), 118
Gillespie, Dizzy, 290
Giovanni, Nikki, 62, 66
    Gemini, 62
Giuliani, Rudolph, 364
Glover, Danny, 244, 255-257, 371
Goldberg, Whoopi, 233, 303, 419
    adaptação cinematográfica de *O segredo da alegria*, 320-321
    papel de Celie, *A cor púrpura*, 233, 244, 246-247, 250, 255, 320-321
Goler, Veta, 432, 490
Goodnight, Willie Lee, I'll See You in the Morning (AW), 122, 134
Gorki, Maxim
    Mãe, 107
Gottlieb, Robert, 277
Grace (amiga), 163, 195
Graham, Ben, 323
Grant, William (avô), 328
    Gratidão (declarações e orações de AW), 169, 184, 223, 273, 320, 322, 334, 360, 369, 372, 375, 389, 393, 419, 421, 425-426, 430, 438, 445, 450, 455, 460, 462, 463, 465
    orando, necessidade de expressar gratidão, 96
    pela vida e pelos amigos, 472-473
Greene, Barbara, 41-43
Griffin, Susan, 470
Guber, Pedro, 219-220, 407, 411

Guerra do Vietnã, 15, 29, 65
    alistamento militar, 44-45, 48, 53
Guevara, Che, 395, 437
Guy, Rosa, 210-211
Guy-Sheftall, Beverly, 396

Haber, Leigh (editora), 349, 354, 375, 387, 388-389, 398
Hairston, Loyle, 210, 211
Hamer, Fannie Lou, 68
Haq, Shaheen, 323, 324, 334, 336, 460, 477
    Harcourt Brace Jovanovich, 50, 55, 193, 202, 208, 219-220, 237, 277, 280, 296
    A terceira vida de Grange Copeland, 39, 50
    AW muda de editora, 296
    cartaz de AW, 237
    com a publicação de *Warrior Marks*, 349
    festa do livro para *A cor púrpura*, 202
    mudança para Scribner, 375
    O segredo da alegria, 313, 320-321
    valor pago por *O templo dos meus familiares*, 279
    Ver também Haydn, Hiram
Harding, Vincent, 109, 114, 118, 144
Harper, Michael, 68-69
Harris, E. Lynn
    Invisible Life, 370
Harvard, Universidade, 59-60, 204
    bolsa do Radcliffe Institute, 57, 58, 62, 64
    simpósio Radcliffe sobre Mulheres Negras, 69
Havaí, 213
    AW em (1999), 465-466, 467-468
    casa Kainehe, em Molokai, 457, 460-463, 467-468, 474, 477-478
    conferência Dreamtime, 437, 444
    Ho'oponopono, 462
    Molokai, 426-427, 430, 432-433, 461-462 Zelie e, 423-424
    Ver também Duvauchelle, Zelie

Haydn, Hiram (editor), 50, 55, 134
Head, Bessie, 79, 269
HealthQuest, 320
Hemenway, Robert E.
　Zora Neale Hurston, 108
Her Blue Body Everything We Know: Earthling Poems, 1965-1990 Complete (AW), 308
　turnê do livro, 308-309
Heresies, revista, 104
Hernandez, Ester, 271
High Art: retratos sublimes (filme), 455
Hill, Madeline, 381
Holiday, Billie, 32, 66, 445
Holmes, Hamilton, 270
Holt, Pat, 403
Homem invisível (Ellison), 44
homens
　confiar em, 182-183, 194
　desejo dominante, 155
　mulheristas e, 192
　no rádio ou na TV, 373
　o dominador, 309
　o que AW exige, 187-188
　"pênis verde", 311
　pornografia e, 191-192
　reflexões de AW sobre, 192-193, 197-198, 273-274, 314-315
　retrato de AW de, 210, 220-221
　sobre escritores negros, 163
　Steinem, 197
hooks, bell, 377
Horses Make a Landscape Look More Beautiful (AW), 237
Houston, Whitney, 345
Howe, Fanny, 204
Hughes, Langston, 37-39, 61, 62, 68-69, 77, 124, 152, 180, 223
　como primeiro editor de AW, 152
　o sonho de AW, 216
　The Best Short Stories by Negro Writers (1967), 37, 152
Hull, Akasha Gloria, 351
　Soul Talk, 351

Hunter-Gault, Charlayne, 270, 490
Hurston, Zora Neale, 59, 60, 62, 67, 71, 77-78, 123, 124, 223
　"Looking for Zora" (AW), 71, 76
　"The Gilded Six-Bits", 118
　AW e festival em Eatonville, Flórida, 294
　AW edita coleção de textos (*I Love Myself When I Am Laughing and Then Again When I Am Looking Mean and Impressive*), 94, 108, 117-120, 167, 168
　AW fornece lápide para seu túmulo, 71
　biografia escrita por Hemenway, 108
　crítica de Turner, 78
　Dust Tracks on a Road, 329
　roteiro de Bambara para um filme biográfico, 180-181
　Seus olhos viam Deus, 78, 94, 168-169
　Wrapped in Rainbows (biografia escrita por Boyd), 481-482

identidade, 26-27, 61-62
　autoconfiança, 58-59
　AW buscando profissão, 26-27, 43
　entrevista para O'Brien e acidente na infância, 72-73
　olhando no espelho, 108
　questionando "Quem sou eu", 55
　signo solar (Aquário), 138
　verdades de AW, 47-48
Idiota, O (Dostoiévski), 40
I Love Myself When I Am Laughing and Then Again When I Am Looking Mean and Impressive (AW, org.), 94, 117-118, 119-120, 167, 174-175
　resenhas, 168-169
In a Minor Chord (Turner), 78
In Love & Trouble (AW), 62, 75
　escolha do editor do *New York Times*, 75
　Prêmio Rosenthal, 75
"independentementemente", 236
Interviews with Black Writers (O'Brien), 72

Invisible Life (Harris), 370
Irmãs Brontë, 75
Itália, 391, 425
    escrevendo na, 279-280
    Belvedere, Castelfranco di Sopra, 279-280
    viagem com Robert Allen (maio de 1988), 279-280
    casal Zinn em Bolonha, 384-385
I've Known Rivers (Lightfoot), 399

Jackson, Mississippi, 15-16, 57-58, 62, 66-67, 68, 72, 81, 97, 101, 133, 144
    ativismo pelos direitos civis, 34
    AW encontra Mel Leventhal, 14
    AW vai embora de, 74
    depressões de AW em, 81-82
    discórdia racial em, 42
    esterilidade cultural de, 57-58
    Leventhal como advogado pelos direitos civis,
    NAACP, Fundo de Defesa Legal, 16, 21, 37, 48, 63-64, 59-60, 101
    primeiro romance de AW escrito em, 55
    Stevens Kitchen, 16
    vida de casada de AW em, 17, 46-49, 57-60, 62-63, 66-67, 72-73
Jackson, Universidade Estadual de, 45
    jardinagem/horta de AW, 125, 182, 186, 204, 208-209, 219-220, 234, 237, 241-243, 247-248, 256-257, 286-287, 297, 298, 299-301, 368, 373, 408, 449, 454-455
Jarrett, Keith, 154
Jayne (adestradora), 351, 353
Joan (assistente), 236-237
Johnson, B.J., 23-24
Johnson, Joyce, 122, 134
Johnson, Lyndon B., 266
Jones, Ferdinand, 68-69
Jones, Johnny Lee, 23
Jones, Quincy, 225, 261, 411
    pede que AW escreva um réquiem e uma peça de *A cor púrpura*, 284-285
    atração de AW por, 232, 236-237, 243-244, 254, 258, 268, 274-275, 280, 283, 289-290, 293, 305-307, 313-315, 484-485
    como figura paterna, 352-353
    carta de amor de AW, 313
    Back on the Block (álbum), 290, 314, 322, 366
    A cor púrpura (filme) e, 225-226, 232-234, 240, 244, 247-248, 254-255, 276-277
    filha, Jolie, 366
    filha, Kenya, 322, 366
    presentes para AW, 313-316
    Listen up (vídeo), 313-314
    rejeita pedido de AW em relação ao Prêmio PEN, 304
    relacionamento com Nastassja Kinski, 322, 366
    esposa, Peggy Lipton, 258
Joseph, Gloria, 392
Joubert, Berta, 344-345
Jordan, June, 69-70, 107, 109, 128, 141, 153, 208, 234, 296, 309, 368
    Fannie Lou Hamer, 68
    Fannie Lou Hamer, resenha de AW de, 68, 70
    "Getting Down to Getting Over", 69
"Jornada a Nine Miles" (AW), 261-262
Jovanovich, Bill, 208
Joyce, Robin, 382

Kahlo, Frida, 271, 315, 395
Kaiya (assistente), 452, 457
Kelly, Winnie, 207
Kemble, Fanny, 191-192
Kennedy, John F., 48, 346
Kennedy, John F., Jr., 470
Kennedy, Robert F. "Bobby", 43, 48
Khan, Chaka, 290
King, Martin Luther Jr., 11-12, 33, 43, 473
    assassinato de, 43 26n1
Kinski, Nastassja, 322, 366
Kofi, Tetteh, 347-348

Kornfield, Jack, 458, 473
Krulwich, Sara, 221

LaBelle, Patti, 293-294
Ladd, Florence, 399
   Lady Sings the Blues: a autobiografia dilacerada de uma lenda do jazz (Holiday e Dufty), 32
Langston Hughes (Meltzer), 61
Langston Hughes, American Poet (AW), 60-61, 80
La Riva, Gloria, 344-345
Larsen, Nella, 62, 79, 168
   Quicksand, 79
"Laurel" (AW), 118, 137
LaVoy, Alison (médica), 370-371, 392
Lawrence, Carole Munday, 161, 162-163
Lawson, Jennifer, 125
Laye, Camara, 66
   O menino negro, 66
   The Radiance of the King, 66
Le Mans, França
   título de doutora Honoris Causa concedido, 212
Lear's, revista, 306
Leduc, Paul, 271
Lee, Don L. (Haki Madhubuti), 66
Lee, James, 356
Lee, Spike, 263, 327, 405
Leighton, Anthony, 404
   leituras e autógrafos, 120-121, 131, 132, 148, 174, 181-182, 185, 203, 205, 206, 219-220, 272-273, 285-289-290
   Alice Walker Banned, resenha, 403
   Anything We Love Can Be Saved, turnê, 420
   By the Light of My Father's Smile, turnê (1998), 438, 458
   em Dallas (1997), 433
   em Eatonton (1988), 283
   em Londres (1985), 250
   Festival de Música de Mulheres em Michigan, 456
   festival do livro, Denver (1997), 431
   leitura de primavera no Leste (1980), 177
   no Kokobar (1996), 399
   Nova York (1999), 467
   O templo dos meus familiares, turnê (1989), 285-288
   resenha de (1981), 190
   The Same River Twice turnê (1996), 398
   turnê pela Inglaterra (1998), 445-447
   turnê Chicago, Nova York, Filadélfia (1998), 450-451
   Universidade de Miami (1997), 429-430
Lennon, John, 185
   sonho de AW, 217
Leonard, Henry, 431-432
lesbianidade, bissexualidade
   AW fala na conferência de gays e lésbicas negras, 394-395
   AW se assumindo bissexual, 394-395
   AW sobre mulheres que amam mulheres, 197-198
   consciência de AW de sua lesbianidade, 274-275, 394-396
   conto de AW, 166-167
   desaprovação da mãe de AW, 223-224
   feministas e, 191-192
   Filhas de Bilitis (DOB), 65
   grupos contatando AW, 372
   High Art: retratos sublimes (filme), 455
   La Femme, clube, 121
   negação de, 65
   pensamentos de AW sobre bissexualidade, 107-108, 121-122, 308-309
   São Francisco, clube, 276
   sexualidade de Rebecca, 318, 394
   sobre um amor de Holly Near, 195
   sonhos de AW, 422-423
   Ver também Bertina; Chapman, Tracy; Duvauchelle, Zelie; Matthews, Deborah; Mercedes; *mulheres específicas*
Leventhal, Melvyn (marido), 16, 34, 37-38, 40, 46, 53, 60, 72-73, 96, 277-278
   alistamento militar, 44-45, 47-48, 53

amor de AW por, 37, 39-40, 53, 57-58, 62-63, 70-71, 471-472
aparência aos 37 anos, 176
apoio financeiro à filha, Rebecca, 310-311
atração de AW por, 176
ausências de AW, 56-58, 66-67
carreira de, 101, 104-105, 150-151
cartas de AW para, 393-394
casamento com AW termina em divórcio, 83-84, 104-105, 107
como advogado de direitos civis, NAACP, Fundo de Defesa Legal, Nova York, 73, 74
como advogado pelos direitos civis, NAACP, Fundo de Defesa Legal, Jackson, Mississippi., 16, 34, 37, 48, 63-64, 74, 101
como apoiador da escrita de AW, 134, 152
como judeu, 67-68, 195-196
como Shug para AW, 361-362
descontentamento de AW no casamento com, 48-49, 63-64, 79-80, 83-84
em Washington, D.C., 113, 119-120, 125, 150-151
filha, Rebecca, custódia de, relacionamento com, 53, 58-60, 113, 115, 119-120, 125-126, 132, 134-135, 134-135, 147-148, 188, 203, 261
filho Benjamin, 148, 150-151
lealdade de, 82-83
o "pênis verde", 311
parceira (mais tarde esposa), Judy, 97, 101, 104-105, 125, 135, 151, 203, 389, 391
proteção de AW, 44
relacionamento com AW, pós-divórcio, 96-97, 99, 101, 104-105, 115-116, 123-124, 125, 152, 208-210, 261
separação de AW de, 56-60, 81-83
sessão de terapia com Rebecca e AW (1995), 391-392

Leventhal, Miriam (sogra), 17, 37-39, 121, 126, 209-210, 261
Levinson, David, 344-345
Libéria, 248-249
Lightfoot, Sara Lawrence, 399
I've Known Rivers, 399
Living the Good Life (Nearing e Nearing), 372
Lomax-Reese, Sara, 320
lomi-lomi (massagem havaiana), 434, 455-456
Londres, 250
AW e estreia de *Warrior Marks*, 360-361, 362-364
Brown's, hotel, 322-323
Forward International em, apoio de AW para, 358
leituras de AW em (1985), 250
palestras, entrevistas e autógrafos de AW em (1998), 446-447
Parmar filmando cenas de *Warrior Marks* em, 324
turnê do livro de AW (1992), 322-323
visita de AW com Parmar (1993), 333-334
"Looking for Zora" (Walker), 71, 76
Lorde, Audre, 310, 327, 392
Los Angeles
turnê do livro de AW (1998), 458
Los Angeles Times, 253-254
Louisa e Bryant (amigos), 132, 142, 158
Lui, (médico), 298, 426-427
Luz dentro da escuridão, A (Tarrant), 461,
Lynd, Staughton, 13, 33

MacDowell, colônia, 93, 102, 104, 120, 428
MacLaine, Shirley, 408
MacNeil/Lehrer NewsHour, 270
maconha, 64-65, 274, 296, 439-440, 441, 449, 453
Mãe (Gorki), 107
Malcolm X (filme), 327
Mandela, Nelson, 295-296, 298, 313-314, 370

Mandela, Winnie, 264, 295-296
  julgamento de, 306
Mankiller, Wilma, 332-333, 368, 369, 373-374, 389, 450
Mann, Thomas
  Morte em Veneza, 30
Mansfield, Katherine, 186
Manuel, Earthlyn, 466
March, Aleida, 437
Marcos (jardineiro), 379, 400-401, 402, 465
Marcus, Greil, 103
Marley, Bob, 261, 419
Márquez, Gabriel García, 124
Marshall, Paule, 213, 319
Masekela, Bárbara, 298
massagem, massagem terapêutica, 251, 381, 427, 428, 444
  Gloria Steinem e, 143-144
  lomi-lomi (massagem havaiana), 433-434, 455-456
  massagens de AW, 143, 330, 333, 336, 350, 381, 391-392
  Mercedes e, 315
  Robert Allen e, 196
  Tracy Chapman e, 329-330
  Yolanda (massagista), 462, 464, 465
Matthews, Deborah, 254, 323
  amizade com AW, 254, 317-319, 323-324, 326-328, 330-331, 334-335, 359-361, 362-363, 387-388, 390, 408, 412, 468-469
  casa adquirida com AW em Berkeley, San Luis, 670; 390, 404, 410-411, 413-414, 456-457, 408-409
  cheque sem fundo de, 443
  como ocasional assistente de viagem, 323, 332-333, 334-335, 338-341, 360
  discórdia no relacionamento de AW com, 414
  filha, Rhyan, 326-328, 330-331, 387-388, 390, 404, 413
  rompimento no relacionamento de AW com, 415, 418-419, 420-421, 443

McFerrin, Bobby, 290, 319
  libreto de AW para, 319, 321
McKenna, Terence, 442
McLachlan, Sarah, 455
McPherson, James Alan, 68-69, 7
  Elbow Room, 78
Mean Mothers/Independent Women's Blues (coleção de blues), 231-232
Medina, Kate (editora), 375, 409, 422, 426, 437, 438
  meditação, 141, 160, 168, 216, 271, 273, 286, 288, 306, 330, 384, 393, 395-396, 419, 458, 470, 473
  Chödrön e, 393
  criando espaço na Casa Careyes, 401-402
  discernimento espiritual e, 176
  O templo dos meus familiares e, 286
  sobre a questão de nomear, 394-395
  solidão, vivendo sozinha, e, 453-454
  Spirit Rock e, 473
  Trungpa e, 419
medo(s), 47-48, 182, 253-254, 327-328, 385, 392, 394, 467
  da morte, 31
  de amor e intimidade, 343, 386
  de crítica, valor de sua escrita, 283-284, 386
  de férias sozinha, 106
  de machucar o marido, 47
  de mudança, novidade, 56, 116-117, 125-126
  de rejeição, 88, 109-110, 385-386
  de ser machucada, 280
  de solidão, estar sozinha, 96, 106-107, 108-109, 115
  de sua bissexualidade, lesbianidade, 193
  de sua mãe morrer, 162, 199
  do Sul, violência e racismo, 21-22
  dos homens, 47
  financeiro, 160
  medo de "casebres", 446
  romance com Mercedes e, 308

romance com Robert Allen e, 83, 84-85, 330
Meltzer, Milton, 61
Langston Hughes, 61
Melvyn Leventhal, casamento com, 11, 16-17, 37, 39-40, 44, 46-47, 48, 60, 67-68
   aborto, 43-44
   amor, 37, 39, 53, 57, 62-63, 70
   ano de transição após o divórcio, 96-97
   ausência do marido, 56-58, 66-67
   casamento, 17 de março de 1967, 17
   conflito e descontentamento, 49-50, 62-63, 79-80, 82-83
   décimo primeiro aniversário, 116
   deixando Jackson, Mississippi, 75
   desejo de usar o nome de solteira, 61-62
   divórcio, 84-85, 105
   efeitos de viver no Sul, 49-50
   fim de, 83-84
   gravidez, 53-54
   lealdade do marido, 83
   namoro, 15-17, 37, 277-278
   oposição da sogra, 17, 37-38
   questões de raça e, 41-43
   reflexão sobre o marido, 75
   sem filhos, como preferir, 61-62
   separação, 56-57, 58-60, 81, 83-84
   sexo, 70
   solidão e, 57-58, 66
   vivendo em Jackson, Mississippi, 17, 47-49, 57-58, 60, 62-63, 66-67, 72-73
Mendocino, Califórnia
   festa de casa nova (setembro de 1990), 305-306
   plantio de árvores, 206, 220, 234
   propriedade de Harkleroad, 220, 234
   Temple Jook, a casa de AW em Wild Trees, 288-289, 297-298, 301-302, 305-306, 308, 321-322, 326, 349, 361, 370, 409, 421, 436, 435-436, 437-438, 455-456, 474
   terremoto (1991), 311

Wild Trees, retiro no campo de AW, 200-203, 211-212, 214, 220, 234-235, 241-243, 253, 269, 272-273, 278-279, 285-286, 288-289, 296-297, 300, 310, 361, 370, 374, 397, 403, 405, 406, 409, 421, 436, 433, 443, 449, 467, 492
Menino negro, O (Laye), 66
Mercedes (amiga e amante), 308-312, 314, 318-319, 327-329, 335, 336, 344, 359, 417, 418, 469, 473
   rompimento de AW com, 316-317
   triângulo amoroso de AW com Robert Allen e, 308, 482
   viagem à Austrália e Nova Zelândia de AW com, 316-317
Meridian (AW), 77, 80-81, 103, 109, 134, 175, 210-211, 223-224, 268
   possibilidade de filme, 298, 322-323, 326-327
Merrill, Charles, 21, 33, 365
México, 53-54, 295, 296
   77o aniversário de AW no, 481
   Casa Careyes (casa de AW), 295, 297, 300, 312-314, 329-334, 367, 375-376, 378-379, 380, 382, 387, 400-402, 417-419, 432, 436, 437, 438-442, 462-465, 475
   Cihuatlán, 462
   feriado de Natal (1994), 376-379
   homofobia em, 394
   Hotel Uxmal Mission, Uxmal, 441-442
   memórias de infância de AW e, 438-439
   Oaxaca, 475-477
   pessoas huichol, 442
   pobreza em, 379-380
   viagem de AW a Puerto Vallarta com Robert Allen (1989), 284
   Yucatán e Conferência de Etnobotânica, 437, 442-443
Meyjes, Menno, 245
Michael (advogado de AW), 298
Midler, Bette, 408
Miguel (funcionário, Casa Careyes), 402

Miles, Jalayne, 344-345
Miller, Diane K., 180
Mills, faculdade, 224
Milwaukee, Wisconsin, 208
Minnesota, eventos e leituras em (1983), 205-206
Mitchell, Faith, 192
Mitchell, Radha, 455
Mitchiko, 344
Mitford, Jessica, 105
   A Fine Old Conflict, 105
   Miura, Joan (assistente), 0, 305, 306, 321, 326-327, 359, 360, 368, 369-370, 374, 388-389, 396, 404, 405, 415, 422, 424-425, 440, 441, 442, 443, 465, 469
   demissão de, 447-152, 456, 458
   na Casa Careyes, 440-441
   problemas pessoais de, 446-447
Modern Language Association (MLA) [Associação de Línguas Modernas], 168
Monroe, Marilyn, 267, 2698
Moody, Anne, 49
   Coming of Age in Mississippi, 49
Morejon, Nancy, 347
Morris Brown, faculdade, 22-23
Morrison, Toni, 156, 166, 254, 276, 277, 314
   Amada, 276-277
   Prêmio Nobel, 360
   Playing in the Dark: Whiteness and the Literary Imagination, 360
   A canção de Solomon, 156, 360-361
   Sula, 166, 360-361
   Tar Baby, 276
Morte em Veneza (Mann), 30
Motherpeace Tarot, 469
Moyers, Bill, 266-267
Moynihan, Daniel Patrick, 266-267
Ms., revista, 73, 207
   AW e, 72-73, 75,79, 94-96, 100, 102, 104, 113, 115, 120, 134, 148, 259
   AW se demite, 264-267, 269
   Bray como editora em, 264
   Edgar como editora fundadora, 264
   feministas e, 75-76
   "Looking for Zora" em, 76
   reportagem de capa de AW, 197
   Ver também Steinem, Gloria
Mulheres, (French), 104
mulheres negras, 166, 174-175, 266-267
   alunas/os de AW, 157
   AW "aterrorizada", 150
   colorismo, 227-229
   como escritoras, 59-60, 68, 149, 167, 179, 200, 206, 254, 276, 289
   como professoras, 161
   crítica de, 367-368
   homens negros, 113, 142, 175
   na literatura, 75-76
   narrativas de pessoas escravizadas, 157
   rejeição, preconceito, 83
   revista *Ms.*, o conflito de AW com, 266-267
   Simpósio Radcliffe sobre Mulheres Negras, 69
   Sojourner Truth, 225
   tipos de AW, personagens, 45
   trabalho braçal, 143
   Ver também temas específicos; mulheres específicas
Mulheres que correm com os lobos (Estes), 431
mulherismo, 206, 395
   aula em Brandeis, 193-194
   Em busca dos jardins de nossas mães: prosa mulherista (AW), 103, 110, 153, 161, 175, 189
   ideias de AW para um instituto e retiro para estudo, 396
Murray, David, 102
Museu Harriet Tubman, Macon, Geórgia, 431-432
mutilação genital feminina, 316, 336-337, 347, 367-368, 371
   Diop e, 323-324
   documentário de AW (*Warrior Marks*), 316, 321, 322-324, 326-327, 332-333, 336-337

livro de AW que acompanha o filme (*Warrior Marks: Female Genital Mutilation and the Blinding of Women*), 349, 359-360, 361, 394
  na África, 246, 343-45
  O segredo da alegria e a história de Tashi e, 320-321
  trabalho de AW contra a, 318-319, 321
  trabalho de Dorkenoo para acabar com a prática, 322

  Ver também O segredo da alegria
"Myth of Black Macho, The: A Response to Angry Black Feminists" (Staples), 153

Nall, David, 60
NaNa (antiga amizade), 141
National Association for the Advancement of Colored People (NAACP) [Associação Nacional para o Progresso de Pessoas de Cor]
  Fundo de Defesa Legal da (LDF), 16, 21, 34, 37, 48
  Fundo de Defesa Legal da (LDF), escritório de Nova York, 73, 74-75, 101
Naylor, Gloria, 285
  Ndegeocello, Me'Shell, 411, 433, 437-438, 455-456, 458-460, 471
  como "Bashir", 459-460, 468-469, 471, 473-475, 477
  seu filho Askia, 459-460, 471, 473-475, 477
Near, Holly, 195-196
Nearing, Helen e Scott
  Living the Good Life, 372
Novo México, 282
New Skete, NY, 371-372
Newton, Huey, 85
"No armário da Alma" (AW), 260
Nova York, 15-17, 33-34, 120, 123, 131, 133, 158, 271, 283, 288-289
  AW com Zelie (1997), 431

  Lowell, hotel, 409
  Rebecca com AW em (1993), 372
  reunião de AW com editora (1996), 409
  turnê de *Warrior Marks* (1993), 364
  turnê do livro (1998), 459
  viagem de AW (agosto de 1990), 302
  Ver também Brooklyn, N.Y.
New York Times, The
  A cor púrpura, no 1 best-seller, 251
  By the Light of My Father's Smile, lista de mais vendidos, 460
  In Love & Trouble, escolha do editor do NYT, 62
  matéria de capa com AW, NYT *magazine*, 221-225
  O segredo da alegria, lista dos mais vendidos, 321
  resenha de *A cor púrpura*, 201
  resposta de AW à reportagem de capa, 225
  The Same River Twice, resenha, 398
Nguzo Saba Films, 161
Nietzsche, Friedrich, 30
Nin, Anaïs, 123, 280
"Nineteen Fifty-five" (AW), 181, 185
Nixon, Richard, 48
Noble, Vicki, 469
Noe Valley, Califórnia, 238-239
Norris, Henri, 144, 293-294, 358-359, 362, 430

O ocaso de uma estrela (filme), 66
Oakland Men's Project, 282
Oates, Joyce Carol, 67
O'Brien, John
  Interviews with Black Writers, 72
O'Connor, Flannery, 76
O'Donnell, Rosie, 408
O'Keeffe, Geórgia, 293
Olsen, Tillie, 120, 124, 131, 140, 188, 205, 213
  reunião de AW com editora (1996), 409
  turnê de *Warrior Marks* (1993), 364
  turnê do livro (1998), 459
  viagem de AW (agosto de 1990), 302

Ver também Brooklyn, N.Y.
New York Times, The
    A cor púrpura, no 1 best-seller, 251
    By the Light of My Father's Smile, lista de mais vendidos, 460
    In Love & Trouble, escolha do editor do NYT, 62
    matéria de capa com AW, *NYT magazine*, 221-225
    O segredo da alegria, lista dos mais vendidos, 321
    resenha de *A cor púrpura*, 201
    resposta de AW à reportagem de capa, 225
    The Same River Twice, resenha, 398
Nguzo Saba Films, 161
Nietzsche, Friedrich, 30
Nin, Anaïs, 123, 280
"Nineteen Fifty-five" (AW), 181, 185
Nixon, Richard, 48
Noble, Vicki, 469
Noe Valley, Califórnia, 238-239
Norris, Henri, 144, 293-294, 358-359, 362, 430

O ocaso de uma estrela (filme), 66
Oakland Men's Project, 282
Oates, Joyce Carol, 67
O'Brien, John
    Interviews with Black Writers, 72
O'Connor, Flannery, 76
O'Donnell, Rosie, 408
O'Keeffe, Geórgia, 293
Olsen, Tillie, 120, 124, 131, 140, 188, 205, 213
    amizade de AW com, 120, 140-141, 161, 188, 200, 206
    conflitos de AW com, 205, 210-213
    Silences, 131, 188
    "Silences: When Writers Don't Write", 140
    Tell Me a Riddle, 140
    Yonnondio: From the Thirties, 140
Once (AW), 21, 41, 46, 146
Ongh, Sherry, 426-427

O segredo da alegria (AW), 247-248, 310, 313, 320-321, 459-460
    contratações e entrevistas, 320
    data de publicação, 323
    Goldberg e direitos do filme, 320-321, 323, 326-327
    listas de mais vendidos, 321, 323
    personagens, 321
    produtor independente para, 360-361
    publicidade para, 323
    roteiro, 363
    turnê do livro, 320-321, 323
    turnê internacional, 323
Os deuses e o homem: uma nova psicologia da vida e dos amores masculinos (Bolen), 343
Ott, Jonathan, 442
Our Blood: Prophecies and Discourses on Sexual Politics (Dworkin), 193
Oxfam, evento beneficente, 481

Pacifica, rádio, 369-370
Palcy, Euzhan, 276, 298
palestras, 66-67, 118, 241-242, 365-366, 467
    Alcatraz (1996), 415
    balanço emocional sobre, 67-68, 285-286
    Berkeley (1997), 420-421
    Chicago (1997), 437
    Chicago, Nova York, Filadélfia (1998), 450-451, 452
    na África do Sul, 214-215
    na Biblioteca Livre, Filadélfia, 450-451
    na Sarah Lawrence, 146
    pagamento por, 467
parentalidade, 12, 41, 53, 55-59, 61-62, 66-67, 72-73, 80-81, 144, 149, 271
    "Um filho só seu", 110, 149, 161
    AW vs. sua mãe, 304
    como distração do trabalho, 75-76, 312-313
    como um fardo, 61-62
    como uma mãe desatenta, 62-63

escritores, artistas e, 316
uma vida própria vs., 79-80
Parker, Pam (esposa de Robert Allen), 81-83, 92, 100-102, 112-113, 129, 138, 152, 158-159, 164-165, 183, 186
divórcio de Robert Allen, 186
Parmar, Pratibha, 299, 408
no Havaí com AW (1999), 477-478
em Nova York com AW (1996), 409
viagem ao rio Grand Canyon com AW (1997), 420-421, 423-424
roteiro de O segredo da alegria, 363
livro Warrior Marks, com AW, 348-349, 351
Documentário Warrior Marks, com AW, 316-317, 320-321, 323-324, 327, 333, 334-337, 351-352
turnê do filme Warrior Marks, 362-363, 365-366
Parque Nacional de Badlands, 373
Peltier, Leonard, 345, 410
Prêmio PEN, 303
Pepper, Margot, 347-348
Percy, Walker, 67
Perlman, Willa, 296
Pedro e o lobo (ballet), 319
Peters, Jon, 219-220
Philadelphia Enquirer, 253-254
Phillips, Ester, 241
Pickard, Carey, 432
Pitts, Marta, 104
Pittsburgh, Pensilvânia, 197, 420, 466
Plan, Hank, 369-370
Plath, Sylvia, 63
A redoma de vidro, 63
Playing in the Dark: Whiteness and the Literary Imagination (Morrison), 360
Pocket Books, editora, 215, 219-220, 252, 288-290, 299, 313
Poe, Edgar Allan, 33
Polier, Justine Wise, 17
Ponder, Anita, 432
Poole, Mae (ancestral), 120, 136
pornografia, 191-193

Pornography: Men Possessing Women (Dworkin), 193
Port Chicago Mutiny, The (Allen), 137, 285
Porter (namorado do ensino médio), 274, 304, 471
Portraits of Chinese Women in Revolution (Smedley), 106
Preto é... Preto não é (filme), 377-378
Powell, Colin, 396, 399-400
Puerto Vallarta, 284
Prêmio Lyndhurst, 234
Prêmio Shelia, 431-432
Prêmio Townsend, 234
Prêmio Pulitzer, 11-12, 207-208, 212, 214-215, 235, 239, 293
declaração de AW durante as filmagens, 485
Prêmio Rosenthal, 75

Quênia, 15, 17
AW na rodoviária de Nairobi, 25
filmando Warrior Marks em, 249
questão racial 44
animosidade de pessoas negros em relação às brancas, 42, 48
autorrespeito e Robert Allen, 127-128
AW como uma alma marcada, 49
AW sobre mulheres brancas, 83, 210-211
AW sobre pessoas negras, 62
casamento interracial, 256
casta parda, 184
condição subserviente das mulheres africanas, 69-70
cor da pele vs. caráter, 42-43
dinâmica familiar de AW e, 89-90
Du Bois e, 127
feministas e, 79
foco em, 46-47
Ms., revista e, 79, 265-267
mulheres negras, 70
pele clara, colorismo, 85-86, 154, 157, 158, 175, 178, 184-185
raízes do racismo de AW, 184-185

Relatório Moynihan, 266-267
sentimentos de AW sobre pessoas brancas, 42, 44, 68-69, 129, 131, 136-137, 165-166, 183-184, 194-195
sonhos de AW, 283, 483

Radiance of the King, The (Laye), 66
rádio KPFA, 289
Rainey, Ma, 228, 445
Rand, Ayn, 62
Random House, 375, 409, 437-438, 446
  direitos autorais de, 467
Rays of the Dawn: Body, Mind, Soul (Fleet), 198-199
Razak, Arisika, 305-306, 435, 456, 465, 469
Reagon, Bernice Johnson, 150, 264
Reed, Ishmael, 149, 167, 202, 276
Reino de Deus está em vós, O (Tolstói), 218
Reitz, Rosetta, 231
Revolutionary Petunias & Other Poems (AW), 62-63, 68, 75
  indicação ao Prêmio Nacional do Livro, 61
  resenha na *Black World*, 53, 53n1
Revolution from Within (Steinem), 315
Rich, Adrienne, 313
Ridge, Thomas, 475
Riggs, Marlon, 377
Ringgold, Faith, 150
Rooks, Belvie, 201, 358
  amizade de AW com, 200-201, 204-205, 212-213, 219-220, 243, 260, 262, 280, 327, 359-360, 366, 368, 464, 468-469, 473
  mudança de AW para Berkeley e, 404
  reconexão com, 317-318
  na revista *Mother Jones*, 243
  festas, refeições, com AW, 201, 205, 368-369, 375
  como publicitária da Wild Trees Press, 243-244, 300-301, 317
  como leitora de AW, 374
  como a irmã AW sempre quis, 375

dia Ação de Graças com AW e, 396, 415, 435
Rose, Charlie, 365
"Roselily" (AW), 369
Ross, Diana, 66, 240-241
roupas e joias, 59, 140, 156-157, 188-189, 220-221, 254, 269-270
  "casaco muito caro", 282-83
  cores preferidas de AW aos 55 anos, 465
  descarte, reposição, 206, 351, 470
Rudell, Mike, 17, 365
Rukeyser, Muriel, 46, 110, 136, 146, 211, 213, 314
Rushdie, Salman, 398-399
  último suspiro do mouro, O, 399
  Versos satânicos, 399
"Ruth's Song - Because She Could Not Sing It" (Steinem), 215

Sakata, Sandra, 282
Salaam, Kalamu ya, 174-175
  Same River Twice, The Honoring the Difficult (AW), 363, 374, 387, 388, 397
  oferta da Scribner para, 375
  resenhas, 397-398
  turnê livro, 398-399
San Francisco Examiner
  "The Voices of Black Southern Women", 174-175
São Francisco, 111-112, 116-117, 120, 135-137, 140, 144-145, 150-151, 154-156, 158-159, 160, 223-224, 237, 243, 255, 274
  apartamento de AW (Galilee Lane, 15 no 6), 148-151, 147-148, 154, 157, 176, 184-185, 202-203, 239, 259-260
  casa na rua Steiner, 259-261, 263-264, 272-274, 281, 284-85, 294, 296-297, 300, 308, 310, 311, 341, 350-351, 361-362, 370, 377-378, 397, 404, 409-410
  criminalidade nas ruas, violência em, 260
  cultura em, 154
  jardim de AW em, 149

mudança de AW para, 136-137
Obiko's, 282
pré-estreia de *Warrior Marks*, Art Institute, 352
Rebecca passando o Natal em, 147
restaurante tailandês Khan Toke, 361
terremoto (1989), 287-288
Sanchez, José Benitez, 442
Sanchez, Sonia, 254, 365
Sanders, Scott, 407, 459,
Sarah Lawrence, faculdade, 15, 17, 21, 136
"dia de Muriel Rukeyser", 146
AW em, 21, 28-29, 32-33
AW no conselho administrativo, 61, 63-65
convocação em, 60
Rukeyser em, 46
saúde, 175
açúcar, álcool, 438-440
artrite, 452
batimento cardíaco, 95
deficiência visual, 324-325
dieta, 121, 372, 474
doença de Lyme, 325
dores de cabeça, 68, 115, 140, 151-152, 251-252, 271, 316
dores, punho e ombro, 278
envelhecimento e, 412
ervas medicinais, 444
exame oftalmológico, óculos de sol, 140
geral, aos 47 anos, 313
gripes, 253, 416-417
infecção respiratória (1997), 436
insônia, 74, 106, 247-248, 316, 340, 388, 413, 472
lentes de contato, 363, 403
menopausa, 340, 456, 458
ortodontia, 311-312, 318
preservação, 287
pressão arterial, 102
problemas (maio de 1981), 187
problemas gástricos, 115-116
problemas menstruais e TPM, 74, 95, 100, 104-105, 162-163, 185-186,
243-244, 316-317, 362-363, 404, 434-435, 442-444, 446, 450, 456-457
questão de peso, 371-372
remédios homeopáticos, 458-459
remédios naturais, 162-163
resfriado e tosse, 185-186, 192-193, 242
sofrimento, 177
suplementos nutricionais, 376
tensão nas costas/pescoço, 126-127
saúde mental
açúcar, álcool, 438-439
ansiedade, pânico, 96, 146, 378-379
Bolen, terapeuta, 343-344, 385, 386, 390, 451, 472-474
choro, 38, 69, 154, 197-198, 269, 352-353, 436-437, 438-439, 470
depressão, 55, 58, 81-82, 64, 100, 115, 294, 301-302, 361-362, 435-436, 438-439
irritabilidade, 441-442, 446, 458-459
Jane (terapeuta), 300, 301, 303, 305, 309, 314
"levantar o cavalo-vento" e, 419

mau humor, mudanças de humor, 344, 391-392, 414-415, 418-419, 436, 441-443, 443-444, 392, 452, 458-459, 462
pensamentos de autolesão, 261-262
pensamentos homicidas, 153-154, 261-262
pensamentos suicidas, 29-32, 57-58, 72-73, 96, 108, 115, 146
pesar e, 361-362
remédios de ervas, 387-388
solidão, 96
Transtorno Afetivo Sazonal, 392
tristeza, 499-500
Ver também Bolen, Jean Shinoda; saúde
Sawyer, Diane, 302
Schifter, Margaret, 64
Schopenhauer, Arthur, 30
Scribner, 375, 398
oferta para *The Same River Twice*, 398
Seattle, Washington, 140, 366, 421

Seaver, Ted, 42
Sellars, Chris, 187
Sellars, Sue Hoya, 187, 404, 409-411, 417, 424-425, 440-443, 448, 451, 465, 486
Senegal
    Dacar, 340
    Popenguine, 340-341, 361
Seus olhos viam Deus (Hurston), 78, 94
sexo, 26-28
    AW e amantes vs. maridos, 25-26
    AW e Mercedes, 305-313
    AW e Robert Allen, 90-91, 93, 98, 103, 120-121, 125, 138-139, 160, 237-238, 272-273, 281, 297-299, 311-312, 314-315, 330-331
    AW e Tracy Chapman, 334-335, 348-350, 352-353, 360-361
    AW e Zelie Duvauchelle, 426-427, 444-445, 467-468
    AW em gravidez não planejada, 25-26
    AW sobre moralidade e, 25-26
    Bertina e, 121
    bissexualidade, 82, 107-110, 369-370
    com o marido Mel, 71, 330-331
    em sonhos, 166-167
    em suas narrativas, 27-28, 30-31, 92-93
    homens vs. mulheres, 192
    "jovem masculino" e, 444-445
    memórias e, 65
    mesmo sexo, lesbianidade, 65, 119-120
    mitos sobre pessoas negras e, 24-25
    monogamia e, 174
    no casamento, 56-57
    Pam esposa de Allen e, 82-83, 91-92, 102
    pensamentos de AW sobre, vários, 26-27, 108-109
    "quarteto" discutido, 256-257
    Ver também lesbianianidade, bissexualidade
Shakur, Assata, 104, 106, 111, 347-348
Shambhala (Trungpa), 419
Shange, Ntozake "Zake", 102, 153
Sheedy, Ally, 455
Silences (Olsen), 131, 188
"Silences: When Writers Don't Write" (Olsen), 140
síndrome da madrinha, 212-213
Smedley, Agnes, 106, 124, 212-213, 214
    Daughter of Earth, 214
Smith, Anna Deavere, 388-389
Smith, Bessie, 68-69, 194, 228, 231, 445
    "Safety Mama" (música), 231
Smith, Mamie, 228
Soap, Charlie, 332-333, 388-389
Sobel, Dava, 451
Sobel, Richard e Annie, 143-144
Sócrates, 30
Sojourner Truth, 168, 225
solitude, 288, 458
    abraçando, 463
    amor por, 241-242, 320, 415-416, 481
    AW orientando sobre, 429
    como solução, 463
    medo de, 107
    morando sozinha e, 371-372, 481
    necessidade de AW da, 368-369, 413-416, 428, 432-433, 434-435, 438-439, 446, 452, 456-457
    uma vida quase monástica, 467
"Song of the Son" (Toomer), 223
sonhos
    angústias, Movimento pelos Direitos Civis, 30-31, 34-36
    com "águas profundas" e Robert Allen, 307
    com Bill e Hillary Clinton, 444
    com Howard Zinn, 216-217
    com Ismael Reed, 166-167
    com John Lennon, 217
    com Langston Hughes, 216-217
    com Mercedes, dor e perda, 308-309, 327-328
    com Quincy Jones e chuva, 352-353
    com seu pai e questões raciais, 283
    com seu pai, 396
    com sua mãe, 173, 355-356
    com Tracy Chapman, 385-386, 408, 422-4235

com um motorista de ônibus, 195-196
com uma criança deslocada, criança masculina interior, 330-331
como fonte do primeiro conhecimento, 484
dirigindo, relacionado ao filme *Warrior Marks*, 247-248
grandes sonhos, 472
maravilhoso, não lembrado, 262-263
pesadelo, 55
"Poema dos sonhos" (27 de novembro de 1990), 307
por um Estados Unidos livre, 483-484
reconexão familiar, 399
título para O *templo dos meus familiares*, 268
Sontag, Susan, 57
Soul Talk: The New Spirituality of African American Women (Hull), 351
Southern Christian Leadership Conference (SCLC) [Conferência de Liderança Cristã do Sul], 17
Southern Christian Leadership Conference (SCLC) [Conferência de Liderança Cristã do Sul], SCOPE, 22
Spelman, faculdade, 13, 21, 33, 63, 126, 337, 392
discurso de formatura, 390, 392
Spielberg, Steven, 232, 245-246, 348
Spirit Rock, Woodacre, Califórnia
Retiro Budista para Pessoas de Cor, 473
Staples, Robert, 153
"The Myth of Black Macho: A Response to Angry Black Feminists" 153
Steinem, Gloria, 73
amizade de AW com, 96, 108, 137-138, 192, 194-197, 208-210, 212-218, 314-215, 254, 269, 283-284, 289-290, 301-302, 303-304, 309-310, 311-312, 333, 344, 350-351, 359, 364-365, 368, 431, 448, 450
aos 64 anos, 442-443

AW e feriados de Natal (1994), 376-377
AW em Nova York com (1998), 450-451, 458-459
AW entrevista para a *Ms.*, 197
desejos de aniversário de AW, 419-420
massagem de, 143-144
Pow Wow na Dakota do Sul com AW e outras pessoas, 373
revisão do manuscrito de AW por, 374, 386-387
Revolution from Within, 315
"Ruth's Song (Because She Could Not Sing It)", 215-216
turnê do livro, 314-315
visita de AW (1993), 349-350
Stephanopoulos, George, 451
Stowe, Harriet Beecher
A cabana do Pai Tomás, 36
"Stripping Bark from Myself" (AW), 146
"Suicide of an American Girl, The" (AW), 31, 45
Sul dos Estados Unidos, 71
ambiente racial e cultural, efeitos sobre AW, 3, 29, 32-33, 42, 43, 52, 53
animosidade de pessoas negras em relação às brancas, 41-42
ansiedade de AW, 35-36
"Escritores do Sul" como branco, 67-68
retorno de Alice Walker (1966), 34
retorno de AW (1965), 14-16, 22-25
Ver também Eatonton, Geórgia, Jackson, faculdade Miss Amherst, 115
Sula (Morrison), 166, 360-361
Sunday, Elizabeth, 361
Sweet Honey in the Rock, 150

Tamayo, Rufino, 53-54, 76
Tarrant, John
A luz dentro da escuridão, 461
tenda de madeira, 484
Teer, Barbara Ann, 69
Tell Me a Riddle (Olsen), 140
Temperton, Rod, 245

Templo dos meus familiares, O (AW), 268, 273, 279, 281, 284, 286, 317-318, 320-321, 365, 424
    aquisição pela HBJ, 279-281
    direitos autorais, 303-304
    edição em brochura, 298-299
    entrevistas sobre, 286-287
    leituras e autógrafos, 286-287, 289-290
    número de exemplares publicados, 298-299
    resenhas, 286-287
    turnê do livro, 287
The Black Women's Health Book (White), 389
The Way Forward is With a Broken Heart, (AW), 470
The Women of Brewster Place (minissérie de TV), 285
There is a River (Harding), 144
Thich Nhat Hanh (poeta), 488
Terceira vida de Grange Copeland, A (AW), 39, 50, 55, 64, 146, 210-211, 261, 300, 326
"This Little Light of Mine" (música), 22-23
To Hell With Dying (AW), 37, 152, 272, 293
Today Show (programa de TV), 272, 364, 369-370
Tolstói, Leon, 26
    Reino de Deus está em vós, O, 218
Tomlin, Lily, 408
Toomer, Jean, 40, 67, 124, 152, 223
    Cane, 40
    "Song of the Son", 223
Torch of Liberty Award, 371
Toubia, Nahid, 321, 367-368, 371
Trajal (amigo), 327-328, 355-356, 365, 452, 454-455, 332
Traídos pelo desejo (filme), 334
Trungpa, Chögyam, 419
    Shambala, 418-419
Tubman, Harriet, 41, 112, 431, 432
Turner, Darwin T., 78
    In a Minor Chord, 78
Turner, Tina, 241, 246-247, 267, 275
Two Thousand Seasons (Armah), 306

Tyson, Cicely, 197, 237, 265

Uganda, 17
    AW em Kampala, 26
último suspiro do mouro, O (Rushdie), 399
"Um filho só seu" (AW), 110, 149, 161
Um teto todo seu, (Woolf), 59
Universidade Brandeis
    leitura de A cor púrpura, 203
    residência de AW como docente, 182, 189-190, 193-194, 202-204
Universidade Brown, 68
Universidade da Califórnia, Berkeley, 157, 162-163
Universidade da Califórnia, Davis, 185, 206
Universidade de Massachusetts
    ensinando em, 64
    título de doutora Honoris Causa de AW, 213
Universidade de Princeton, 277
Universidade de Yale, 94-95, 99-100, 102, 108, 115, 117, 134, 157, 271-272, 278, 311, 318

Vandross, Lutero, 290
varal, 439
varinha mágica, 254-255
Vaughan, Sarah, 290
Vermeer, Donna, 298
Versos satânicos, (Rushdie), 399
Vila Sésamo (programa de TV), 430-431
Visions of a Huichol Shaman (Furst), 442
    Vivendo pela palavra, 1973-1987 (AW), 258, 260, 261, 272, 280
Vogel, Karen, 469
Voznesensky, 42

Walden, Narada Michael, 345
    Walker, Alice (fotos), 14, 19, 51, 54, 77, 99, 130, 171, 222, 236, 291, 292, 369, 457, 479
    aborto, 27, 56, 74
    aniversário, 21 anos, 29

ÍNDICE REMISSIVO

aniversário, 30 anos, 73
aniversário, 36 anos, 174
aniversário, 39 anos, 204
aniversário, 40 anos, 223
aniversário, 41 anos, 242
aniversário, 43 anos, 269
aniversário, 49 anos, 269
aniversário, 50 anos, 368
aniversário, 53 anos, 419-420
aniversário, 54 anos, 443
aniversário, 55 anos, 464-465
aniversário, 77 anos, 481
ano de transição (1998), 459, 471-72
aparência, 113, 118, 139, 370, 413, 423, 429, 434-35, 479
autoaceitação, 99
autoavaliação, 95, 453-455
cabelo de, 149, 422-423, 456-457, 460-461, 464, 465-466
casa própria e, 119-120, 125, 130-131, 300-301, 310, 359-362, 380, 390-391, 397, 431, 436, 439-440, 446, 456-457, 460-461, 481, 487
cirurgia de laqueadura, 56, 61-62
coleção de arte, 313-314
fama e, 235-236, 369-372, 398, 446
fotografia aos seis anos, 76, 120, 135-136
fotografia, litografia, acima de sua mesa, 062
infância, dinâmica familiar, 87-90, 183-184, 300, 400, 486
irmãos, 382, 390
irmãos, relacionamento com, 358-359, 362-363, 392, 436-437
lesão ocular e efeitos, 72-76, 87-88, 221-225, 301-302, 402-403, 417-418
memórias de infância, flores, 36-37
morte da mãe e funeral, 354-356
morte do pai, 74, 91
nascimento, 322
o que é realmente importante, 212-213, 269, 460-461, 467, 469
pais de, 21, 70-71, 86-90, 146-148, 163

passaporte, 15
prêmios e títulos honorários, 75-76, 207-209, 211-213, 233, 235-236, 303-304, 371, 431, 432-433
proposta de placa de mesa para, 75-76
questões da infância, 303-304, 318-319, 329, 331, 352-353, 380-381, 383, 409, 415-416, 439-440
questões que a ocupam (janeiro, 1978), 108-109
resumo da vida (1977), 108
resumo da vida (1978), 114-115, 134
resumo da vida (1979), 147-148
resumo da vida (1983), 214
resumo da vida (1984), 223
resumo da vida (1986), 267-268
resumo da vida (1991), 311-313
resumo da vida (1996), 397
resumo da vida (1999), 475
resumo de relacionamentos (1993), 359-360
vida em transição (1991), 310
Ver também sonhos; finanças, lucros; gratidão; saúde; diários; amor; casamento; meditação; saúde mental; parentalidade; sexo; espiritualidade; escrita; *pessoas e lugares específicos*
Walker, Alice, obras de, 91-92, 296, 343
A cor púrpura, 11-12, 120-121, 178-179, 187-188, 195, 197, 201, 207, 208-210, 211-214, 215, 218-219, 239-240, 268, 309-310, 407
A terceira vida de Grange Copeland, 0, 39, 50, 55, 64, 146, 210, 300, 326
Alice Walker Banned, 403
"Am I Blue", 369-370
"Anaïs Nin: 1903-1977", 96, 108
Anything We Love Can Be Saved, 409
By the Light of My Father's Smile, 0, 421-422, 429, 438, 458, 460
Colhendo flores sob incêndios, 319, 481-488
como organizadora, dos textos de Hurston (*I Love Myself When I Am*

Laughing and Then Again When I Am Looking Mean and Impressive), 94, 117-118, 119-120, 165-166, 174
"Cuddling", 485
Em busca dos jardins de nossas mães: prosa mulherista, 110, 153, 161, 175, 189, 202
"Em busca dos jardins de nossas mães" (ensaio), 69, 103
"Everything Is a Human Being", 206
Finding the Green Stone, 293
Good Night, Willie Lee, I'll See You in the Morning, 134
Her Blue Body Everything We Know: Earthling Poems, 1965-1990 Complete, 308
Horses Make a Landscape Look More Beautiful, 241
In Love & Trouble, 62, 75
"Jornada a Nine Miles", 261
Langston Hughes, American Poet, 37, 61, 77
"Laurel", 118, 137
"Looking for Zora", 71, 76
Meridian, 80-81, 102-103, 109, 134, 175, 210-211, 223-224, 268, 298, 323, 326-327
"Minha filha fuma", 258
"Nineteen Fifith-five", 173-174, 185
"No armário da Alma", 260
O segredo da alegria, 307, 310, 320, 321, 323, 326, 348, 361, 363, 407, 460
O templo dos meus familiares, 268, 273, 279, 281, 284, 286, 318, 320, 365, 424
Once, 21, 41, 46, 146
produção durante 1977, 108
resenha de *Fannie Lou Hamer* (Jordan), 68
Revolutionary Petunias & Other Poems, 62, 63, 68, 75
"Roselily", 369-370
"Stripping Bark from Myself", 146
The Same River Twice, 363, 374-375, 387-388, 397-399
"The Suicide of an American Girl", 31, 45
The Way Forward Is with a Broken Heart, 484
"To Hell With Dying", 37, 152, 272, 293
"Um esboço da garota" (sem data, década de 1960), 27-28
"Um filho só seu", 110
Vivendo pela palavra: escritos selecionados, 1973-1987, 258, 260, 261, 272, 280
Warrior Marks: Female Genital Mutilation and the Sexual Blinding of Women, 349, 359-360, 361, 394
You Can't Keep a Good Woman Down, 181, 187
Walker, Bill (irmão), 290, 355, 365, 382, 383, 436
filhos de, 289-290, 379-380, 408, 412, 420-421
leucemia de, 380-381, 390
morte de, 406
visita de AW (1995), 381-384, 389-390
Walker, Bobby (irmão), 217-218, 295, 299, 317, 324-325, 355, 382, 392, 436, 471-472, 473
lesão ocular de AW e, 72, 301
Walker, Brenda (prima), 118, 119, 121, 132, 142, 158, 217-218, 220-221, 224, 390
Walker, Curtis (irmão), 173-174, 234, 253, 325-326, 382, 392
Walker, Fred (irmão), 87, 283-284, 355, 382, 392, 417
Walker, Gaynell "Gay" (cunhada), 290, 381, 382, 384, 390, 406, 412
carta de AW para, 407
sobrinhos de, 382
visitando AW, 418
Walker, Gregg (sobrinho), 380-381, 408, 412, 420
esposa Monica, 408, 412, 420
Walker, Henry Clay (papa, avô), 90, 92-93, 120, 255-257
morte de, 90

Walker, Jimmy (irmão), 217-218, 355, 357, 362, 382, 383, 420
Walker, Mamie (irmã), 87, 89, 112-114, 123, 128, 201, 253, 295, 314, 325-326, 382, 392, 443
    jantar com AW (1996), 339-340
    Lee-Stelzer Heritage, museu, 253
    morte e funeral da mãe, 355-357
    recursos de AW para, 279, 314-315
Walker, Margaret, 61-62, 67, 223
    Walker, Minnie Lue (mãe), 32, 36-37, 54-55, 57, 67, 68-69, 71-73, 130, 143-144, 175, 176-177, 208-209, 241, 270, 272, 415-416
    aborto precoce de AW e, 74
    afirmação e AW, 183-184
    amizades e, 486
    aniversário de (800), 327
    aniversários, 183-184, 199
    AW e inferioridade de, 183-184
    AW e oração, 151
    carta de AW à família sobre cuidados de enfermagem/casa de repouso, 324, 326
    casa de repouso e, 325-326, 355, 359
    casa e comunidade de, 127, 295, 324-325
    casamento de, 381
    como jovem mãe solo, 295
    como Testemunha de Jeová, 356-357
    cor da pele de, 86-87
    cuidados de AW, 174-175, 207, 217-218, 220-221, 295, 298-299, 324-325
    cuidando de crianças brancas, 183-184
    discurso de, 128
    doenças, derrames, 162, 173-174, 207, 215, 219-220, 223-224, 254-255, 284, 295, 320,332
    Mary Alice, cuidadora, 299-301, 325-326, 357
    medo de AW que ela morresse, 161-162, 199
    morte e, 354-355
    pensamentos de AW após sua morte, 374
    problemas de AW com, 74-75, 262-263, 300-301, 304-305, 318, 415
    sobre idade, 419-420
    sobre lesbianidade, 223-224
    sonho de AW, 483-484
    trabalhando como empregada, 183-184
    visitando AW na Califórnia, questão de, 204, 295, 298-299
Walker, Rachel (avó), 240-241, 242, 256, 310, 333
Walker, Rebecca (filha, anteriormente Leventhal), 53-58, 61, 66-67, 72-73, 75, 88, 95, 123, 168, 185-186, 209-210, 212, 221, 245-247, 253-254, 293-294, 325
    a vida de AW e, 79
    aniversário de (1992), 327
    aniversário de, recado de AW (1981), 197-198
    aparência, 246-247
    bilhete para AW, 238
    Califórnia, com AW, 216, 220, 232, 234-235, 237-238, 243, 259-260, 263-264, 286-287, 293-294, 299-300, 310
    caráter e personalidade, 132, 246-248, 271-272, 371, 378-379
    cibercafé Kokobar e apoio financeiro para, 376, 399, 405-406,
    como cuidadora da mãe, 295, 324-325
    cor da pele e, 184
    creche, 57-58
    dia de Ação de Graças com AW (1993), 366-367, 460
    dificuldades com a segunda família, 271-272
    dinâmica familiar de AW e, 300, 329
    em Eatonton, 241, 283
    em Nova York com AW (1993), 364
    em São Francisco com AW, 163, 165, 166-167, 183-184
    em Yale, 271-272, 278, 302, 318
    escrevendo para, 469
    escrita de AW e, 61, 75-76, 80

fama de AW e, 456-457
filmagens de *A cor púrpura* e, 246-248
filme produzido por, recursos de AW e, 287, 289
tabagismo de, 258-259
Fundação A Cor Púrpura, 283
fundadora da Third Wave Foundation, 321-322
funeral da avó e, 355-357
gravidez e nascimento de (18 de novembro de 1969), 53-54
guarda compartilhada dos pais de, 84, 97, 99, 105-106, 113-115, 120, 125-126, 132, 134, 150-151, 155
hábitos alimentares, 371
infância, relação de AW com, 80-81, 96, 98-99, 102, 105-106, 113-114, 118, 121,132, 134-135, 150-151, 155-156, 158-160, 163-165, 173-174, 181-184, 203-204, 211-212, 213-214, 220, 223, 237-238
jantar com AW (1996), 399
juventude, relação de AW com, 262-263, 271, 278-279, 283, 303-304, 317-319, 321-324, 330-334, 378-379, 389-390, 397, 401-402, 411-412, 428-430, 453, 469-471, 472, 482-483
lesbianidade e, 318, 394
meio-irmão Benjamin, 148, 150-151
mudança de nome para Walker, 272
mudando para a Costa Oeste (1998), 458-459
na Casa Azul, Berkeley, com AW (1998, 1999), 454-455, 474-475
na Casa Careyes, México, 312-313, 329-334, 375-378, 400-402, 437
na casa de AW em Berkeley, 411-412
na colônia de artistas MacDowell, 428
Natal com AW, (1979), 147
no acampamento de verão, 182, 188
no apartamento do Brooklyn, 388
"nossos dias mais profundos", 482-483
personalidade e, 146, 486

presente de AW de US$ 150.000, 351-352
primeiro aniversário, 57-58
questões da infância, 262-263, 312-313, 388-390, 429, 454-455
recursos de AW para, 279, 302-303
relacionamento com a madrasta, Judy, 389
romance com Angel Williams, 329, 332, 354-355, 367, 371, 378-379, 405, 411-412
romance com Me'Shell Ndegeocello, 411, 437-438, 455-461, 468-471, 475
separação de AW de, 59, 351-352
sessão de terapia com seu pai Mel e AW (1995), 390-392
sob guarda do pai e relacionamento com, 59-60, 125-126, 134-135, 144, 150-151, 188-189, 203, 216, 310-311
terapeuta de, 389, 391
véspera de Ano-Novo (1995), 397-398
viagem com AW (agosto de 1990), 301-302
vida de (1991), 311-312
visita de AW (1995), 392-393
visita de AW em Washington (1978), 143-144
visitando AW, 299-301
Walker, Ruth (irmã), 87-91, 102, 112, 128, 144-145, 162, 177, 185, 194, 215, 220, 254-255, 268, 273-274, 295, 318, 368-369, 382, 383, 471-472
como cuidadora da mãe, 295, 242-243
dinâmica da família de AW e, 300, 329
dinheiro de AW para, 279, 302-303
Fundação A Cor Púrpura, 283
jantar com AW (1996), 399-400
morte e funeral da mãe, 355-356, 357
neto Kyle, 299-302
personalidade e, 146, 486
visitando AW, 299-301
vista de AW (1995), 392-393
Walker, Sallie (tia), 144-147
Walker, Willie Lee (papai, pai), 86-90, 128-129, 145, 247-248, 352-353, 421-422, 426

aniversário, 262-263
cor da pele de, 86-87
escola Wards Chapel e, 370-371
morte de, 75, 90
morte violenta da mãe, 87
preferência de cor da pele de, 86-87
relacionamento de AW com, 88-90, 128, 352-354, 396
violência de, 318
Wallace, Michele, 118
Black Macho and the Myth of the Superwoman, 118, 149, 153
Ward, Jerry, 67
Warner Brothers, 407
A cor púrpura, 276-277
Warrior Marks: Female Genital Mutilation and the Sexual Blinding of Women (AW e Parmar), 349, 352, 354, 359-360
diários de AW em Londres e África publicados em, 354
filmagem de, 323-324, 335-342
novo prefácio, 394
pagamento de AW por, 359-360
pré-estreia, São Francisco, 352
subsídio de Dorkenoo, 322
transmissão na TV britânica, 360-363
turnê, 364-366
Warrior Marks (documentário de AW e Parmar, anteriormente *Like the Pupil of an Eye*), 319, 325, 325n2, 327n3, 331, 331n1, 332, 338n2, 340n1, 367, 437
Washington, Fredi, 229
Washington, Mary Helen, 68, 156, 168, 204, 212-213, 223-224, 289-290
Waters, Alice, 471
Waters, Maxine, 145, 264
Wax, Dan, 372
Wax, Jan, 187, 212
WBLS, 364
Weil, Wendy (agente literária), 96, 206, 299, 320-321, 349, 365, 374, 375, 422, 426, 428, 451

Weil-Curiel, Linda, 323
Welty, Eudora, 67
Wexler, Nancy, 137
WGBH-TV: entrevista de AW para Say Brother (hoje Basic Black), 399
Wherry, Sarah, 323, 334
White, Evelyn C., 211, 389, 396, 398, 465, 469, 470-473
"Alice's Wonderland", 398
biografia de AW, 398
The Black Women's Health Book, 389
Wild Trees Press, editora (WTs Press), 220, 236, 238, 243, 250, 317
Allen como sócio, 220-221, 236, 240-242, 300-301
contrato com Allen, 241-242
lançamento oficial, Museu Oakland, 243
primeiro livro publicado por, 236, 238 243
Rooks como publicitária de, 243, 300-301, 317
Williams, Angel, 329, 332-333, 354-356, 367, 371, 375-379, 390, 399, 404-405, 411-412
Winfrey, Oprah, 244, 246, 252, 255, 285, 459
Wolfe, Tom, 22
Wonder, Stevie, 111, 188, 197
"Wonder Woman for President" (Edgar), 264
Woodard, Alfredo, 392
Woolf, Virginia, 59, 75, 186, 194
Um teto todo seu, 59
Wright, Marian (mais tarde Edelman), 16, 21, 34
Wright, Richard, 40, 78-79
Filho nativo, 78
Wynn, Karen, 143-144

Yeshi (parteira, amiga), 416-418, 424, 464, 465, 467, 469, 472-473
Yoga, 168, 210-211, 233, 251, 376, 458, 463, 470
Yolanda (massagista), 462-465
Yonnondio (Olsen), 140

You Can't Keep a Good Woman Down (AW), 181, 187
Young, Will Sand, 243

Zinn, Howard, 13, 33, 126, 168, 273, 330, 350, 383, 400
    esposa Roz, 212, 273, 289-290, 350, 383-384, 399-400
    sonho de AW, com 217
Zora Neale Hurston (Hemenway), 108

A primeira edição deste livro foi publicada em abril de 2023,
ano em que se celebram 33 anos da fundação da Rosa dos Tempos,
a primeira editora feminista brasileira.

*

O texto foi composto em FreightText Pro Book, corpo 10,5/14.
A impressão se deu sobre papel off-white na Bartira gráfica.